Das große Buch vom Malen mit Aquarellfarben

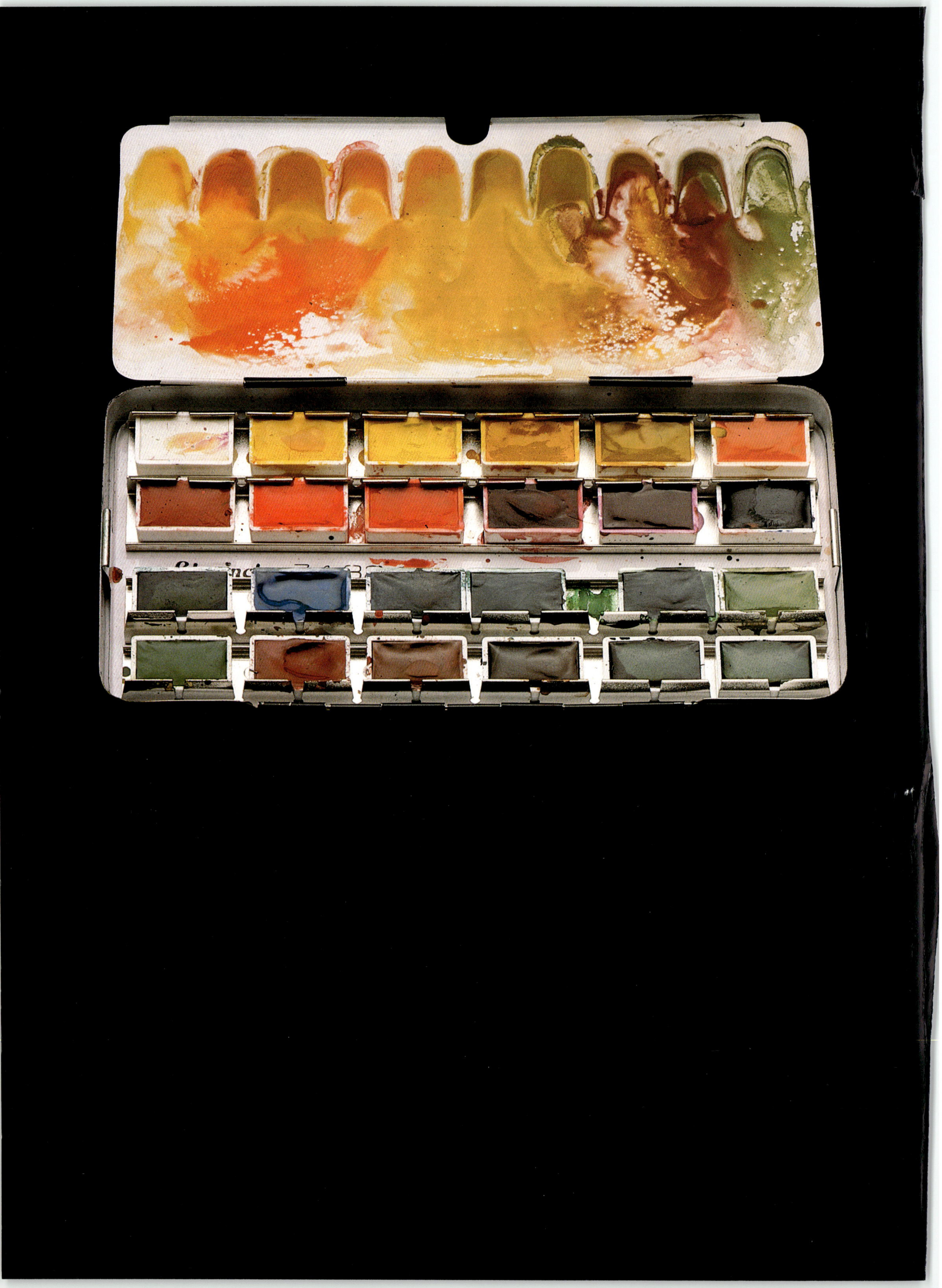

Das große Buch vom Malen mit Aquarellfarben

Geschichte, Technik, Material, Themen, Theorie und Praxis der Aquarellmalerei

von

José M. Parramón

Aus dem Französischen übertragen von Christa L. Cordes

EDITION MICHAEL FISCHER

Titel der Originalausgabe: „El gran libro de la acuarela“

Aus dem Französischen übertragen von
Christa L. Cordes

10. Auflage 1996

Herstellung und Satz:
Verlagsservice Henninger GmbH, Würzburg

ISBN 3-924433-16-X

Printed in Spain

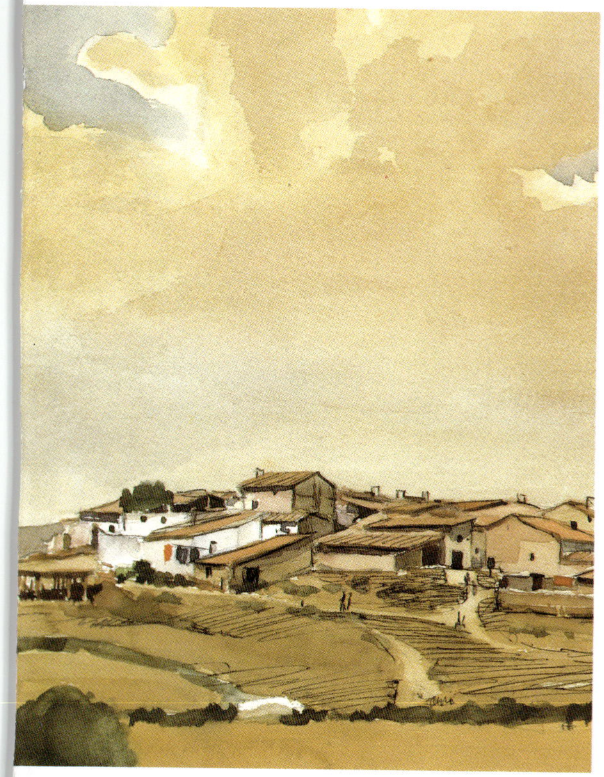

1

Inhaltsverzeichnis

Für meine Frau Maria

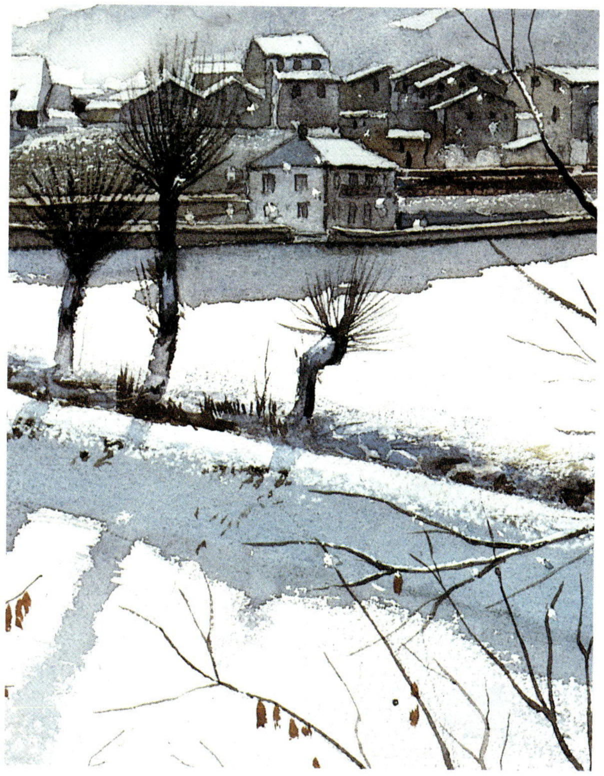

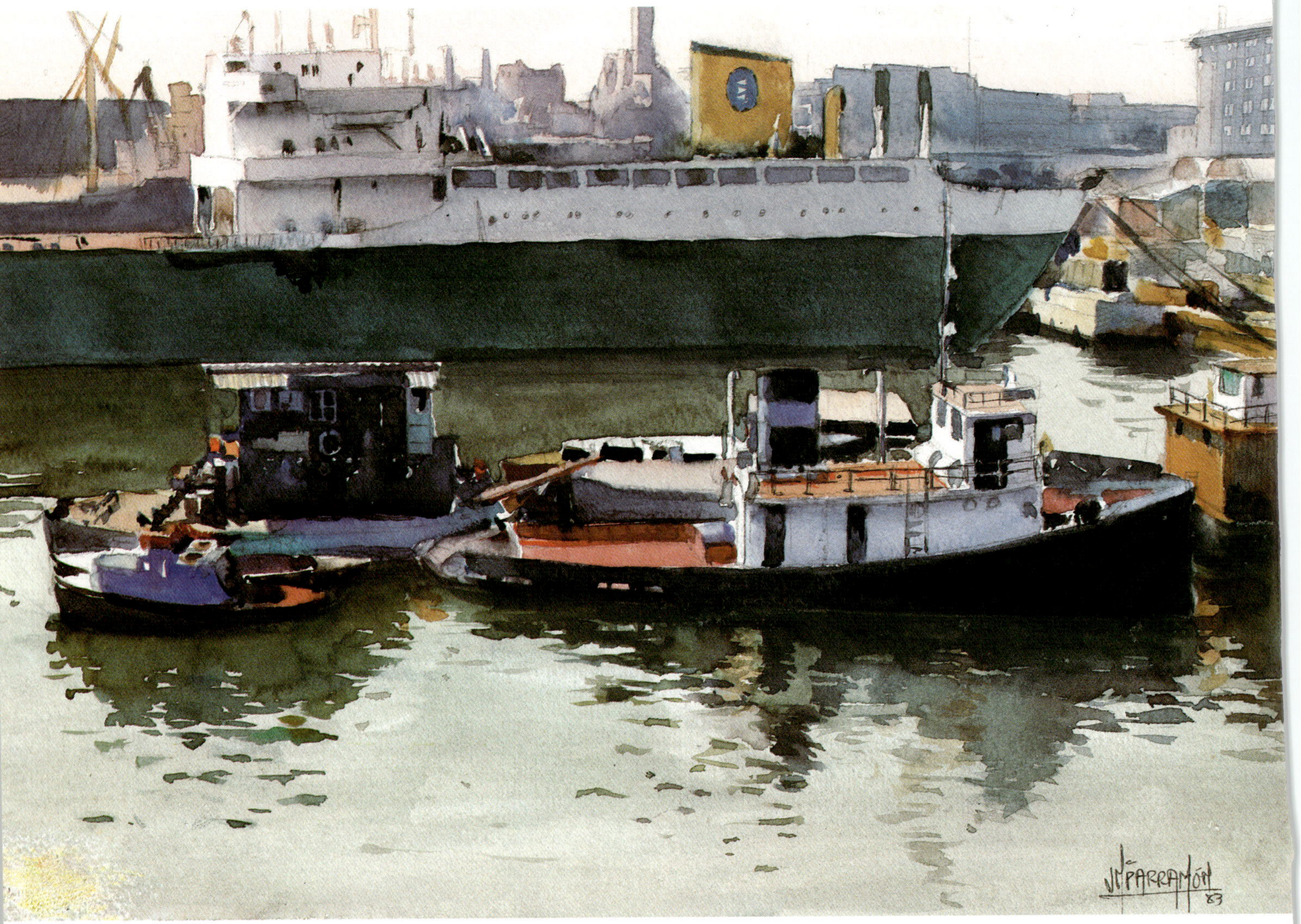

3

Abb. 3: José M. Parramón, *Hafen von Genua*, im Besitz des Autors.

Vorwort

Sie möchten zum eigenen Vergnügen malen? Als reiner Amateur? Einverstanden. Das ist ein wunderbares Hobby. Nur gelingt es nicht immer. Der Wunsch läßt sich nicht in die Tat umsetzen, weil man die Arbeit nicht ernst nimmt. Können Sie sich vorstellen, daß ein begeisterter Klavierspieler nur einmal im Monat übt?

Der Klavierspieler benötigt eine eigene Technik. Er muß unablässig üben, wenn er es zu etwas bringen will. Dasselbe gilt für die Malerei und ganz besonders für die Aquarellmalerei. Diese Technik erfordert mehr als jede andere eine unablässige Praxis. Das werden Sie selber bald erkennen. Je mehr man malt, desto besser gelingen die Bilder. Van Gogh, der ein unermüdlicher Arbeiter war – er malte in seinem letzten Lebensjahr beinahe 850 Bilder und fertigte mehr als 1000 Zeichnungen an –, zitierte im Zusammenhang mit einem seiner Aquarellbilder gern eine Antwort des Impressionisten Whistler: „Ja, ich habe das Bild in zwei Stunden gemalt. Aber es hat mich Jahre gekostet, um es in zwei Stunden malen zu können." Die Aquarellmalerei eignet sich also nur dann für den Hobbymaler, wenn er über eine große Arbeitskraft und einen starken Willen verfügt.

Man muß diese Kunst erlernen und sich ständig darin üben.

Ich habe mich bemüht, in diesem Buch alle notwendigen Kenntnisse zum Erlernen der Aquarellmalerei zusammenzutragen. Zunächst habe ich Recherchen über die Geschichte des Aquarellbildes angestellt und die einzelnen Etappen seit den Anfängen aufgezeichnet; denn Sie sollten wissen, wer die ersten Aquarelle malte und wie und weshalb sie entstanden sind. Manche Aquarellmaler – unter anderem die Absolventen der Akademie des Dr. Monro in London – haben mich wirklich in Erstaunen versetzt. Ferner habe ich in dieses Buch alle verfügbaren Hinweise und Abbildungen über die technische Ausrüstung aufgenommen, die für die Aquarellmalerei erforderlich ist. Sie erfahren das Notwendige über die Ateliermöbel, das Material und das Zubehör. Ich beschreibe die jeweiligen Erzeugnisse und ihre Qualität und gebe Ratschläge für den Einkauf der Pinsel, der Farben, des Papiers etc.

Ein wichtiger Teil dieses Werkes ist den Techniken gewidmet, die von Kunstmalern verwendet werden. Anhand von Abbildungen und praktischen Übungen erkläre ich das Absaugen und Entfernen der Farbe, die unterschiedlichen Verfahren, das Weiß vor dem Malen bereits auszusparen und in der Trocken- und der Naß-in-Naßtechnik zu arbeiten.

Ich habe für dieses Buch selbst in der Naß-in-Naßtechnik gemalt und die Farbentheorien in die Praxis umgesetzt. Dadurch kann ich Ihnen beweisen, daß sich alle Naturfarben mit Hilfe einer Mischung der drei Grundfarben wiedergeben lassen. Ich habe alle Gesetze, Normen, Erfahrungen und Ergebnisse in dieses Buch einbezogen, die ich während meiner langjährigen Lehrtätigkeit auf diesem Gebiet sammeln konnte. Sie betreffen die Zeichnung, die Farben, die Mischungen, die Komposition, die Interpretation und die Harmonisierung der Farben.

Ich lege Ihnen eine ganze Reihe von Beispielen vor. Manche wurden von Aquarellmalern angefertigt, die zu den besten Künstlern Spaniens zählen. Sie erklären Schritt für Schritt den Lehrstoff dieses Werkes.

Die Abbildungen dieses Buches – es sind insgesamt 450 – sollen Sie führen und aktiv an dem Geschehen teilnehmen lassen. Sie sollen Ihnen helfen, die praktischen Übungen durchzuführen, damit Sie selbst Ihre Farbmischungen herstellen lernen und sich an Versuche heranwagen . . .

Vorwort

Dafür müssen wir eng zusammenarbeiten. Ich habe dazu mein möglichstes getan. Jetzt sind Sie an der Reihe. Behaupten Sie bitte nicht, Sie hätten keine Zeit; es fehle Ihnen an der notwendigen Eingebung. „Auf die Eingebung wartet man vergeblich", sagte schon Balzac. „Man muß einfach beginnen, zu den Pinseln greifen und sich die Hände schmutzig machen."

Wie jede Arbeit bedeutet auch der Beginn des Malens immer eine Anstrengung, die wir unter allen nur denkbaren Entschuldigungen hinauszögern möchten. Sie beginnen bei einem zu weichen Bleistift und reichen bis zur verschmutzten Palette. Eines ist jedoch sicher: Haben Sie sich einmal an die Arbeit gemacht, werden Sie beinahe immer schon nach kurzer Zeit ein unwiderstehliches Bedürfnis verspüren weiterzumachen. Wird diese Leidenschaft gepflegt, verwandelt sie sich in eine Gewohnheit: in die Gewohnheit zu arbeiten.

Van Gogh erwarb diese Gewohnheit gleich am ersten Tag. Seine Bilder spiegeln die Leidenschaft wider, mit der er arbeitet:

> **„Von jenem Tag an, an dem ich meine ersten Farben und meine ersten Malutensilien kaufte, konnte ich nicht mehr aufhören. Ich malte den ganzen Tag bis zur Erschöpfung. Ich konnte nicht mehr zurück und weder auf die Arbeit verzichten noch damit aufhören."**

Ich hoffe, dieses Buch kann in Ihnen ebenfalls die Leidenschaft für die Aquarellmalerei wecken.

José M. Parramón

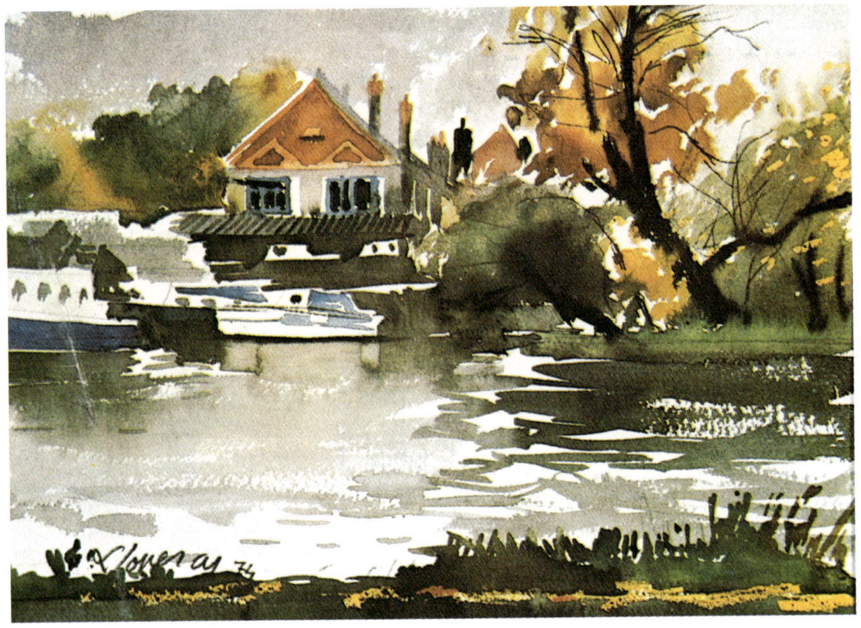

Abb. 4: Federico Lloveras, *Embarcadero,* im Besitz des Autors.

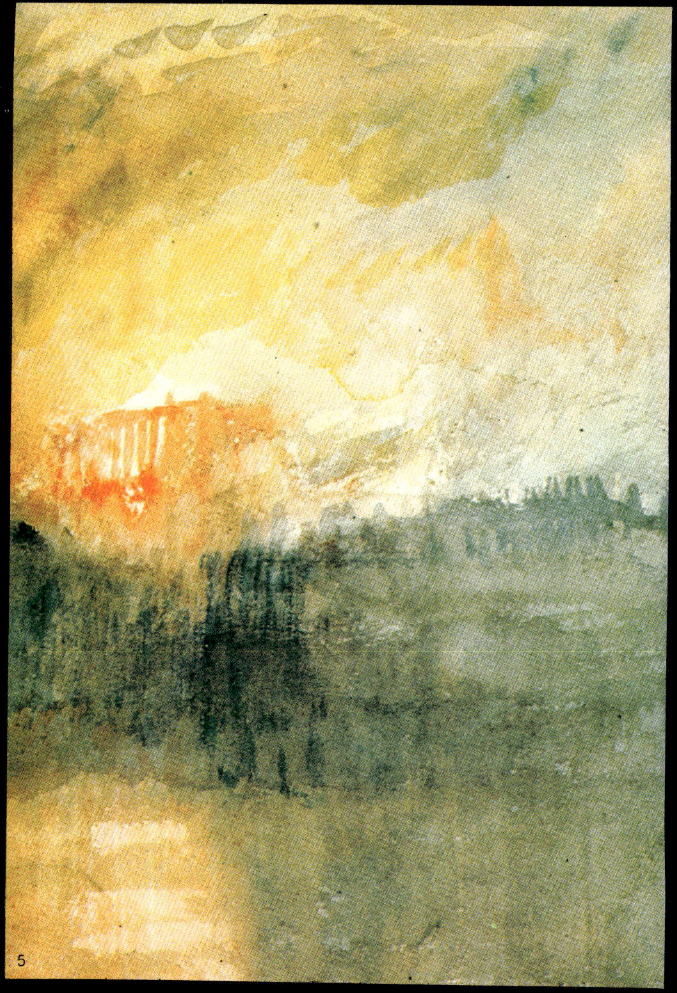
5

Die Geschichte der Aquarell-malerei

„Der kleinste Essay aus der Feder eines Malers bringt die Kunsttheorie weiter als eine Million Bücher.“
Sir Joshua Reynolds (1723–1792)

Der Ursprung

Seit 3500 Jahren schreiben die Menschen Bücher und illustrieren sie. Es begann in Ägypten. Dort entdeckte man an den Ufern des Nils eine faserige Pflanze, *cyperus papyrus*. Die Ägypter schnitten die Pflanze in lange, dünne Scheiben und fügten sie zu Bändern zusammen. So entstanden die Papyrusrollen, auf denen die Ägypter Texte aus dem Bereich der Wissenschaft, der Geschichte, der Zauberei, der Religion und vor allem ihre berühmten „Totenbücher" niederschrieben und illustrierten. Die Totenbücher gab man den Verstorbenen in den Gräbern in die Hände, um ihnen die Reise in die andere Welt, in der der Totenpriester Osiris über ihr Verhalten auf Erden richten würde, zu erleichtern.

In Rom erhielten diese Rollen die Bezeichnung *volumina*. Die Illustrationen dieser „Bände" waren vergleichbar mit den späteren Miniaturen. Sie wurden mit einer transparenten Farbe gemalt. Deren Pigmente stammten bei den Ocker- und Sienatönen aus gewissen Erden. Man benutzte aber auch Mineralien zum Färben, so Zinnober für Rot, Azurit für Blau, Malachit für Grün, Operment für Gelb und Realgar für Orange. Für Schwarz benutzte man Kohle aus Weidenholz, für Weiß verwendete man Gips. Diese Mineralien wurden mit Gummiarabikum und Eigelb gebunden. Anschließend verdünnte man die Mischung mit Wasser. So entstanden die ersten Aquarellfarben.

Um 170 v. Chr. benutzte König Eumenes II. von Pergamon zum erstenmal Pergament als Schreibunterlage. Dabei handelte es sich um Schafs- oder Ziegenhaut, die mit Kalk behandelt, gespannt und mit Bimsstein geglättet wurde. Die Pergamentblätter wurden zu quadratischen Heften zusammengelegt, gefaltet und gebunden und erhielten die Bezeichnung *Codex*.

Bis zum neunten Jahrhundert wurden die meisten Miniaturen sowohl in Griechenland und Rom, in Syrien und Byzanz mit einer Aquarellfarbe und einer Beimischung von Zerusit gemalt. Die Farben waren also undurchsichtig. Im neunten Jahrhundert malten Künstler abwechselnd mit transparenten und undurchsichtigen Wasserfarben. Das Verfahren breitete sich während des gesamten Mittelalters weiter aus. In der Renaissance war das Malen der Miniaturen mit Aquarellfarben dann Allgemeingut geworden.

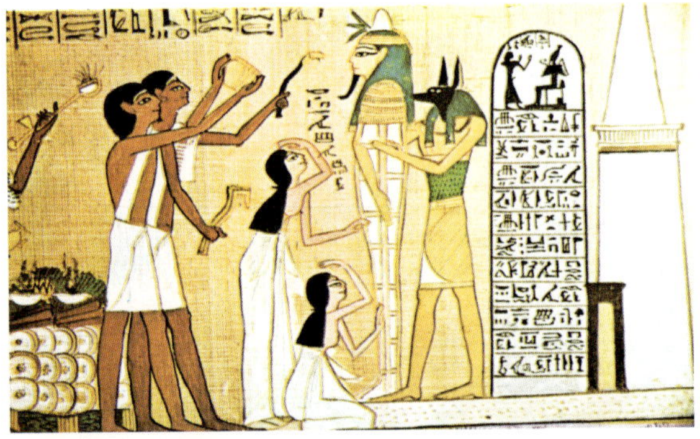

6

Abb. 6: *Öffnung des Mundes der Mumie von Hunifer,* nach deren Totenbuch, Papyrus, 13. Jahrhundert v. Chr., British Museum, London.

Abb. 7 (unten): *Die Geschichte von Adam und Eva,* Manuskriptseite der Bibel von Alcuin oder Moutier de Grandval, Karolingisches Reich, 834-843, Aquarell auf Pergament, British Museum, London.

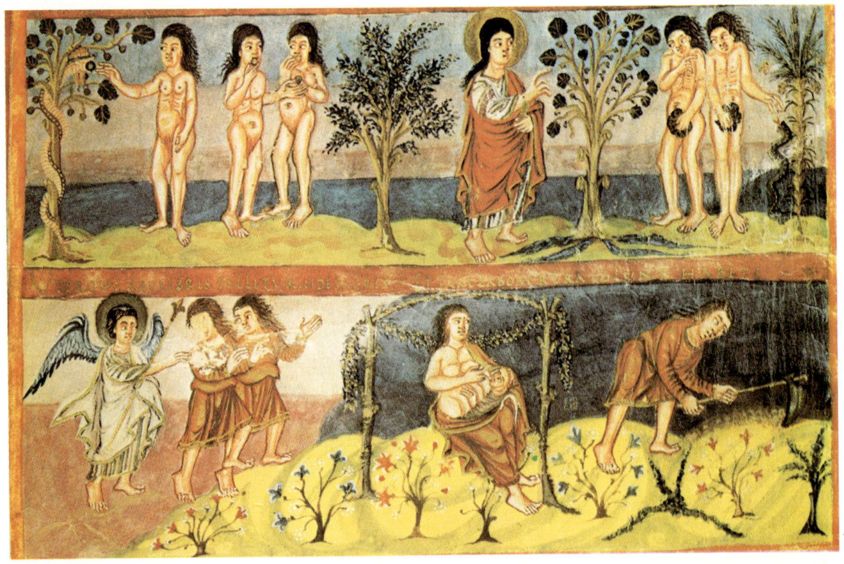

7

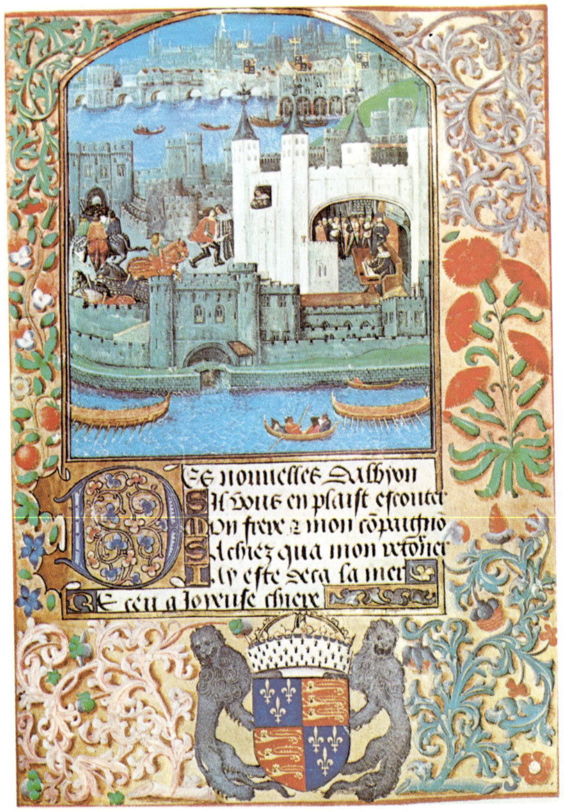

9

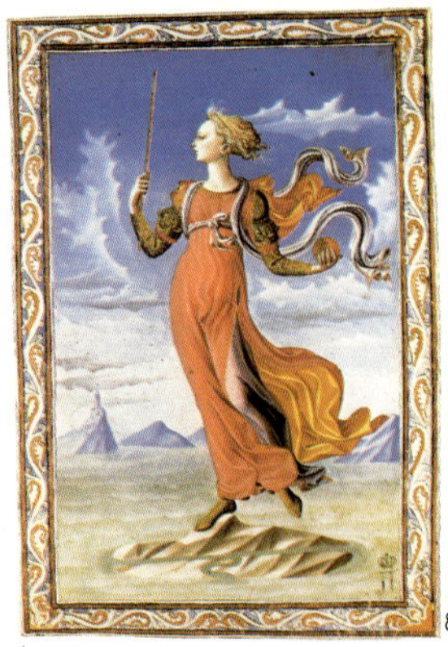

8

Abb. 8 (oben): Francesco Pesellino, *Römische Allegorie,* Miniatur, Gouache auf Pergament, Rand mit Aquarellfarben gemalt. Aus dem Manuskript „De Secundo Bello Punico, Poema", 1447 – 1455, Ermitage. Leningrad

Abb. 9 (links): Seite aus einem Manuskript der *Gedichte* von Charles d'Orleans, die dieser im Tower von London um 1599 verfaßte. Aquarell und Gouache auf Pergament, British Museum, London.

Ein Vorläufer: Albrecht Dürer

Der in Nürnberg geborene größte deutsche Maler und Grafiker des sechzehnten Jahrhunderts Albrecht Dürer (1471-1528), ein „feuriger und kühner Mann“, wie der Maler Cornelius ihn beschrieb, verfaßte drei Bücher, fertigte mehr als 1000 Zeichnungen an und schuf beinahe 250 Kupferstiche und 188 Gemälde. Davon sind 86 Aquarelle. Das erste, von Dürer bekannte Werk, das er im Alter von 18 Jahren malte, ist eine Landschaft in Aquarellfarben. Das ist erstaunlich, nicht wahr? Kaum jemandem ist bekannt, daß Dürer abwechselnd mit Ölfarben und mit Aquarellfarben malte. Jeder kennt seine Ölgemälde: so das „Selbstbildnis mit Landschaft“ im Prado in Madrid und das berühmte Werk „Adam und Eva“, das sich ebenfalls im Prado befindet. Nur wenigen sind jedoch seine Aquarelle bekannt, die alle ebenso gelungen sind wie die auf dieser Seite unten abgebildete Landschaft. Was ist der Grund für diese Unkenntnis? Er ist darin zu finden, daß das Aquarell nicht gleichwertig neben der Ölmalerei stand. Wir wer-

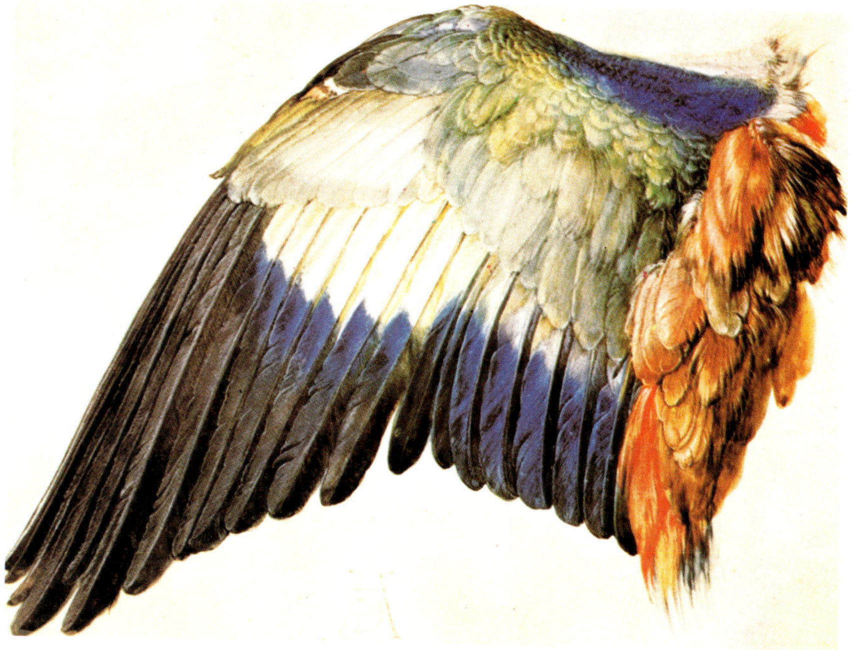

10

Abb. 10: Albrecht Dürer, *Flügel des blauen Vogels,* Aquarell auf Pergament, Albertina.

Abb. 11: Albrecht Dürer, *Blick auf Kalckreuth,* Aquarell auf Papier, Kunsthalle Bremen.

11

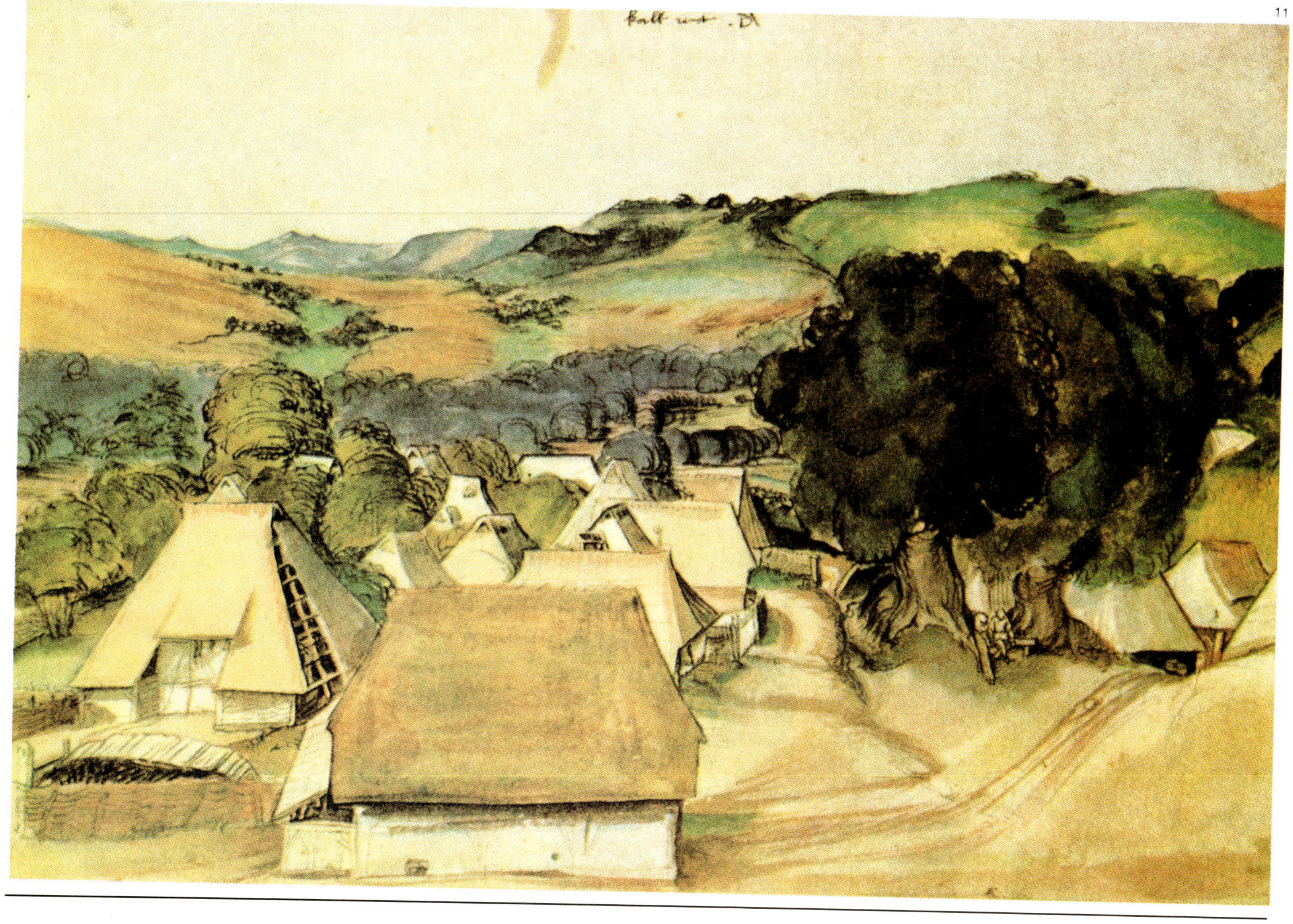

Ein Vorläufer: Albrecht Dürer

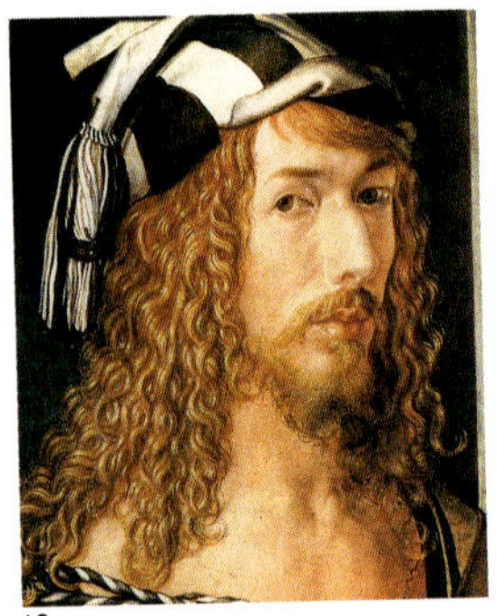

12

Abb. 12: Albrecht Dürer, *Selbstporträt mit Landschaft* (Ausschnitt), Prado, Madrid. Dürer schrieb über die Signatur des Bildes: „Das macht ich nach meiner Gestalt. Ich war sex und zwanzig Jahre alt." Dürer schuf dieses Selbstbildnis 1498. Im selben Jahr entstanden auch die Stiche der „Apokalypse", die ihm internationale Anerkennung einbrachten. Es heißt, Dürer wollte mit diesem Selbstporträt sein Können und seinen Wert als Künstler und Schriftsteller hervorheben.

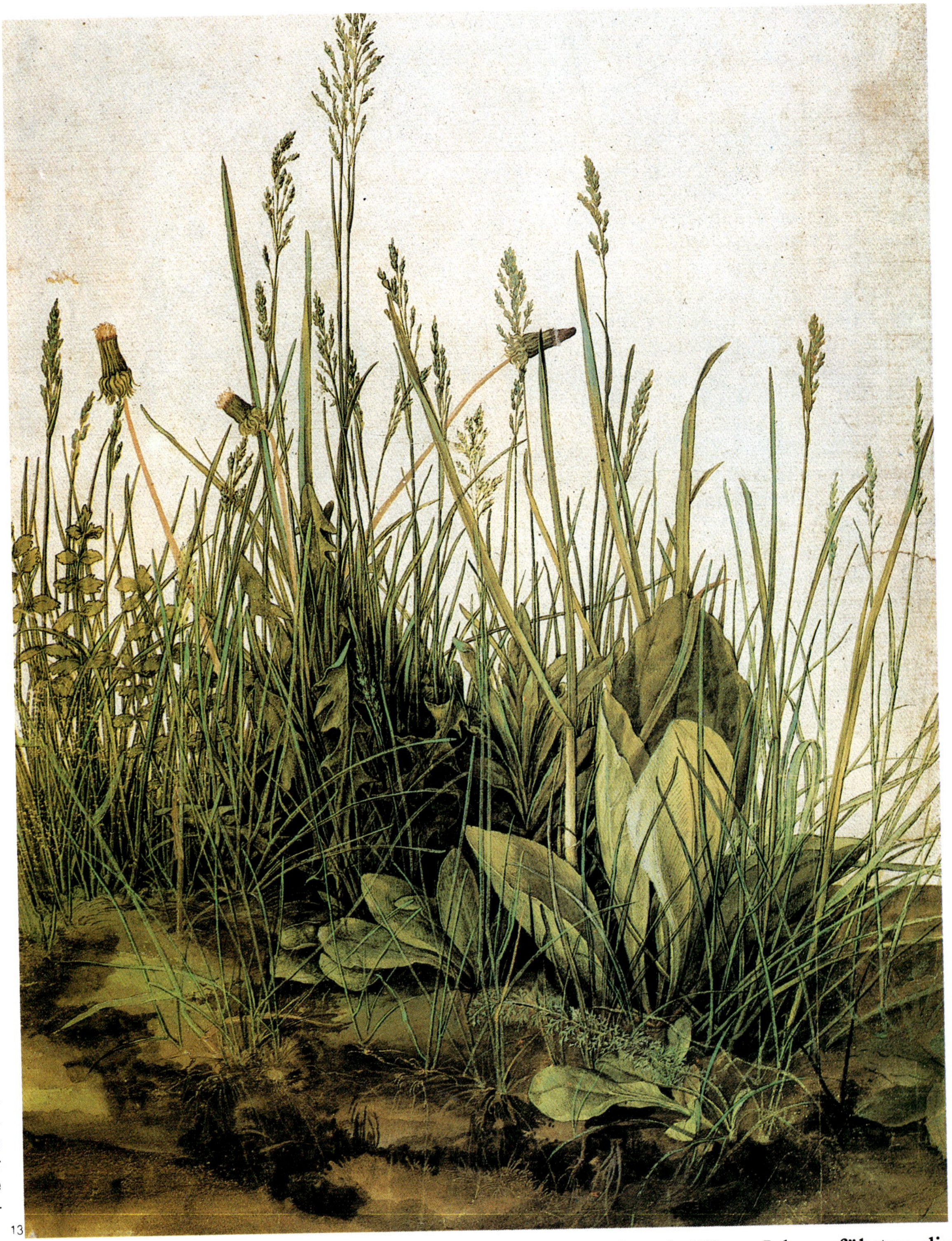

13

Abb. 13: Albrecht Dürer, *Grasstück,* Aquarell auf Papier, Albertina, Wien. Im Gegensatz zu dem Landschaftsbild auf der vorigen Seite, das mit dem lockeren Pinselstrich eines Künstlers unserer Zeit gemalt wurde, zeigt Dürer hier eine minutiös ausgeführte, hyperrealistische Darstellung, bei der er die deckenden Aquarellfarben mit größter Sicherheit einsetzte. Das Werk ist 41 cm hoch und 31,5 cm breit. Es wurde, wie bei Dürer üblich, nach der Natur gemalt; denn Dürer konnte sich nach Aussage seiner Biographen wirklich für die Tier- und Pflanzenwelt begeistern.

den später erfahren, daß das Aquarell erst im 18. Jahrhundert als eigenständige Kunst Anerkennung fand. Zu Dürers Zeit besaßen Aquarelle rein dokumentarischen Wert. Sie waren nur Skizzen für spätere Ölgemälde. Es ist festzustellen, daß die Aquarellmalerei als bildnerisches Verfahren bis zu Beginn unseres Jahrhunderts unterschätzt wurde.

Noch in den dreißiger Jahren führten die Brüder Tietze – die Verfasser des umfangreichsten Katalogs von Dürers Werken – seine Aquarelle und Gouachebilder als Zeichnungen und widmeten ihnen keine eigene Rubrik. Panofsky, Winkler und Zippman, Autoren und Verfasser weiterer Kataloge, übernahmen diese Kriterien.

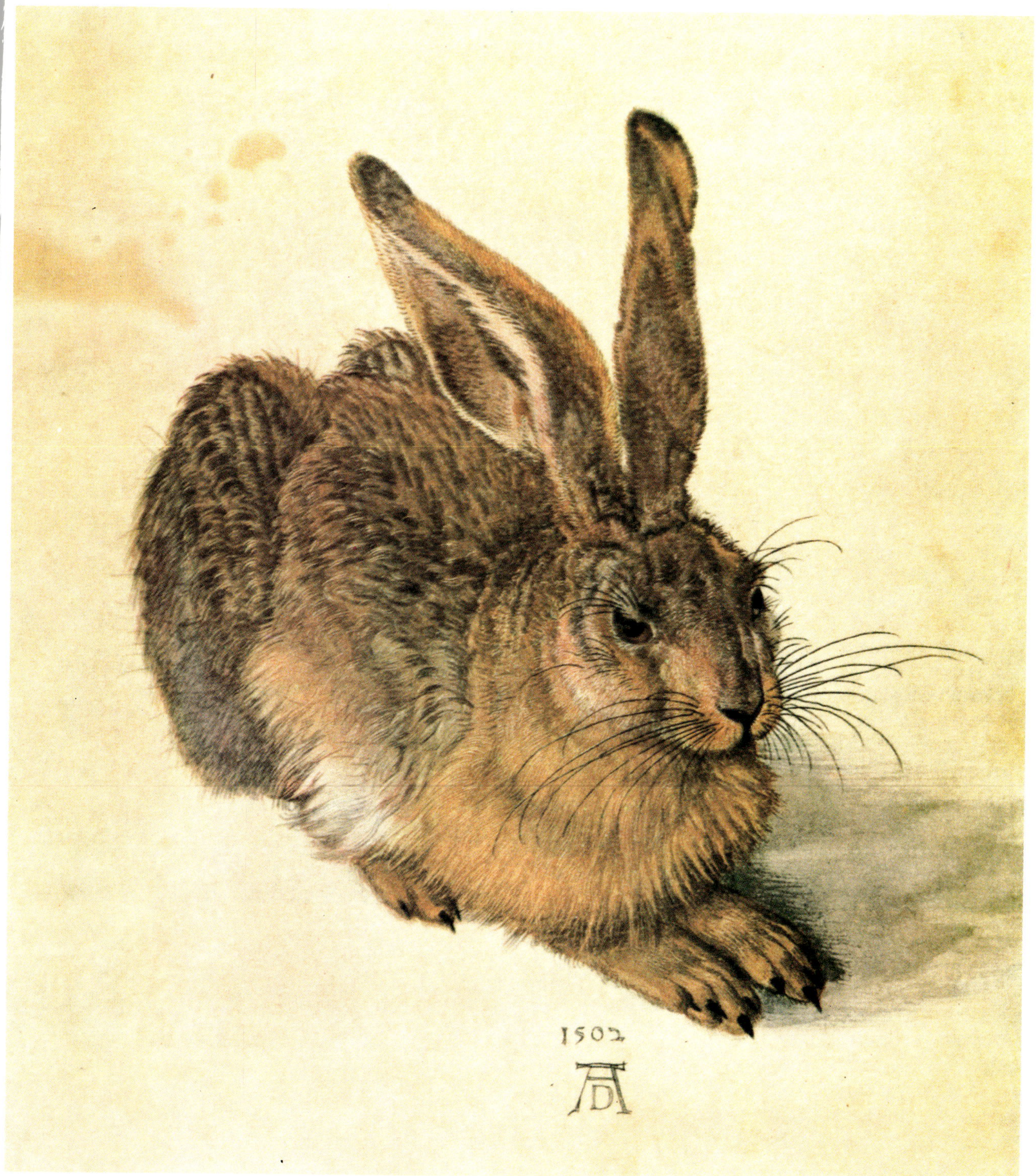

Albrecht Dürer war zweifellos ein Vorläufer der Aquarellmalerei. Sein Beispiel und sein Werk blieben jedoch ohne Einfluß auf andere Künstler. Während der folgenden dreihundert Jahre blieb das Aquarell ein Hilfsmittel der Ölmalerei.

Abb. 14: Albrecht Dürer, *Der Hase,* Aquarell auf Papier, Albertina, Wien. Dürer malte im Laufe seines Lebens zahlreiche Tiere: Pferde, Löwen, einen Krebs, einen Papagei, Eichhörnchen, eine Languste und selbst einen Seehund. Alle sind mit derselben Sorgfalt dargestellt wie dieser Hase, und alle als Aquarell. Allerdings hat Dürer wie bei diesem Hasen manchmal eine deckende Aquarellfarbe benutzt, um beispielsweise die hellen Haare auf dem dunklen Hintergrund des Fells hervorzuheben.

14

Die Aquarellmalerei: eine Hilfstechnik (16. und 17. Jh.)

Dürer blieb eine Ausnahme.
Fünfzig Jahre vor Dürer fertigte zuvor Jacopo Bellini eine Reihe von Aquarellzeichnungen an. Es handelte sich jedoch um Entwürfe und Skizzen für künftige Werke. Bellini hat keine richtigen Aquarelle gemalt. Nach Dürer verschwand das Aquarell als Kunstwerk wieder. Es wurde ausschließlich als Hilfsmittel für die Ölmalerei eingesetzt. Dies ist besonders bei den flämischen Künstlern und dort vor allem bei Rubens festzustellen.
Rubens malte im Laufe seines Lebens beinahe tausend Gemälde. Die meisten seiner Werke besaßen ein sehr großes Format. Die berühmte Reihe der vierundzwanzig Bilder für Maria de Medici, die sich heute im Louvre in Paris befinden, besteht aus Gemälden im Format 3,94 × 2,95 Meter. Um Bilder dieses Umfangs in immer größerer Anzahl anfertigen zu können, mußte Rubens seine Arbeit im Atelier genau einteilen. Er stellte dazu junge Künstler ein, die später ebenfalls Berühmtheit erlangen sollten, so van Dyck, Jordaens und Snyders.
Rubens begann die Arbeit an seinen Werken stets mit einigen Skizzen, die er anschließend als Aquarellzeichnungen ausführte. Nach diesem ersten Entwurf fertigte er ein Ölbild im verkleinerten Maßstab an. Dieses übergab er seinen Hilfskräften, die das endgültige Werk beinahe allein fertigstellten. Der Meister übernahm nur die Abschlußarbeiten.
Nachdem van Dyck Rubens' Atelier wieder verlassen hatte, reiste er nach England und fertigte dort einige Aquarellbilder an. Diese reproduzierte er anschließend entweder in Öl, oder sie dienten ihm als Hintergrund für seine Porträts.
Jacob Jordaens-hatte als ganz junger Maler „Kartons" für Wandteppiche als Aquarell gemalt. Er blieb bis zu Rubens' Tod in dessen Atelier. Jordaens bemühte sich, das Werk des Meisters fortzuführen. Er arbeitete im selben Stil und nach demselben Verfahren wie Rubens und ging von kleinen Aquarellskizzen aus.
Mit einer Ausnahme war die Aquarellmalerei in ganz Europa bis zum 17. Jahrhundert an die Ölmalerei gebunden. Nur in Holland stellten einige Künstler wie van Avercamp, van Everdingen, die Brüder van Stade etc. Aquarellskizzen und -entwürfe her, die sie anschließend als kleine Gemälde verkauften.

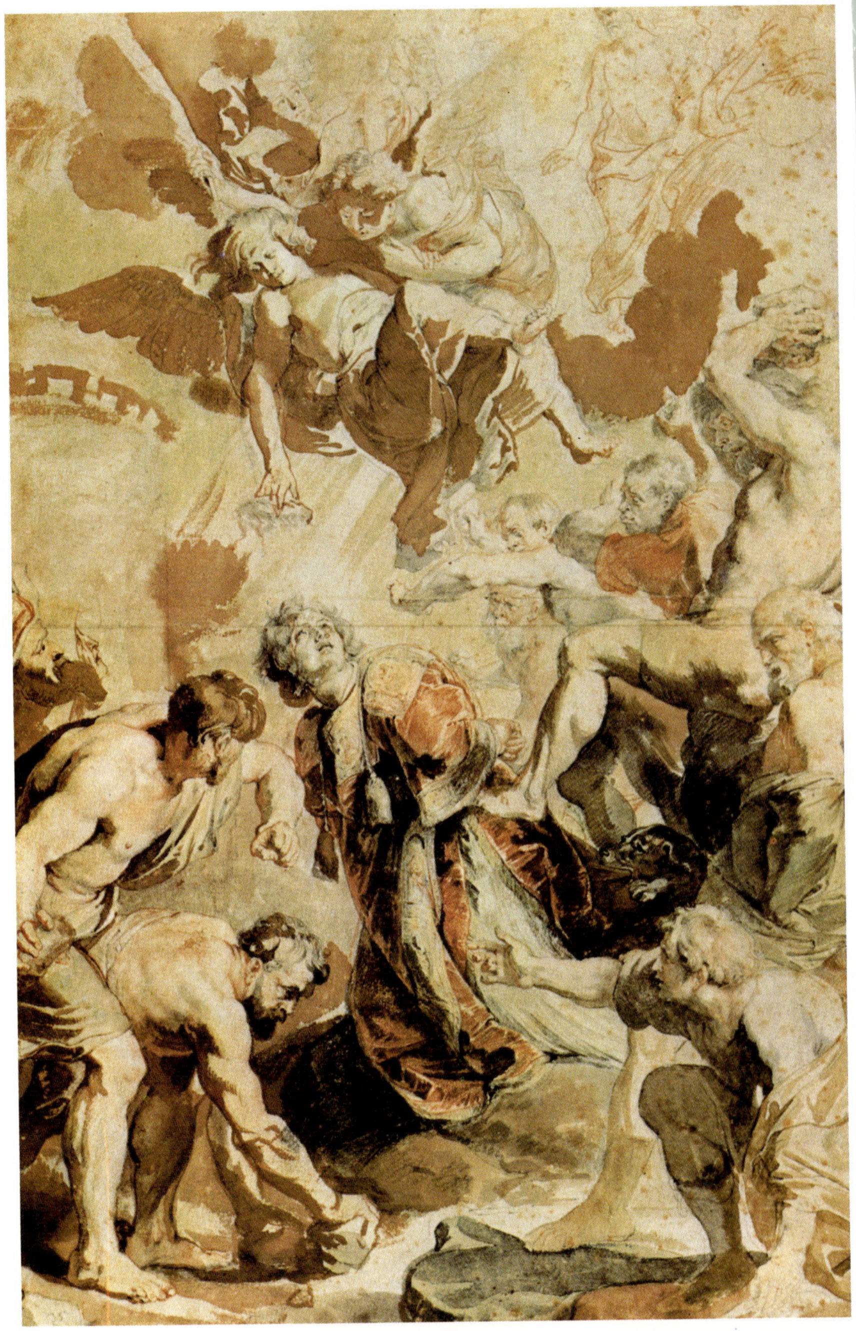
15

Abb. 15, 16, 17: Peter Paul Rubens (oben): *Die Steinigung des hl. Stephanus,* Aquarellskizze, Ermitage, Leningrad.
Abb. 16: Skizze in Öl, Palais Royal, Brüssel.
Abb. 17: Fertiges Gemälde *Die Steinigung des hl. Stephanus,* Museum der Schönen Künste, Valenciennes.

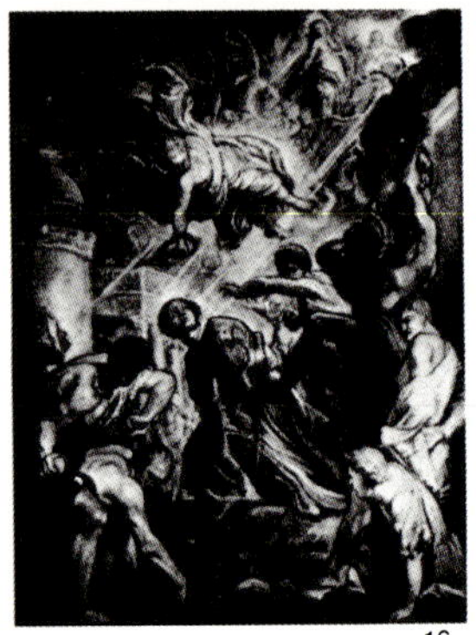
16

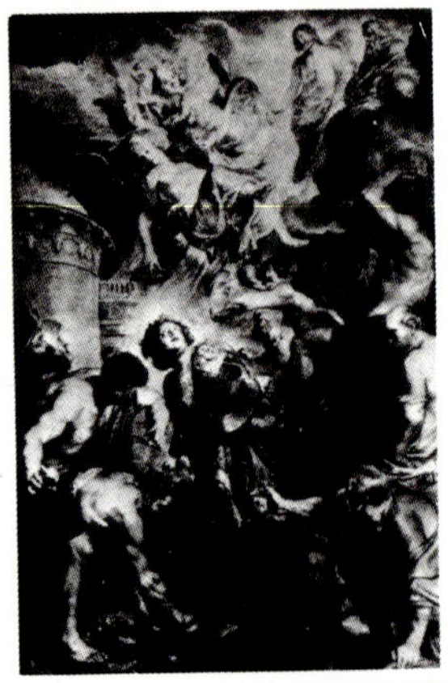
17

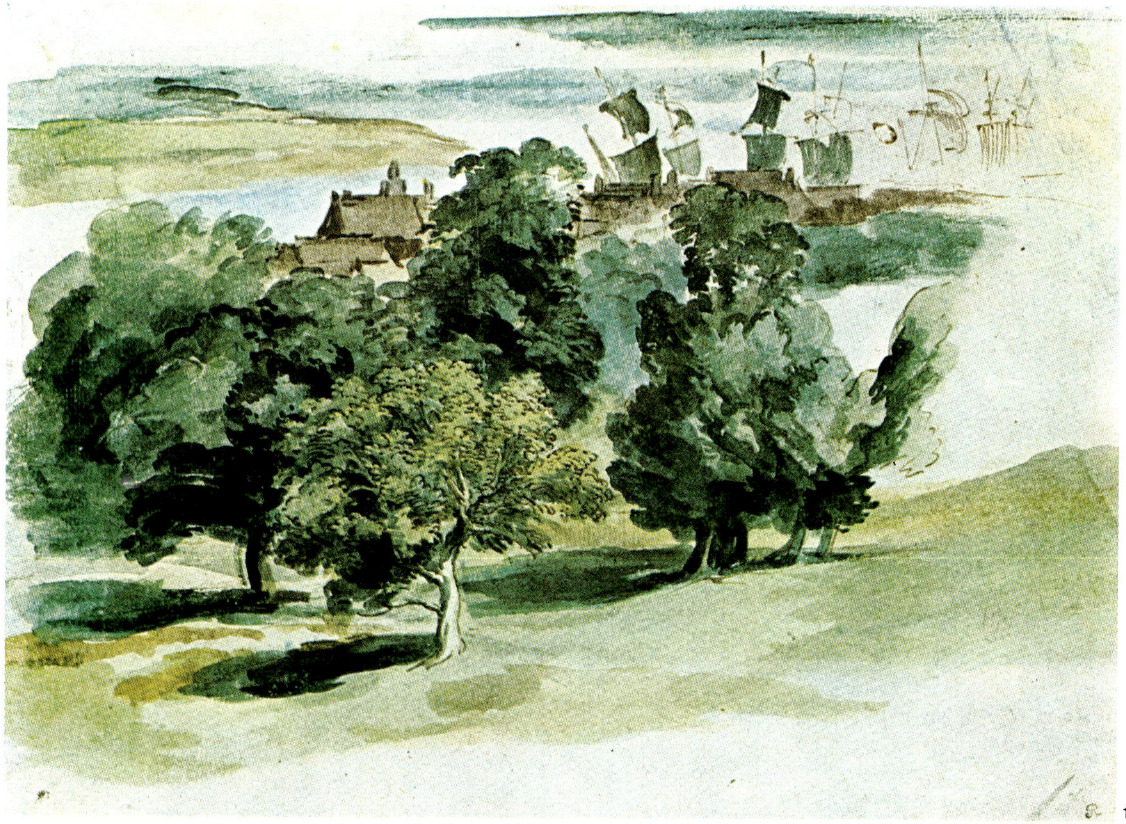

18

Abb. 18: Anton van Dyck, *Landschaft mit dem Hafen von Birmingham,* Barbierow-Institut, Moskau. Man nimmt an, daß van Dyck während seines zweiten Aufenthaltes in England (von 1632 bis zu seinem Tod im Jahre 1641) eine Reihe von Landschaftsbildern mit Aquarellfarben malte, die ihm als Studie und Vorlage für seine Ölgemälde dienen sollten. Manchmal benutzte er sie allerdings auch als Hintergrund für seine Porträts.

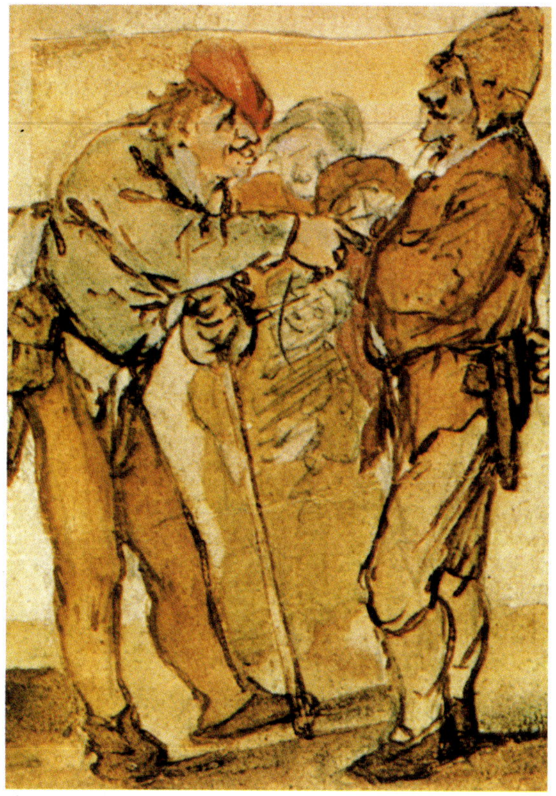

19

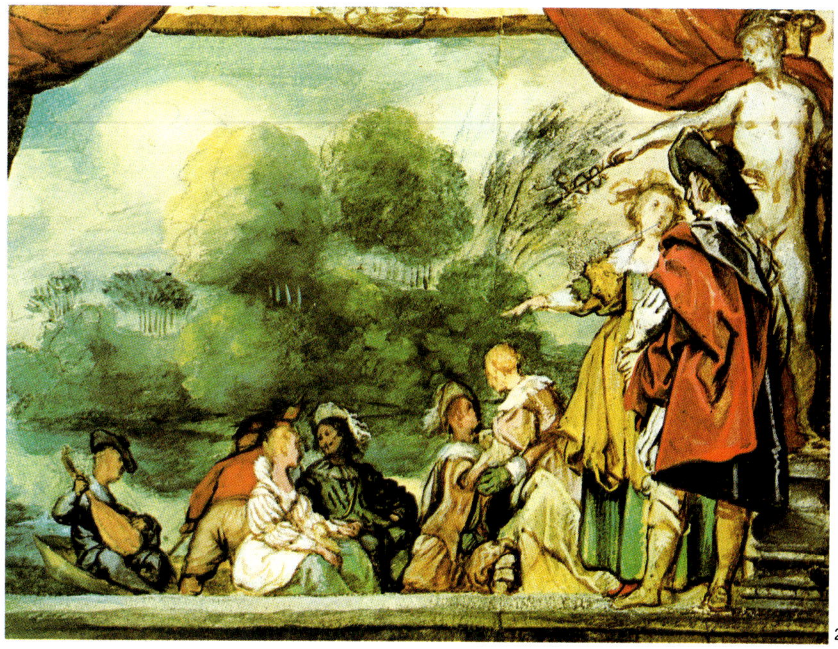

20

Abb. 19: Adriaen van Ostade, *Bauern,* Ermitage, Leningrad. Im 17. Jahrhundert galt die Aquarellmalerei noch als Hilfsmittel für die Ölmalerei. Trotzdem malten einige holländische Künstler Aquarellskizzen mit populären Motiven (wie dieses kleine Bild von van Ostade) und verkauften sie in Amsterdam an Handwerker und Kleinbürger.

Abb. 20: Jacob Jordaens, *Die Ankunft,* Ermitage, Leningrad. Nach Rubens Tod versuchte Jordaens, das Werk seines Meisters fortzuführen. Er beendete sogar einige unvollendete Gemälde, die Spanien bei Rubens in Auftrag gegeben hatte. Anschließend arbeitete er in Rubens Stil weiter. Er stellte also zunächst Vorstudien mit Aquarellfarben her, bevor er das endgültige Bild mit Ölfarben malte.

Das einfarbige Aquarell

Man muß gelesen haben, was der italienische Meister und Maler Cennino Cennini vor sechshundert Jahren, genau 1390, in seinem berühmten „Traktat über die Malerei" schrieb, um zu begreifen, weshalb alle Künstler von der Renaissance bis zum 16. und 17. Jahrhundert mit einer einzigen Farbe in der Aquarelltechnik arbeiteten. „Nachdem du die Zeichnung befestigt hast, schattest du die Formen mit einer Lavierung ab. Dazu mischst du eine Nußschale voll Wasser und zwei Tropfen Tinte. Male mit einem Pinsel aus Rotmarderhaar. Für die dunklen Stellen kannst du einige weitere Tropfen Tinte hinzufügen."

Cennini erklärte in seinem Buch jene künstlerischen Methoden, die im 14. Jahrhundert bereits in Gebrauch waren. So folgten beinahe alle Künstler bis zur Mitte des 18. Jahrhunderts der von Cennini beschriebenen Malweise. Erst danach begann die eigentliche Aquarellmalerei.

Nehmen wir als Beispiel Raffael und seine Stanzen des Vatikans. Wie bekannt, wurde Raffael von Papst Julius II. damit beauftragt, die Fresken für die neuen Räume des Papstes im Vatikan auszumalen, die unter dem Namen „Stanzen des Vatikans" bekannt geworden sind. In verschiedenen Museen der Welt gibt es noch heute Vorstudien zu diesen Werken: Zeichnungen, Skizzen von Gesichtern und Körperteilen in der Perspektive sowie den endgültigen Karton jeder dieser herrlichen Fresken. Dabei handelt es sich jeweils um sehr sorgfältige Gouachezeichnungen, also monochrome Aquarelle in zwei Sepiatönen (siehe Abbildung 21 auf der gegenüberliegenden Seite: Entwurf zum Fresko „Die Schule von Athen" der Stanzen della Segnatura). Raffael, Leonardo da Vinci und Michelangelo griffen ebenfalls zu diesem Verfahren, wenn sie ein Gemälde oder ein wichtiges Fresko malen wollten.

Das einfarbige Aquarell – oder die Lavierung – wurde normalerweise auch gern für Skizzen in der freien Natur verwendet. Man malte entweder auf grauem Papier oder legte zunächst einen gelben oder ockerfarbenen Hintergrund an, auf dem man anschließend entsprechend dem von Cennino Cennini beschriebenen Verfahren mit Sepia und Wasser malte. Diese Skizzen hatten jedoch nur dokumentarischen Wert: Sie dienten als Vorlage zum Malen eines Ölgemäldes.

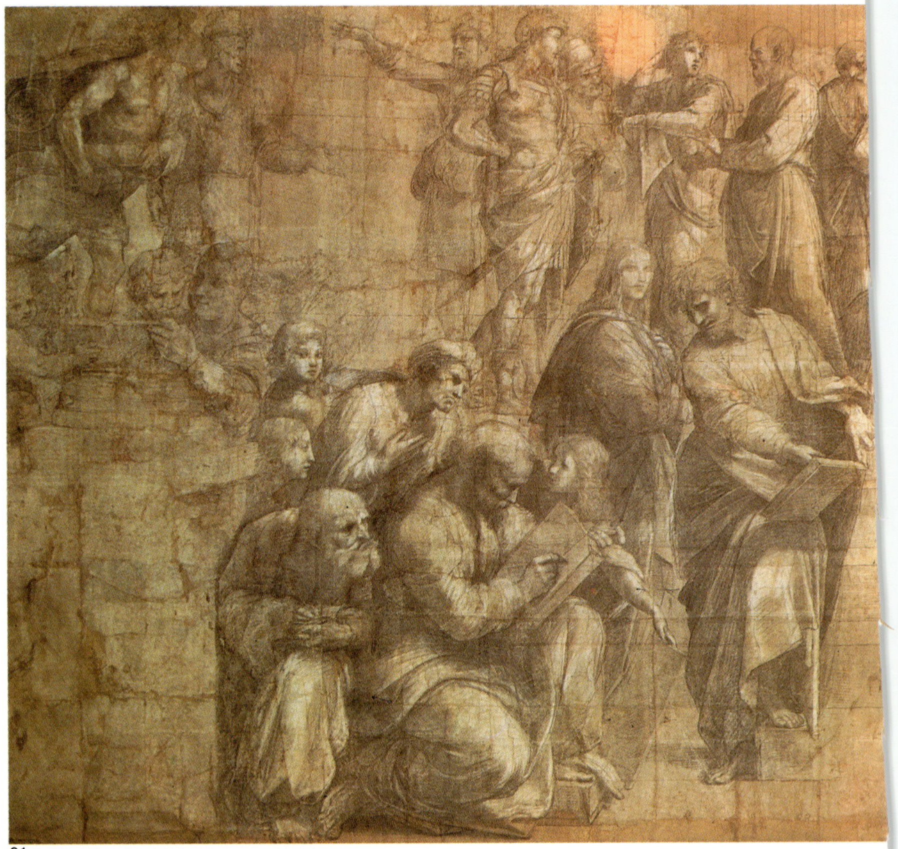

21

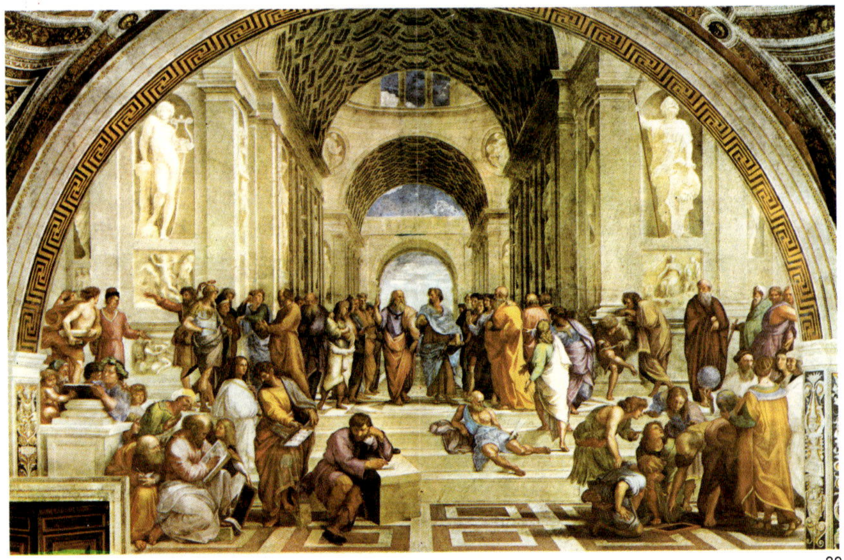

22

Abb. 21: Raffael, *Die Schule von Athen,* Aquarellstudie, Ambrosianische Pinakothek, Mailand.

Abb. 22: Raffael, *Die Schule von Athen,* Fresko in den Stanzen della Segnatura (Ausschnitt), Vatikan. Beachten Sie die Unterschiede zu dem mit Sepiabraun als Lavierung angelegten Entwurf. Sie werden feststellen, daß sich im Fresko zwei oder drei zusätzliche Gestalten befinden. Der Charakter der Gestalten, deren Form, Ausdruck und Haltung und die Verteilung von Licht und Schatten sind jedoch schon sehr genau festgelegt. Auf diese Weise hatten Raffaels Helfer bei der Ausführung des Originalfreskos keine Schwierigkeiten.

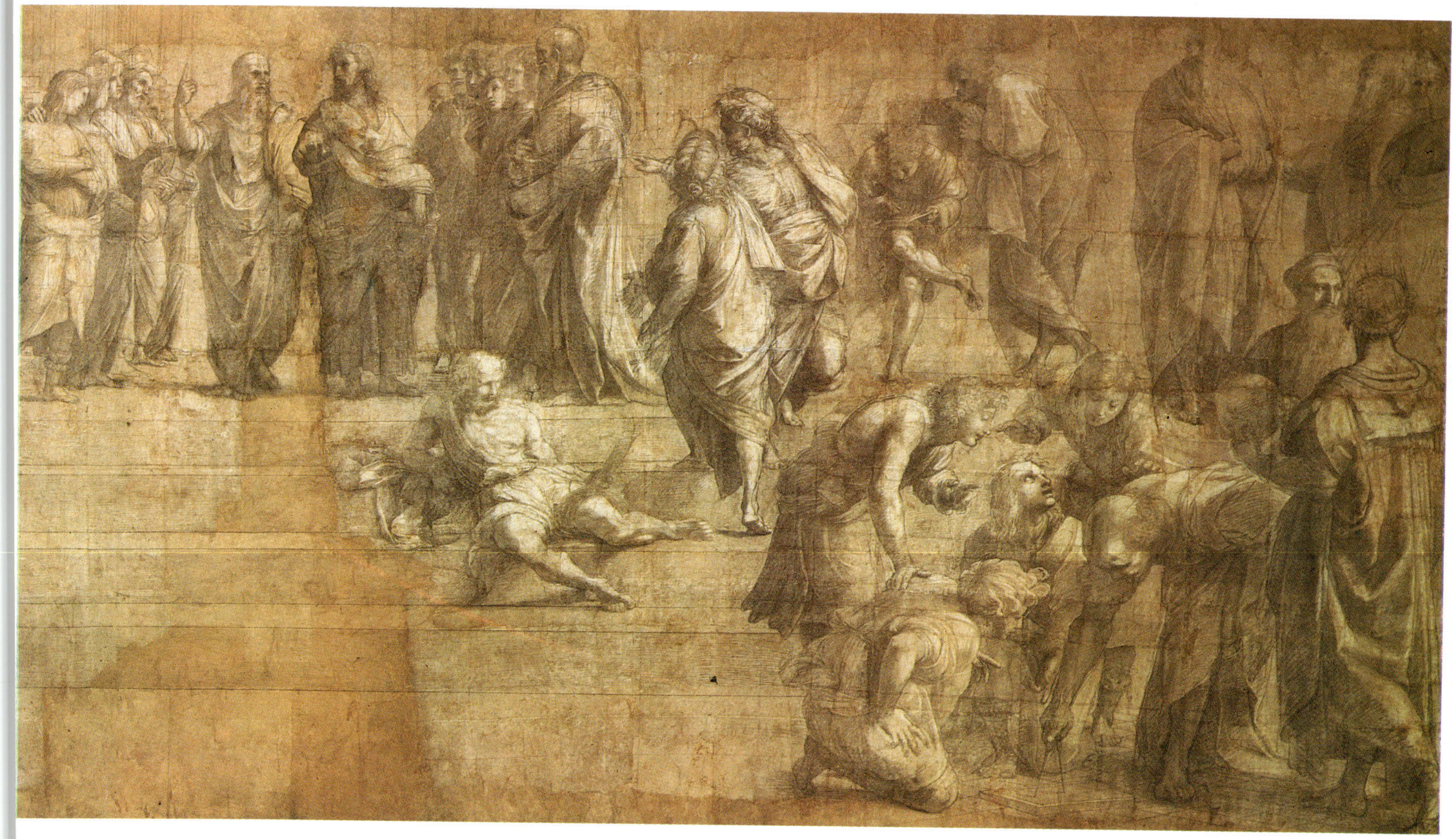

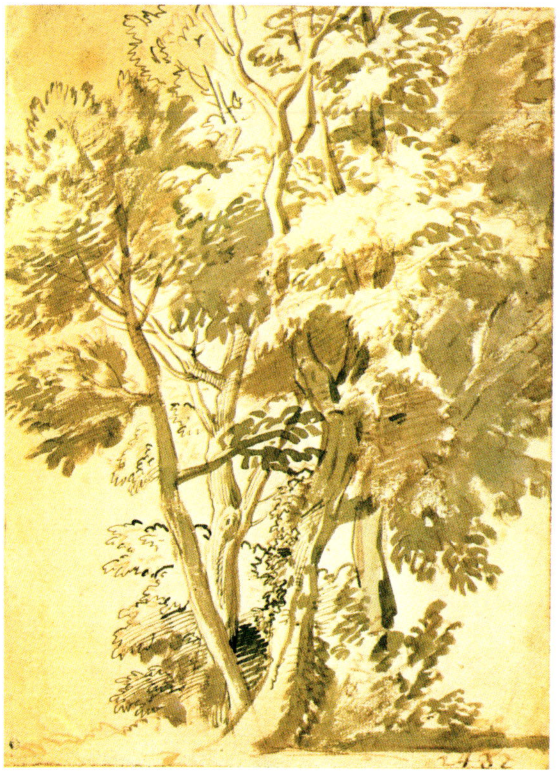

23

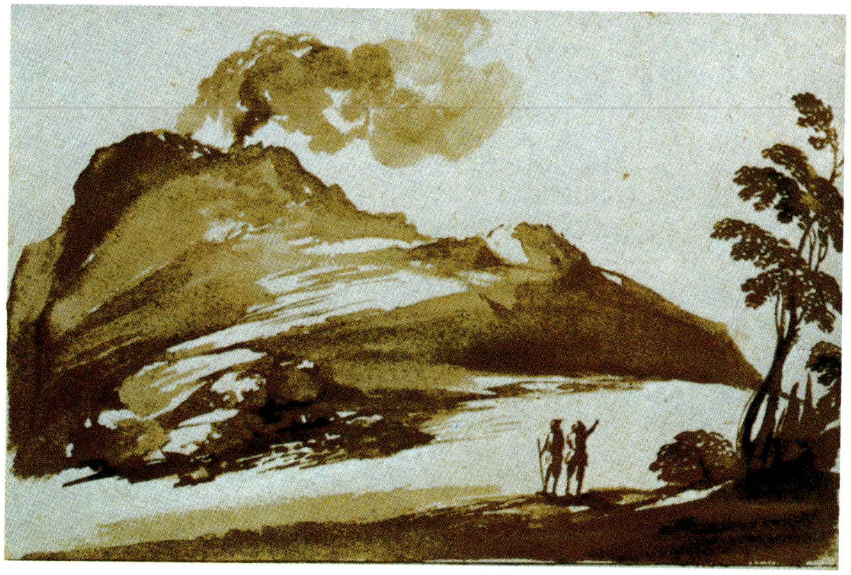

24

Abb. 23: Salvatore Rosa, *Baumstudie,* Lavierung, Ermitage, Leningrad. Ausführung, Sicherheit und Beherrschung dieser Studie sind von einer Qualität, die einem Aquarellmaler unserer Tage nicht nachsteht.

Abb. 24: Guercino, *Die Donau,* British Museum, London. Hier ein Beispiel für eine Lavierung mit Sepiabraun auf grauem Papier. Beachten Sie die Gewandtheit und die technischen Kenntnisse des Künstlers. Mit wenigen Pinselstrichen drückt er die Umrisse des Modells und das Spiel von Licht und Schatten aus und fügt einige Gestalten ein, die die Maße und Proportionen der Landschaft verdeutlichen.

Die Lavierung – eine Vorstufe zum Aquarell

In der Schilderung der historischen Entwicklung der Aquarellmalerei darf der Name Rembrandt nicht fehlen. Rembrandt hat nie eigenständige Aquarelle gemalt. Er schuf jedoch Hunderte von Studien und Skizzen als Lavierung in Dunkelsepia. Sie besaßen eine ungeheure Präzision und Meisterschaft und drückten sowohl das Volumen als auch den Schatten, den Halbschatten, die Reflexe und vor allem die Farbe aus. Es läßt sich ohne weiteres sagen, daß diese Skizzen für Rembrandt eine Art Farbnotiz waren!
Während Rembrandt in Amsterdam Porträts malte, stellte Claude Lorrain in Rom seine Landschaftsbilder her. Es handelte sich um Werke großen Formats, wie er sie bisher noch nie gemalt hatte. Die Aufträge stammten von Päpsten und Königen wie Urban VIII. und Philipp II. von Spanien. Lorrain suchte für seine berühmt gewordenen Landschaftsbilder zunächst ein Thema und führte es in einer Aquarellskizze aus. Dann begab er sich ins Freie, aufs Land, und machte sich dort Notizen in Form kleiner Aquarellbilder, die er stets mit zwei oder drei Farben derselben Skala anlegte: in Siena oder Sepia und Umbra. Ein einziges Landschaftsgemälde in Öl erforderte neben zahlreichen Bleistift- oder Kohlezeichnungen ein Minimum von acht Aquarellen.
Für Claude Lorrains Zeitgenossen Nicolas Poussin gilt dasselbe. Beide Künstler werden als Vorläufer der englischen Schule der Landschaftsmalerei betrachtet. Sie übten einen erheblichen Einfluß auf die englischen Maler aus, die vom 18. Jahrhundert an in der Aquarelltechnik arbeiteten. Nicolas Poussin malte abwechselnd Gemälde mit Gestalten, religiösen Themen und Landschaften, in die er manchmal mythologische Figuren einführte. Wie Lorrain stellte auch Poussin seine Landschaftsbilder nach Dutzenden von Skizzen und Aquarellstudien her. Manche dieser Studien, die maximal mit zwei Farben und gelegentlich auch in Schwarz hergestellt worden sind, besitzen einen derartigen Reichtum an Tönen und Nuancen, daß man sie für Farbskizzen halten könnte.
Rembrandt, Lorrain, Poussin und die meisten anderen Künstler des 17. Jahrhunderts malten noch nicht in der Aquarelltechnik. Sie entwickelten die Lavierung jedoch so weiter, daß sie einen Eigenwert bekam und mehr war als ein Hilfsmittel für die Ölmalerei. Es handelte sich bereits um eine eigenständige Malweise, die dieselbe Technik erforderte wie die Aquarellmalerei. Nur ein entscheidender Anstoß fehlte noch, um dem Aquarell zum Durchbruch zu verhelfen. Diesen Anstoß gab die „große Reisewelle".

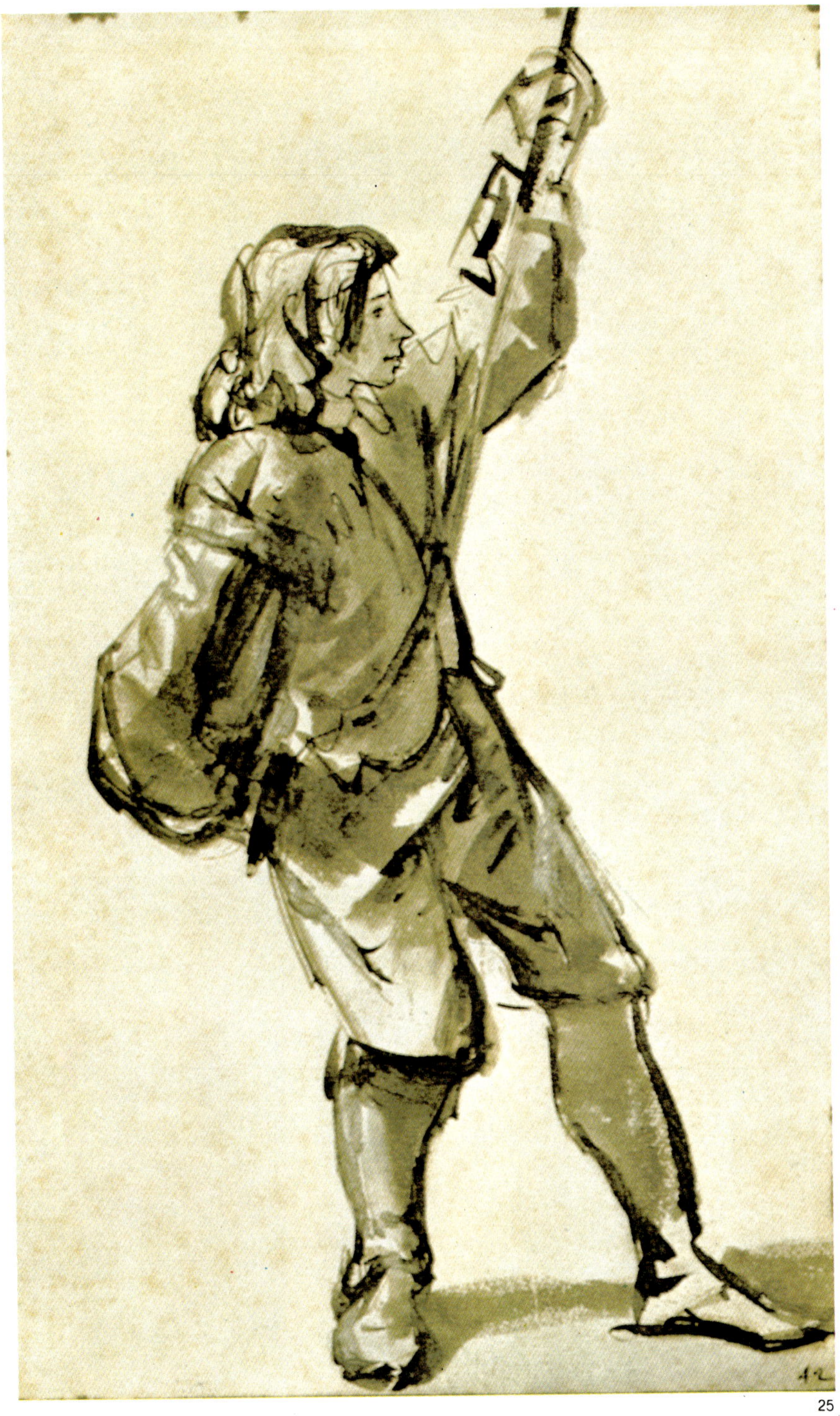

25

Abb. 25: Rembrandt, *Studie einer Gestalt,* Rijksmuseum, Amsterdam. Wie anhand dieser Skizze festzustellen, beherrschte Rembrandt die Lavierung hervorragend. Dieses Können beruhte auf einer absoluten Sicherheit des Aufbaus seiner Zeichnung.

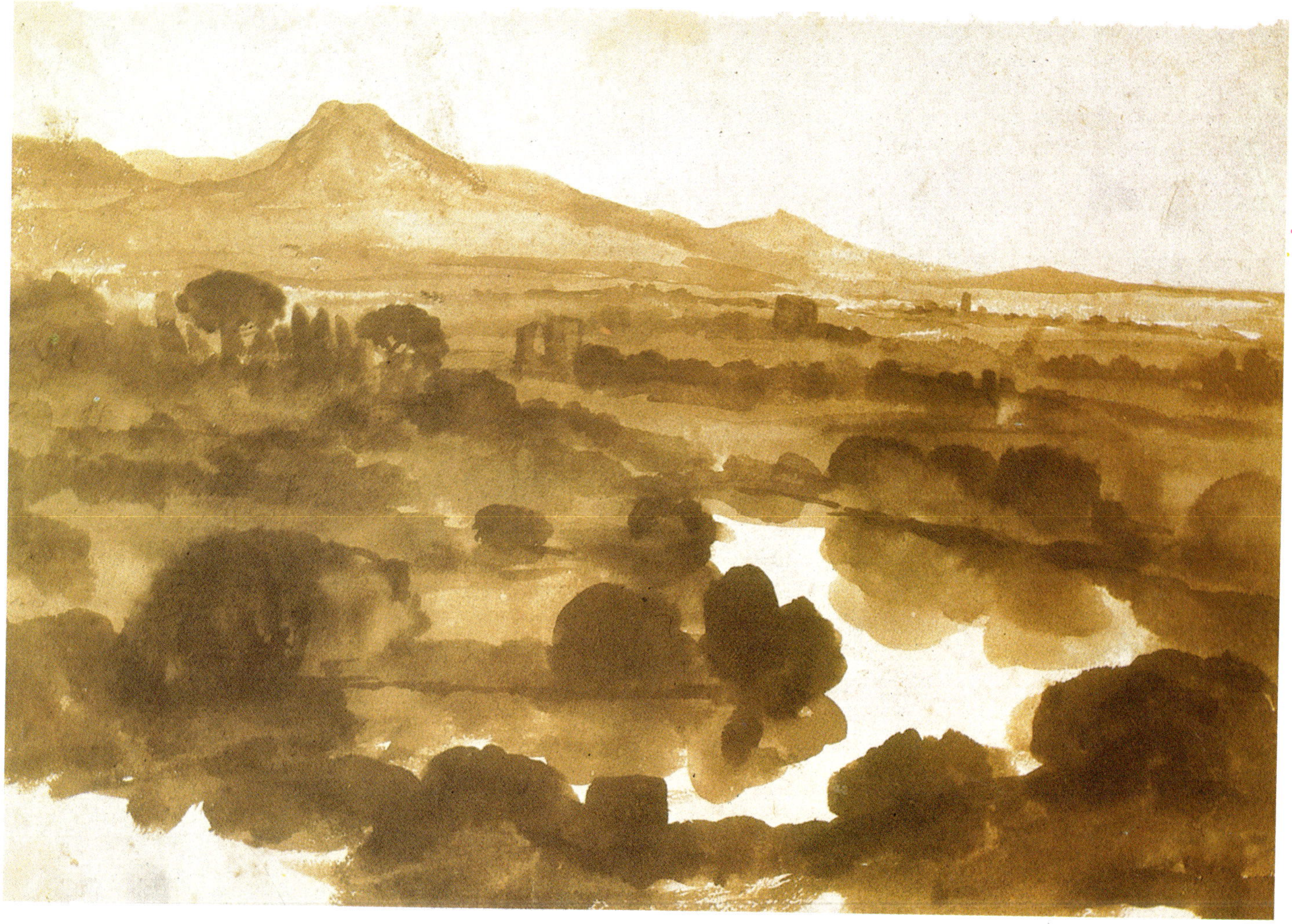

26

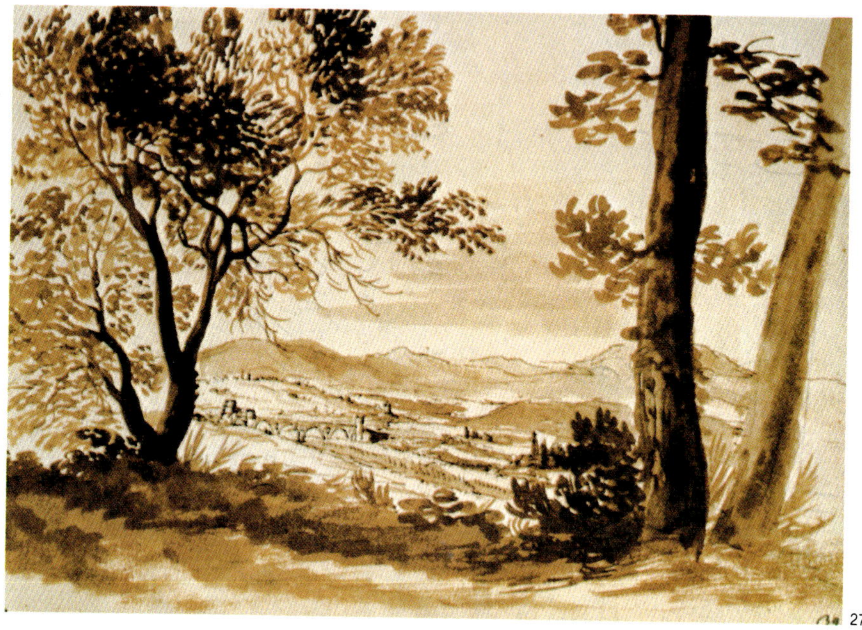

27

Abb. 26: Claude Lorrain, *Landschaft mit Fluß*. Blick auf den Tiber vom Monte Mario in Rom, British Museum, London.

Abb. 27: Nicolas Poussin, *Die Moller-Brücke bei Rom*, Albertina, Wien.

Das 18. Jahrhundert

Die Engländer entdeckten Rom.
Um die Mitte des 18. Jahrhunderts entdeckten die Engländer Rom. Damals begann König Georg II. aus dem Hause Hannover England gerade von einem Agrarland in eine Industrie- und Handelsnation zu verwandeln. Fabriken lösten Familienbetriebe ab, der Handel wandte sich neuen Gefilden zu und versuchte, auf dem Kontinent und in den Kolonien Fuß zu fassen. Hunderte von Kaufleuten, Industriellen, Intellektuellen und Adeligen überquerten den Ärmelkanal und reisten zwischen England und dem alten Kontinent hin und her.
Das Reisen kam in Mode.
Die Reiseroute mußte über Frankreich und die Schweiz nach Italien führen. Ziel war die Stadt Rom mit den Pflichtbesichtigungen des Kolosseums, des Titusbogens und der Thermen von Caracalla. Denn Ruinen standen hoch im Kurs. Man schrieb das Jahrhundert der Bildungsreisen und der Kunst des Neoklassizismus.
Die „Entdeckung Roms" durch die Engländer hatte einen erheblichen Einfluß auf den Kunstgeschmack dieser Epoche. Die Reisenden besuchten zunächst Paris und den Louvre. Dort lernten sie die großen Gemälde von Nicolas Poussin und Claude Lorrain kennen. Beide sind Vorläufer des Neoklassizismus.
Anschließend überquerten die Reisenden die Alpen und erreichten Italien und seine Hauptstadt Rom.
All diese Begegnungen, diese Empfindungen gipfelten in dem Wunsch, ein bildnerisches Andenken von der ewigen Stadt mit nach London zurückzunehmen.
Grafische Erinnerungsstücke in Form von Radierungen in Schwarz und Sepia gab es seit Beginn des 18. Jahrhunderts in Rom und Venedig. Bereits 1703 hatte Lucas Carlevari 103 Radierungen herausgegeben. 1730 schloß Canaletto, dessen Veduten – Ansichten – von Venedig Berühmtheit erlangt hatten, einen Vertrag mit dem späteren britischen Konsul Joseph Smith, der die Lieferung und den Verkauf von mehr als 140 Radierungen in England zum Inhalt hatte. 1745 veröffentlichte Piranesi 135 Veduten des antiken Roms, von denen Tausende von Abzügen hergestellt wurden.
Zu dieser umfangreichen Produktion von Veduten, die ständig durch Arbeiten von Künstlern aus ganz Europa ergänzt wurden (von den Italienern Ricci, Panini, Guardi etc., den Engländern Pars, Grimm, Rookers, Cozens etc.), kamen die englischen Radierungen und Kupferstiche in Schwarz und Sepia. Sie stellten Landschaften und Städte, Denkmäler, Flüsse, Stilleben, Pferde, Hunde etc. dar und sollten das Innere der Häuser schmücken. Hergestellt wurden sie von Grafikern, denen die Engländer die Bezeichnung Druckgrafiker verliehen.
Eines Tages kam einer dieser Grafiker angesichts der italienischen Veduten auf den Gedanken, den Stichen einen etwas größeren künstlerischen Wert zu verleihen und sie mit Hilfe der transparenten Aquarellfarbe aufzuwerten. Die Kolorierung entwickelte sich rasch weiter, so daß die Stiche am Ende eher Gemälden als Grafiken ähnelten.
An dieser Verwandlung der Grafiken in Gemälde hatte unter anderem auch Paul Sandby seinen Anteil, den die Engländer als den „Vater des Aquarells" bezeichnen. Sandby war einer der wenigen englischen Künstler, die nicht nach Italien reisten. Er verfolgte das Phänomen der Bildungsreisen jedoch intensiv und gravierte sogar Platten von Ruinen, die er selbst mit Aquarellfarbe aufwertete. Anstatt die Stiche jedoch routiniert in Serienproduktion zu kolorieren, bemühte sich Paul Sandby, jeden Abzug in ein gesondertes, wertvolles Werk zu verwandeln. Auf diese Weise konnte er die Techniken und Regeln der Aquarellmalerei gründlich untersuchen und vervollkommnen.
Paul Sandby war zusammen mit seinem Bru-

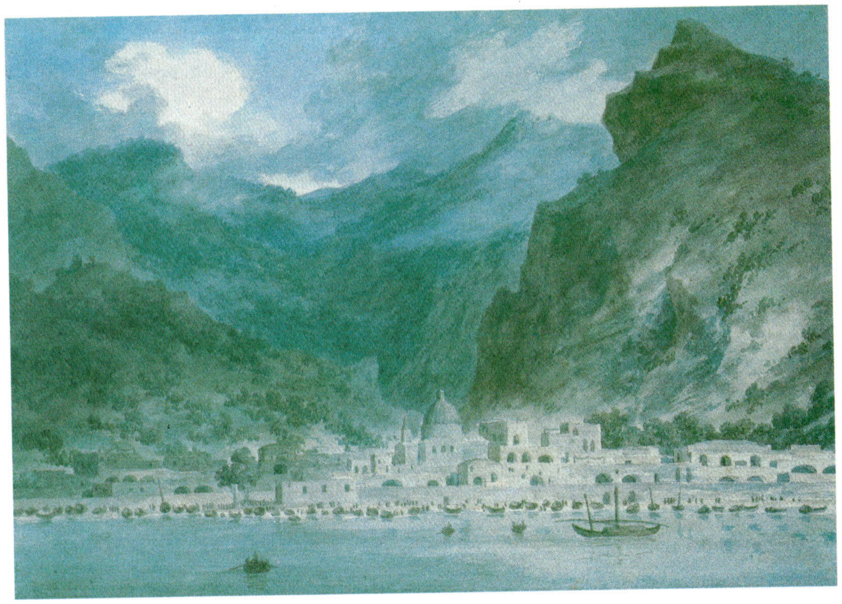

28

Abb. 28: John Robert Cozens, *Cetara, ein Fischerdorf bei Salerno.* J. R. Cozens brach mit der englischen Tradition, eine Zeichnung zu „illuminieren", also zu kolorieren. Statt Linien zu ziehen, begrenzte er die Formen mit Farben und Tönen.

29

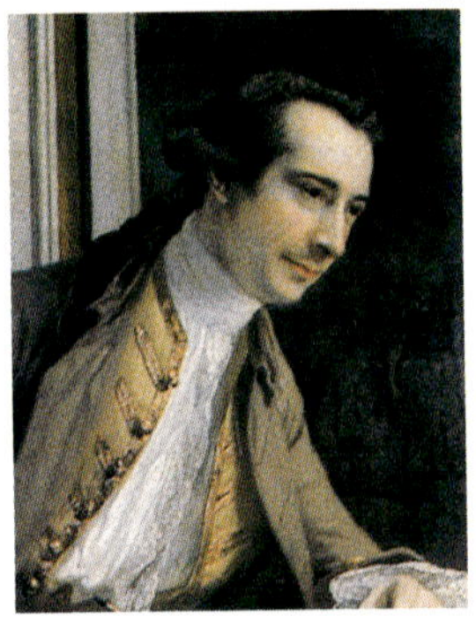

Abb. 29: Francis Cotes, *Porträt von Paul Sandby,* Tate Gallery, London.

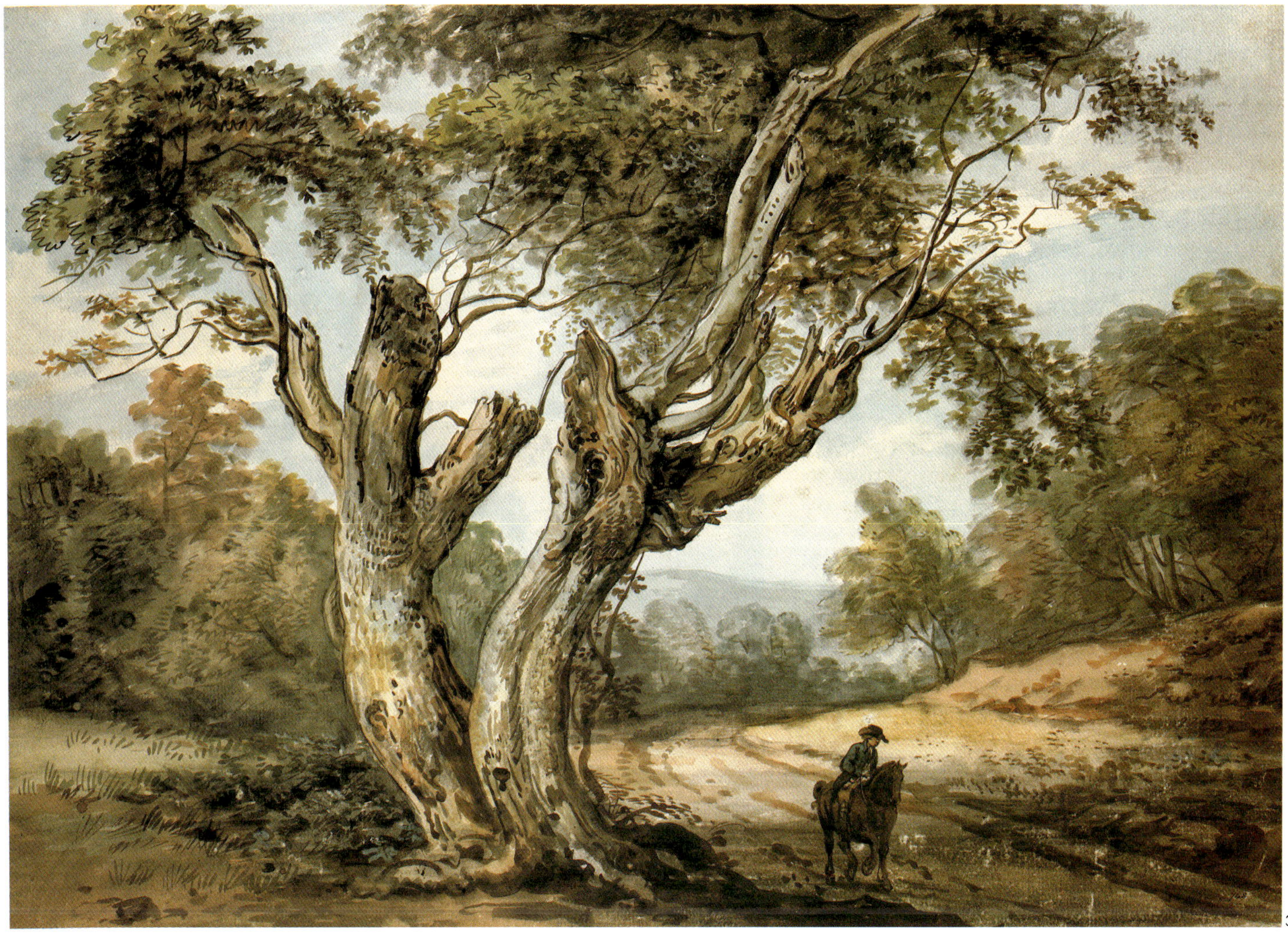

30

der Thomas – ebenfalls ein Aquarellmaler und Druckgrafiker – Gründungsmitglied der Königlichen Akademie von London.
1752 begann Sandby im Park von Windsor zu malen. Er war damals 27 Jahre alt. Seine Technik und sein Stil behielten bis zum Ende des 18. Jahrhunderts einen großen Einfluß auf alle englischen Künstler, die sich mit der Landschaftsmalerei in Aquarellfarben befaßten. Erwähnt seien hier insbesondere die Namen William Pars, Francis Towne, Rowlandson, Francis Wheatley und vor allem John Robert Cozens.
William Pars begleitete im Alter von 22 Jahren eine archäologische Expedition nach Griechenland. Seine griechischen Zeichnungen, von denen er später Stiche herstellte, haben ihn bekannt gemacht. Kurz darauf ging er nach Rom und lebte dort bis zu seinem Tod im Jahre 1872.
In Rom lernte Pars auch Cozens, Jones und Towne kennen, dessen enger Freund er wurde. William Pars malte bald ohne mit Bleistift oder einer Feder gezeichnete Umrisse oder sonstige Begrenzungen. Seine Aquarelle von den antiken Gebäuden sind wahre Kunstwerke.
Im Gegensatz zu Pars drückte Francis Towne die Form mit Hilfe feiner Konturen aus. Sie bezeichnen die Körper mit ihrer hellen, kühnen Farbgebung. Rowland wurde später ein berühmter Karikaturist. Er verlieh seinen Gestalten und Landschaften einen ganz eigenen Charakter. Wheatley führte eine lebhafte Farbskala mit Gelb-, Rot- und Blautönen ein und reicherte seine felsigen Landschaften mit Gestalten an.
John Robert Cozens war bei seinem Vater, einem Zeichner, in die Lehre gegangen. Er malte mit einer beschränkten Farbskala aus Grau-, Siena-, Grün- und Blautönen. Seine Kompositionen waren so gründlich ausgearbeitet, daß man von jedem einzelnen Bild als einem Gedicht sprechen könnte.

Abb. 30: Paul Sandby, *Allee im Park von Windsor*, Victoria and Albert Museum, London. Die Engländer betrachten Paul Sandby als den „Vater des Aquarells". Sandby begann als topographischer Zeichner von Ruinen und antiken Gebäuden und untersuchte anhand dieser Darstellungen die Techniken und Möglichkeiten des Aquarells. Seine Werke wurden reifer, als er im Park von Windsor zu malen begann. Dort entwickelte er neue Vorstellungen, die in den folgenden dreißig, vierzig Jahren von allen englischen Künstlern übernommen wurden, die Landschaften mit Aquarellfarben malten.

Das 18. Jahrhundert

Im Frühjahr 1804 wurde die erste Gesellschaft der Aquarellmaler gegründet. Ein Jahr darauf – auch das war eine Weltpremiere – fand die erste Ausstellung von Aquarellbildern statt. Beides ereignete sich natürlich in England.
Die Königliche Akademie von London, die damals bereits seit dreißig Jahren existierte, ließ gegen Ende des 18. Jahrhunderts noch keine Aquarellbilder bei ihren Ausstellungen zu. Sie beschränkte sich ausschließlich auf die Ölmalerei. Bei anderen Ausstellungen mußten die Aquarellmaler immer wieder feststellen, daß ihre Bilder ungünstig aufgehängt wurden, während die besser beleuchteten Wände der Ölmalerei vorbehalten blieben. Das war eine ungerechtfertigte Diskriminierung. Deshalb gründeten die Aquarellmaler eine eigene Gesellschaft und veranstalteten gesonderte Ausstellungen für ihre Werke.
Ende des 18. Jahrhunderts erkannten einige berühmte Künstler wie Hogarth, Reynolds und Gainsborough die Vorzüge und den Wert der Aquarellmalerei als eigene Malweise nicht nur an, sie verwendeten sie auch selbst als Ausdrucksform in ihren Werken.
Die Thematik der Aquarelle beschränkte sich inzwischen nicht mehr ausschließlich auf Landschaftsbilder in der Pleinairmalerei, sie hatte sich auf anspruchsvollere Bereiche wie das Stilleben und Gruppendarstellungen ausgedehnt. Auf letzterem Gebiet bewiesen Henry Fuseli und mehr noch William Blake ein außerordentliches Können und hervorragendes Vorstellungsvermögen. Fuselis Werke sind charakterisiert durch die übertriebene Linienführung der Bewegungen und Gesten seiner manchmal ungewöhnlich bekleideten Gestalten. William Blake wurde zunächst durch seine Gedichte bekannt, die er mit eigenen Aquarellen illustrierte und selbst herausgab. Besonders berühmt sind seine Aquarelle zum „Buch Hiob“ und seine Illustrationen zu Dantes Gedichten.

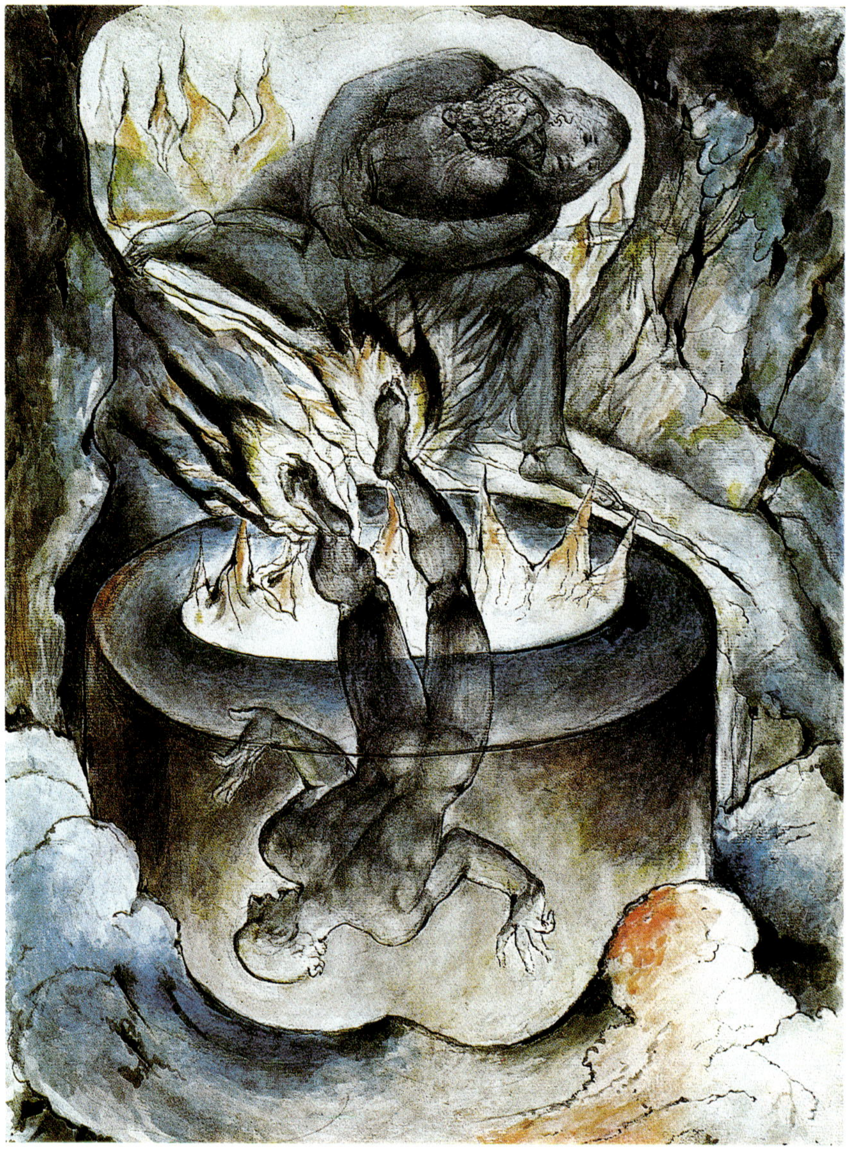
31

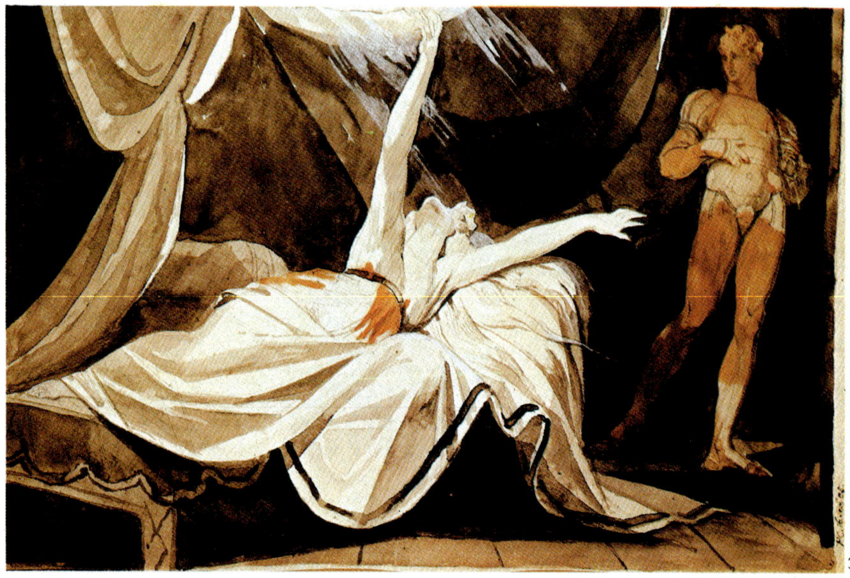
32

Abb. 31: William Blake, *Der simonische Papst*, Tate Gallery, London. Blake war ein genialer, äußerst begnadeter Dichter, Maler und Zeichner. Er illustrierte sowohl eigene Gedichte als auch Werke von Milton, Shakespeare und Dante. In den Interpretationen der Texte dieser Dichter bewies er sein außerordentliches Talent und seine Vorstellungskraft.

Abb. 32: John Henry Fuseli, *Kriemhild sieht im Traum den Tod von Siegfried, Kunsthaus, Zürich.* Fuseli war ein Intellektueller Schweizer Herkunft, der sich als Übersetzer und gelegentlicher Zeichner in England niederließ. Reynolds regte ihn zum Malen an. Einige Ölgemälde und Aquarelle, die sich durch eine originelle Konzeption des Themas auszeichnen, machten ihn berühmt.

Dr. Monro und Turner

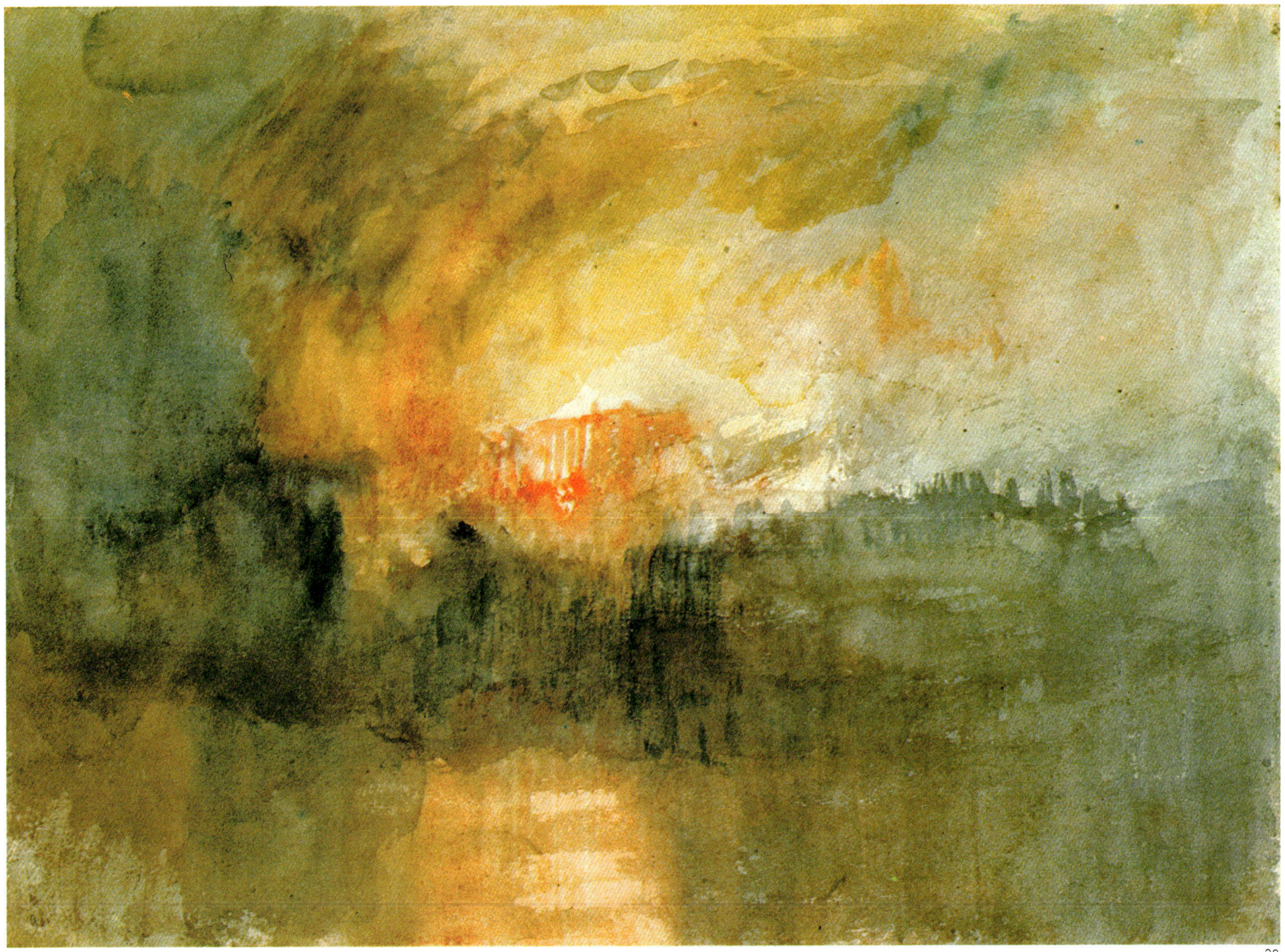

33

Das Haus des Doktor Monro auf der Adelphi-Terrasse in London mit Blick auf die Themse spielte eine bedeutende Rolle in der englischen Aquarellmalerei. Der Arzt Dr. Monro war ein begeisterter Anhänger dieser Maltechnik. Er malte zu seinem eigenen Vergnügen, sammelte Bilder und war der Freund zahlreicher junger Künstler. Er half ihnen, indem er ihre Bilder kaufte und weitere Käufer für sie suchte. In seiner Sammlung befanden sich unter anderem Werke von Rembrandt, Canaletto, Lorrain sowie Aquarelle von Sandby und Studien und Gemälde von Cozens.
Im Jahre 1794 beschloß Dr. Monro, eine Akademie für junge Aquarellmaler in seinem Haus einzurichten.

34

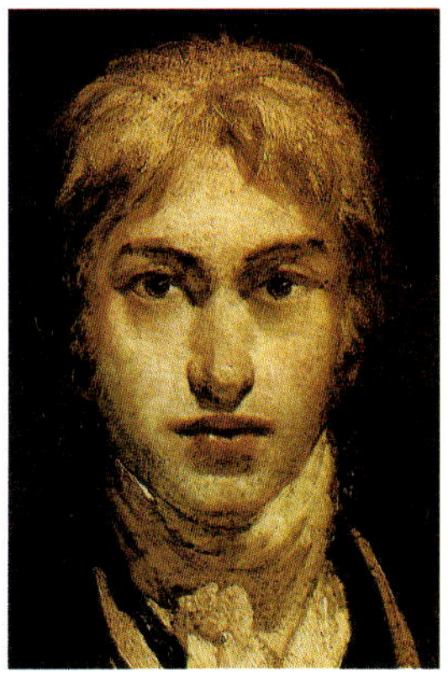

Abb. 33, 34: William Turner, *Der Brand des Parlaments in der Nacht zum 16. Oktober 1834,* British Museum, London. Unten: *Selbstporträt,* Tate Gallery, London. Turner war zweifellos der beste und berühmteste Aquarellmaler Englands.

Die Nachricht verbreitete sich rasch. Bald stellten sich die ersten jungen Leute ein. „Damit ihr hier jeden Abend gemeinsam malen könnt, gebe ich euch eine halbe Krone und eine Mahlzeit. Zum Ausgleich dafür lernt ihr nach den Reiseskizzen von Cozens Aquarelle zu malen“, schlug Dr. Monro ihnen vor. Die entstandenen Werke blieben im Besitz von Dr. Monro.
Kurz nach der Eröffnung der „Akademie“ fanden sich bereits der junge Turner, Girtin, Cotman, Cox und de Wint bei Dr. Monro ein, die später die größten englischen Aquarellmaler des 18. Jahrhunderts werden sollten.

Turner und Girtin

Abb. 35, 36: William Turner, *Venedig. Unten: Venedig, San Giorgio Maggiore, von der Zollstation gesehen,* British Museum, London. Turner malte diese beiden Aquarelle auf seiner letzten Reise nach Venedig. Sie werden wegen ihrer Licht- und Farbwirkung als seine interessantesten Werke betrachtet.

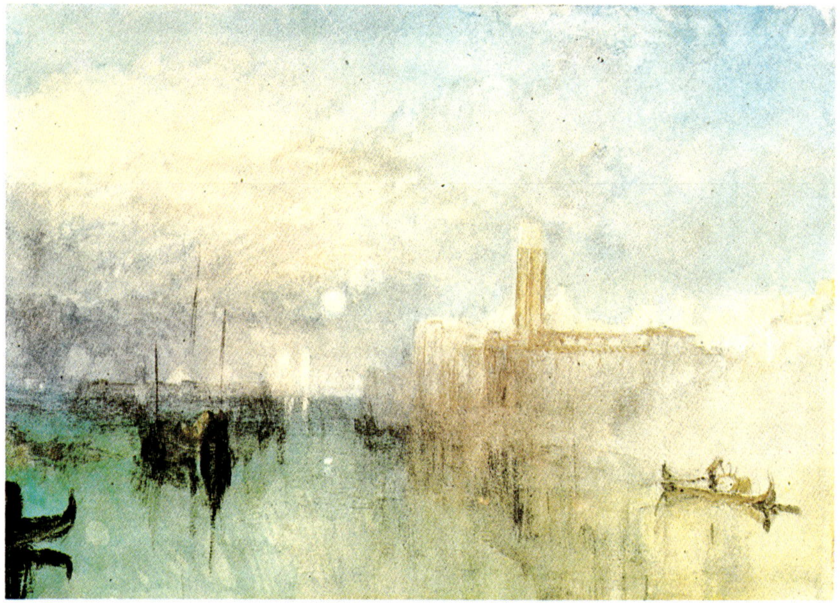

35

36

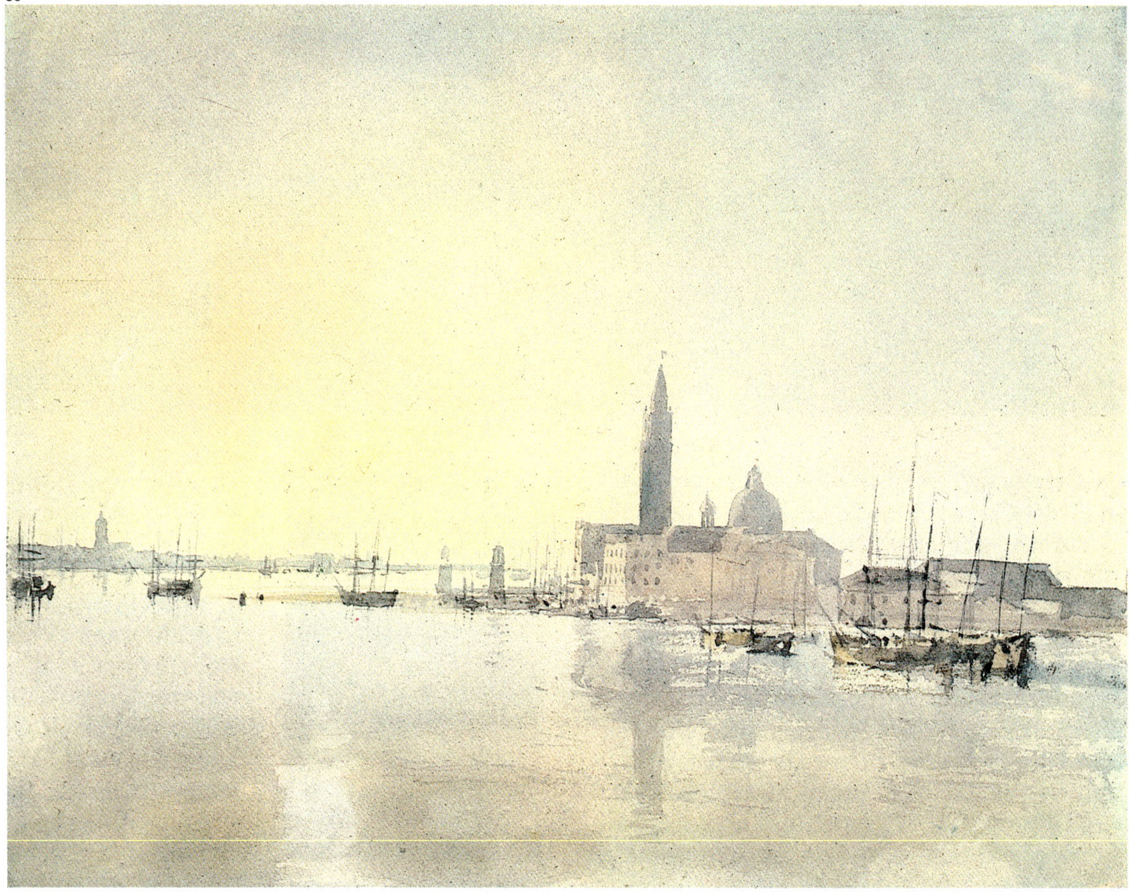

Turners Begabung für die Aquarellmalerei zeigte sich früh. Schon im Alter von neun Jahren kolorierte er Stiche für einen Buchhändler. Mit 13 Jahren arbeitete er als Lehrling bei dem typografischen Aquarellmaler Thomas Malton. Dieser brachte ihm die Perspektive bei. Er war 15 Jahre alt, als die Königliche Akademie eines seiner Aquarelle annahm. Mit 21 Jahren stellte er seine ersten Gemälde in der Akademie aus, und mit 24 Jahren wurde er deren Mitglied: zu jener Zeit ein unfaßbares Ereignis.

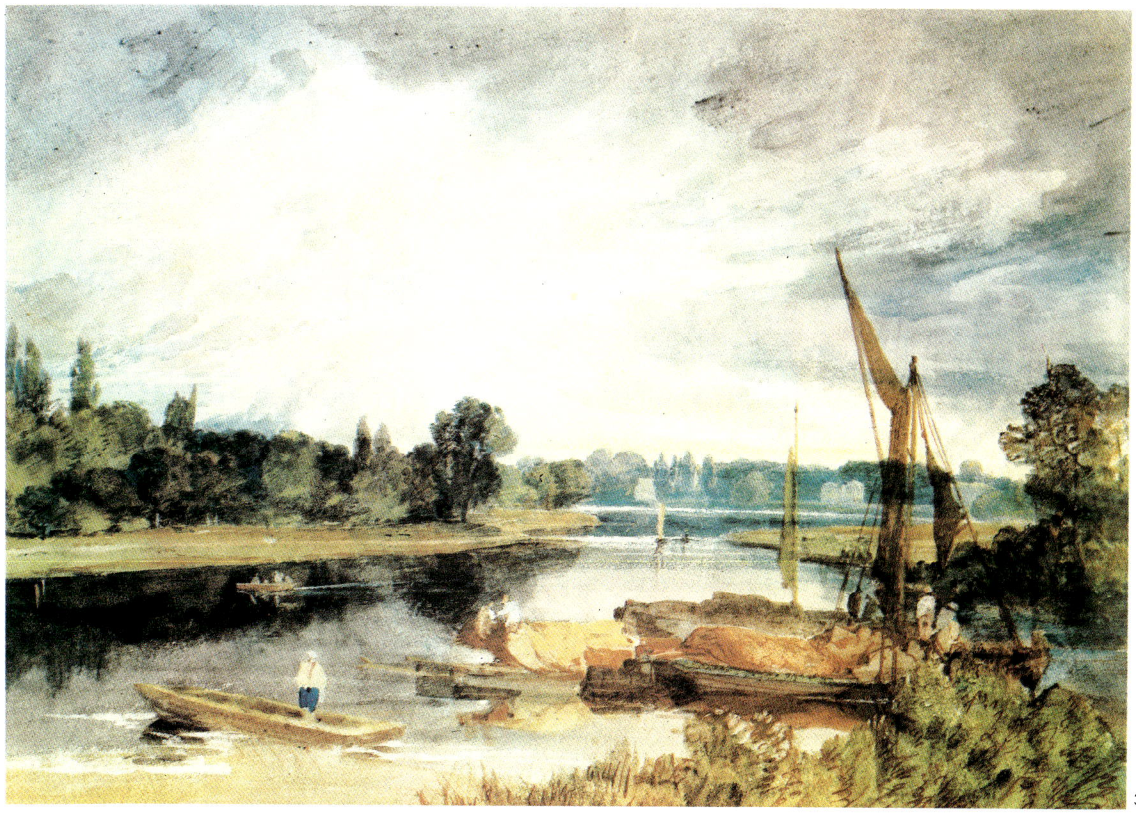

37

Abb. 37: William Turner, *Szene auf der Themse mit Kähnen und einem Kanu,* British Museum, London. Turner war einunddreißig Jahre alt, als er dieses Aquarell am Ufer der Themse malte. Der Künstler beweist hier sein Talent als Maler und Zeichner und seine Beherrschung des Aquarells in der Naß- und Trockentechnik. Dreizehn Jahre später malte er seine Aquarelle von Venedig (vorige Seite).

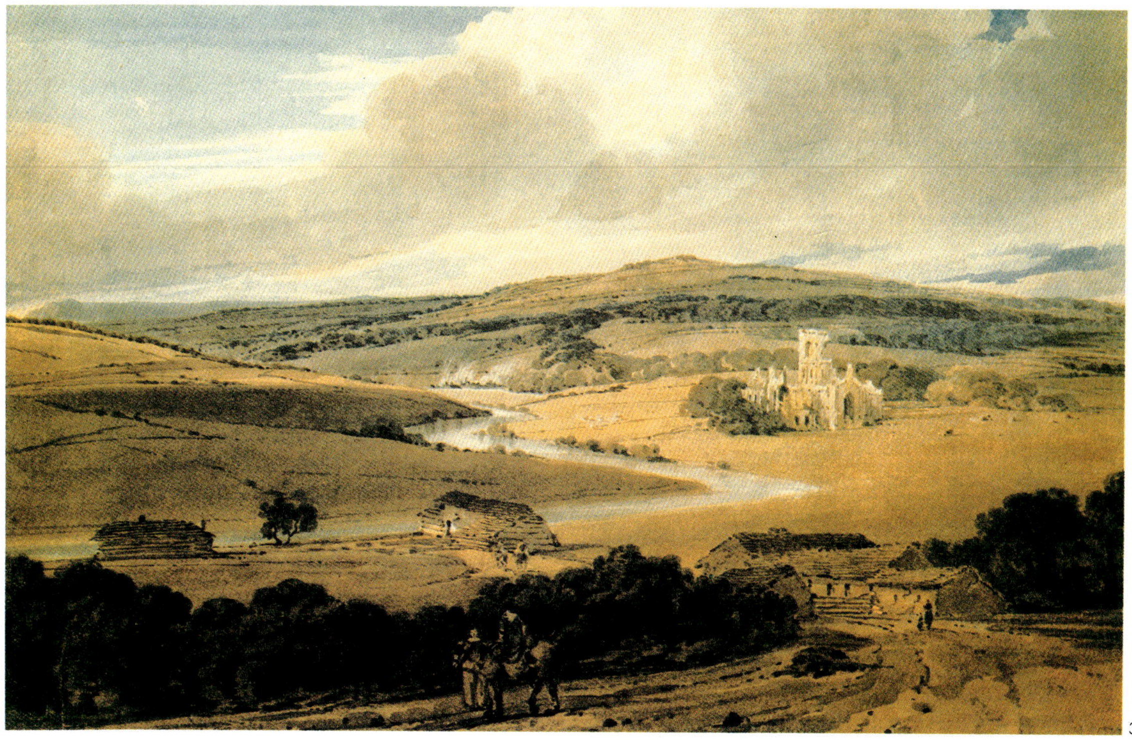

38

Abb. 38: Thomas Girtin, *Die Abtei von Kirkstall in Yorkshire,* British Museum, London. Girtin wurde im selben Jahr wie Turner geboren (1775) und lernte mit ihm gemeinsam in der Akademie von Dr. Monro. Er war für Turner und viele andere Künstler des 18. Jahrhunderts Vorbild und unverzichtbare Bezugsperson, die man um Rat fragte und der man in künstlerischer und technischer Hinsicht folgte. Thomas Girtin war eines der wichtigsten Glieder in der Entwicklung der englischen Aquarellmalerei.

Nach dem Besuch der Akademie des Dr. Monro begann Turner ab 1797 abwechselnd Ölgemälde und Aquarelle zu malen. Er gab die Aquarellmalerei nie ganz auf. Turner unternahm vier Reisen nach Italien und ging auch nach Venedig. Dort gelangen ihm Aquarelle, deren Licht- und Farbwirkung als die kreativsten seines gesamten Werkes betrachtet werden. Die französischen Impressionisten sagten: „Einer unserer Vorläufer war ein großer Meister der englischen Schule: William Turner."

Bonington, Cotman

Richard Parkes Bonington gehört zu den bedeutenden Künstlern der englischen Aquarellmalerei. Im Alter von 15 Jahren zog er mit seinen Eltern von Nottingham nach Calais. Dort wurde der französische Aquarellmaler F. L. Tomas Francia sein Lehrer, der zusammen mit Turner und Girtin in der Akademie des Dr. Monro begonnen hatte. Bonington ging anschließend nach Paris. Bald verband ihn eine enge Freundschaft mit Delacroix und der junge Engländer wurde in ganz Paris bekannt.
Jean-Baptiste Camille Corot war hell begeistert von Boningtons Aquarellen. Bisher hatte Corot die Möglichkeiten der Aquarellmalerei restlos verkannt. Man kann ohne weiteres behaupten, daß Bonington über seine Malerfreunde und sonstigen Bekannten Frankreich mit den Vorzügen der Aquarellmalerei bekannt machte. 1825 kehrte Bonington nach England zurück und traf erneut mit Delacroix zusammen. Unterdessen entschieden sich in Frankreich Künstler wie Roqueplan und Isabey für die Aquarellmalerei. Sie ahmten Boningtons Malweise nach, die man bald als den „Bonington-Stil" bezeichnete. Der Name hielt sich bis zum Tod des Künstlers, der im Jahre 1828 im Alter von 27 Jahren an Schwindsucht starb.
John Sell Cotman gehört ebenfalls zu den englischen Künstlern, die gesondert erwähnt werden sollten. Er malte einige der schönsten Landschaftsbilder Englands des 19. Jahrhunderts.
Es wird berichtet, daß Cotman seinem Sohn, der ebenfalls Maler werden wollte, folgenden Rat gab: „Halte dich streng an die Wahrheit. Laß etwas fort, wenn du es möchtest; füge jedoch nie etwas hinzu." Dieser Ausspruch kennzeichnet Cotman. Er beherrschte die Zeichnung und die Synthese; er faßte zusammen, harmonisierte die Form, bereicherte die Farben und legte stets Wert auf die Komposition des Bildes. Er brachte die Technik des feuchten Aquarells zur Perfektion.

Abb. 39, 40: Richard Parkes Bonington. Rechts: *Die St. Armand-Abtei in Rouen,* Privatsammlung, England. Unten: *Venedig, der Dogenpalast,* Sammlung Wallace, London. Diese beiden Aquarelle genügen, um Bonington als außergewöhnlichen Künstler auszuweisen. Beachten Sie zunächst das diagonale Kompositionsschema. Mit Hilfe der Perspektive erhält das Bild von Venedig Tiefe sowie eine Vorstellung von Atmosphäre oder zwischengeschobener Fläche, da man instinktiv den Vordergrund mit den verschwommeneren hinteren Ebenen vergleicht. Beachten Sie den Wechsel der Farbskala (oben eine kalte, unten eine warme Farbskala) und die Einfügung von Gestalten. Sie machen die Bilder lebendiger und dienen als Anhaltspunkte, um die Maße und Entfernungen besser beurteilen zu können.

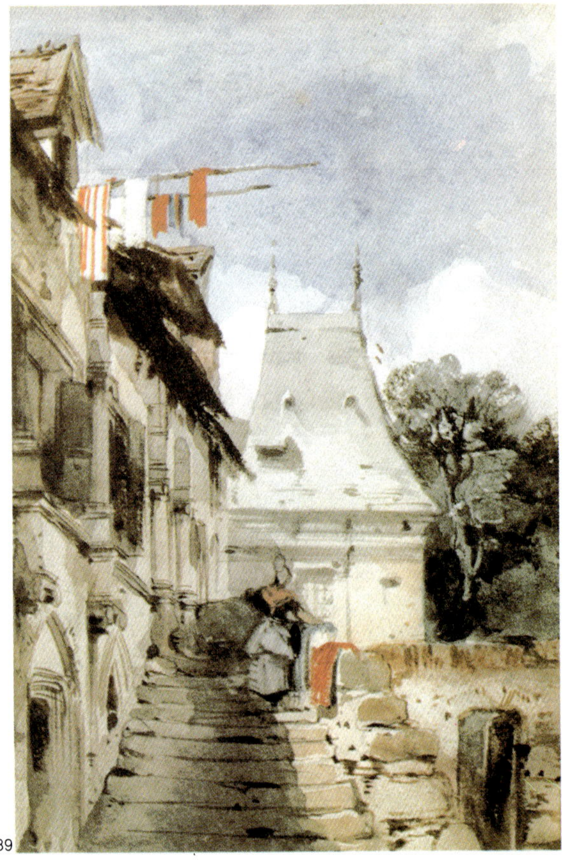
39

40
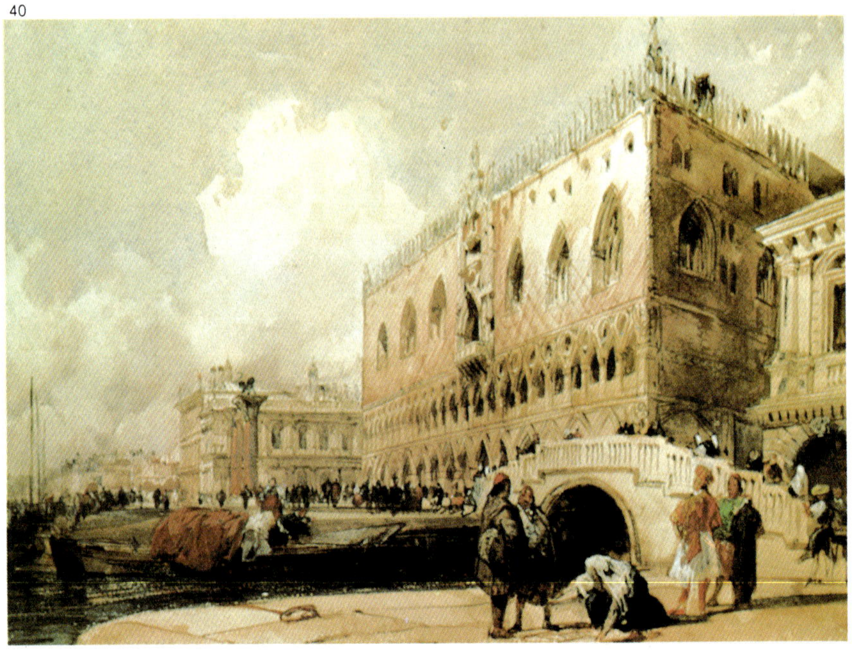

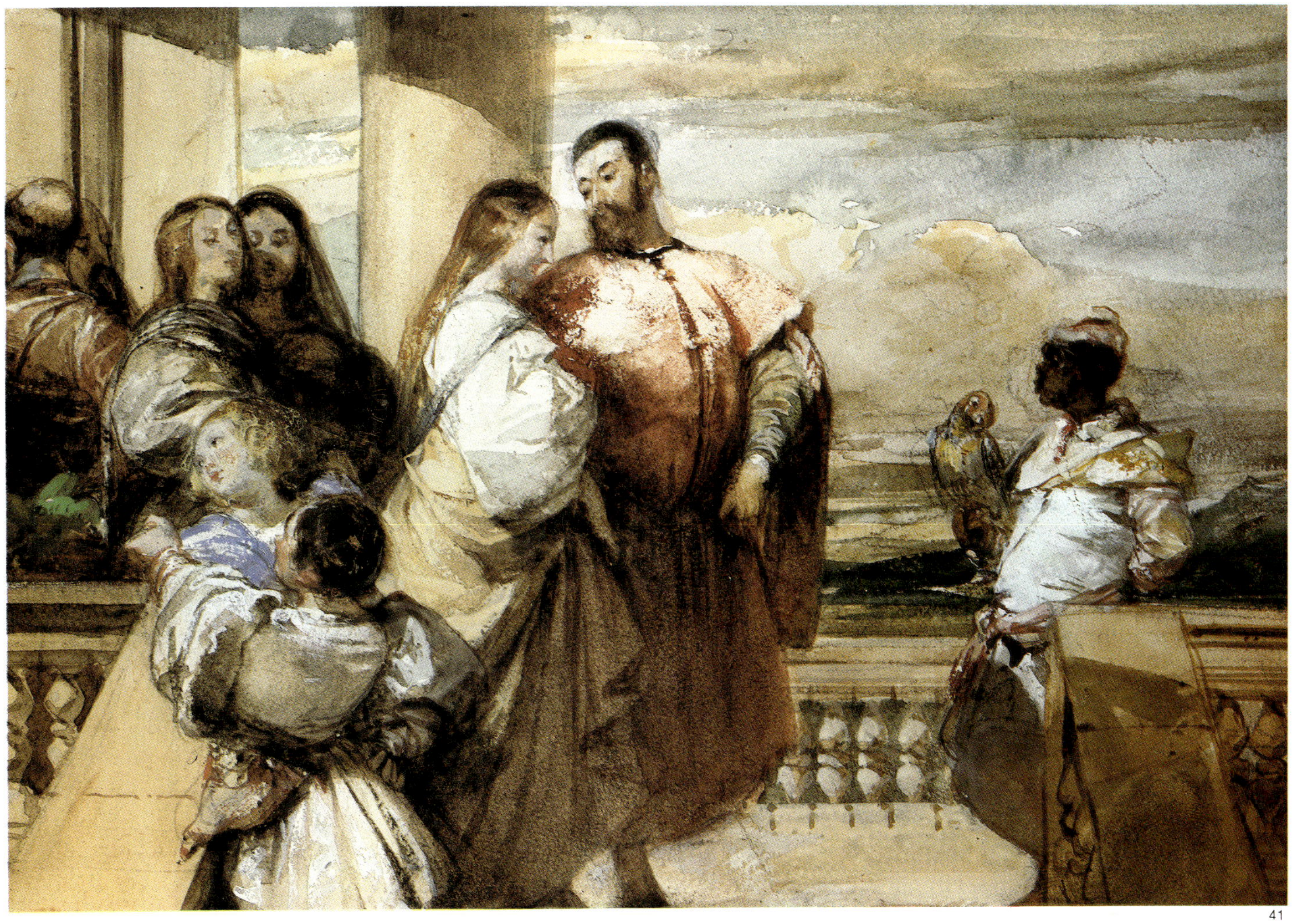

41

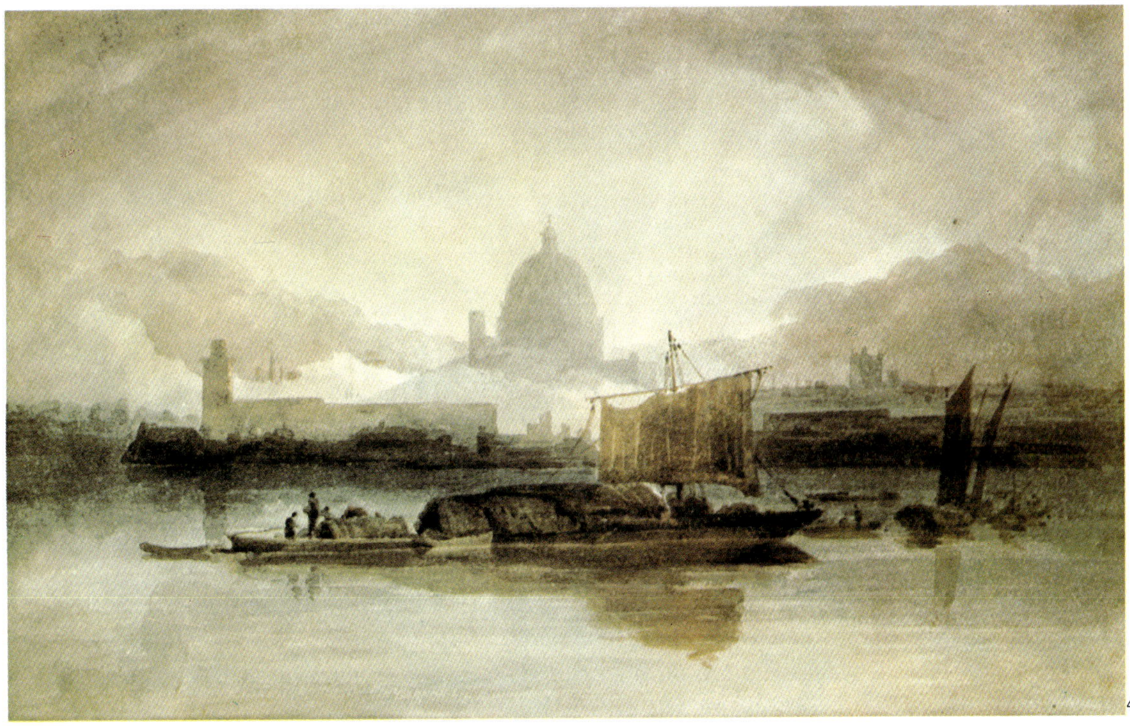

42

Abb. 41: Richard Parkes Bonington, *Eine Szene in Venedig,* Sammlung Wallace, London. Bonington malte seine Aquarelle von Landschaften mit derselben Perfektion wie seine Gestalten. Er lebte mehrere Jahre in Frankreich, wo er entscheidend zur Verbreitung dieser Malweise beitrug. Bonington hatte Kontakt zu den besten Künstlern seiner Zeit: Delacroix, Corot, Gros etc.

Abb. 42: John Sell Cotman, *Die Kathedrale St. Paul,* British Museum, London. Cotman hatte einen instinktiven Sinn für die Kunst der Komposition und außerordentliches Geschick bei der Kontrastschaffung und der Farbharmonisierung eines Bildes. Dies machte ihn zu einem der besten englischen Aquarellmaler des 19. Jahrhunderts. Er besuchte die Akademie des Dr. Monro und war der bedeutendste Künstler der Schule von Norwich.

Die großen englischen Meister des 19. Jahrhunderts

Mitglieder der ersten, 1804 gegründeten „Gesellschaft der Aquarellmaler" waren unter anderem zwei begabte Künstler der ersten Hälfte des 19. Jahrhunderts: John Varley und Joshua Cristall. Varley wurde zunächst von Dr. Monro unterstützt und lehrte später selbst Malerei. Er war ein erfahrener Maler und beherrschte insbesondere die Kunst der Komposition und der Harmonisierung. Cristall war vielleicht origineller und gewiß spontaner.

Einige Jahre später schlossen sich drei bedeutende Künstler der Gesellschaft an: Peter de Wint, A.V. Copley Fielding und David Cox. De Wint arbeitete an der Akademie des Dr. Monro. Er kannte Girtin und auch Varley. Er malte Landschaftsbilder von der Lincolnebene, in der er zu Hause war. Diese Werke trugen sehr zu seinem Erfolg bei.

Copley Fielding war ein Meister im Einfangen der Atmosphäre von Seen- und Gebirgslandschaften. Seine Bilder erinnern manchmal an Turner. David Cox, ein gelehriger Schüler Varleys, schrieb einige Bücher und arbeitete ständig an der Verbesserung seiner Aquarelle. Er suchte die Innovation. Er experimentierte mit einem neuen Papier mit grobem Korn und bereicherte seine Palette, indem er sich von Turner nach dessen Rückkehr von der letzten Italienreise inspirieren ließ.

Bei Constable handelt es sich um einen Sonderfall. Normalerweise arbeitete der Maler mit Ölfarben. Wie bekannt, war Constable einer der größten Landschaftsmaler Europas. Er probierte jedoch auch die Lavierung und das Aquarell aus und stellte sein Können durch seinen ureigenen Stil unter Beweis.

An dieser Stelle seien noch die Namen einiger Anhänger Boningtons angeführt, so Thomas Shotterboys, William Callon und James Holland sowie weitere Künstler des 19. Jahrhunderts, die sich zu Gruppen zusammenschlossen. Eine dieser Gruppen gab sich den Namen „Sketching Society", was wörtlich übersetzt „Skizzierende Gesellschaft" heißt. Sie setzte sich aus Anhängern von William Blake zusammen, umfaßte also John Linell, Edward Calvert, Georg Richmond und Samuel Palmer.

Als weitere Gruppe sei hier die „Bruderschaft der Präraffaeliten" genannt, die sich auf Initiative von Dante Gabriel Rossetti bildete. Ihr gehörten u.a. Millais und Hunt an. Die Mitglieder der Bruderschaft malten sowohl in Öl als auch mit Aquarellfarben. Sie hatten die Einhaltung gewisser Prinzipien gelobt: Sie wollten aufrichtig malen, Ideen und Inhalte symbolisch umsetzen, die Ikonographie und die Tiefe studieren und Wert auf Details legen. Sie predigten die Rückkehr zur Natur und das Wiederaufleben des Aquarells in der Naß-in-Naßtechnik. Ihre Bilder behandelten religiöse Themen (wie Rossettis berühmtes Gemälde „Ecce ancilla Domini"), oder sie waren von mittelalterlichen Legenden inspiriert.

Abb. 43: Samuel Palmer, *In einem Garten in Shoreham,* Victoria and Albert Museum, London. Einige rotgoldene Tupfer und die kreisförmigen Flecken aus weißer Gouache gehören zu den besonderen Merkmalen der Bilder, die Palmer während seiner „Shoreham-Periode" malte. Der Name stammt von der Stadt, in der Palmer neun Jahre lang lebte und in der er auch jene „Träume und Visionen" hatte, die seine Vorstellungskraft beflügelten.

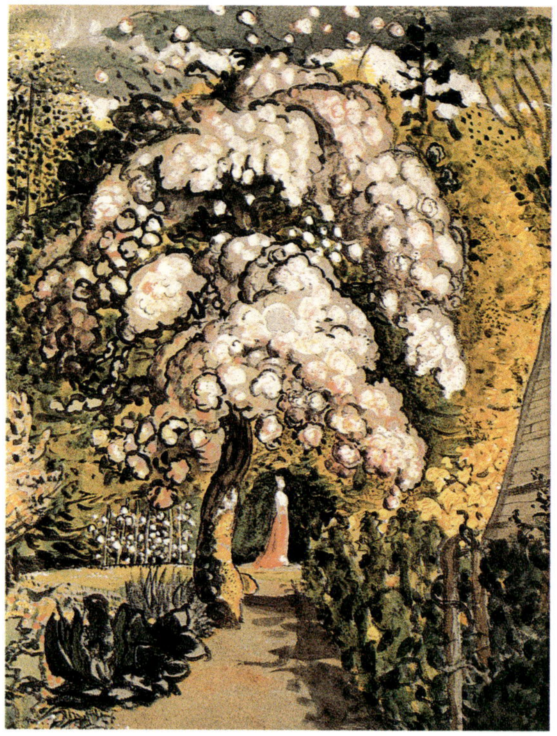

43

44

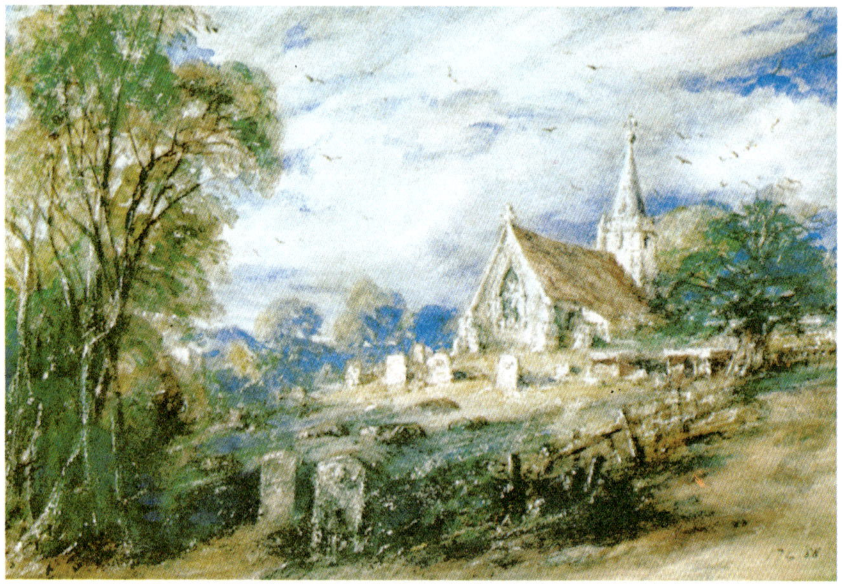

Abb. 44: John Constable, *Die Kirche von Stoke Poges,* Victoria and Albert Museum, London. Constable gilt als einer der größten englischen Landschaftsmaler des 19. Jahrhunderts. Er malte hauptsächlich mit Ölfarben. Bei gewissen Gelegenheiten griff er jedoch – wie bei diesem Bild – in einem ganz besonderen Stil zum Aquarell

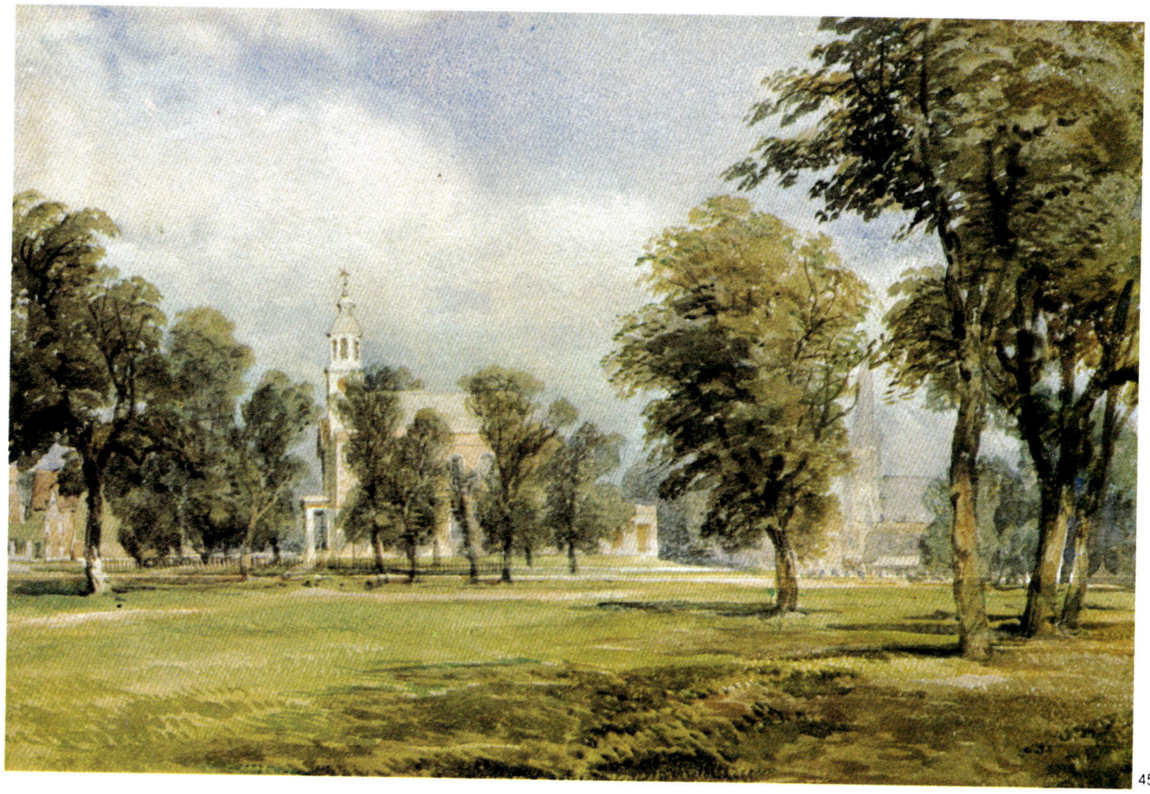

45

Abb. 45: David Cox (der Jüngere), *Die alte Kirche in der Gemeinde Clapham,* British Museum, London. David Cox' Sohn, der denselben Vornamen trug, malte wie sein Vater Aquarelle. Er ahmte dessen professionellen Stil, seine anscheinend so einfache Technik und die angenehmen Farben nach. Vater und Sohn taten sich für die jährlichen Ausstellungen der Königlichen Akademie der Aquarellmaler zusammen.

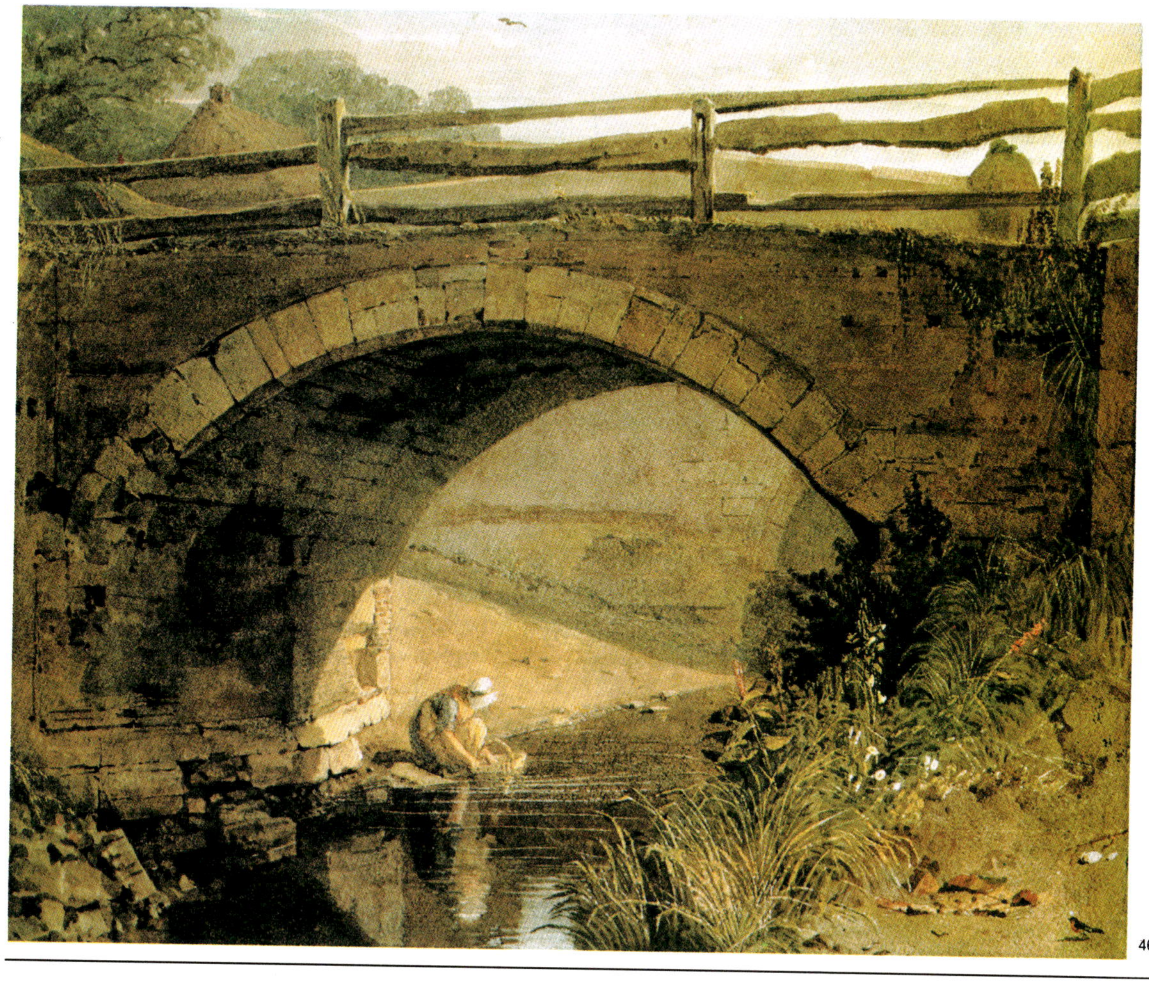

46

Abb. 46: Peter de Wint, *Brücke über einen Zufluß des Witham in Lincolnshire,* Tate Gallery, London. De Wint besuchte die Akademie des Dr. Monro und lernte dort Girtin kennen, dessen Einfluß sich bald in seinem gesamten Werk bemerkbar machte. De Wints bevorzugte Themen waren die Landschaft und die Ebene von Lincolnshire. Beachten Sie in diesem Aquarell die feinen waagerechten Linien des Wassers, die Leichtigkeit der Gräser im Vordergrund und die sparsame Linienführung. Sie ist vermutlich darauf zurückzuführen, daß de Wint mit der Spitze des Pinselstiels in die noch feuchte Farbfläche hineinkratzte.

Der Erfolg des Aquarells in England

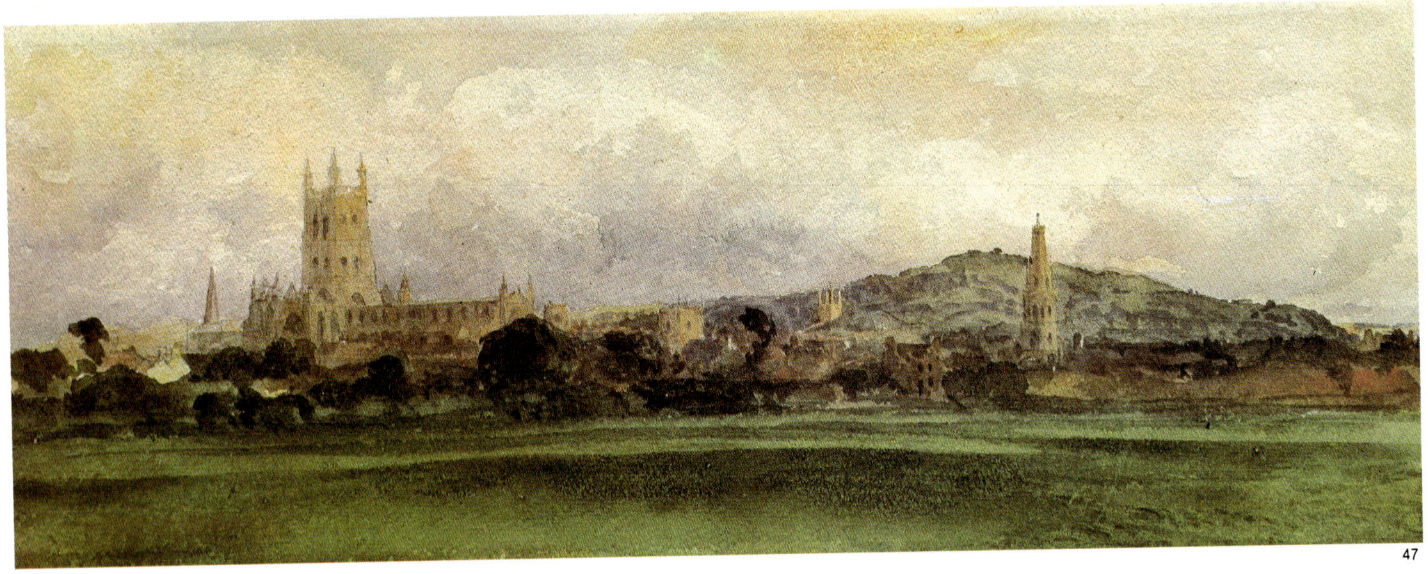

47

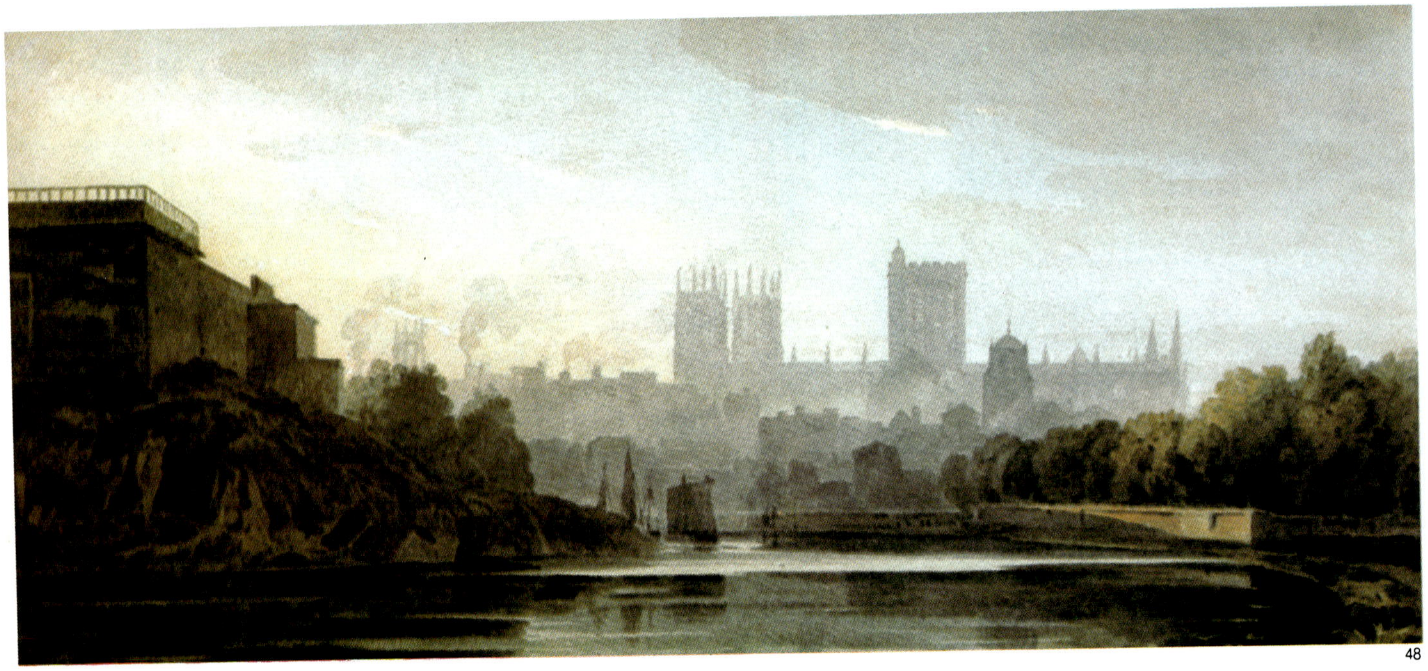

48

Hier einige Daten, die den Durchbruch des Aquarells in England aufzeigen:
Im Jahre 1768 wurde in Großbritannien die Königliche Akademie der Künste gegründet. Ihr erster Präsident war Sir Joshua Reynolds. Zu den Gründungsmitgliedern gehörten die Brüder Paul und Thomas Sandby. Beide waren Aquarellmaler. Schon in ihrer ersten jährlichen Ausstellung zeigte die Akademie auch Aquarellbilder. Im Jahre 1804 fühlten sich die Aquarellmaler jedoch als Opfer einer Diskriminierung, denn die Akademie behandelte ihre Werke nicht gleichwertig mit den Ölgemälden.

Daraus folgte die Gründung der „Gesellschaft der Aquarellmaler", die 1805 ihre erste Ausstellung abhielt. Der aufkommende Erfolg und kleine Streitereien zwischen den Künstlern führten zur Gründung einer Konkurrenzgesellschaft mit dem Namen „Neue Gesellschaft der britischen Künstler". Sie vereinte sowohl Öl- als auch Aquarellmaler.

Zur Weltausstellung 1855 schickte England 114 Aquarelle seiner besten Künstler nach Paris. Kritiker und Publikum waren verblüfft über die Bedeutung dieser Malweise in England.

Abb. 47, 48: Oben: Peter de Wint, *Gloucester;* unten: John Varley, *York.* Beide Aquarelle befinden sich im British Museum, London. Es handelt sich um zwei hervorragende Aquarelle des 19. Jahrhunderts, die selbst heutzutage ihresgleichen suchen. Peter de Wint zeigte eine Vorliebe für dieses verlängerte Format, das in der ersten Hälfte des vorigen Jahrhunderts große Mode war. De Wints Aquarell (oben) ist ausgesprochen klein. Es mißt 38,4 × 14,7 cm. Das Bild von John Varley ist mit 47,2 × 21,9 cm etwas größer.

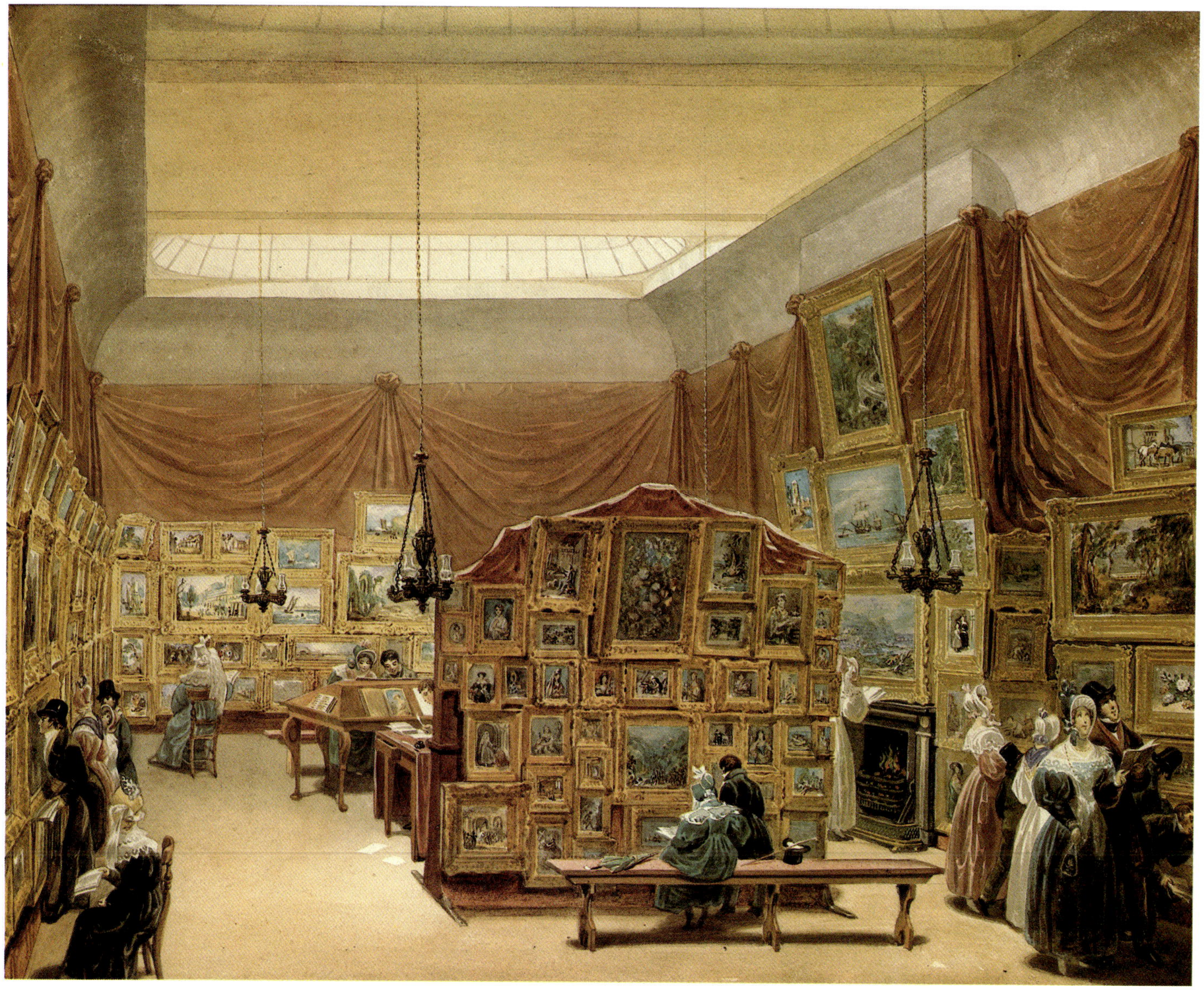

49

1881 verlieh Königin Viktoria der „alten" Gesellschaft der Aquarellmaler (alt genannt, weil sie die erste war) die Bezeichnung „Königlich".

Abb. 49: George Scharf, *Inneres der Ausstellungsräume der Neuen Gesellschaft der Aquarellmaler,* Victoria and Albert Museum, London. Bewundernswert sind die Präzision, die naturgetreue Zeichnung, die Wirkung von Licht und Schatten und das Gefühl für Atmosphäre. Scharf erreichte es in diesem herrlichen Aquarell, indem er die Einrichtung und die Stimmung dieser Ausstellung von Aquarellen der Neuen Gesellschaft der Aquarellmaler aus dem Jahre 1808 mit erstaunlicher Genauigkeit wiedergab.

Europa: das 18. Jahrhundert

In Frankreich wurde das Aquarell erst Ende des 18. Jahrhunderts bekannt. Ab 1775 verwendete man in Frankreich das Wort „Aquarell" als Übersetzung des englischen Ausdrucks „watercolour". Der Franzose Hubert Robert malte jedoch schon 1761 gemeinsam mit Fragonard Landschaften mit Ruinen als Aquarelle. Robert war 1754 nach Rom gereist und ging in den Ateliers von Piranesi und Panini ein und aus. Elf Jahre später kehrte er nach Paris zurück, wo seine Aquarelle von der Kritik und vom Publikum gut aufgenommen wurden. Zwei weitere Franzosen, Desprez und Challe, befanden sich ebenfalls in Rom und malten dort Veduten. Sie alle machten das Aquarell in Frankreich bekannt.

In der Schweiz kannte man bereits die Landschaftsbilder von Johann Ludwig Aberli und Abraham Louis Rodolph Ducros. Aberli war ein bukolischer Künstler, der die Natur liebte. Ducros' Aquarelle konnte man ihrer Kontraste und Intensität wegen auf den ersten Blick für Ölgemälde halten. Ducros arbeitete mit einer beschränkten Farbskala, die im wesentlichen aus Ocker-, Blau- und Sienatönen bestand.

Eine gewisse Bedeutung im 18. Jahrhundert hatte die botanische Malerei. Der in den Ardennen geborene Pierre Joseph Redouté wurde einer der angesehensten Künstler dieses Genres. Er bewunderte Jan van Huysum

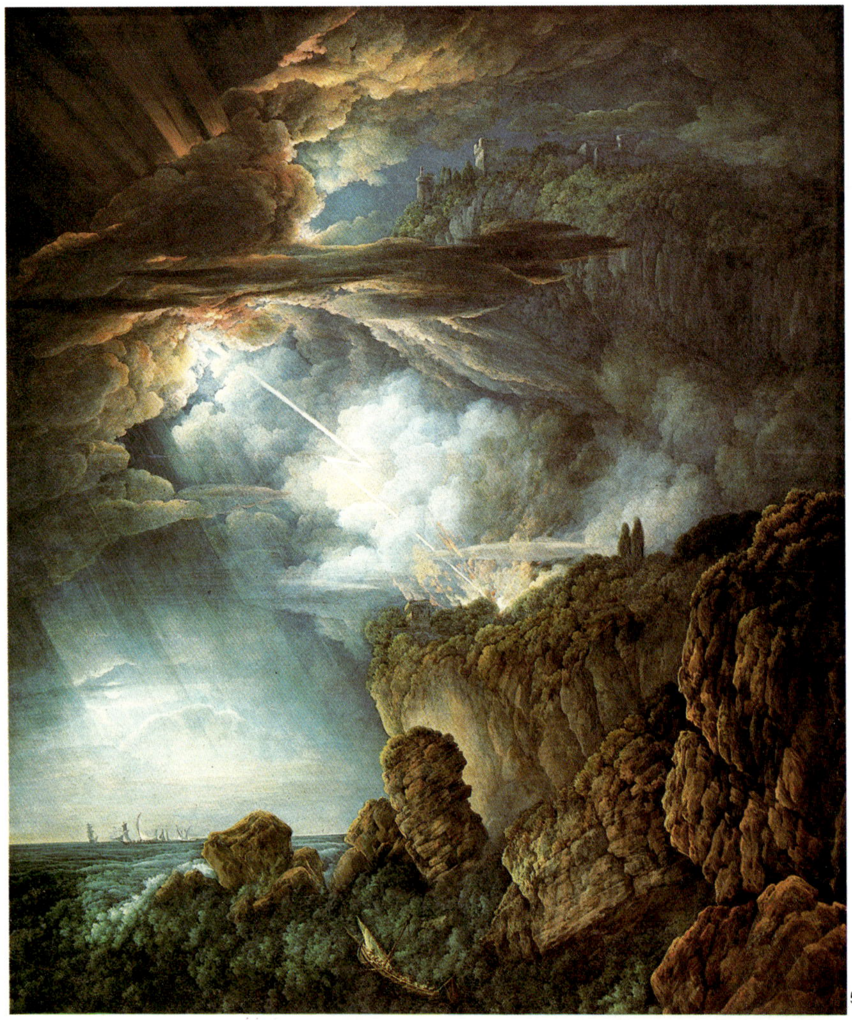

50

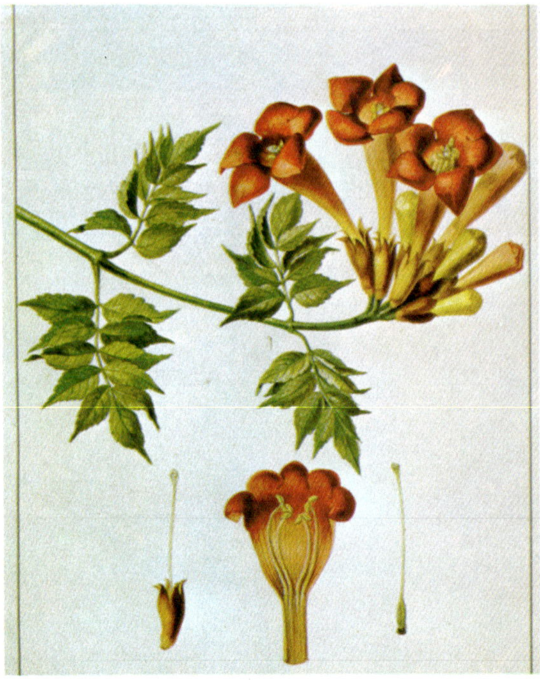

51

Abb. 50: Abraham Louis Rodolphe Ducros, *Nächtliches Gewitter in Cefalu,* Kalabrien, Kantonalmuseum der Schönen Künste, Lausanne. Ducros gelang mit einer beschränkten Farbskala – aus Ocker, Siena und Blau – ein derartiger Reichtum an Kontrasten und Farben, daß der Laie das Werk für ein Ölgemälde halten könnte. Der Künstler beherrschte den Aufbau und die Zeichnung hervorragend und konnte daher seine Radierungen während seines Italienaufenthaltes leicht verkaufen.

Abb. 51 (links): Gerard van Späendonck, *Campsis Radicans.* Abb. 52 (rechts): Jan van Huysum, *Studie von Blumen in einer Vase,* Fitzwilliam-Museum, Cambridge.

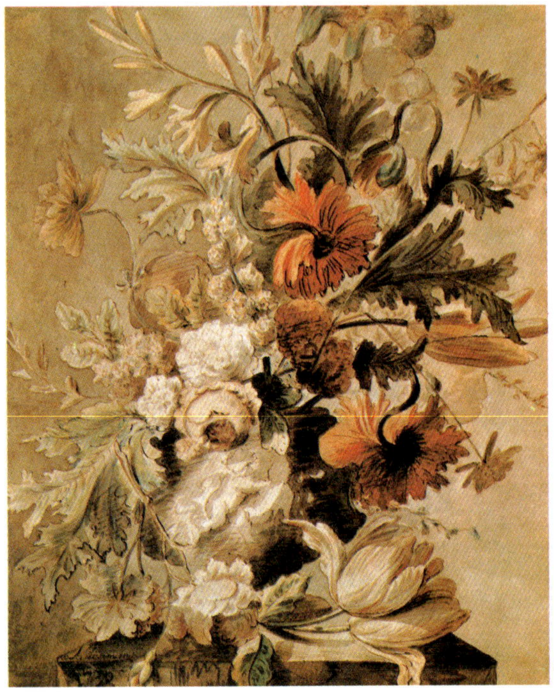

52

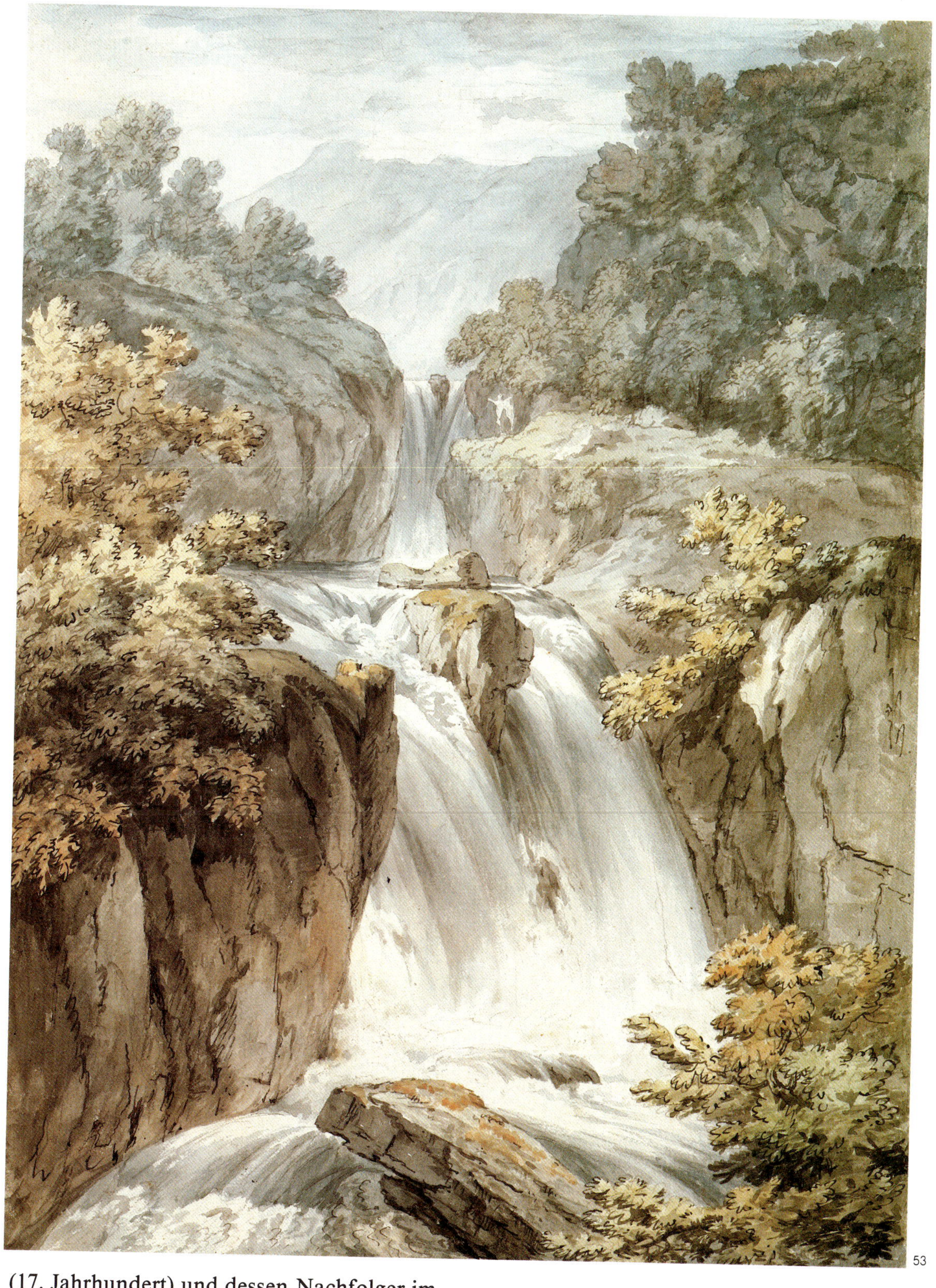

53

Abb. 53: Johann Ludwig Aberli, *Der Wasserfall,* Victoria and Albert Museum, London. In diesem Aquarell von Aberli, das der Künstler um 1750 malte, ist der Einfluß der Veduten – oder Radierungen – noch zu erkennen. Das liegt an der Begrenzung der Formen durch feine Linien mit der Feder oder einer intensiven Farbe. Die in Serie hergestellten Radierungen ließen sich durch diese Umrisse leichter kolorieren. Die Malweise ist hier weniger auffällig, da es Aberli gelingt, einen Kontrast zwischen dem Vordergrund und den hinteren Ebenen zu schaffen und ein Gefühl von Atmosphäre zu erzeugen. Dieselbe Wirkung ist anhand der Reproduktion des Aquarells von Paul Sandby auf Seite 23, Abbildung 29, festzustellen

(17. Jahrhundert) und dessen Nachfolger im 18. Jahrhundert Gerald van Späendonck. Beide waren holländische Blumenmaler.

Europa: das 19. Jahrhundert

Zu Beginn des 19. Jahrhunderts kämpfte Ingres gegen Delacroix und Delacroix gegen Ingres. Jean Auguste Dominique Ingres war ein bis zum äußersten gehender Verteidiger Raffaels und des Klassizismus, der akademischen Malerei und der Unveränderlichkeit. Eugène Delacroix galt dagegen als führender Maler der Romantik und Vorläufer des Realismus, des Impressionismus und der modernen Kunst.

Delacroix ging aus dem Kampf als Sieger hervor, und mit ihm siegte das Aquarell. Der Grund dafür war, daß die Kunst des 19. Jahrhunderts zu immer mehr Farbe, einer größeren Synthese und stärkerem Licht tendierte, also zu einer helleren Palette griff. Eben dies beinhaltet die Kunst des Aquarells: Farbe, Licht und Synthese.

Aufgrund seiner Vorstellung von der Malerei fertigte Ingres nur wenige Aquarelle an. Delacroix war dagegen ein begeisterter Anhänger des Aquarells. Er wurde ein Freund Boningtons und reiste nach London, Rom und Nordafrika. In Afrika stellte er rund ein Dutzend Aquarelle mit typischen lokalen Szenen und Gestalten her.

Bekannte Aquarellmaler Frankreichs waren ferner Paul Gavarni und Eugène Lami, der 1879 die Gesellschaft der Aquarellmaler gründete. Zu deren ersten eingeschriebenen Mitgliedern zählten Gustave Doré, Isabey, Harpignies etc. Honoré Daumier betonte seine berühmten satirischen Federzeichnungen gern mit Aquarellfarbe. Es erstaunt jedoch, daß die Impresssionisten mit Ausnahme von Berthe Morisot und Eugène Boudin – Cézanne war ein Sonderfall – keine Aquarelle herstellten. Schließlich seien noch Gustave Moreau, der Lehrmeister von Rouault, Matisse und Marquet erwähnt.

Der Holländer J.B. Jongkind fertigte neben seinen Ölgemälden auch herrliche Aquarelle an. Er verbrachte einen großen Teil seines Lebens in Paris und war zusammen mit Boudin einer der Hauptwegbereiter der impressionistischen Bewegung. In Deutschland fand die Aquarellmalerei in der zweiten Hälfte des 19. Jahrhunderts durch Hildebrandt und von Menzel Anerkennung.

In Spanien wurde die Aquarellmalerei dank des Schotten David Robert und seines Anhängers Perez Villaamil bekannt, der mit ihm die ganze Iberische Halbinsel bereiste. Die beiden ausgezeichneten Aquarellmaler Lucas und Algarra arbeiteten mit Villaamil zusammen. Doch erst Mariano Fortuny, einer der größten Künstler des 19. Jahrhunderts mit einem hervorragenden Wissen über die Aquarelltechnik, machte diese Kunstrichtung in Spanien wirklich bekannt.

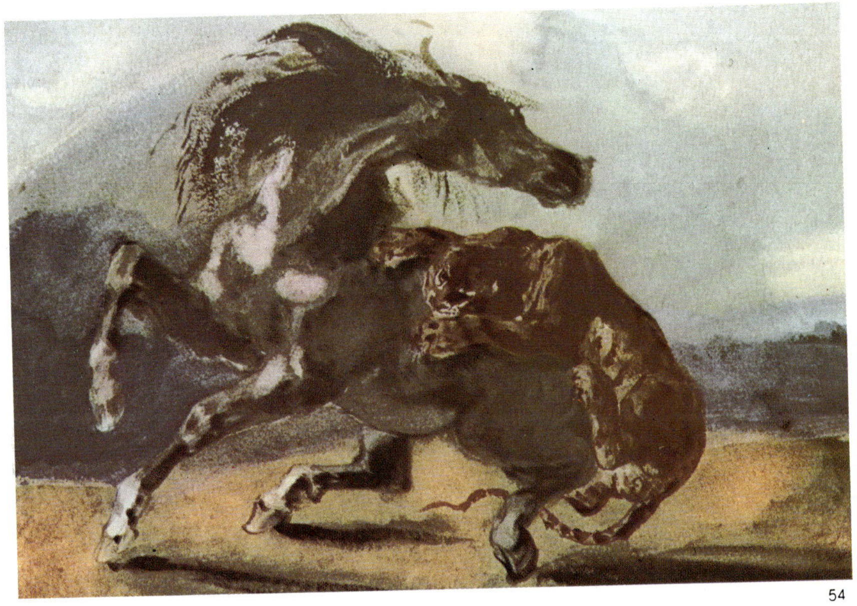

54

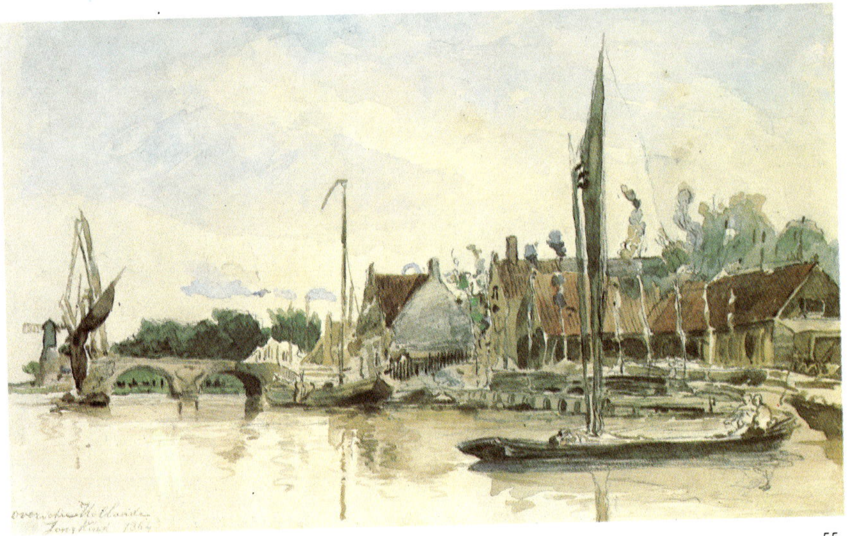

55

Abb. 54: Eugène Delacroix, *Panther, ein Pferd angreifend,* Louvre, Paris. Rasche Skizzen und Entwürfe von erdachten Motiven oder nach der Natur angefertigt, gehörten zu Delacroix' Handwerkzeug. Auf seinen Reisen fertigte er Dutzende, manchmal auch Hunderte von Skizzen von Tieren und unterschiedlichen Themen über das Land an, das er bereiste. Fast immer handelte es sich um Aquarelle.

Abb. 55: Johan Barthold Jongkind, *Holländischer Hafen,* Museum der Schönen Künste, Budapest. Der in den Niederlanden geborene Jongkind, ein Schüler Isabeys, verbrachte beinahe sein ganzes Leben in Paris und hatte dort Kontakt zu den Impressionisten. Er malte vor allem Seestücke mit Öl- und Aquarellfarben, die eine besonders sorgfältige Zeichnung aufweisen.

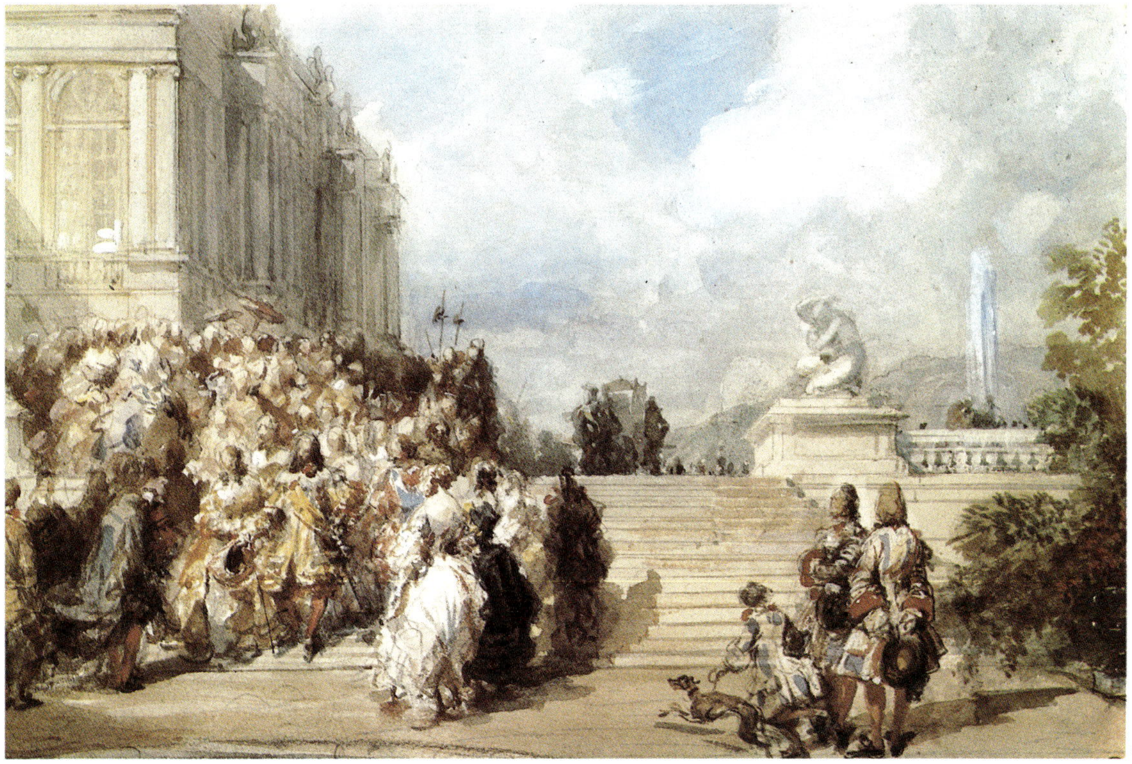

56

Abb. 56: Eugène Lami, *Ludwig XIV. in den Gärten von Versailles,* Louvre, Paris. Eugène Lami war ein professioneller Aquarellmaler. Seine Beziehungen zur oberen Gesellschaft des Zweiten Kaiserreiches verschafften ihm Zutritt zum Hof. Dadurch spezialisierte er sich auf historische Themen.

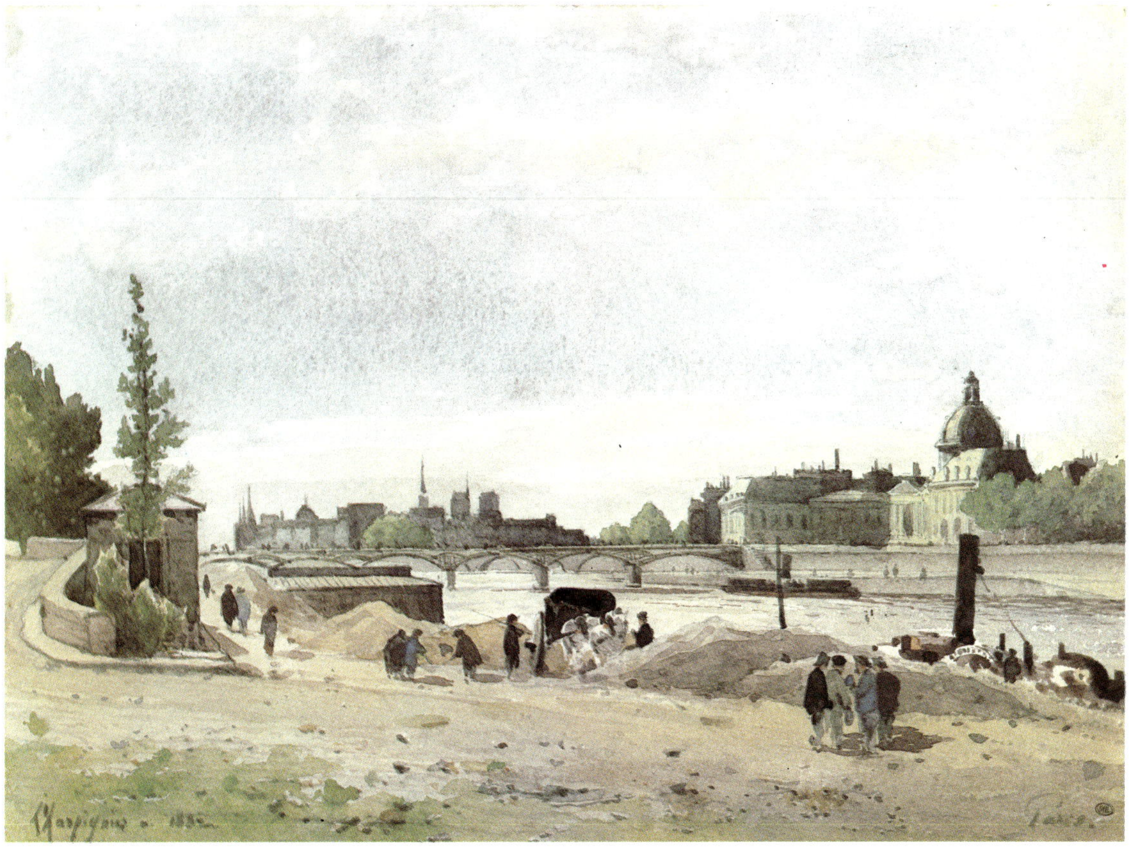

57

Abb. 57: Henry Joseph Harpignies, *Blick auf die Seine von den Tuilerien,* Louvre, Paris. Harpignies war ein Zeitgenosse der berühmten Zeichner Honoré Daumier und Gustave Doré. Er war einer der bekanntesten Aquarellmaler des vorigen Jahrhunderts und bestach durch seine Nüchternheit und eine perfekte Zeichnung.

Mariano Fortuny

Abb. 58: Mariano Fortuny, *Halbbekleideter Mann,* Goya-Museum, Toledo. Mariano Fortuny war ein Universalkünstler. Er zeichnete mit erstaunlicher Leichtigkeit. Er malte in Öl und war ein Meister auf dem Gebiet der Gestalten. Er arbeitete jedoch ebenfalls mit außerordentlichem Geschick und einer absolut herausragenden Technik. Fortuny studierte zwei Jahre in Rom und ging anschließend nach Marokko, um dort einen offiziellen Auftrag für zehn große Gemälde mit Szenen aus dem spanisch-marokkanischen Krieg zu übernehmen. In Marokko fertigte er gleichzeitig eine große Anzahl von Aquarellen an, darunter das auf dieser Seite abgebildete. Fortuny wechselte häufig den Wohnort: Paris, London, erneut Marokko, Granada, Rom ... Leider starb er sehr früh: Er wurde nur 36 Jahre alt. Fortuny gehörte zu den bedeutendsten Aquarellmalern des 19. Jahrhunderts.

58
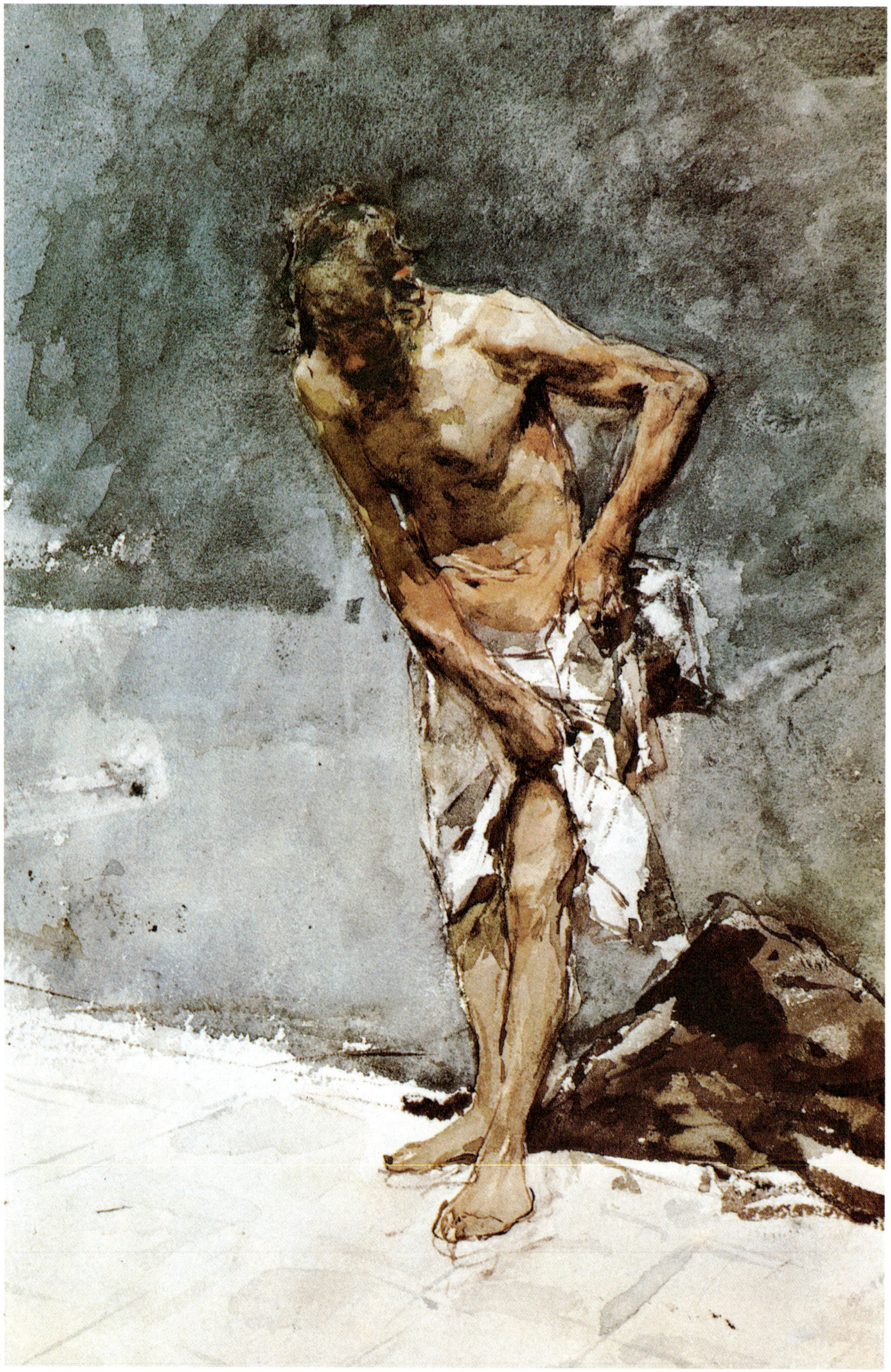

Paul Cézanne

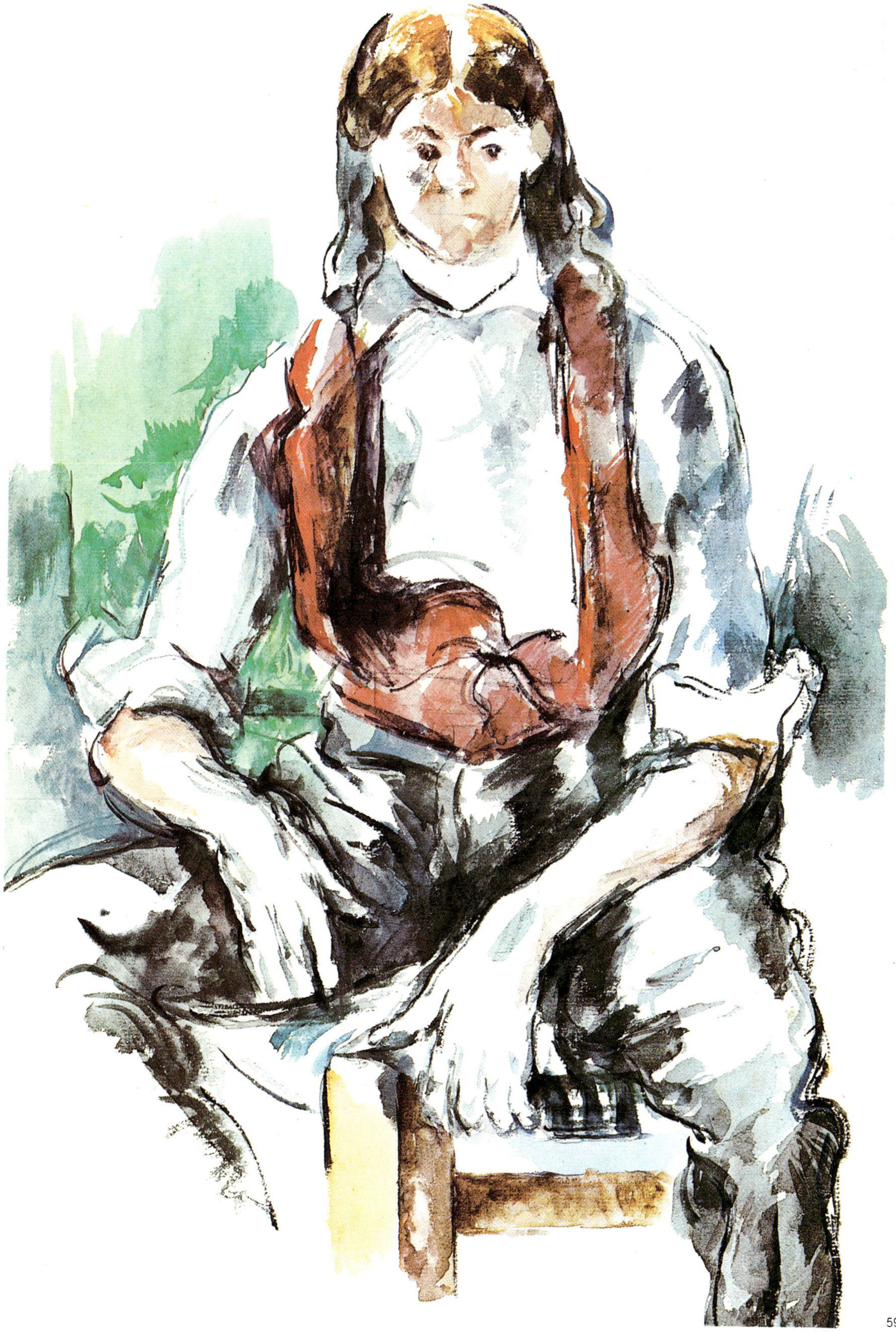

Abb. 59: Paul Cézanne, *Das Kind mit der roten Weste,* Sammlung Walter Feilchenfeldt, Zürich. Cézanne ist modern, Cézanne ist zweifellos aktuell. Zwischen der Herstellung des Aquarells von Mariano Fortuny aus dem Jahre 1862 auf der gegenüberliegenden Seite und dem von Cézanne aus dem Jahre 1902 liegen rund 40 Jahre. Welch ein Unterschied! Welch eine radikale Veränderung, nicht wahr? Nur 40 Jahre hat es gedauert, bis der Impressionismus auftauchte. Die Palette wurde heller; man achtete auf die Synthese von Form und Farbe und verzichtete auf die Einzelheiten. Doch Cézanne ging noch weiter: Er war bereits ein Vertreter des Nachimpressionismus und entwickelte die Strukturen des Kubismus. Cézanne leitete anerkanntermaßen die moderne Malerei ein. Dieses Aquarell liefert dafür die Bestätigung. Es könnte in den letzten Jahren unseres 20. Jahrhunderts entstanden sein.

59

Europa: die erste Hälfte des 20. Jahrhunderts

Wassily Kandinsky malte 1910 das erste abstrakte Gemälde der Kunstgeschichte.. Die Aquarellmaler griffen, von wenigen Ausnahmen abgesehen, diese ungegenständliche Kunstrichtung jedoch nicht auf. Sie hielten im Gegenteil sogar etwas Abstand zu den Stilen und Bewegungen, die einander um die Mitte des 20. Jahrhunderts folgten, und beschränkten sich darauf, in ihren Bildern die Leuchtkraft und die Spontanität der Impressionisten, die Chromatik und die Kontraste der Fauves und höchstens einige neue Kompositionsschemen der modernen Kunst zu übernehmen.
Andererseits haben die großen Künstler der Moderne wie Picasso, Dali, Miró, Matisse und Braque etc. selten oder nie Aquarelle angefertigt. Trotzdem hat die Anzahl guter Aquarellmaler derart zugenommen, daß es praktisch unmöglich ist, eine genaue Ziffer zu nennen.
Es lassen sich dagegen einige bedeutsame Entwicklungen feststellen, die hier erwähnt werden sollen. Dazu gehört die Neigung, beim Malen mit Aquarellfarben quasi die Ölmalerei zu imitieren und zu Lasten der Transparenz mit einer dichten Farbe zu arbeiten. Ein anderes Kennzeichen ist die Anwendung gewisser Tricks und Kniffe wie der Einsatz von Wachs und Flüssiggummi oder die Benutzung von Terpentin, Salz etc. für bestimmte Effekte und die Verwendung einer Spritzpistole.
Auf dieser Seite sehen Sie drei Aquarelle, die zu Beginn dieses Jahrhunderts von Wassily Kandinsky – dem Maler des ersten abstrakten Bildes überhaupt –, Emil Nolde und August Macke gemalt wurden. Auf der gegenüberliegenden Seite befinden sich Werke von Maurice de Vlaminck, Maurice Utrillo, Juan Gris und Pablo Picasso, die normalerweise allesamt nicht mit Aquarellfarben arbeiteten.

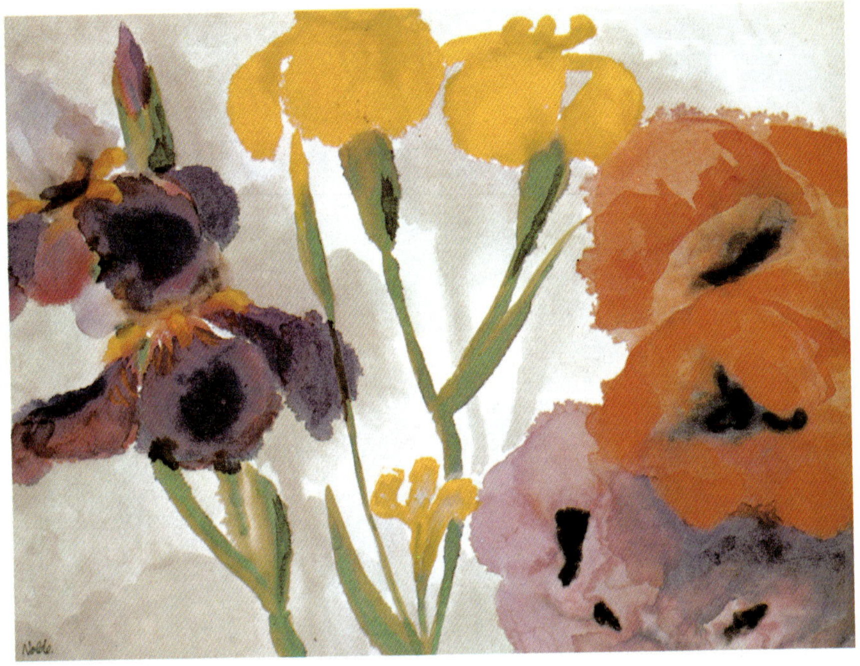
61

60

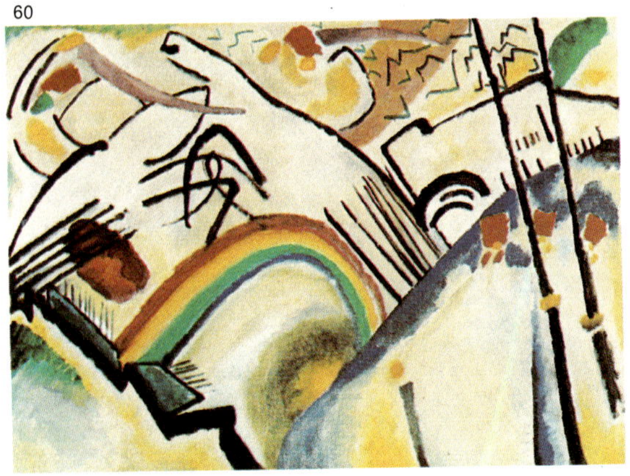

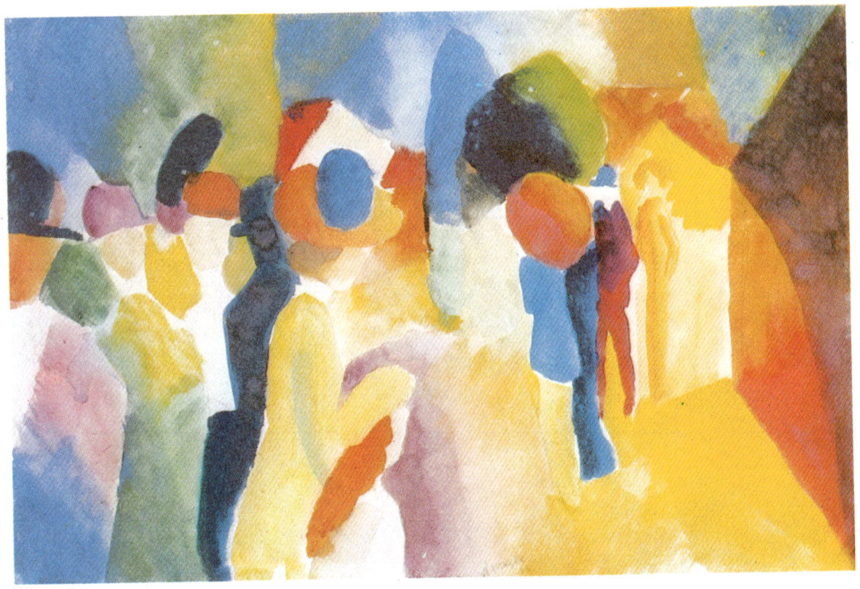
62

Abb. 60: Wassily Kandinsky, *Die Kosaken*, Tate Gallery, London. Dieses Werk war das erste abstrakte Bild der Kunstgeschichte. Kandinsky malte es 1910.

Abb. 61: Emil Nolde, *Iris und Klatschmohn*, Stiftung Ada und Emil Nolde. Nolde war ein expressionistischer deutscher Maler. Er war ein großer Liebhaber der primitiven Kunst und der Natur.

Abb. 62: August Macke, *Mit gelber Jacke*, Ulmer Museum. Macke gibt uns mit diesem Aquarell ein Beispiel für seinen futuristischen Stil und seine nachimpressionistische Farbgebung. Beides entstand unter dem direkten Einfluß Delaunays, der zusammen mit Kandinsky und Macke zur Gruppe des Blauen Reiter gehörte.

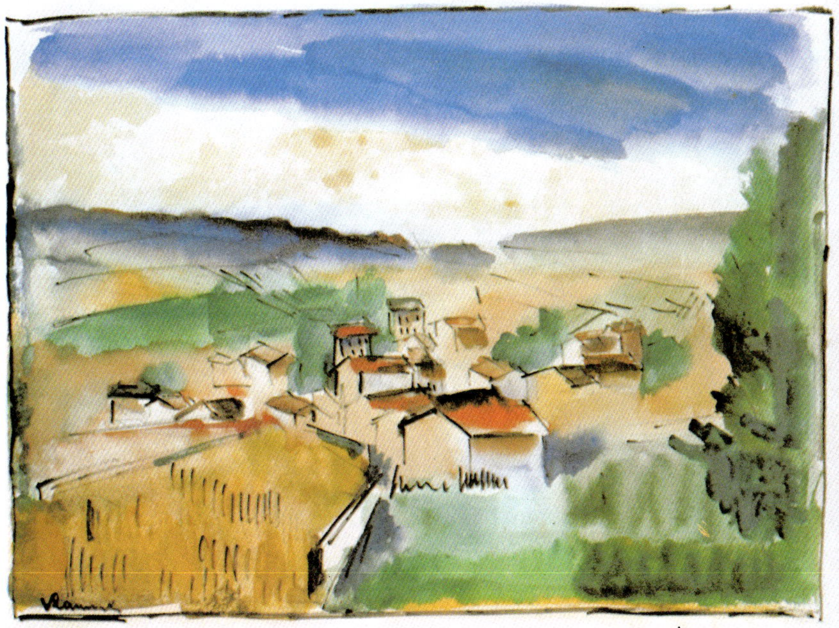

63

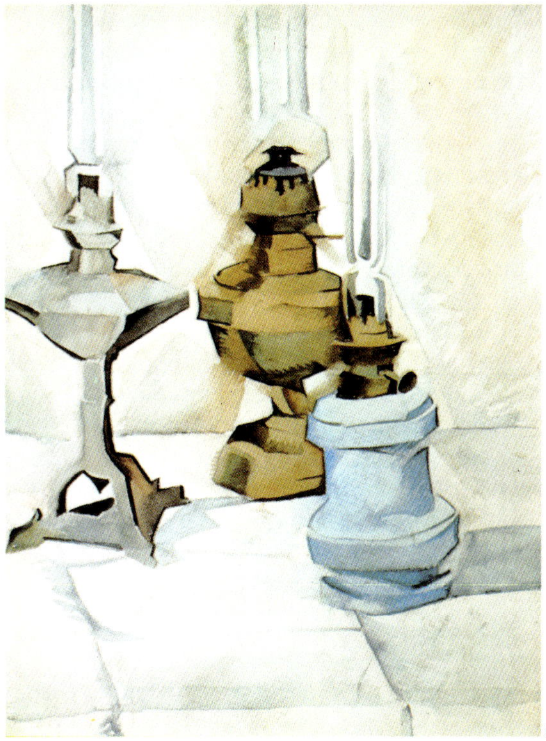

65

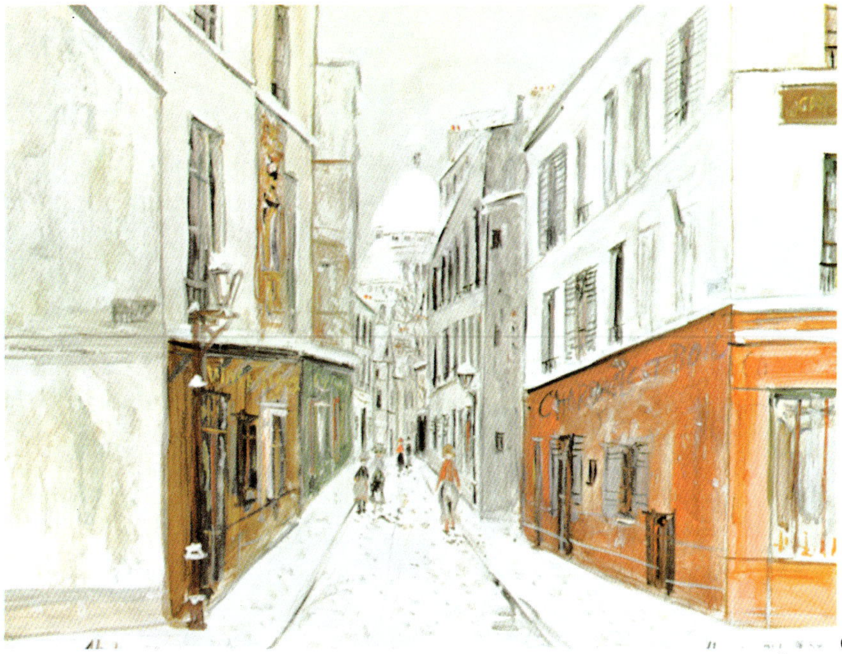

64

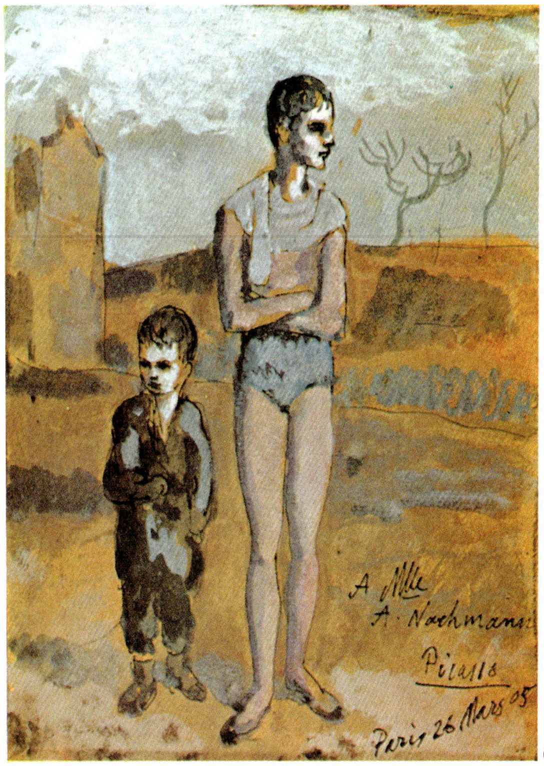

66

Abb. 63: Maurice de Vlaminck, *Landschaft,* Neue Staatsgalerie, Stuttgart. Matisse, Derain, Vlaminck und einige weitere Künstler waren die Initiatoren einer neuen Stilrichtung, die auf der berühmten Herbstausstellung in Paris 1905 die Bezeichnung Fauvismus erhielt. Dieser Name, der von einem Kritiker stammt, bezieht sich auf die Malweise mit ihren heftigen Farben und harten Kontrasten. Zwei, drei Jahre später löste sich Vlaminck jedoch von den Fauves und schloß sich den Theorien und dem Stil Cézannes an.

Abb. 64: Maurice Utrillo, *Rue Saint-Rustique im Schnee,* Sammlung Paul Pétridès, Paris. Dieses Aquarell, für das zusätzlich weiße Gouache benutzt wurde, entspricht dem typischen Stil Utrillos. Es zeigt die unbefangene, kindliche Zeichen- und Malweise des Künstlers, die man als „schwierige Unbefangenheit" bezeichnen könnte.

Abb. 65: Juan Gris, *Die drei Lampen,* Kunstmuseum, Bern. Der spanische Maler Juan Gris schuf in den Jahren 1909 und 1910 einige Aquarelle, um sich in der Zeichnung und den Farben zu üben. Es scheint, daß Juan Gris mit diesen großformatigen Studien (47,8 x 61,8 cm) versucht hat, seinen künftigen Weg zu bestimmen. In der Tat begann er ein Jahr später gemeinsam mit seinen beiden Freunden Picasso und Braque im kubistischen Stil zu malen.

Abb. 66: Pablo Picasso, *Junger Akrobat mit Kind,* Guggenheim Museum, New York. Hier einer von Picassos zahlreichen Entwürfen für die Serie „Die Gaukler". Sie entstand in der Übergangsphase von seiner „Blauen Periode" zur „Rosa Periode". Es handelt sich um ein Aquarell mit Gouache.

Das Aquarell heute

Auf dieser und der gegenüberliegenden Seite finden Sie einige Beispiele für Aquarelle, die von zeitgenössischen Künstlern angefertigt wurden. Die Sprache der Kunst unserer Tage ist in ihren Formen und Farben deutlich auszumachen. Manche Künstler malen impressionistisch, andere expressionistisch. Immer besitzen die Bilder jedoch eine konstruktive Basis, denn darauf hat das Aquarell nie verzichtet.
Hinsichtlich der Thematik hat das Aquarell die traditionellen Motive beibehalten: Felslandschaften, Seestücke, Hafen- und Eisenbahnskizzen, Porträts und Gestalten, Natur im allgemeinen (Blumen, Pflanzen, Gräser etc.) sowie aktuelle dynamische Motive wie Häuser und Straßen der Vororte. Die Künstler zeigen jedoch auch Holzbaracken und Industriegebiete von heute.

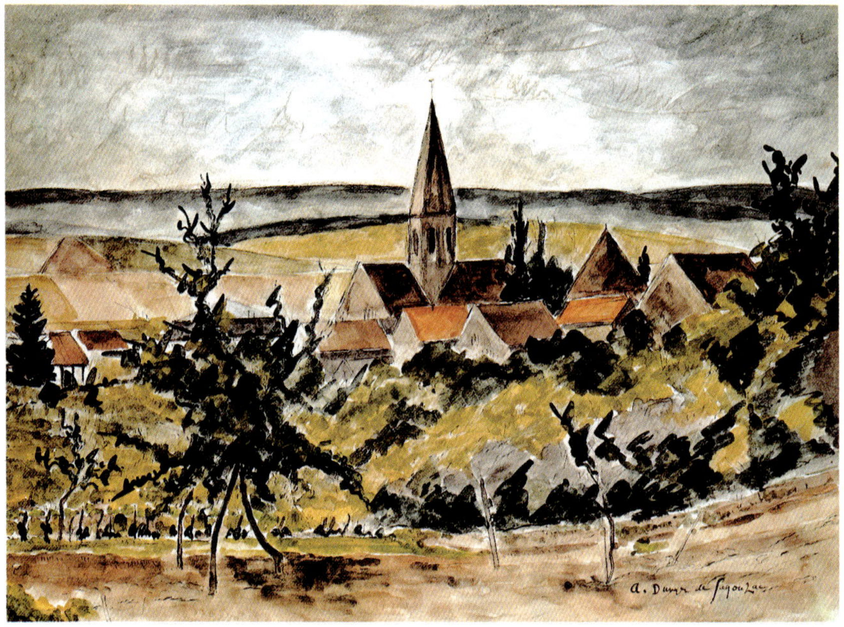

67

Abb. 67: André Dunoyer de Segonzac, *Feucherolles im Herbst*, Privatsammlung. Segonzac wurde stark vom Impressionismus beeinflußt, vor allem von Cézanne. Von 1919 an stellte er rund 1500 Radierungen her, die als seine besten Werke gelten.

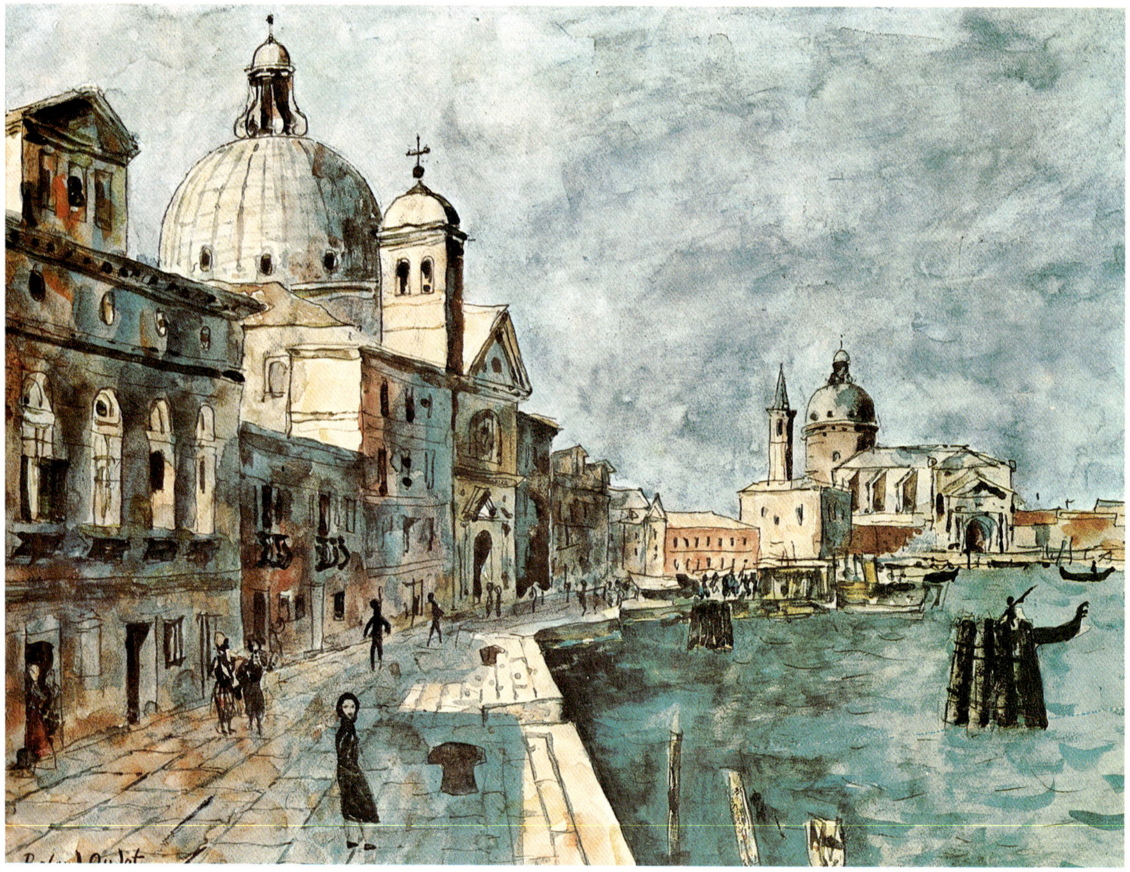

68

Abb. 68: Roland Oudot, *Venedig – La Giudecca*, Sammlung Albert Blaser, Genf. Die Originalität von Roland Oudots Stil beruht auf den feinen Linien, mit denen er die Zeichnung hervorhebt, sowie auf seiner besonderen Verwendung der Farben. Er läßt sie im Innern der Schattenzonen in vibrierenden Blau-, Siena-, Grau- und Rottönen spielen und verleiht seinem Werk dadurch einen eigenen Charakter.

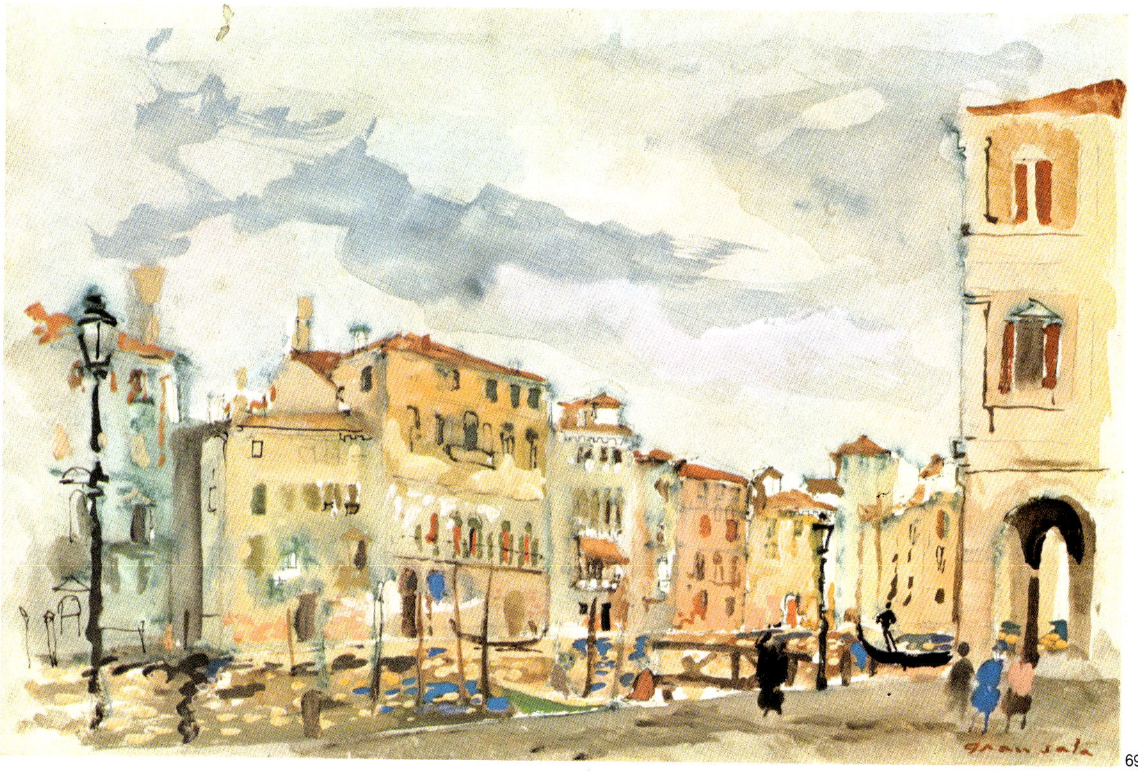

69

Abb. 69: Emilio Grausala, *Venedig,* Privatsammlung. Der katalanische Maler Grausala kam 1932 nach Paris und schloß sich der sogenannten Zweiten Spanischen Schule von Paris an. Er malte gewöhnlich mit Ölfarben. Auf manchen Reisen und im vertrauten Kreis stellte er jedoch auch kleinformatige Aquarelle her, die er mit einer sprichwörtlichen Fröhlichkeit und großer Farbfülle malte.

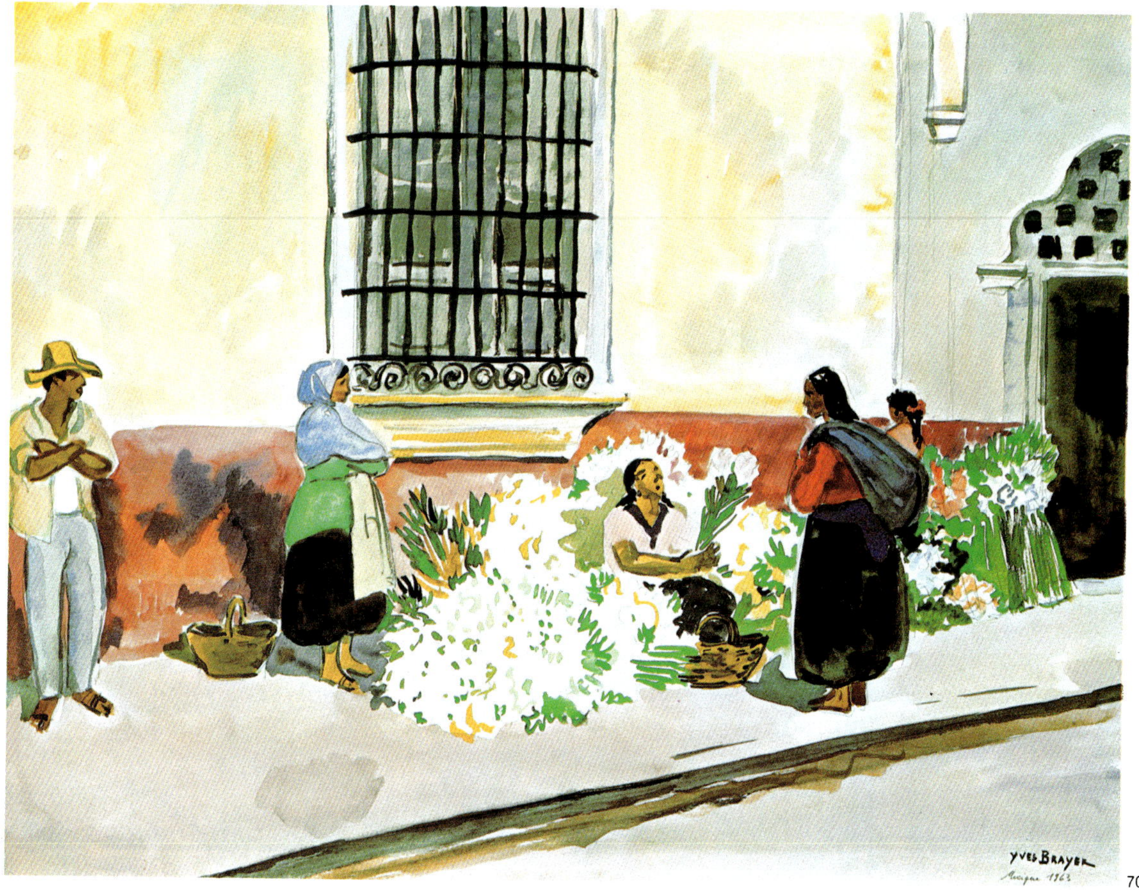

70

Abb. 70: Yves Brayer, *Der Blumenmarkt,* Mexiko, Privatsammlung. Hier eine moderne Konzeption der Aquarellmalerei: Die Synthese der Formen und Farben stellt das Thema in vereinfachter Weise dar, ohne ins Detail zu gehen. Eine berechnete Leuchtkraft mit vorherrschend hellen Farben auf dunklem Grund und ein kalkulierter Farbreichtum, der auch die typische Transparenz des Aquarells berücksichtigt, charakterisieren Brayers Werk. Er malt immer mit Aquarellfarben, ist ein hervorragender Zeichner und benutzt dazu normalerweise den Bleistift. Brayer arbeitet nur nach der Natur.

Das Aquarell heute

Abb. 71: Yves Brayer, *Baux-de-Provence im Gegenlicht,* Privatsammlung. Wie Sie an diesem Landschaftsbild erkennen, malt Brayer mit einer konservativen Farbskala. Er achtet auf die Linienführung, die ihm die Landschaft bietet, und versucht den ersten Eindruck wiederzugeben, den ein Motiv bei ihm hervorruft. Er benutzt die reine Aquarelltechnik und empfindet dabei nach eigenen Worten „die Freude, mit dem Weiß des Papiers zu spielen und dafür nur einen Farbtropfen an der Pinselspitze zu benötigen".

Abb. 72: John Piper, *Bethesda, Nordwales,* Privatsammlung. John Piper ist ein ausgezeichneter moderner Interpret der englischen Landschaften. Er beherrscht die Technik und das Verfahren der Aquarellmalerei vorzüglich. In diesem Landschaftsbild hat er zum Beispiel Aquarellfarbe und Chinatusche gemischt. Er benutzte die Naßtechnik und rieb die Farbe zum Teil mit dem trockenen Pinsel auf.
Piper hat kürzlich ein Buch mit seinen in England und Wales entstandenen Werken veröffentlicht.

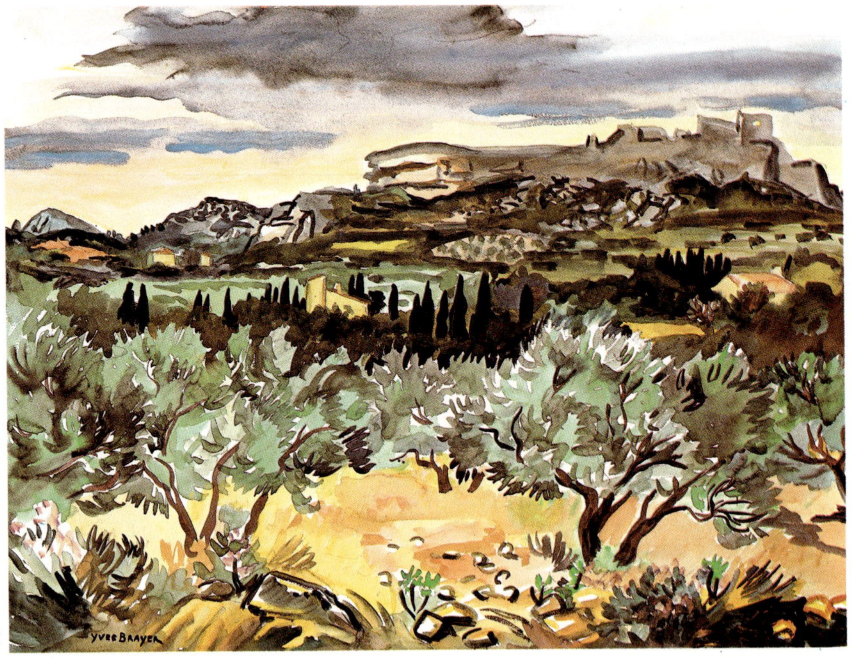

71

72

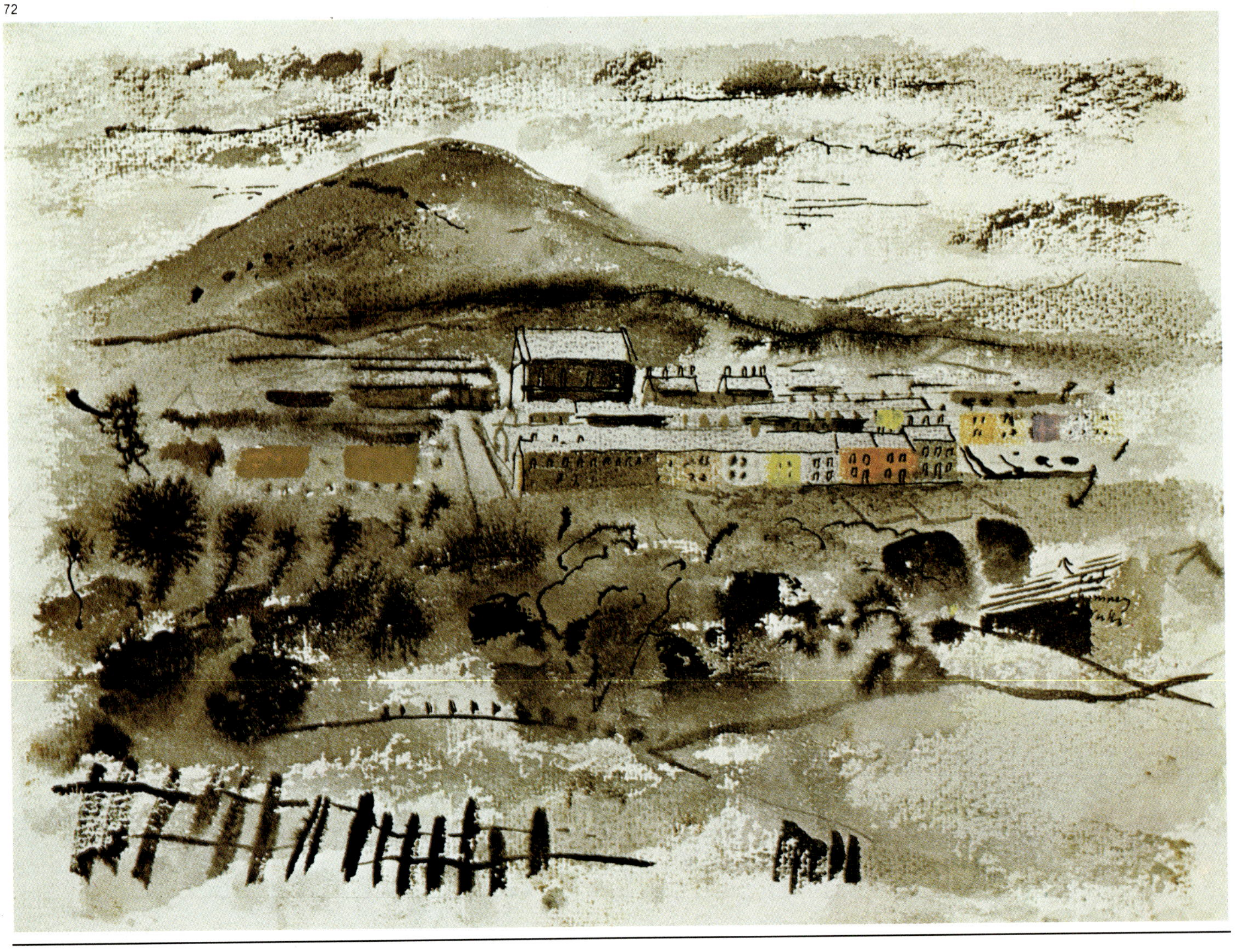

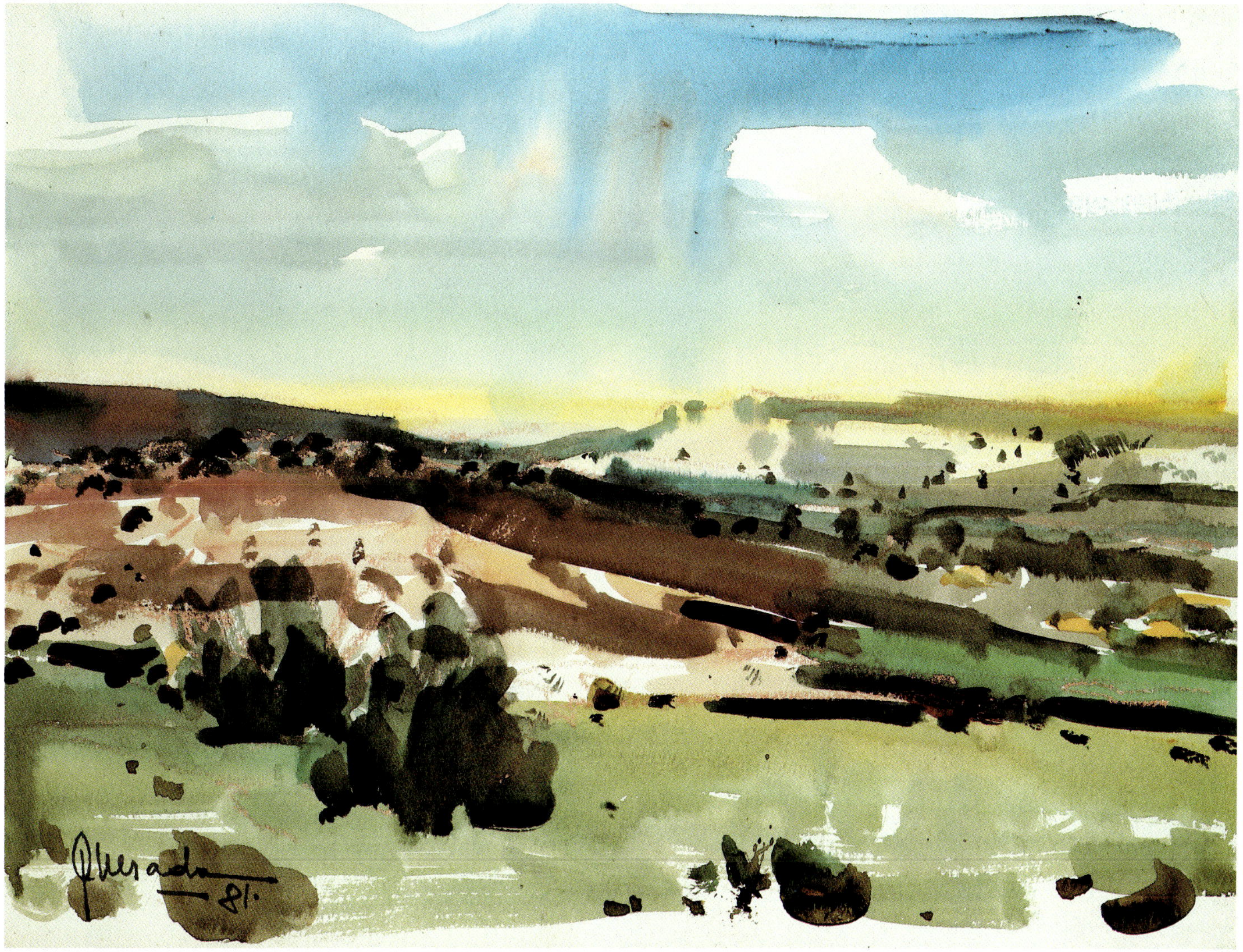

73

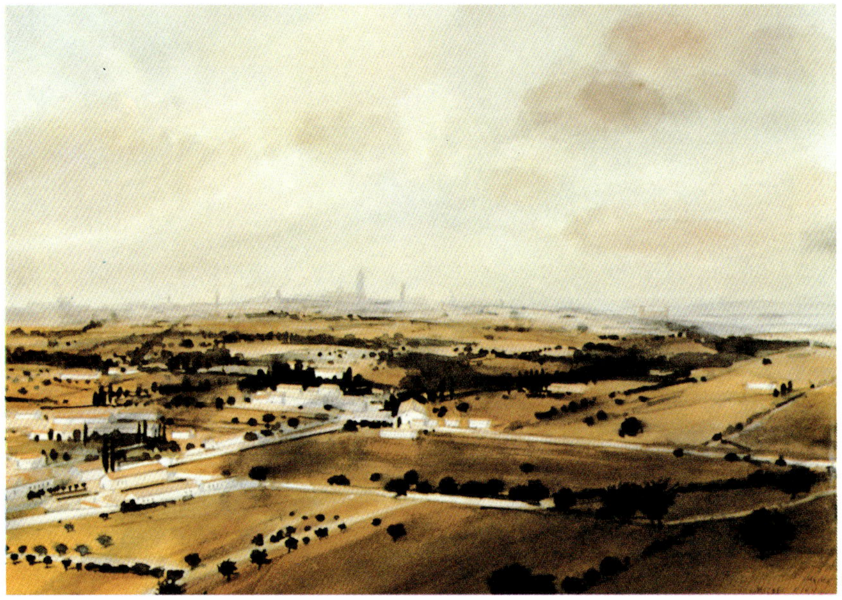

74

Abb. 73: Julio Quesada, *Landschaft; Tamajón (Guadalajara),* Privatsammlung. Hier ein gutes Beispiel für ein Aquarell aus unserer Zeit. Es wurde von dem spanischen Aquarellmaler Julio Quesada mit einer sehr persönlichen Anschauung und Interpretation und einer nüchternen, aber vollkommen harmonischen Farbgebung angefertigt. Das Bild faßt mit wenigen richtigen Pinselstrichen ausdrucksvoll die Formen, den Boden, die Felder und Bäume zusammen. Das Ganze geschieht mit einer außergewöhnlichen Beherrschung der reinen Aquarelltechnik.

Abb. 74: Michel Ciry, *Segovia,* Privatsammlung, Lausanne. Um 1960 beschloß Michel Ciry, in der Aquarelltechnik zu malen. Ein Ergebnis seiner Arbeit, das er sechs Jahre später in den Regionen Zentralspaniens erzielte, ist nebenstehend abgebildet. Im Einklang mit der Landschaft Kastiliens malt der Künstler mit warmen, nüchternen Farben, die aus Ocker, Siena oder Grau zusammengesetzt sind, und überzieht die Landschaft mit Häusern und Straßen, die mit den schwarzen Bäumen und der von der Sonne verbrannten Erde kontrastieren. Das Bild ist ein gutes Beispiel für die Synthese von Form und Farbe.

Die USA: 19. und 20. Jahrhundert

1866 wurde in den Vereinigten Staaten die Amerikanische Vereinigung der Aquarellmaler gegründet. Ihr erster Präsident war Samuel Colman.

Das Aquarell hat zu diesem Zeitpunkt in den USA bereits Triumphe gefeiert, denn die beiden berühmtesten amerikanischen Ölmaler Thomas Eakins und Winslow Homer malten ebenfalls mit Aquarellfarben. Winslow Homer war ein Einzelgänger. Er arbeitete zunächst als Zeitschriftenzeichner und Kriegskorrespondent und bereiste Frankreich, England, Kanada, die Bermudas, Nassauen etc. Erst vom 40. Lebensjahr an widmete er sich ausschließlich der Malerei. Dabei bewies er eine besondere Begabung bei der Wahl seiner Seethemen, die er anschließend mit einer ausgefallenen Farbskala aus Öl- und Aquarellfarben ausarbeitete.

Vier weitere Aquarellmaler machten von sich reden: Maurice Prendergast mit seinen Menschengruppen, die Amerikanerin Mary Cassat, die in Frankreich den Impressionismus kennengelernt hatte, Whistler, ebenfalls

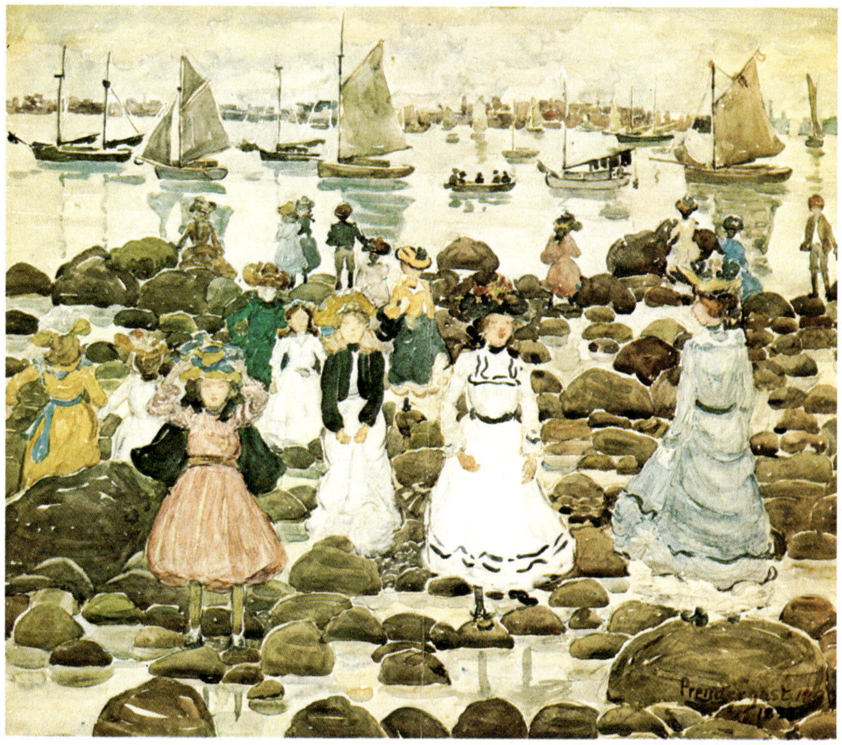

75

Abb. 75: Maurice Prendergast, *Niedrigwasser, Beachmont,* Kunstmuseum Worchester. Der in Boston geborene Maurice Prendergast kam auf dem Höhepunkt des Impressionismus im Alter von einundzwanzig Jahren nach Paris. Es ist also nicht verwunderlich, daß seine Malweise dem Einfluß von Manet, Monet, Renoir, Pissarro etc. unterlag. Prendergast hat sich seltsamerweise auf die Darstellung von Menschenmengen oder -gruppen in bestimmten Situationen spezialisiert, wie seine Bilder „Die Promenade" oder „Niedrigwasser", das oben rechts abgebildet ist, zeigen. Der Maler verließ Europa 1914 wieder und ging nach New York, wo er mit der radikalen Gruppe „Los Pocho" ausstellte, die indirekt der amerikanischen Kunstwelt einen neuen Impuls verlieh.

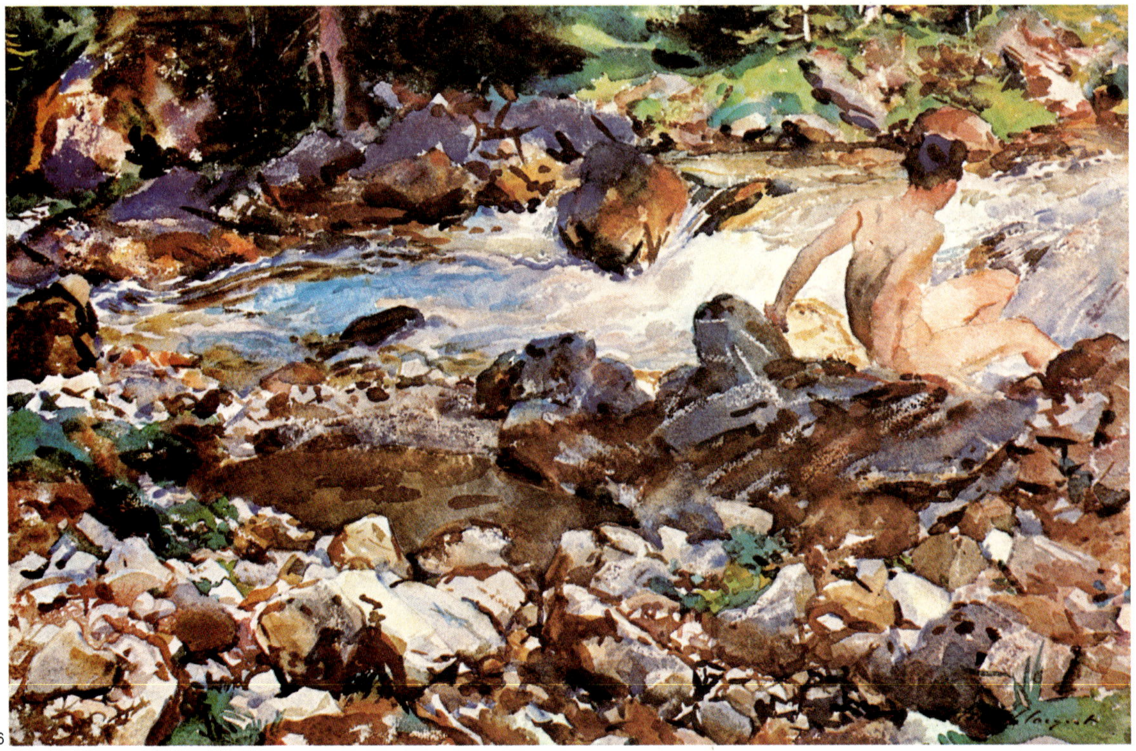

76

Abb. 76: John Singer Sargent, *Wildwasser im Gebirge,* Metropolitan Museum, New York. Sargent hat wegen seiner herrlichen Porträts Berühmtheit erlangt. Doch seine Aquarelle sind ebenfalls ausgezeichnet. Sargent wurde mit achtzehn Jahren Schüler des Malers Carolus in Paris. Dieser lehrte ihn die Grundregeln einer zusammenfassenden Malweise, die ein Leben lang das Credo des Künstlers bleiben sollte: „In der Kunst ist alles, was nicht absolut notwendig ist, schädlich."

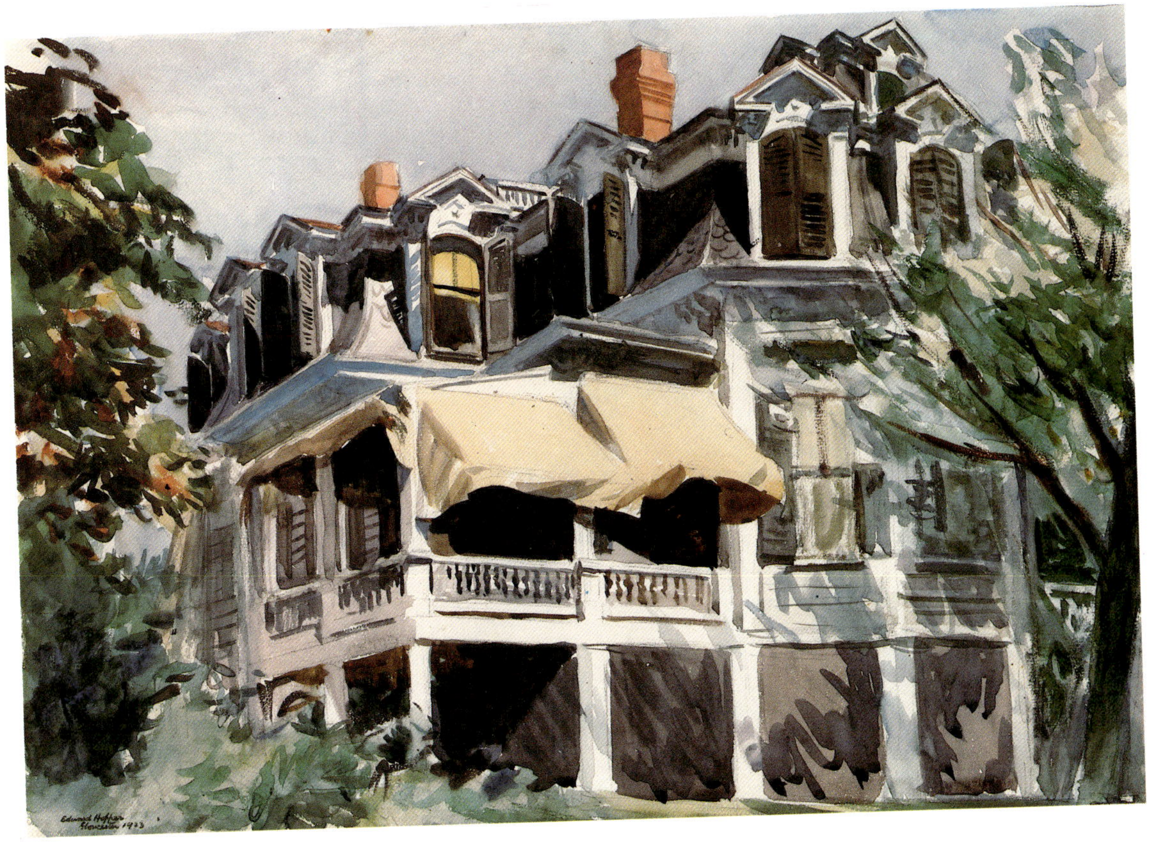

77

Abb. 77: Edward Hopper, *Die ausgebauten Dächer,* Brooklyn Museum, New York. Bei seinem Besuch in Paris im Alter von vierundzwanzig Jahren unterlag Edward Hopper dem Einfluß des Nachimpressionismus. Nach seiner Rückkehr in die Vereinigten Staaten paßte er sich dem amerikanischen Realismus an und spezialisierte sich auf städtische Szenen. In diesem 1923 entstandenen Aquarell legt sich Hopper stilistisch nicht fest. Er gibt uns jedoch eine meisterhafte Vorstellung von der Behandlung von Licht und Schatten, Volumen und Farben und beweist seine absolute Beherrschung der Technik.

ein Impressionist, und der berühmte Porträtist John Singer Sargent. Sargent wurde in Italien geboren und wuchs in Frankreich auf, besaß aber die amerikanische Staatsangehörigkeit. Mit diesen Künstlern erlebte die amerikanische Aquarellmalerei eine fantastische Jahrhundertwende.

Im 20. Jahrhundert erreichte das Aquarell in den Vereinigten Staaten eine Vorrangstellung. Tausende von Hobbymalern und hervorragende Künstler, unter denen nur schwer ein Name hervorzuheben ist, sorgten für seine Verbreitung. Nennen wir hier die figurativen Maler Edward Hopper, Andrew Wyeth, Roxland Hilder, John Pike und David Millard. Zu den Modernen einschließlich den Abstrakten zählen John Marin, Georgia O'Keeffe, Lyonel Feininger, Sam Francis etc.

Die Geschichte geht weiter. Heute wird die Aquarellmalerei als ein Ausdrucksmittel mit weitreichenden Möglichkeiten betrachtet. Sie nimmt hinsichtlich ihrer Qualität und Quantität einen ebenbürtigen Platz neben der Ölmalerei ein und verfolgt einen schöpferischen Weg mit neuen Techniken und neuen Stilen, die sie noch reizvoller machen könnte.

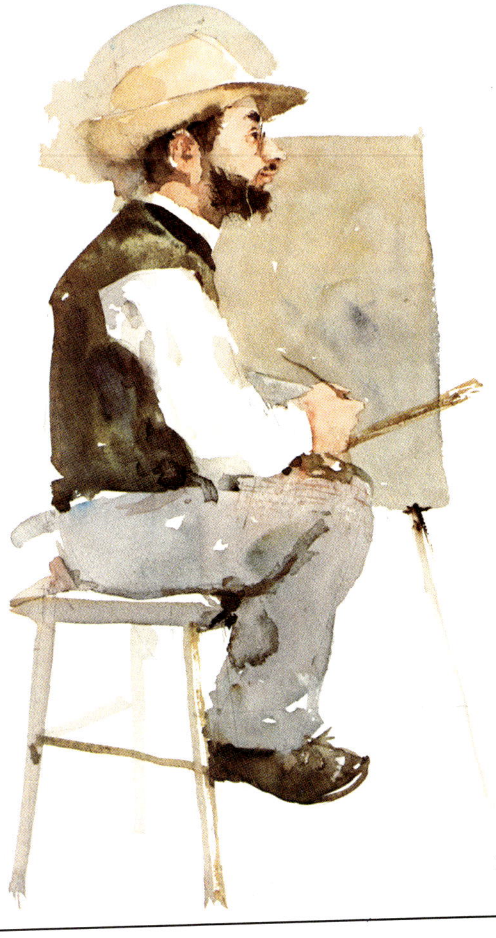

78

Abb. 78: Charles Reid, *Bekleidete männliche Gestalt,* Privatsammlung. Ich habe dieses Aquarell von Charles Reid als Beispiel für die zahlreichen Kunst- und Hobbymaler in den Vereinigten Staaten gewählt, die heute mit Aquarellfarben arbeiten. Es ist stellvertretend für die Qualität ihrer Werke. Charles Reid gilt als großer Aquarellmaler. Er veröffentlichte mehrere Bücher, darunter ein großes Werk über das künstlerische Schaffen.

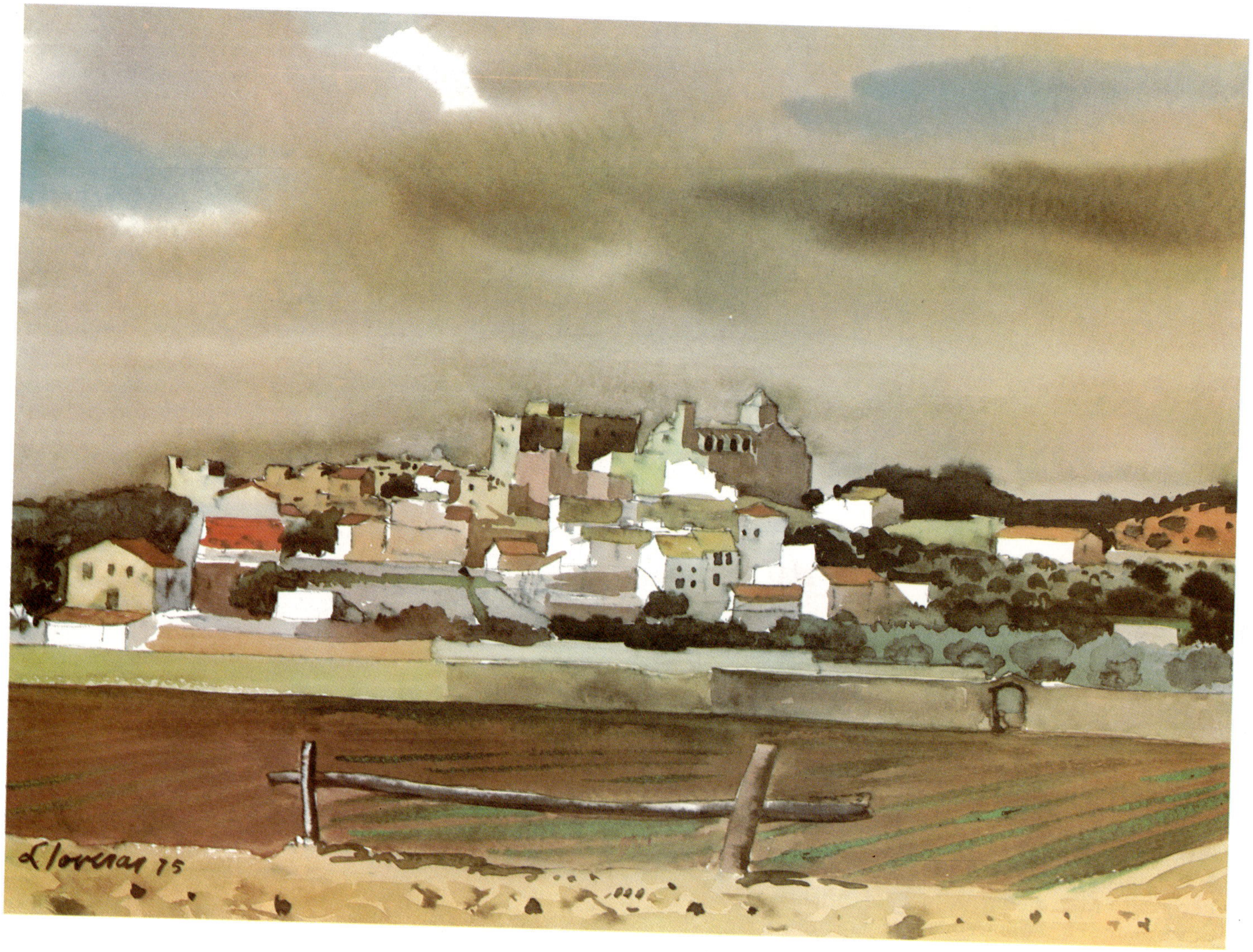

79

Abb. 79: Federico Lloveras, *Altafulla, Tarragona,* Privatsammlung. Zum Abschluß dieser kurzen Geschichte der Aquarellmalerei zeige ich hier eine Landschaft meines kürzlich verstorbenen Freundes Federico Lloveras. Er war ein großer Künstler und in der ganzen Welt bekannt. Lloveras malte in allen Regionen Spaniens und in den meisten Städten Europas und der Vereinigten Staaten. Sein Können beweist sich in allen seinen Werken, so auch in dem oben abgebildeten, das auf den ersten Blick wirklich einfach erscheint. Einem Journalisten von „La Vanguardia", der ihn fragte, wie er zu dieser Frische, diesem Eindruck eines Aquarells, „das in wenigen Minuten gemalt ist", gekommen sei, antwortete Lloveras: „Ich sehe ein Motiv; ich bleibe lange davor stehen und betrachte und studiere es. Anschließend beginne ich, ohne sonderliche Eile ganz vorsichtig zu malen. Ich probiere aus, zögere noch; denn zunächst beherrscht einen das Thema. Man muß darum ringen, daß sich das Verhältnis umkehrt und man selbst die Oberhand gewinnt. Wenn ich soweit bin, arbeite ich mit großer Sicherheit. Ich weiß, wo und wie ich jeden Pinselstrich anlegen muß. Dadurch entsteht der Eindruck, ich hätte das Bild in wenigen Minuten gemalt.

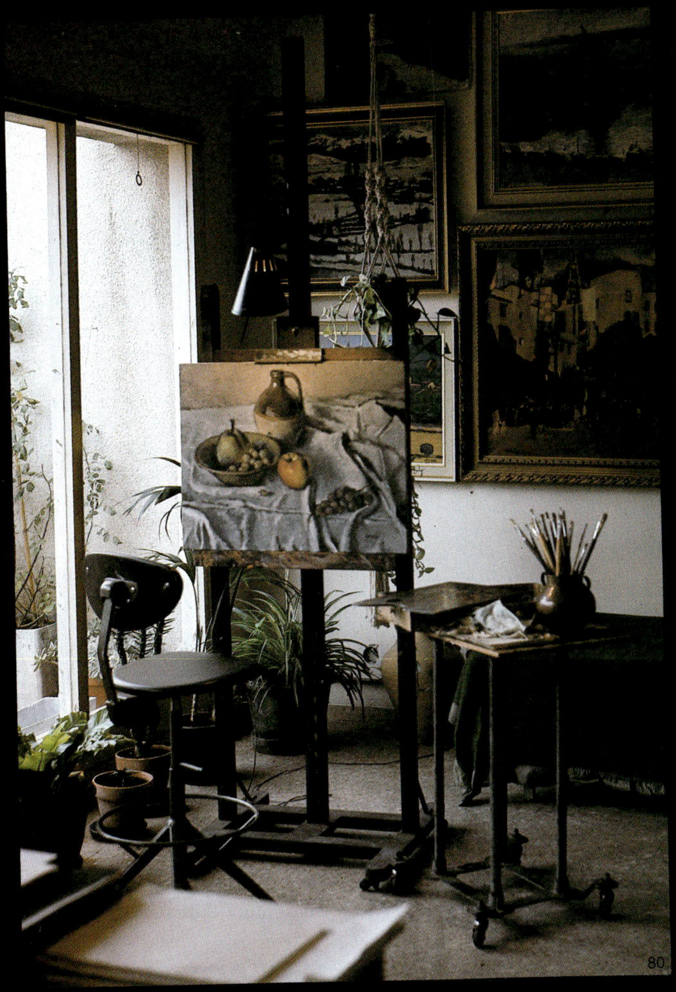

Das Atelier des Aquarellmalers

„Ein nicht allzu großer Raum fördert die Konzentration. Das Licht darf nur durch ein einziges Fenster hereinfallen."
Leonardo da Vinci (1452–1519)

Das Atelier zum Malen mit Aquarellfarben

Der Aquarellmaler malt fast immer unter freiem Himmel. Seine bevorzugten Themen sind Landschaften, Straßen und Plätze in Städten und Dörfern.
Der Aquarellmaler benötigt jedoch ebenso wie der Maler mit Ölfarben ein Atelier. Dort zeichnet und malt er nach Skizzen; er fertigt Stilleben an, zeichnet Studien nach einem lebenden Modell und malt Porträts.
Hier die notwendige Grundausstattung eines Ateliers: ein Arbeitstisch, eine Tischstaffelei in Form eines Pultes, ein Beistelltisch für die Wassergefäße, die Pinsel, die Farben etc., ein Zeichenbrett, ein Stuhl, eine Schreibtischlampe und einige große Zeichenmappen für das Zeichenpapier und die fertigen Werke.
In den Ateliers mancher Kunstmaler findet sich tatsächlich nicht viel mehr. Nach Möglichkeit sollten Sie sich jedoch etwas bequemer einrichten. Ideal wäre dafür: ein Raum von etwa 4 × 4 Quadratmetern mit weißen Wänden und großen Fenstern, die nach Norden gehen sollten. Die Nordseite ist für Tageslicht am geeignetsten. Außerdem ist eine ausreichende elektrische Beleuchtung

Abb. 81: Der Hobbymaler kann sich zu Beginn seiner Arbeit in jedem Raum seiner Wohnung ein Atelier einrichten. Er braucht dazu nur einen Tisch, ein Zeichenbrett, um das Papier darauf zu befestigen, und einen Stuhl. Das Zeichenbrett sollte mit Hilfe einiger Bücher eine leichte Schräglage bekommen. Man kann es auch auf die Tischkante und die Oberschenkel stützen und dadurch mit einem größeren Neigungswinkel arbeiten.

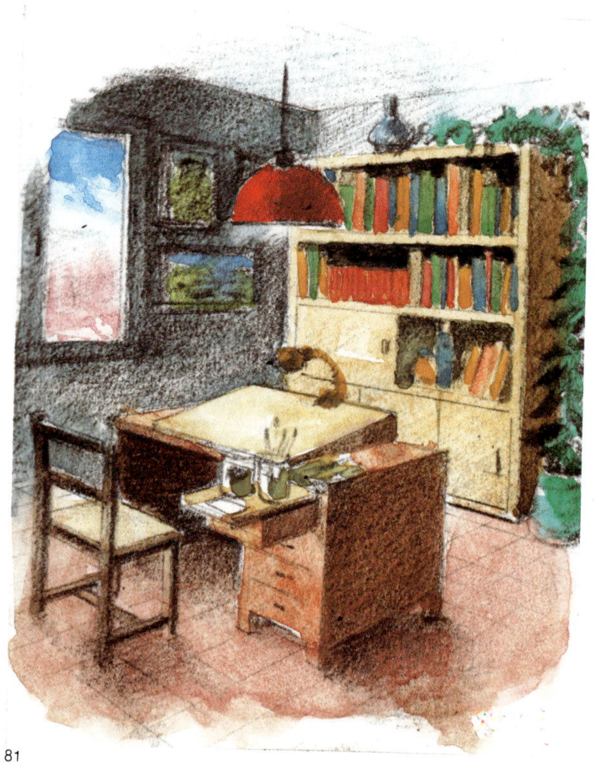

81

82

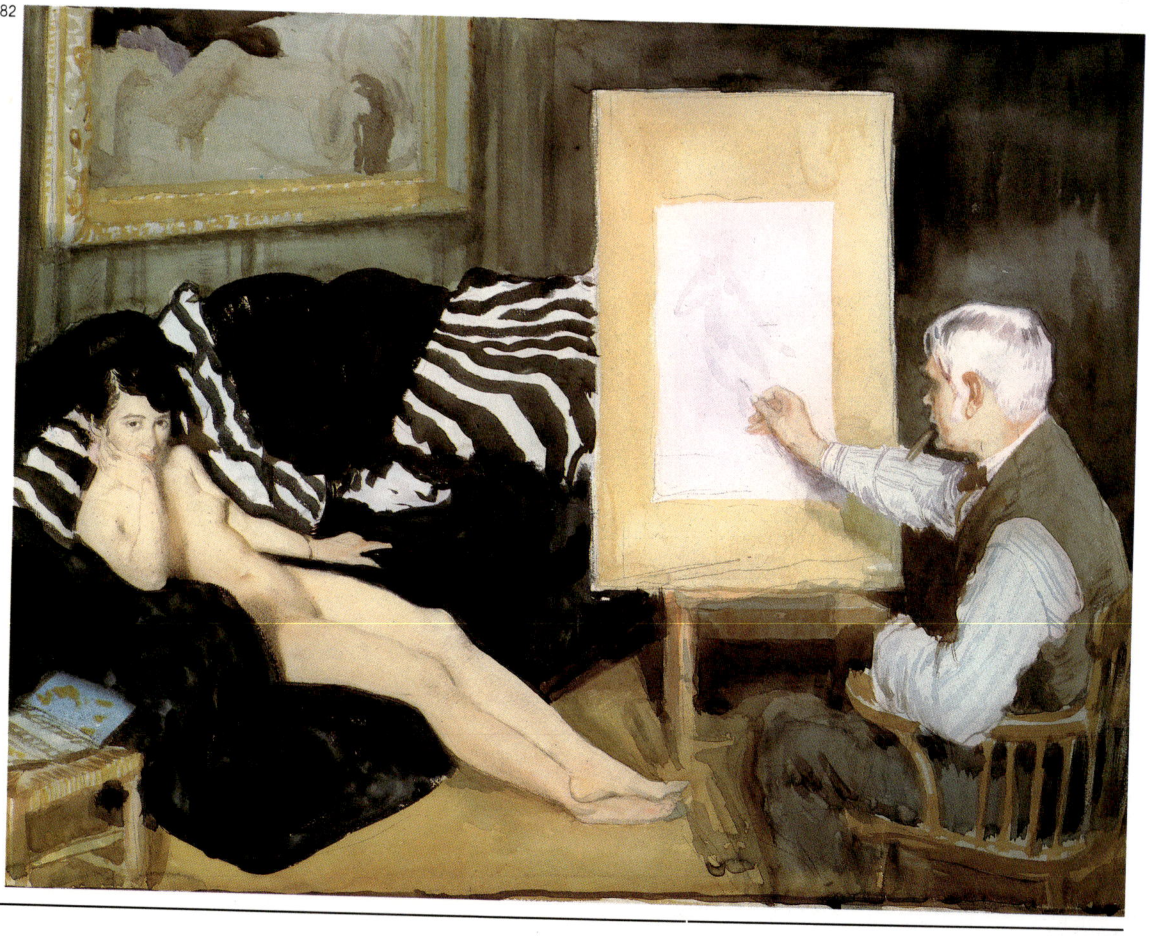

Abb. 82: Sir William Orpen, *Das Modell*, Tate Gallery, London. Der Ire Sir William Orpen gewährt uns mit diesem herrlichen Aquarell einen Blick in sein Londoner Atelier. Nach dem Bild aus dem Jahre 1911 zu urteilen, handelte es sich um einen ziemlich kleinen Raum.

Die Beleuchtung

notwendig, um abends und nachts bei Kunstlicht arbeiten zu können. Ferner sollten ein Arbeitstisch mit beliebig zu neigender Holzplatte, ein in der Höhe verstellbarer Drehstuhl auf Rollen mit einer gepolsterten Sitzfläche und einer Rückenlehne sowie ein kleiner Rolltisch oder Rollschrank für die Wassergefäße, die Aquarellkästen und das Ersatzmaterial vorhanden sein. Sie benötigen außerdem eine pultförmige Tischstaffelei sowie eine Studiostaffelei, ein Bücherregal und eine Auszugkommode mit flachen Schubläden, um das Papier, die Skizzen, die Entwürfe und die fertigen Arbeiten unterzubringen. Vielleicht brauchen Sie darüber hinaus noch einen Rollschrank für ihre Aktenordner. Fließendes Wasser, Kunstbücher, eine Musikanlage, ein Sofa oder eine Couch für das Modell sind ebenfalls zu empfehlen.

Die Atelierbeleuchtung eines Kunstmalers
Große Fenster, die sich links vom Arbeitstisch befinden, mit Fensterläden oder Gardinen, um die Lichtmenge und die Lichtstärke zu regulieren, stellen die natürliche Lichtquelle dar. Das Kunstlicht muß kräftig und gleichmäßig sein, damit es dieselbe Wirkung wie das Tageslicht hat und nachts ein unbeschränktes Arbeiten ermöglicht. Lassen Sie von einem Elektriker ein oder mehrere Lampen mit je vier Leuchtstoffröhren anbringen, von denen zwei ein warmes Licht und zwei ein kaltes Licht besitzen, das das Tageslicht nachahmt. Besorgen Sie sich zusätzlich eine Schreibtischlampe mit ausziehbarem, schwenkbarem Arm und einer Glühlampe von mindestens 100 Watt.

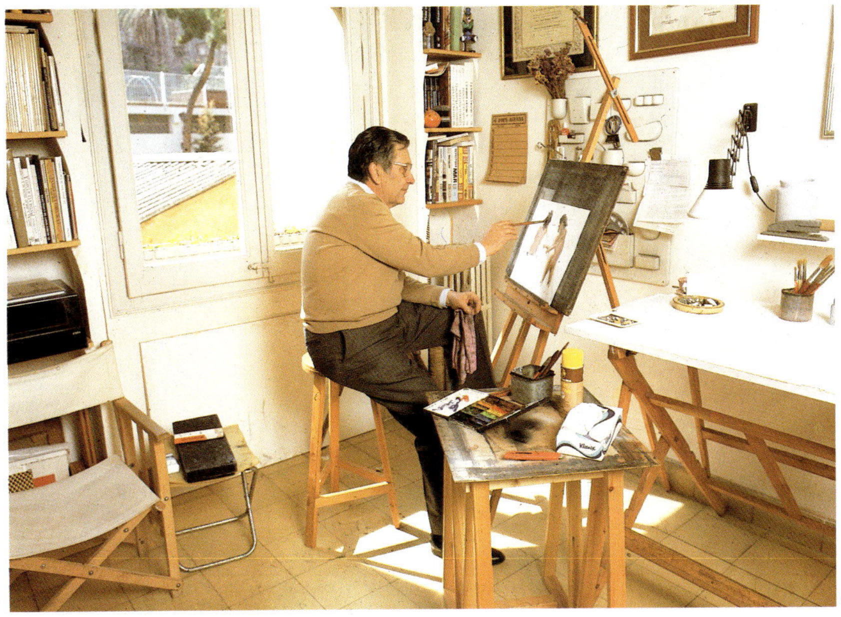
83

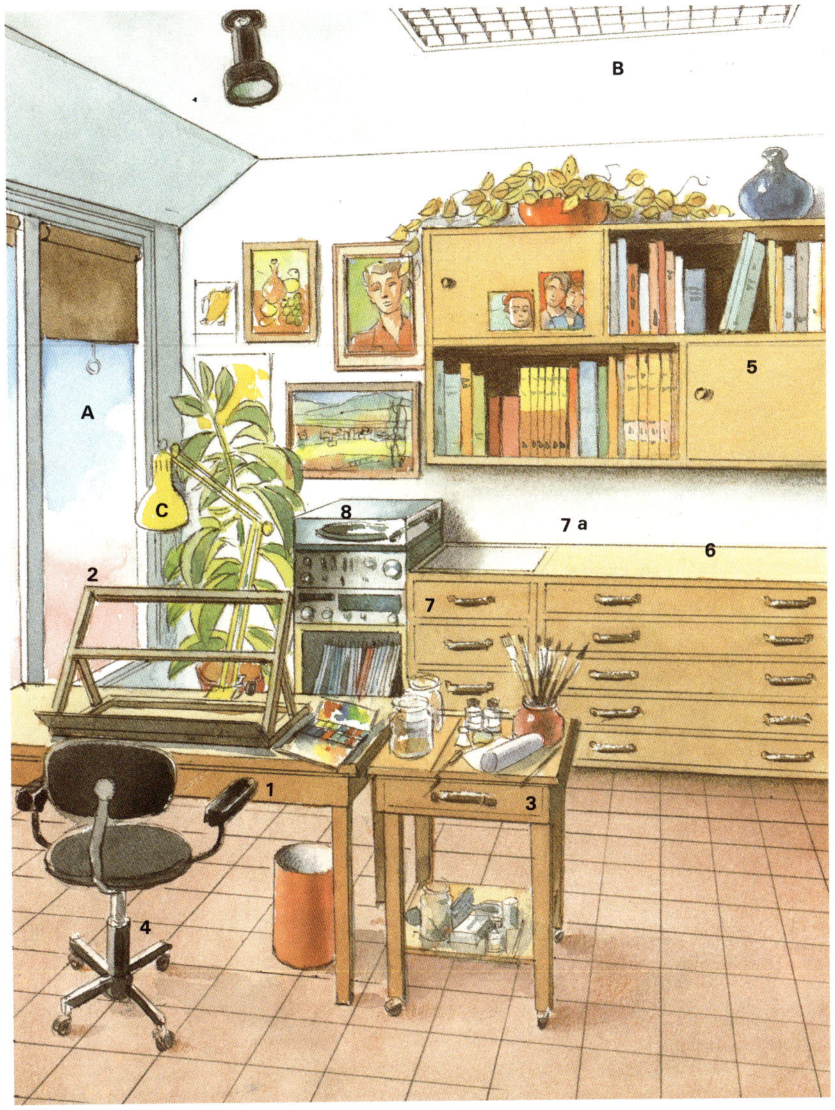

84

Abb. 83: Das Atelier von Gaspar Romero in seinem Haus in Barcelona. Sie sehen selbst, daß sich das Mobiliar nur aus einem zusammenlegbaren Tisch mit schrägstellbarer Tischplatte, einem kleinen Beistelltisch, einer klassischen dreibeinigen Studiostaffelei und einem Hocker besteht, mit dem sich halb sitzend arbeiten läßt.

Abb. 84: Hier das ideale Atelier für den Aquarellmaler: ein 16 Quadratmeter großer Raum mit weißen Wänden und großen, nach Norden zeigenden Fenstern.

Möbel und Zubehör: 1. Tisch, 2. pultförmige Tischstaffelei, 3. Beistelltisch auf Rollen, 4. in der Höhe verstellbarer Drehstuhl auf Rollen, 5. Bücherregal, 6. Auszugkommode mit Schubläden, 7. Zusatzelement zur Auszugkommode zur Unterbringung des Materials, 7a. Leuchttischanlage zum Durchpausen von Bildern, Prüfen von Diapositiven etc., 8. Musikanlage, 9. Waschbecken mit fließendem Wasser (außerhalb der Abbildung).
Beleuchtung: A. Fenster für Tageslicht, B. Leuchtstoffröhren, C. Schreibtischlampe als zusätzliche Beleuchtung.

Möbel und Zubehör

Hier einige Möbelstücke, die im Atelier eines Kunstmalers für die Arbeit mit Aquarellfarben vorhanden sein sollten:
Ein Tisch zum Zeichnen und Malen, der auf den ersten Blick keine Besonderheiten aufweist. Ein ganz normaler Tisch, zum Beispiel ein Bürotisch mit Schubläden, würde schon genügen ... Doch das wäre nur eine vorübergehende Lösung. Um professionell zu arbeiten, benötigt man einen besonderen Zeichentisch, dessen Platte sich wie ein Pult verstellen läßt. Das verschafft einem einen besseren Überblick über die Zeichnung oder das Gemälde. In diesem Zusammenhang sei auf den klassischen Holztisch (Abb. 86) hingewiesen, der seit mehr als hundert Jahren im Handel ist. Das Modell ist bei jung und alt bekannt. Es hat seinen Platz in letzter Zeit jedoch modernen, funktionellen und stabileren Modellen überlassen müssen. Zu den neueren Ateliermöbeln gehören Tische für technische Büros und architektonische Arbeiten, die ebenfalls für die künstlerische Malerei verwendet werden. Sie sind aus Kunststoff und besitzen einen Verstellmechanismus aus Metall. Es gibt jedoch auch Tische, die ein handwerkliches Aussehen haben und aus einem edlen Material bestehen. Ihre Konzeption ist funktionell und elegant zugleich (Abb. 87 und 89). Das Modell auf Abbildung 89, das nur auf Bestellung angefertigt wird, besteht aus zwei Schubladenblöcken und einer verstellbaren

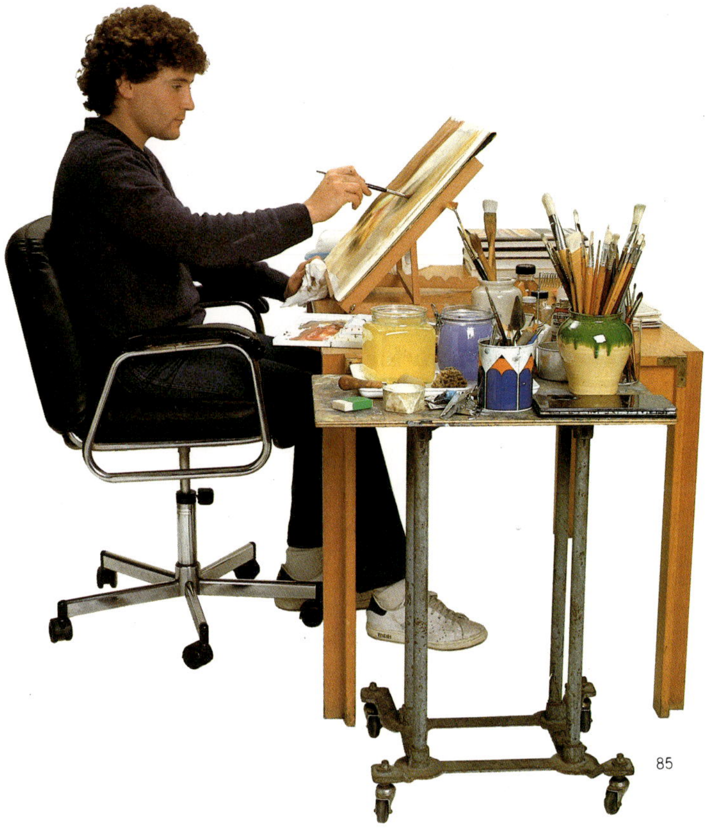
85

Abb. 85: Folgende Möbel benötigt der Aquarellmaler unbedingt: einen normalen Zeichentisch, eine pultförmige Tischstaffelei, einen kleinen Beistelltisch und einen in der Höhe verstellbaren Drehstuhl auf Rollen. Der Drehstuhl ist außerordentlich praktisch. Ferner braucht der Maler Pinsel, Wassergefäße, Farben, Papier etc.

Abb. 86: Klassischer, zusammenlegbarer Scherentisch mit beliebig verstellbarer Tischplatte. Er ist seit über 100 Jahren im Handel und wird heute noch von vielen Aquarellmalern benutzt.

Abb. 87: Modernes Tischmodell der Marke Americana aus den Vereinigten Staaten. Es ist ebenso funktionell wie elegant und besitzt eine beliebig verstellbare Tischplatte, Schubläden für das Ersatzmaterial, Querstreben zum Abstützen der Füße etc.

86

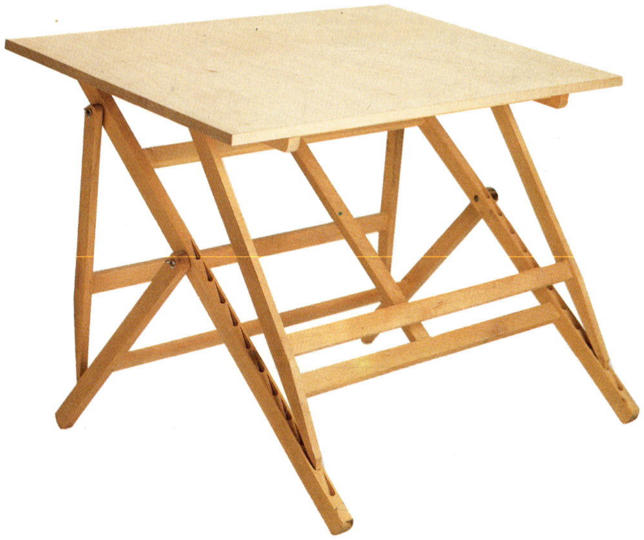

87

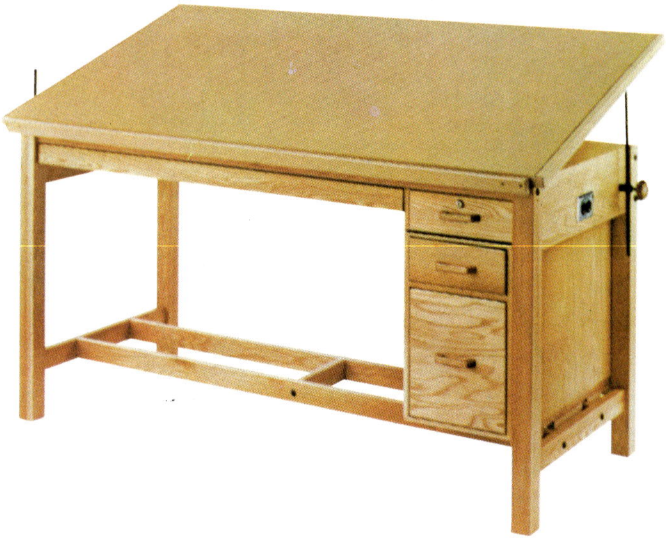

Tischplatte. Diese ist abnehmbar, so daß die beiden Schubladenblöcke weiter auseinandergerückt werden können. Dadurch erhält der Tisch eine größere Arbeitsfläche. Wie auf Abbildung 89 zu erkennen, kann man jeweils eine Schublade auf jeder Seite mit einer Platte abdecken und bekommt auf diese Weise eine zusätzliche Abstellfläche.
Ein weiteres wichtiges Zubehör ist die pultförmige Tischstaffelei. Sie sehen ein entsprechendes Modell auf Abbildung 85. Ferner benötigen Sie eine klassische dreibeinige Studiostaffelei.
Von Vorteil ist ebenfalls ein kleiner Rolltisch für die Wassergefäße, die Farben, die Pinsel, die Schwämme, das Saugpapier etc. Er kann aus einem extra gefertigten Möbelstück mit Regalen und Schubläden bestehen und selbst ein verstellbares Zeichenbrett umfassen. Dadurch erspart man sich einen weiteren Tisch (Abb. 88). Man kann jedoch auch einen ganz gewöhnlichen Tisch benutzen oder solch einen „Apparat", wie ich ihn besitze. Er besteht aus einem alten Schreibmaschinenwagen, auf den oben eine Platte montiert wurde (Abb. 90).
In das Atelier eines Kunstmalers gehört darüber hinaus noch ein Ständer wie der auf Abbildung 91, in den man ein oder zwei große Umschläge oder Mappen mit den Skizzen und den fertigen Bildern legt. Auf diese Weise kann man seine Werke Besuchern und eventuellen Käufern leicht vorzeigen.

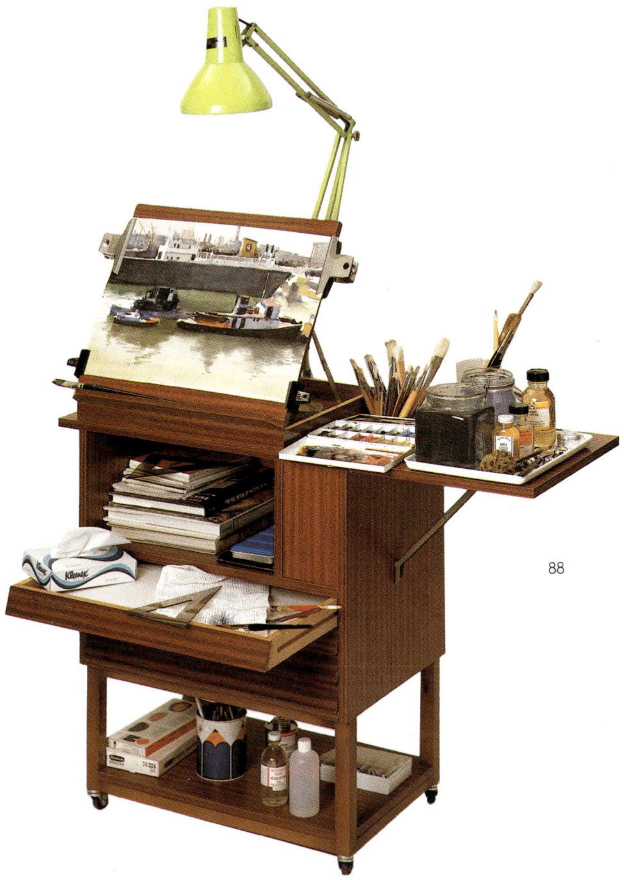

88

Abb. 88: Hier eine wunderbare Konstruktion: in einem einzigen Möbelstück vereinen sich der Tisch, die Tischstaffelei, ein Klappdeckel als Beistelltisch, zwei Regale für das Papier und die Aquarellbilder (Maximum 32 × 50 cm) und eine Schublade für diverses Material.

Abb. 89: Zeichentisch aus zwei Schubladenblöcken und einer losen pultförmigen Tischplatte. Die Schubladenblöcke sind verschiebbar und können den Tisch verlängern. Die Schubläden lassen sich mit einem Brett abdecken und als Beistelltisch verwenden.

Abb. 90: Vor langer Zeit habe ich mir diesen Beistelltisch auf Rollen aus einem alten Schreibmaschinentisch gebaut, auf dem oben eine Platte befestigt wurde. Er leistet mir bei der Arbeit mit Öl- und Aquarellfarben gute Dienste.

89

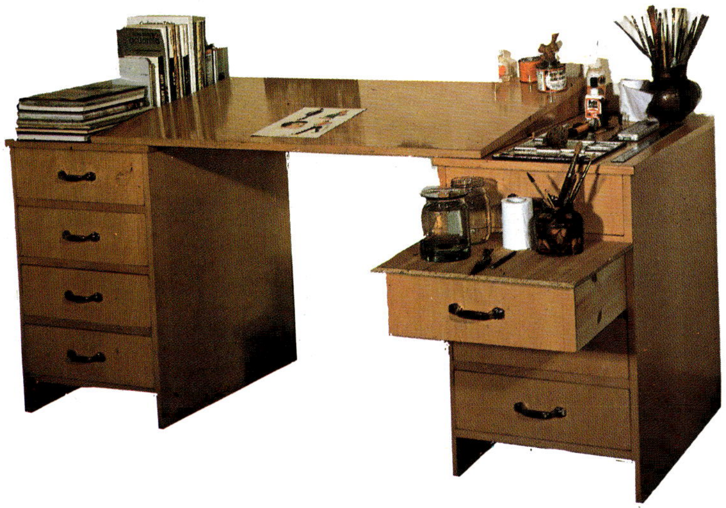

90

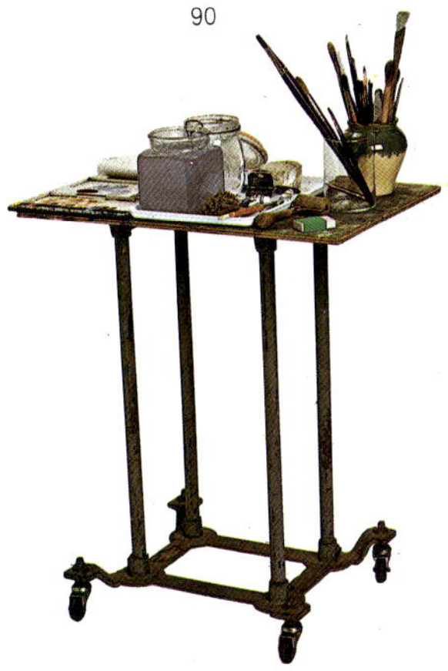

91

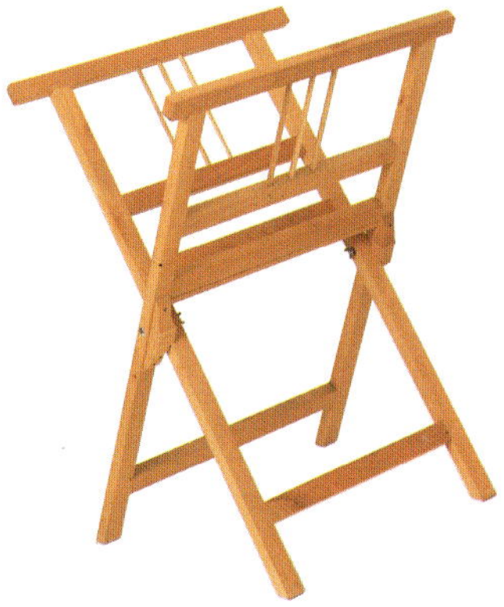

Abb. 91: Zeichenmappenständer zur Aufnahme großer Mappen, in denen der Künstler sein Papier und die fertigen Werke aufbewahrt. Der Ständer sollte in keinem Atelier fehlen. Man braucht ihn auch, um seine Werke rasch den Kunden zeigen zu können.

Fließendes Wasser, Auszugkommode, Sessel

Fließendes Wasser muß in einem Atelier nicht unbedingt vorhanden sein; es ist jedoch sehr vorteilhaft. Man braucht es zum Malen. Es muß von Zeit zu Zeit ausgewechselt werden, wenn man seine Palette, den Farbkasten und die Pinsel gereinigt hat oder das Papier nach dem Spannen anfeuchten will etc. Die Wasserinstallation kann selbst zu einem Einrichtungselement des Ateliers werden: Statt des üblichen Porzellanbeckens mit einem geraden Wasserhahn aus Chrom oder Messing habe ich bei mir eine rustikale Keramikschüssel anbringen lassen, mit der ich persönlich sehr zufrieden bin.

Läßt die Größe Ihres Ateliers es zu, denken Sie bitte an die Anschaffung einer Auszugkommode mit normalen Schubläden für die Unterbringung der Farben, Paletten, Näpfe und Pinsel und mit flachen Schubläden für die Lagerung des Papiers – also der Blöcke, Blätter, Entwürfe, Skizzen und fertigen Aquarelle. Aufgrund der großen Ablagefläche auf der Kommode kann man das Papier darauf schneiden, falten, rollen, auf das Zeichenbrett montieren und spannen etc.

Man benötigt mindestens zwei, nach Möglichkeit drei Zeichenbretter aus Sperrholz von 6 mm Stärke und den beiden Standardmaßen von 85 × 60 cm und 100 × 70 cm. Schließlich rate ich Ihnen zur Anschaffung eines bequemen Drehstuhls mit verstellbarer Höhe, bei dem Sitz-, Rücken- und Armlehne gepolstert sind. Solche Stühle findet man auch in den Büros. Malen ist anstrengend. Ein wenig Komfort schadet der Inspiration und der Kreativität durchaus nicht.

92

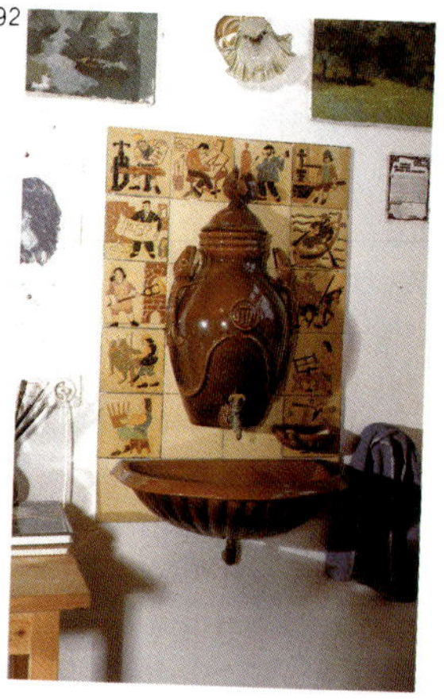

Abb. 92: Fließendes Wasser im Atelier: Statt eines gewöhnlichen Beckens habe ich mir dieses rustikale Handwaschbecken anbringen lassen.

95

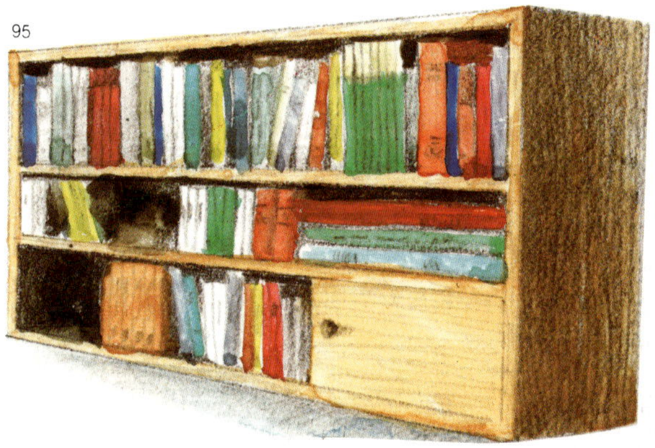

Abb. 95: Praktisch ist dieses Möbelstück aus einem Bücherregal und einer Kommode mit flachen Auszügen zur Unterbringung des unbenutzten Papiers, der Studien, Skizzen und fertigen oder halbfertigen Aquarellbilder. Hinzufügen kann man ein Schubladenelement mit einer Milchglasplatte und zwei Leuchtstoffröhren darunter, das gleichzeitig als Leuchttisch zum Durchpausen etc. dient.

Abb. 93: Sie können natürlich mit dem klassischen dreibeinigen Hocker im Atelier arbeiten. Ich rate Ihnen jedoch zu einem in der Höhe verstellbaren Drehstuhl auf Rollen zum Zeichnen und Malen. Sie werden die Vorteile selbst erkennen.

Abb. 94: Sie benötigen im Atelier mindestens zwei große feste Zeichenmappen und zwei oder drei Zeichenbretter aus Holz oder 6 mm dickem Sperrholz. Zwei davon sollten 65 × 80 cm und eines 70 × 100 cm groß sein.

93

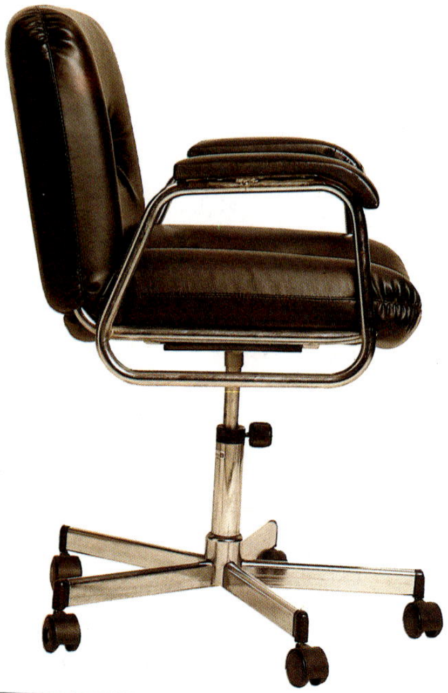

94

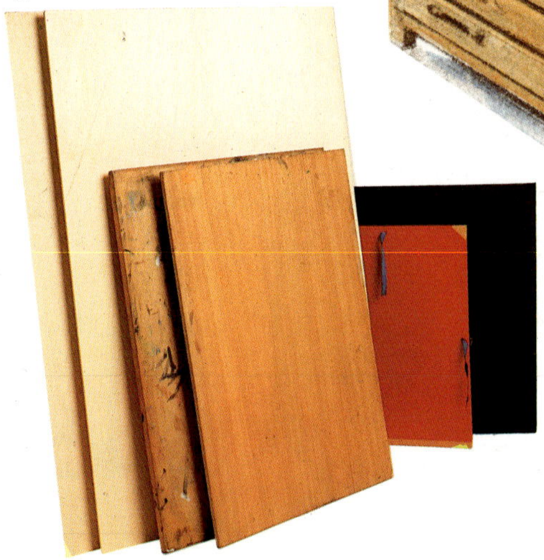

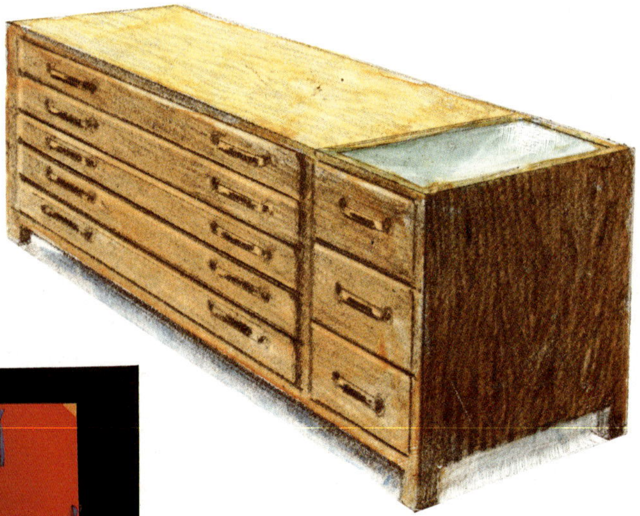

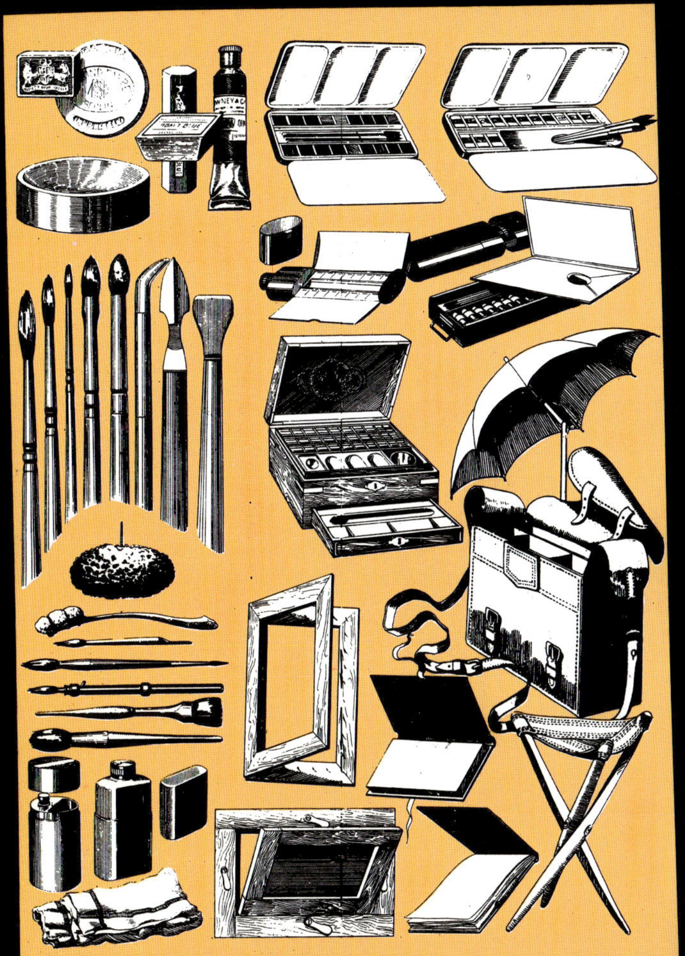

96

Material und Zubehör

„Niemals hatten die Maler so unterschiedliches und so vollkommenes Material zur Verfügung, um ihre Gedanken auszudrücken"
Maurice Busset (1927)

Die Staffelei

Die meisten Staffeleien für die Ölmalerei eignen sich auch zum Arbeiten mit Aquarellfarben. Es gibt jedoch einige Spezialmodelle wie die Tischstaffelei, die extra für die Aquarellmalerei entworfen wurde.
Natürlich benötigt man für alle Staffeleien beim Malen mit Aquarellfarben zusätzlich ein Zeichenbrett aus Holz, um das Papier darauf zu befestigen – es sei denn, es ist bereits auf Pappe aufgezogen oder man arbeitet mit einem speziell für Aquarellfarben gedachten Papierblock.
Kunstmaler halten sich an keine Regel, wenn es um den Neigungswinkel des Bildträgers oder des Papiers beim Arbeiten mit Aquarellfarben geht. Manche malen am liebsten an der frischen Luft. Sie legen das Zeichenbrett auf den Boden, so daß es völlig flach liegt. Andere ziehen die Staffelei vor, um das Zeichenbrett mit dem Papier mehr oder weniger neigen zu können. Dasselbe gilt für die Arbeit im Atelier: Einige Maler benutzen ein leicht geneigtes Brett, andere arbeiten mit einem Neigungswinkel von 45 Grad und verwenden dafür eine pultähnliche Tischstaffelei. Nach meiner persönlichen Meinung ist eine Neigung von etwa 45 Grad für die Aquarelltechnik am geeignetsten.
Eine gute Feldstaffelei zum Malen im Freien muß folgende Bedingungen erfüllen: geringes Gewicht, Standfestigkeit, Vorrichtung zum Verstellen des Zeichenbrettes, Befestigungsmöglichkeit für die Unterlage des Zeichenpapiers.

Abb. 97 (gegenüberliegende Seite links): Spezielle Tischstaffelei für die Aquarellmalerei. Ihre Form stimmt beinahe mit der klassischen Studiostaffelei von Abbildung 105 überein. Abgesehen von der geringeren Größe (Höhe insgesamt 60 cm), ist die Staffelei verstellbar. Dadurch kann man sowohl senkrecht als auch mit einem beliebigen Neigungswinkel arbeiten.

Abb. 99: Zusammenlegbare Feldstaffelei aus Metall, die für die Aquarellmalerei zu empfehlen ist. Sie besitzt eine solide, gut durchdachte Mechanik. Der Hebel A ist beliebig verstellbar und stützt das Zeichenbrett oder den Block sicher ab.

Abb. 100: Feldstaffelei aus Holz für die Aquarellmalerei von ähnlicher Form wie die vorige. Sie ist ebenfalls zusammenlegbar und besitzt ein zusätzliches kleines Brett zum Ablegen des Malkastens. Der verstellbare Hebel A ist nicht ganz so stabil wie bei der Metallstaffelei.

Abb.101: Klassische Staffelei mit integriertem Malkasten, die in Europa und den Vereinigten Staaten häufig für die Öl- und Aquarellmalerei verwendet wird. Das Oberteil ist beliebig verstellbar. Im Malkasten lassen sich das gesamte Material und das Zubehör unterbringen. Dieses schon perfektere Modell ist etwas schmaler und etwas leichter als das Standardmodell.

Abb. 102: Klassische dreibeinige Studiostaffelei mit in der Höhe regulierbarem Auflagebrett. Die Staffelei ist kleiner als das klassische Modell für die Ölmalerei.

Abb. 103 und 104: Studiostaffelei mit schrägstellbarem Oberteil zum Malen sowohl mit Öl- als auch mit Aquarellfarben. Sie ist solide und funktionell und benötigt weniger Platz als die klassische Studiostaffelei (Abb. 103 zeigt die Staffelei geneigt).

Abb. 105: Hier schließlich die klassische Studiostaffelei für die Ölmalerei. Sie kann notfalls auch für die Arbeit mit Aquarellfarben verwendet werden, auch wenn das senkrechte Zeichenbrett nicht zu empfehlen ist.

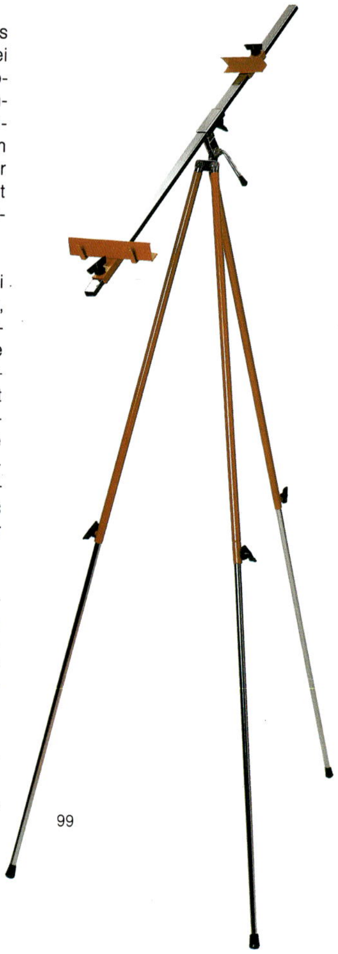

99

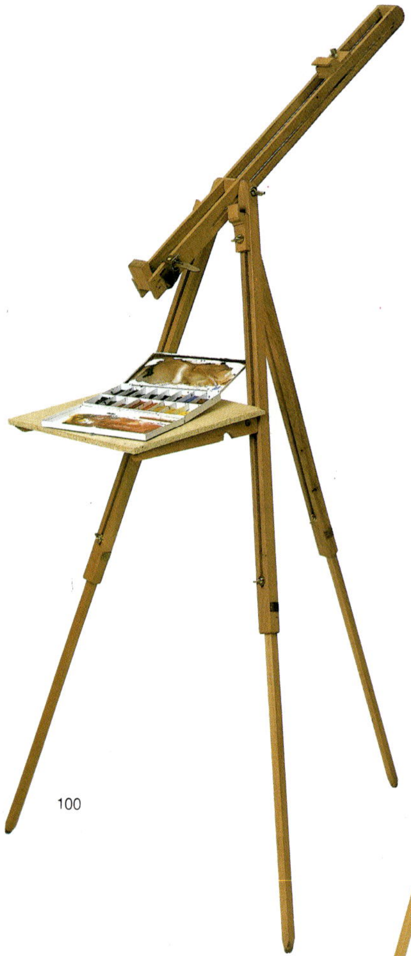

100

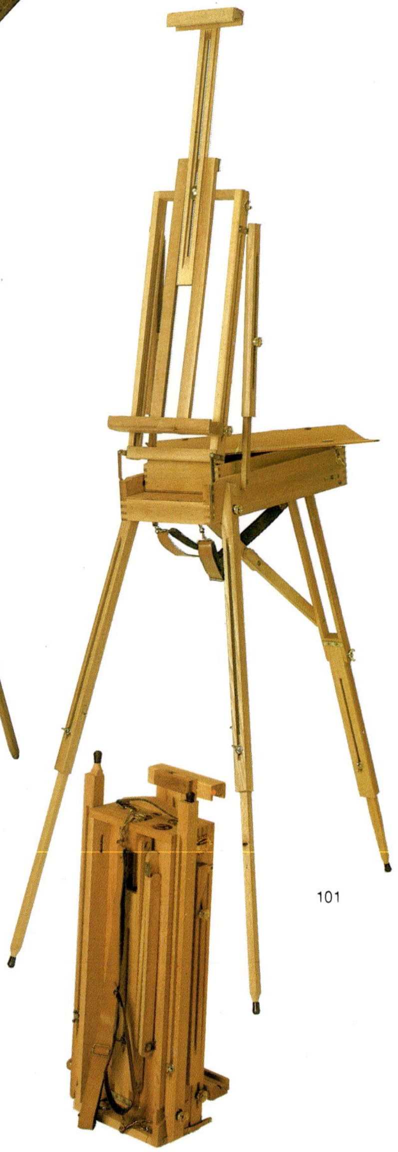

101

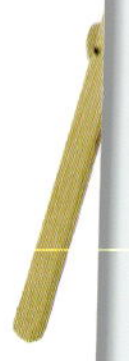

Abb. 98: Spezielle Tischstaffelei für die Aquarellmalerei. Sie besitzt eine pultähnliche Form und läßt sich bis zu 45 Grad neigen. Beim Malen mit Aquarellfarben benötigt man hier wie bei allen anderen Modellen zusätzlich ein Zeichenbrett, um das Papier zu befestigen – es sei denn, man malt auf aufgezogenem Papier oder auf einem verleimten Block.

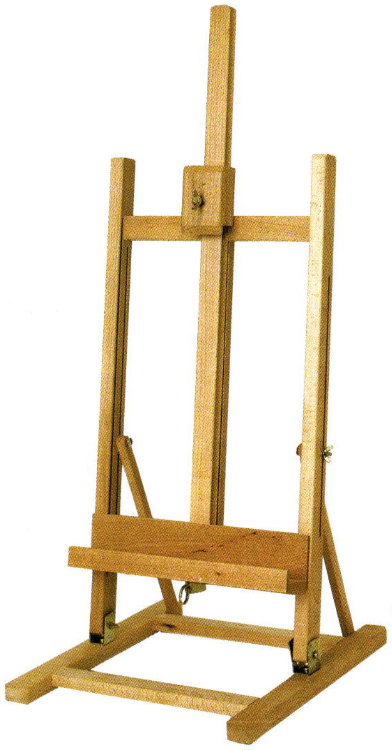
97

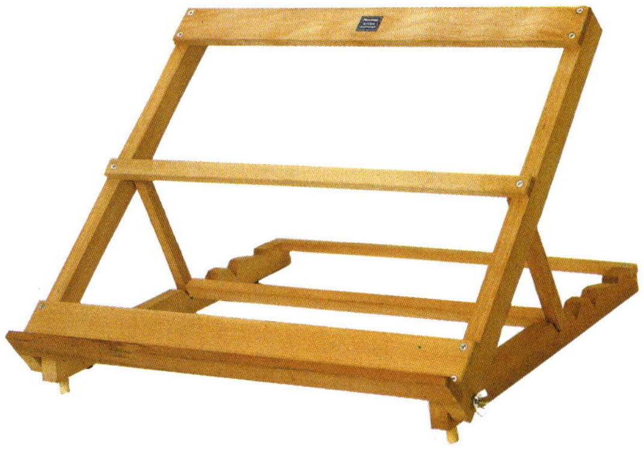
98

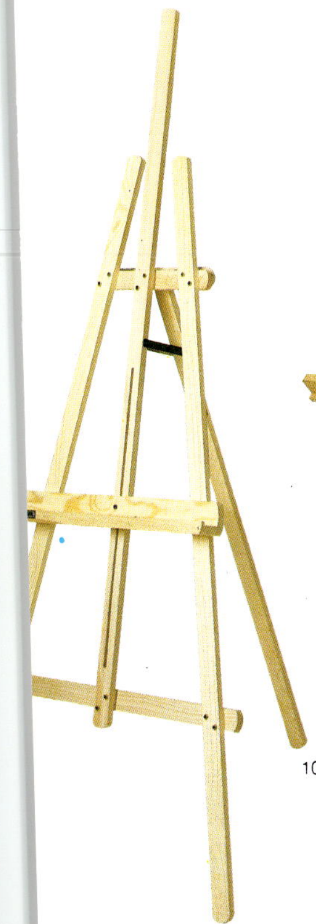
102

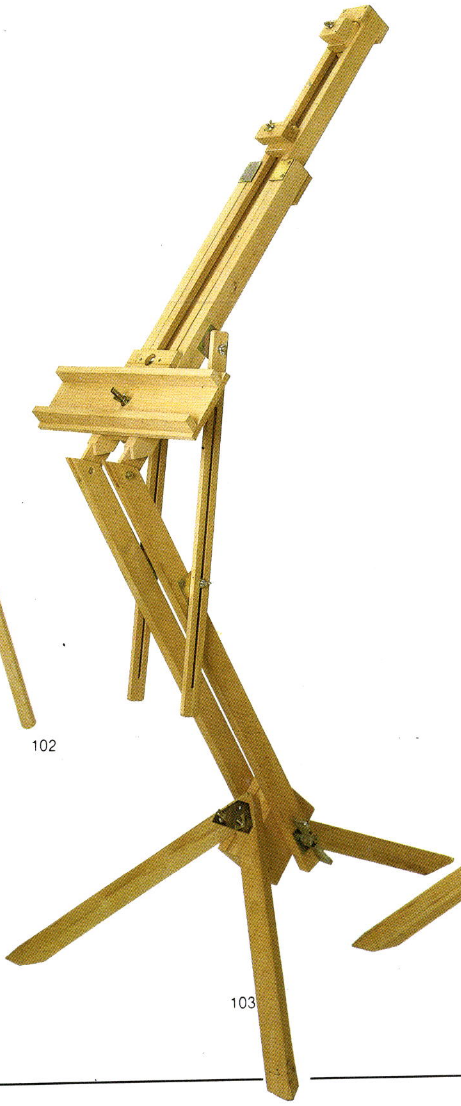
103

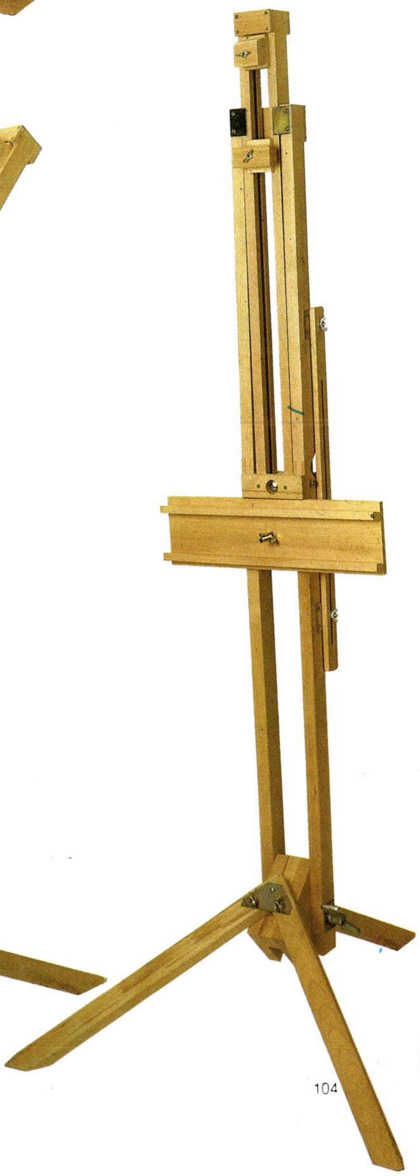
104

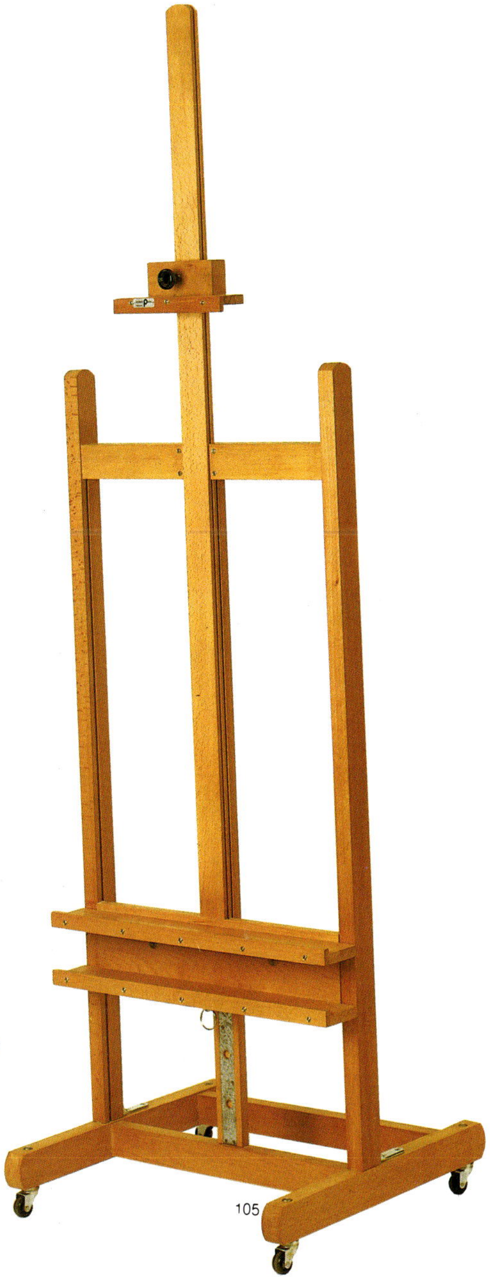
105

Das Papier

Die Qualität des Papiers ist für die Kunst der Aquarellmalerei von entscheidender Bedeutung. Wir beziehen uns hier auf handgeschöpftes oder maschinell hergestelltes Papier hoher Qualität, dessen Brei zu hundert Prozent aus Stoff besteht und das mit größter Sorgfalt verleimt wird; denn davon hängt die Reaktion des Papiers bei Auftragen mehrerer Aquarellschichten ab. Dieses Papier ist sehr teuer. Manche Hersteller bieten jedoch auch mittlere Qualitäten an, die akzeptabel sind. Man erkennt gutes Papier an der Logotype des Herstellers, die sich reliefartig am Rand oder in einer Ecke des Blattes befindet oder aus dem traditionellen Wasserzeichen besteht. Das Wasserzeichen sieht man, wenn man das Blatt gegen das Licht hält und hindurchschaut.

Aquarellpapier für Kunstmaler wird mit drei Strukturen angeboten:

a) Papier mit feinem Korn
b) Papier mit grobem Korn
c) Papier mit extra-grobem Korn.

Das Papier mit feinem Korn wird heiß gepreßt, um es zu glätten und doch ein gewisses Korn beizubehalten, ohne das die flüssige Aquarellfarbe sich nicht auf der Papierfläche halten könnte.

Völlig glattes Papier ohne jedes Korn kann zum Malen mit Aquarellfarben nicht benutzt werden.

Papier mit feinem Korn eignet sich hervorragend zum Zeichnen und Malen mit Aquarellfarben. Voraussetzung ist jedoch, daß der Künstler bereits Erfahrung im Anlegen von Konturen, Verschmelzen der Farben, Herstellen von Abstufungen und in der Naßtechnik überhaupt besitzt. Denn je feiner das Korn ist, desto rascher verläuft die flüssige Aquarellfarbe und verbreitet sie sich auf dem Papier. Der Künstler muß also gegebenenfalls zügig wieder absaugen. Die Arbeit auf feinem Papier ist nicht ganz einfach. Der Vorteil ist jedoch, daß die Farben eine herrliche Leuchtkraft erhalten.

Das kaltgepreßte Papier von mittlerem Korn verlangt keine ausgesprochen rasche und kontrollierte Arbeitsweise. Es ist für den Anfänger zweifellos am geeignetsten. Er sollte sich anschließend jedoch auf weiteren Papiertypen üben.

Das grobkörnige Aquarellpapier ist, wie der Name sagt, besonders rauh. In den winzigen, gleichmäßigen, aber nicht absolut symmetrischen Zwischenräumen sammelt sich die flüssige Farbe und verhindert ein rasches Trocknen. Die rauhe Oberfläche bereitet dem unerfahrenen Hobbymaler bei der Arbeit mit Aquarellfarben einige Schwierigkeiten. Der Kunstmaler vermag sein Aquarell bei dieser Struktur dagegen genau zu kontrollieren. Theoretisch nimmt das grobkörnige Papier den Farben ein wenig die Leuchtkraft, denn jede dieser winzigen Vertiefungen der Struktur wirft auch einen winzigen Schatten, der die Farben leicht abdunkelt. In der Praxis sind die Unterschiede jedoch nicht festzustellen.

Jedes Papier besitzt eine Ober- und Unterseite. Darauf muß man beim Malen unbedingt achten; denn die richtige Seite ist besser verleimt und ausgeprägter. Um die beiden Seiten unterscheiden zu können, sollten Sie wissen, daß die Oberseite ein asymmetrisches Korn besitzt. Auf der Rückseite ist das Korn dagegen regelmäßiger und symmetrischer und bildet manchmal sogar eine schwache Diagonalzeichnung.

Abb. 106: Zur Kennzeichnung von handgeschöpftem oder maschinell gefertigtem qualitätsvollem Aquarellpapier prägen die Hersteller ihr Markenzeichen entweder reliefartig in eine Ecke des Blattes, oder sie versehen es mit dem traditionellen Wasserzeichen. Letzteres erkennt man beim Hindurchschauen. Auf der gegenüberliegenden Seite sehen Sie die Erzeugnisse einiger international bekannter Papierhersteller.

106

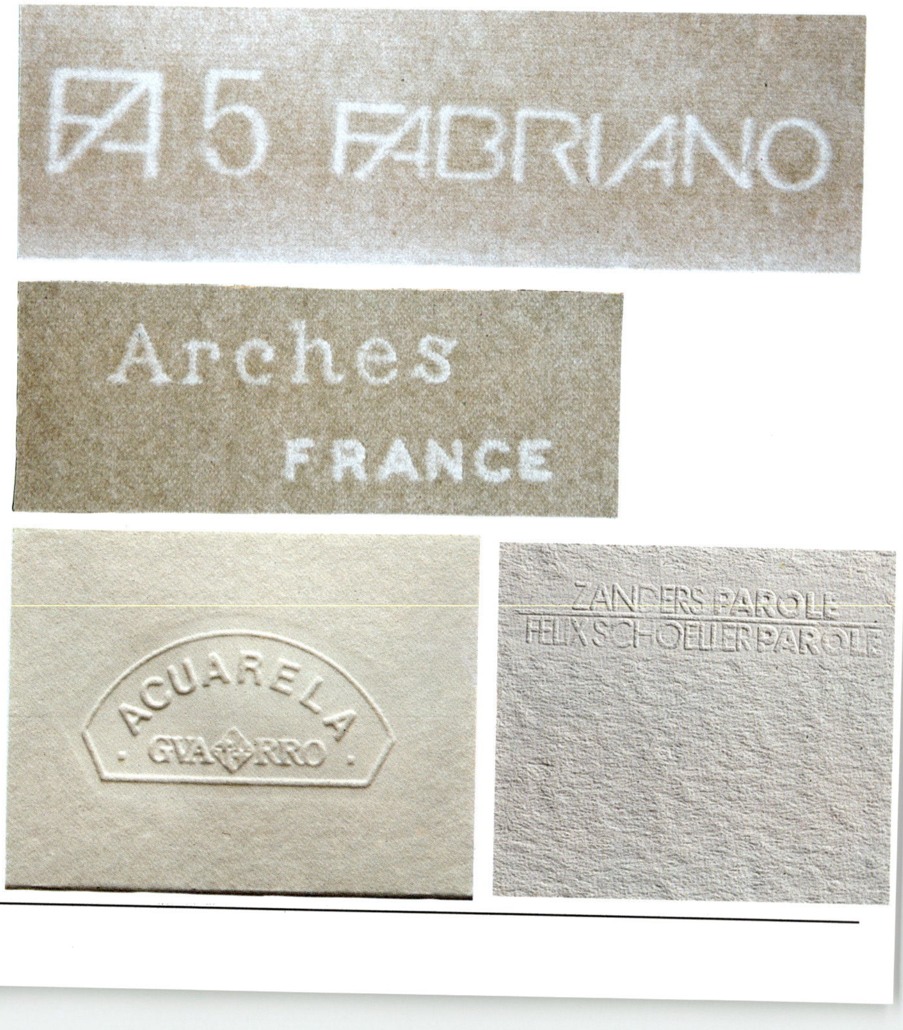

107

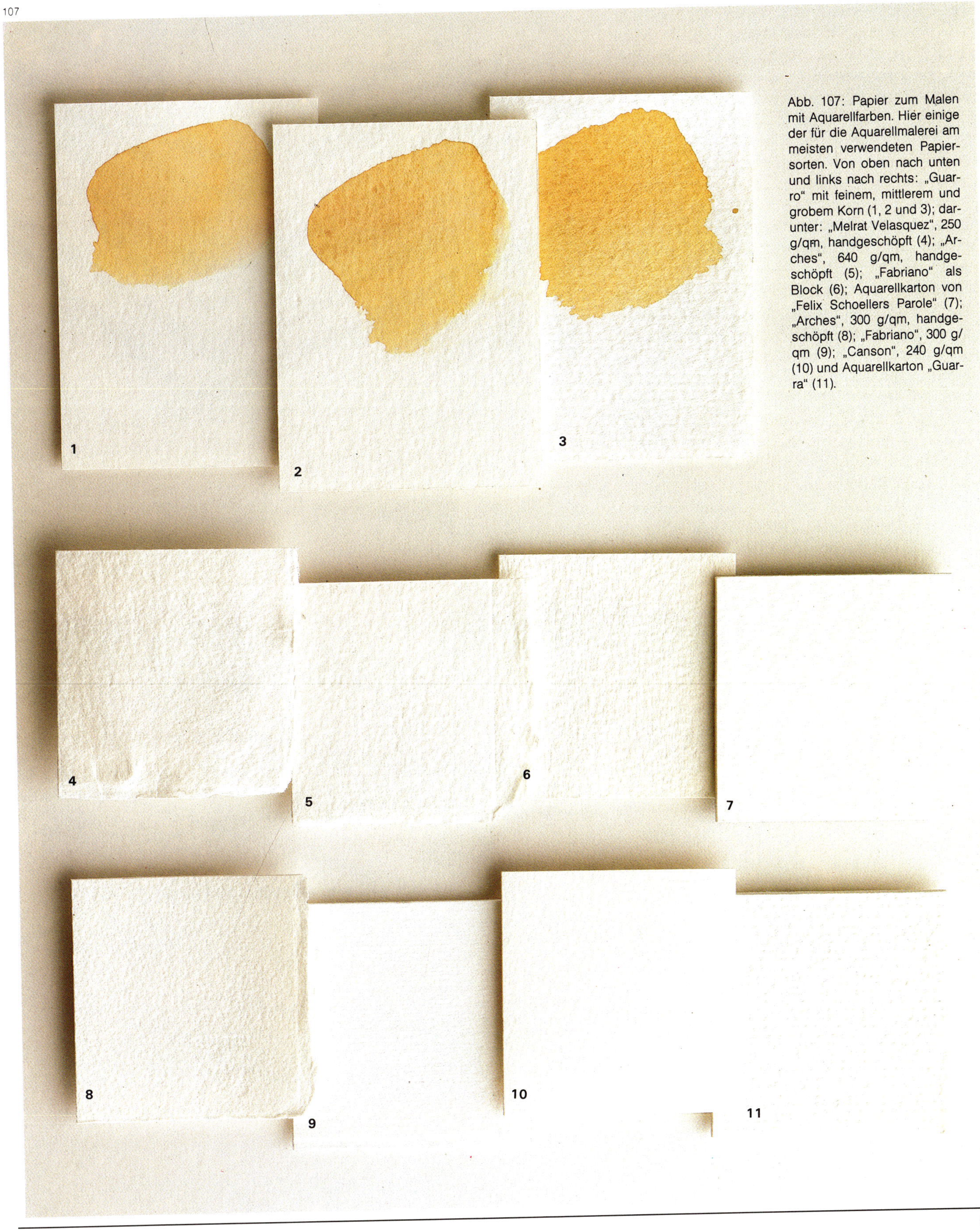

Abb. 107: Papier zum Malen mit Aquarellfarben. Hier einige der für die Aquarellmalerei am meisten verwendeten Papiersorten. Von oben nach unten und links nach rechts: „Guarro“ mit feinem, mittlerem und grobem Korn (1, 2 und 3); darunter: „Melrat Velasquez“, 250 g/qm, handgeschöpft (4); „Arches“, 640 g/qm, handgeschöpft (5); „Fabriano“ als Block (6); Aquarellkarton von „Felix Schoellers Parole“ (7); „Arches“, 300 g/qm, handgeschöpft (8); „Fabriano“, 300 g/qm (9); „Canson“, 240 g/qm (10) und Aquarellkarton „Guarra“ (11).

Papier: Handelsformen, Stärke und Format

Das Papiergewicht wird als Flächengewicht in Gramm pro Quadratmeter und als Kilogewicht je tausend Bogen (1 Ries) angegeben. Es gibt sowohl sehr dünnes Papier mit einem Gewicht von nur 45 g/qm als auch sehr dickes Papier wie das zu 370 g.
Aquarellpapier wird in bestimmten Formaten als Einzelblätter oder auf Pappe aufgezogen angeboten. Die Formate sind international nicht standardisiert. Bei dem aufgezogenen Aquarellpapier vermeidet man jedes Wellen oder Verziehen aufgrund der Feuchtigkeit der Farbe.
Ferner gibt es Aquarellblöcke mit einem Inhalt von 10 bis 25 Blatt. Im deutschsprachigen Raum ist ein Inhalt von 10 Blatt am meisten verbreitet. Die Blöcke sind an allen vier Seiten verleimt und halten das Papier während des Malens gespannt.
Die Papierfabrik Fabriano ist die älteste Europas. Sie fertigt noch heute ihre Papiere weitgehend nach den ursprünglichen Herstellungsmethoden an.
Von Schoellershammer sind Aquarellblöcke mit 10 oder 20 Blatt Inhalt in weiß, antik und grau mit folgenden Formaten im Handel:

16,5 × 24 cm
24 × 34 cm
30 × 40 cm
36 × 48 cm
42 × 56 cm

Hersteller von hochwertigem Aquarellpapier

Schoellers Parole	Deutschland
Hahnemühle	Deutschland
Whatman	England
Arches	Frankreich
Canson & Montgolfier	Frankreich
Fabriano	Italien
Guarro	Spanien

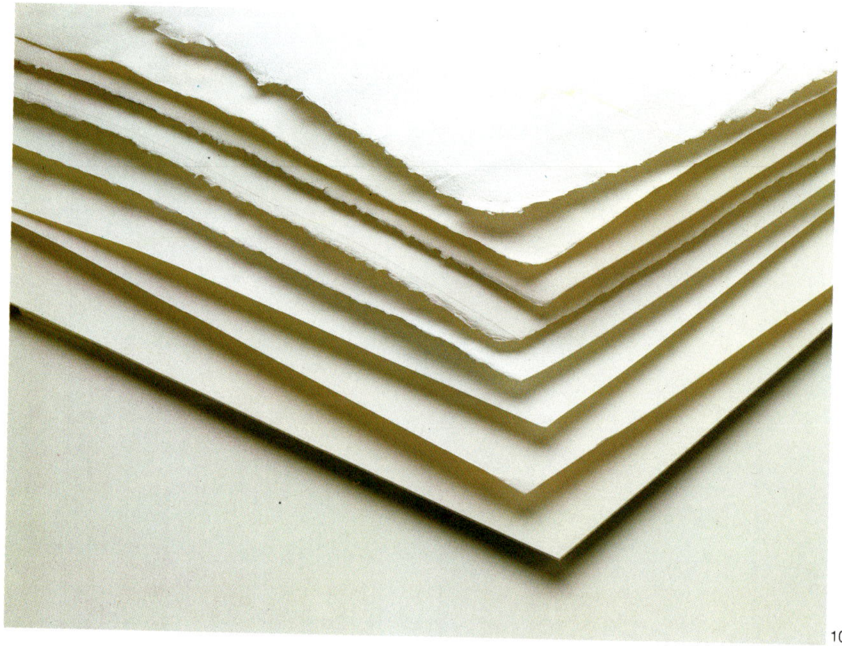

108

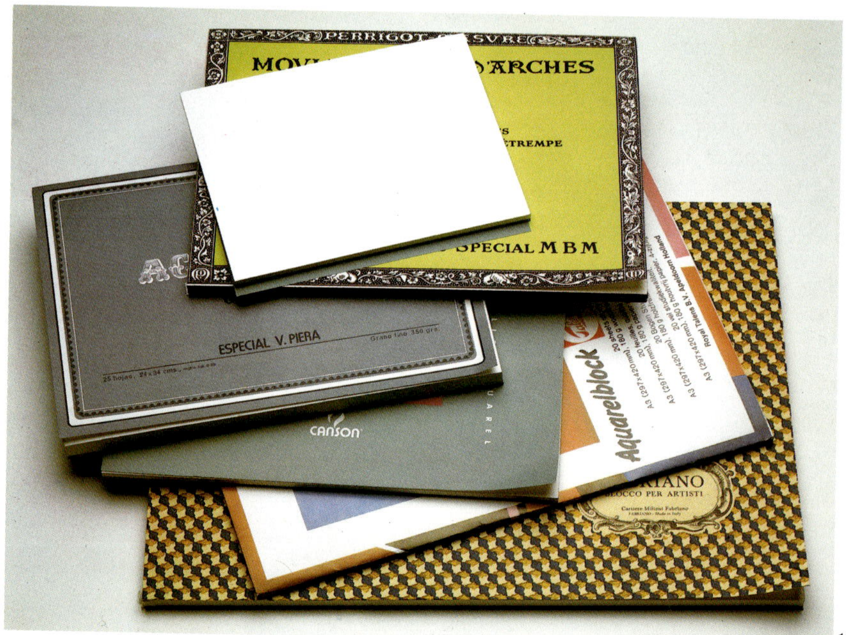

109

Abb. 108: Aquarellpapier wird als Einzelblätter, auf Pappe aufgezogen oder in Form von Blöcken angeboten. Manche Blätter weisen den charakteristischen Büttenrand auf. Dieser war früher ein Kennzeichen für handgeschöpftes Papier. Heute ist der Rand auch maschinell herstellbar. Bei aufgezogenem Aquarellpapier erübrigt sich die Benutzung eines Zeichenbrettes. Leider wird Aquarellpapier nicht in Standardmaßen angeboten.

Abb. 109: Die Mehrzahl der Hersteller liefert Aquarellblöcke mit 10 Blatt auf fester Pappe, die an allen vier Seiten verleimt sind. Dadurch entsteht ein kompakter Block mit gutgespanntem Papier. Probleme wie Wellen, Verziehen etc. treten dabei nicht auf.

Das Spannen des Papiers

Ihnen ist bereits bekannt, daß Papier mit einem Gewicht von weniger als 200 Gramm pro Quadratmeter beim Malen mit Aquarellfarben aufgrund der Feuchtigkeit anfängt zu wellen und sich zu verziehen. Um das zu verhindern, sollte man das Papier auf eine feste Unterlage montieren und spannen. Dazu feuchtet man es unter fließendem Wasser völlig an, läßt es einen Augenblick lang auf dem Zeichenbrett liegen, damit es weicher wird, und befestigt es anschließend mit Klebeband. Während des Trocknens zieht sich das Papier zusammen und bleibt auch beim Malen in der Naßtechnik flach gespannt.
Die meisten Kunstmaler wenden diese Technik in der Praxis jedoch nicht an. Sie arbeiten entweder auf einem Papier, das beinahe so stark ist wie das Bristol, auf einem auf Pappe aufgezogenen Malgrund oder auf einem rundum verleimten Malblock. Dadurch schließen sie jedes Wellen und Verziehen von vornherein aus.
Für alle, die es genau wissen möchten, zeigen wir nebenstehend anhand von Fotos und beschreibendem Text, wie man ein Aquarellpapier aufzieht und spannt.

Spannen des Papiers auf einem Holzbrett

Um auf einem Papier malen zu können, das fest gespannt ist und sich nach dem Anfeuchten durch die Aquarellfarbe weder wellt noch verzieht, verfährt man wie folgt:

110
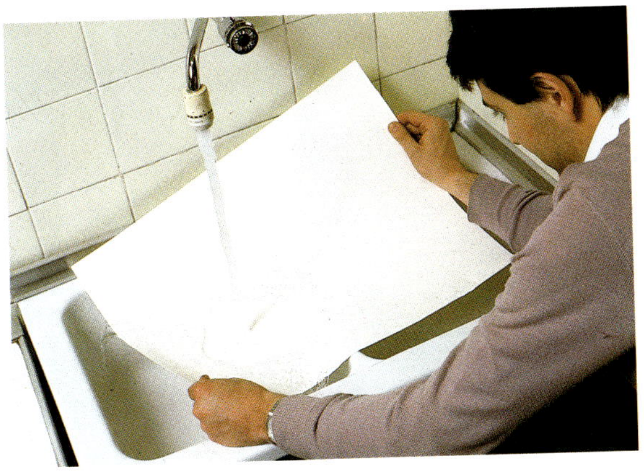

Abb. 110: Fassen Sie das Papier mit beiden Händen, halten Sie es unter fließendes Wasser, und feuchten Sie es etwa zwei Minuten lang gut an.

111
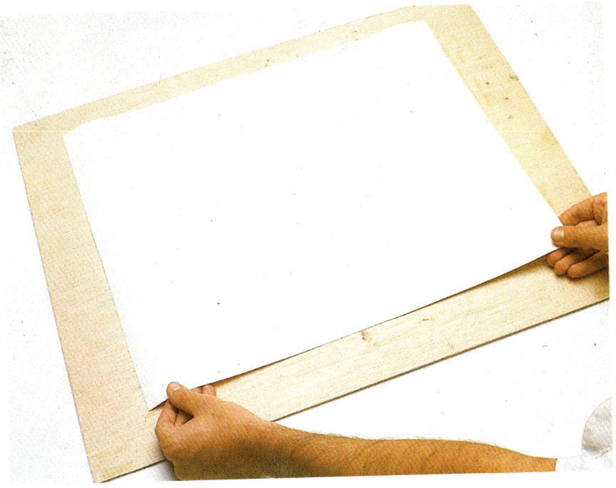

Abb. 111: Legen Sie das durchnäßte Papier sofort auf ein Holzbrett, und ziehen Sie es ein wenig mit beiden Händen, während es noch feucht ist. Dadurch dehnt es sich stärker aus.

112
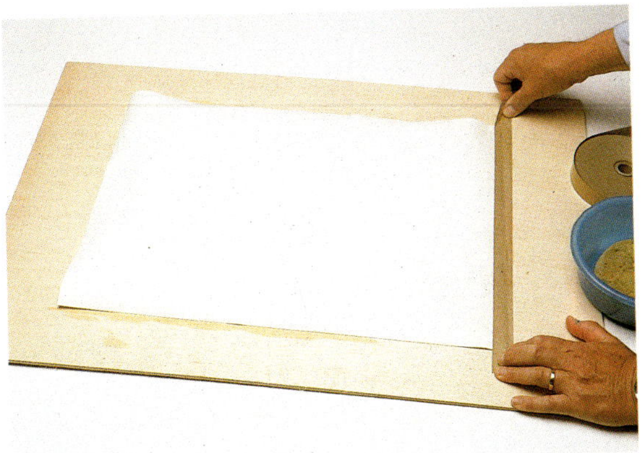

Abb. 112: Befestigen Sie das Papier an einer Seite sofort mit einem zwei bis drei Zentimeter breiten Klebestreifen.

113
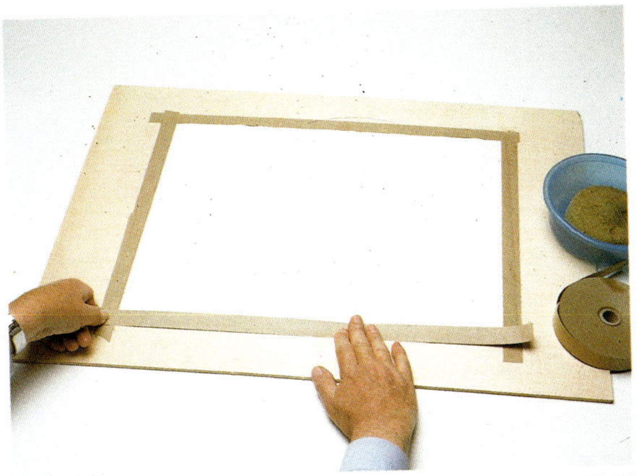

Abb. 113: Befestigen Sie nun auch die drei anderen Seiten mit einem Klebestreifen. Lassen Sie das Papier in waagerechter Lage trocknen. Verwenden Sie dazu keine weitere Wärmequelle (Sonne, Heizofen, Fön etc.) Das Papier ist nach vier bis fünf Stunden getrocknet. Sie können dann auf einer glatten gespannten Fläche malen, die sich nicht mehr verzieht, ganz gleich, wieviel Wasser Sie verwenden.

114
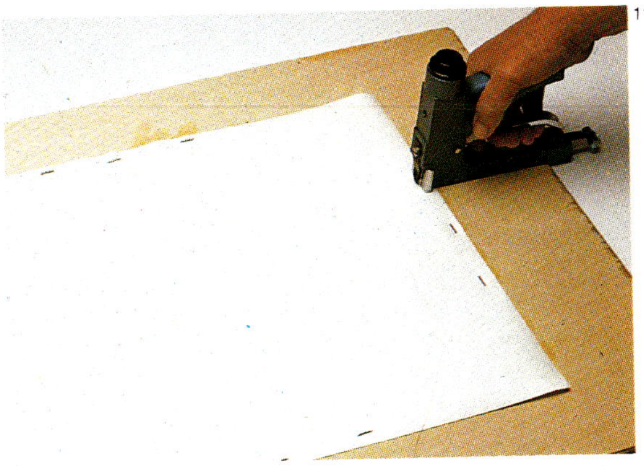

Abb. 114: Sie können das Papier auch anfeuchten und mit einer Heftmaschine befestigen.

115
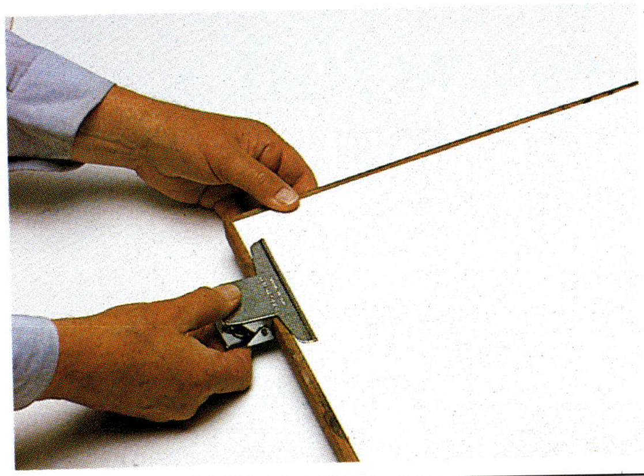

Abb. 115: Es sei darauf hingewiesen, daß viele Kunstmaler das ziemlich dicke Aquarellpapier, das heute von den meisten Herstellern angeboten wird, nicht mehr spannen. Sie begnügen sich damit, es mit Klemmen oder Nadeln zu befestigen, ohne es vorher anzufeuchten.

Die Aquarellfarben

Aquarellfarben bestehen aus Farbpigmenten pflanzlicher, mineralischer oder tierischer Herkunft, die mit Wasser und Gummiarabikum, Glyzerin, Honig sowie einem Konservierungsmittel gebunden werden. Dabei machen Glyzerin und Honig die Farbe geschmeidig und verhindern das Brechen etwas zu dicker Schichten. Aquarellfarben sind in folgender Form im Handel:

Näpfe für die Trockentechnik
Näpfe für die Naßtechnik
Tubenfarben
Flüssigfarben in Flaschen

Aquarellfarben für die Trockentechnik werden in Näpfen abgeboten und sind normalerweise preiswert. Sie sind als runde Tabletten erhältlich. Beim Malen mit diesen Farben muß man kräftig mit dem Pinsel darüberfahren.
Die Farben für die Naßtechnik besitzen Künstlerqualität. Sie werden in kleinen rechteckigen Näpfen aus weißem Kunststoff angeboten. Für die Zusammensetzung dieser Aquarellfarben erhöhen die Hersteller den Glyzerin- und Honiganteil und benutzen Pigmente von hoher Qualität. Dadurch lösen sich die Farben rasch auf. Die Aquarellfarben für die Napftechnik werden in Metallkästen zu 6, 12 oder 24 Näpfen angeboten, sind jedoch auch einzeln erhältlich.
Die Aquarellfarben in Zinntuben besitzen ebenfalls Künstlerqualität. Sie lösen sich in Wasser sofort auf und erreichen dieselbe Transparenz wie die in Näpfen angebotenen. Sie sind in Metall- oder Holzkästen von 6 bis 24 Farben erhältlich. Am meisten verbreitet ist der Kasten zu zwölf Farben à 15 ml Inhalt. Ersatzfarben sind ebenfalls einzeln erhältlich.
Schließlich gibt es die flüssigen Aquarellfarben in Glasflaschen. Sie werden vor allem für kleinformatige Illustrationen, aber auch für Hintergründe und große Abstufungen benutzt. Sie eignen sich sowohl für Tuschefüller, Pinsel als auch Spritzpistolen.
Der Künstler benutzt ausnahmslos Aquarellfarben für die Naßtechnik in Näpfen oder Tuben, die häufig als Künstlerfarben bezeichnet werden. Es ist schwer zu sagen, welcher Handelsform der Vorzug zu geben ist. Ich glaube, es ist letztlich eine Frage der Gewohnheit. Das Ergebnis ist in jedem Fall gleich.

Abb. 116: Näpfe für preiswerte Aquarellfarben für die Trockentechnik. Sie sind in Kästen mit sechs und zwölf Farben erhältlich und werden von manchen Herstellern auch einzeln angeboten.

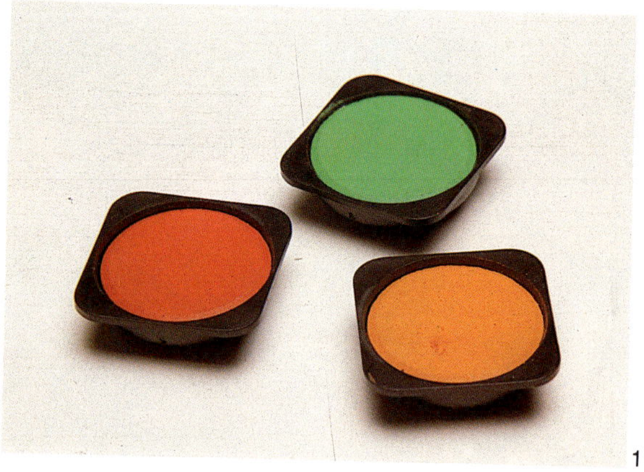

116

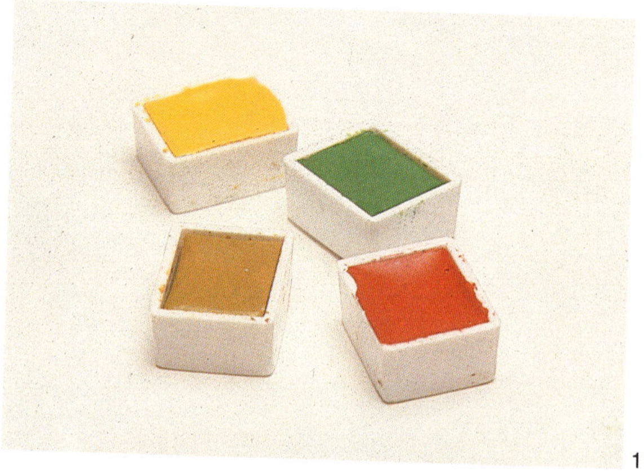

116

Abb. 117: Künstler-Aquarellfarben in Tuben. Sie erhalten ausschießlich beste Rohstoffe wie seltene Gummen und Harze sowie teilweise sehr wertvolle Pigmente. Sie sind in Zinntuben mit 5 ml Inhalt sowie in Näpfchen erhältlich.

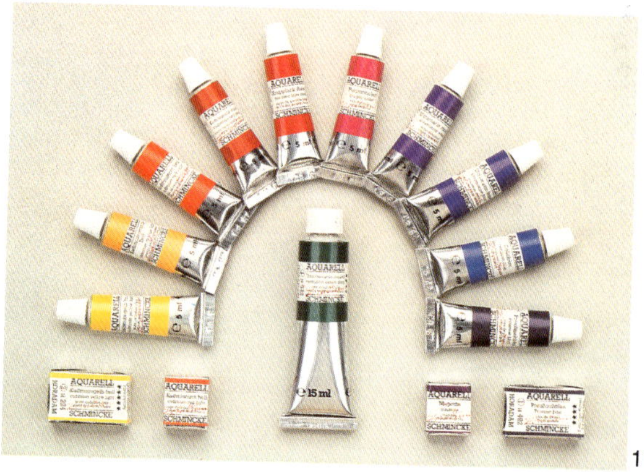

117

Abb. 118: Feinsprüh-Pigmentfarben in Flaschen sind farbstark und wasserfest. Sie eignen sich speziell für Spritzpistolen, aber auch für Tuschefüller, Ziehfedern und Pinsel. Sie werden vor allem für Illustrationen sowie beim künstlerischen Aquarell für Hintergründe und große Abstufungen verwendet.

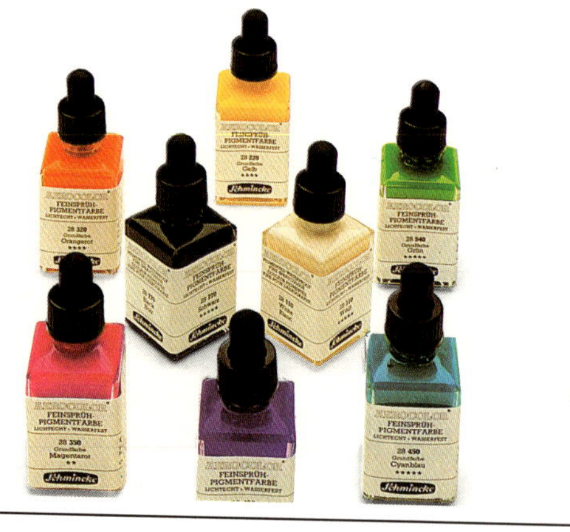

118

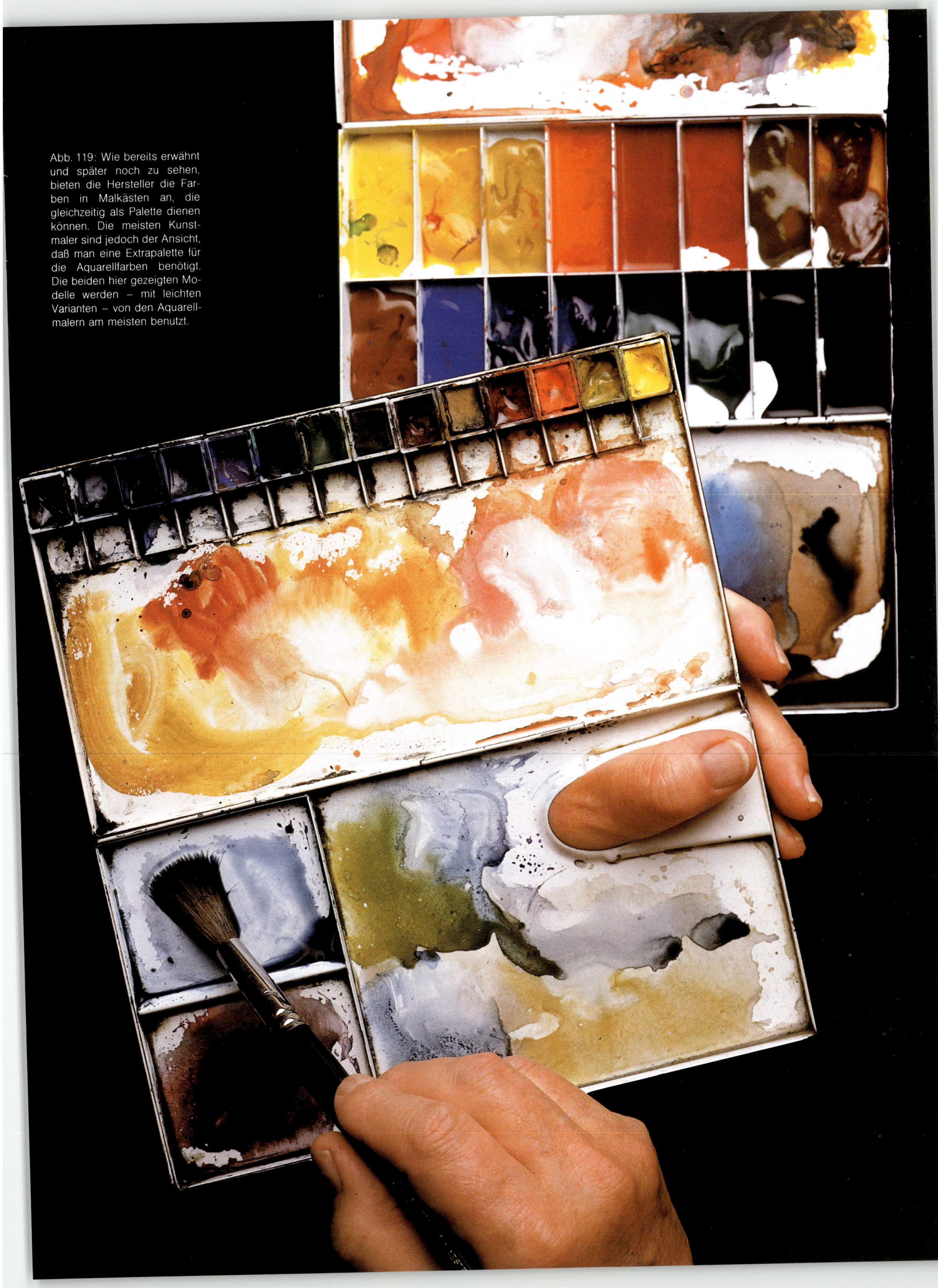

Abb. 119: Wie bereits erwähnt und später noch zu sehen, bieten die Hersteller die Farben in Malkästen an, die gleichzeitig als Palette dienen können. Die meisten Kunstmaler sind jedoch der Ansicht, daß man eine Extrapalette für die Aquarellfarben benötigt. Die beiden hier gezeigten Modelle werden – mit leichten Varianten – von den Aquarellmalern am meisten benutzt.

Die Farbkarte für Aquarellfarben

Die Farbskala der „Horadam" feinste Künstler-Aquarellfarben, der Firma Schmincke, die wir nebenstehend leicht verkleinert abbilden, umfaßt insgesamt einhundertachtzehn Farben einschließlich Gold- und Silberbronze sowie Weiß. Dazu gehören 15 Gelbtöne, 15 Rottöne, 13 Blau- und 21 Grüntöne.
Natürlich braucht man zum Malen keine solche Vielfalt an Gelb-, Grün- und Rottönen. Weshalb gibt es dann so viele Farben? Die Antwort ist ganz einfach: „Jedem Künstler – wie jedem Verrückten – seine Eigenarten." Ich selbst male mit den drei klassischen Blaus: Kobaltblau, Ultramarin und Preußischblau. Manche Maler benutzen ausschließlich Cölinblau und Ultramarin. Der Künstler kann mit solch einer Farbkarte also seine eigene Farbskala ausprobieren und zusammenstellen. Das widerspricht der Standardskala der von den Künstlern am meisten verwendeten Farben durchaus nicht, wie wir später noch sehen werden.
Beachten Sie, daß die Lichtechtheit der Farben in der nebenstehenden Skala und in den Skalen der anderen Hersteller mit Sternchen oder Kreuzen neben dem Farbmuster angegeben wird. (Die eingekreiste Ziffer weist auf die Preisgruppe hin.) Es ist übrigens bekannt, daß die Karminfarben, die Krapplakke, Preußischblau, Olivegrün und die Gelbnuancen, soweit sie kein Kobalt enthalten, nicht so lichtecht sind wie die übrigen Farben, wenn das Aquarell eine gewisse Zeit dem direkten Sonnenlicht ausgesetzt ist. Ich brauche wohl nicht darauf hinzuweisen, daß man vorsichtshalber grundsätzlich weder Ölgemälde noch Aquarelle dem direkten Sonnenlicht aussetzen sollte. In der National Gallery in London kann man noch heute Aquarelle bewundern, die vor mehr als einhundertfünfzig Jahren gemalt wurden und nichts von ihrer herrlichen Leuchtkraft eingebüßt haben. Man sollte die Hinweise der Hersteller also beachten – ohne sie überzubewerten. Vergessen Sie außerdem nicht, daß die Stärke der Farben und Töne beim Trocknen immer um zehn bis zwanzig Prozent abnimmt. Dieser Mangel kann durch einen Firnis ausgeglichen werden. Doch das ist ein anderes Thema, das wir später erörtern.

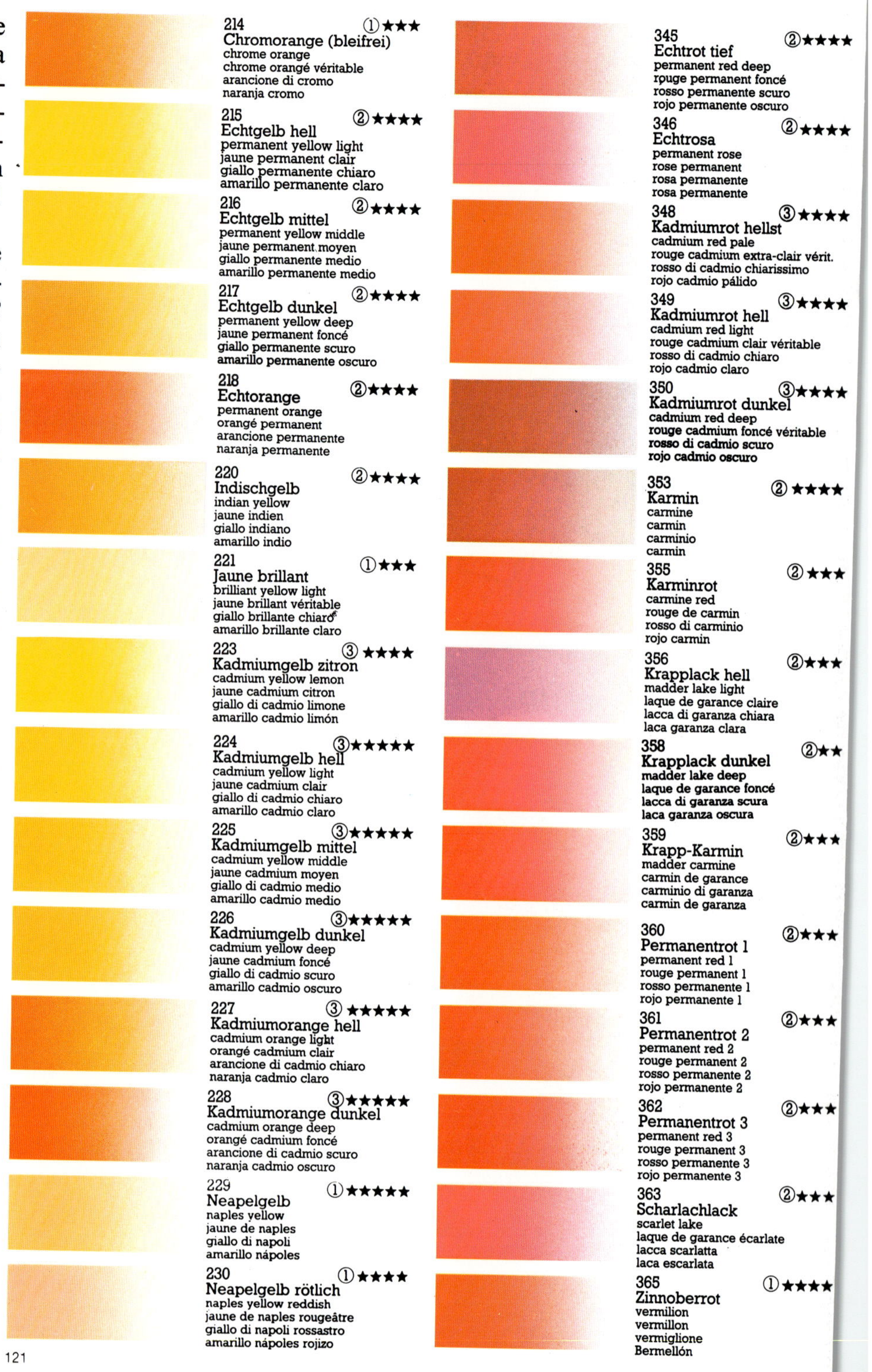

Los números 1, 2 y 3 indican el grupo de cada precio
The figures 1, 2 and 3 indicate the price groups
Les chiffres 1, 2 et 3 indiquent les groupes de prix
Die Zahlen 1, 2 und 3 bezeichnen die Preisgruppen

480 ②★★★★★
Bergblau
mountain blue
bleu de montagne
blu di montagna
azul montaña

481 ③★★★★
Cölinblau
cerulean blue
bleu ceruleum véritable
blu celeste
azul celeste

483 ②★★★★
Echtviolett
permanent violet
violet permanent
viola permanente
violeta permanente

484 ②★★★★★
Phthaloblau
phthalo blue
bleu phthalo
blu phthalo
azul phthalo

485 ①★★★★
Indigo
indigo
indigo
indaco
indigo

486 ①★★★★★
Kobaltblau imit.
cobalt blue imit.
bleu de cobalt imit.
blu di cobalto imitazione
azul cobalto imit.

487 ③★★★★★
Kobaltblau hell
cobalt blue light
bleu cobalt clair véritable
blu di cobalto chiaro
azul cobalto claro

488 ③★★★★★
Kobaltblau dunkel
cobalt blue deep
bleu cobalt foncé véritable
blu di cobalto scuro
azul cobalto oscuro

489 ③★★★★★
Kobaltviolett dunkel
cobalt violet deep
violet cobalt foncé véritable
viola di cobalto scuro
violeta cobalto oscuro

490 ①★★★
Magenta
magenta
magenta
viola di magenta
magenta

①★★★★

492 ①★★★★
Preußischblau
prussian blue
bleu de prusse
blu di prussia
azul prusia

493 ②★★
Purpurviolett
purple violet
violet pourpre
viola porpora
violeta púrpura

494 ②★★★★★
Ultramarin feinst
ultramarine finest
outremer extra-fin
blu oltremare finissimo
ultramar fino

495 ②★★★★★
Ultramarinviolett
ultramarine violet
violet outremer
viola oltremare
violeta ultramar

496 ①★★★★★
Ultramarinblau
ultramarine blue
bleu outremer
blu oltremare
azul ultramar

497 ②★★
Violett feurig
glowing violet
violet lumineux
viola luminoso
violeta luminoso

516 ①★★★★★
Grüne Erde
green earth
terre vert
terra verde
tierra verde

517 ②★★★★
Grünlack hell
green lake light
laque vert clair
lacca verde chiara
laca verde clara

518 ②★★★★
Grünlack dunkel
green lake deep
laque vert foncé
lacca verde scura
laca verde oscura

519 ②★★★★
Phthalogrün
phthalo green
vert de phthalo
verde phthalo
verde phthalo

520 ②★★★★
Hookersgrün 1
hooker's green 1
vert de hooker 1
verde di hooker 1
verde hooker 1

521 ②★★★★
Hookersgrün 2
hooker's green 2
vert de hooker 2
verde di hooker 2
verde hooker 2

522 ③★★★★★
Kobaltgrün hell
cobalt green light
vert cobalt clair vérit.
verde di cobalto chiaro.
verde cobalto claro

523 ③★★★★★
Kobaltgrün dunkel
cobalt green deep
vert cobalt foncé vérit.
verde di cobalto scuro
verde cobalto oscuro

524 ②★★★★
Maigrün
may green
vert de mai
verde primavera
verde primavera

525 ①★★★★
Olivengrün
olive green
vert olive
verde oliva
verde oliva

526 ①★★★★
Permanentgrün hell
permanent green light
vert permanent clair
verde permanente chiaro
verde permanente claro

527 ②★★★★★
Permanentgrün dunkel
permanent green deep
vert permanent foncé
verde permanente scuro
verde permanente oscuro

528 ①★★★★
Preußischgrün
prussian green
vert de prusse
verde di prussia
verde prusia

529 ②★★★★
Saftgrün 1
sap green 1
vert forêt 1
verde bosco 1
verde bosque 1

530 ②★★★★
Saftgrün 2
sap green 2
vert forêt 2
verde bosco 2
verde savia 2

531 ①★★★★
Zinnobergrün hell
vermilion green light
vert cinabre clair
verde vermiglione chiaro
verde bermellón claro

532 ①★★★★
Zinnobergrün dunkel
vermilion green deep
vert cinabre foncé
verde vermiglione scuro
verde cinabrio oscuro

650 ①★★★★★
Englischrot dunkel
english red deep
rouge anglais foncé
rosso inglese scuro
rojo inglés oscuro

651 ①★★★★★
Goldocker
golden ochre
ocre or
ocra oro
ocre dorado

653 ①★★★★★
Grüne Erde gebrannt
burnt green earth
terre verte brûlée
terra verde bruciata
tierra verde tostada

655 ①★★★★★
Lichter Ocker 1
yellow ochre 1
ocre jaune 1
giallo ocra 1
ocre amarillo 1

656 ①★★★★★
Lichter Ocker 2
yellow ochre 2
ocre jaune 2
giallo ocra 2
ocre amarillo 2

657 ①★★★★★
Lichter Ocker gebrannt
burnt yellow ochre
ocre jaune brûlée
giallo ocra bruciato
ocre ama. tostado

658 ②★★★
Madderbraun
brown madder
laque de garance brun-rouge
lacca di garanza bruna
laca garanza marrón

660 ①★★★★★
Siena natur
raw sienna
terre de sienne naturelle
terra di siena naturale
siena natural

661 ①★★★★★
Siena gebrannt
burnt sienna
terre de sienne brûlée
terra di siena bruciata
siena tostada

662 ①★★★★
Sepiabraun col.
sepia brown tone
teinte sepia
tinta di seppia bruciata
tinta sepia

663 ①★★★★
Sepiabraun
sepia brown
brun sepia
seppia bruciata
sepia

664 ①★★★★★
Stil de grain brun
brown pink
stil de grain brun
stil di grain bruno
stil grano marrón

665 ①★★★★★
Stil de grain vert
green pink
stil de grain vert
stil di grain verde
stil grano verde

666 ①★★★★★
Terra Pozzuoli
pozzuoli earth
terre de pouzzoles
terra di pozzuoli
tierra pozzuoli

667 ①★★★★★
Umbra natur
raw umber
terre ombre naturelle verdâtre
terra d'ombra naturale
sombra natural

668 ①★★★★★
Umbra gebrannt
burnt umber
terre d'ombre brûlée
terra d'ombra bruciata
sombra tostada

669 ①★★★★★
Vandyckbraun
vandyke brown
brun van dyck
bruno van dyck
pardo van dyck

Die normalerweise benutzten Aquarellfarben

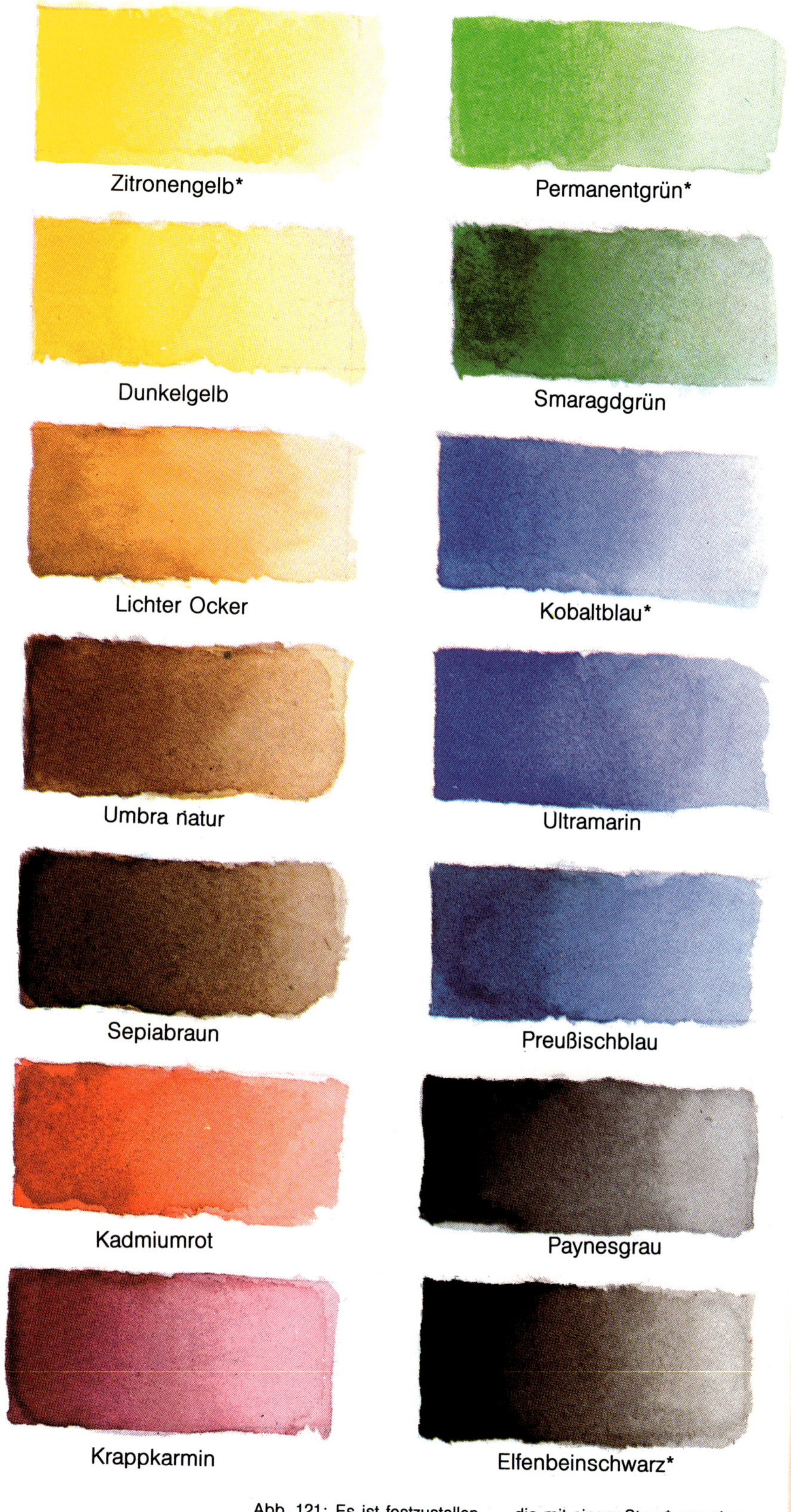

Abb. 121: Es ist festzustellen, daß diese Auswahl von Farben von den meisten Kunstmalern verwendet wird. Die Anzahl läßt sich gegebenenfalls verringern, indem man die mit einem Stern* versehenen Farben Zitronengelb, Umbra, Permanentgrün, Kobaltblau und Elfenbeinschwarz fortläßt.

Die englischen Meister des 18. Jahrhunderts Cozens, Girtin und selbst Turner arbeiteten mit einer beschränkten Palette: Sie benutzten höchstens fünf oder sechs Farben. Man braucht wirklich kaum mehr, um alle Naturfarben zu mischen. Theoretisch würden sogar die drei Grundfarben Gelb, Karmin und Blau ausreichen. Halten wir uns jedoch an die Praxis. Untersuchen wir also, inwiefern die anderen Farben unsere Palette bereichern können.

Wir haben versucht, herauszufinden, welche Farben von Künstlern am häufigsten verwendet werden. Dabei konnten wir feststellen, daß die meisten Hersteller sich auf zwölf Farben geeinigt haben. (Es gibt jedoch auch Malkästen mit vierundzwanzig Farben.) Zu Beginn bestimmt also die Auswahl des Herstellers die Palette des jungen Künstlers. Er darf sich ihr auch gern anvertrauen. Mit der Zeit wird der Kunstmaler jedoch seine eigene Palette zusammenstellen wollen und sie seinen bevorzugten Themen, seiner Interpretation und seinem Stil anpassen. Bis Sie soweit sind, möchte ich Ihnen zu einer quasi „universellen" Auswahl raten. Gewisse Farben, so das Zitronengelb oder Dunkelgelb, Lichter Ocker, Kadmiumrot, Krappkarmin, Permanentgrün, Ultramarin und Elfenbeinschwarz, finden sich in allen Sortimenten der Künstler und der Hersteller. Man könnte sie als die Basisfarben bezeichnen. Hinzu kommen sollten ein oder zwei Siena-, zwei oder mehr Blautöne und ein Grau wie das Paynesgrau, das mir unverzichtbar zu sein scheint.

Hier die Liste der am meisten verwendeten Aquarellfarben:

Sortiment der am meisten verwendeten Aquarellfarben

Zitronengelb	Permanentgrün
Dunkelgelb	Smaragdgrün
Lichter Ocker	Kobaltblau
Umbra natur	Ultramarin
Sepiabraun	Preußischblau
Kadmiumrot	Paynesgrau
Krappkarmin	Elfenbeinschwarz

Gouachefarben

Wegen der Ähnlichkeit mit den Aquarellfarben muß in diesem Buch auch von den Gouachefarben die Rede sein. Gouachefarben werden ebenfalls in Wasser gelöst. Man benutzt dafür dieselben Pinsel und dasselbe Papier mit feinem oder mittlerem Korn wie für die Aquarellmalerei. Gouachefarben bestehen im wesentlichen aus denselben Bestandteilen; sie enthalten jedoch einen höheren Anteil an Pigmenten oder Erdfarben. Daraus folgt:

Das Aquarellbild ist transparent.
Das Gouachebild ist deckend.

Gouachefarben ergeben eine dichte, deckende Farbschicht. Dadurch läßt sich mit hellen Tönen auf dunklem Grund arbeiten. Mit sehr viel Wasser verdünnt, führen Gouachefarben jedoch zu beinahe demselben Ergebnis wie Aquarellfarben. Ich wiederhole jedoch: Kennzeichen des Gouachebildes sind die Undurchsichtigkeit, der etwas dickere Farbauftrag und die matte, deckende Farbschicht, die an mit Terpentin verdünnte Ölfarbe erinnert.

122

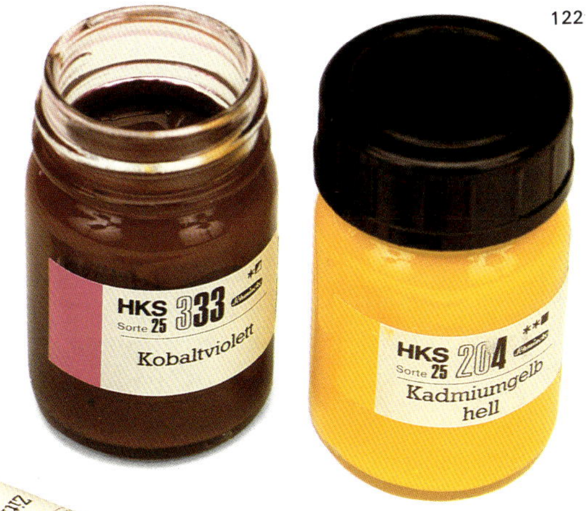

Abb. 122: Gouache enthält dieselben Bestandteile wie Aquarellfarben. Hinzu kommen einige leuchtende, moderne Farbstoffe. Gouachen sind deckend. Für den häufigen Gebrauch empfehlen sich Farben in Gläsern.

123

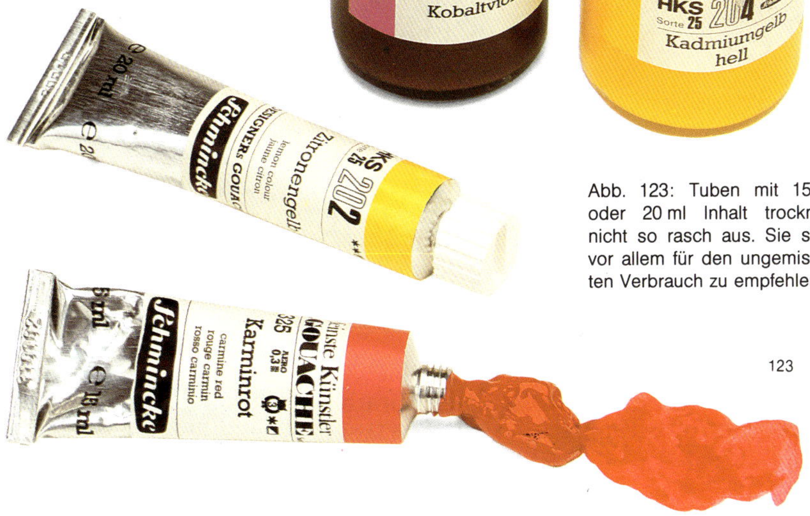

Abb. 123: Tuben mit 15 ml oder 20 ml Inhalt trocknen nicht so rasch aus. Sie sind vor allem für den ungemischten Verbrauch zu empfehlen.

124

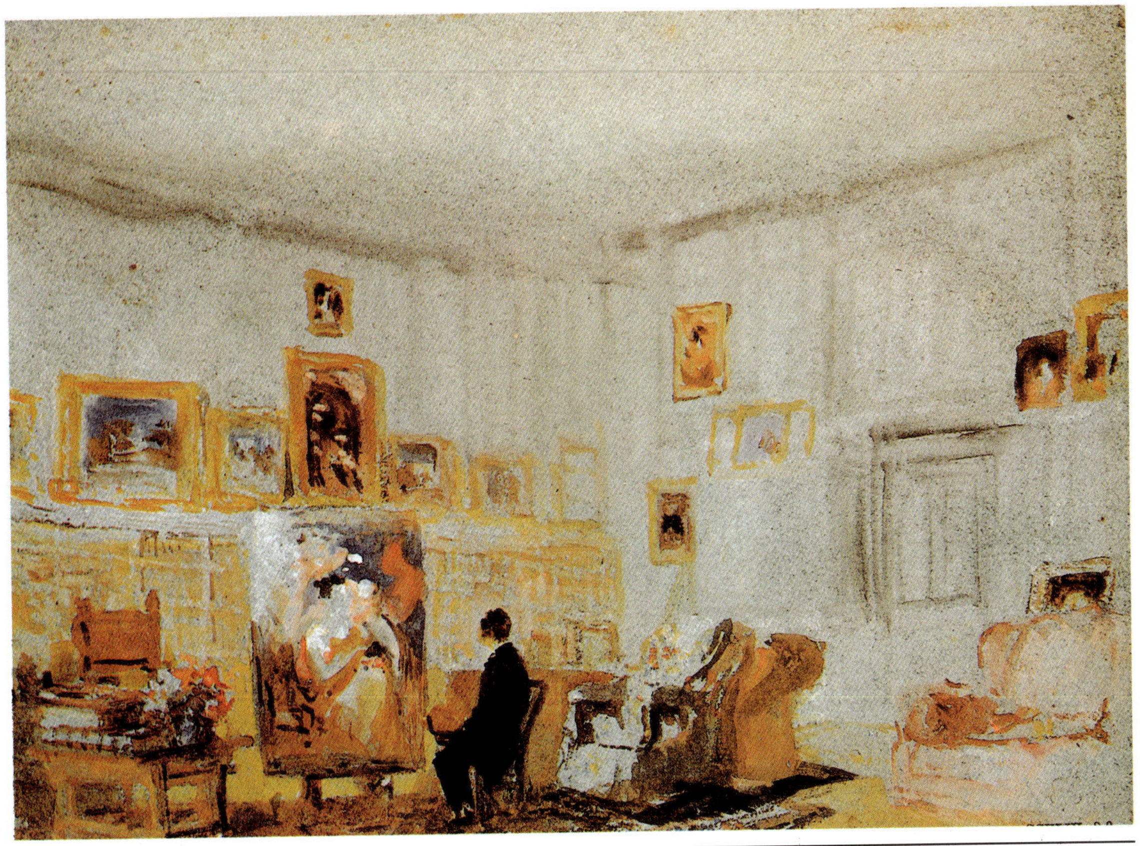

Abb. 124: William Turner, *Petworth, Interieur,* British Museum, London. Gouache-Skizze auf grauem Papier.

Der Malkasten

Die meisten metallenen Malkästen für Aquarellfarben lassen sich gleichzeitig als Palette verwenden, auf der man die Farben mischt. Wie Ihnen bekannt, bestehen die Kästen aus weißemailliertem Blech mit mehreren quadratischen oder rechteckigen Fächern, in denen man die verschiedenen Farbmischungen zusammenstellt. Bei manchen Kästen kann man die Platte mit den zwölf oder mehr Farben herausnehmen. Dadurch erhält man eine zwei- oder sogar dreiteilige Palette, die normalerweise mit einem Ring versehen ist, durch den man bei der Arbeit den Daumen der linken Hand schiebt. Auf diese Weise läßt sich die Palette besser halten, während man mit dem Pinsel in der rechten Hand die Farben mischt.
Trotz der unbestreitbar funktionellen Form des Malkastens und der bequemen Möglichkeit, die Farben darin zu mischen, arbeitet der Kunstmaler normalerweise mit einer der auf Seite 63 abgebildeten Paletten, also mit einem Spezialmodell für die Aquarellfarben in Näpfen oder Tuben. Besitzt man keine derartige Palette, läßt sich ersatzweise auch ein weißer Porzellanteller verwenden. Zugegebenermaßen benutzt eine große Anzahl von Kunstmalern eine sogenannte „Hilfspalette". Diese kann sogar aus einem Stück Aquarellpapier bestehen, auf dem man Probemischungen oder Probestiche macht, bevor die Farbe auf das Originalbild aufgetragen wird.
Wie Ihnen bekannt, befindet sich in allen Farbskalen und zahlreichen Malkästen auch Permanent Chinaweiß. Hierbei handelt es sich um ein dichtes, deckendes Weiß, das dem der Gouachefarbe ähnelt. Weshalb dieses Weiß, dessen Verwendung sich beim reinen Aquarell strengstens verbietet? Wozu diese Farbe, nachdem einer der Grundsätze der Aquarellmalerei besagt, daß man das Weiß stets durch die Farbe des Papiers wiedergibt? Man weiß es nicht. Es gibt darauf keine Antwort. Es ist zu vermuten, daß manche nicht so ganz „orthodoxe" Aquarellmaler das Weiß für gewisse Spitzlichter und besonders aufgehellte Stellen – zum Beispiel zum Malen der weißen Leinen eines Schiffes, kleiner Feldblumen, leuchtender Reflexe, Umrisse etc. – benutzen . . . Trotzdem sollte man dieses Weiß nach Möglichkeit nicht einsetzen. Wie wir später noch sehen werden, gibt es andere Verfahren, mit denen sich dasselbe Ergebnis erzielen läßt, ohne gegen die Regeln eines guten Aquarells zu verstoßen.

Abb. 125: Kleine Zusammenstellung aus einem Aquarell-Malkasten, einem Pinsel und einer kleinen Wasserflasche in einem Etui. Das Etui mißt geschlossen 9 × 11 cm. Es ist mit einem kleinen Skizzenblock auf Reisen oder bei Ausflügen aufs Land leicht in der Tasche zu transportieren.

Abb. 126: Blechkasten mit Daumenring, außen schwarz, innen weiß lackiert. Der Kasten enthält 12 Farbschälchen und eine Tube Deckweiß in der Studienqualität.

125

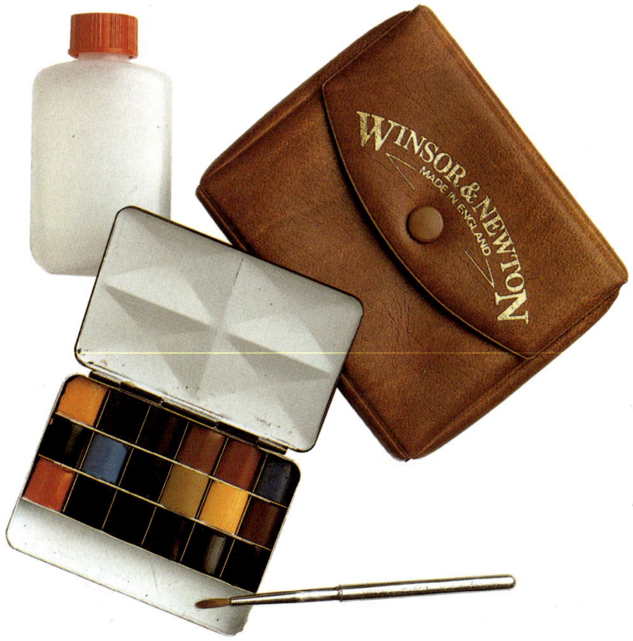

126

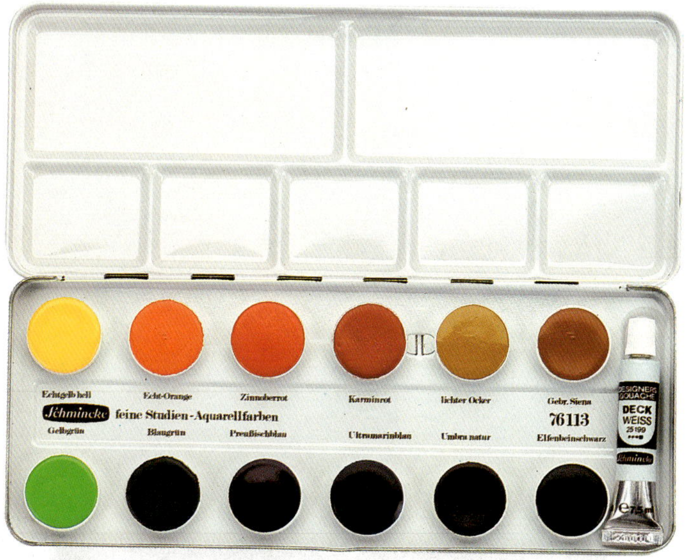

Abb. 127: Malkasten mit 24 Aquarellfarben in Näpfen. Die Platten mit den Farben lassen sich aus dem Kasten herausnehmen. Dadurch erhält man mehr Platz zum Mischen der Farben. Im mittleren Fach erkennt man einen Niet (A), der den Ring auf der Unterseite hält. Durch ihn schiebt der Künstler beim Malen den linken Daumen.

Fig. 128: Blechkasten mit zwölf Wasserfarbentuben in Studienqualität. Die Tuben können herausgenommen werden und der Kasten kann dann als Malpalette dienen. Er hat eine Öffnung, durch die der Künstler beim Malen den linken Daumen schiebt.

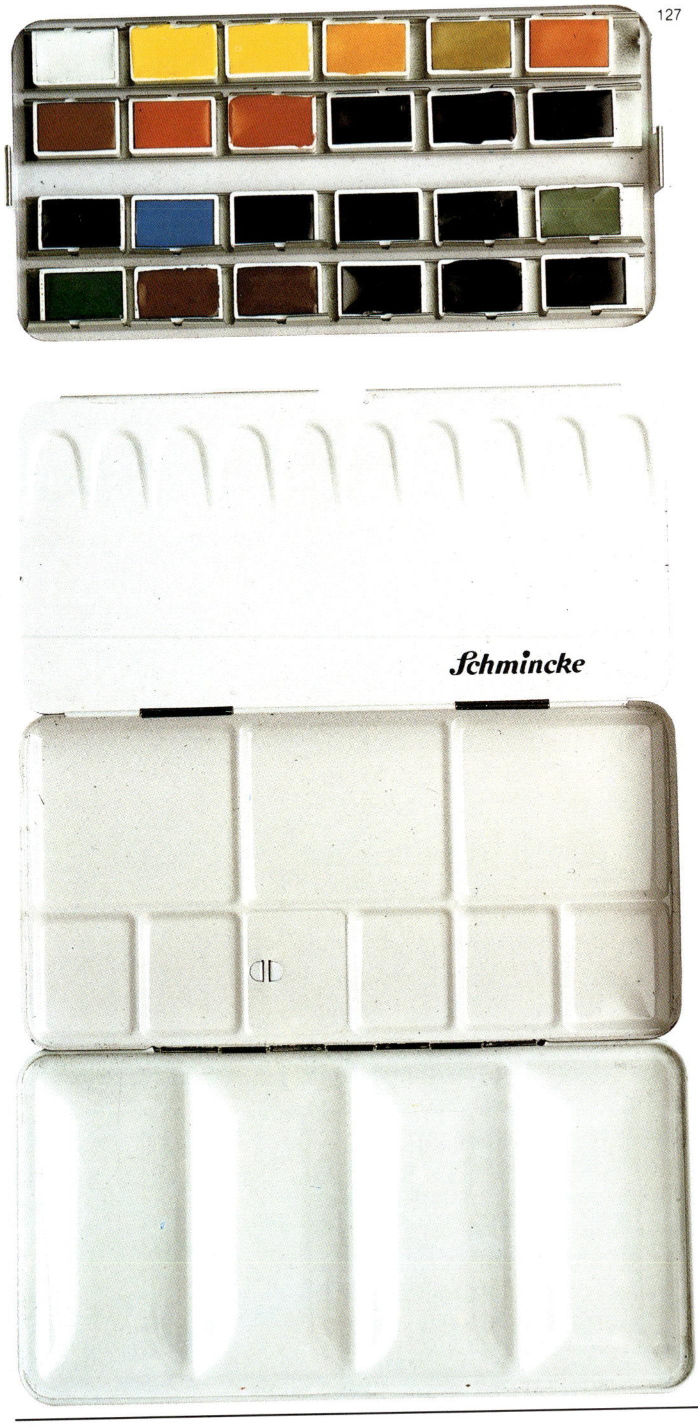

127

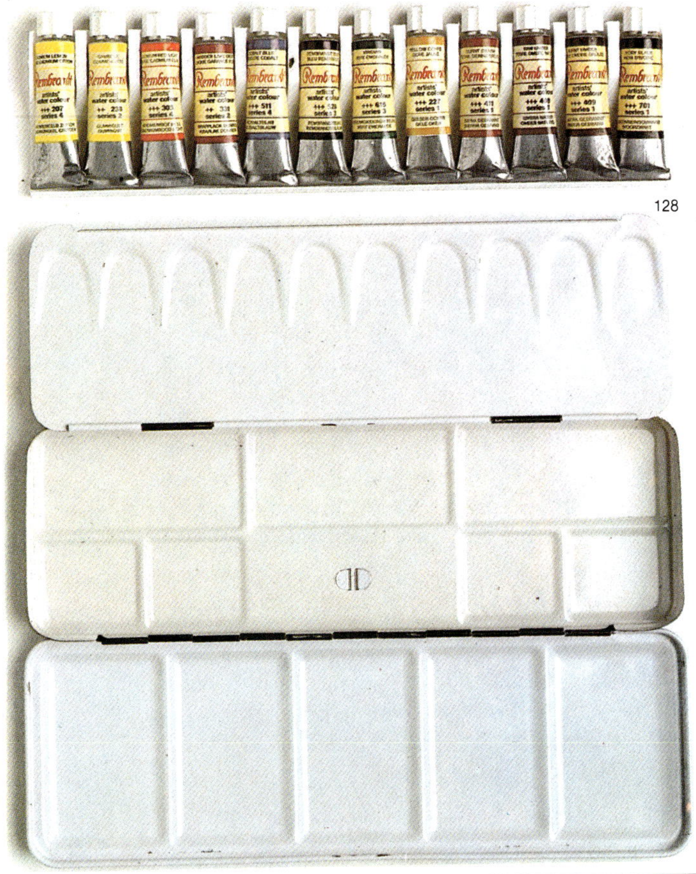

128

Verlaufmittel, Flüssiggummi, Firnisse

129

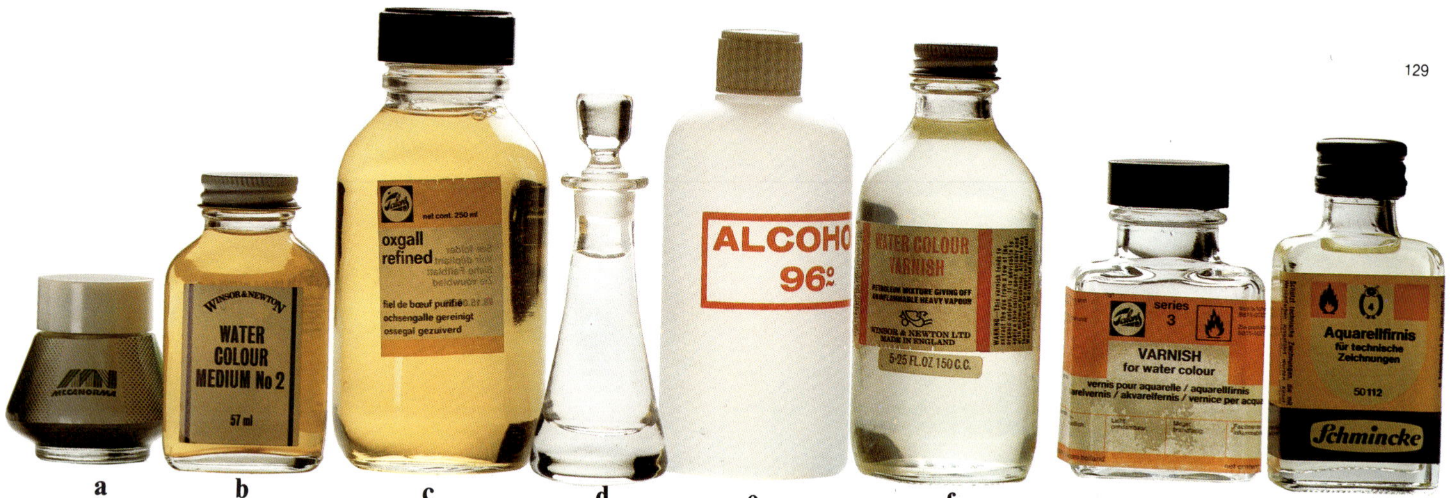

a b c d e f g h

Abb. 129: Hier eine Reihe von zusätzlichen Produkten zum Malen mit Aquarellfarben. Von links nach rechts: a) Flüssiggummi zum Aussparen von Weiß, b) Mittel zur Behandlung des Wassers, c) verfeinerte Ochsengalle zum Entfetten und Verflüssigen der Gouachefarbe, d) Glyzerin zum Mischen mit dem Wasser und Verzögern des Trocknungsprozesses, e) 90% Alkohol zum Mischen mit dem Wasser, um den Trocknungsprozeß zu beschleunigen, f,g,h) Firnis für das fertige Aquarell. Vom künstlerischen Standpunkt sind der Flüssiggummi, das Medium Nr. 2 und der Firnis am wichtigsten.

Die einzige, absolut notwendige Flüssigkeit zum Malen mit Aquarellfarben ist Wasser – reines Wasser, wie es aus dem Wasserhahn läuft. Es gibt jedoch einige Mittel – zum Glück sind es nur wenige – wie die Ochsengalle und Verlauf- und Netzhilfen, mit denen sich die Qualität des Wassers verbessern läßt. Hier die Mittel im einzelnen:

Flüssiggummi: Spezialmittel zum Aussparen kleiner weißen Flächen, Strichen und Punkten, die einen Reflex, ein Funkeln oder eine lineare Form wie einen Baumstamm oder feine Zweige etc. wiedergeben sollen. Man trägt das Mittel mit dem Pinsel auf (benutzen Sie dafür einen alten Pinsel) und läßt es trocknen. Zurück bleibt ein hauchdünner, wasserundurchlässiger Film, der leicht koloriert ist und sich zum gewünschten Zeitpunkt ohne Schwierigkeiten durch Reiben mit dem Finger oder einem einfachen Radiergummi entfernen läßt.
Diese Aussparungen von Weiß lassen sich auch mit weißer Wachsfarbe erzielen.

Medium Nr. 2: Hierbei handelt es sich um eine gesäuerte Gummilösung, die tropfenweise dem Wasser für die Aquarellfarbe hinzugegeben wird und eventuelle Fettreste entfernt. Sie erhöht die Verlauffähigkeit des Wassers und verleiht der Farbe größere Intensität, Leuchtkraft und Transparenz.

Gereinigte Ochsengalle: Sie wird dem Wasser zugesetzt (einige Tropfen pro halber Liter) und erhöht die Netz- und Verlauffähigkeit der Gouachefarben.

Glyzerin: Beim Malen im Freien bei starkem Wind oder strahlendem Sonnenschein trocknet das Aquarell schneller, als es einem lieb ist – vor allem bei der Naßtechnik. In diesem Fall (und wenn immer sonst ein langsameres Trocknen erwünscht ist) genügen wenige Tropfen Glyzerin im Wasser, um den Trocknungsprozeß zu verlangsamen.

96% Alkohol: Vielleicht möchten Sie den Trocknungsprozeß jedoch beschleunigen. Das geschieht häufig bei der Arbeit im Atelier oder an feuchten Orten (zum Beispiel am Meer) bei bedecktem Himmel oder regnerischem Wetter. Dann sollte man etwas sechsundneunzigprozentigen Alkohol ins Wasser geben. Es ist zum Beispiel bekannt, daß die englischen Aquarellmaler des 18. Jahrhunderts zu diesem Zweck Kognak oder Gin statt reinen Alkohol verwendeten. (Bei dieser Gelegenheit versäumten sie es nicht, nebenbei mit den Schülern von Dr. Monro selbst einen kleinen Schluck zu nehmen.)

Firnis: Fast alle großen Hersteller von Aquarellfarben bieten auch ein Spezialfixativ an. Manche Künstler benutzen dieses Fixativ laufend, um ihre Farben zu schützen und brillanter zu machen. Zahlreiche Aquarellmaler stehen jedoch auf dem Standpunkt, daß ein Fixativ für das Aquarellbild unvorteilhaft ist. „Der Aquarellfirnis läßt das Bild glänzen", erklären sie. „Fertige Aquarelle sollten jedoch matt aussehen." Ich kenne einige Maler, die den Firnis in dünnen Schichten und nur an bestimmten Stellen auftragen. Genauer gesagt: Sie sprühen ihn auf die dunklen Farben, die beim Trocknen am stärksten an Farbkraft verlieren und dann geringere Kontraste aufweisen. Empfehlenswert ist es vielleicht, den Firnis in mehreren Schichten aufzutragen.

Das Wasser

Keinerlei einheitliche Auffassung unter Kunstmalern gibt es darüber, wieviel Wassergefäße man beim Malen mit Aquarellfarben im Freien und im Atelier benötigt und ob sie aus Glas oder Plastik bestehen sollten. Manche Künstler benutzen zwei Gefäße: eines zum Entfernen der Farbe aus dem Pinsel, das andere, um den Pinsel zu waschen. Andere sind der Auffassung, daß man besser mit einem einzigen Wassergefäß arbeitet, da das verschmutzte Wasser zur Harmonisierung der Farben beiträgt und sie gleichmäßig abschattet. Dadurch entsteht eine größere Übereinstimmung der Töne; eventuelle Brüche durch krasse Farben werden abgemildert. Hinsichtlich der Art der Gefäße sind Aquarellmaler, die im Freien arbeiten, davon überzeugt, daß ein Plastikgefäß vorzuziehen ist, das im Gegensatz zum Glas nicht zerbrechen kann. Das ist zweifellos ein guter Grund. Persönlich mag ich Kunststoff jedoch nicht. Ich benutze deshalb immer Glasgefäße.

Gleichgültig, aus welchem Material die Gefäße sind: sie müssen einen halben Liter Flüssigkeit fassen und eine große Öffnung haben. Manche Marmeladengläser erfüllen diese Bedingung hervorragend.

Beim Malen im Atelier leistet ein Haarfön zum Trocknen bestimmter Flächen gute Dienste. Und im Freien, wo kein Strom vorhanden ist? Einige Kunstmaler erhitzen dort die zu trocknende Fläche mit einem Feuerzeug.

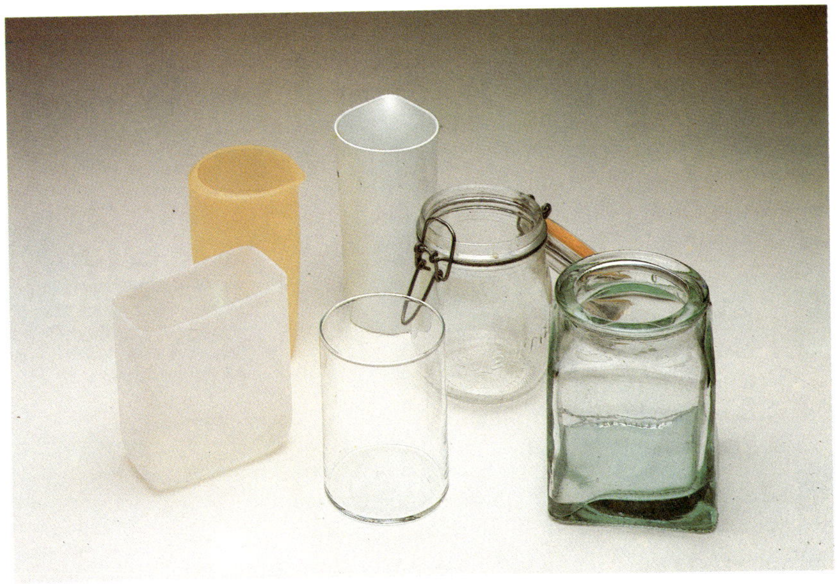

130

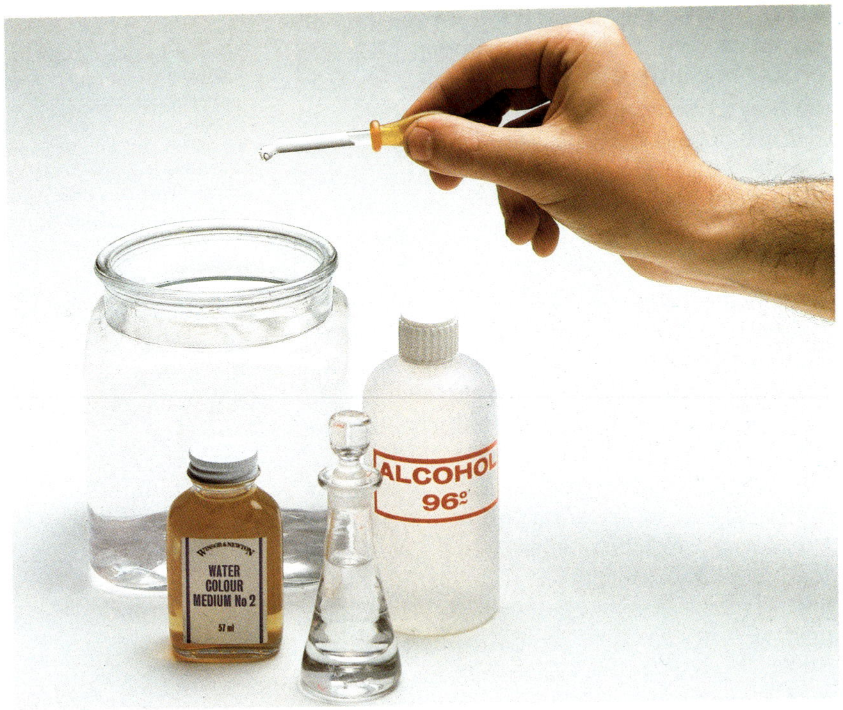

131

Abb. 130: Hier sehen Sie einige geeignete Wassergefäße. Die Gläser sind für das Atelier, die Plastikgefäße für die Arbeit im Freien bestimmt. In jedem Fall müssen sie mindestens einen halben Liter fassen und eine größere Öffnung besitzen.

Abb. 131: Abgesehen vom Flüssiggummi, den man mit dem Pinsel aufträgt, müssen die Zusatzmittel für die Farben mit Wasser gemischt werden. Dafür sollte man eine Pipette zur Hand haben und selbst die in jedem Fall notwendige Menge bestimmen.

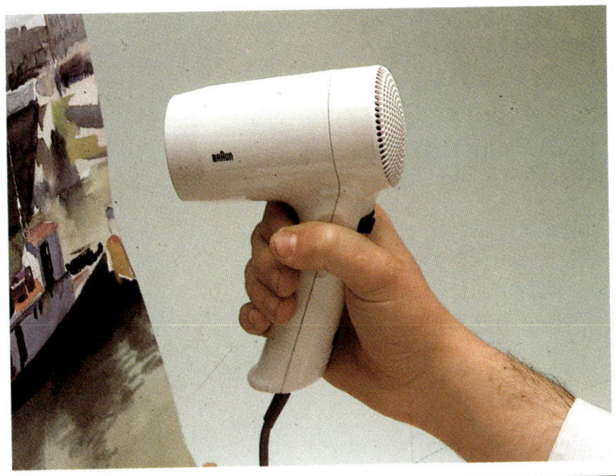

132

Abb. 132: Kunstmaler beschleunigen den Trocknungsprozeß des Aquarells im Atelier an bestimmten Stellen häufig mit einem Haarfön.

Die Pinsel

Aquarellpinsel bestehen aus einem lackierten oder unlackierten Holzstiel, in die unten eine Metallzwinge aus Messing, Aluminium oder Blech, die vernickelt oder verchromt sein kann, eingelassen ist. Sie hält den Haarkörper und verbindet ihn mit dem Stiel.
Die Qualität des Pinsels wird von der Haarsorte bestimmt. Erhältlich sind unter anderem:

Rotmarderpinsel
Fehhaarpinsel
Rindshaarpinsel
Damhirschpinsel (Japan)
Synthetikfaserpinsel.

Für die Aquarellmalerei ist der Rotmarderpinsel am geeignetsten. Sein Haar stammt aus dem Winterschweif des kleinen sibirischen oder chinesischen Colinski-Rotmarders. Das Herstellungsverfahren dieser Pinsel ist außerordentlich aufwendig. Dadurch erklärt sich der sehr hohe Preis. Manche Hersteller mischen deshalb Rotmarder- und Rindshaar aus dem Ohr der Tiere. Qualitätsmäßig hinter dem Rotmarderpinsel liegen die Pinsel aus Fehhaar und Rindshaaren.
Ferner ist ein japanischer Flachpinsel erhältlich, der ausgezeichnet zum Anlegen von Himmeln, großer Hintergründe und Abstufungen zu benutzen ist. Darüber hinaus ist er sehr preiswert. Außerdem finden sich seit einigen Jahren Pinsel mit Synthetikhaar auf dem Markt, deren Qualität jedoch nicht an die des Rotmarderpinsels heranreicht.
Wir empfehlen in diesem Zusammenhang ein kleines Kompendium in Form eines Pinselbuches, welches vortrefflich Auskunft über alle Künstlerpinsel gibt. Darüber hinaus wird der Anwender über alle Merkmale und fachlichen Begriffe informiert. Er erfährt Wissenswertes über Haare, Borsten und Kunstfasern und erhält Tips für Reinigung und Pflege. Kostenlose Abgabe durch DEFET „da Vinci“ Künstlerpinselfabrik, 8500 Nürnberg 82, Postfach 820202.
Aquarellpinsel sind von 00 über 1, 2 im Zweierabstand bei den Rotmarderpinseln bis 14, bei den Rindshaarpinseln bis 24 durchnumeriert.

Zum Malen mit Aquarellfarben genügen drei Rotmarderpinsel Nr. 8, 12 und 14 und ein Rindshaarpinsel Nr. 24. Wir empfehlen ferner einen großen japanischen Flachpinsel, eine synthetische Schwammrolle und einen kleinen Naturschwamm.

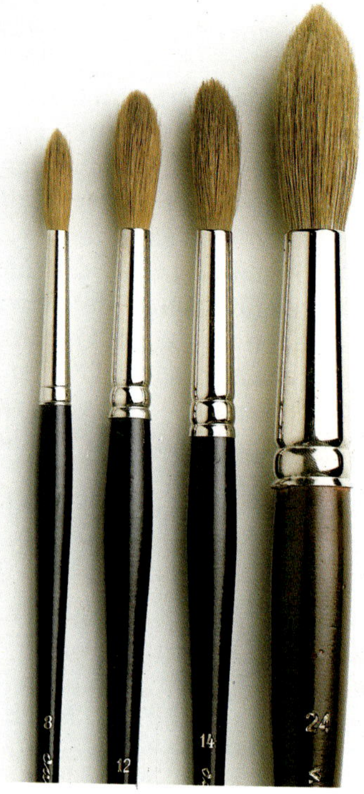

133

Abb. 133: Hier eine begrenzte Auswahl von Pinseln, die zum Malen eines Aquarells notwendig sind: drei Rotmarderpinsel Nr. 8, 12 und 14 und ein Rindshaarpinsel Nr. 24.

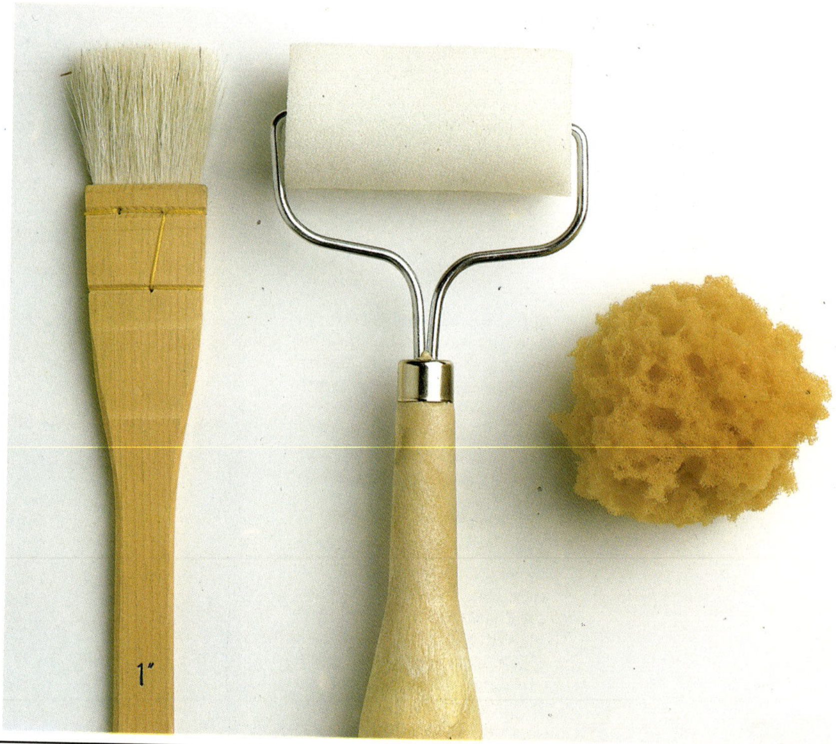

134

Abb. 134: Drei zusätzliche Hilfsmittel neben den Pinseln auf der vorigen Abbildung: ein Bürstenpinsel, ein Rollschwamm und ein kleiner Naturschwamm. Diese Dinge benötigt man zum Anlegen von Hintergründen und großen Abstufungen. Mit dem Schwamm (es sollte sich um einen Naturschwamm und nicht um einen synthetischen Schwamm handeln) saugt man bei bestimmten Gelegenheiten das Wasser oder die Farbe ab.

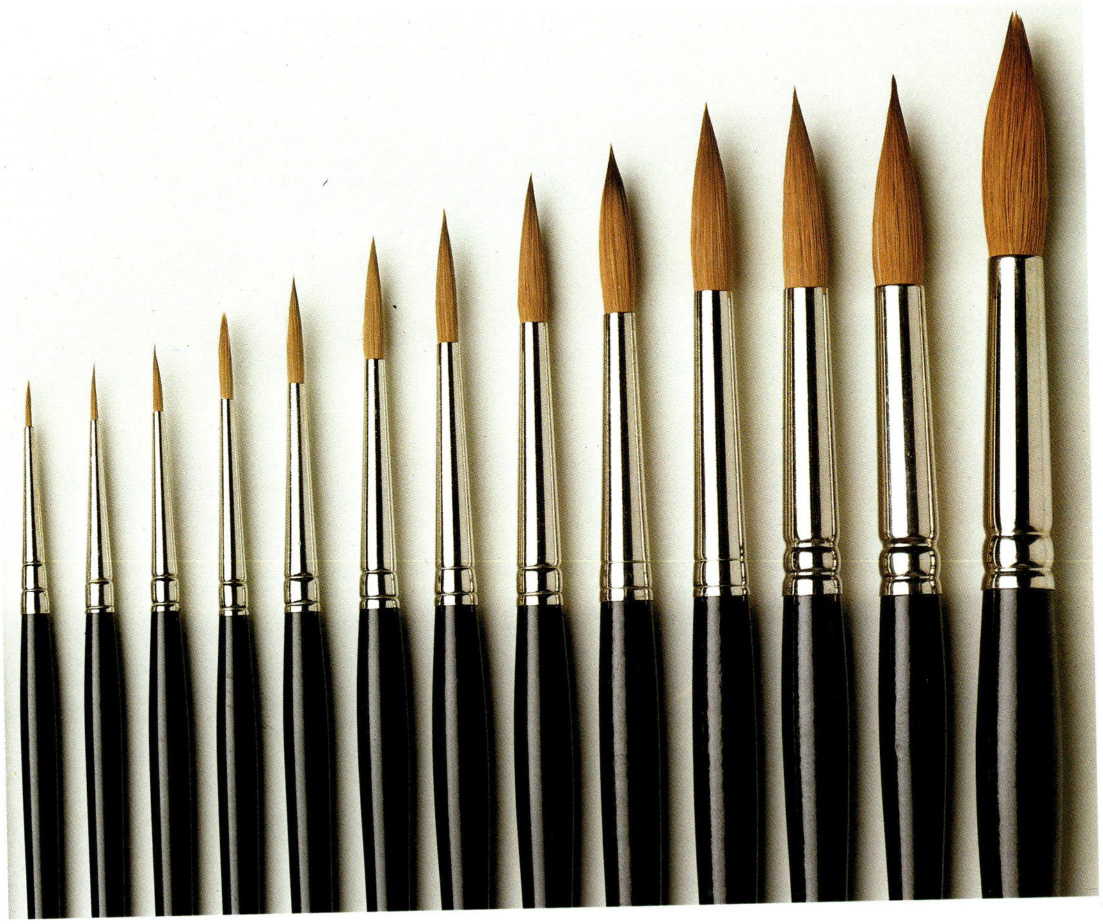

135

Abb. 135: Hier ein komplettes Sortiment Rotmarderpinsel Nr. 0, 1, 2 bis 10 sowie Nr. 12 und 14.

Abb. 136: Es gibt noch andere Pinselsorten. Von links nach rechts: 1. und 2. Pinsel aus Iltishaar zum Anlegen von Hintergründen und Abstufungen, 3. und 4. japanische Pinsel mit Bambusstiel und Damhirschhaar, 5. und 6. runde Schülerpinsel aus synthetischem Haar, 7. Pinsel aus Mangustenhaar. Er ist härter als der Rotmarderpinsel, 8. Spezial-Rotmarderpinsel für feine Striche, 9. Schweinsborsten- oder Roßhaarpinsel für den durchscheinenden Farbauftrag, 10. und 11. Rindshaarpinsel, von denen Kunstmaler vor allem die hohen Nummern verwenden.

136

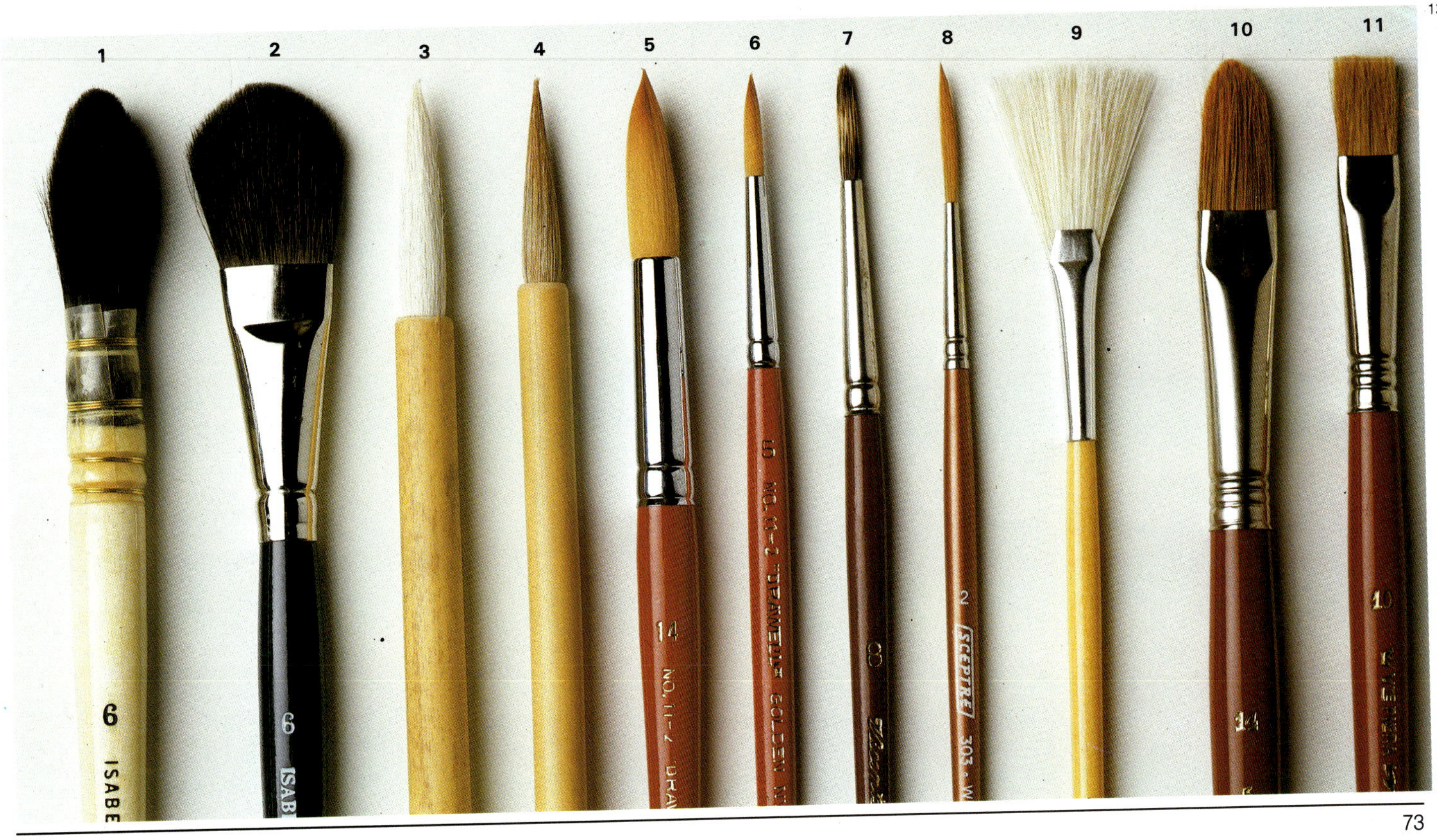

Die Pinsel: Benutzung und Pflege

Beim Malen mit Aquarellfarben gibt es wie beim Malen mit Ölfarben zwei Möglichkeiten, den Pinsel zu halten: Man faßt ihn wie einen Bleistift, oder der Stiel liegt innen in der Hand. Diese beiden Haltungen sehen Sie auf den Abbildungen 137, 138 und 139. In beiden Fällen wird der Pinsel höher gefaßt als ein Stift. Dadurch erhält man eine größere Bewegungsfreiheit. Streckt man den Arm dann noch etwas aus, bekommt man einen besseren Überblick über das Bild.

Wir haben bereits darauf hingewiesen, daß Pinsel teuer sind. Ein guter Rotmarderpinsel kann jedoch jahrelang halten, wenn man ihn entsprechend pflegt. Beachten Sie daher die folgenden Grundregeln:

Lassen Sie einen Pinsel niemals stundenlang im Wasser stehen. Waschen Sie ihn nach Beendigung der Arbeit sorgfältig mit Wasser und, falls nötig, mit Seife. Spülen Sie ihn gründlich, drücken Sie ihn mit den Fingerspitzen aus, oder – besser noch – saugen Sie ihn mit den Lippen trocken. Stellen Sie die Spitze wieder her und lassen Sie den Pinsel mit dem Haarkörper nach oben in einem Gefäß stehen.

Malen Sie im Freien, tragen Sie die Pinsel bitte nicht in der Tasche oder lose in einem Kasten zwischen dem übrigen Material mit sich herum; das könnte sich verheerend auf den Haarkörper auswirken. Rollen Sie die Pinsel in Bristolpapier, Wellpappe oder ein anderes festes Material und befestigen Sie sie, damit sie sich nicht gegenseitig berühren.

137

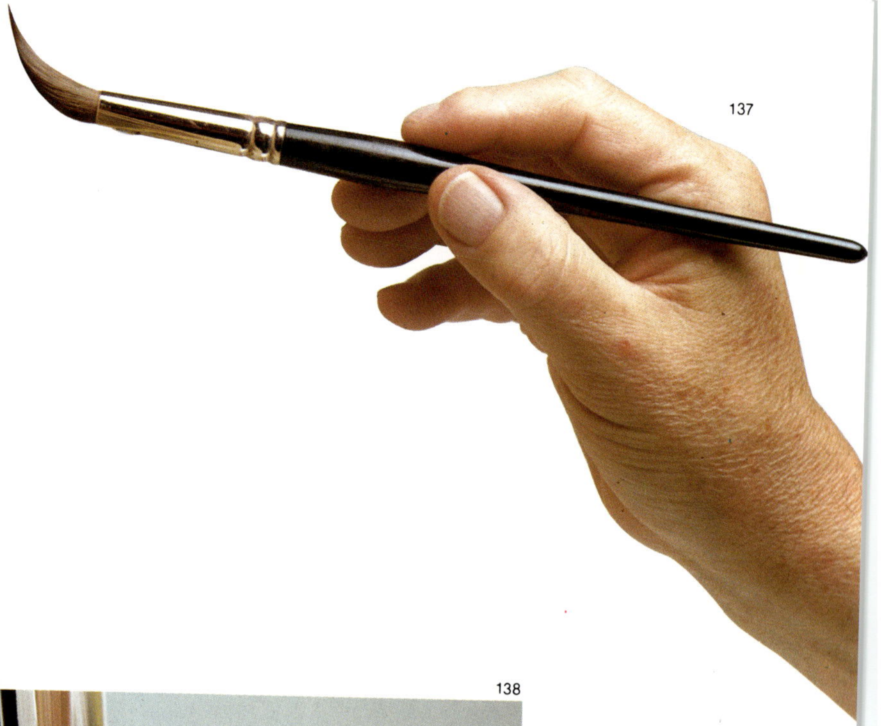

138

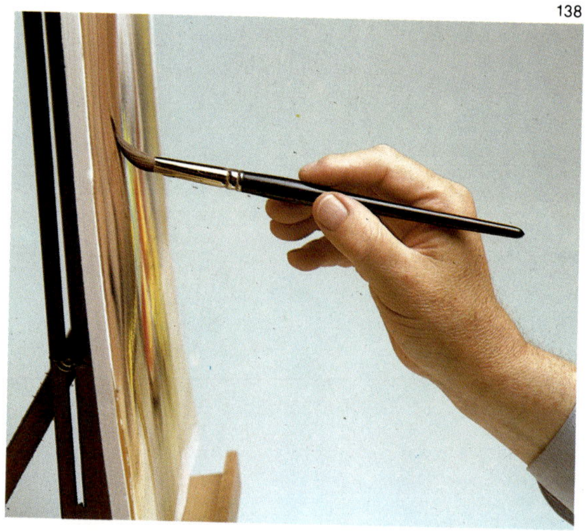

139

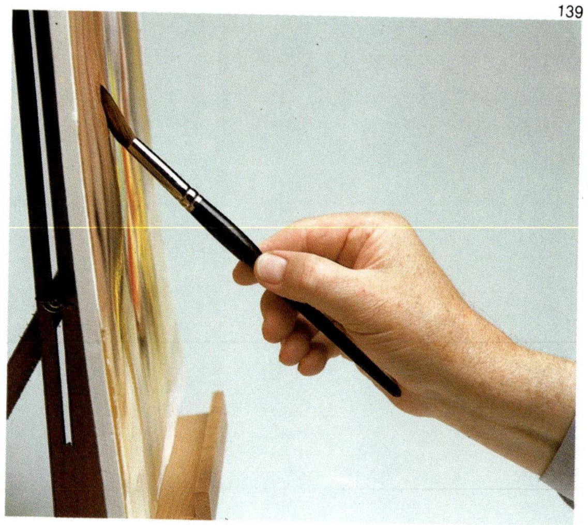

Abb. 137 und 138: Auf diesen Abbildungen sehen Sie, wie man den Pinsel beim Malen mit Aquarellfarben hält. Die Abbildungen 137 und 138 zeigen die gebräuchlichste Art. Man faßt den Pinsel wie einen Stift, aber etwas höher. Dadurch wird die Bewegung der Hand erleichtert. Man kann etwas mehr vom Bild zurücktreten und erweitert dadurch den Gesichtswinkel. Auf diese Weise läßt sich das Ergebnis während der Herstellung des Bildes besser beurteilen.

Abb. 139: Hier eine andere Möglichkeit, den Pinsel in der Hand zu halten. Sie erleichtert das Zeichnen senkrechter oder schräger Linien. Bei dieser Haltung, die man sonst bei der Bleistift-, Kohle-, Pastell- und Wachskreidezeichnung findet, erhält man einen sicheren Strich.

Abb. 140: So hält Guillermo Fresquet seinen Pinsel. Der Stiel steht beinahe senkrecht zur Papierfläche.

140

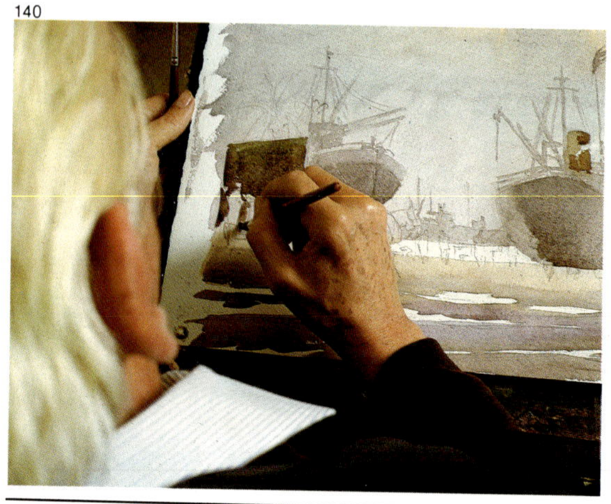

Diverses Material

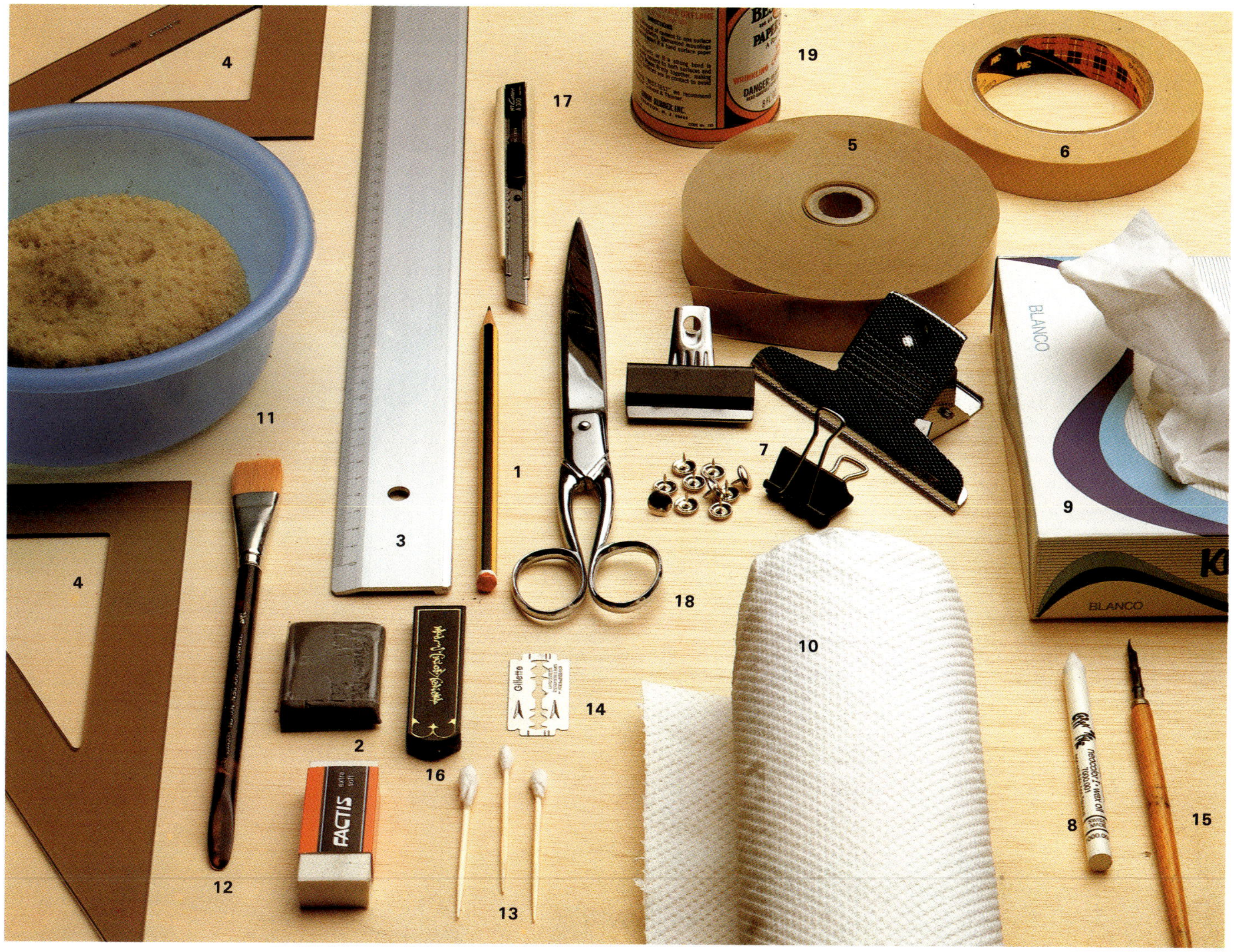

141

Abb. 141: Neben dem Grundmaterial wie Farben, Pinsel und Papier benutzt der Aquarellmaler einiges zusätzliches Werkzeug, das wir oben abgebildet haben. Hier die Merkmale und der Verwendungszweck der einzelnen Teile: 1. Graphitstift zur Ausführung der Zeichnung: normale Qualität Nr. 2 oder HB höherer Qualität. 2. Weicher weißer Plastikradiergummi und ein weiterer harter dunkelgrauer Plastikradiergummi zum Reinigen. 3. Metallineal von 50 oder 70 cm Länge mit Zentimetereinteilung (aus Metall, damit man das Papier mit jeder beliebigen Klinge schneiden kann, ohne das Lineal zu beschädigen). 4. Satz Winkeldreiecke. 5. 2 bis 3 cm breiter breiter Klebestreifen zum Befestigen und Spannen des Papiers, wie auf den Abbildungen 110 bis 113 erklärt. 6. Gummiertes Kreppband, um das Aquarell vor Beginn des Malens zu umrahmen. Das Band läßt sich nach Abschluß der Arbeit leicht wieder entfernen. Dadurch bleibt der Rand sauber und gut abgegrenzt. 7. Heftzwecken und Klemmen zum Halten und Spannen dicken Papiers, um sich die traditionelle langwierige Arbeit des Spannens unter Anfeuchten und anschließendem Festkleben zu ersparen. 8. Wachsstift zum Aussparen von weißen Stellen vor Beginn des Malens. Das Verfahren erklären wir später. 9. Papiertücher wie die von Kleenex, um die Pinsel abzuwischen und Feuchtigkeit – Wasser oder Aquarellfarbe – auf mehr oder weniger großen Flächen abzusaugen. 10. Rolle Zellstoffpapier (Haushaltsqualität) zum selben Gebrauch wie die Papiertücher und insbesondere zum Ausdrücken von mit Wasser oder Farbe gefüllten Pinseln. 11. Plastikschüssel und angefeuchteter synthetischer Schwamm zum Abstreifen von Farb- und Wasserüberschüssen im Pinsel. 12. Pinsel mit abgeschrägtem Kunststoffstiel zum Kratzen und Zeichnen oder zum Anlegen weißer oder heller Striche, solange die gemalte Fläche noch feucht ist. Die Pinsel werden aus Japan importiert. 13. Wattestäbchen zum Trocknen und Absaugen von Farbe auf kleinen frisch bemalten Flächen, um eine Zone aufzuhellen. 14. Rasierklinge zum Auskratzen weißer Flächen in dem getrockneten Aquarell. 15. Federhalter und Feder zum Zeichnen mit Chinatusche.

Obwohl hier nicht abgebildet, nennen wir außerdem die Rohrfeder und einen schwarzen Kugelschreiber, mit denen Kunstmaler manchmal Linien ziehen oder die Form nach Beendigung des Aquarells betonen. 16. Chinatusche in Stangenform. (Gebräuchlicher ist flüssige Chinatusche in Flaschen) zum Zeichnen mit der Metall- oder Rohrfeder. 17. Cutter zum Schneiden des Papiers mit Hilfe eines Lineals. 18. Große Papierschere. 19. Spezialkleber zum Aufziehen des Aquarellpapiers auf Pappe vor oder nach dem Malen.

Malkästen für die Arbeit im Freien

Der Künstler benötigt bei der Arbeit mit Aquarellfarben gewisse Materialien und Zubehör, auf das er auch außerhalb seines Ateliers und im Freien nicht verzichten kann. Eigentlich würden schon eine Schachtel, ein Kasten oder eine Tasche reichen, um die Farben, die Pinsel, die Palette, das Saugpapier, die Flaschen mit den Flüssigkeiten etc. zu transportieren.
Um diesem Bedürfnis besser zu entsprechen, bieten die großen Farben-, Pinsel- und Staffeleihersteller luxuriöse Malkästen aus Holz mit dem Grundsortiment oder ungefüllt an. Abgesehen davon, daß sie sehr teuer sind, schaffen sie leider nicht alle Probleme aus der Welt.
Die Lösung könnte in einem Kasten für die Ölmalerei bestehen, den man der Arbeit mit Aquarellfarben angepaßt hat, oder in einer Staffelei mit integriertem Malkasten, wie Abbildung 101 sie zeigt. Gut ist auch ein besonderer Holzkasten – Abbildung 144 –, den uns der auf Aquarellfarben spezialisierte Kunstmaler Ceferino Olivé freundlicherweise zur Abbildung zur Verfügung stellte.

Abb. 142: Malkasten aus Massiv-Eiche mit Porzellan-Palette, Schälchen und einem Kolinsky-Pinsel.

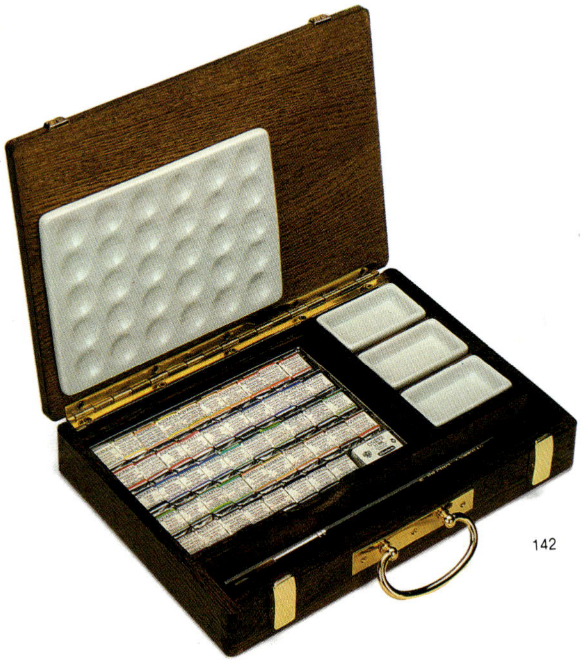

142

Abb. 143: Klassischer Malkasten für Ölfarben, der sich sehr gut zum Transport von Material und Zubehör für die Aquarellmalerei umrüsten läßt.

Abb. 144: Hier das Modell eines Malkastens, der speziell für den Aquarellmaler Ceferino Olivé entworfen wurde. Wegen seiner Größe (75 × 52 cm) kann man mit ihm gleichzeitig das Aquarellpapier, eine Sperrholzplatte, eine dreibeinige zusammenlegbare Feldstaffelei, eine Wasserflasche und ein Plastikgefäß neben den Farben, der Palette, dem Schwamm etc. transportieren.

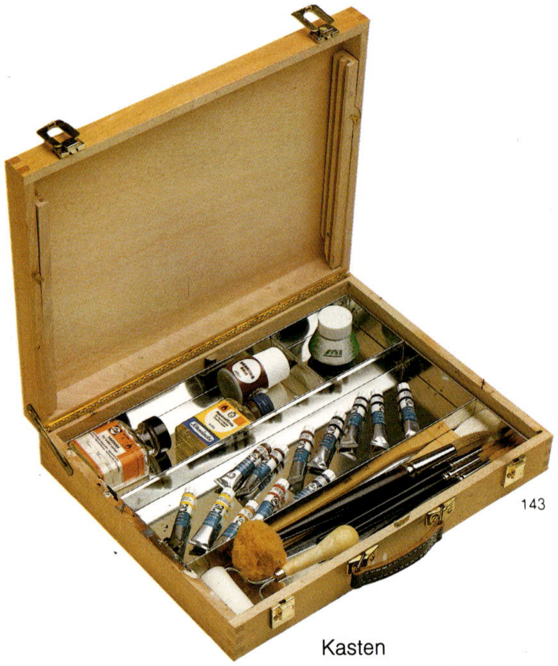

143

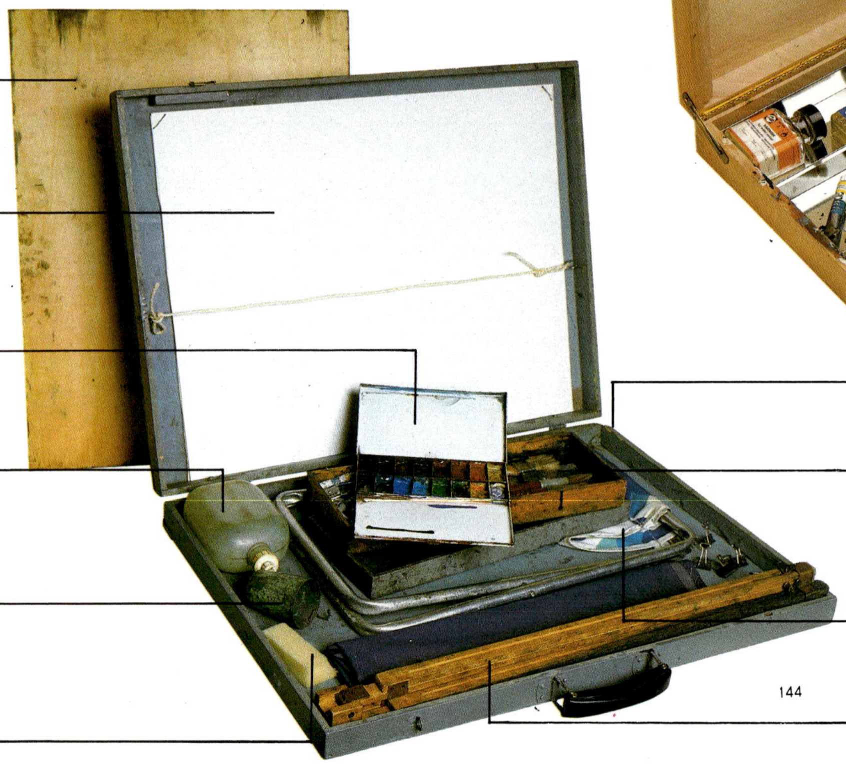

144

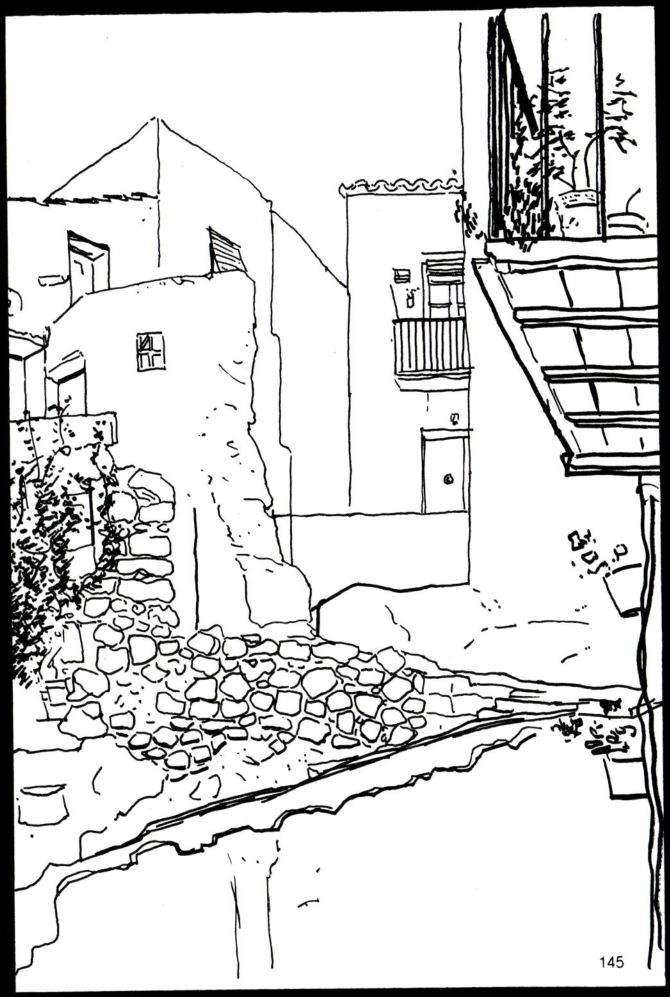

Die Zeichnung – Grundlage des Aquarells

„Haben Sie immer einen Bleistift zur Hand!“
Sir Joshua Reynolds (1723–1792)

Der Würfel, der Zylinder, die Kugel

Rubens, der beinahe tausend Gemälde malte und mehrere tausend Skizzen herstellte, ist auch der Autor des Werkes: „Abhandlung über die menschliche Gestalt". In diesem Buch nennt er eine wichtige Regel für die Kunst des Zeichnens. Er sagt:

„Die Grundstruktur der menschlichen Gestalt läßt sich auf Würfel, Kreise und Kugeln zurückführen."

Fast zweihundert Jahre später nahm Paul Cézanne Rubens' Gedanken wieder auf und dehnte sie auf alle Körper in der Natur aus. Anschließend gab er sie weiter an Monet, Pissarro, Vollard, Picasso etc. Im April 1904 schrieb er in einem Brief an seinen Freund, den Maler Emile Besnard:

„In der Natur ist alles auf drei Grundformen – dem Würfel, dem Zylinder und der Kugel – aufgebaut. Diese einfachen Formen muß man zeichnen lernen; dann gelingt einem alles andere auch."

Sind Sie in der Lage, einen Würfel (oder ein rechtwinkliges Prisma), einen Zylinder und eine Kugel absolut korrekt darzustellen, können Sie wirklich alles zeichnen.
Denn alle Körper lassen sich „einrahmen" und auf der Grundlage dieser „einfachen" Formen aufbauen.

Ich möchte Sie bitten, diese drei Grundformen jetzt zu zeichnen. Auf diese Weise können Sie alle Probleme der Kunst des Zeichnens – die Perspektive der Körper, die Schwierigkeiten der Maße und Proportionen, die Wirkung von Licht und Schatten etc. – untersuchen. Am Anschluß an diese Übung versuchen Sie dann, Formen, die sich von dem Würfel, dem Zylinder oder der Kugel ableiten, nach einem Modell oder aus dem Gedächtnis darzustellen. Ich habe dies wie ein Anfänger ebenfalls getan und dabei an Rubens und Cézanne gedacht. Ich versichere Ihnen, es ist eine herrliche Erfahrung!

Abb. 146: Wie schon Cézanne sagte, lassen sich alle Gegenstände der Natur auf die Form eines Würfels, eines Zylinders oder einer Kugel zurückführen. Deshalb ist diese Übung mit den Grundformen, die man mit einem schwarzen Stift oder Kohle zeichnet, zweifellos sehr nützlich.

146

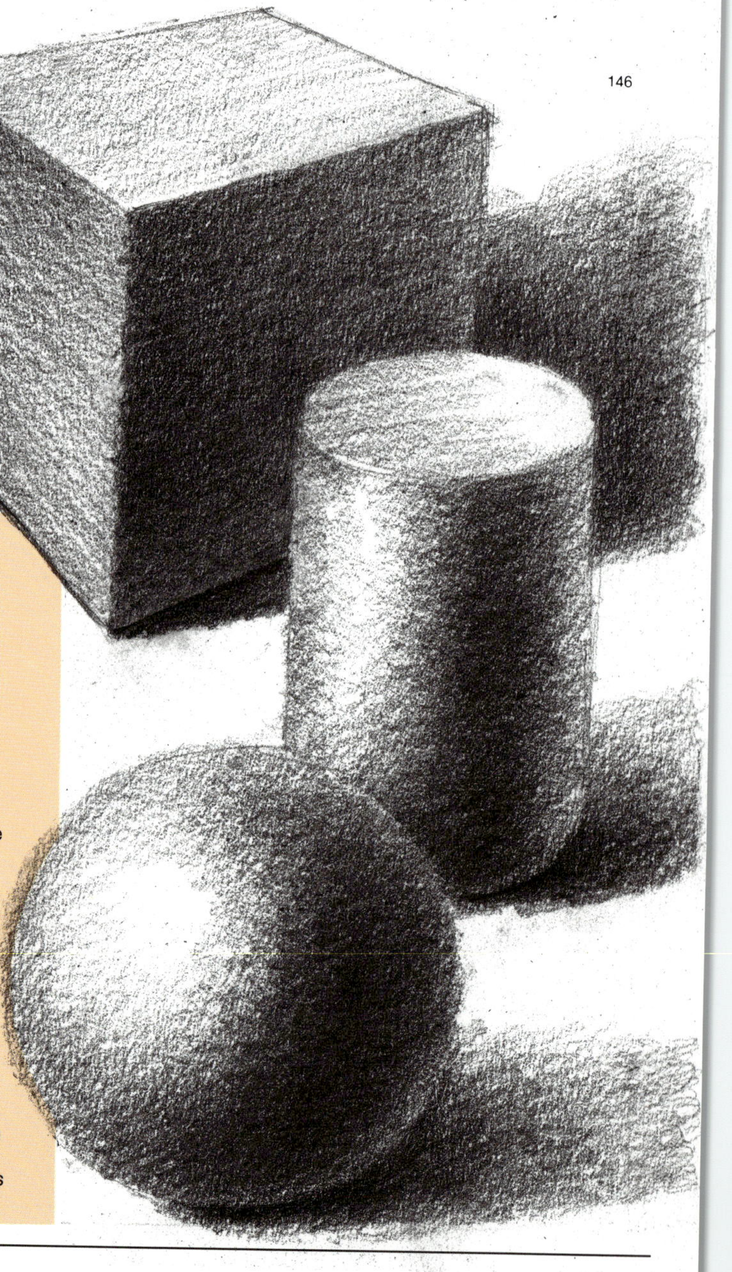

147

Abb. 147: Der Würfel oder das Prisma gehören zum Thema Parallel- oder Schrägperspektive, von dem später die Rede sein wird. Lernen wir vorab, wie man einen Würfel aus freier Hand in der Schrägperspektive zeichnet.

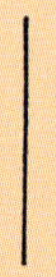

A. Zeichnen Sie zunächst eine senkrechte Linie, die der vorderen Kante entspricht.

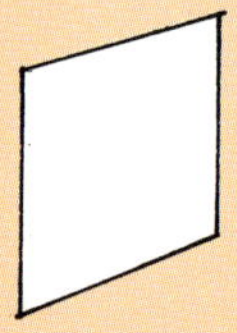

B. Zeichnen Sie an diese Linie in der Schrägperspektive die Seite, die Ihnen am nächsten liegt.

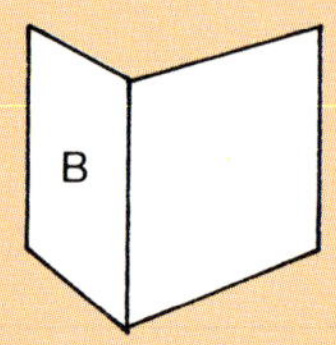

C. Tun Sie dasselbe mit der Seite B.

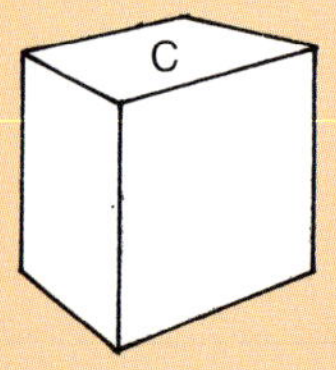

D. Zeichnen Sie die obere Seite C.

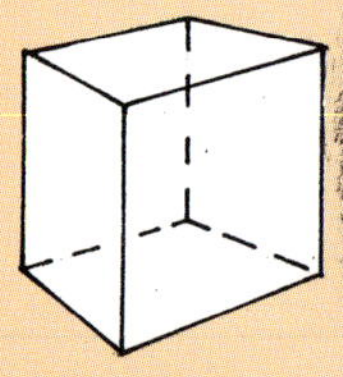

E. Zur Überprüfung Ihrer Zeichnung ziehen Sie die übrigen Linien, als wäre der Würfel aus Glas.

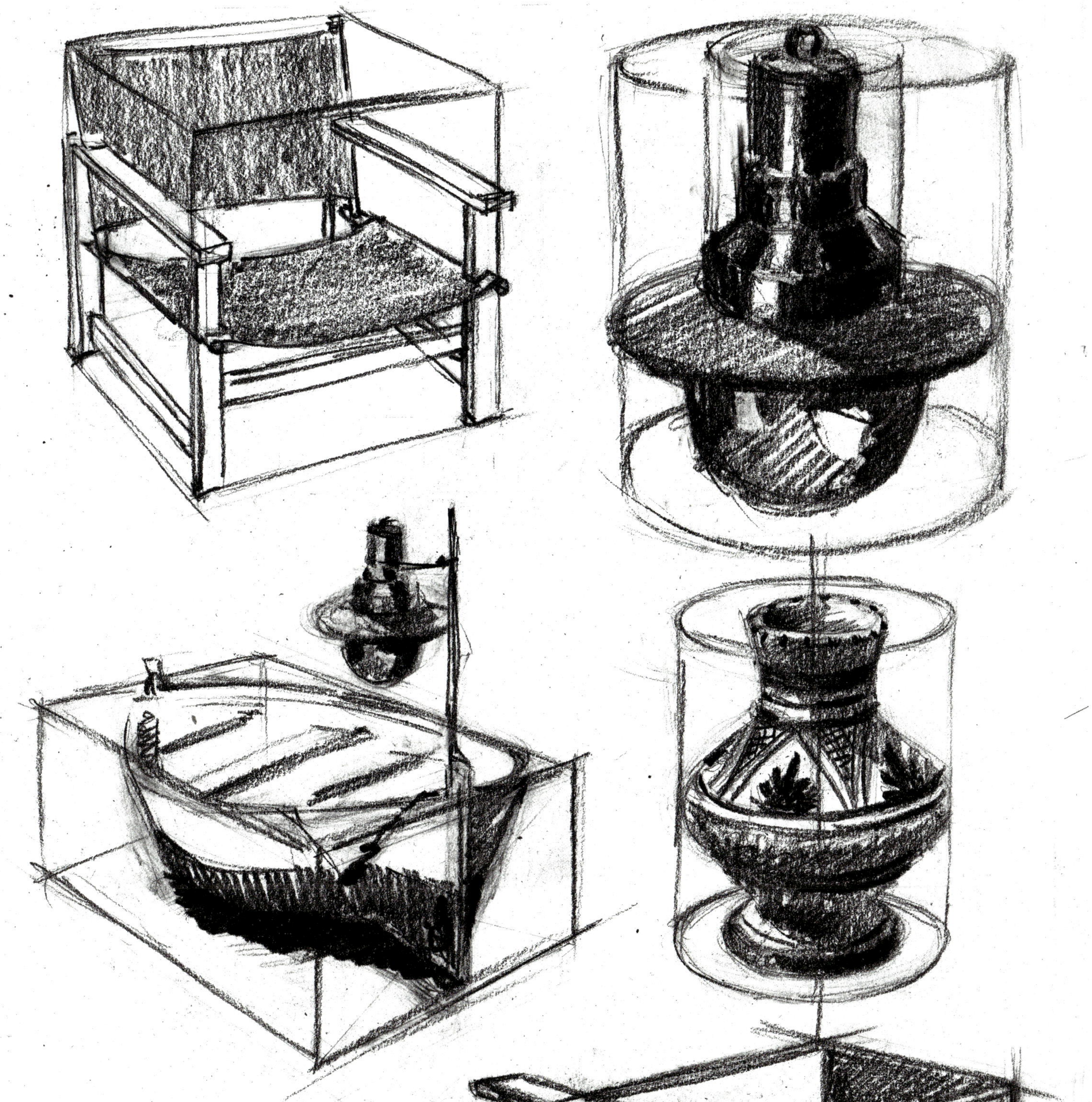

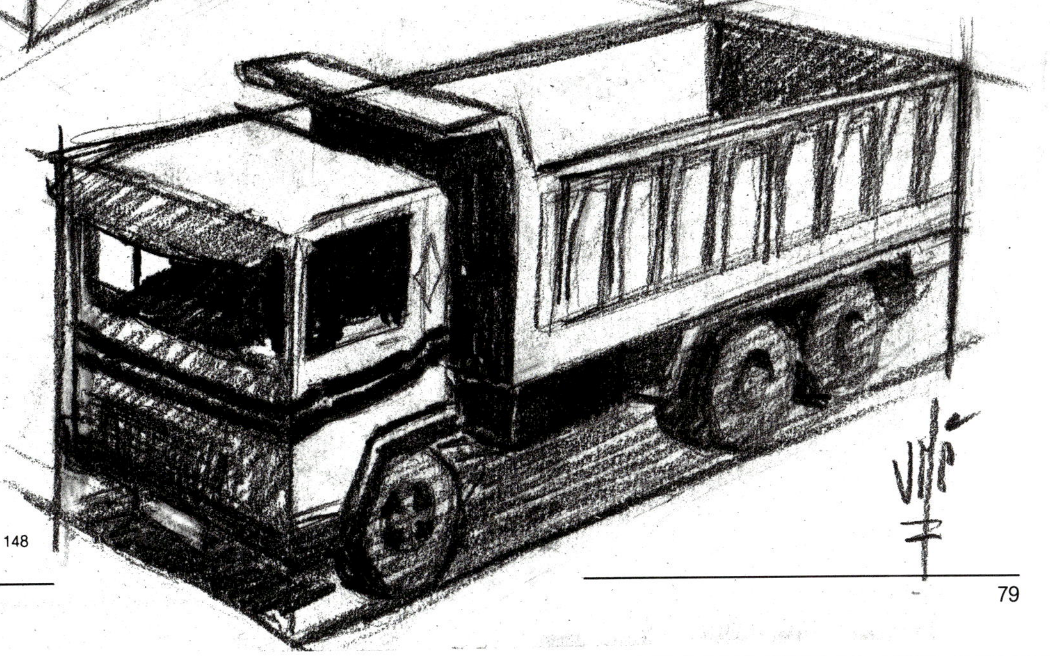

148

Abb. 148: Alle Körper können mit Hilfe eines einfachen Quadrates, eines Rechtecks, eines Kreises oder Dreiecks umzeichnet werden, wie der Fachmann es nennt. In fast allen Fällen – um nicht zu sagen: in allen – hat die Eingangsstruktur zu Beginn die Form eines Würfels, eines rechtwinkligen Prismas, eines Zylinders oder einer Kugel. Dadurch erscheint das Modell sofort in der Perspektive, und man schafft von vornherein die dritte Dimension, also ein Volumen.

„Umrahmung", Maße und Proportionen

Der virtuose amerikanische Porträtist John Singer Sargent, dessen herrliche Aquarelle ebenfalls Berühmtheit erlangt haben, wiederholte während seiner Lehrtätigkeit an der Royal Academy gegenüber seinen Studenten immer wieder:

„Sie müssen ständig Ihre Beobachtungsgabe schulen."

Berechnen, beobachten, vergleichen, die Lösung finden . . . Zeigen wir dies am Beispiel zweier Rosen in einer kleinen Vase, die auf der gegenüberliegenden Seite abgebildet sind. Berechnen wir zunächst mit Hilfe eines Bleistifts, eines Pinselstiels oder eines Lineals die Gesamthöhe und die Gesamtbreite des Modells (Abb. 149). Wir sehen, daß in diesem Fall Höhe und Breite praktisch identisch sind. Zeichnen wir daher ein Quadrat, in das sich das Modell bereits einpassen läßt (Abb. 150). Vergleichen wir anschließend einige grundlegende Maße wie die Höhe der kleinen Vase im Vergleich zur Gesamthöhe des Modells (A–A) oder die obere Breite der Blume zur Gesamtbreite (B–b–B). Versuchen wir nun, den Rahmen des Modells mit Hilfe der vorigen Berechnungen zu verkleinern und zu konkretisieren. Dadurch entsteht die wesentlich angepaßtere Form von Abbildung 151. Stellen Sie sich darin jetzt waagerechte und senkrechte Linien vor, die die Formen sowie die Maße und Proportionen angeben und miteinander in Beziehung setzen (Abb. 152). Untersuchen Sie gleichzeitig die besondere Form der leeren Flächen A, B und C auf Abbildung 153.

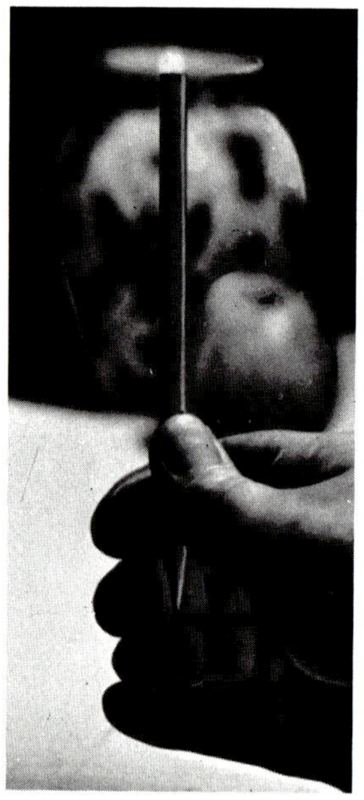
149

150
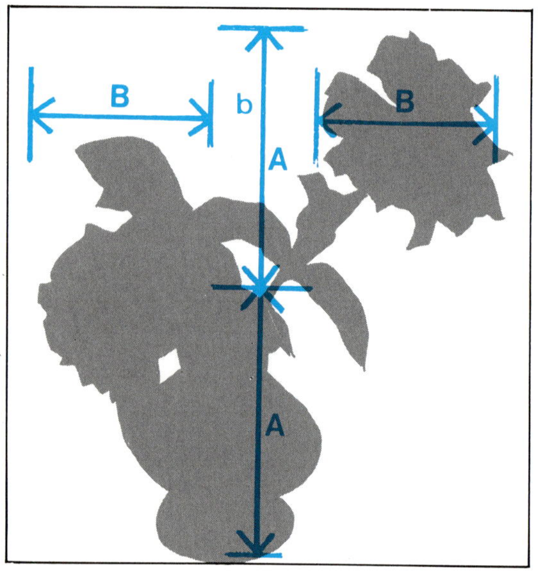

151
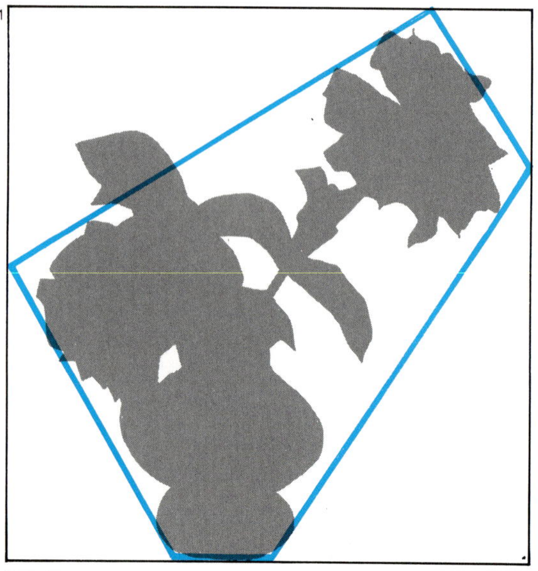

Abb. 149: Man erhält die Grundstruktur oder die Umzeichnung des Modells durch Maßnehmen und Vergleichen von Höhe und Breite. Das Maßnehmen erfolgt, indem man mit ausgestrecktem Arm einen Bleistift senkrecht vor das Modell hält. Dann mißt man die Höhe, hält den Stift anschließend waagerecht und ermittelt die Breite. Abschließend berechnet man das Verhältnis der Maße zueinander.

Abb. 150: Das Maßnehmen mit einem Bleistift oder Pinselstiel ermöglicht die Bestimmung der Proportionen des Modells und erleichtert das Umzeichnen.

Abb. 151: Nach der rechteckigen Umzeichnung des Modells läßt sich innerhalb des Rahmens leicht eine konkrete Struktur anlegen.

Abb. 152: Bei diesem Modell gibt es wie bei allen anderen auch die Möglichkeit, imaginäre waagerechte oder senkrechte Linien zu ziehen. Diese gehen von bestimmten Anhaltspunkten aus und ermöglichen es einem, die Formen genauer zu plazieren und ihre Proportionen besser zu berechnen. Die Zeichnung wird konkreter.

Abb. 153: Eine weitere Möglichkeit, die Maße und Proportionen zu berechnen, besteht darin, die leeren Flächen bewußt zu betrachten. Sie erscheinen dann als eine Art Gießform und helfen, die wirklichen Formen des Modells zu bestimmen.

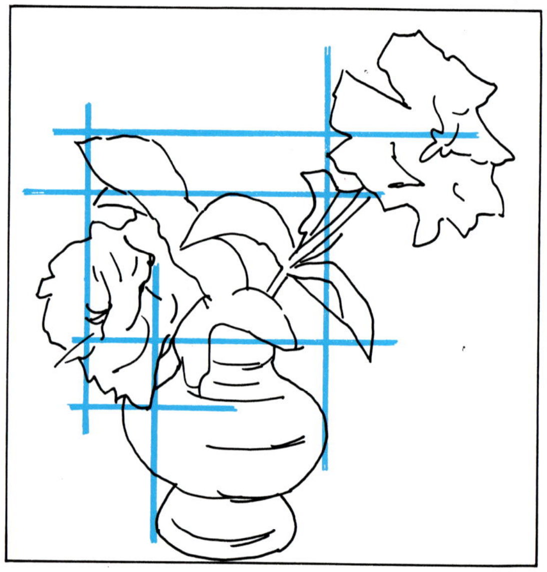
152

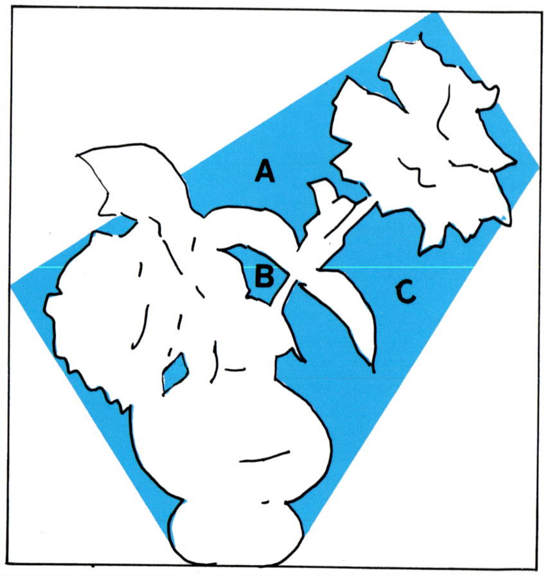

153

Abb. 154: Natürlich ist es nicht ganz einfach, die Umrisse eines solchen Modells auf die Form eines Würfels zu reduzieren. Man kann jedoch jedes Modell zu Beginn in einen allgemeinen quadratischen oder rechteckigen Rahmen einschließen (den man vorab mit Hilfe eines Bleistifts oder Pinselstiels, wie bei Abbildung 149 beschrieben, berechnet). Anschließend präzisiert man den Rahmen anhand von imaginären Linien und Anhaltspunkten im Innern und versucht, die Formen der leeren Flächen zu erkennen, wie wir es bei den Abbildungen 150 bis 153 getan haben. Die Umzeichnung und die Berechnung der Maße und Proportionen eines solchen Modells ist eine gute Übung, um zeichnen und mit Aquarellfarben malen zu lernen.

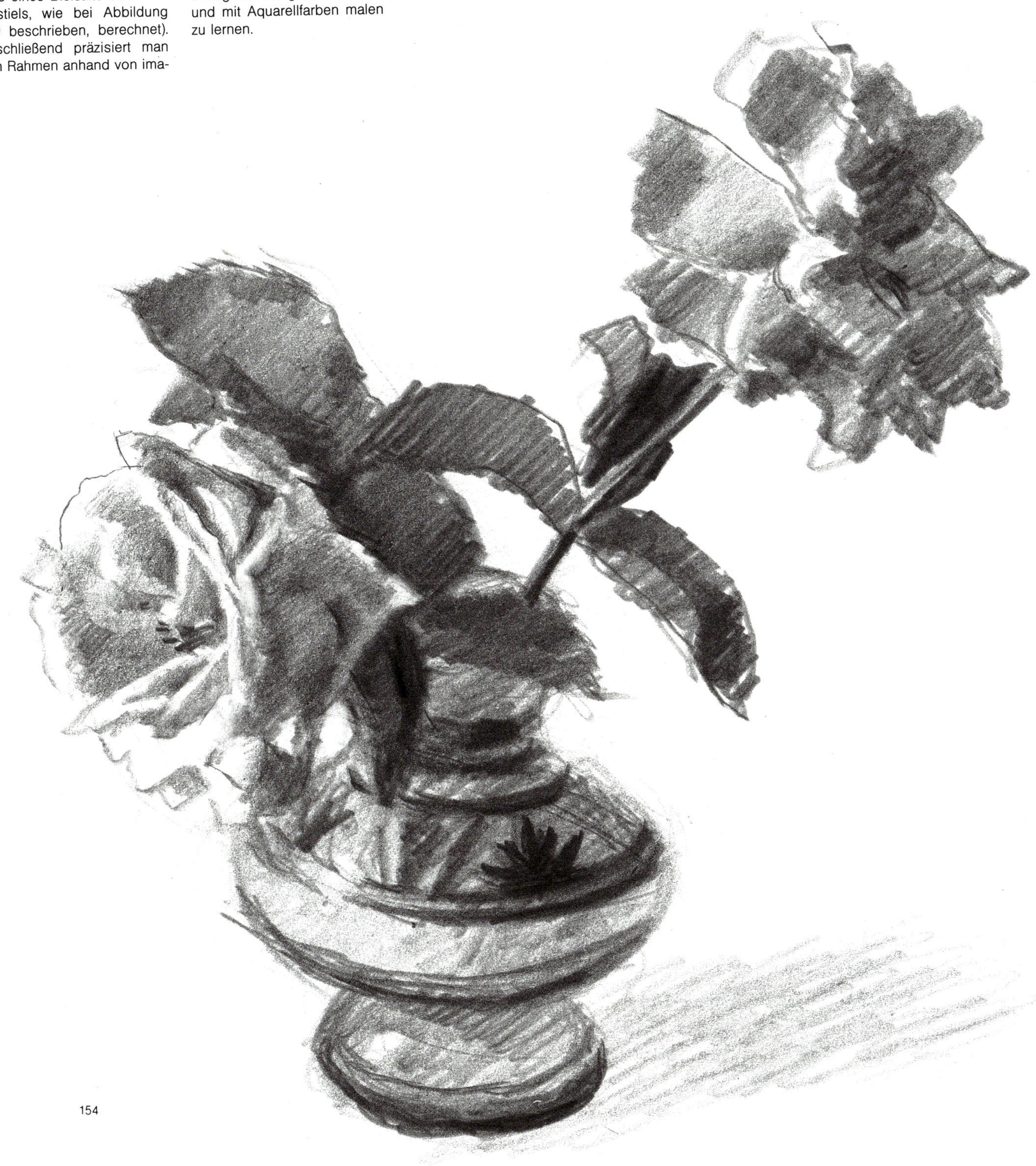

154

Licht und Schatten: Untersuchung der tonalen Werte

Corot sagte einmal zu Pissarro: „Sie sind ein Künstler; Sie brauchen keine Ratschläge außer diesem einen: Studieren Sie vor allem die Werte."

Unter den Werten versteht man die Töne, also die unterschiedliche Tonalität, die aus der Wirkung von Licht und Schatten entsteht. Mit Hilfe dieser Werte können wir die dritte Dimension der Körper, das heißt deren Volumen, darstellen. Die Wirkung von Licht und Schatten – die Helligkeit und die Reflexe, den Eigenschatten und den Wurfschatten, das Helldunkel und das reflektierte Licht (siehe Abb. 155) – muß man kennen, um die tonalen Werte genau bestimmen zu können.

Bewerten heißt Vergleichen

Bewerten heißt, die Töne und Nuancen im Geist zu klassifizieren und immer wieder zu vergleichen, um endgültig festzulegen, welche die hellsten und welche die dunkelsten Töne sind und wo die Zwischentöne liegen. Hier eine ausgezeichnete Übung. Ich rate Ihnen, sie sofort selbst auszuführen. Basteln Sie aus festem weißem Bristolpapier einen Zylinder. Zeichnen Sie ihn in Ihrer linken Hand, und untersuchen Sie die Wirkung von Licht und Schatten, die Herausarbeitung der Formen sowie die Tonwerte.

B. *Leuchtkraft*: Sie erhält man durch Kontraste. Erinnern Sie sich, daß ein Weiß um so heller wirkt, je dunkler der umgebende Ton ausfällt.

C. *„Ausbauchen"* der dunkelsten Stelle des Eigenschattens. Sie liegt zwischen dem Halbschatten und dem reflektierten Licht.

D. *Reflektiertes Licht*: Es taucht am äußersten Rand der Schattenzone auf. Am stärksten ist es, wenn sich ein heller Körper in der Nähe des Modells befindet.

E. *Helldunkel*: Stelle zwischen der beleuchteten Fläche und der Schattenzone. Den Begriff „Helldunkel" könnte man als „Licht im Schatten" definieren.

F. *Eigentliche Schattenzonen*: Das sind alle den beleuchteten Stellen gegenüberliegende Zonen.

G. *Wurfschatten*: Der Schatten, den das Modell auf seinen Untergrund wirft. (Ich habe ihn nicht mitgezeichnet.)

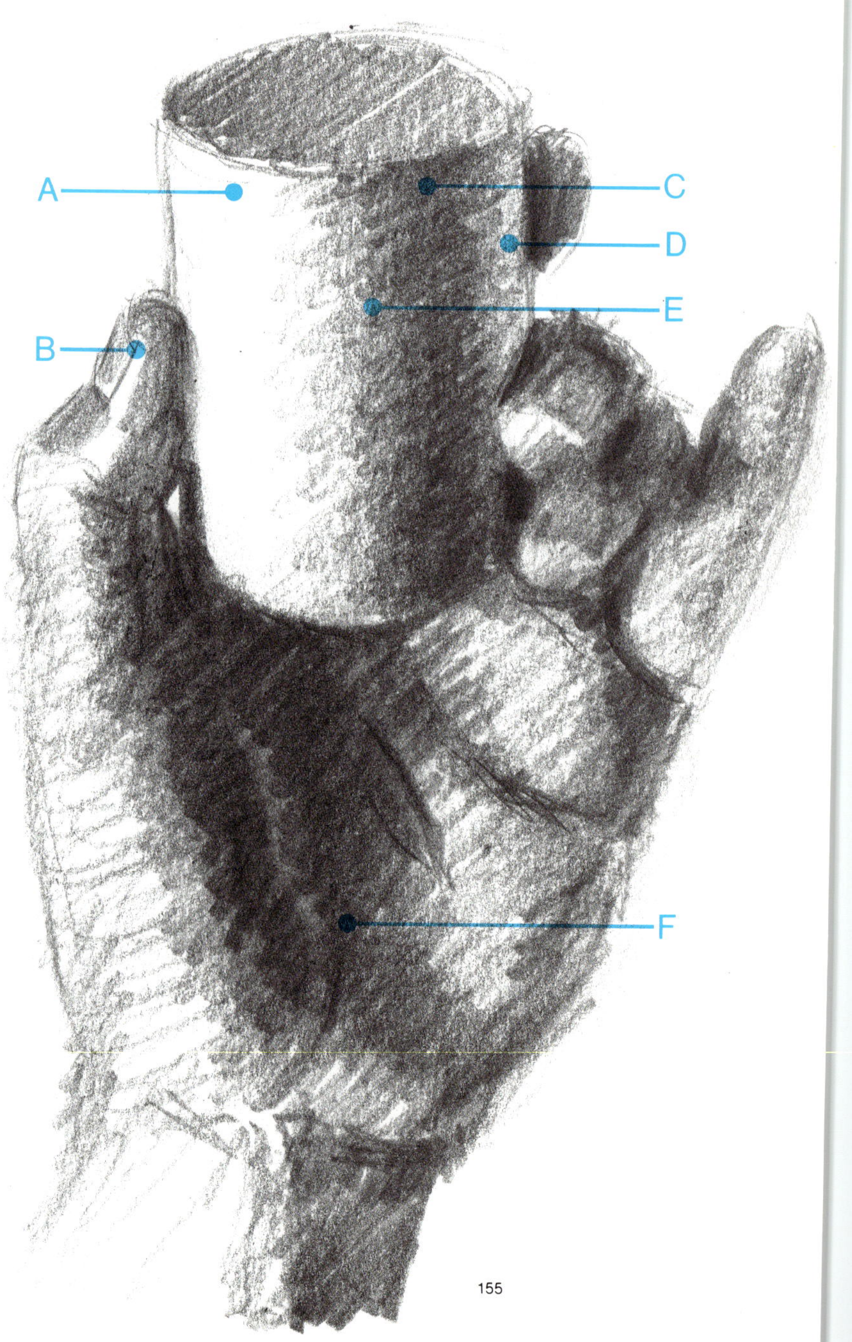

155

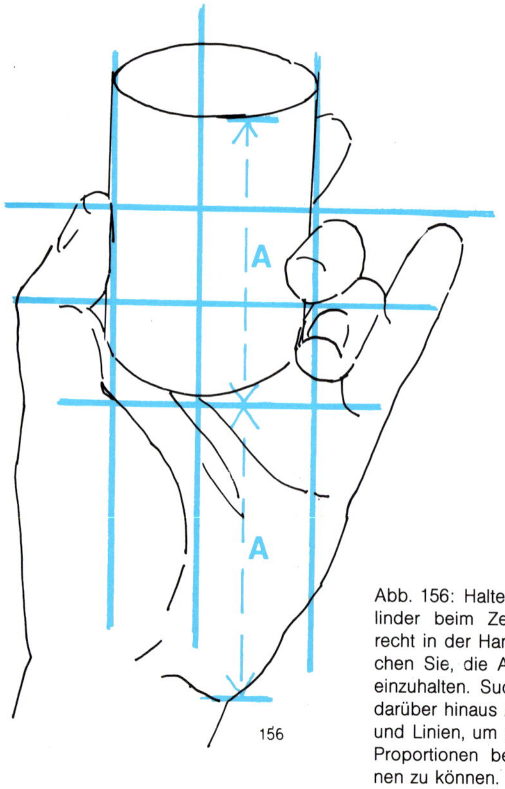

156

Abb. 156: Halten Sie den Zylinder beim Zeichnen senkrecht in der Hand, und versuchen Sie, die Abstände A–A einzuhalten. Suchen Sie sich darüber hinaus Anhaltspunkte und Linien, um die Maße und Proportionen besser berechnen zu können.

Die Freihandzeichnung

Und nun eine praktische Übung, die – wie Sie auf der folgenden Seite sehen werden – besonders für die Aquarellmalerei geeignet ist, denn sie erfordert meiner Ansicht nach große technische und praktische Zeichenerfahrung.

Es handelt sich um eine sogenannte Freihandzeichnung. Sie zeichnen also ohne irgendwelche Vorbereitungen wie Umrahmung, Aufbau oder Skizze und benutzen dazu als Material einen schwarzen Kugelschreiber oder einen schwarzen Rapidograph, der sich nicht korrigieren läßt. Stellen Sie damit einen oder mehrere Gegenstände aus unterschiedlichen Blickwinkeln – zum Beispiel Ihre linke Hand – ohne Licht und Schatten dar, und geben Sie nur die Grundformen und die wichtigsten Teile des Modells mit den erforderlichen Stiftstrichen wieder.

Abb. 157: Ihre eigene Hand kann das beste Modell für eine Freihandzeichnung sein. Probieren Sie es aus. Es ist eine ausgezeichnete Übung für alle, die wie Sie die Aquarellmalerei erlernen wollen.

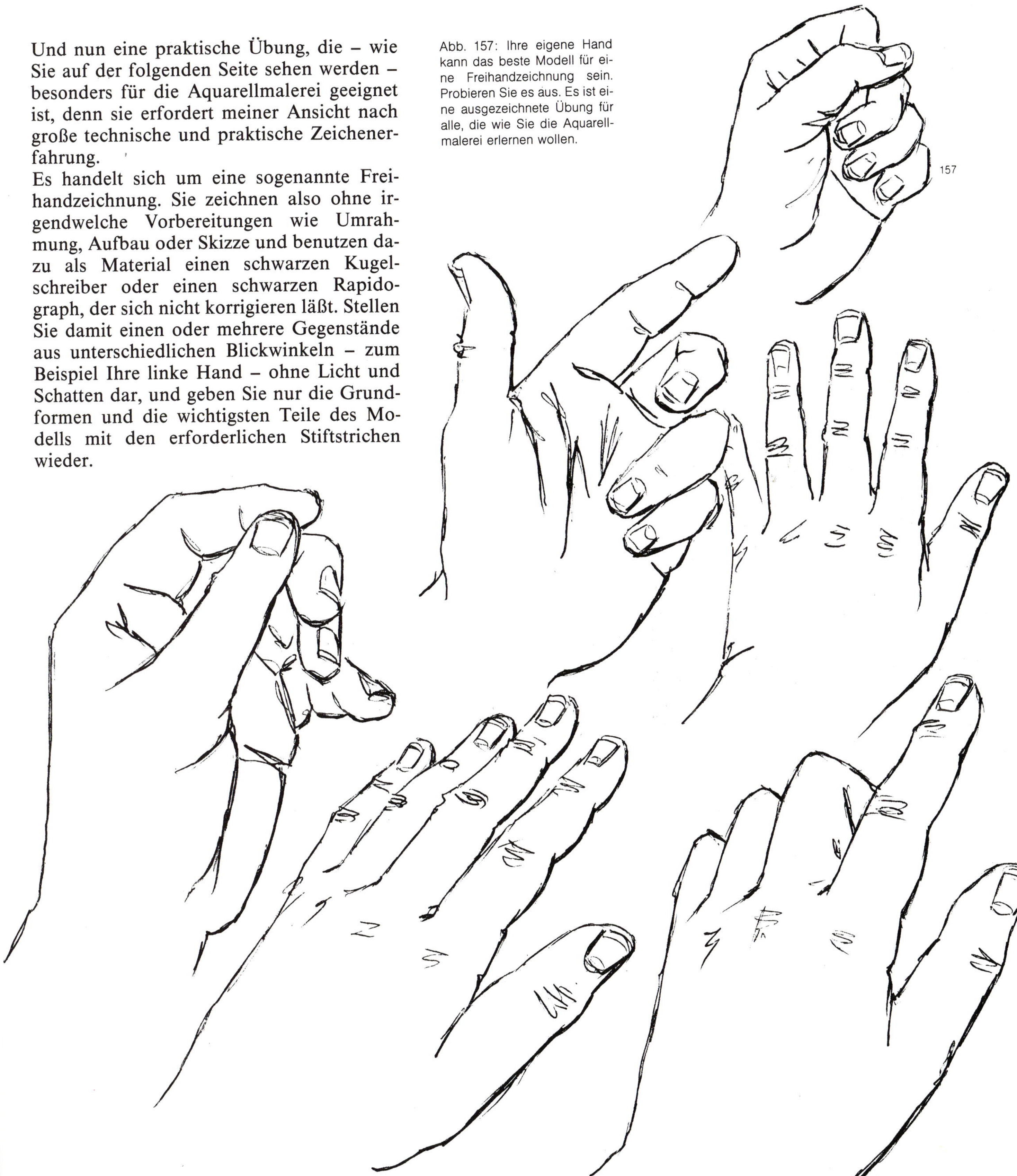
157

Eine Sonderübung

Ich nehme an, Sie sitzen bei sich zu Hause an Ihrem Arbeitstisch oder in einem Sessel in Ihrem Atelier. Ich bitte Sie jetzt, sich umzuschauen und zu überlegen, was Sie zeichnen könnten. Vielleicht müssen Sie dazu in ein anderes Zimmer gehen, wo Sie eine bessere Auswahl an Motiven haben. Zeichnen Sie dieses Motiv dann auf jeden Fall völlig linear, ohne die Wirkung von Licht und Schatten. Benutzen Sie dazu einen schwarzen Kugelschreiber oder einen schwarzen Rapidograph jeweils mit feiner Spitze.
Sie sehen, daß ich diese Sonderübung vom Arbeitstisch in meinem Atelier aus ebenfalls durchgeführt habe. Ich möchte Ihnen nun anhand dieser Arbeit erklären, worauf es bei einer Zeichnung als Grundlage für ein Aquarellbild ankommt.

158

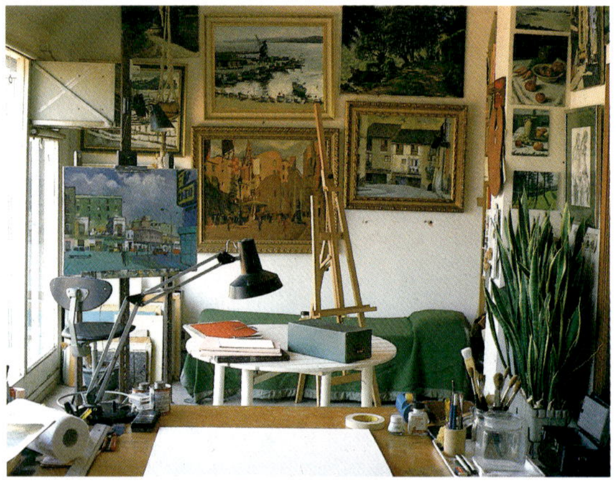

Die Zeichnung muß zunächst einmal absolut exakt und minutiös sein, damit man später beim Malen nicht neu aufbauen muß. Nur so kann der Künstler seine Aufmerksamkeit völlig auf die richtigen Nuancen, die korrekte Tonalität und die Farben richten, die aus einem Aquarell ein Kunstwerk machen.
Weshalb muß es sich hier um eine lineare Zeichnung ohne Schatten oder irgendwelche tonalen Werte handeln? Ganz einfach: weil das Spiel von Licht und Schatten von den Farben und nicht vom Stift wiedergegeben wird. Vergessen Sie nicht, daß das Aquarell transparent ist. Sie können sich gewiß vorstellen, was geschieht, wenn wir die Schatten mit den Schwarz- und Grautönen des Stiftes anlegen.
Natürlich geht es bei dieser Übung nur um das Erlernen des Zeichnens. Soll Ihre Zeichnung als Grundlage für ein Aquarellbild dienen, müßte sie selbstverständlich mit einem Bleistift HB oder B ausgeführt werden.

Abb. 158 und 159: Von meinem Arbeitstisch im Atelier aus habe ich diese lineare Zeichnung angefertigt. Sie eignet sich unbedingt als Grundlage für ein Aquarell. Sie ist detailliert, gibt jedoch nicht das Spiel von Licht und Schatten wieder.

159

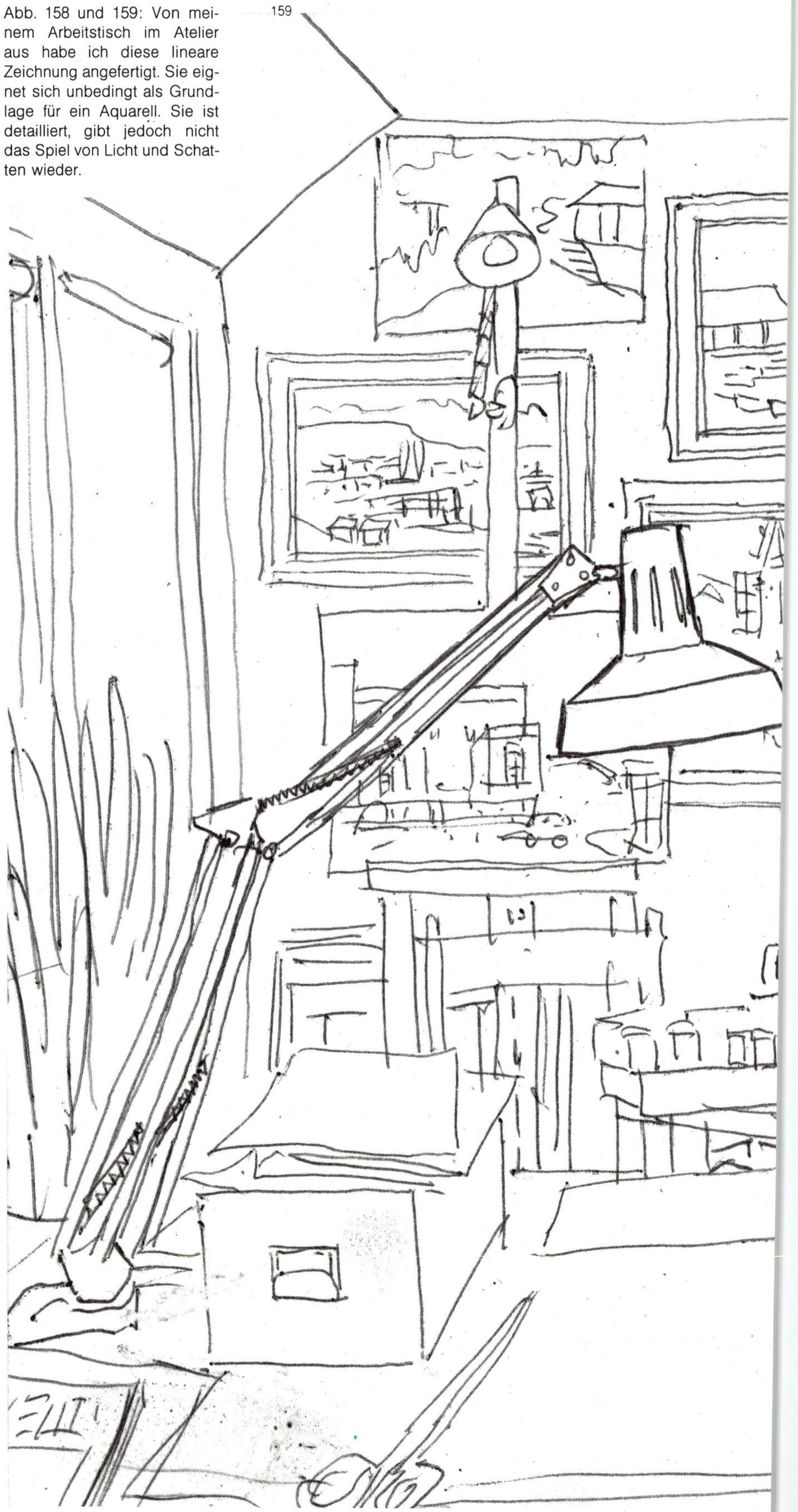

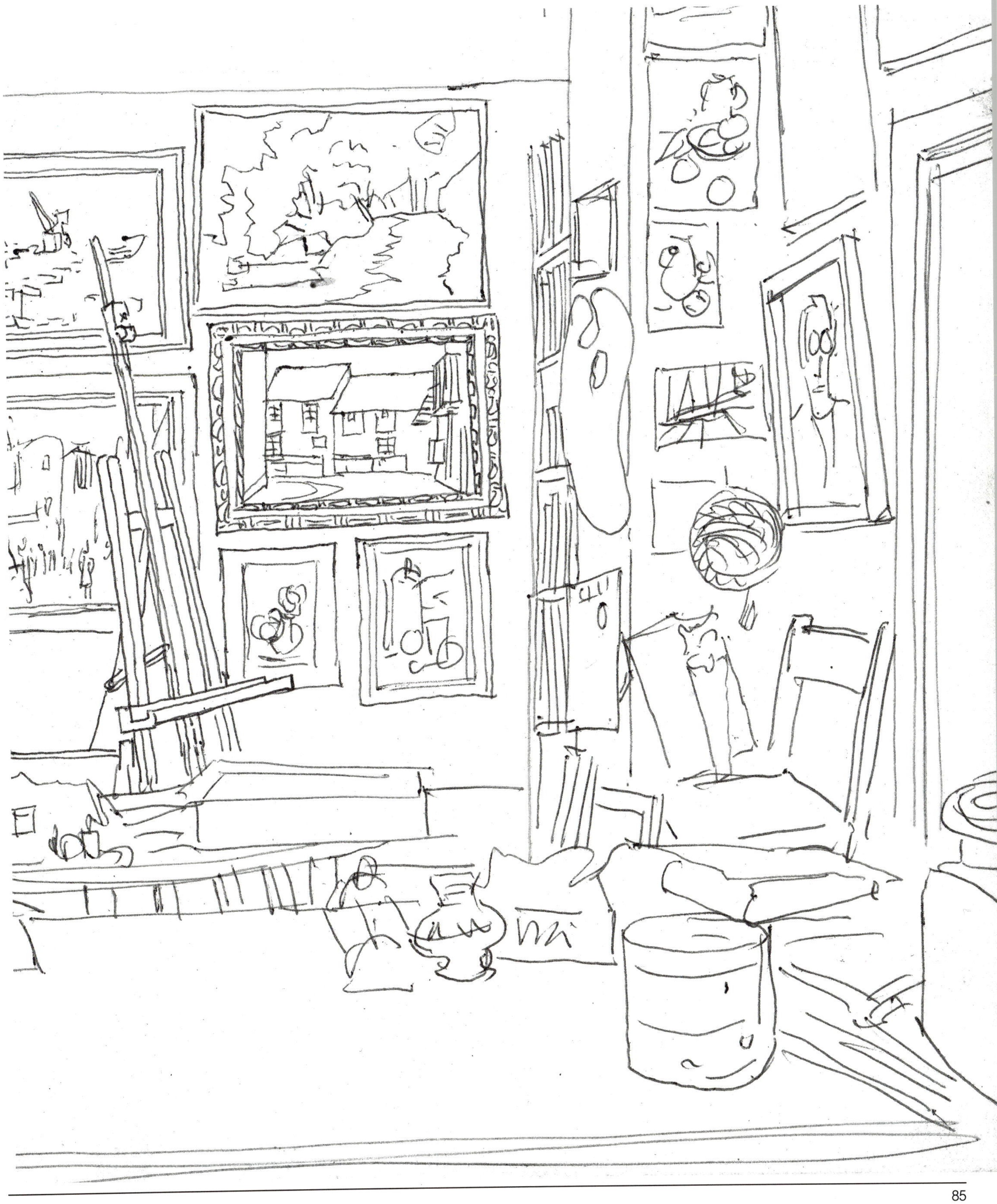

Perspektive ist notwendig

Aquarellmaler wählen als Thema für ihre Werke häufig Straßen, Plätze, Gebäude, Stadtviertel, Vororte, Seehäfen etc. Es handelt sich also um Orte, bei denen die Perspektive eine erhebliche Rolle spielt. Die großen englischen Aquarellmaler waren wahre Meister der Perspektive. Doch wir sind Künstler und keine Architekten. Uns genügen ein paar Grundregeln, um die Perspektive zu erkennen und wiederzugeben. Diese lassen sich wie folgt zusammenfassen: Wie Ihnen bekannt, gibt es drei Arten von Perspektive:

1. Die *Parallelperspektive* mit *einem Fluchtpunkt.*
2. Die *Schrägperspektive* mit *zwei Fluchtpunkten.*
3. Die *Luftperspektive* mit *drei Fluchtpunkten.*

Die Luftperspektive wird in der künstlerischen Malerei praktisch nicht angewendet. Wir lassen sie deshalb hier fort.

Als Fluchtpunkte bezeichnet man jene Stellen, an denen die Konvergenzlinien – also die Senkrechten – des Modells zusammentreffen. Erinnern Sie sich, daß die Fluchtpunkte immer auf der sogenannten Horizontallinie liegen. Diese befindet sich genau in Augenhöhe des Betrachters, wenn dieser geradeaus blickt. Die Lage der Linien verändert sich, je nachdem, ob Sie stehen, sitzen oder hocken.

Bei der Parallelperspektive fällt der Augenpunkt mit dem Fluchtpunkt zusammen. Bei der Schrägperspektive und der Luftperspektive sind beide Punkte voneinander unabhängig, liegen jedoch auf der Horizontallinie.

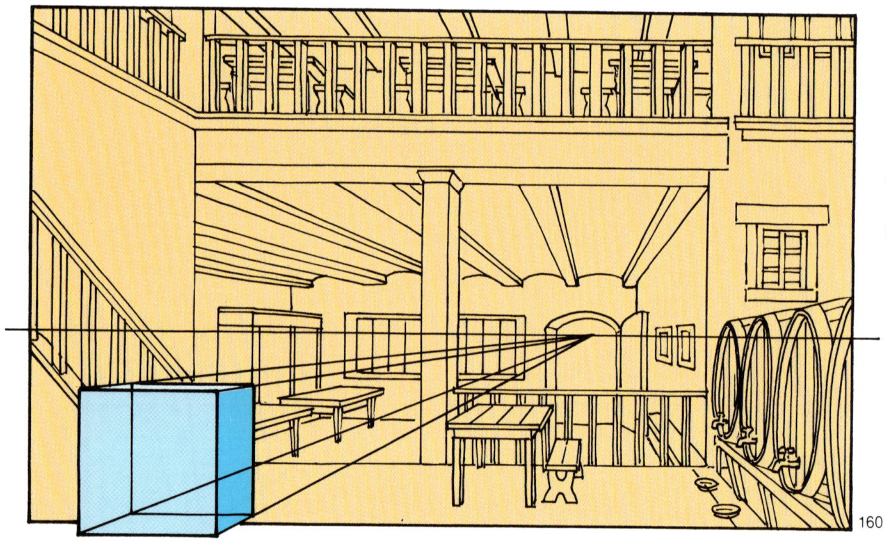
160

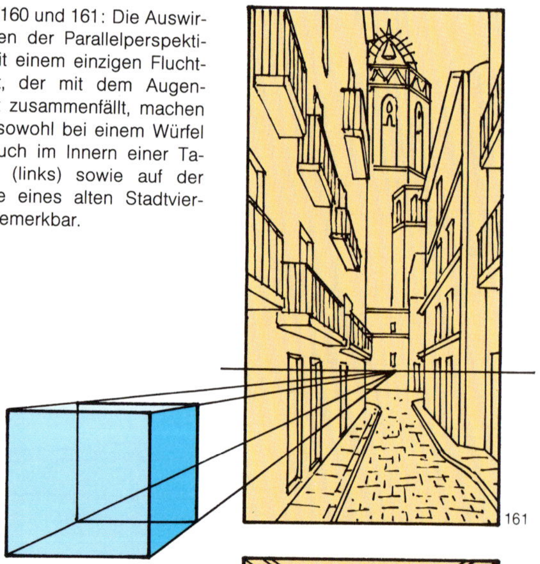
161

Abb. 160 und 161: Die Auswirkungen der Parallelperspektive mit einem einzigen Fluchtpunkt, der mit dem Augenpunkt zusammenfällt, machen sich sowohl bei einem Würfel als auch im Innern einer Taverne (links) sowie auf der Straße eines alten Stadtviertels bemerkbar.

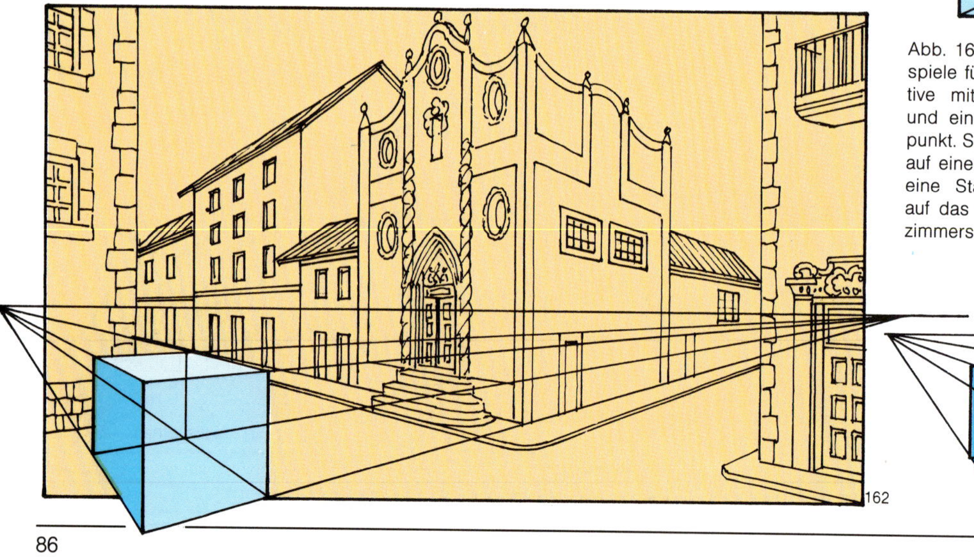
162

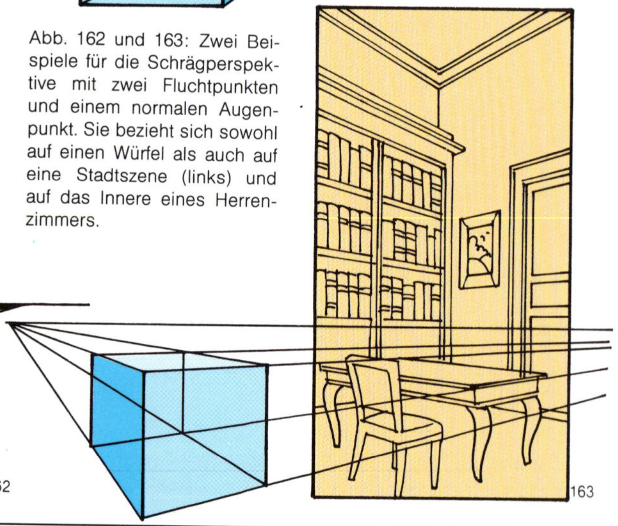
163

Abb. 162 und 163: Zwei Beispiele für die Schrägperspektive mit zwei Fluchtpunkten und einem normalen Augenpunkt. Sie bezieht sich sowohl auf einen Würfel als auch auf eine Stadtszene (links) und auf das Innere eines Herrenzimmers.

Auf der vorigen Seite sehen Sie zwei Beispiele für die Parallelperspektive mit einem einzigen Fluchtpunkt (Abb. 160 und 161). Das erste zeigt das Innere einer Taverne, das zweite eine typische Straße in einem alten Stadtviertel. Abbildung 162 und 163 zeigen zwei Anwendungen der Schrägperspektive.

Bei der Darstellung von Themen wie den soeben erwähnten stößt der Maler häufig auf das Problem, eine Fläche oder sich wiederholende Formen wie die Türen oder Fenster eines Hauses, die Bäume am Straßenrand oder die Arkaden eines Klosters etc. perspektivisch korrekt aufteilen zu müssen. Dem erfahrenen Künstler bereitet das keine Schwierigkeiten. Er löst die Aufgabe nach Augenmaß. Trotzdem sollte man meiner Meinung nach unbedingt ein paar mathematische Verfahren erlernen, die die praktischen Erfahrungen untermauern. Das ist zum Beispiel erforderlich, wenn man das symmetrisch angelegte Gitter einer Einfahrt und ihre Umgebung perspektivisch wiedergeben will. Dazu muß man zwangsläufig das perspektivische Zentrum ermitteln. Unten sehen Sie die Lösung des Problems (Abb. 164 und 165). Sie brauchen nur ein x-förmiges Kreuz zu zeichnen und eine Senkrechte durch dessen Mitte ziehen, dann erhalten Sie das perspektivische Zentrum (Abb. 165). Eine wirklich einfache Art und Weise, das Problem der perspektivischen Aufteilung einer Fläche mit sich wiederholenden Formen zu lösen, zeigen die Abbildungen 166 und 167. In unserem Fall handelt es sich um den Kreuzgang einer alten romanischen Kirche.

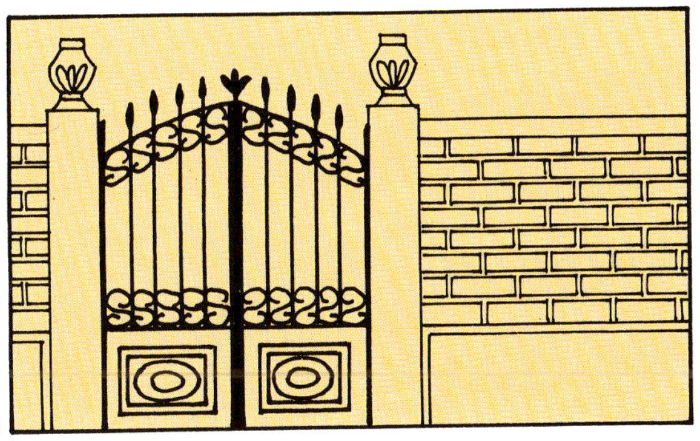
164

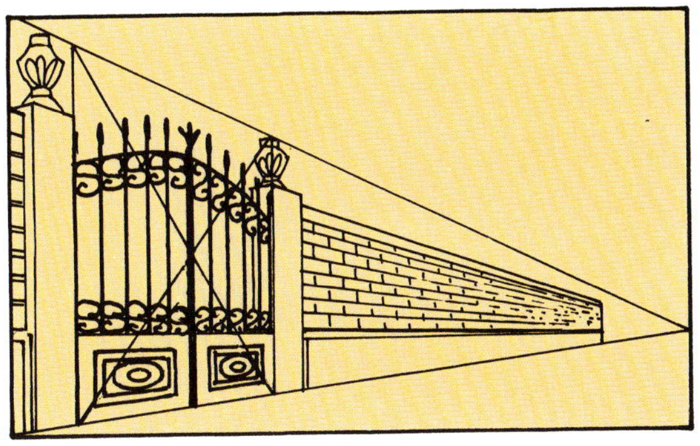
165

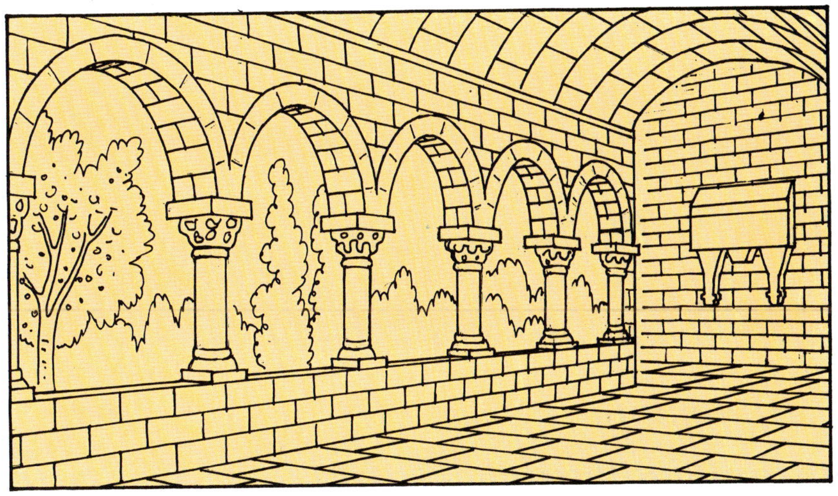
166

Abb. 164 und 165: Um das perspektivische Zentrum eines Modells wiederzugeben, das von vorn gesehen eine symmetrische Struktur aufweist, braucht man nur mit einem perspektivischen Quadrat oder Rechteck zu umzeichnen. Der Schnittpunkt des x-förmigen Kreuzes in der Mitte ergibt das perspektivische Zentrum.

Abb. 166: Anhand dieser Zeichnungen erkennen Sie, wie man Flächen in der Tiefe perspektivisch aufteilt.

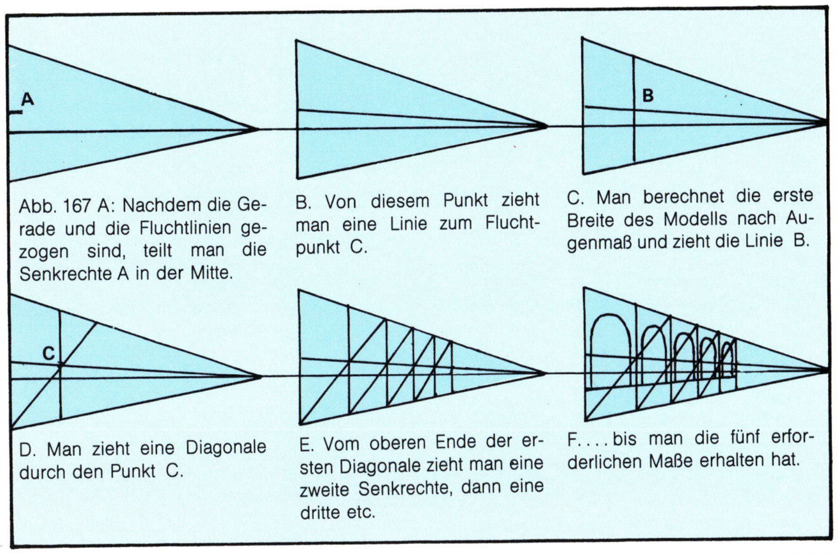

Abb. 167 A: Nachdem die Gerade und die Fluchtlinien gezogen sind, teilt man die Senkrechte A in der Mitte.

B. Von diesem Punkt zieht man eine Linie zum Fluchtpunkt C.

C. Man berechnet die erste Breite des Modells nach Augenmaß und zieht die Linie B.

D. Man zieht eine Diagonale durch den Punkt C.

E. Vom oberen Ende der ersten Diagonale zieht man eine zweite Senkrechte, dann eine dritte etc.

F. . . . bis man die fünf erforderlichen Maße erhalten hat.

167

Perspektive ist notwendig

Abbildung 168 zeigt zwei typische Probleme der perspektivischen Einteilung einer Fläche: eine Wand mit einer vorgegebenen Reihe gleicher Abschnitte innerhalb einer vorgegebenen Fläche und einen Bodenbelag. Beide erscheinen in der Parallelperspektive mit einem einzigen Fluchtpunkt. Wir bedienen uns zur Lösung des ersten Problems einer Maßlinie, die in gleiche Abschnitte eingeteilt ist (Abb. 169 A). Mit Hilfe der Diagonalen zum Fluchtpunkt E bestimmen wir anschließend die Tiefe der zu berechnenden Abschnitte (Abb. 169 B). Bei der Zeichnung eines Bodenbelags in der Parallelperspektive (Schema 170 A, B und C) genügt es, die Maße (a und b) des ersten Rechtecks zu berechnen. Mit Hilfe von diesem Rechteck ausgehender Diagonalen zum Fluchtpunkt zeichnet man dann das Gitternetz von Abbildung 170 B und legt anschließend das Bodenmuster in der Perspektive an.

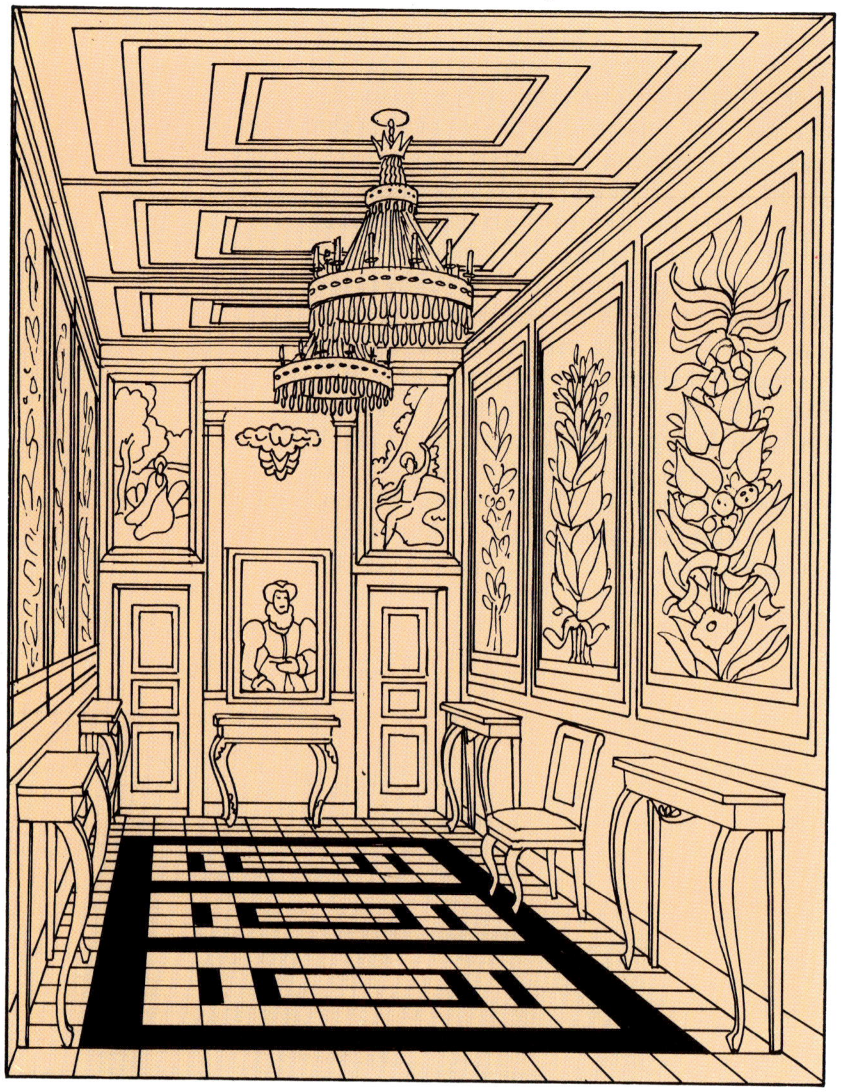

168

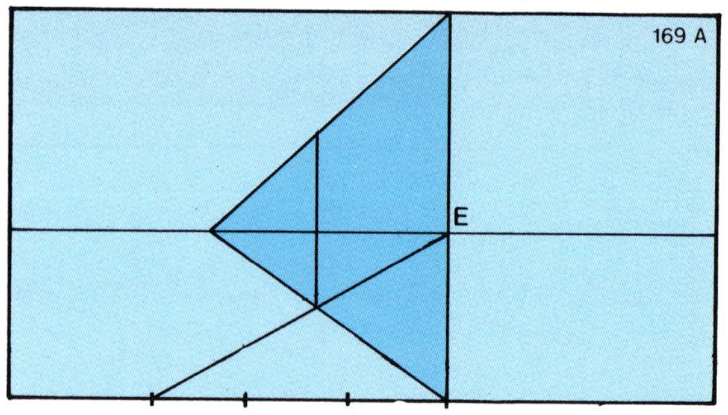

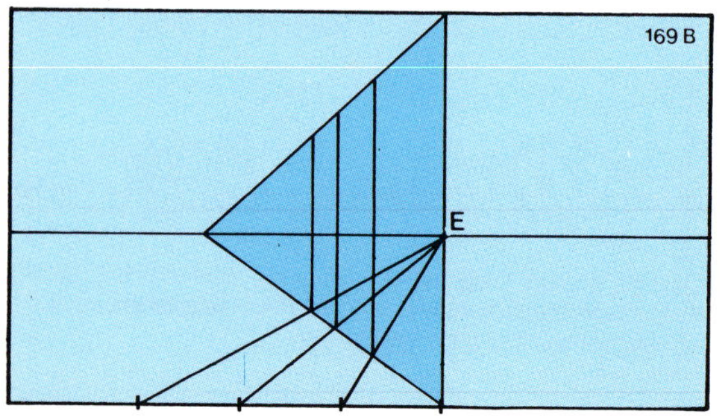

Abb. 168 bis 169: Hier das Verfahren zur perspektivischen Aufteilung einer vorgegebenen Fläche in eine vorgegebene Anzahl gleicher Abschnitte (Abb. 169 A und B). In unserem Fall handelt es sich um die rechte Wand des Königlichen Salons auf Abbildung 168.

Abb. 170: Auf den Schemazeichnungen A, B und C erkennen Sie, wie man einen Bodenbelag mit einem einzigen Fluchtpunkt in der Parallelperspektive zeichnet. Man beginnt mit einem Karo in der Perspektive.

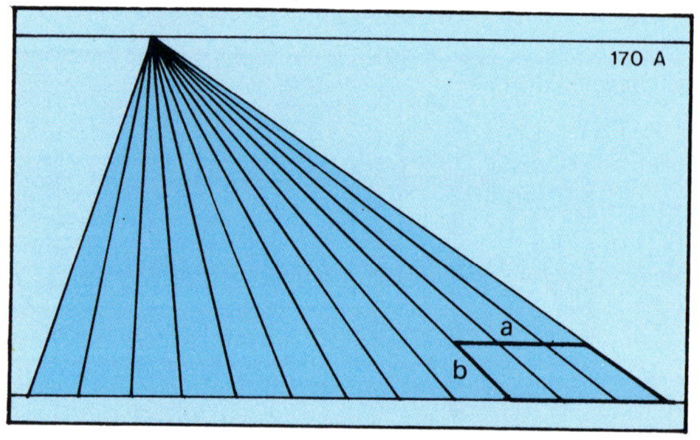

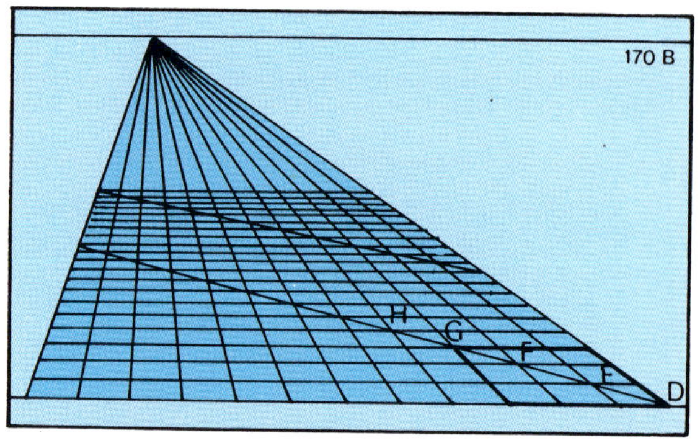

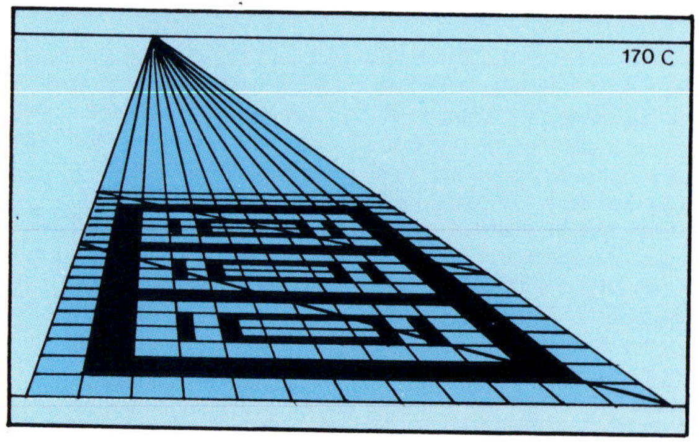

Hier drei Probleme der Schrägperspektive:

1. Das Auffinden des Zentrums eines Quadrates in der Schrägperspektive (Abb. 171).
2. Aufteilung einer vorgegebenen Fläche in der Schrägperspektive in gleiche Abschnitte (Abb. 172 A und B).
3. Zeichnen eines Mosaiks oder eines Bodenbelags in der Schrägperspektive (Abb. 173 A–F).

Ich rate Ihnen, diese Übungen in einem großen Format durchzuführen.

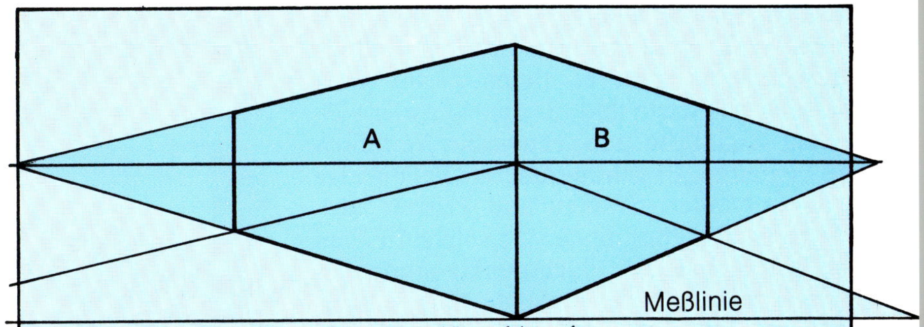

Abb. 172 A: Die Unterteilung einer gegebenen Fläche in gleiche Abschnitte in der Schrägperspektive erfolgt auf dieselbe Weise wie in der Parallelperspektive (Abb. 167).

Abb. 171: Um das perspektivische Zentrum eines Quadrates in der Schrägperspektive zu finden, ziehen Sie die beiden Diagonalen A und B. Das perspektivische Zentrum befindet sich im Schnittpunkt der beiden Linien.

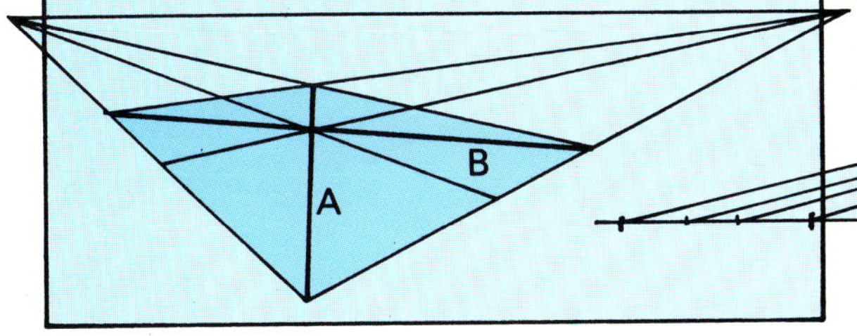

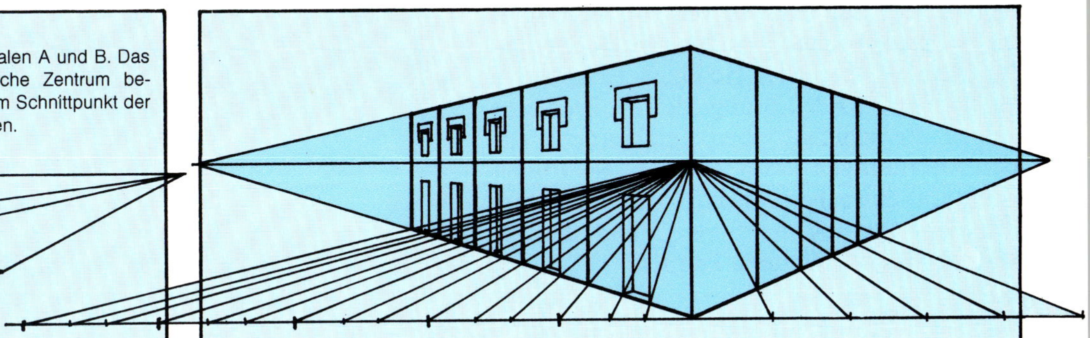
Abb. 172 B: Man tut jedoch so, als sei die Fläche A von der Fläche B getrennt und verfährt einzeln.

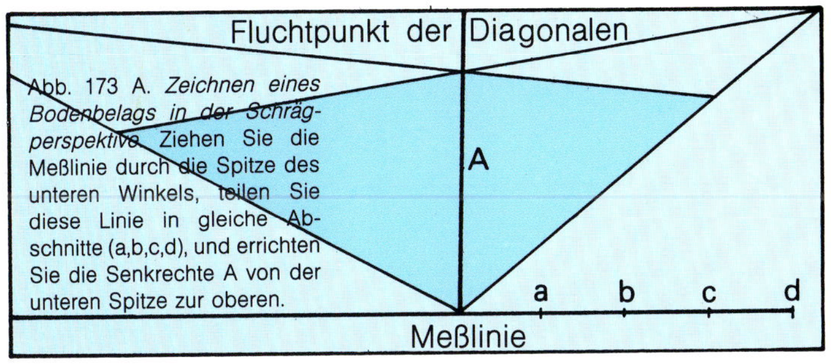

Abb. 173 A. *Zeichnen eines Bodenbelags in der Schrägperspektive.* Ziehen Sie die Meßlinie durch die Spitze des unteren Winkels, teilen Sie diese Linie in gleiche Abschnitte (a,b,c,d), und errichten Sie die Senkrechte A von der unteren Spitze zur oberen.

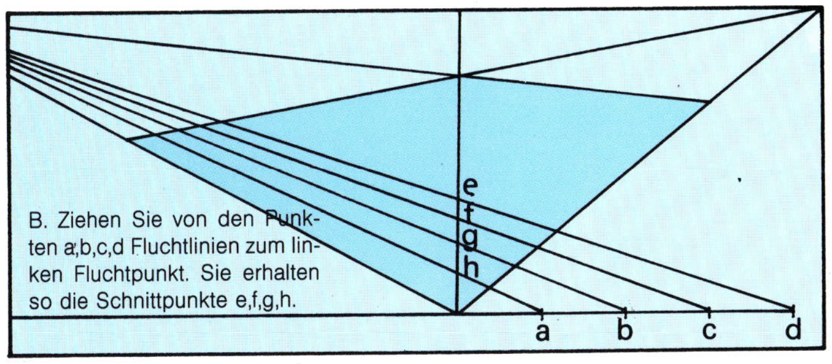

B. Ziehen Sie von den Punkten a,b,c,d Fluchtlinien zum linken Fluchtpunkt. Sie erhalten so die Schnittpunkte e,f,g,h.

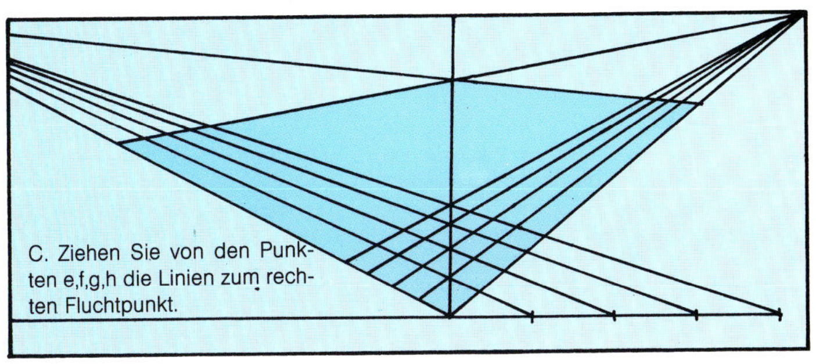
C. Ziehen Sie von den Punkten e,f,g,h die Linien zum rechten Fluchtpunkt.

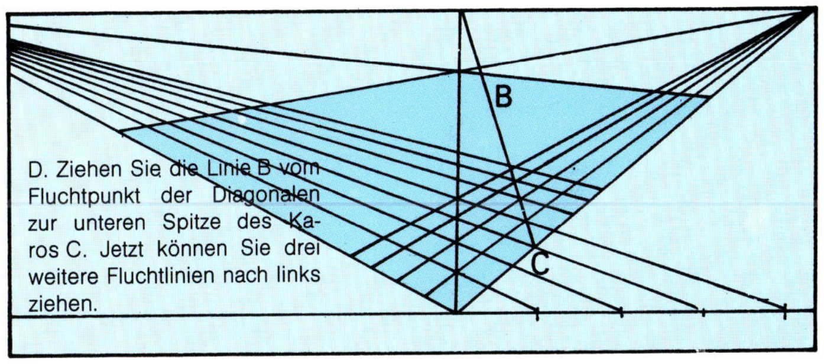

D. Ziehen Sie die Linie B vom Fluchtpunkt der Diagonalen zur unteren Spitze des Karos C. Jetzt können Sie drei weitere Fluchtlinien nach links ziehen.

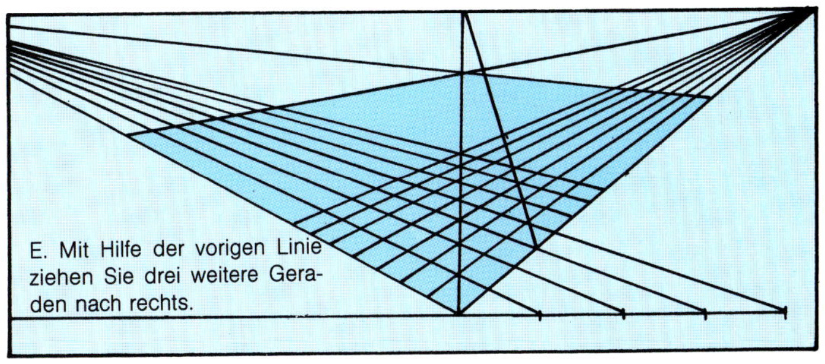
E. Mit Hilfe der vorigen Linie ziehen Sie drei weitere Geraden nach rechts.

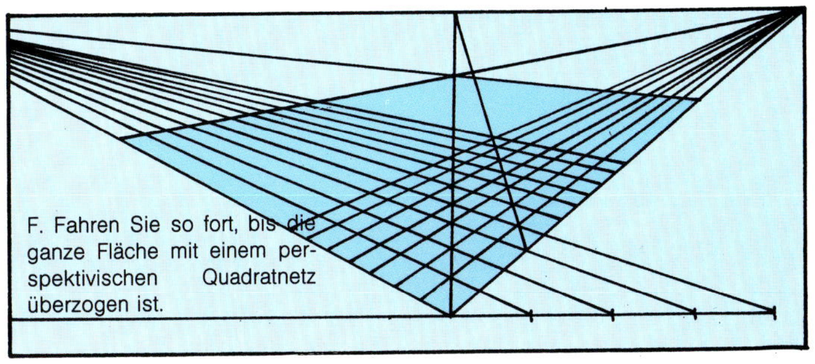
F. Fahren Sie so fort, bis die ganze Fläche mit einem perspektivischen Quadratnetz überzogen ist.

Perspektive ist notwendig

Haben Sie die Übungen zum Thema Perspektive auf den vorigen Seiten gründlich durchgeführt, fällt es Ihnen gewiß nicht schwer, das letzte und für den Künstler vielleicht wichtigste perspektivische Verfahren zu begreifen. Es geht darum, die Perspektive von Gebäuden, Straßen und Plätzen nach Augenmaß zu bestimmen. In solchen Fällen befinden sich die Fluchtpunkte normalerweise außerhalb des Rahmens, also außerhalb der Fläche, auf der der Künstler zeichnet oder malt. Was ist dann zu tun, damit die Fenster, die Türen, die Dächer und die Vorsprünge der Gebäude einer Straße oder eines Platzes, wie ich ihn hier gezeichnet habe (Abb. 174), in der richtigen Perspektive erscheinen? Die Lösung dieses Problems zeigen die schematischen Zeichnungen auf den Abbildungen 175 A, B und C. Sie finden dort ein einfaches, praktisches Verfahren, mit dem Sie aus der freien Hand das gewählte Modell zeichnen können.

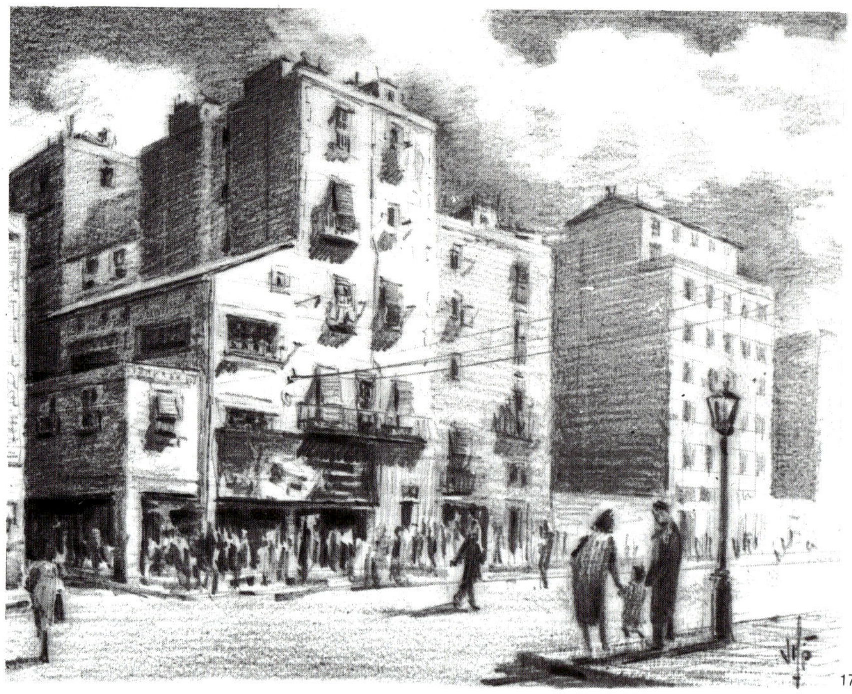

174

175

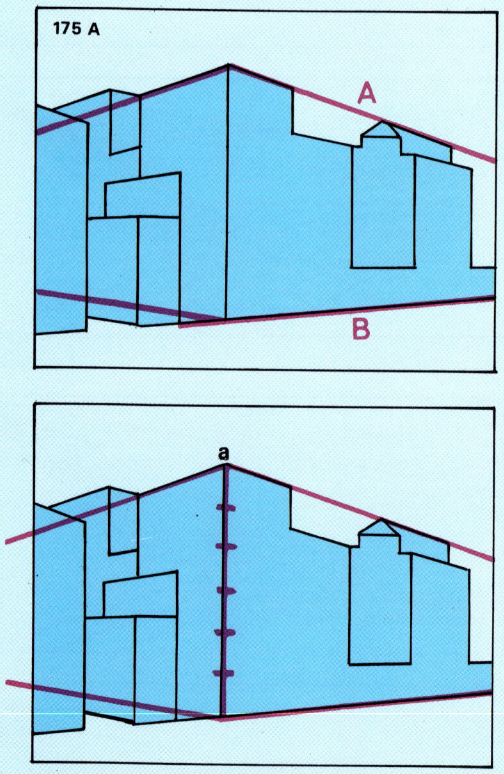

Abb. 174: Um ein Thema wie dieses zeichnen oder malen zu können, muß man dessen Perspektive nach Augenmaß berechnen. Man kann dazu jedoch ein einfaches Verfahren anwenden, mit dem sich alle Probleme grundsätzlich lösen lassen.

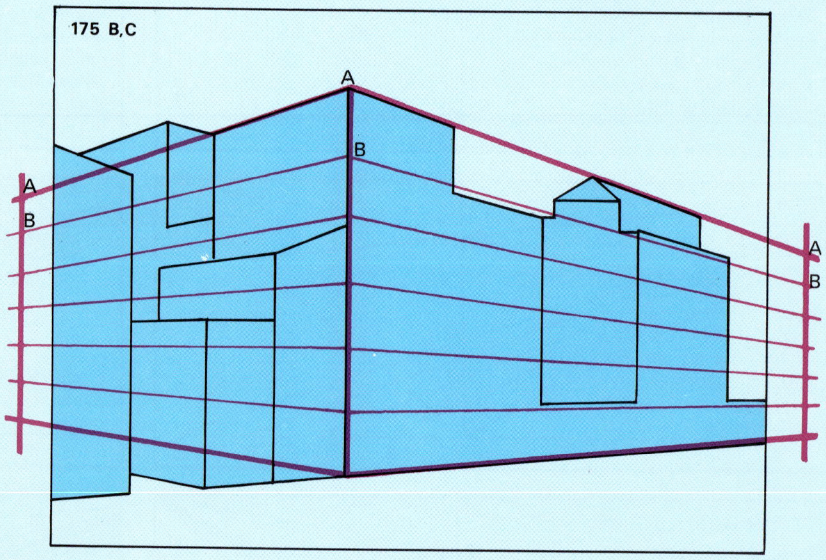

Abb. 175 A: Man umzeichnet das Modell mit großen Strichen und legt dabei besonderen Wert auf die Neigung der Linien, die zum Horizont flüchten (A und B). Anschließend zieht man die Senkrechte a, die der vorderen Kante entspricht. Dann unterteilt man die Senkrechte in gleiche Abschnitte – in diesem Beispiel in sechs.

B. Zeichnen Sie eine weitere Senkrechte auf der linken Seite außerhalb des Bildes und teilen Sie diese ebenfalls in sechs gleiche Abschnitte.

C. Zeichnen Sie eine zweite Senkrechte links außerhalb des Bildes und teilen Sie diese wiederum in sechs gleiche Abschnitte. Verbinden Sie nun die Punkte A, B etc. Auf diese Weise erhalten Sie ein Netz, mit dessen Hilfe sich alle Bestandteile des Modells einwandfrei in der Perspektive zeichnen lassen.

Tiefenwirkung, Atmosphäre und Kontraste

Neben der Perspektive muß der Kunstmaler die Tiefenwirkung bzw. Atmosphäre berücksichtigen. Der deutsche Philosoph Hegel sagt in seinem „Handbuch der Kunst" in diesem Zusammenhang, daß alle Gegensätze aufgrund der Atmosphäre, die sie umgibt, Farbveränderungen unterliegen. Die Stärke der Farben nimmt mit der Entfernung ab. Dadurch entsteht ebenfalls Tiefenwirkung. Leonardo da Vinci kommt in seinem „Traktat über die Malerei" zu derselben Schlußfolgerung. Er sagt:

„Der Vordergrund muß sauber und präzise ausgeführt werden. Der Mittelgrund soll ebenfalls ausgearbeitet sein, jedoch luftiger und fließender. Mit zunehmender Entfernung werden die Umrisse also weicher; die Formen und Farben treten nicht mehr so deutlich hervor."

Bei einer Landschaft mit Bergen im Hintergrund ist das Phänomen der dazwischenliegenden Atmosphäre leicht zu erkennen. Die nahesten Berge sind farblich viel intensiver als die entfernteren. Im Vordergrund herrschen gleichzeitig größere Tonwert- und Farbkontraste. Er ist erheblich besser zu erkennen als der Hintergrund.
Zusammenfassend ist also festzuhalten:

Kontraste und Deutlichkeit nehmen mit der dazwischenliegenden Atmosphäre ab.

Beim Malen mit Aquarellfarben erhält man diese unterschiedliche Kontrastwirkung, indem man die Umrisse des Hintergrunds verwischt. Man malt hier also auf angefeuchtetem Papier, während der Vordergrund in der Trockentechnik angelegt wird. Die Kontraste werden noch ausgeprägter, wenn die hellen Stellen des Vordergrunds innerhalb vergleichweise dunkler Töne angelegt werden. Erinnern Sie sich in diesem Zusammenhang an die klassische Regel der Simultankontraste:

Ein Weiß oder eine andere helle Farbe wirkt um so heller, je dunkler die sie umgebende Farbe ist.

Der Kontrast läßt sich ebenfalls durch die Nebeneinanderstellung von Komplementärfarben erreichen. Dieses Thema behandeln wir jedoch erst später.

Abb. 176: Sowohl in der Stadt als auch am Meer und auf dem Lande verwischt die Atmosphäre die Kontraste und verringert die Schärfe des Hintergrunds. Dieser wirkt nicht mehr so farbig und erscheint um so grauer, je entfernter er sich befindet.

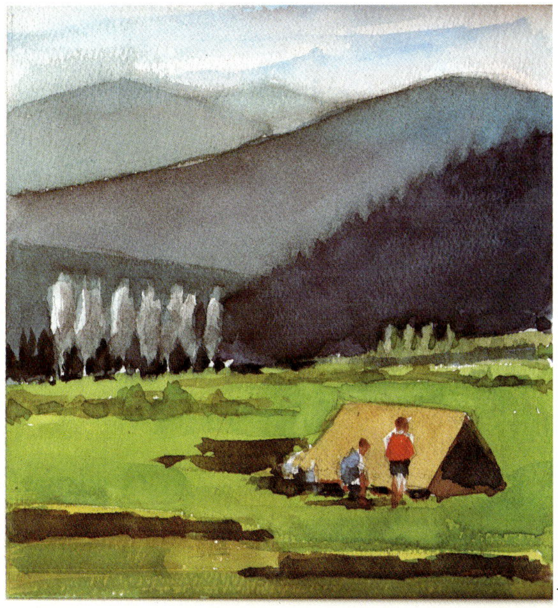

176

Abb. 177: Der Vordergrund ist gleichzeitig heller und dunkler. Das heißt, die Kontraste sind stärker und die Formen klarer. Auf der Abbildung ist deutlich zu erkennen, daß die Formen mit zunehmender Entfernung grauer und kontrastloser werden. Berücksichtigt man dies, erhält ein Bild mehr Tiefe.

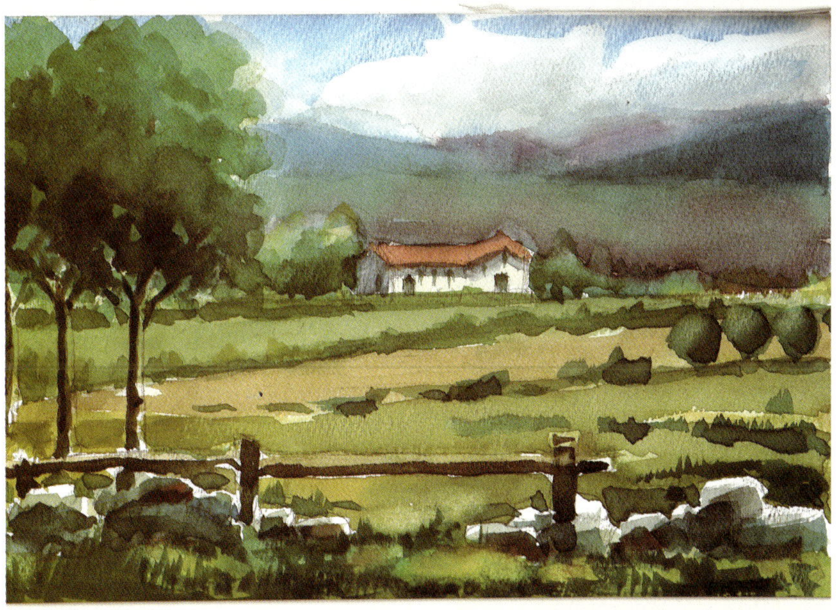

177

178 A

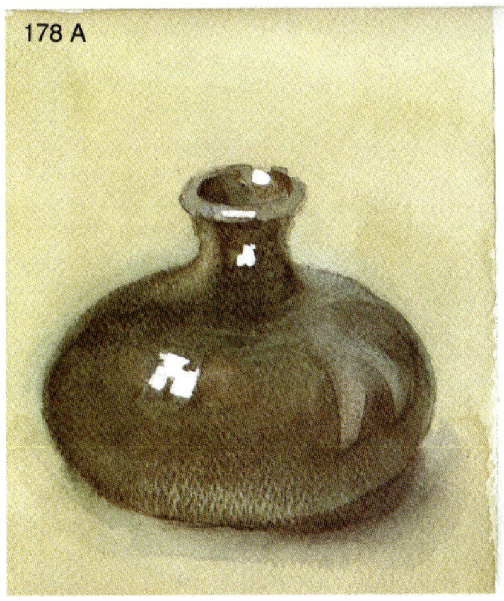

178 B

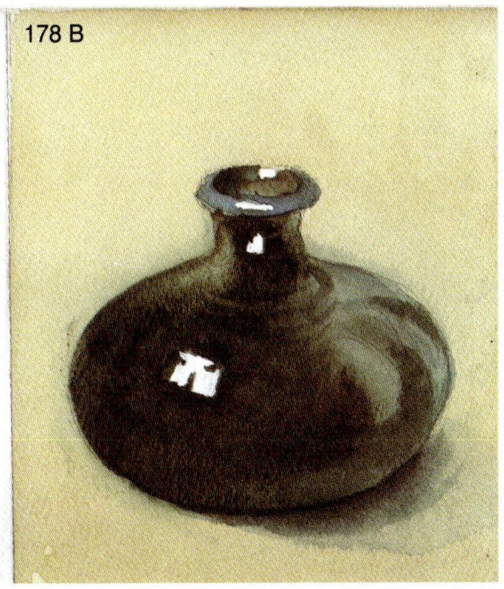

Abb. 178 A und B: Ein Weiß erscheint um so heller, je dunkler der umgebende Ton ist. Die Richtigkeit dieses Gesetzes der Simultankontraste ist an dem nebenstehenden Beispiel deutlich zu erkennen. Das Spitzlicht auf Abbildung B wirkt viel heller.

Platons Kompositionsregel

Ein Aquarellbild komponieren . . . Was bedeutet das Wort „Komposition“ in diesem Zusammenhang? Und vor allem: Wie komponiert man ein Aquarellbild?
Auf die erste Frage haben eine große Anzahl von Künstlern und Kunstexperten eine Antwort gegeben. In Matisse' Schriften findet sich zum Beispiel die folgende klare Definition: „Die Komposition ist die Kunst, die verschiedenen Elemente, die einem Künstler zum Ausdrücken seiner Gefühle zur Verfügung stehen, dekorativ zu verteilen.“ Peter und Linda Murray, die Autoren eines Lexikons der Künste und der Künstler, erklären den Begriff Komposition als einen Vorgang, bei dem man die Elemente eines Bildes so anordnet, daß man eine zufriedenstellende Gesamtansicht erhält. Soweit, so gut. Aber wie müssen die Elemente verteilt und angeordnet werden, um die Gefühle eines Künstlers auszudrücken und gleichzeitig ein zufriedenstellendes Ganzes abzugeben?
Zu diesem Thema haben Platon und Vitruv gewisse Regeln aufgestellt, an die wir uns halten können.
Platon, der große Philosoph des antiken Griechenlands, gab – wie es damals üblich war – seine Ratschläge auf Spaziergängen mit seinen Schülern weiter. Einer dieser Schüler fragte ihn eines Tages, wie man ein gutes Bild komponiere. Platons Antwort:

„Erkenne eine Einheit in der Vielfalt und stelle sie dar.“

Es geht also darum, die Vielfalt der Formen, der Farben, der Lage, der Maße und Proportionen der Elemente eines Bildes zu finden, damit das Werk Aufmerksamkeit auf sich zieht und das Interesse des Betrachters weckt. Es soll zum Hinschauen anregen und dem Betrachter Freude bereiten. Aber Vorsicht: Die Vielfalt kann das ursprüngliche Interesse auch zersprengen und verwirren. Dann ermüdet der Betrachter rasch und läßt von dem Bild ab. Die Vielfalt muß daher auf eine bestimmte Weise geordnet sein, damit eine Einheit entsteht. Einheit und Vielfalt müssen verbunden werden, denn wir benötigen

Einheit in der Vielfalt und Vielfalt in der Einheit.

Nachstehend einige Darstellungen zur Erklärung von Platons Regel.

179

180

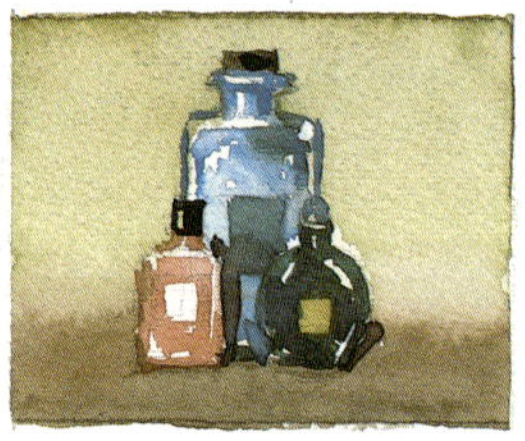

Abb. 179: Übermäßige Einheit. Die Farbe und die Form zeigen kaum Varianten. Die symmetrische Lage der Elemente ist zu statisch. Das Motiv weist eine übertriebene Einheit auf und damit einen Mangel an Vielfalt, der zu Langeweile führt und für den Betrachter uninteressant ist.

Abb. 180: Übermaß an Vielfalt. Hier hat man im Gegensatz zur vorigen Abbildung versucht, soviel Vielfalt in die Formen, Farben und Lage zu bringen, daß die notwendige Einheit verlorengeht. Eine solche Komposition kann ermüden und für den Betrachter ebenfalls uninteressant werden.

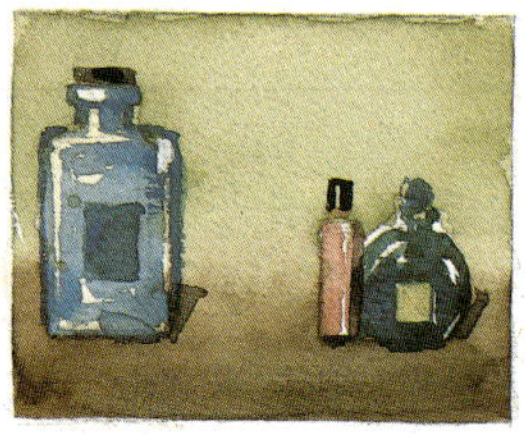

181

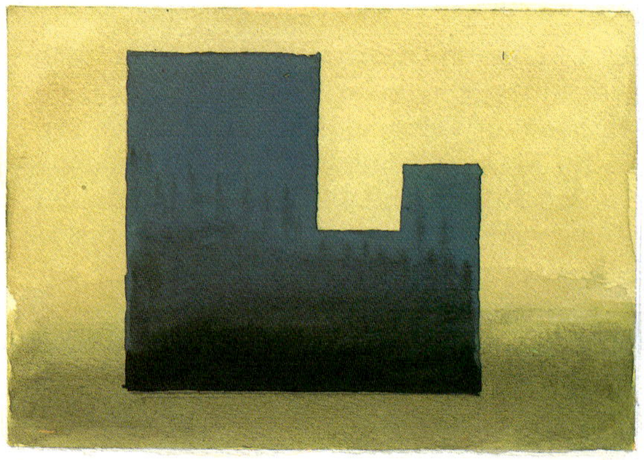

Abb. 181: Vielfalt in der Einheit. Jetzt weisen die Elemente des Bildes Vielfalt in den Formen, der Farbe und der Anordnung auf. Gleichzeitig herrschen eine Ordnung und eine Einheit, die ein zufriedenstellendes Gesamtbild ergeben.

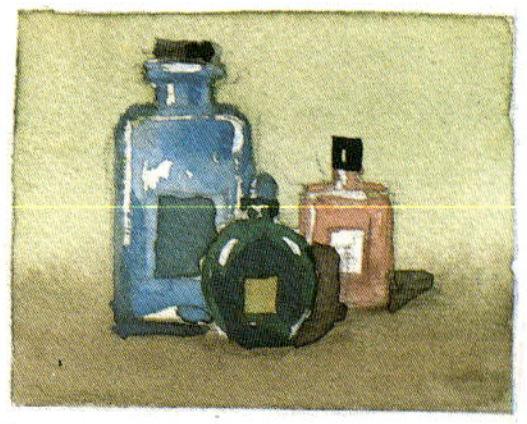

Die Regel des Goldenen Schnitts

Zu Zeiten des Kaisers Augustus im 1. Jahrhundert vor Christus untersuchte bereits der römische Architekt Vitruv die Anordnung der Formen und Flächen aus ästhetischer Sicht. Vitruv wollte die ideale Lage eines Punktes oder einer Teilungslinie innerhalb einer gegebenen Fläche herausfinden.
Stellen wir uns vor, wir müßten das Hauptelement eines Bildes auf einer gegebenen Fläche, nämlich unserem Malgrund, unterbringen. Legen wir dieses Element auf den Mittelpunkt, erhalten wir eine symmetrische Komposition, die für manche feierlichen, erhabenen oder religiösen Themen angezeigt sein mag. Ihr fehlt es jedoch an der notwendigen Vielfalt, die man bei einer modernen Komposition erwartet. Plazieren wir das Element an die eine oder andere Seite, könnte die Vielfalt übertrieben wirken.
Es stellt sich also die Frage: Wohin damit? Vitruv löste das Problem. Er stellte die Regel des goldenen Punktes, genannt die *Regel des Goldenen Schnitts,* auf:

Damit eine in unterschiedliche Abschnitte eingeteilte Fläche angenehm und ästhetisch wirkt, muß zwischen dem kleinsten und dem größten Abschnitt dasselbe Verhältnis bestehen wie zwischen dem größten Abschnitt und der Gesamtfläche.

Die Regel des Goldenen Schnitts

Nehmen wir einen Abschnitt, Gesamtlänge: 5 cm.

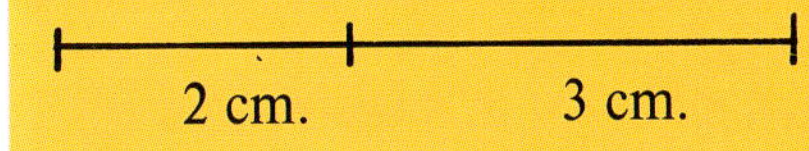

Teilen wir diese Länge in zwei Abschnitte von 2 cm und 3 cm, stellen wir fest, daß zwischen dem kleinen (2 cm) und dem großen Abschnitt (3 cm) entsprechend dem Gesetz von Vitruv dasselbe Verhältnis besteht wie zwischen dem großen Abschnitt (3 cm) und der Gesamtlänge (5 cm); denn 2/3 ≅ 3/5. Lösen Sie die beiden Brüche auf, erhalten Sie dasselbe Resultat, nämlich 1,618.

Der arithmetische Ausdruck des Goldenen Schnitts ist also 1,618.

In der Praxis brauchen Sie die Gesamtlänge Ihrer Fläche nur mit 0,618 zu multiplizieren. Dann erhalten Sie die Unterteilung entsprechend dem Goldenen Schnitt.

185

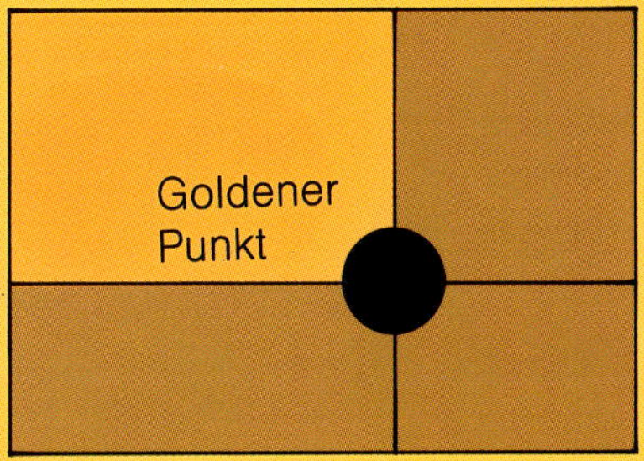

186

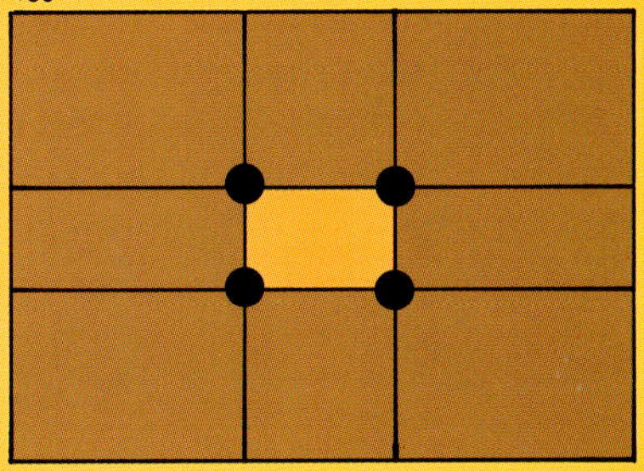

Abb. 185 und 186: Das Gesetz des Goldenen Schnitts läßt sich sowohl in der Höhe als auch in der Breite anwenden. Der Schnittpunkt der beiden Linien ergibt den Goldenen Punkt, der als idealer Ort für den Hauptbestandteil des Bildes betrachtet wird. Der Punkt kann an vier verschiedenen Stellen liegen.

182

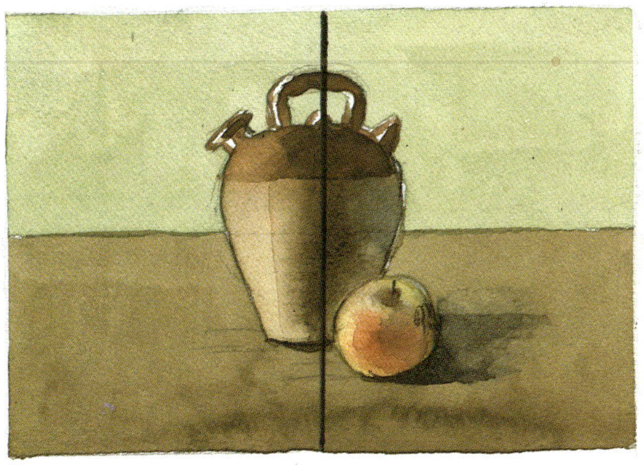

183

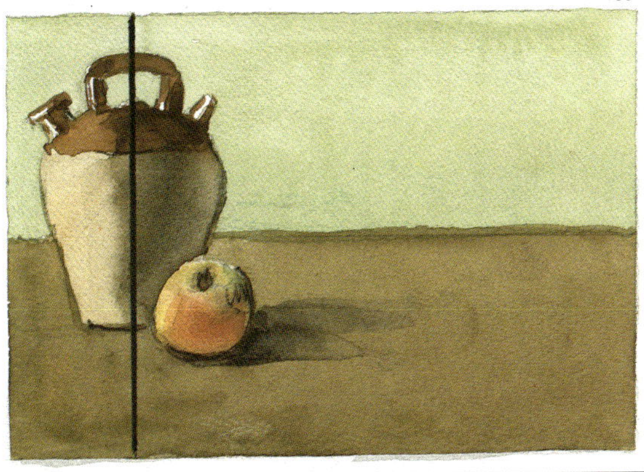

184

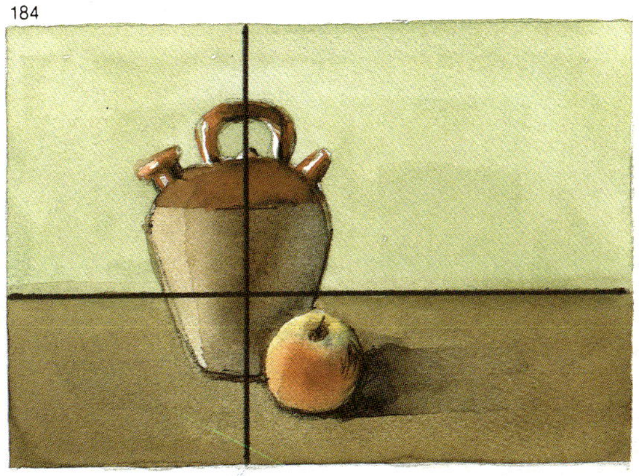

Abb. 182: Ermitteln wir das Zentrum des Bildes und legen das Hauptelement darauf, erhalten wir eine symmetrische Komposition, die wegen des Mangels an Vielfalt langweilig wirkt.

Abb. 183: Verlagern wir das Hauptelement des Bildes ganz auf die Seite, wird die Komposition asymmetrisch. Sie weist jetzt jedoch ein Übermaß an Vielfalt auf. Das geht zu Lasten der ästhetischen Wirkung des Bildes.

Abb. 184: Wenden wir die Regel des Goldenen Schnitts an, erhalten wir den Goldenen Punkt. Er hilft uns, den Hauptbestandteil des Bildes auf die beste Stelle zu legen. Gleichzeitig finden wir heraus, wo die Begrenzung des Hintergrunds (a) liegen muß, nämlich auf der Linie des Goldenen Schnitts, die das Bild in der Höhe unterteilt.

Kompositionsformen

Hier ein weiteres Verfahren, nach dem Sie ein Bild komponieren können. Es handelt sich um die geometrischen Kompositionsformen.

Diese einfache, wissenschaftlich erprobte und ungeheuer praktische Methode wurde von dem deutschen Philosophen Gustav Theodor Fechner eingeführt. Fechner untersuchte zum erstenmal die Zusammenhänge zwischen den physischen und den psychischen Gegebenheiten einer Form. Es gelang ihm, mit Hilfe von Umfragen und Statistiken nachzuweisen, daß die meisten Menschen bei einer Auswahl zwischen natürlichen, abstrakten und geometrischen Formen letztere bevorzugen, weil sie schlicht und einfach sind. Der Kunstexperte C. R. Hass geht davon aus, daß die außergewöhnliche Faszination geometrischer Formen vom Prinzip des Hedonismus abzuleiten ist: „Ein Maximum an Wirkung mit einem Minimum an Anstrengung", das sich ja sowohl auf die körperliche als auch auf die nervliche und geistige Anstrengung bezieht.

Es sei jedoch darauf hingewiesen, daß geometrische Formen bereits seit Jahrhunderten in der künstlerischen Komposition verwendet werden. Am Anfang stand das dreieckige Schema – das vor allem von Rembrandt verwendet wurde und mit der asymmetrischen Komposition in Verbindung steht.

Sobald Sie ein Thema gewählt und seinen Ausschnitt bestimmt haben, sollten Sie dafür eine Anlage finden, die einem bestimmten geometrischen Schema entspricht. Auf diese Weise können Sie sichergehen, daß Sie eine „zufriedenstellende Gesamtansicht" erhalten.

Auf dieser Seite finden Sie einige Beispiele für geometrische Kompositionsformen und ihre Anwendung in Aquarellbildern.

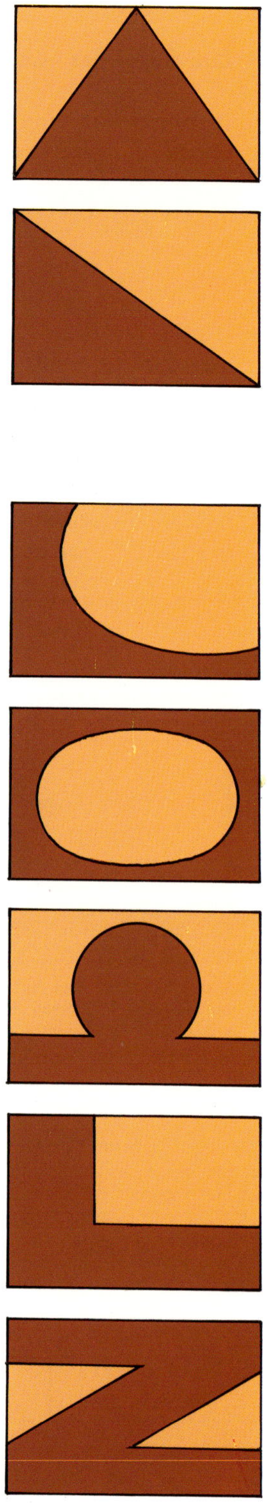

187
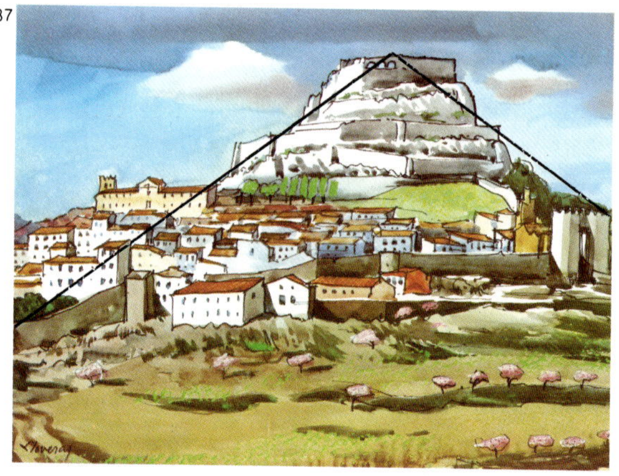

188
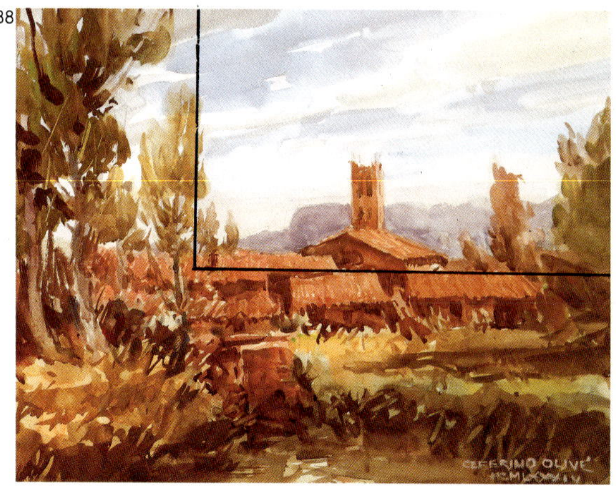

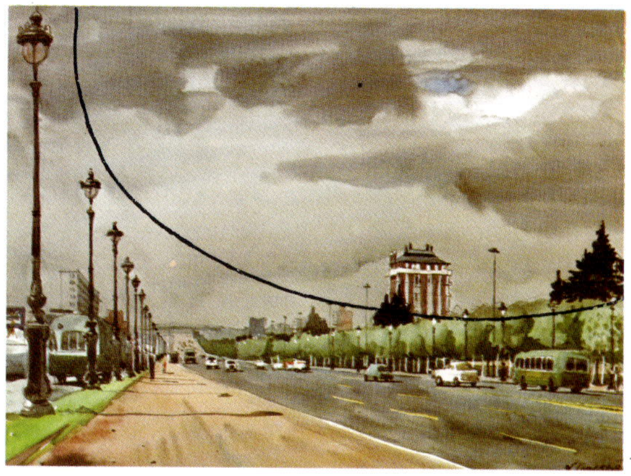
189

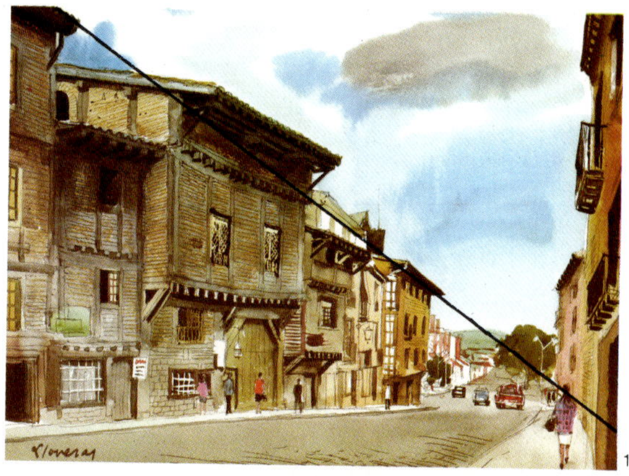
190

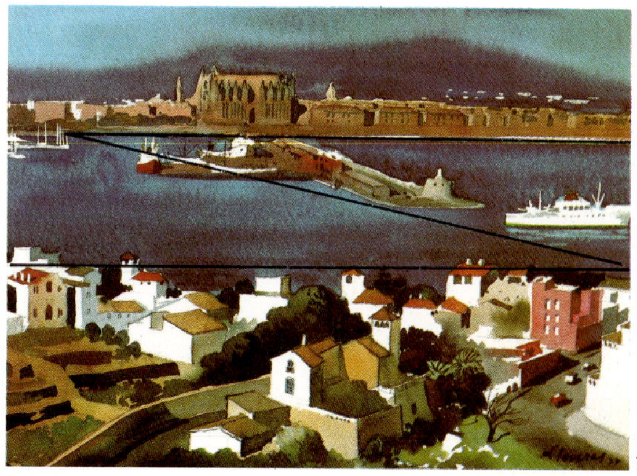
191

Abb. 187 bis 191: Hier sehen Sie einige Aquarelle, deren Komposition auf gewissen geometrischen Schemata beruht. Diese sind oben abgebildet.

Die dritte Dimension

Ein wichtiger Faktor in der Kunst der Komposition ist die Wiedergabe der dritten Dimension oder, was auf dasselbe hinausläuft, der Tiefenwirkung, durch die Vorder-, Mittel- und Hintergrund entstehen.
Hier die Verfahren, mit deren Hilfe der Künstler diese dritte Dimension einbringen kann.
A. Einfügung eines hervorgehobenen Vordergrunds: Stellt man eine Baumgruppe, einen Bretterzaun oder einen anderen Körper in den Vordergrund, dessen Größe und Proportionen allgemein bekannt sind, vergleicht der Betrachter diese Maße instinktiv mit denen des Mittel- und Hintergrundes und stellt damit einen Abstand zu den unterschiedlichen Ebenen her.
B. Überlagerung von Ebenen: Sehen wir im Vordergrund eines Landschaftsbildes Bäume oder Büsche, Felsen oder eine Palisade, dahinter geduckt die Häuser eines kleinen Dorfes und im Hintergrund erhöht ein Gebäude – eine Kirche u. a. –, haben wir ein Bild mit dem Kompositionsschema sich überlagernder Ebenen vor uns. Auch hier wird die dritte Dimension dargestellt und sogar betont.
C. Die perspektivische Wirkung: Die dritte Dimension tritt in allen Themen mit einer perspektivischen Wirkung in Erscheinung. Dazu gehören Straßen, Plätze, Gebäude, Wege, Baumreihen etc. Der Standpunkt und damit der Bildausschnitt muß sorgfältig gewählt werden, damit eine gute Tiefenwirkung entsteht.
D. Verstärkung der Kontraste und der dazwischenliegenden Atmosphäre: Sie kennen diese beiden Begriffe und wissen, daß beide in unmittelbarem Zusammenhang mit den unterschiedlichen Ebenen des Bildes, dem Gefühl der Weite und der Tiefenwirkung zu sehen sind. Dieses Verfahren sollte man beim Malen sooft wie möglich verwenden.
E. „Heranholende“ und „abstoßende“ Farben: Es ist bekannt, daß die warmen Farben die Formen heranholen, während kalte Farben sie abstoßen. Malen Sie einen mittelblauen Fleck neben einen gelben Fleck, stellen sie fest, daß sich das Gelb nähert und in den Vordergrund schiebt, während das Blau sich entfernt und auf einer hinteren Ebene zu liegen scheint.

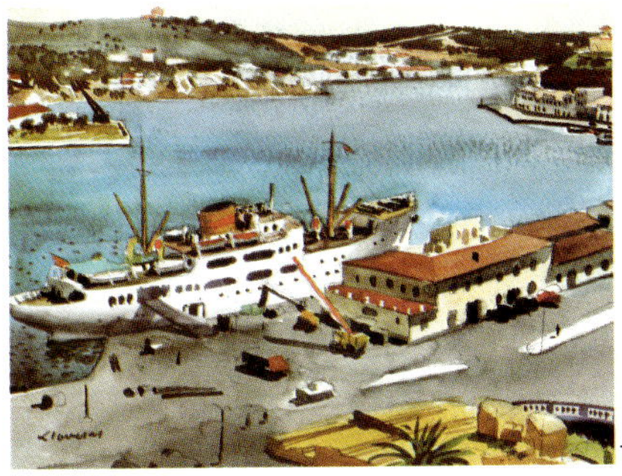
192

Abb. 192: Führt man einen Gegenstand im Vordergrund ein, dessen Maße und Proportionen allgemein bekannt sind – wie Buschwerk oder Bäume –, erzeugt man automatisch ein Gefühl der Entfernung vom Vordergrund zu den weiteren Ebenen.

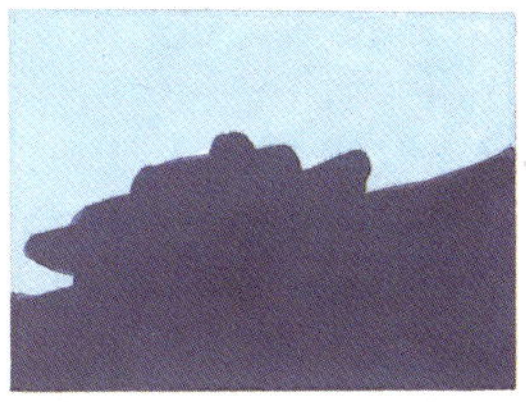

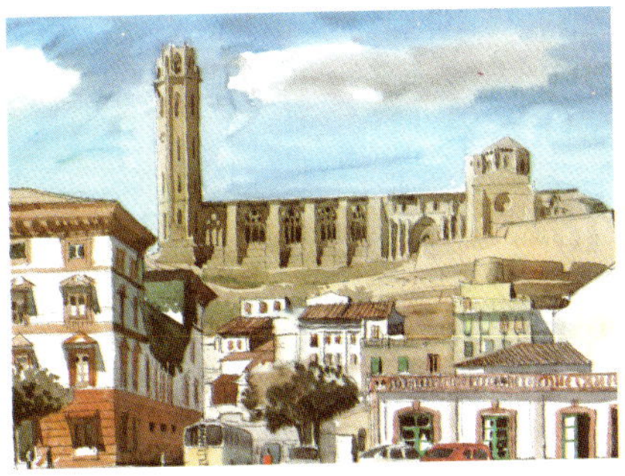
193

Abb. 193: Tiefenwirkung läßt sich in Landschaftsbildern wie diesem auch durch Überlagerung aufeinanderfolgender Ebenen erzeugen. Das erleichtert die Darstellung der dritten Dimension.

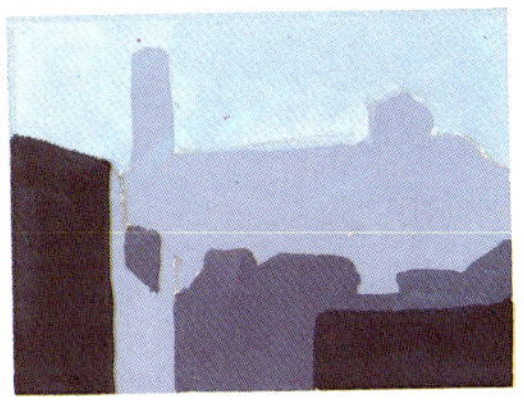

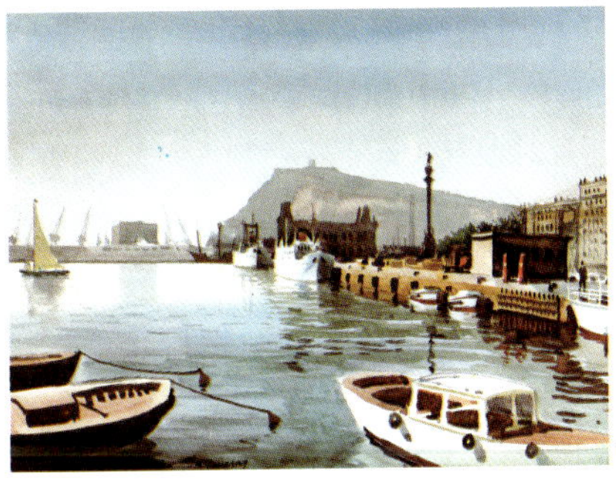
194

Abb. 194: Jede perspektivische Wirkung einer Straße, eines Gebäudes, eines Weges mit Baumreihen etc. verleiht dem Bild eine dritte Dimension und damit Tiefe.

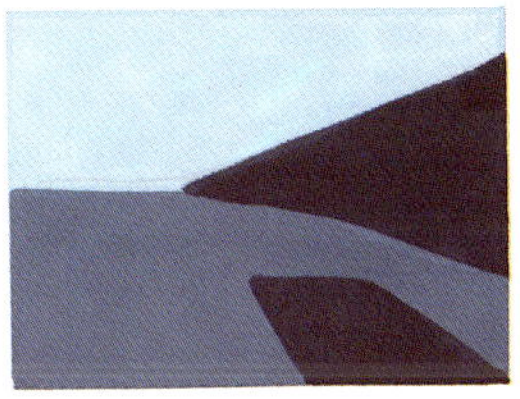

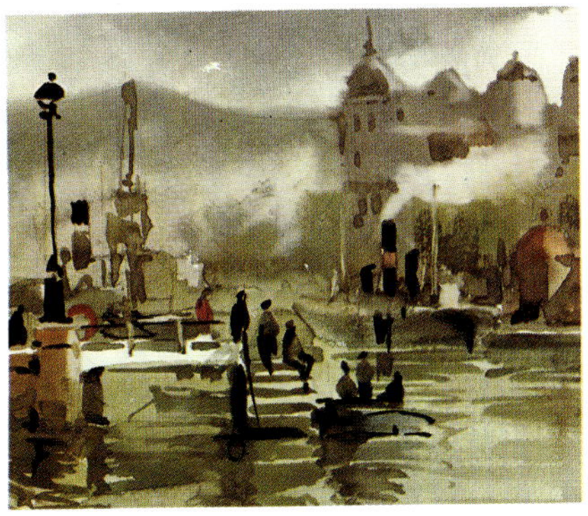
195

Abb. 195: In Themen wie diesem, das um acht Uhr morgens bei Sonnenaufgang gemalt wurde, als der vergoldete Nebel den Mittel- und Hintergrund noch verbarg, erzeugt man Atmosphäre und Tiefe.

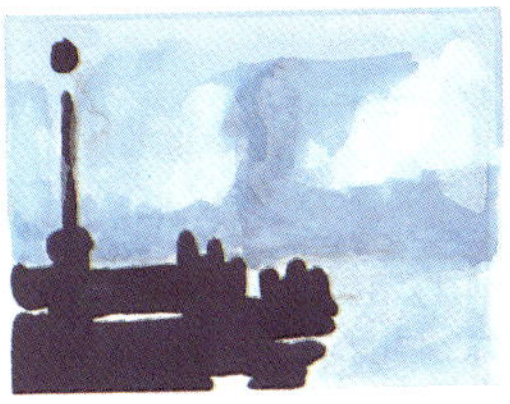

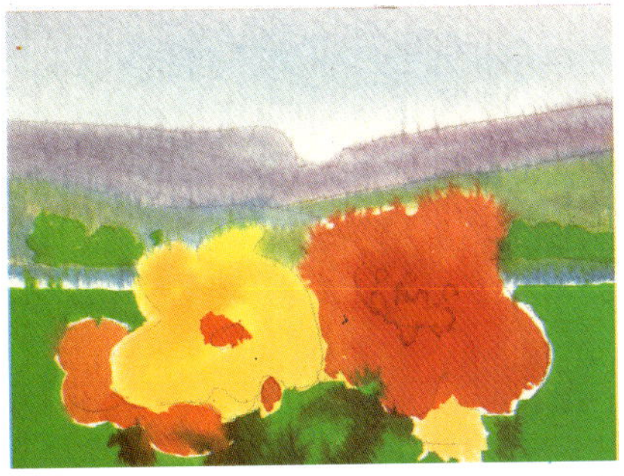
196

Abb. 196: Legen Sie „heranholende“ Farben in den Vordergrund, zum Beispiel Gelb und Orange, und benutzen Sie abweisende Farben wie Grün und Blau für den Hintergrund, erhalten Sie ebenfalls eine dritte Dimension.

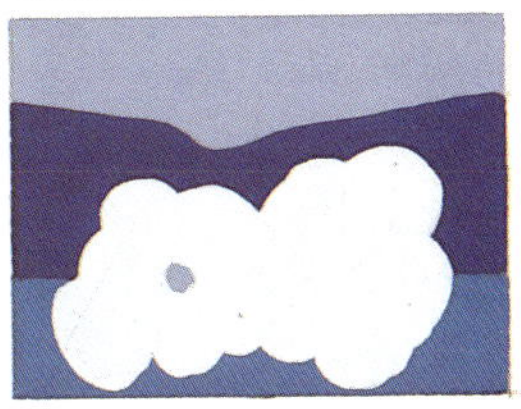

Die Komposition in der Praxis

Erinnern Sie sich angesichts eines Modells immer der folgenden Ratschläge, wenn Ihnen ein Aquarell gelingen soll:
1. Nähern Sie sich dem Motiv so weit, bis Sie ein Interessenzentrum gefunden haben, das den Inhalt des Bildes ausdrückt. Malen Sie keine weiten, leeren Ebenen. Damit verringern Sie die Bedeutung der Elemente, die eigentlich das Motiv Ihres Bildes darstellen sollen. Nähern Sie sich daher ohne Sorge.
2. Benutzen Sie einen Papprahmen, um – wie Abbildung 198 zeigt – den geeignetsten Ausschnitt und die beste Komposition zu bestimmen.

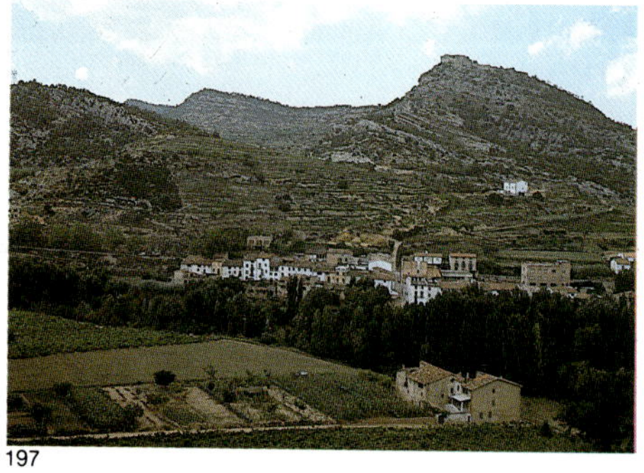
197

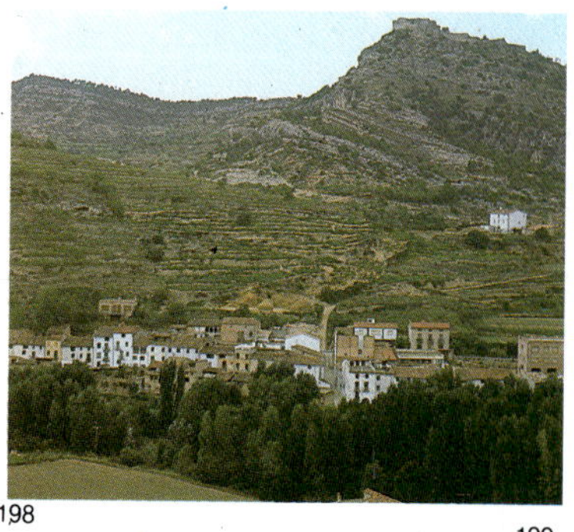
198

199
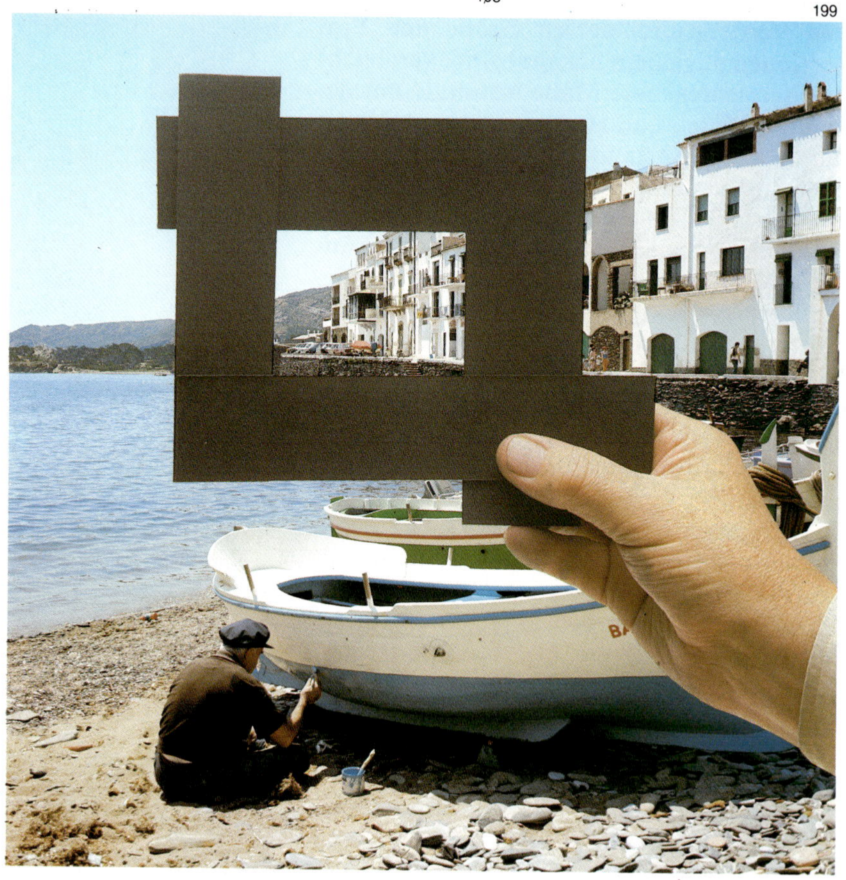

Abb. 197 und 198: Ein verbreiteter Fehler des unerfahrenen Hobbymalers besteht darin, daß er sich zu weit vom Hauptbestandteil des Bildes entfernt. Dadurch verliert es das Interessenzentrum.

Abb. 199: Basteln Sie einen Rahmen aus schwarzer Pappe. Er hilft Ihnen bei der Wahl des Bildausschnitts vor dem Malen. Machen Sie eine Vorstudie in Form einer raschen Bleistift- oder Aquarellskizze. Dann können Sie den Ausschnitt und die Komposition besser beurteilen.

Abb. 200 und 201: Schöpfen Sie vor Beginn des Malens alle Möglichkeiten des Bildausschnitts und des Standortes aus. Beide Faktoren sind für die Komposition von entscheidender Bedeutung.

200
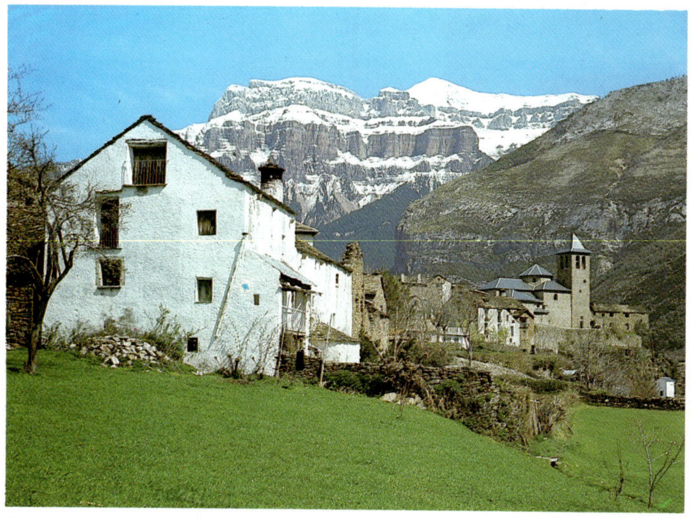

201
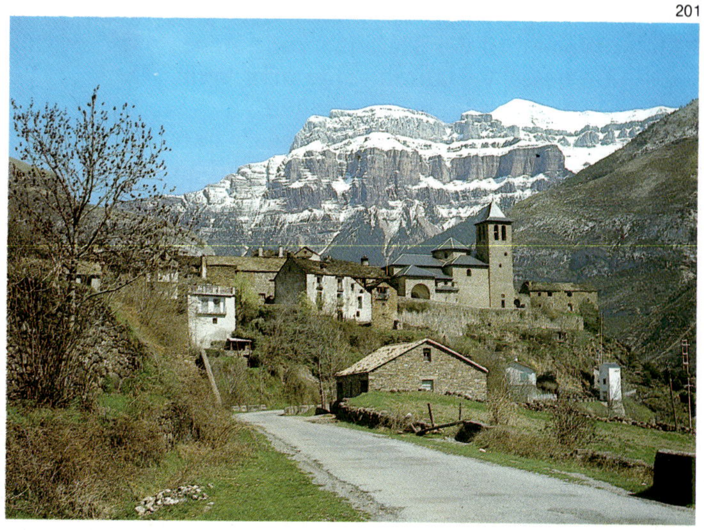

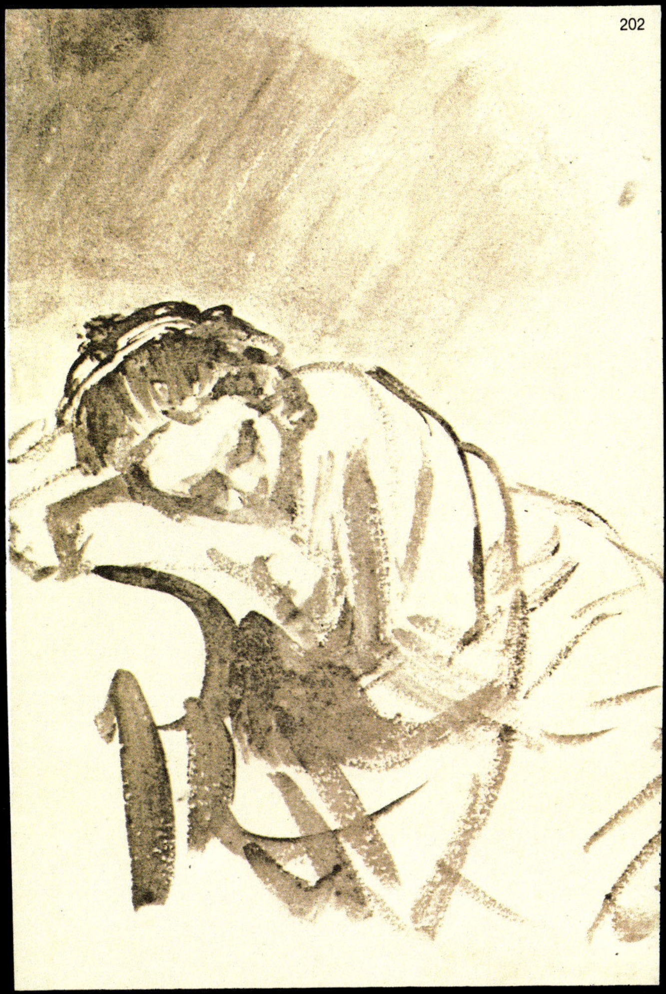

Die Lavierung, eine Vorstufe des Aquarells

„Malen heißt, eine Zeichnung mit Leben zu erfüllen und die Form entstehen zu lassen."
André Lothe (1885–1962)

Merkmale und Übereinstimmungen

Malen lernen ist immer schwierig. Die Aquarellmalerei zu erlernen, ist noch schwieriger. Wie bei jeder bildnerischen Kunst muß man dazu sehr gut zeichnen können. Außerdem benötigt man ausgezeichnete Kenntnisse über die Farben, genauer gesagt, die Zusammensetzung und die Mischung der Farben. Bei der Aquarellmalerei kommt noch das Handwerkliche hinzu, so wenig es auch ist. „Teile und siege", sagt ein Sprichwort. In unserem Fall geht es darum, die drei Schwierigkeiten einzeln zu betrachten und sie im Grunde auf zwei zu reduzieren: das Zeichnen und das Handwerkliche. Beide Schwierigkeiten können wir lösen, ohne vorerst die Problematik der Farben mit einzubeziehen. Dazu befassen wir uns mit der Lavierung, der Vorstufe des Aquarells.
Die Beispiele, die wir auf dieser Seite aufführen, stammen von Nicolas Poussin und John Constable. Sie sind mit zwei Farben, mit Siena und Schwarz (oder Paynesgrau), hergestellt worden. Wir wollen die Merkmale einer Lavierung und ihre Ähnlichkeit mit einem Aquarell anhand dieser Bilder untersuchen: Beide Landschaften sind transparent. Es wurde kein Deckweiß verwendet. Die weißen Flächen entstehen durch das Weiß des Papiers, das ausgespart wurde. Dunkle Schichten überlagern helle Farben. Auch dies ist ein Merkmal des Aquarells.
Die Übereinstimmung ist in der Tat vollkommen. Die Lavierung wird wie ein Aquarell hergestellt. Der Unterschied liegt in der monochromen Farbskala.
Es ist daher nur sinnvoll, wenn wir mit einigen Übungen in der Laviertechnik beginnen. Führen wir sie mit fröhlichen Farben wie Rot, Blau und Gelb durch!

Benötigtes Material:

Aquarellpapier (guter Qualität)
Aquarellfarben
2 Rotmarderpinsel Nr. 8 und 12
1 kleiner Naturschwamm
1 Rolle Saugpapier
2 Wassergefäße
1 Näpfchen zum Verdünnen der Farben
1 Bleistift, 1 Radiergummi etc.

203

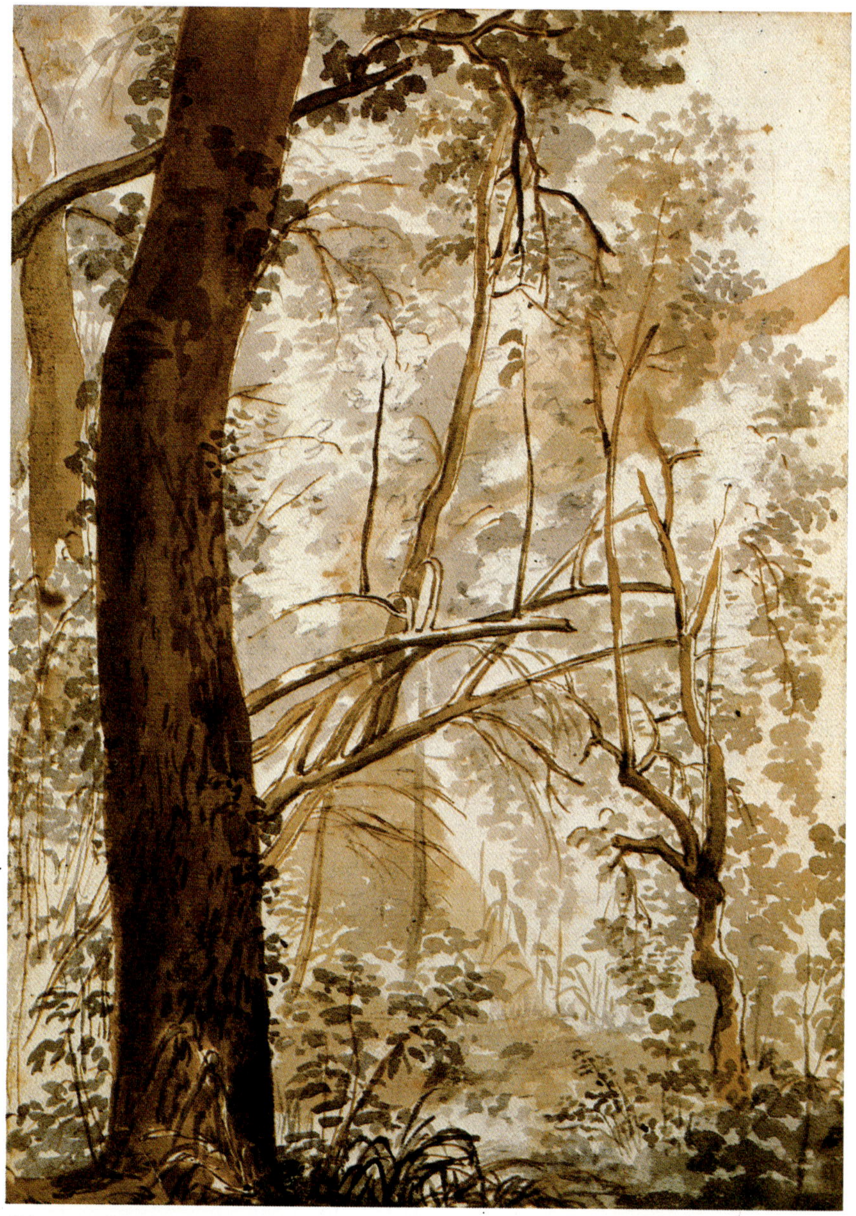

204

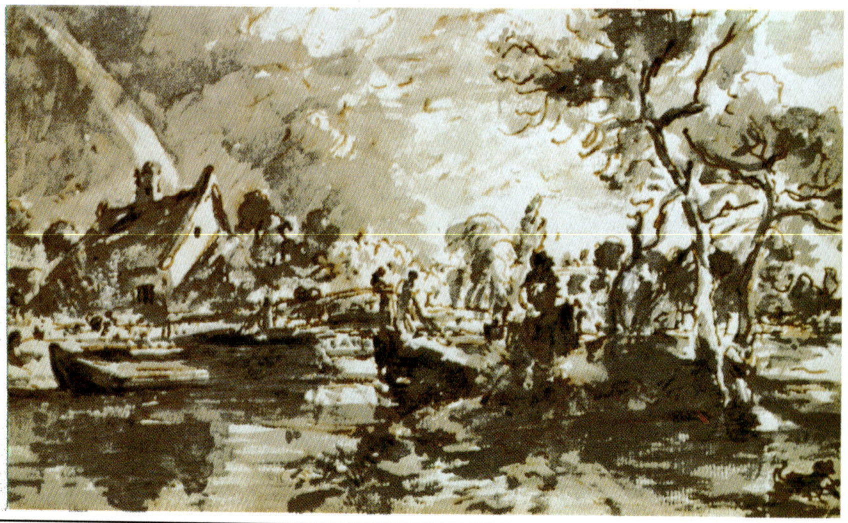

Abb. 203: Nicolas Poussin, *Szene im Wald,* Albertina, Wien.

Abb. 204: John Constable, *Der alte Hafen von Flat Ford,* Victoria and Albert Museum, London.

Erste praktische Übungen

Lavierungen in mittleren Tönen in der Trockentechnik

Abb. 205: (Malen Sie mit einem leicht geneigten Zeichenbrett): Zeichnen Sie mit dem Bleistift ein Quadrat von ca. 15 × 15 cm. Halten Sie ein Extrablatt Aquarellpapier für Versuche zur Hand. Bereiten Sie in einer Tasse oder einem Fach des Malkastens eine Farbe-Wasser-Mischung mittlerer Stärke aus Kobaltblau vor. Versuchen Sie, einen Ton ähnlich dem nebenstehenden zu erzielen. Füllen Sie den Pinsel ausreichend mit Farbe, und beginnen Sie, an der oberen Kante des Quadrats mit einem zwei bis drei Zentimeter breiten Streifen von links nach rechts.

Malen Sie waagerecht von einem Rand zum anderen. Arbeiten Sie mit einem Pinsel Nr. 12. Achten Sie auf die richtige Farbmenge. Es muß sich während des Malens eine gewisse Menge der Farbe-Wasser-Mischung ansammeln. Die Tropfen dürfen aber nicht zu laufen beginnen.

Abb. 206: Fahren Sie fort: halten Sie das Aquarell feucht und arbeiten Sie rasch. Ziehen Sie die Farbe aus, diesmal jedoch im senkrechten Sinne. Am unteren Rand muß sich immer genügend Farbe befinden. Um die Ansammlung der Flüssigkeit unter Kontrolle zu halten und zu verhindern, daß sie verläuft, können Sie das Zeichenbrett mehr oder weniger stark neigen. Malen Sie jetzt senkrecht von oben nach unten. Achten Sie darauf, daß der Pinsel stets gut gefüllt ist, damit Sie feucht arbeiten können.

Abb. 207: Wenn Sie den unteren Rand des Quadrats erreichen, wird noch eine gewisse Flüssigkeitsansammlung übrigbleiben. Drücken Sie rasch den Pinsel mit Zellstoffpapier aus, und saugen Sie die Farbe ab, bis Sie auf der gesamten Fläche einen gleichförmigen Ton erzielt haben.

Die Harmonie und die Gleichförmigkeit der Farbe einer Lavierung mittleren Tons in der Trockentechnik hängt wesentlich ab von 1. der Papierqualität, 2. der Neigung des Zeichenbretts, 3. dem Pinsel und seiner Füllung. Retuschen und Verbesserungen sind nicht möglich.

205

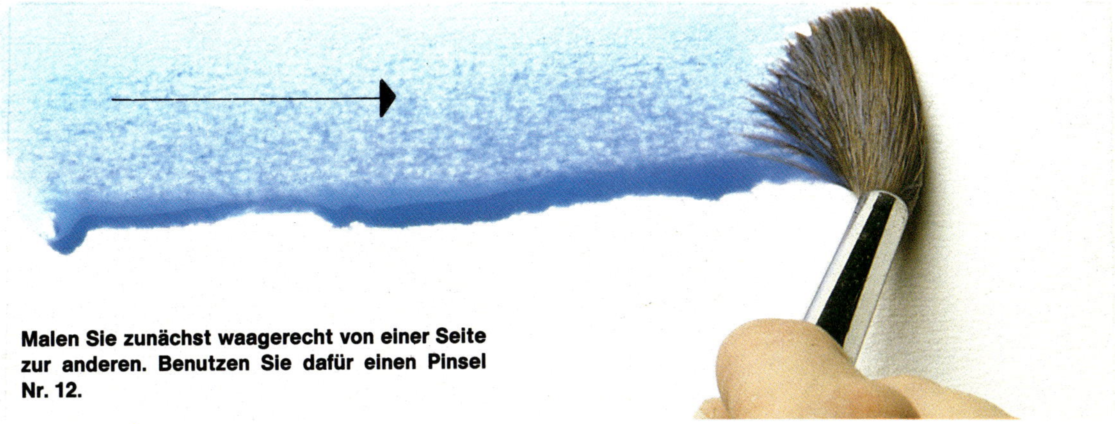

Malen Sie zunächst waagerecht von einer Seite zur anderen. Benutzen Sie dafür einen Pinsel Nr. 12.

206

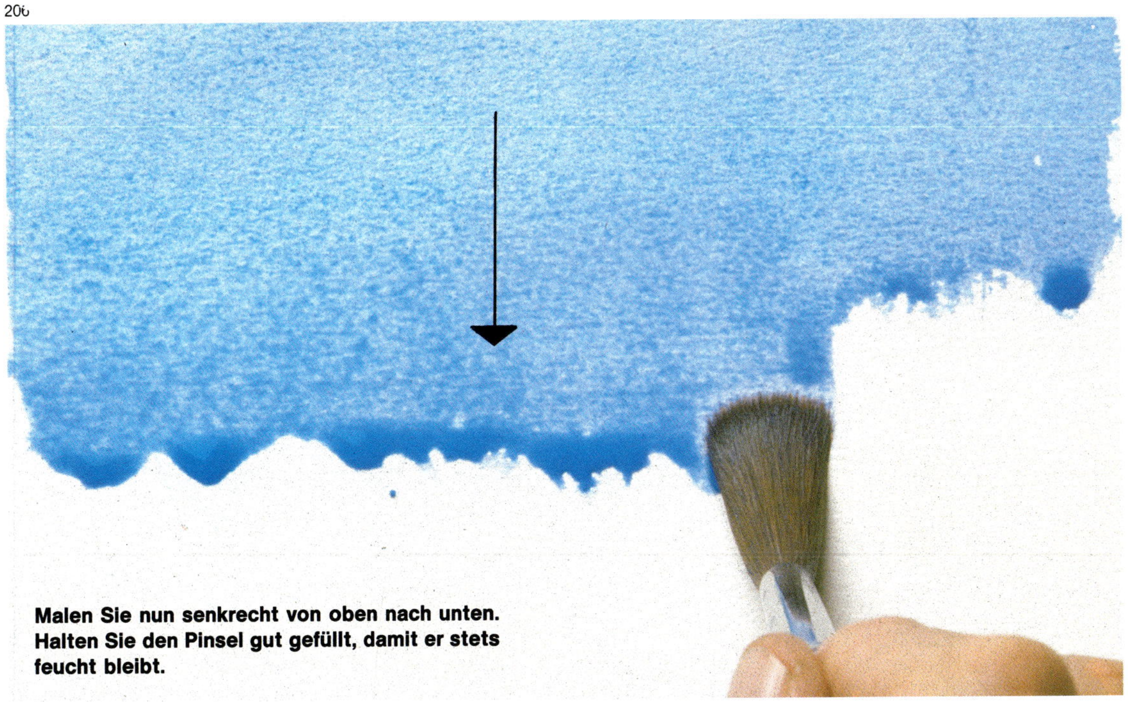

Malen Sie nun senkrecht von oben nach unten. Halten Sie den Pinsel gut gefüllt, damit er stets feucht bleibt.

207

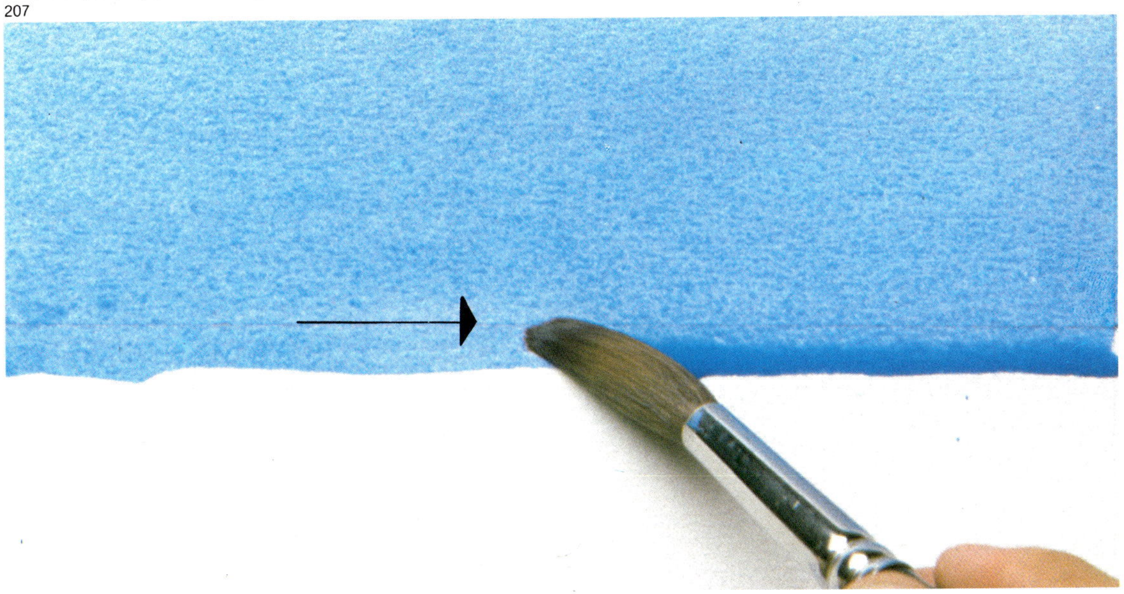

Erste praktische Übungen

Lavierungen in unterschiedlichen Tönen in der Trockentechnik

Abb. 208 bis 211: Wie Sie sehen, geht es bei dieser Übung darum, mit einer Farbe-Wasser-Mischung aus Karmin vier verschiedene, immer heller werdende Töne zu malen.
Zeichnen Sie zunächst vier Rechtecke von 1,4 × 5 cm. Benutzen Sie Krappkarmin dunkel und halten Sie ein Extrablatt für Versuche zur Hand. Beginnen Sie mit der dunkelsten Farbe. Füllen Sie den Pinsel dazu mit einer kräftigen, aber nicht undurchsichtigen Farbe. Halten Sie sich bei dieser Farbe und den folgenden an die Hinweise auf der vorigen Seite. Es handelt sich um dasselbe Verfahren. Jetzt besteht die Schwierigkeit jedoch nicht nur darin, eine gleichmäßige Lavierung zu erhalten, sondern auch eine immer heller werdende Farbskala zu bekommen. Dazu ist es notwendig, in jedem Einzelfall vorab einen Farb- oder genauer gesagt einen Tonwertversuch zu machen. Achten Sie auf die Farbmenge, die für jeden Ton notwendig ist, und denken Sie daran, daß zuviel besser ist als zu wenig.

208

209

210

211

Abstufung in der Trockentechnik

Abb. 212: Zeichnen Sie zunächst einen Rahmen von 15 × 15 cm. Beginnen Sie, eine Abstufung mit Kadmiumrot oder Zinnoberrot in den Rahmen zu malen. Halten Sie dabei ein Versuchsblatt zur Hand und vergessen Sie nicht, daß die Qualität einer Abstufung größtenteils von der Wassermenge abhängig ist, die sich zu Beginn des Malens im Pinsel befindet. Nun an die Arbeit! Malen Sie einen gutgesättigten Farbstreifen an den oberen Rand des Quadrats. Ziehen Sie den Streifen über die gesamte Breite.

212

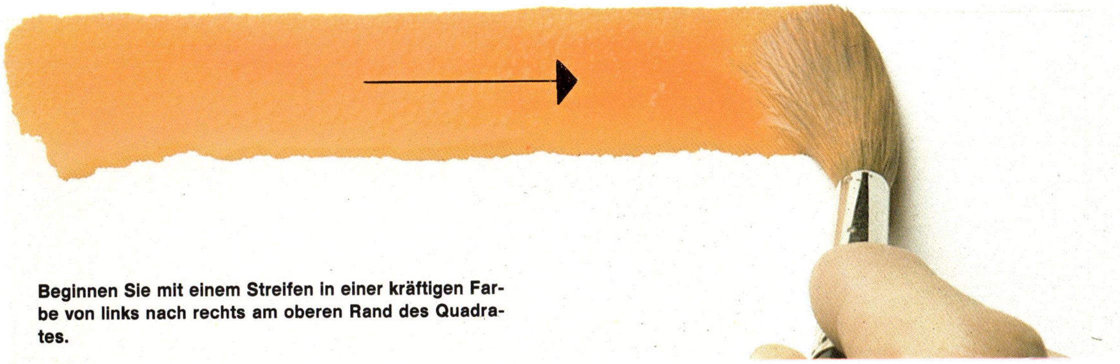

Beginnen Sie mit einem Streifen in einer kräftigen Farbe von links nach rechts am oberen Rand des Quadrates.

Abb. 213: Und jetzt rasch! Waschen Sie den Pinsel, drücken Sie ihn leicht auf dem Rand der Wasserflasche aus und setzen Sie ihn in der unteren Hälfte des roten Streifens an. Verdünnen Sie das Rot und stufen Sie es – immer mit waagerechten Strichen über die gesamte Breite des Quadrats – bis nach unten ab. Üben Sie einen leichten Druck auf den Pinsel aus, damit Wasser austritt. Achten Sie jedoch darauf, daß sich beim Abheben des Pinsels keine Farbe ansammelt.
Malen Sie immer waagerecht. Arbeiten Sie rasch bis nach unten und drücken Sie immer etwas auf.

213

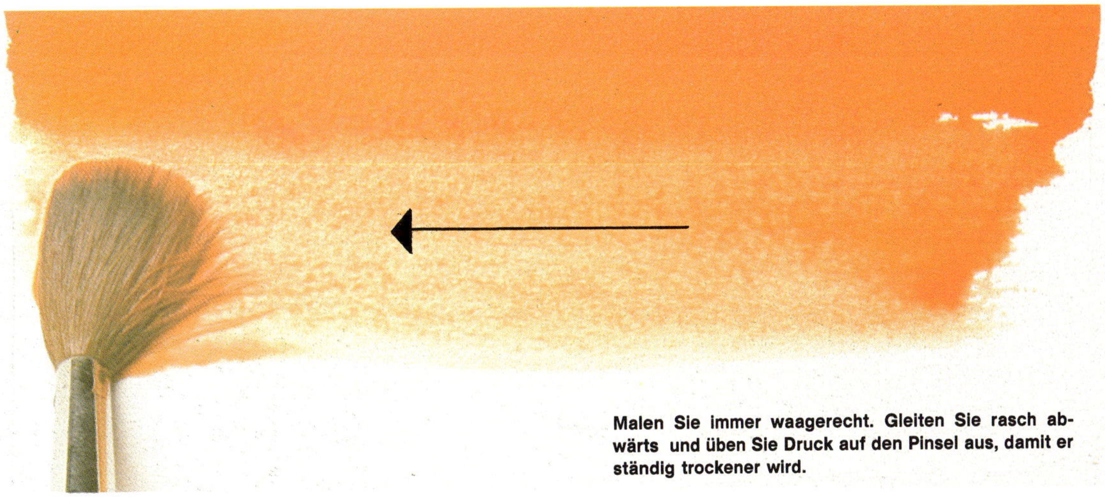

Malen Sie immer waagerecht. Gleiten Sie rasch abwärts und üben Sie Druck auf den Pinsel aus, damit er ständig trockener wird.

Abb. 214: Waschen Sie den Pinsel erneut, behandeln Sie ihn wie zuvor, und stufen Sie bis zum unteren Rand ab. Es ist möglich, daß Sie den Pinsel in der Schlußphase noch einmal füllen oder stärker entleeren müssen. Kontrollieren Sie dabei stets die Wassermenge. Retuschieren Sie, falls nötig ... Malt man immer wieder über den oberen Teil der Abstufung, verstärken sich die Schwierigkeiten, und Sie erhalten keine saubere Abstufung. Man muß also rasch arbeiten, das Wasser genau dosieren und nach Möglichkeit nur den unteren Teil überarbeiten. Nur hier kann man zu diesem Zeitpunkt noch retuschieren.

214

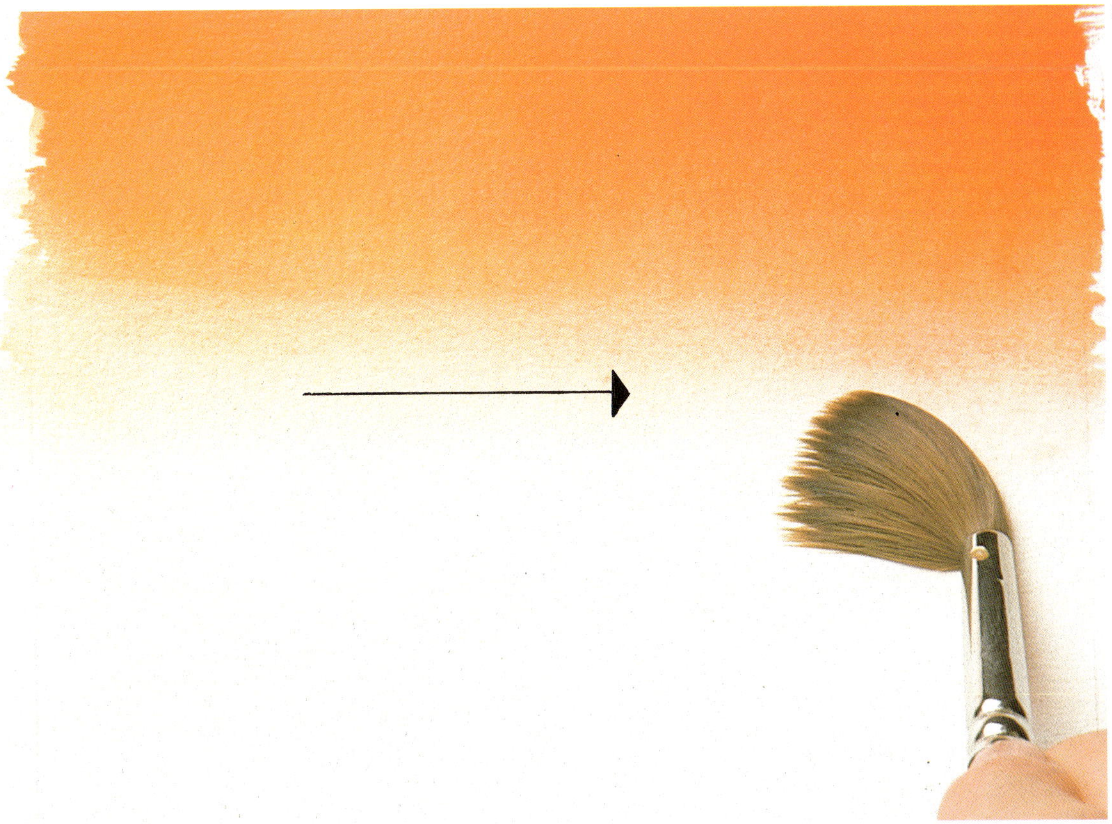

Erste praktische Übungen

Abstufung in der Naßtechnik

Abb. 215: Der erste Schritt besteht darin, das Papier oder die abzustufende Zone mit einem Schwamm oder einem flachen, breiten Pinsel anzufeuchten. Damit die Papierfasern nicht beschädigt werden, führt man den Schwamm mehrmals ganz vorsichtig über das Papier, ohne daß Wasser auf der Fläche zurückbleibt.
Arbeiten Sie auf um 60 bis 70 Grad geneigtem Papier. Füllen Sie den Pinsel mit wenig verdünntem Lichter Ocker, und beginnen Sie mit einem Streifen am oberen Rand. Waschen Sie den Pinsel rasch zur Hälfte aus, und fertigen Sie mit schnellen Pinselstrichen, die völlig gleichförmig sind, die Abstufung an. Das geschieht in gewisser Weise spontan. Schwierigster Teil der Abstufung ist die obere Hälfte.

215

Malen mit dem Schwamm

Abb. 216: Sie sollen jetzt einen Himmel im Dämmerlicht malen. Zeichnen Sie einen Rahmen von 18 × 25 cm. Mischen Sie in einer Tasse die notwendige Farbe-Wasser-Mischung (Kobaltblau mit ein wenig Ocker). Feuchten Sie den Schwamm mit sauberem Wasser an, und fahren Sie damit mehrmals über das Papier.
Abb. 217: Drücken Sie den Schwamm aus, füllen Sie ihn erneut mit der Farbe-Wasser-Mischung aus der Tasse, und malen Sie unter leichtem Druck von einer Seite zur anderen. Achten Sie auf einen gleichmäßigen Ton durch einen gleichbleibenden Druck.
Abb. 218: Wenn Sie das untere Drittel erreicht haben, drükken Sie den Schwamm ein wenig aus, fügen etwas sauberes Wasser hinzu und füllen den Schwamm nun mit einer sehr hellen Ockerflüssigkeit. Tragen Sie den Ocker auf, und mischen Sie ihn mit der noch feuchten vorigen Farbe. Stufen Sie ab, bis Sie den Horizont am unteren Rand des Rahmens erreicht haben.
Abb. 219: Arbeiten Sie weiter auf der feuchten Fläche, retuschieren Sie den unteren Teil. Achten Sie auf Gleichförmigkeit. Saugen Sie die Flüssigkeit, falls nötig, mit einem Pinsel ab.

216

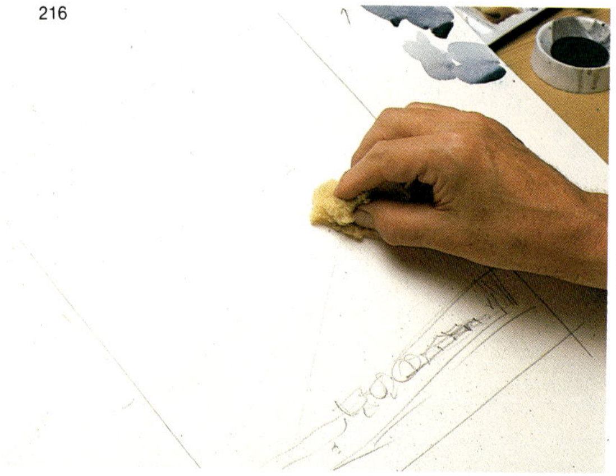

217

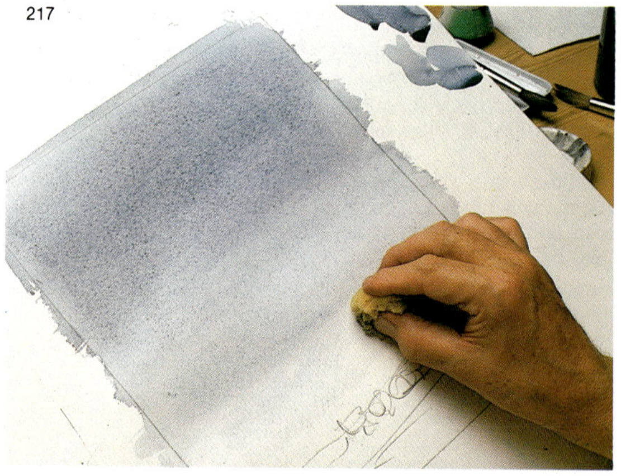

218

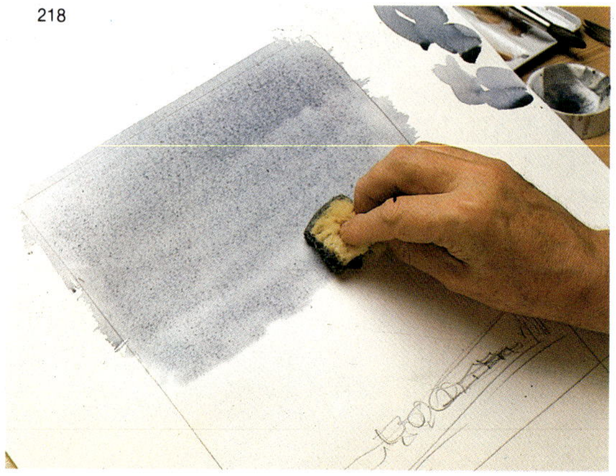

219

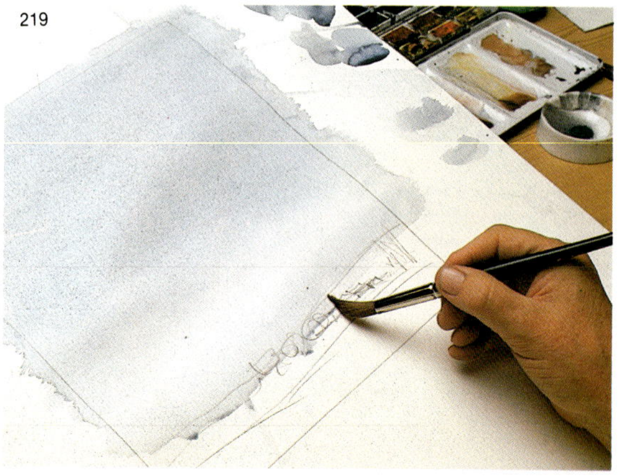

Die Aquarelltechnik

Wie man Weiß durch Absaugen der Farbe wieder hervorholt

In wenigen Augenblicken – fünf Seiten weiter – werde ich Sie bitten, ein Gouachebild in zwei Farben anzulegen. Es wäre jedoch didaktisch unklug, Sie zu dieser Übung, die in der Praxis der Aquarellmalerei gleicht, aufzufordern, ohne zuvor mit Ihnen die Technik der Aquarellmalerei studiert zu haben.

220

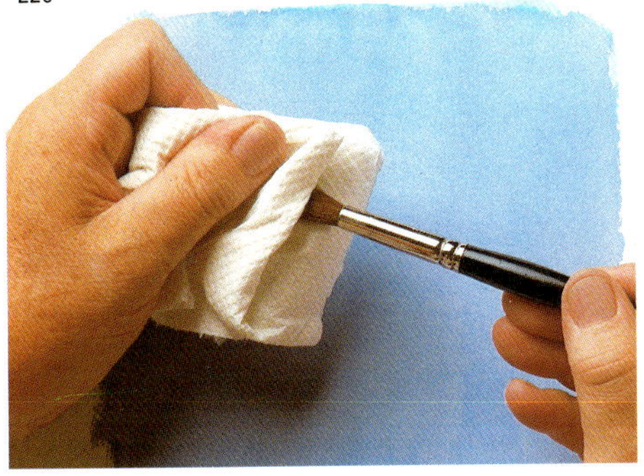

Auf der feuchten Fläche: So holt man das Weiß aus einer noch feuchten Fläche wieder hervor: Waschen Sie den Pinsel zunächst, und drücken Sie ihn in einem Zellstofftuch aus.

221

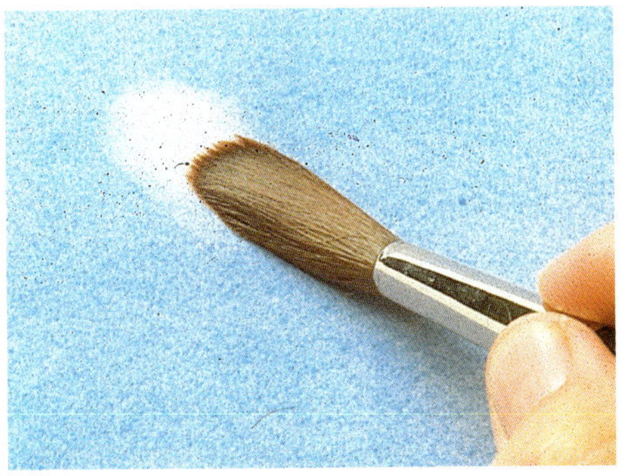

Legen Sie den Pinsel auf die noch feuchte aufzuhellende Stelle. Sie werden feststellen, daß der Pinsel Flüssigkeit und Farbe absaugt.

222

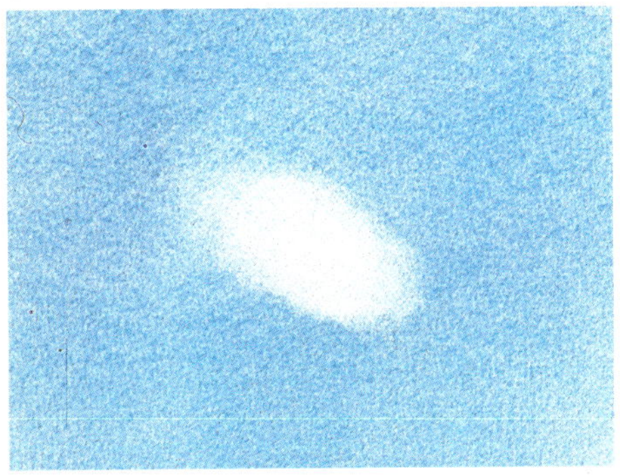

Reicht das erhaltene Weiß nicht aus, waschen Sie den Pinsel erneut, drücken ihn in einem Papiertuch aus und setzen ihn wiederum auf. Durch mehrmalige Wiederholung erhalten Sie ein beinahe perfektes Weiß.

223

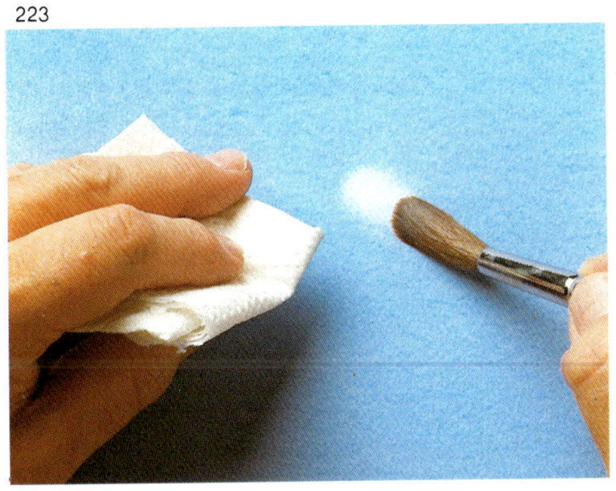

Auf trockener Fläche: Jetzt wollen wir das Weiß aus einer bereits trockenen Fläche wieder hervorholen. Feuchten Sie die zu behandelnde Zone mit einem Pinsel und sauberem Wasser an. Reiben Sie gleichzeitig leicht mit der Pinselspitze, um die Farbe aufzulösen und abzusaugen.

224

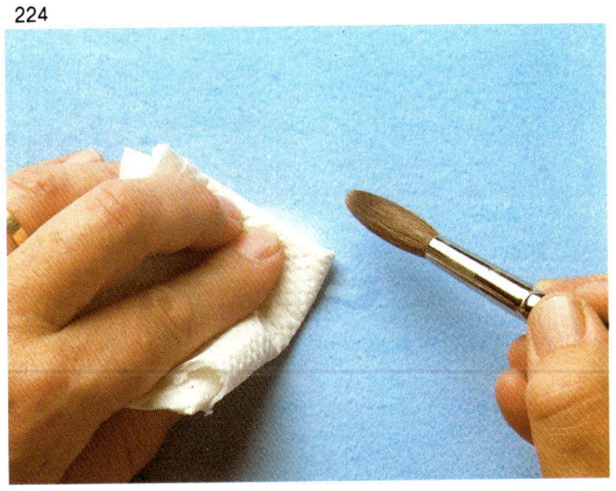

Tupfen Sie das Wasser anschließend mit einem mehrmals gefalteten Papiertuch ab. Auf diese Weise holen Sie das Weiß wieder hervor. Wiederholen Sie das Verfahren, bis Sie ein zufriedenstellendes Weiß erreicht haben.

225

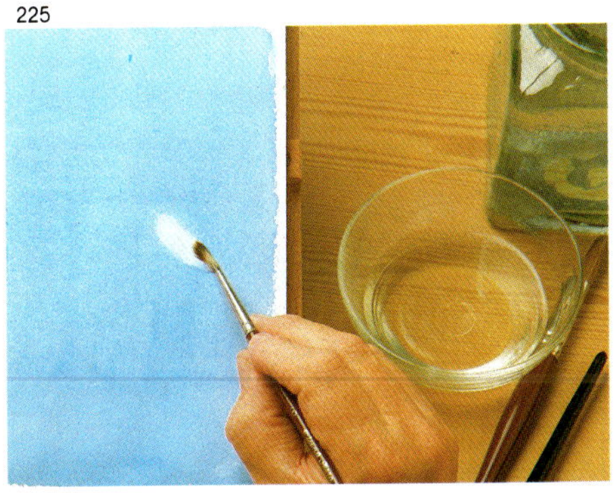

Ein zusätzliches Hilfsmittel: Chlor-Bleichwasser (Javellelauge). Um ein reineres Weiß zu erhalten, können Sie das Wasser zu gleichen Teilen mit einem Chlor-Bleichwasser mischen. Aber Achtung! Benutzen Sie dazu einen synthetischen Pinsel. Nur er widersteht der ätzenden Wirkung des Bleichwassers.

226

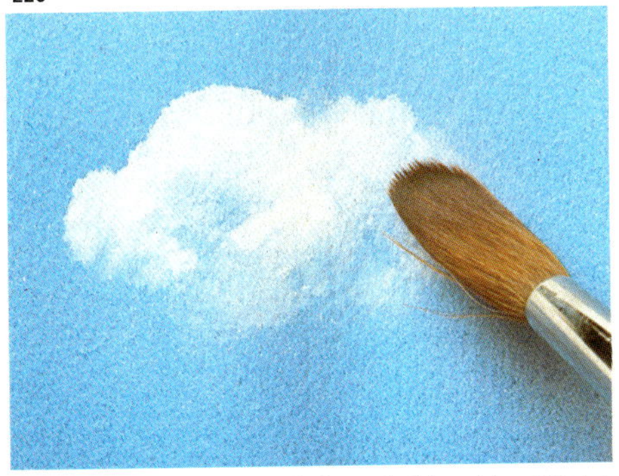

Vergleichen Sie die Ergebnisse. Auf feuchter Fläche: Dies ist zweifellos die beste Technik. Man kann selbst Formen als Abstufung hervorholen und zum Beispiel Wolken herausarbeiten.

227

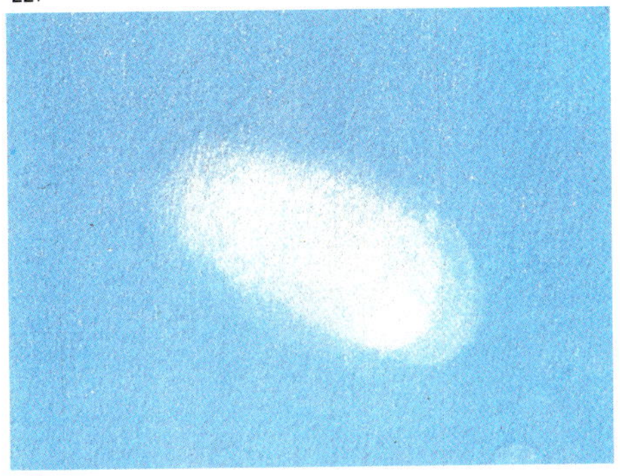

Auf trockener Fläche: Dies ist ein mühseliges Verfahren, das letztenendes zu keinem perfekten Ergebnis führt. Bei manchen Farben ist das Absaugen wesentlich erschwert. Karmin, Smaragdgrün, Preußischblau und alle Kadmiumfarben widersetzen sich der Auflösung.

228

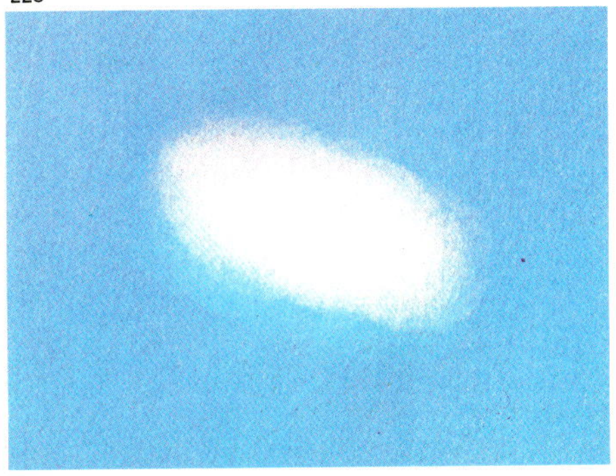

Mit Chlor-Bleichwasser: Dies ist ebenfalls ein mühsames Verfahren. Wie auf der Abbildung zu erkennen, führt es zu einem guten Ergebnis. Schwierig sind jedoch Abstufungen, denn das Chlor-Bleichwasser begrenzt die behandelte Fläche zu stark.

Die Aquarelltechnik

Wie man das Weiß ausspart

Das Weiß des Aquarellbildes entsteht durch das Weiß des Papiers. Man erkennt das Können eines guten Aquarellmalers u. a. daran, wie er das Weiß ausspart. Manchmal sind die auszusparenden Formen jedoch zu klein oder zu schmal. Oder sie müssen sich von einem gleichförmigen Untergrund abheben. Dann benutzt der Kunstmaler Flüssiggummi oder weiße Wachsfarbe. Die Technik dafür erklären wir auf dieser Seite.

229

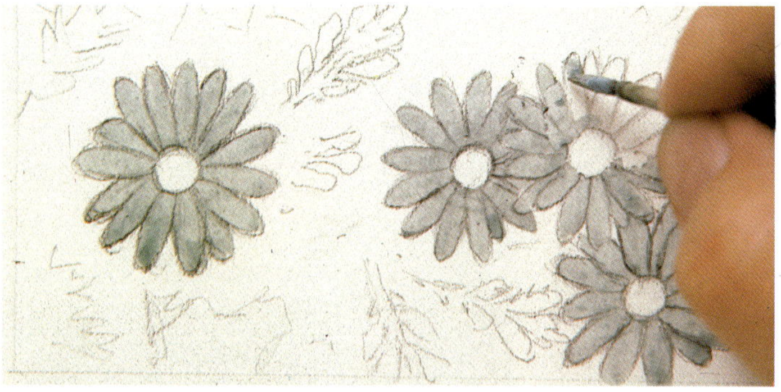

Aussparung mit Flüssiggummi: 1. Nachdem die Vorzeichnung fertiggestellt ist, bestimmt man die auszusparenden Stellen und malt sie mit Flüssiggummi und einem synthetischen Pinsel Nr. 4 aus. Flüssiggummi ist hellblau oder cremefarben. Man sieht also, wo er aufgetragen wurde.

230

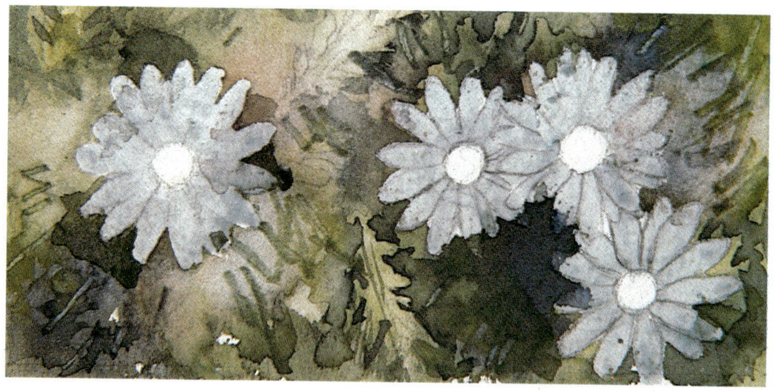

2. Nachdem die auszusparenden Weißstellen mit Flüssiggummi ausgemalt sind, kann man sie einfach übermalen. Der Flüssiggummi ist wasserabweisend, die Stellen bleiben sichtbar.

231

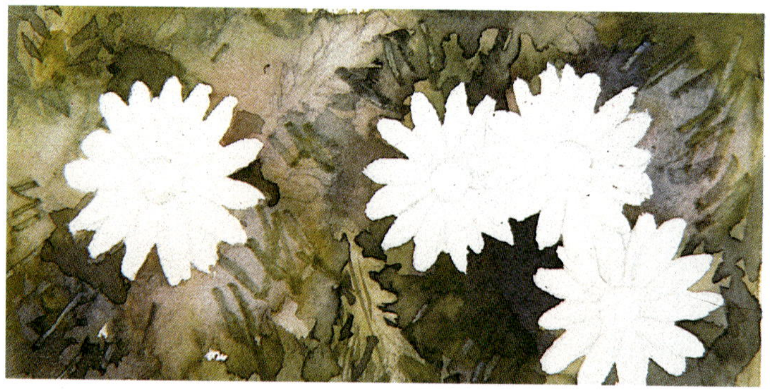

3. Sobald das Aquarellbild getrocknet ist, kann der Künstler den Flüssiggummi entfernen. Er braucht nur mit dem Finger darüberzureiben, dann taucht das Weiß des Papiers wieder auf.

232

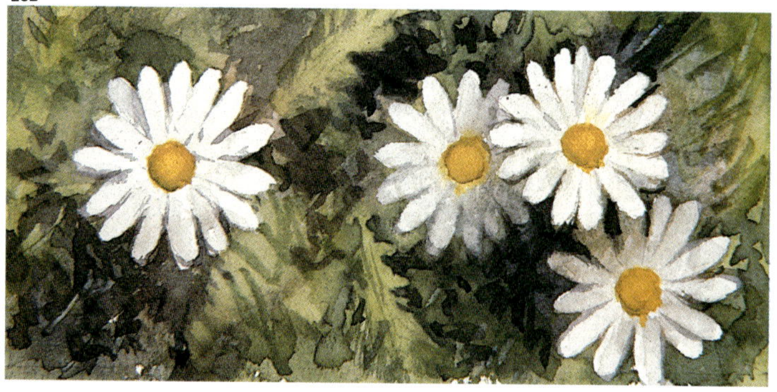

4. Anschließend kann man die ausgesparte Form mit den Farben und dem Spiel von Licht und Schatten des Modells ausarbeiten. Flüssiggummi ist ein gutes Hilfsmittel. Man sollte ihn jedoch nicht mißbrauchen; denn das Weiß besitzt niemals dieselbe Qualität wie bei der normalen Aussparung während des Malens.

233

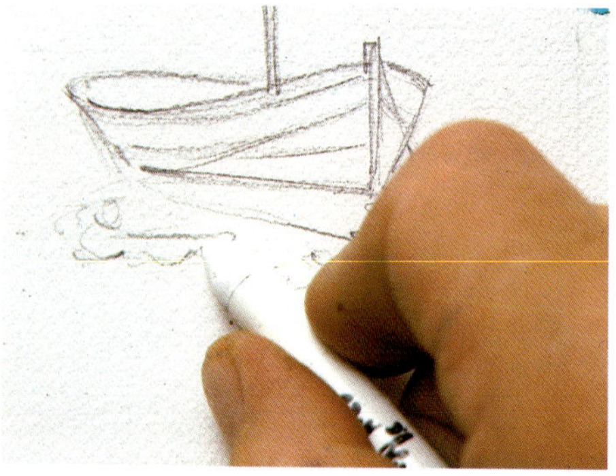

Aussparen mit Hilfe eines Wachsstiftes: 1. Auch mit Wachs läßt sich Weiß vor Beginn des Malens aussparen. Nach Fertigstellung der Vorzeichnung malt man die weiß zu lassenden Stellen mit einem weißen Wachsstift aus.

234

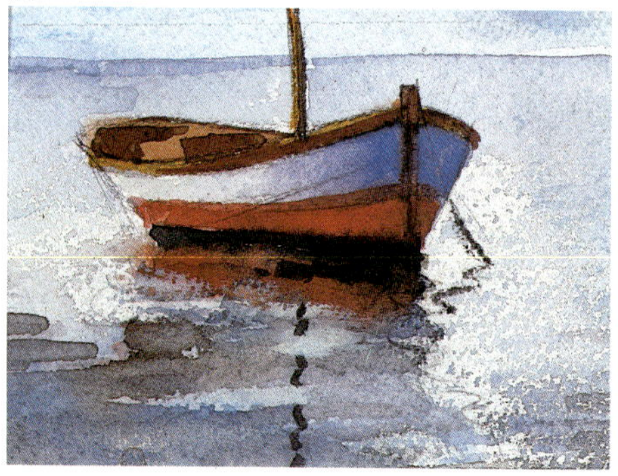

2. Anschließend kann man die gewachste Fläche ohne weiteres übermalen, denn Wachs ist wasserabstoßend.

235

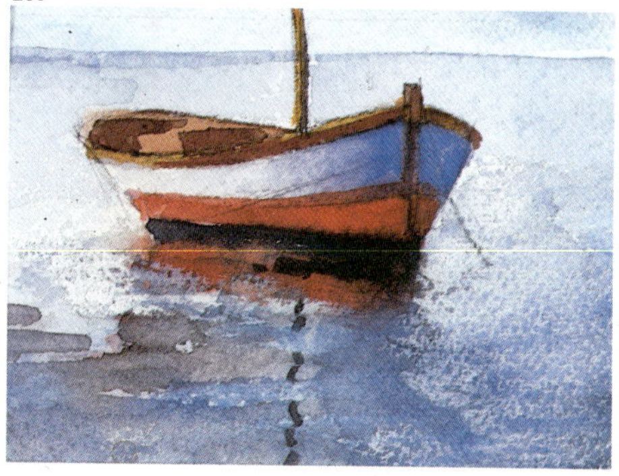

3. Aber Achtung! Fahren Sie zu häufig über das Wachs, wird es die Farbe der Tusche teilweise oder ganz aufsaugen, und die weißen Stellen verschwinden.

Weitere Techniken zum Hervorholen von Weiß

Für besondere Gelegenheiten und immer dann, wenn man vor Beginn der Arbeit das Weiß nicht ausgespart hat, benötigt man eine Reihe von Tricks und Kniffen, um der Erfordernis, das Weiß ausschließlich durch die Papierfarbe wiederzugeben, Rechnung zu tragen. In solchen normalerweise unvorhersehbaren Fällen löst der Kunstmaler das Problem recht gut mit Hilfe der unten erklärten Techniken.

236

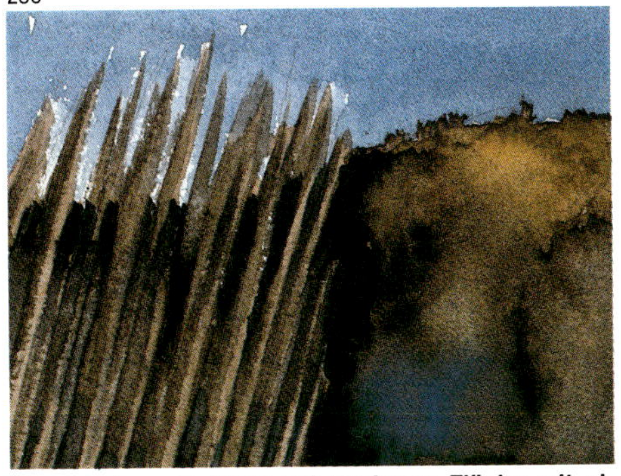

Hervorholen von Weiß auf trockener Fläche mit einem synthetischen Pinsel: 1. Mit einem flachen Schweinsborstenpinsel Nr. 4 oder 5 (er ist härter als Pinsel aus Rotmarder- oder Rindshaar) feuchtet man die entsprechende Stelle mit reichlich sauberem Wasser an.

237

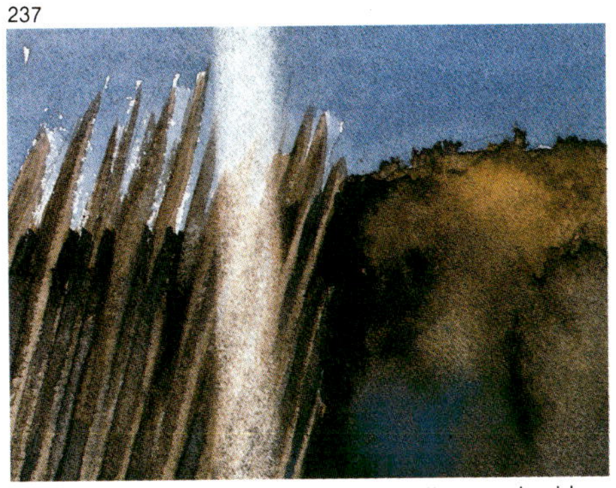

2. Man läßt das Wasser ein bis zwei Minuten einwirken, damit das Papier und die Farbe sich aufhellen. Dann reibt man vorsichtig mit dem sauberen, ausgedrückten Pinsel, bis das Wasser von der Farbe trübe geworden ist, und saugt die Flüssigkeit mit Zellstoffpapier ab.

238

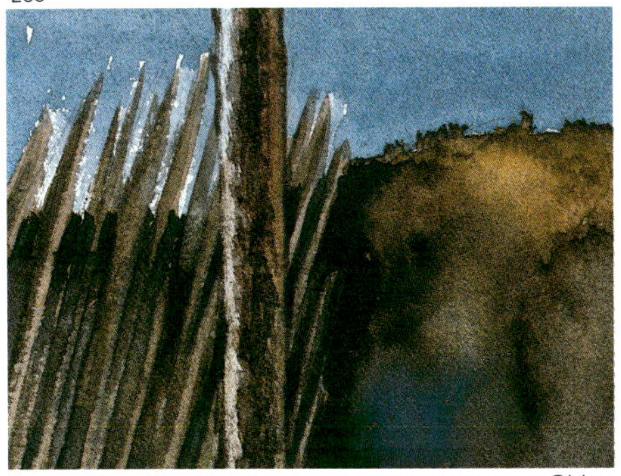

3. Um ein reines Weiß zu bekommen, kann man Chlor-Bleichwasser dem Wasser zusetzen und die Mischung mit einem synthetischen Pinsel auftragen. Die weißen Stellen lassen sich anschließend übermalen.

239

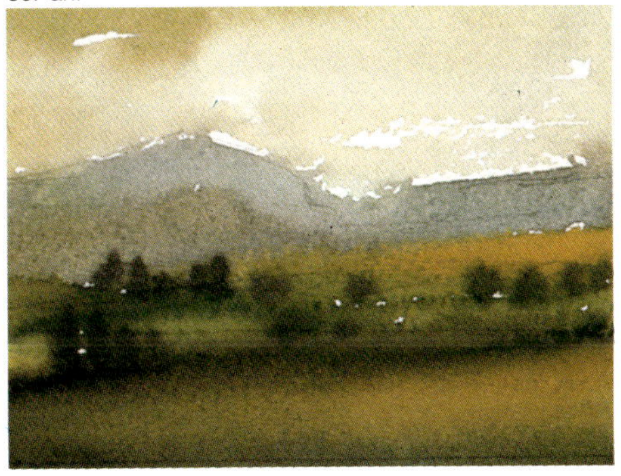

Hervorholen von Weiß auf feuchter Fläche mit einem abgeschrägten Pinselstiel: 1. Immer wieder ergibt sich die Notwendigkeit, weiße Linien und Striche aus einem dunklen Grund herauszuholen. Das muß auf der frisch gemalten Fläche erfolgen, wenn das Bild noch feucht, die Farbe aber schon ziemlich dick ist.

240

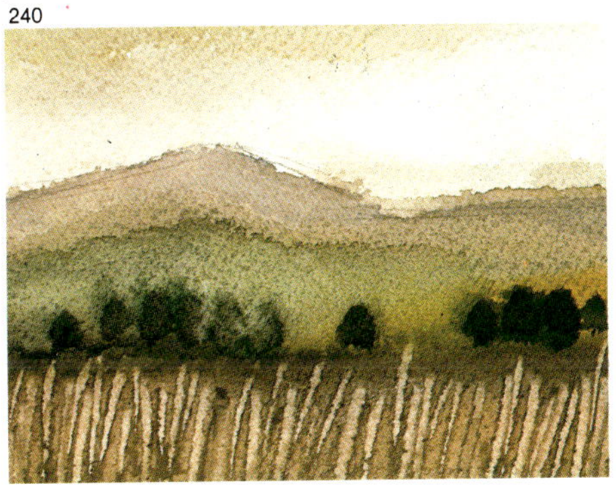

2. Dafür gibt es zwei Möglichkeiten: a) Man zieht kräftig mit der Spitze eines abgeschrägten Pinselstiels aus Kunststoff über die Fläche, oder

241

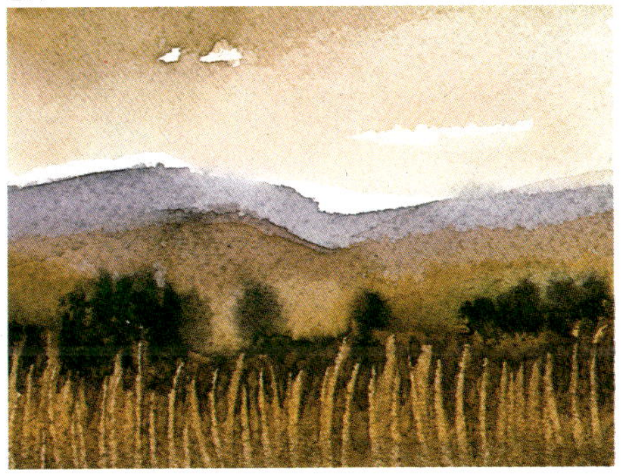

b) man benutzt den Fingernagel. Diese Methode wenden die Aquarellmaler seit fünfhundert Jahren an. Am geeignetsten ist der Nagel des kleinen Fingers oder des Ringfingers.

242

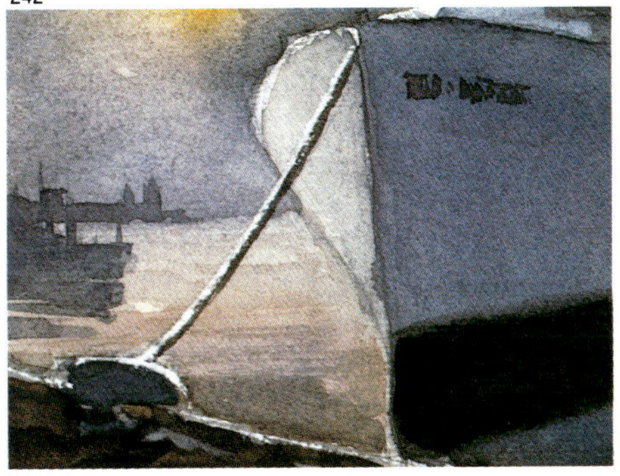

„Öffnen" von Weiß mit einem Schneidemesser oder einer Klinge: Das Aquarell muß absolut trocken sein, bevor man mit einem Schneidemesser oder einer Klinge energisch über die entsprechende Fläche kratzt.

243

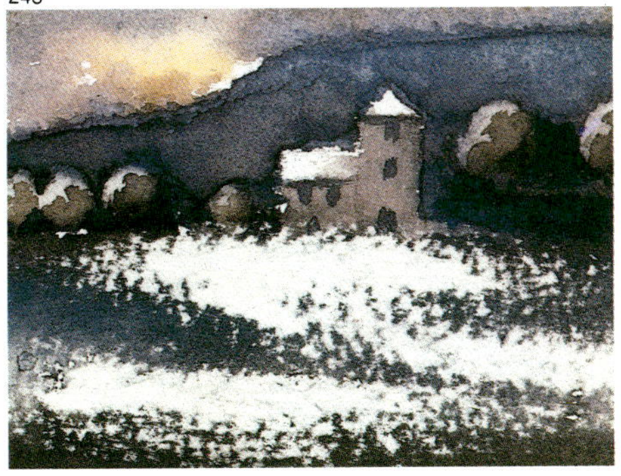

„Öffnen" von Weiß auf trockener Fläche mit Sandpapier: 1. Man reibt mit einem kleinen Stück Sandpapier (für dieses Beispiel wurde die Stärke 000 benutzt) energisch über die entsprechende Fläche. Die zu behandelnde Stelle muß dabei absolut trocken sein.

244

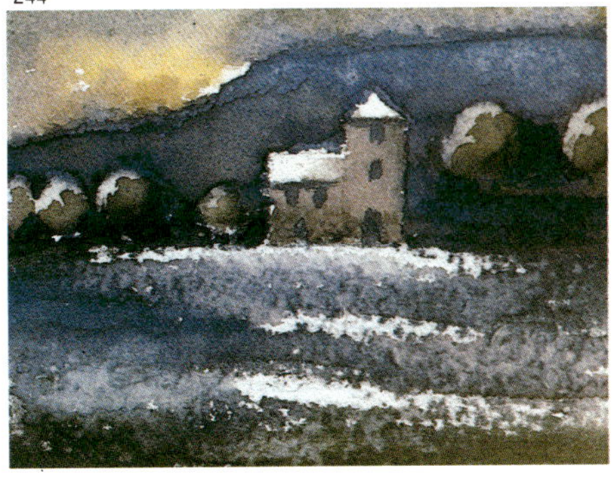

2. Der Erfolg dieser Prozedur hängt wesentlich von der Qualität des Papiers ab. Ist es dick und besitzt es eine gute Faser, bleibt es intakt und kann normal übermalt werden.

Die Aquarelltechnik

Strukturen

Durchscheinender Farbauftrag, Strukturwirkungen, Flecken . . . Die Aquarelltechnik ist erstaunlich vielseitig und bietet selbst innerhalb des reinsten Aquarells zahlreiche Möglichkeiten und Verfahren, die zu Vielfalt und einem eigenen Stil führen. Auf dieser Seite werden einige der Verfahren erklärt. Ich bitte Sie, die Techniken gründlich zu üben, um Ihr Können zu erweitern und Ihr Handwerk zu erlernen.

245

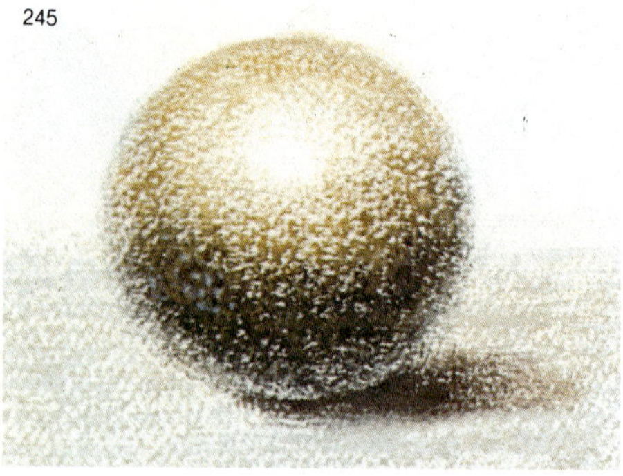

1. Durchscheinender Farbauftrag: Diese Technik (die man auch als Arbeit mit dem trockenen Pinsel bezeichnet) besteht darin, so mit dem beinahe trockenen Pinsel über das Papier zu reiben, daß die Struktur erhalten bleibt. Aus der Abbildung geht das deutlich hervor.

246

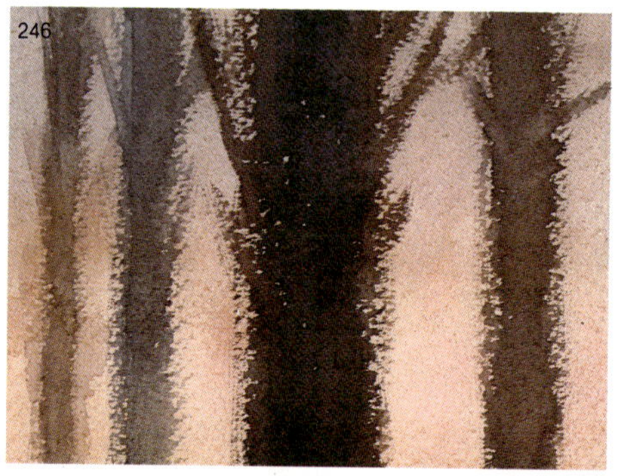

Der durchscheinende Farbauftrag eignet sich gut für Begrenzungen und Umrißlinien, deren Form vorab ausgespart wurde. Die Abbildung zeigt solch ein Beispiel.

247

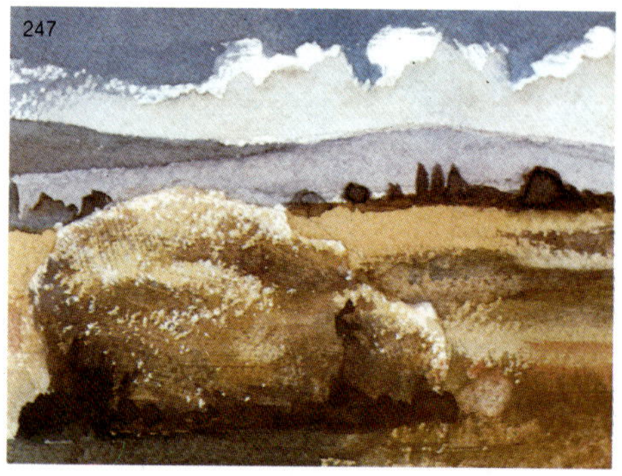

Mit der Technik des trockenen Pinsels kann man ebenfalls Kontraste schaffen und die rauhe Struktur gewisser Körper wiedergeben. Vor ihrer Anwendung ist unbedingt ein Versuch auf einem Extrablatt zu machen.

248

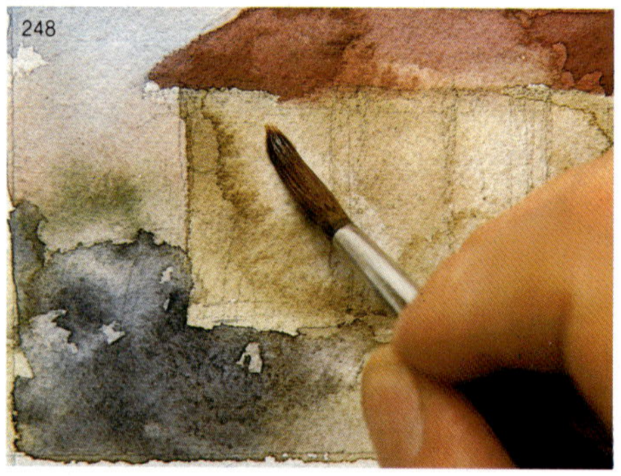

2. Strukturwirkungen mit Wasser: Beim Malen in der Naßtechnik lassen sich herrliche Strukturen erzielen. Man füllt dafür den Pinsel mit sauberem Wasser und setzt ihn auf die noch feuchte, frisch gemalte Fläche. Dadurch entstehen Flecken . . .

249

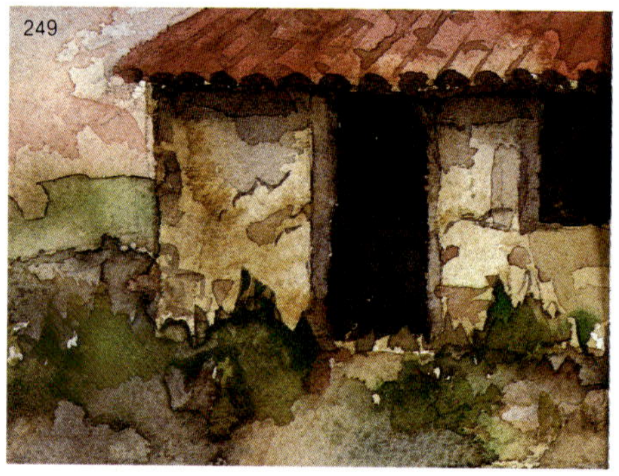

sowie bestimmte Strukturen, die überraschende Wirkungen ergeben und die Farbe und den Stil des Werkes bereichern.

250

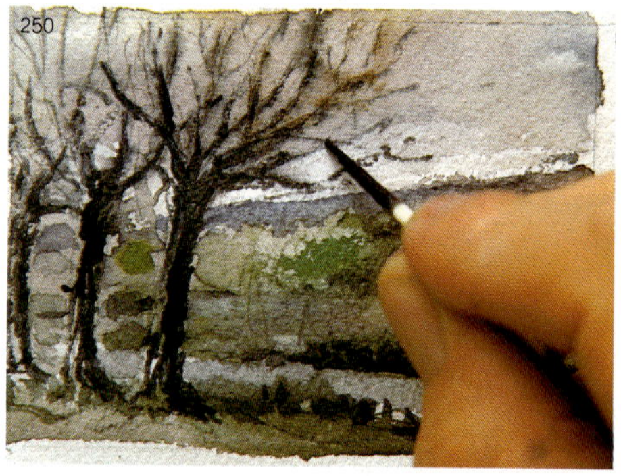

3. Malen mit einem Stab auf der feuchten Fläche: Mit einem Stab oder einem einfachen Zahnstocher und Farbe aus dem Pinsel lassen sich Striche, Stangen, Zweige etc. zeichnen. Wird der Stab auf der feuchten Fläche angewendet, beginnt die Farbe zu fließen und sich aufzulösen. Das führt zu einer originellen, modernen Ausdrucksform.

251

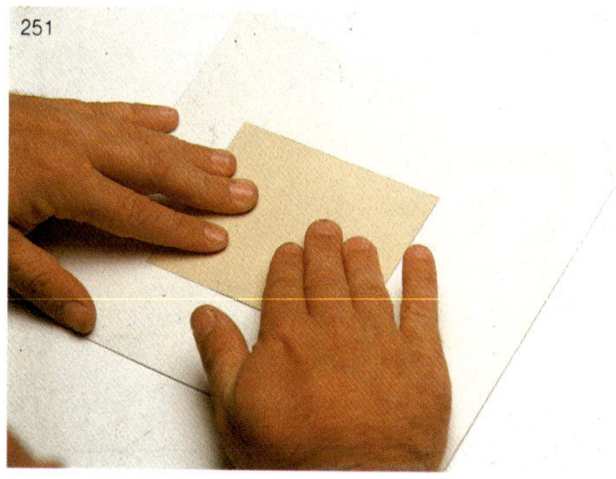

4. Flecken: Darunter verstehen wir hier den Farbfleck, der durch Aufdrücken eines frisch bemalten Papiers auf eine weiße oder ebenfalls bemalte Fläche entsteht. Dadurch ergibt sich normalerweise ein abstraktes Bild. Geeignet sind solche Farbflecken für Wände, Böden, Gebirge etc.

252

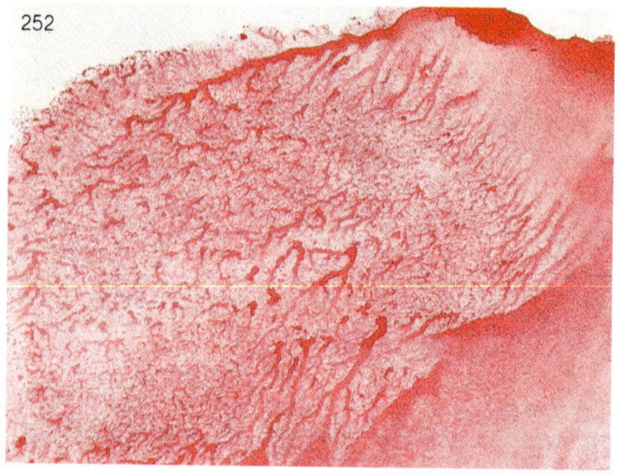

Beispiel für einen Fleck: Man malt eine gleichmäßige karminfarbene Fläche auf ein Stück Papier und drückt sie auf den Malgrund. Dadurch ergibt sich diese abstrakte Form.

253

Ein weiteres Beispiel: In diesem Fall besitzt der Druckträger einen hellgelben Untergrund. Das Druckpapier ist mit einer Abstufung aus Karmin versehen. Das Bild entsteht durch Aufdrücken.

Strukturen und Spezialeffekte

Auf dieser Seite finden Sie zum Abschluß einige ganz besondere Effekte, die man zum Beispiel mit Terpentin und Kochsalz erreichen kann, wenn man sie unter die noch feuchte Aquarellfarbe mischt. Das Ergebnis regt zum Experimentieren, zum Erfinden und zur Kreativität an. Vielleicht gelangen Sie auf diese Weise zu einem ganz persönlichen Stil und einer eigenen Ausdrucksform.

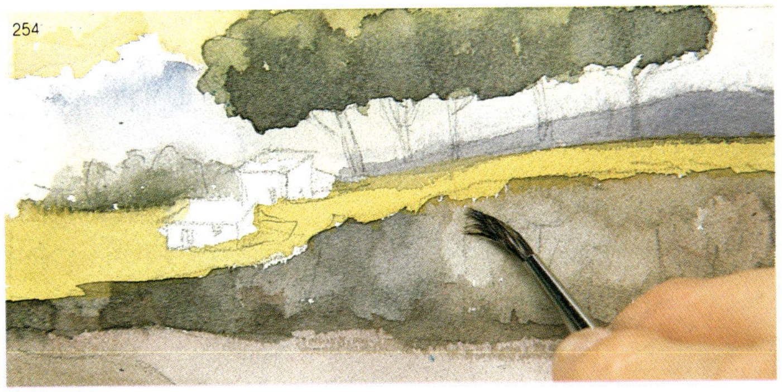

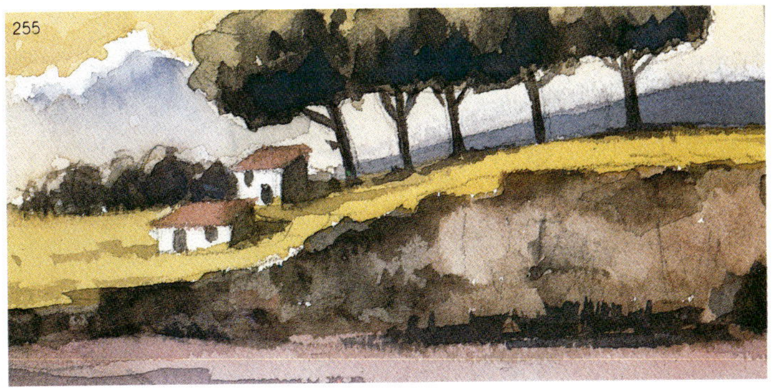

Struktureffekte mit Terpentinersatz: 1. Man füllt einen synthetischen Pinsel mit Terpentinersatz und setzt ihn auf die noch feuchte bemalte Fläche. Während das Terpentin Kontakt mit der Farbmischung hat, bilden sich unregelmäßige helle Flecken, die ganz spezielle Effekte und Strukturen hervorrufen.

2. Die mit Terpentinersatz bearbeiteten Flächen lassen sich ohne weiteres übermalen. Man sollte jedoch nicht zuviel Flüssigkeit nehmen, sonst zerstört man die zuvor erhaltenen Effekte.

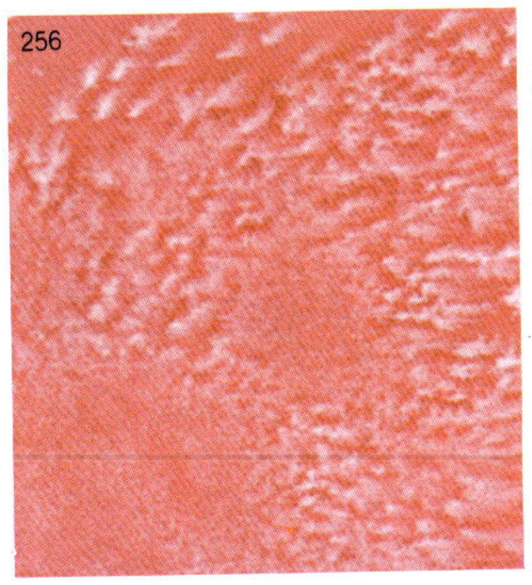

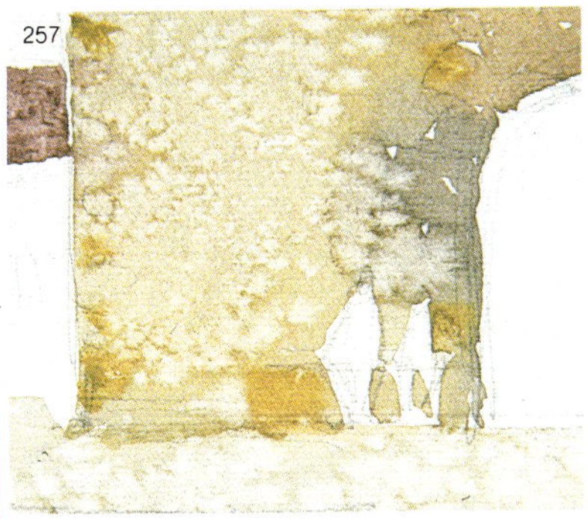

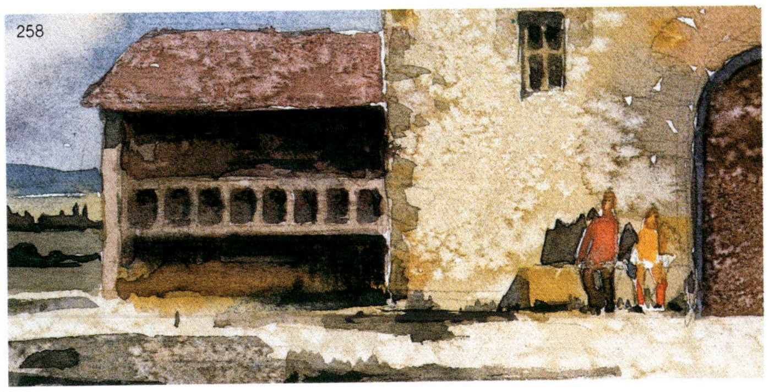

Struktureffekte mit Salz: 1. Stellt man eine Lasur mit einem mittleren Tonwert her und streut, während sie noch feucht ist, Salz darüber, entwickeln sich während des Trocknens seltsame, helle, verwischte Flecken, da die Salzkörner das Farbpigment aufsaugen.

2. Diese Wirkung kann man für Hintergründe, Mauern, Böden, Gebirge etc. ausnutzen. Man erhält dadurch Effekte von überraschender Qualität.

3. Nachdem die erwünschte Wirkung eingetreten und die Farbschicht getrocknet ist, braucht man nur leicht mit den Fingern über die Fläche zu reiben, um die restlichen Salzkörner zu entfernen. Die Stelle läßt sich ohne weiteres übermalen.

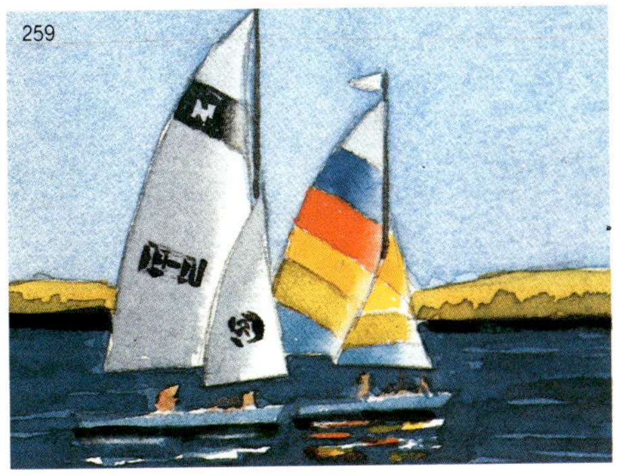

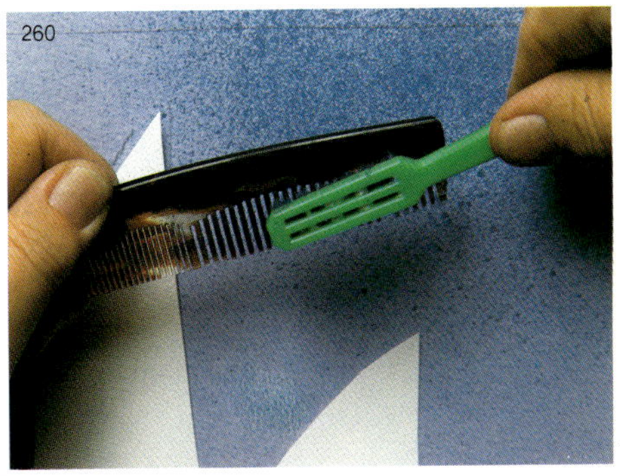

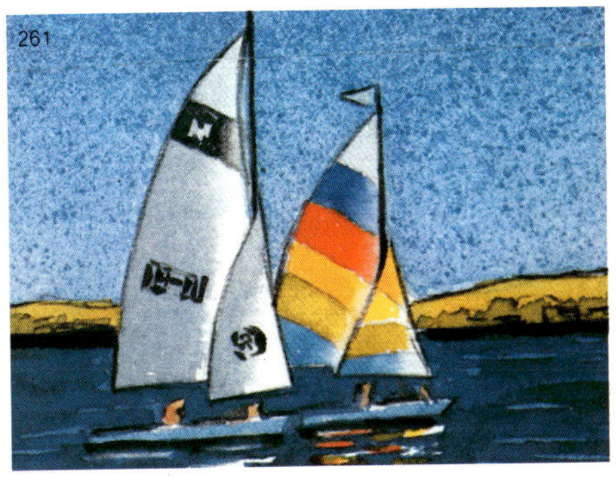

Abstufung mit der Spritztechnik: 1. Hier das Beispiel eines Aquarells mit einem zu hellen Himmel. Das geht zu Lasten des Kontrastes der Segel. In solchen Fällen kann es angezeigt sein, eine gleichmäßige Fläche oder eine Abstufung in der Spritztechnik anzulegen.

2. Wie auf der Abbildung zu erkennen, besteht die Spritztechnik darin, kräftig mit einer gefüllten Zahnbürste über die Zinken eines normalen Kamms zu fahren. Durch die Reibung pulverisiert die Farbe. Natürlich muß man zuvor eine Schablone zeichnen und ausschneiden und die übrige Fläche damit abdecken.

Abschlußarbeiten mit Filzstift, Kugelschreiber oder schwarzer Chinatusche: Hier das Ergebnis. Der Himmel ist leicht abgeschattet und das Bild konstrastreicher geworden. Beachten Sie auch die schwarzen Linien auf manchen Umrissen und Formen des Aquarells. Zahlreiche Aquarellmaler benutzen diese Technik.

Malen einer zweifarbigen Lavierung

Hier die Übung, die ich Sie durchzuführen bitte: Malen Sie eine Lavierung mit nur zwei Farben nach einem Modell aus einem Würfel, einem Zylinder und einem Wasserglas. Stellen Sie das Modell auf einen Tisch, und benutzen Sie einen Bogen Bristolpapier als Hintergrund.

Habe ich zwei Farben gesagt? Nein, im Grunde handelt es sich um vier Farben, nämlich:

- Kobaltblau
- Umbra gebrannt
- Schwarz
- Weiß

Die Farbskalen auf dieser Seite (Abb. 263 und 264) zeigen das Blau, das Umbra gebrannt, das Schwarz – als Mischung der beiden vorigen Farben – und Weiß: das Weiß des Papiers. Aber es tauchen noch unendlich viele weitere Farben und Töne auf. Man kann das Modell (Abb. 267) mit den genannten Farben also ohne jede Einschränkung darstellen.

Auf der gegenüberliegenden Seite sehen Sie, wie man das Modell mit einer Schreibtischlampe und einem Blatt Bristolpapier als Hintergrund aufhellt (Abb. 266). Abbildung 267 zeigt das fertige Modell.

Stellen Sie den Würfel und den Zylinder bitte selbst aus ziemlich dickem Papier her. Halten Sie sich dabei an die Zeichnung und Maße von Abbildung 265. Das Glas kann durchaus eine andere Form besitzen. Nehmen Sie jedoch nach Möglichkeit ein Glas, das hübsche Reflexe aufweist.

Auf der übernächsten Seite erkläre ich, wie ich das Modell gemalt habe.

Material:
Kobaltblau und Umbra gebrannt,
300-g-Papier mit feinem Korn,
ein normaler Bleistift,
ein weißer Plastikradiergummi,
zwei Rotmarderpinsel Nr. 8 und 12,
Flüssiggummi und ein synthetischer Pinsel Nr. 4,
Saugpapier (Haushaltsqualität),
zwei Flaschen mit Wasser.

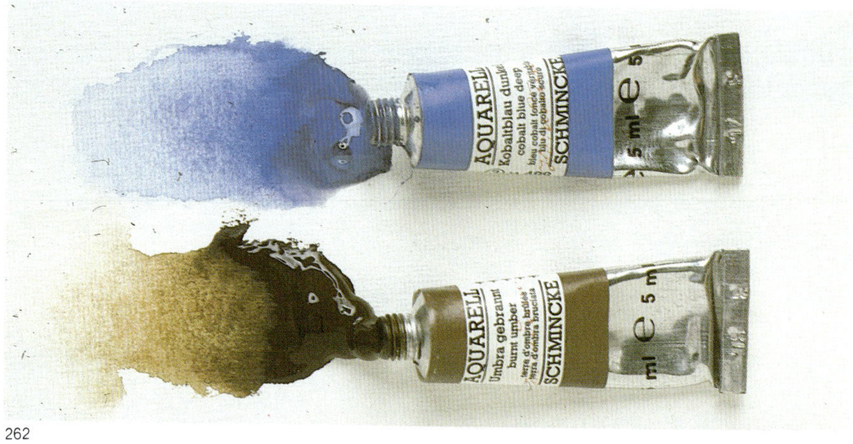

262

263

264

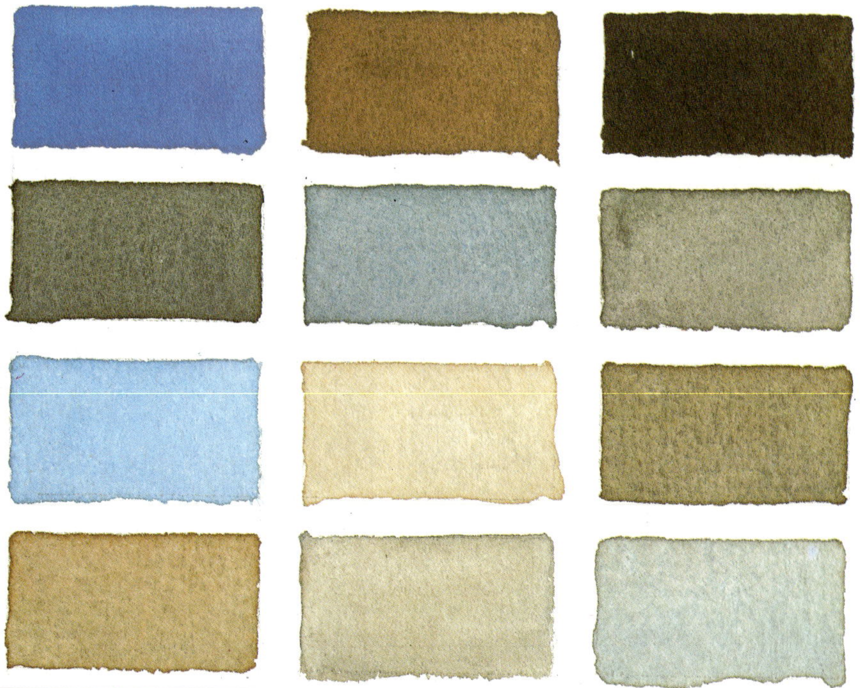

Abb. 262 bis 264: Zur praktischen Durchführung der auf den folgenden Seiten beschriebenen Übung benötigen Sie nur zwei Farben: Kobaltblau und Umbra gebrannt. Ferner benutzen Sie Schwarz aus einer Mischung beider Farben und das Weiß des Papiers. Abbildung 264 zeigt die breite Farbskala, die Sie allein mit Kobaltblau und Umbra gebrannt erhalten können.

265

Schema zur Herstellung der Formen des Modells

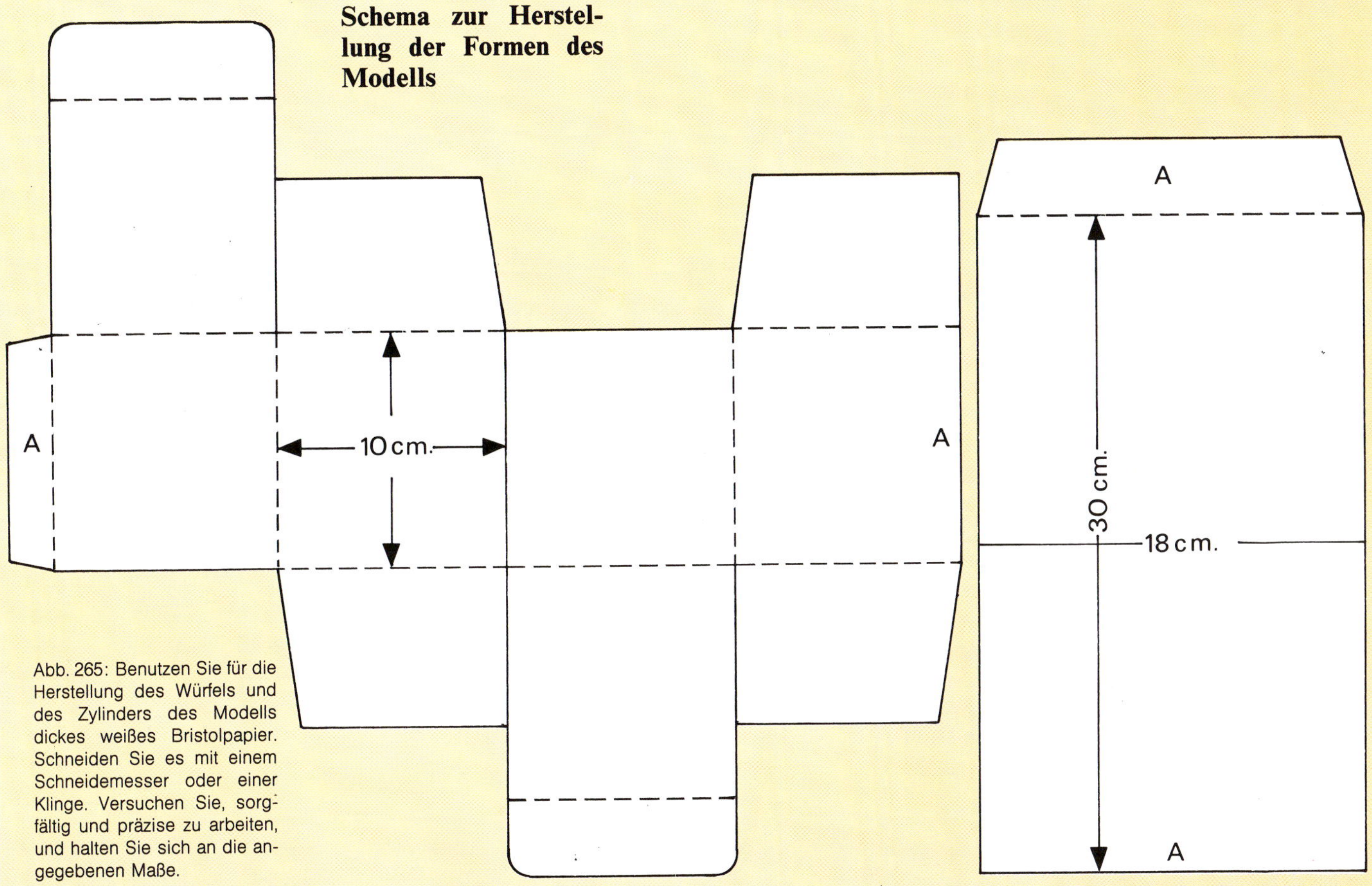

Abb. 265: Benutzen Sie für die Herstellung des Würfels und des Zylinders des Modells dickes weißes Bristolpapier. Schneiden Sie es mit einem Schneidemesser oder einer Klinge. Versuchen Sie, sorgfältig und präzise zu arbeiten, und halten Sie sich an die angegebenen Maße.

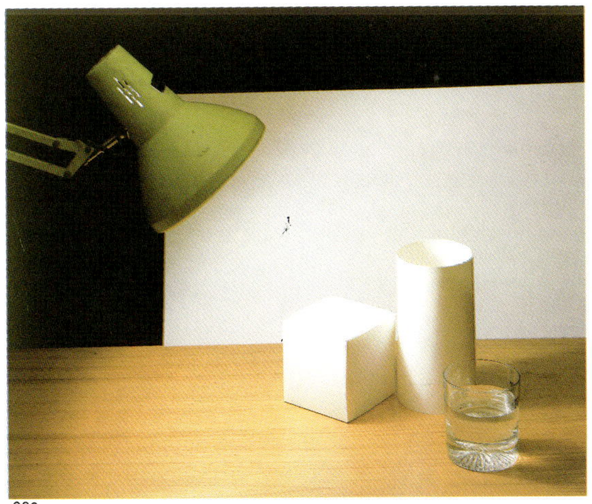

266

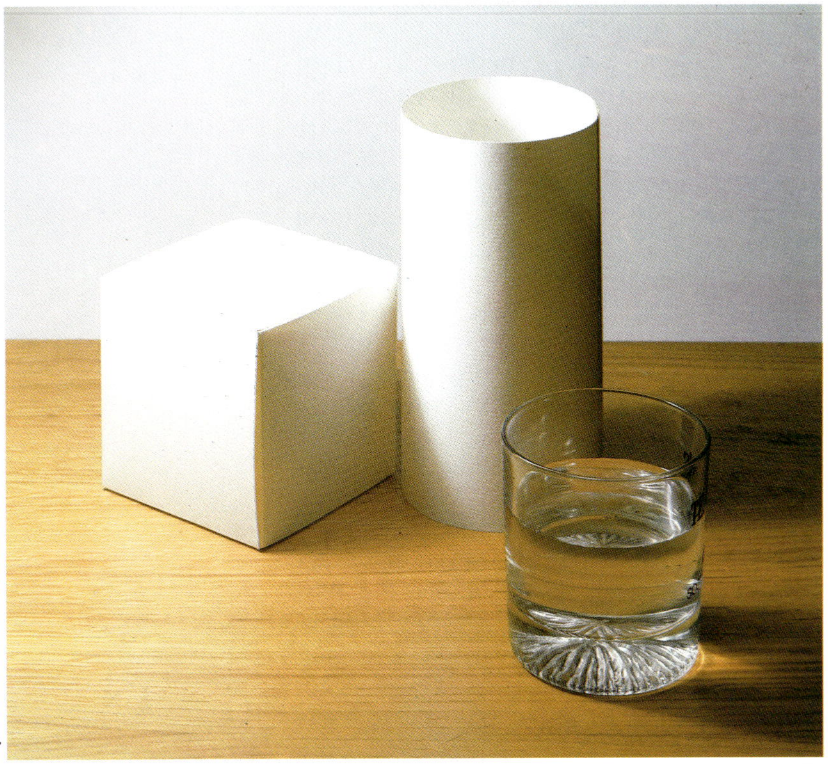

267

Abb. 266 und 267: Hier die Plazierung des Modells und seine Beleuchtung. Das Licht der Schreibtischlampe fällt seitlich von links. Ein Blatt Bristolpapier dient als Hintergrund. Rechts erkennen Sie die Farbgebung und das Spiel von Licht und Schatten auf dem Modell.

Anfertigung einer zweifarbigen Lavierung

Erstes Stadium: Zeichnung und Aussparung von Weiß (Abb. 268)
Hier eine relativ einfache Zeichnung. Ich beginne mit dem Zylinder. Dabei stelle ich fest, daß er doppelt so hoch wie breit ist und die linke Kante des Glases sich genau in seiner perspektivischen Mitte befindet.
Nachdem die Zeichnung beendet ist, spare ich die Reflexe des Glases mit einem Pinsel Nr. 4 und Flüssiggummi aus. Auf Abbildung 268 erkennen Sie den Flüssiggummi als kleine Flecken.

Zweites Stadium: Malen des Hintergrunds (Abb. 269)
Ich befeuchte die Papierfläche mit einem Schwamm und sauberem Wasser, um eventuelle Fettablagerungen der Hand während des Zeichnens zu entfernen. Ich warte ab, bis das Papier wieder trocken ist, und befeuchte es erneut, diesmal mit einem Rotmarderpinsel Nr. 12. Dabei beschränke ich mich auf den weißen Hintergrund des Modells.
Ohne das Trocknen abzuwarten, male ich den Hintergrund mit einer Farbe-Wasser-Mischung aus einem warmen Grau. Ich warte, bis die Schicht getrocknet ist, dann male ich die Tischplatte und benutze dazu eine Mischung aus Blau und Umbra gebrannt.

Drittes Stadium: Malen des Zylinders und des Würfels (Abb. 270)
Ich fahre mit dem Zylinder fort. Dazu feuchte ich den sichtbaren Teil an, spare also die zur Hälfte vom Glas verdeckte untere Stelle aus. Ich verstreiche eine Mischung aus Blau und Ocker mit einer leichten Dominanz von Blau auf der angefeuchteten Fläche. Ich fülle den Pinsel erneut und male einen dunklen Streifen in leichten Zickzackbewegungen von oben nach unten. Dabei spare ich wiederum die vom Glas verdeckte Stelle aus . . . Jetzt muß es schnell gehen! Mit einem sauberen und etwas ausgedrückten Pinsel löse ich die Farbe auf der dunklen Fläche als Abstufung zur beleuchteten Fläche hin auf. Anschließend male ich die dunkelste Seite des Würfels mit einem gleichmäßigen Grau. Am oberen Rand dieser Fläche sauge ich ein wenig Farbe ab, um die Wirkung eines reflektierten Lichtes zu erzeugen. Sobald die Seite trocken ist, male ich die vordere hellste Seite mit einem hellen Grau. Anschließend lege ich den Wurfschatten des

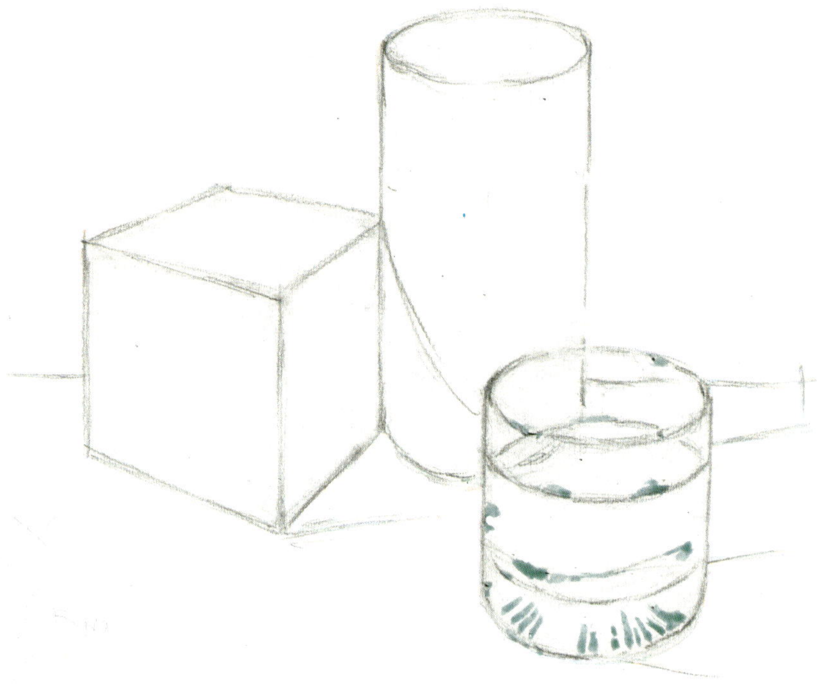
268

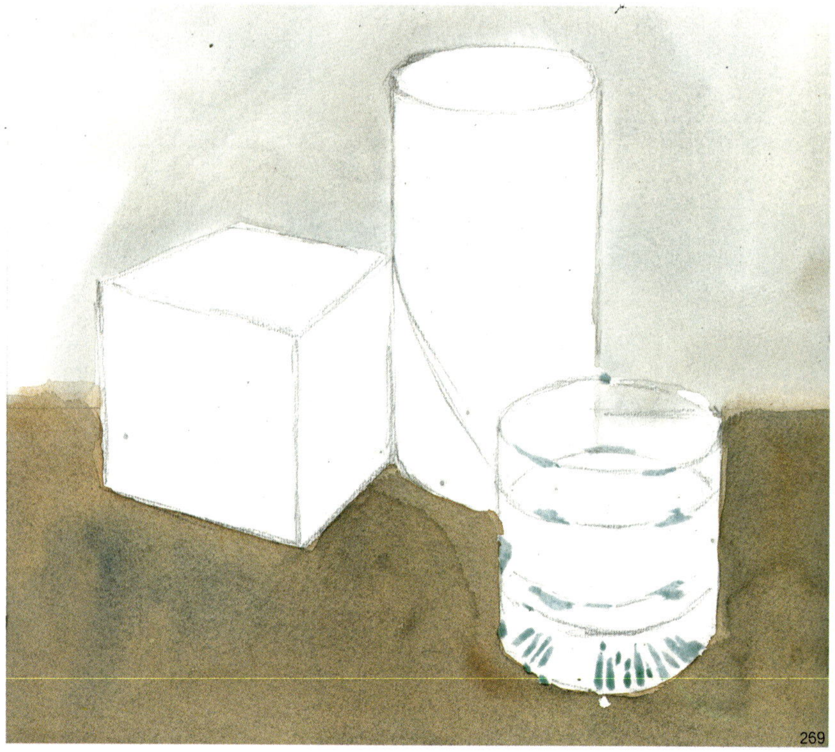
269

Abb. 268: Erstes Stadium dieser Übung mit zwei Farben: die Bleistiftzeichnung. Beachten Sie die kleinen Flecken mit Flüssiggummi. Sie zeigen die weiß ausgesparten Stellen.

Abb. 269: Während des zweiten Stadiums benötigt man für den Tisch eine unregelmäßige Farbe mit leichten Nuancen, die die Wirklichkeit besser wiedergibt. Die Abstufung hinter den geometrischen Formen wird auf einer feuchten Fläche angelegt.

Würfels auf dem Zylinder an: ein Dreieck, dessen Umrisse ich verwische, bevor sie trocken sind. Schließlich male ich den Schatten oben im Inneren des Zylinders.

Letztes Stadium: das Glas, der Wurfschatten auf dem Tisch und Abschlußarbeiten (Abb. 271)
Ich male zunächst mit wenig Farbe das Glas und baue die unterschiedlichen Töne der Formen auf. Während die Tuschflüssigkeit trocknet, beginne ich mit dem Untergrund. Ich schatte die Stelle im Winkel aus dem Zylinder und dem Würfel ab. Hier feuchte ich das Papier an, bevor ich die Farbe auftrage. Anschließend entferne ich den Flüssiggummi und retuschiere, wo nötig, das freigelegte Weiß. Ich male die Wurfschatten des Modells auf dem Tisch. Beim Anlegen der Schatten des Glases hole ich das Weiß für das reflektierte Licht wieder hervor.

270

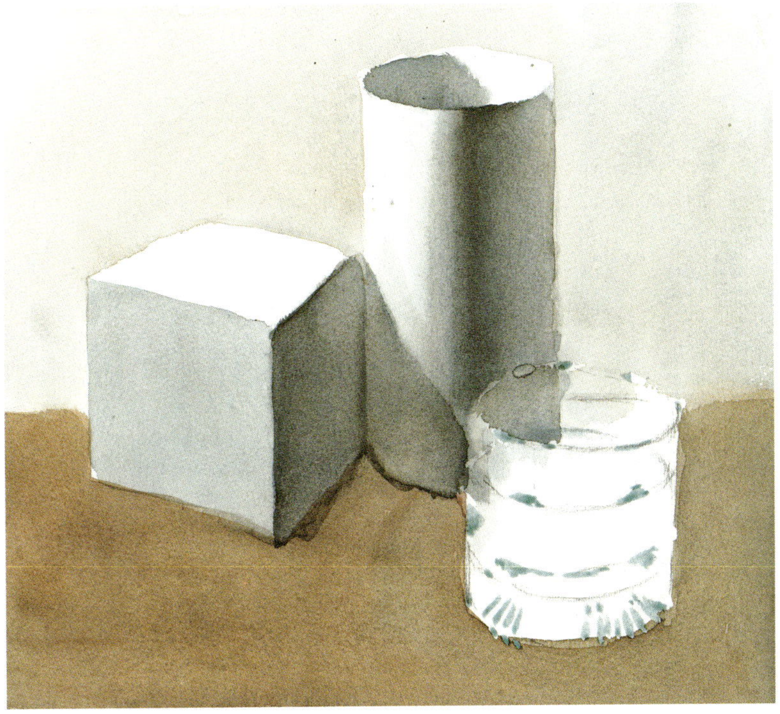

271

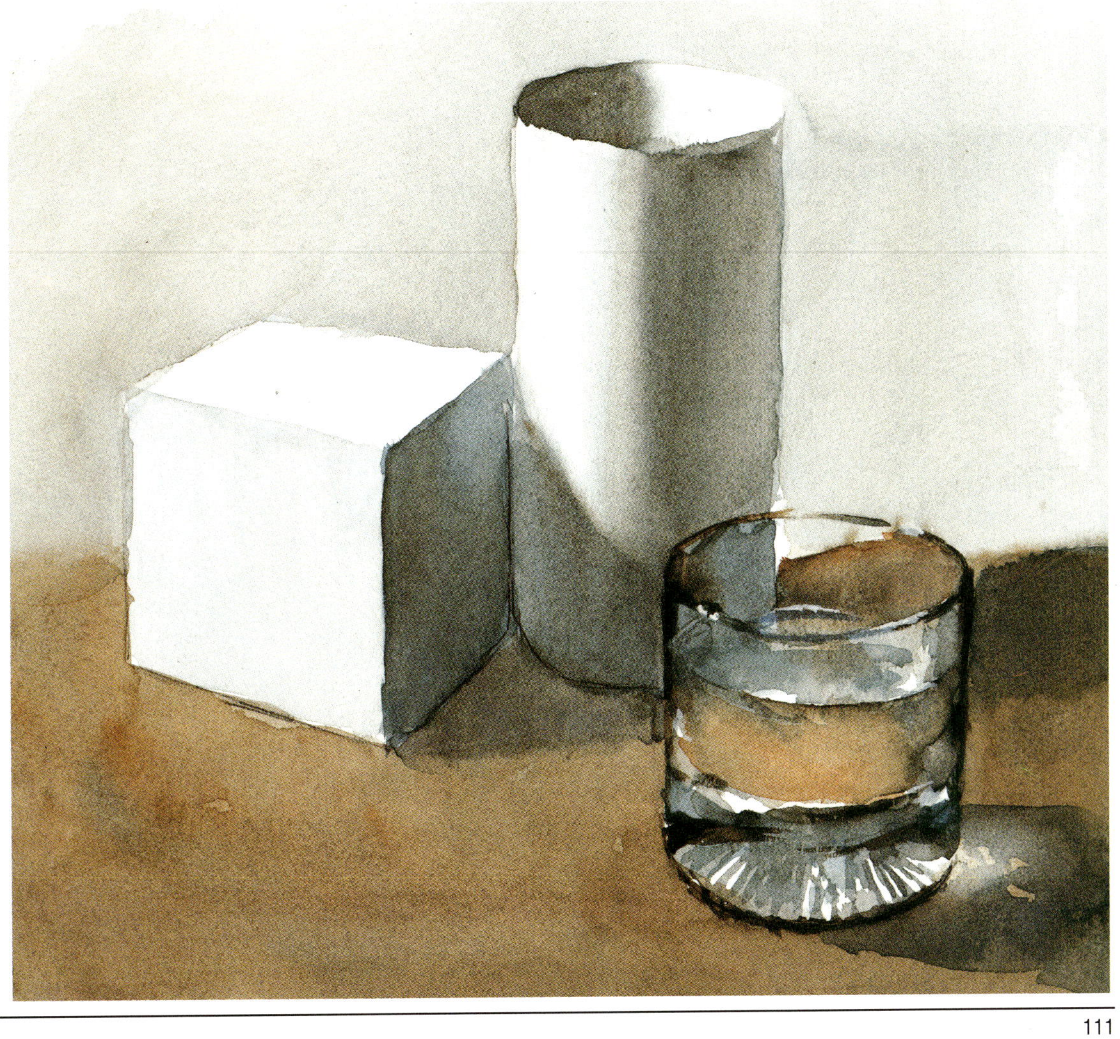

Abb. 270: Drittes Stadium: Die Abstufung des Zylinders wurde ebenfalls in der Naßtechnik angelegt. Das heißt, das Papier wurde vorab mit sauberem Wasser angefeuchtet. Beachten Sie das feine und doch sichtbare Licht, das sich auf der dunkelsten Seite des Würfels widerspiegelt. Der Schatten des Zylinders ist in diesem Stadium durch das Glas zu sehen.

Abb. 271: Es ist immer ein erstaunlicher Augenblick, wenn man den Flüssiggummi durch Reiben mit den Fingern entfernt und das Weiß darunter entdeckt. Ist der Kontrast allerdings zu groß, muß man retuschieren und die Farbe und das Weiß abmildern. Versuchen Sie, die Farbe zu bereichern, indem Sie die Töne und die Nuancen abwechslungsreicher gestalten und Blautöne hinzufügen. Diese befinden sich ohnehin auf dem Glas, in den Schatten etc. Beachten Sie ferner die schwarzen Kugelschreiberlinien. Sie betonen die Unterkante des Würfels sowie die Umrisse des Würfels und des Zylinders innerhalb des dreieckigen Schattens.

Die Möglichkeiten der Lavierung – Beispiele

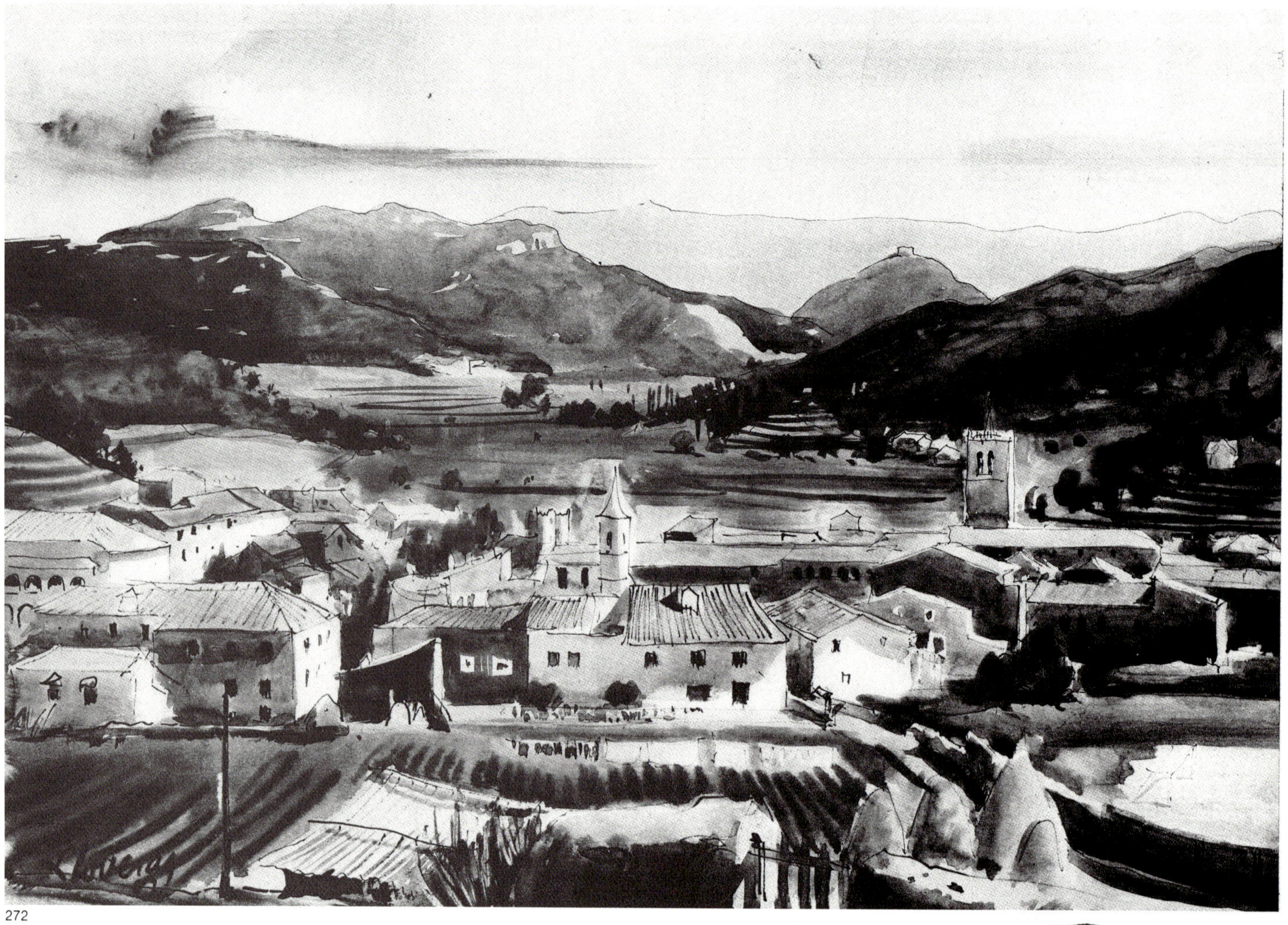

272

Abb. 272: Die Lavierung mit schwarzer Aquarellfarbe oder in Wasser aufgelöster Chinatusche bietet weitreichende künstlerische Ausdrucksmöglichkeiten. Sie stellt eine hervorragende Einführung in die Praxis der Aquarellmalerei dar. Oben auf dieser Seite finden Sie eine ausgezeichnete Lavierung – eine Landschaft von Federico Lloveras – und rechts eine meiner Kinderkopfskizzen.

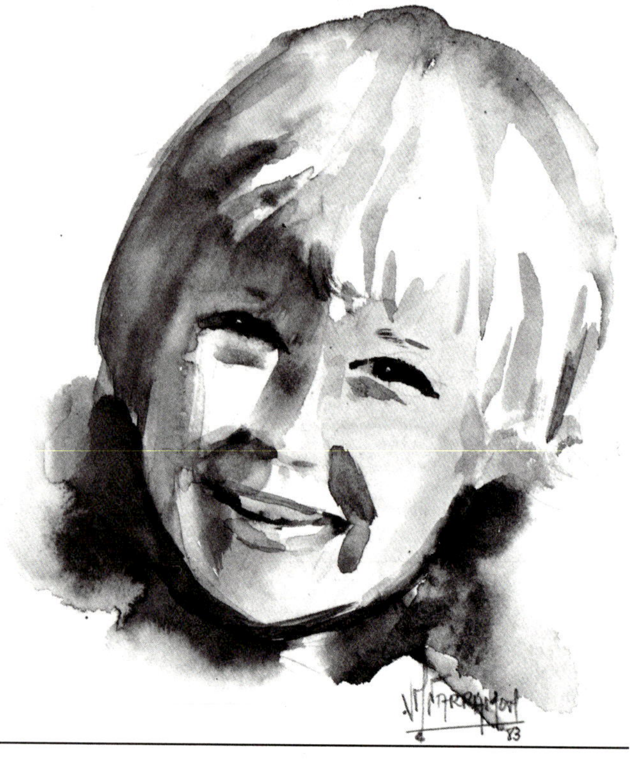

273

Theorie und Praxis der Farben

„Diese Gesetze und Theorien der Farben begeistern mich wirklich. Oh, hätte man sie uns doch in der Jugend gelehrt!"
Vincent van Gogh (1853–1890)

Erstfarben, Zweitfarben, Drittfarben

Die Natur „malt" mit Lichtfarben. Der englische Physiker Newton hat dieses Phänomen des Regenbogens nachgeahmt. Er fing einen Lichtstrahl in völliger Dunkelheit mit einem Prisma auf und zerlegte das weiße Licht in die sechs Farben des Spektrums. Young, ein weiterer bekannter Physiker, ging den umgekehrten Weg: Er setzte das Licht mit Hilfe von Farblampen wieder zusammen und erhielt Weiß. Young gelangte auch zu der wichtigen Schlußfolgerung, daß sich die sechs Farben des Spektrums auf drei Grundfarben reduzieren lassen. Auf diese Weise entdeckte er die drei Grundfarben des Lichts Grün, Rot und Dunkelblau. Mischt man jeweils zwei dieser Grundfarben, erhält man die drei Zweitfarben des Spektrums: Zyanblau, Purpur und Gelb. Daraus folgt: Alles, was wir in diesem Augenblick sehen, fängt die drei Grundfarben des Spektrums und damit auch die drei Zweitfarben des Spektrums ein. Die Natur „malt" also mit Lichtfarben.

Wir malen dagegen mit Pigmentfarben. Glücklicherweise handelt es sich dabei um dieselben Farben. Es ändert sich nur ihre Wertigkeit, also die Rangstellung untereinander.

Unsere Grundfarben
sind die Zweitfarben des Spektrums und umgekehrt.
Unsere Zweitfarben
sind die Grundfarben des Spektrums.

Die Pigment-Grundfarben (und gleichzeitig die Zweitfarben des Spektrums) sind

Gelb, Zyanblau und Purpur.*

Die Pigment-Zweitfarben aus einer Mischung von jeweils zwei Grundfarben sind
Rot, Grün und Dunkelblau.

Das Mischen zweier Farben bedeutet immer eine gewisse Substraktion von Licht. Das heißt, die Mischfarbe ist dunkler als die beiden Grundfarben. Mischen wir Rot und Grün, erhalten wir eine dunklere Farbe, nämlich Braun. Mischen wir alle drei Grundfarben, erhalten wir Schwarz. Dieses Phänomen nennen die Physiker *Synthese durch Substraktion*. Das Licht „malt" dagegen durch Addition: Fügt man rotem Licht einen grünen Lichtstrahl hinzu, verdoppelt man die Lichtmenge und erhält logischerweise ein helleres Licht, in diesem Fall Gelb. Dieses Phänomen bezeichnet man als *Synthese durch Addition*. Auf der gegenüberliegenden Seite sehen Sie einen chromatischen Farbkreis – unsere Pigmentfarben – mit den drei Grundfarben (P = Primärfarben) und deren Mischungen (S = Sekundärfarben), die ihrerseits mit den Grundfarben gemischt die sechs Drittfarben (T = Tertiärfarben) ergeben. Aus dem bisher gesagten lassen sich einige Schlußfolgerungen ableiten, die die Farbentheorie bestätigen:
Die völlige Übereinstimmung von Spektral- und Pigmentfarben ermöglicht es dem Künstler, die Wirkung des Lichtes und die Beleuchtung der Körper nachzuahmen. Er kann daher alle Farben naturgetreu wiedergeben.
Auf der Grundlage der Licht- und Farbentheorien kann der Künstler alle Naturfarben nur mit den drei Grundfarben Zyanblau, Purpur und Gelb wiedergeben.

274

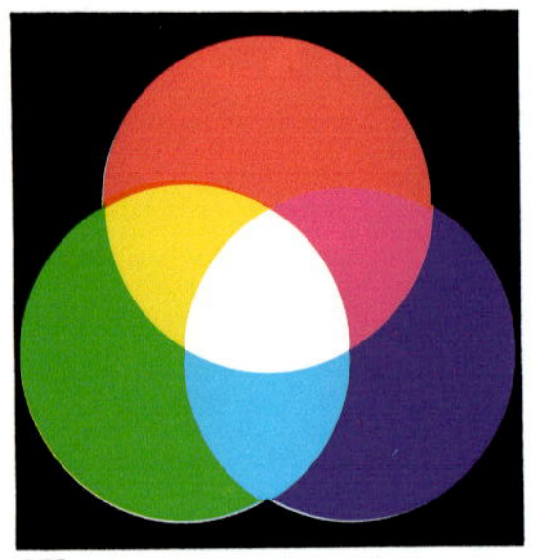
275

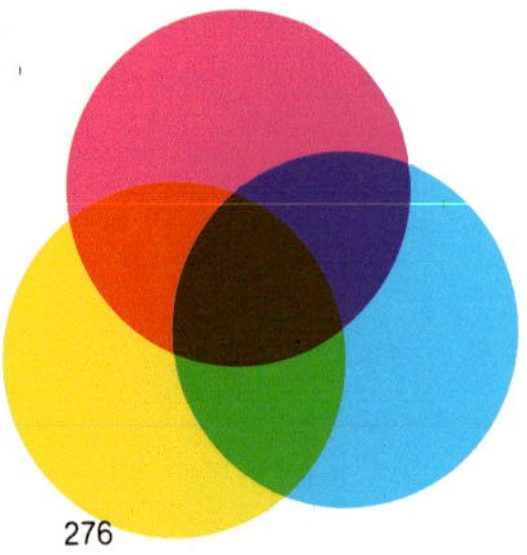
276

* Die Bezeichnung Zyanblau findet sich nicht auf den Farbkarten für die Aquarell- und die Ölmalerei. Man benutzt sie in der grafischen Kunst und bei der Farbfotografie. Sie wurde anschließend auch in moderne Abhandlungen über die Farbentheorie übernommen. Zyanblau entspricht einem neutralen Blau und ähnelt dem Preußischblau, in das etwas Weiß gemischt wurde.

Abb. 274: Newtons Zerlegung des Lichtes führte zur Entdekkung der sechs Farben des Spektrums.

Abb. 275: Lichtfarben: Synthese durch Addition.

Abb. 276: Pigmentfarben: Synthese durch Subtraktion.

Die Komplementärfarben

Der unten abgebildete chromatische Farbkreis beweist, daß iene Farben jeweils komplementär zueinander sind, die sich paarweise gegenüberliegen. Daraus folgt:

Gelb ist die Komplementärfarbe von **Zyanblau.**
Dunkelblau ist die Komplementärfarbe von **Rot.**
Purpur ist die Komplementärfarbe von **Grün.**
(und umgekehrt).

Was nützen uns die Kenntnisse über die Komplementärfarben?
Wir können bewußt **Kontraste schaffen,** indem wir zum Beispiel ausnutzen, daß die Nebeneinanderstellung von Grün und Rot einen wirklich maximalen Kontrast liefert.
Wir können mit einer **völlig neuen Farbskala,** der Skala der gebrochenen Farben, arbeiten, von der später noch die Rede sein wird.
Wir können die **Farben der Schatten** besser wiedergeben. Auch davon wird später noch die Rede sein.

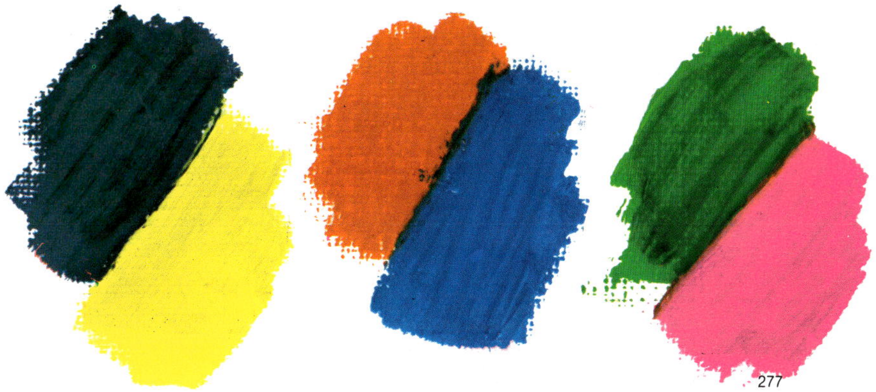
277

Abb. 277: Hier die Grundfarben und die Zweitfarben. Sie sind komplementär und liefern, nebeneinandergestellt, den höchstmöglichen Kontrast.

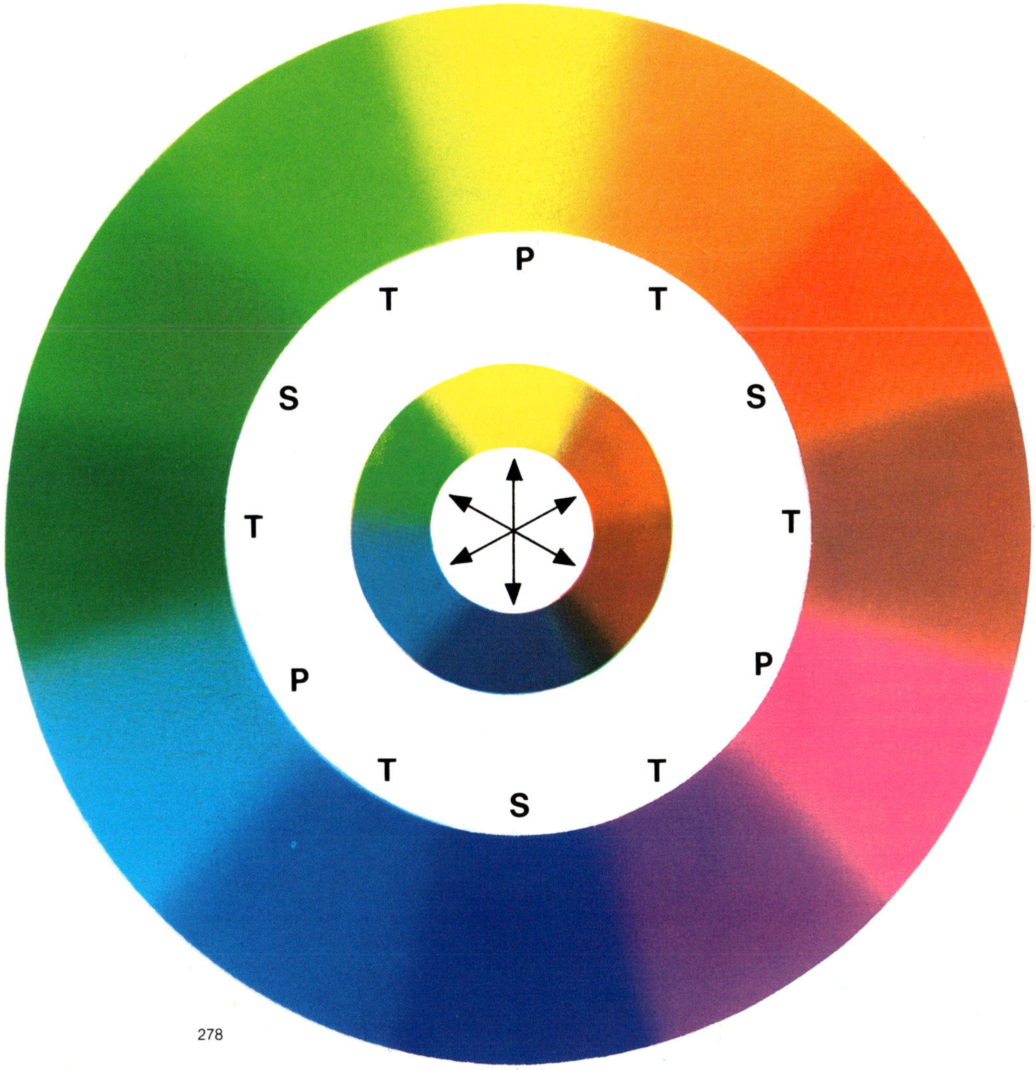

278

Abb. 278: Der chromatische Kreis der Pigmentfarben mit den Grundfarben (P). Paarweise gemischt, ergeben sie die Zweitfarben (S), die wiederum mit je einer Grundfarbe gemischt zu den sechs Drittfarben (T) führen. Die Pfeile im kleinen Innenkreis weisen auf die jeweiligen Komplementärfarben.
Hier die Klassifizierung dieser Farben:

Pigmentfarben

Grundfarben (Primärfarben):

Gelb
Zyanblau
Purpur

Zweitfarben (Sekundärfarben):

Grün
Rot
Dunkelblau

Drittfarben (Tertiärfarben):

Orange
Karmin
Violett
Ultramarin
Smaragdgrün
Hellgrün

Die Farbe der Körper, die Farbe der Schatten

Welche Farbe hat ein Körper?
Man sagt, Bananen sind gelb, Tomaten sind rot, und manche Blumen sind blau. Für uns Maler wird die Farbe jedoch grundsätzlich von drei Faktoren bestimmt. Das sind:
Die Lokalfarbe oder die Eigenfarbe der Körper: das Gelb der Banane, das Rot der Tomaten, soweit sie nicht von der Wirkung von Licht und Schatten oder den Reflexen anderer Farben modifiziert werden.
Die tonale Farbe: Sie ist heller oder dunkler als die Eigenfarbe. Das liegt an der Wirkung von Licht und Schatten, die das Rot der Tomate bzw. das Gelb der Banane aufhellen oder abschatten.
Die umgebende Farbe, die sich aus mehreren Faktoren zusammensetzt: den reflektierten Farben anderer naher Körper und der Eigenfarbe des Lichtes, der Stärke dieses Lichtes und der dazwischenliegenden Atmosphäre, die die Konturen verwischt und den Farben der Körper eine Art Grauschleier verleiht.
Doch keine Sorge: im Grunde brauchen Sie nur hinzuschauen und zu malen, was die Farbe des Körpers aussagt. Das Hauptproblem, das viele Hobbymaler nicht bewältigen, ist die Farbe der Schatten. Wie sieht sie aus? Gibt es eine Formel, mit der sich dieses Problem erfolgreich lösen läßt?
Ich glaube, es gibt sie. Sie können feststellen, daß sich die Schattenfarbe zusammensetzt aus

1. Blau, das sich in allen Schatten befindet,
2. der Eigenfarbe, um einen Ton abgedunkelt,
3. der Komplementärfarbe der Eigenfarbe.

Zum Beispiel:
Abb. 279: Blau befindet sich in allen Schattenzonen: Dies ist zweifellos die wichtigste Feststellung. Fügen Sie Blau der Schattenfarbe hinzu. Das ist die allererste Maßnahme.
Abb. 280: Die Eigenfarbe, um einen Ton abgedunkelt: Hier handelt es sich um die tonale Farbe. Für den Schatten von Gelb benutzt man in diesem Fall Siena, für den Schatten von Rot nimmt man Karmin.
Abb. 281: Die Komplementärfarbe der Eigenfarbe: Blau ist komplementär zu Gelb, Grün ist komplementär zu Rot oder Karmin etc. Mischen Sie diese Farben. Wählen Sie sie im richtigen Verhältnis. Dann haben Sie das Problem der Schattenfarben gelöst. Ich hoffe es zumindest.

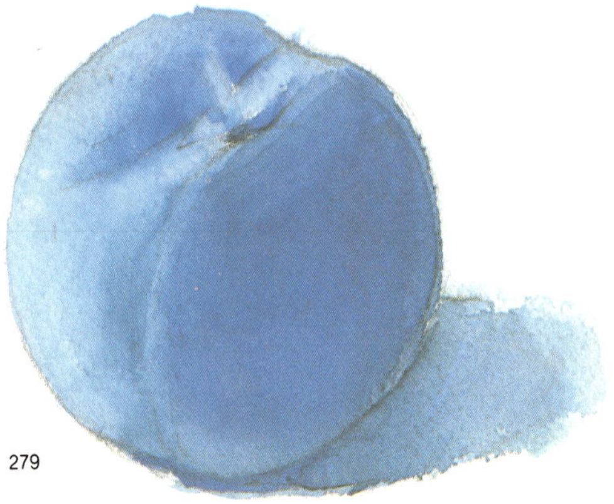
279

Abb. 279: Wäre es möglich, die Farben eines beliebigen Schattens wie bei diesem Pfirsich voneinander zu trennen, stellten wir fest, daß sich in allen Farben, und ganz besonders in den Schatten, auch Blau befindet.

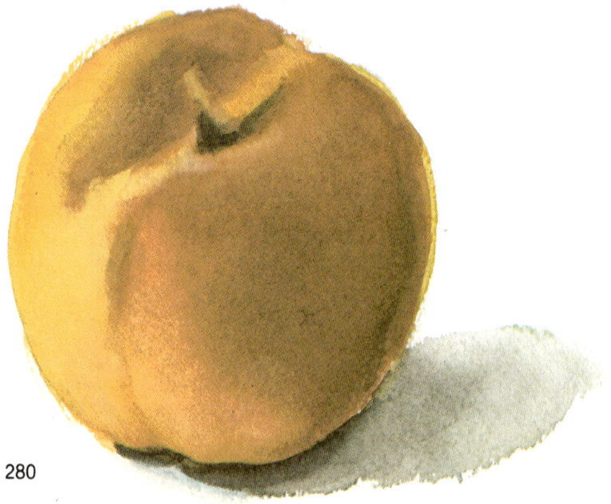
280

Abb. 280: Auch die Lokal- oder Eigenfarbe des Pfirsichs ist Bestandteil der Schattenfarben; allerdings ist sie einen Ton dunkler. Vor dem Impressionismus stellten die Künstler die Schatten mit brauner Farbe dar.

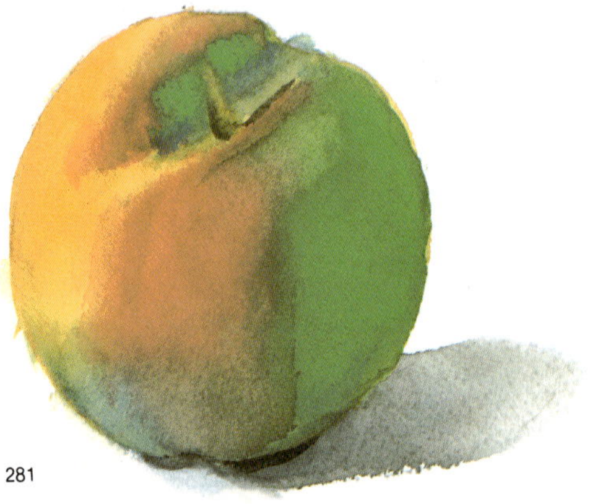
281

Abb. 281: Chevreul erkannte, daß sich in der Schattenfarbe immer die Komplementärfarbe der Eigenfarbe befindet. Ist die Eigen- oder Lokalfarbe also Rot, befindet sich im Schatten auch Grün.

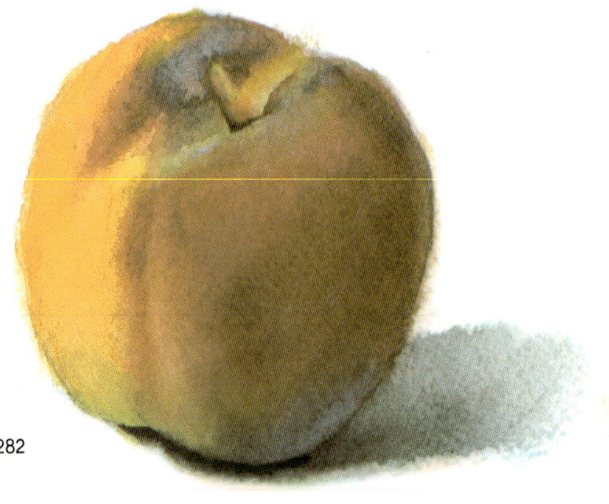
282

Abb. 282: Die Mischung der bei den vorigen Abbildungen erwähnten Farben ergibt eine Schattenfarbe, die der Wirklichkeit bemerkenswert nahekommt. Man braucht nur die notwendigen Farbmengen zu verwenden, dann entspricht das Bild dem Stil des Künstlers.

Koloristen und Valoristen

Manche Künstler malen mit beinahe flachen Farben, ohne Schatten. Das gilt besonders für heute. Haben Sie es schon bemerkt? André Lhote bezeichnet diese Maler als Koloristen. „Sie drücken sich vor allem durch die Farbe aus." Die Maler wählen bei der Arbeit im Freien eine Frontralbeleuchtung oder ein diffuses Licht ohne Schatten. Sie sehen und unterscheiden die Körper nach Farbflächen, wie es die alten Meister früher in gewisser Weise ebenfalls taten: Fra Angelico, Hieronimus Bosch, Brueghel und mit größerem Vorbedacht auch manche Impressionisten und Fauve von van Gogh über Derain bis Matisse. Denn wie Bonnard schreibt: „Die Farbe allein kann die Masse und das Volumen darstellen und ein bildhaftes Klima ausdrücken."

Auf der anderen Seite gibt es die Valoristen. Sie spielen mit den Tonwerten und setzen das Modell um in Licht und Schatten. Sie geben den Eigenschatten und den Wurfschatten wieder, um das Volumen des Körpers auszudrücken. So hielten es übrigens alle klassischen Maler und auch einige moderne wie Courbet, Nonell und Dali.

Es scheint offensichtlich, daß die Koloristen besser zum derzeitigen modernen Stil passen, obwohl es – wie André Lhote sagt – keinen guten oder schlechten Stil gibt, sondern nur „dessen gute oder schlechte Anwendung". Außerdem besteht kein Grund, sich nur auf eine der beiden Methoden zu beschränken. Picasso malte einmal mit gleichmäßigen Farben ohne Schatten und fügte ein andermal Volumen in seine Bilder ein.

„Malen? Zeichnen?" sagte Cézanne, „Erscheint eine Farbe in all ihrem Reichtum, entwickelt sich auch die Form in ihrer ganzen Fülle."

Bleibt also die Frage: Malen Sie jetzt als Kolorist oder als Valorist, nachdem Sie die beiden Alternativen kennen?

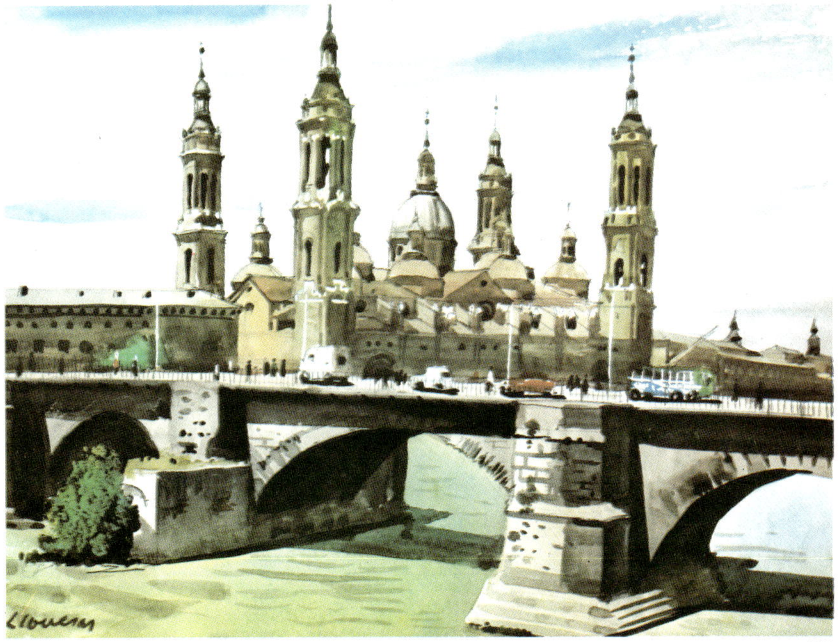

283

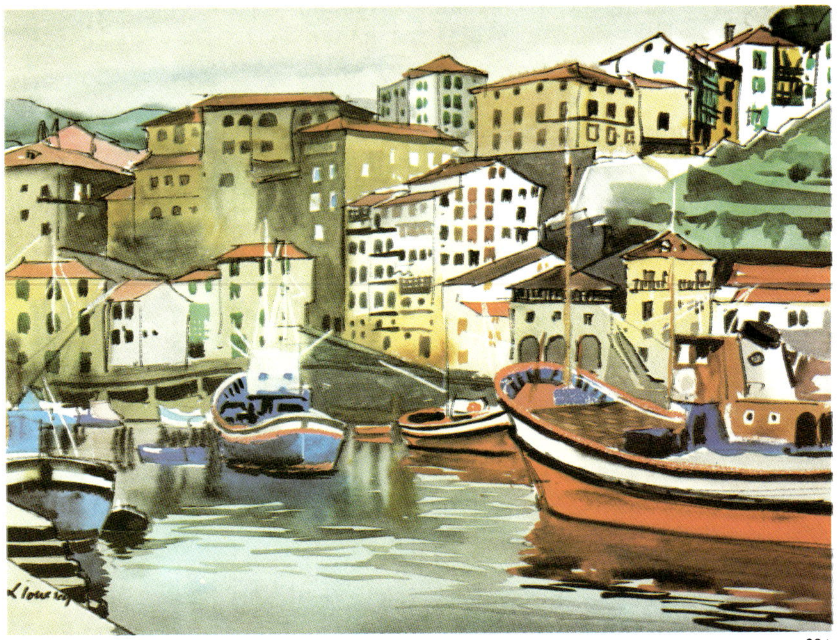

284

Abb. 283: Federico Lloveras, *Der Pilar in Saragossa*, Privatsammlung. Hier ein valoristisches Werk, bei dem die Formen der Körper mit Hilfe von Licht und Schatten wiedergegeben werden. Dies ist ein klassischer Stil, den die meisten Künstler bis zum vorigen Jahrhundert anwendeten.

Abb. 284: Federico Lloveras, *Fischerhafen im Norden Spaniens*, Privatsammlung. Diesen Stil bezeichnet man als koloristisch. Die Formen werden nicht durch die Gestaltung oder das Spiel von Licht und Schatten, sondern durch die Farben wiedergegeben Für jedes Haus, jedes Boot, jeden Gegenstand verwendet der Künstler unterschiedliche Töne. Die moderne Malerei kennt zahlreiche Beispiele für koloristische Bilder, besonders aus der Zeit der Fauve und der Expressionisten.

Die Harmonisierung der Farben

Im Alter von siebzig Jahren unternahm Turner eine weitere Reise nach Venedig und malte dort die besten Aquarelle seines Lebens. Sie galten und gelten noch heute als ein Wunder der Technik und zeugen von einer fantastischen Beherrschung von Wasser und Farbe. Vor allem aber geben sie uns eine äußerst wichtige Lehre hinsichtlich der Mischung und Harmonisierung von Farben. Angesichts der außerordentlichen Schönheit der Veduten von Venedig, in denen Grau und Blau dominieren, sagte der große Constable über Turner: „Ihm ist es gelungen, die Atmosphäre wiederzugeben."

Natürlich ist Turner nicht zufällig zu diesem Ergebnis gelangt. Die berühmten Aquarelle besitzen einen bestimmten Farbstich, also eine im voraus überlegte dominierende Farbe, die Turner anschließend in eine konkrete Farbskala verwandelte – in eine „perfekt geordnete Folge von Farben und Tonwerten". So kann die Tonalität eines Bildes zum Beispiel aus blaustichigen Farben bestehen. Dann entspricht sie der Skala der kalten Farben. Sind die Farben dagegen rotstichig, gehören sie zur Skala der warmen Farben. Darüber hinaus können sie aus einer Reihe von Grautönen oder Farben mit einem Graustich bestehen und gehören dann zur Skala der gebrochenen Farben (siehe Kasten oben rechts mit den Farben der Skalen).

Glücklicherweise sind diese Farbskalen für uns Künstler am Modell selbst zu erkennen. Ganz gleich, um welche Thematik es sich handelt, in der Natur gibt es immer irgendeine Lichttendenz, die die Farben untereinander und mit anderen in Beziehung bringt. Diese Tendenz kann sehr ausgeprägt sein, zum Beispiel in der Morgendämmerung eines bewölkten Tages, wenn Blau und Grau dominieren, oder bei Sonnenuntergang, wenn alles golden, gelb und orange ist. Vor allem wenn die Harmonieskala der Farben nicht offen zu Tage tritt, muß sich der Künstler bemühen, eine bestimmte Skala zu finden.

Halten Sie sich daran. Vielleicht gelingt es Ihnen ja, „die Atmosphäre zu malen".

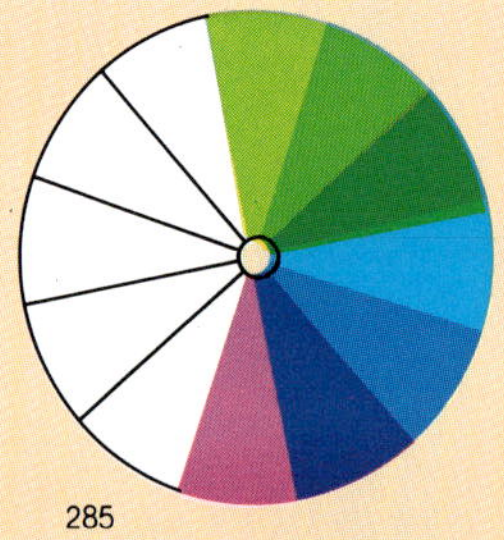

285

Abb. 285: Skala der kalten Farben. Sie besteht aus folgenden Farben:
- Gelbgrün
- Grün
- Smaragdgrün
- Zyanblau
- Ultramarin
- Violett.

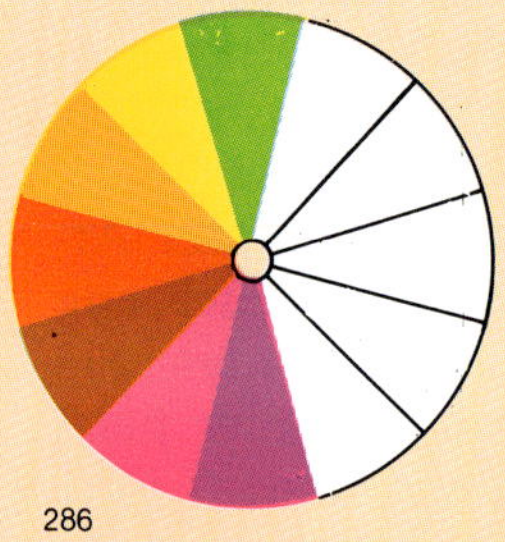

286

Abb. 286: Skala der warmen Farben. Sie besteht aus folgenden Farben:
- Gelbgrün
- Gelb
- Orange
- Rot
- Karmin
- Purpur
- Violett.

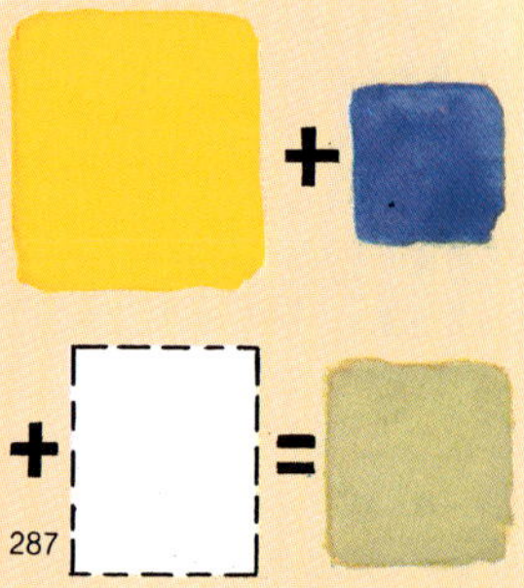

287

Abb. 287: Skala der gebrochenen Farben. Sie besteht aus einer Mischung der Komplementärfarben zu ungleichen Teilen. Auf weißem Papier führt sie zu graustichigen Tönen und Farben.

288

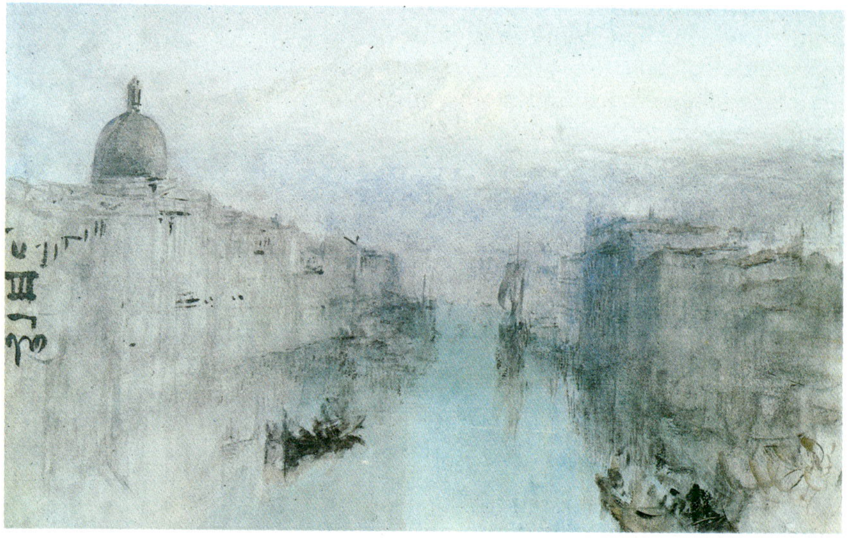

289

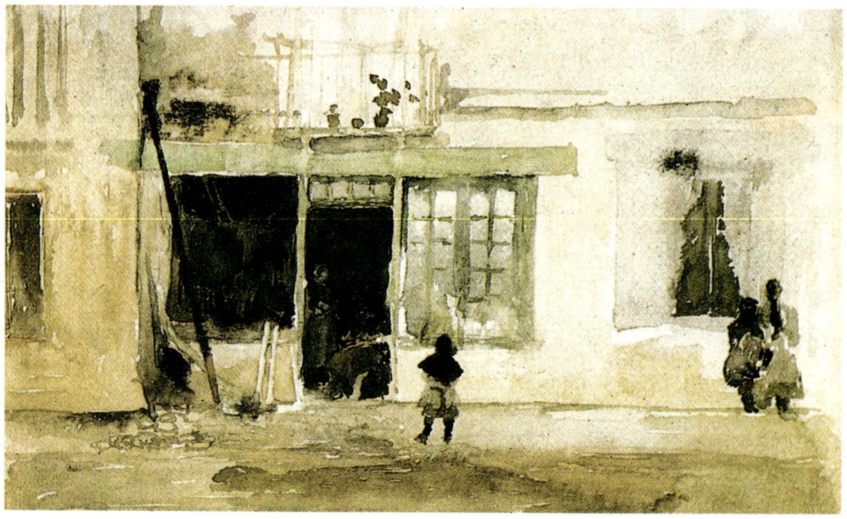

Abb. 288: William Turner, *Venedig, Canale Grande mit St. Simon bei Einbruch der Nacht*, British Museum, London. Eines der Aquarelle, das Turner während seiner zweiten Reise nach Venedig malte. Beispiel für eine kalte Farbskala.

Abb. 289: Whistler, *Grau und Grün. Ein Laden in England*, Universität Glasgow, Schenkung von Birnie Philip. Ein gutes Beispiel für eine Skala mit gebrochenen warmen Farben.

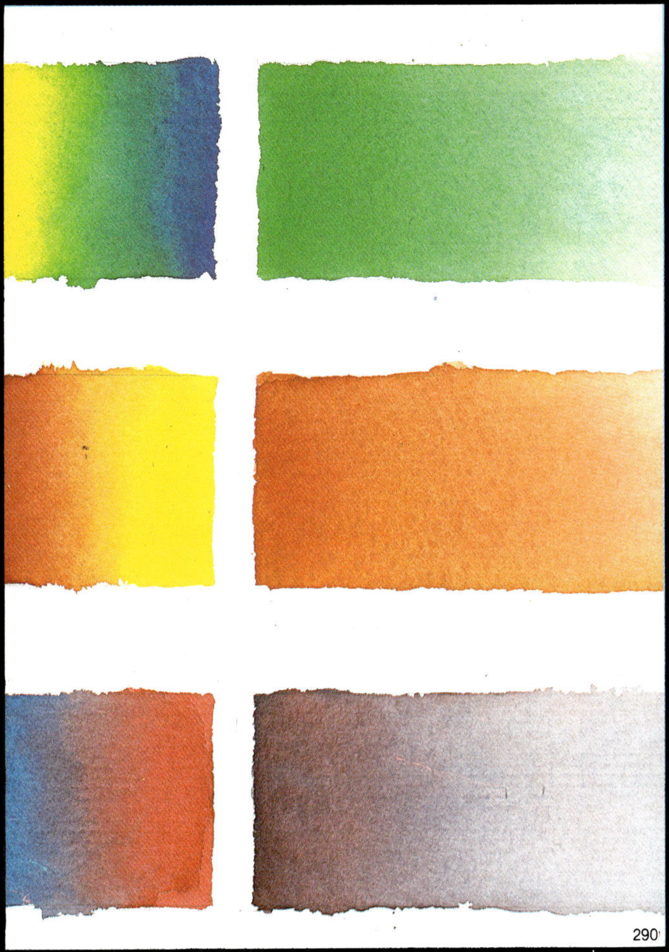

290

Zusammensetzung und Mischung der Farben

„Es gibt Farben, die man anscheinend nicht wiedergeben kann. Zum Beispiel das Grün der Gräser, die sich unter Wasser bewegen."
Claude Monet (1840–1926)

Die drei Grundfarben

Licht, Farbe, Pigment, Grundfarben, Zweitfarben . . .
Nein, wir wollen jetzt nicht mit der Farbentheorie fortfahren. Wir beschäftigen uns vielmehr mit der praktischen Anwendung dieser Theorien, bei der wir Newtons und Youngs bereits erwähnte Entdeckung umsetzen:

Alle Farben der Natur
lassen sich mit nur
drei Farben wiedergeben,

nämlich mit den drei Grundpigmentfarben Gelb, Zyanblau und Purpur. Mischt man diese jeweils paarweise, erhält man die Zweitfarben Grün, Rot und Dunkelblau, die ihrerseits paarweise mit einer Grundfarbe gemischt die Drittfarben ergeben etc. Bei uns entsprechen diese drei Grundfarben dem

Kadmiumgelb mittel
Preußischblau
Krappkarmin dunkel

Mit diesen drei Farben und dem Schwarz aus ihrer Mischung sowie dem Weiß des Aquarellpapiers können Sie die leuchtendsten Landschaften malen, wie meine unten abgebildete Skizze zeigt.

291

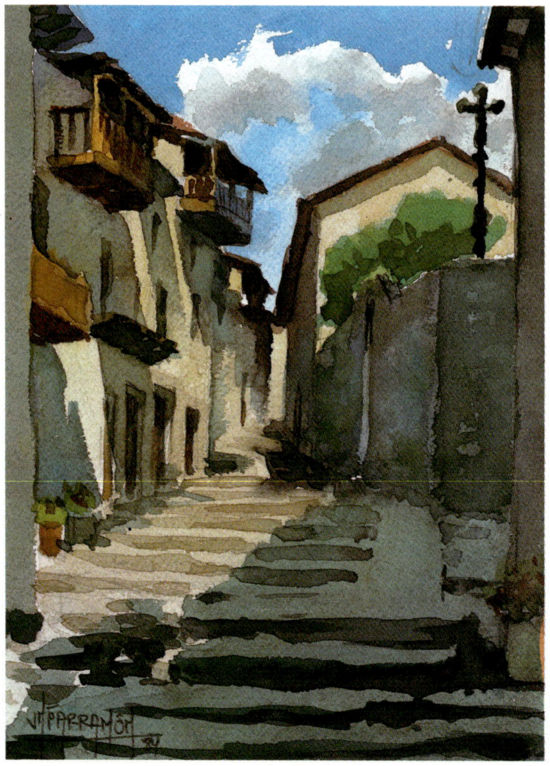

292

Abb. 292: A. Abstufung von Kadmiumgelb mittel.

B. Abstufung von Zyanblau.

C. Abstufung von Krappkarmin dunkel.

293

Abb. 293: A. Die Mischung der Grundfarben Gelb und Blau ergibt Grün.

B. Die Grünskala aus einer Mischung von Gelb und Blau ist praktisch unendlich.

294

Abb. 294: A. Die Mischung aus Purpur oder Karmin und Gelb ergibt Rot.

B. Hier die breite Skala von Orangerot und Gelbtönen, die aus einer Mischung von Karmin und Gelb entstehen.

295

Abb. 295: A. Die Mischung von Blau und Purpur ergibt ein violettstichiges Dunkelblau.

B. Mit Zyanblau und Purpur erhält man eine breite Skala von Karmin-, Mauve- und Violettönen.

296

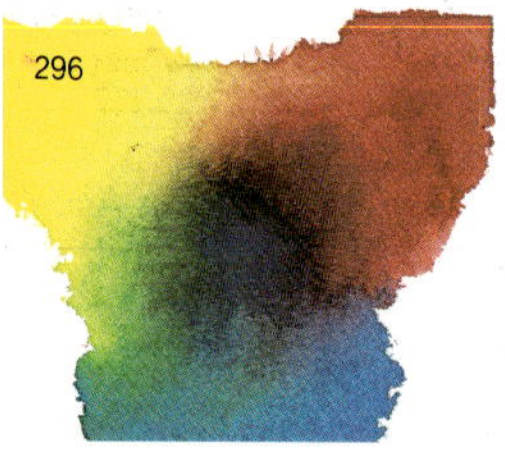

Abb. 296: A. Die Mischung der drei Grundfarben ergibt Schwarz.

B. Hier die Skala der Grautöne aus dem Schwarz der drei Grundfarben.

Die warmen Farben

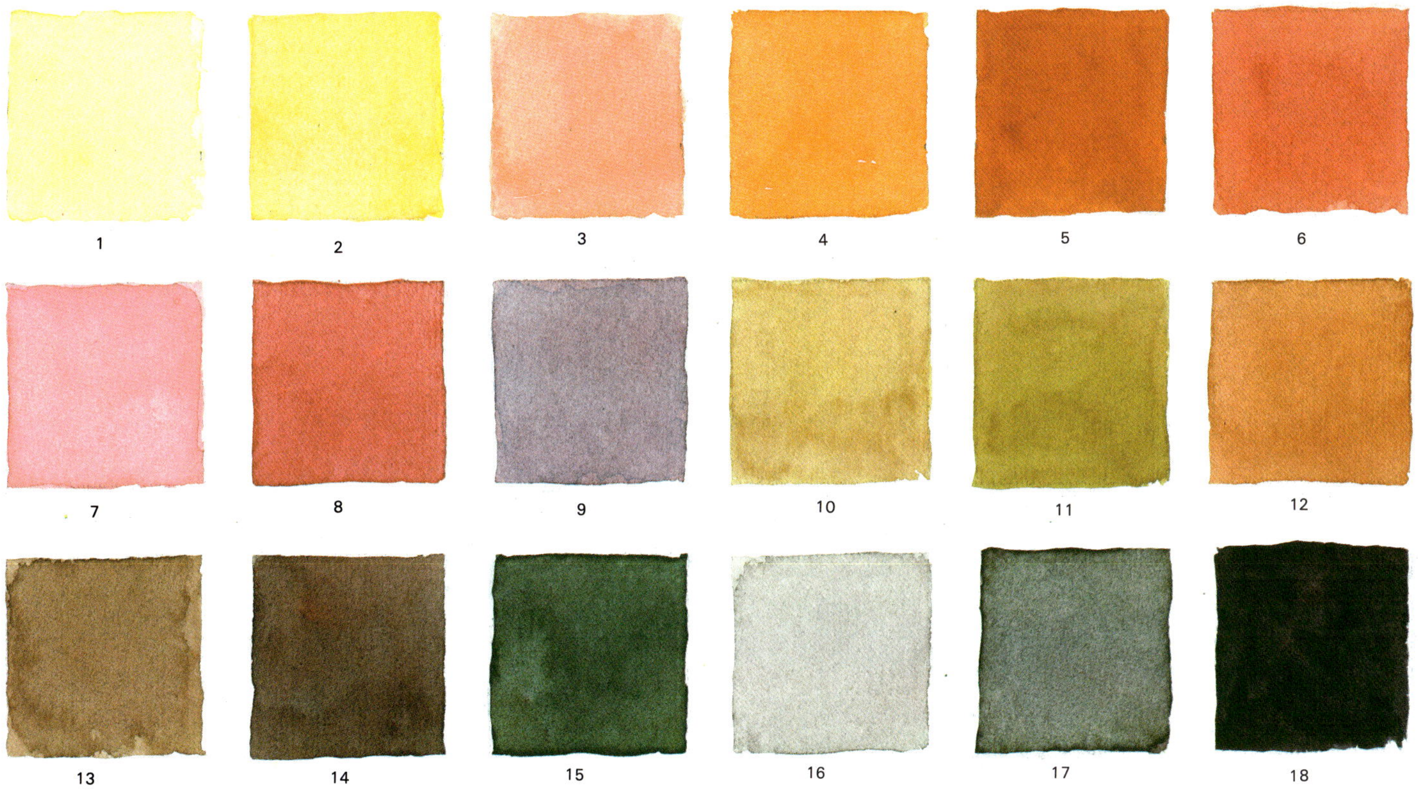

297

Ich möchte Ihnen jetzt eine Übung vorschlagen: Malen Sie eine Reihe von warmen, kalten und gebrochenen Farben einzig und allein aus den drei Grundfarben.
Diese Übung ist die Vorstufe zu einem Aquarell, für das wir dieselben Farben verwenden.
Sie benötigen dafür folgendes Material:

- Aquarellpapier guter Qualität von mittlerem Korn, 250 g oder mehr,
- die drei erwähnten Grundfarben Kadmiumgelb mittel, Preußischblau und Krappkarmin dunkel,
- einen Rotmarderpinsel Nr. 8,
- eine Rolle Papiertücher,
- zwei Gefäße mit sauberem Wasser.

Lesen Sie die folgenden Hinweise bitte durch, und vergleichen Sie sie mit den entsprechend numerierten Farbmustern. Diese werden Sie jetzt herstellen:

1. Zitronengelb: nur aus Kadmiumgelb und Wasser.
2. Helle Fleischfarbe: aus der vorigen Farbe mit einem sehr hellen Karmin.
3. Rosa: die vorige Farbe mit etwas mehr Karmin.
4. Hellorange: kräftiges Kadmiumgelb mit etwas Karmin.
5. Englischrot: mit sehr viel Gelb und Karmin.
6. Zinnoberrot: viel Karmin und wenig Gelb.
7. Rosa: Karmin mit viel Wasser.
8. Hellkarmin: viel Krappkarmin mit Wasser.
9. Violett: Karmin mit etwas Preußischblau plus Wasser.
10. Lichter Ocker hell: zunächst eine Flüssigkeit aus Gelb mit etwas Karmin, dann nach und nach kleine Mengen Blau hinzugeben.
11. Lichter Ocker dunkel: wie zuvor mit mehr Gelb und Blau.
12. Siena natur: Mischen Sie zunächst ein Orange, und fügen Sie anschließend Blau hinzu.
13. Siena gebrannt: Mischen Sie zunächst ein intensives Violett, und fügen Sie anschließend Gelb hinzu.
14. Vandyckbraun: eine dicke Mischung aus kräftigem Blau und Gelb. Fügen Sie dann Karmin hinzu, bis Sie diesen dunklen Braunton erhalten.
15. Warmes Flaschengrün: ein kräftiges Blau mit wenig Karmin und Gelb.
16. Warmes Hellgrau: ein sehr helles Violett mit viel Wasser und stark mit Wasser verdünntes Gelb.
17. Warmes Dunkelgrau: Mischen Sie ein blaustichiges dunkles Violett, und fügen Sie nach und nach etwas Gelb hinzu.
18. Schwarz: Kräftiges Blau mit kräftigem Karmin sowie etwas Gelb ergeben ein warmes Schwarz.

Die warmen Farben

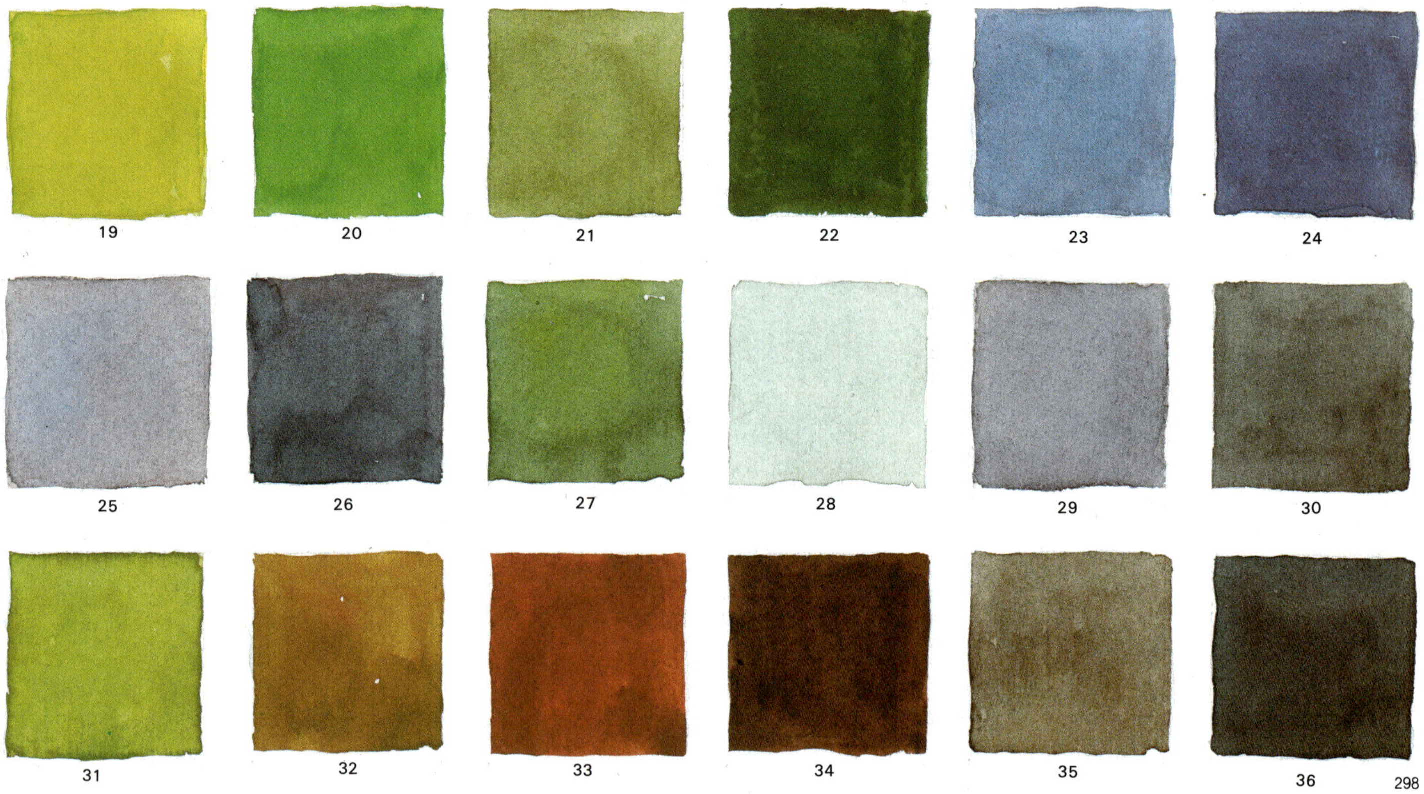

Kommen wir jetzt zu den warmen Farben mit Grün- und Blautönen, denn auch in einer warmen Farbskala können sich bei richtiger Nuancierung kalte Farben befinden. Sie müssen nur eine warme Wirkung beibehalten. Das bedeutet: Grün enthält ein wenig Rot, und Blau besitzt eine Braun- oder Karminnuance.

19. Grüngelb: Gelb mit etwas Blau und Wasser.

20. Permanentgrün: ein neutrales Grün, weder warm noch kalt. Es ist ausschließlich aus Gelb und Blau zusammengesetzt.

21. Olivegrün: die vorigen Farben mit etwas Karmin.

22. Dunkelgrün: ein Smaragdgrün aus dichtem Blau und etwas weniger Gelb. Hinzu kommt eine sehr geringe Menge Karmin.

23. Blaugrau: Verdünntes Blau mit sehr hellem Karmin.

24. Blaugrau (dunkler): dieselben Farben wie zuvor in größeren Mengen.

25. Blaustichiges warmes Grau: ein warmes blaustichiges Grün mit viel Wasser, dann verdünntes Karmin.

26. Warmes Dunkelgrau: dieselben Farben wie zuvor in größeren Mengen.

27. Khaki: blaustichiges Grün mit etwas Karmin.

28. Warmes Hellgrau: eine sehr warme Mischung aus Blau und Grün mit viel Wasser mit einer weiteren ziemlich hellen Karminflüssigkeit (nehmen Sie die Farben nach Möglichkeit von den Resten auf der Palette).

29. Hellviolett: eine Farbe–Wassermischung aus Karmin und Blau mit einem sehr hellen Gelb.

30. Neutrales Grau: Gelb und Karmin zu gleichen Teilen und etwas mehr Blau sowie Wasser.

31. Dunkles Grüngelb: ziemlich kräftiges Gelb, etwas Blau und ein sehr helles Karmin.

32. Siena natur: dieselbe Mischung wie zuvor mit etwas mehr Karmin.

33. Indischrot: Mischung wie die vorige mit etwas mehr Karmin.

34. Umbra gebrannt: die vorige Mischung mit etwas verdünntem Blau.

35. Umbra gebrannt hell: die vorige Mischung mit mehr Wasser und etwas mehr Blau. Die Farbe wird also gleichzeitig heller und grauer.

36. Neutrales Dunkelgrau: Mischen Sie ein neutrales Grau wie bei Nr. 30, und erhöhen Sie die Farbmengen ein wenig.

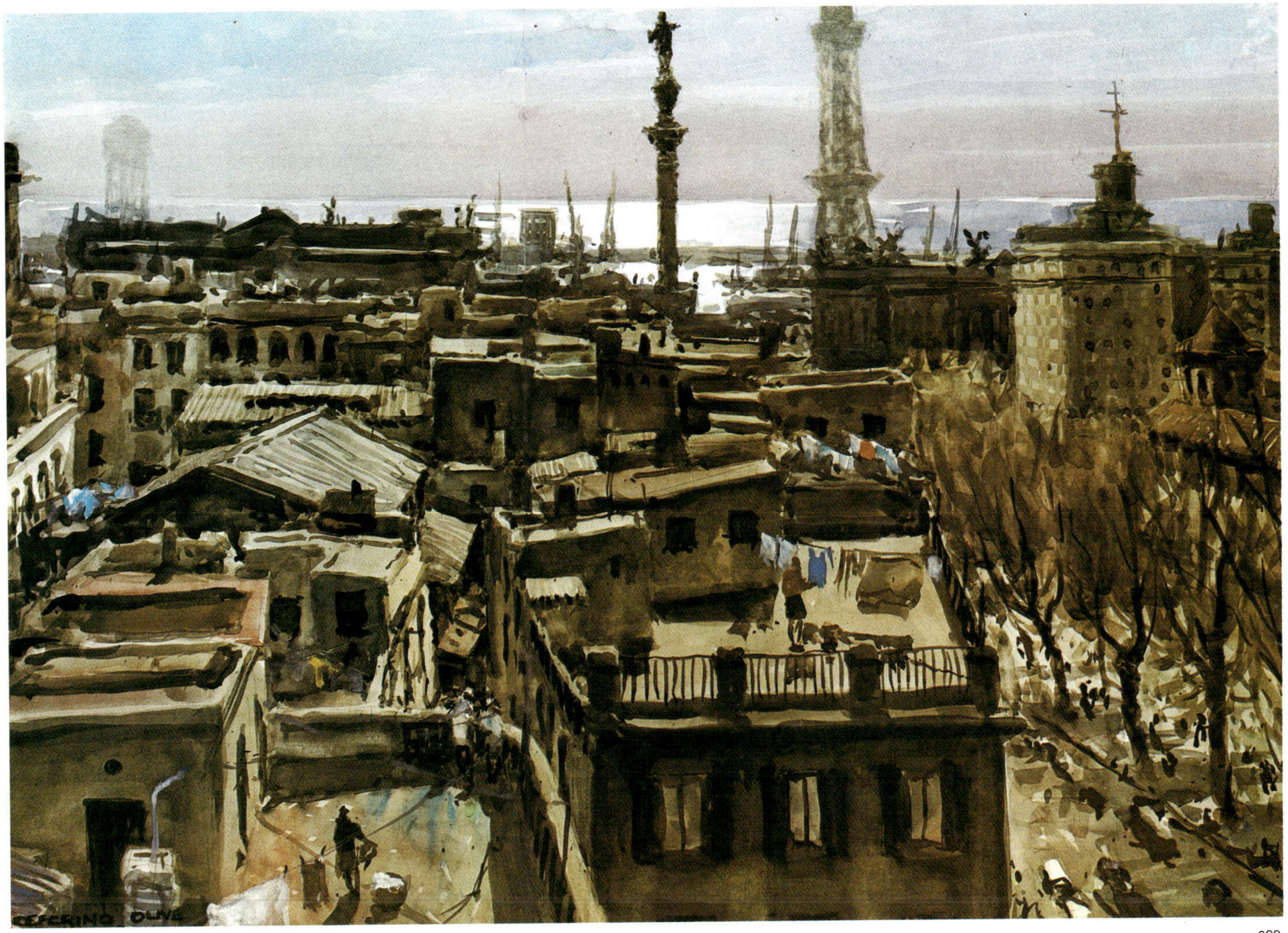

299

Abb. 299: Ceferino Olivé, *Platz des Theaters* (Barcelona), Privatsammlung. Ein bemerkenswertes Beispiel für die Harmonisierung der warmen Farben.

Die kalten Farben

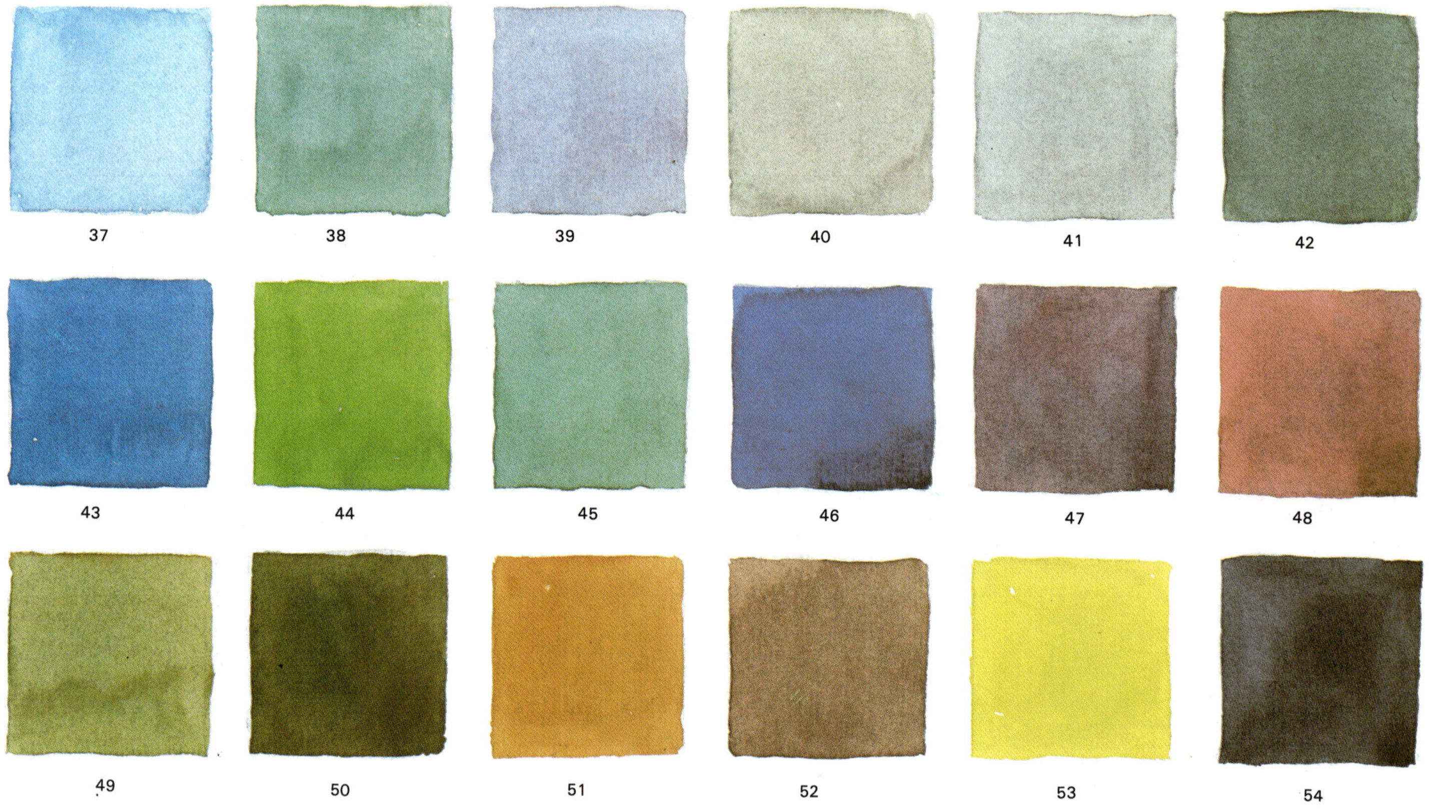

300

Wir wollen jetzt eine Reihe von Farben aus der kalten Skala mit den Dominanten Grau, Blau, Grün und Violett mischen. Hinzu kommen Gelb-, Rot- und Sienatöne. Diese können durchaus zu den kalten Farben zählen, wenn sie eine Grün-, Blau- oder Graudominante besitzen.

37. Hellblau: nur Blau mit viel Wasser.
38. Kaltes Himmelblau: verdünntes Blau und einem sehr hellen verdünnten Gelb.
39. Rot- oder karminstichiges Himmelblau: Blau mit viel Wasser mit verdünntem Karmin.
40. Neutrales Mittelgrau: eine Mischung der drei Grundfarben mit einer etwas größeren Menge Blau.
41. Kaltes Hellgrau: dieselben Farben wie zuvor mit etwas mehr Blau.
42. Kaltes Dunkelgrau: Mischen Sie zunächst ein kräftiges mittleres Violett mit viel Farbe. Fügen Sie anschließend Gelb hinzu, und neutralisieren Sie die Farbe mit Karmin und Blau.
43. Mittelblau: nur ziemlich kräftiges Blau mit Wasser.
44. Grasgrün: ziemlich kräftiges Blau mit etwas Gelb und Wasser.
45. Grünblau: Mischung aus Blau und Gelb mit erhöhtem Blauanteil.
46. Marineblau: Preußischblau mit wenig Wasser.
47. Violett: Preußischblau mit kräftigem Karmin.
48. Blaustichiges Karmin (oder Dunkelkarmin): ein kräftiges Karmin und etwas Blau mit Wasser.
49. Helles Flaschengrün: Mischen Sie ein Orange aus Gelb und Karmin, und fügen Sie nach und nach Blau hinzu.
50. Dunkles Flaschengrün: dieselbe Mischung wie zuvor mit einer größeren Menge Farbe.
51. Schmutziges Orange: Gelb und Karmin für Orange, das anschließend mit etwas Blau abgestumpft wird.
52. Siena: eine Mischung aus Karmin und Gelb mit Wasser, bis man ein helles Rot erhalten hat. Fügen Sie dann etwas Blau hinzu.
53. Dunkles Zitronengelb: Kann Gelb zur Skala der kalten Töne gehören? Ja, denn es handelt sich um ein Gelb mit einem leichten Blaustich, das der Skala der kalten Farben nahekommt.
54. Kaltes Schwarz: eine deckende Mischung aus Preußischblau mit einer etwas geringeren Menge Karmin und Gelb. Erhöhen Sie die Blaumenge, falls nötig, damit das Schwarz eindeutig kalt wird.

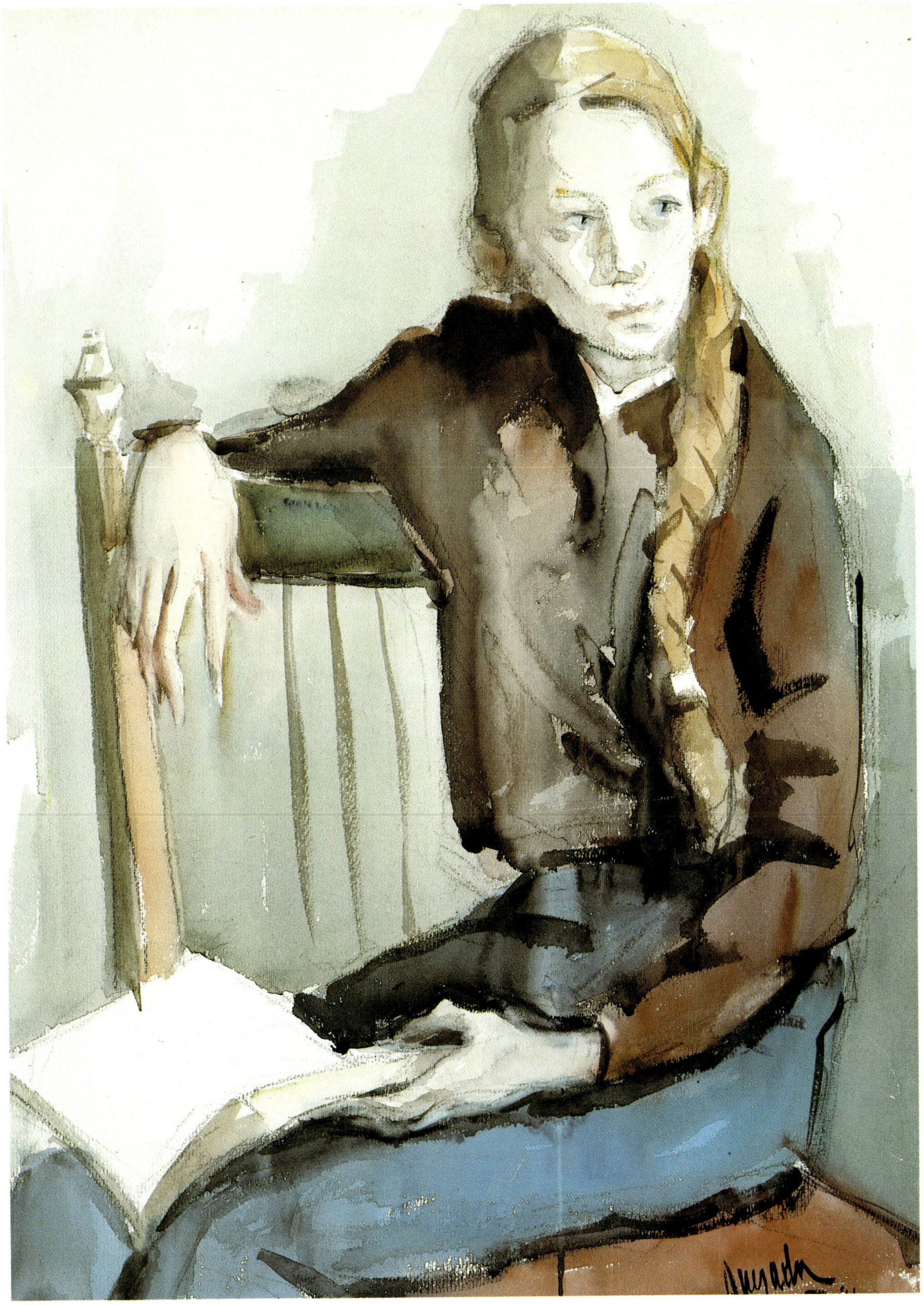

Abb. 301: Julio Quesada, *Junges venezuelanisches Mädchen,* Privatsammlung. Ein herrliches Beispiel für die Harmonisierung der kalten Farben.

301

Die gebrochenen Farben

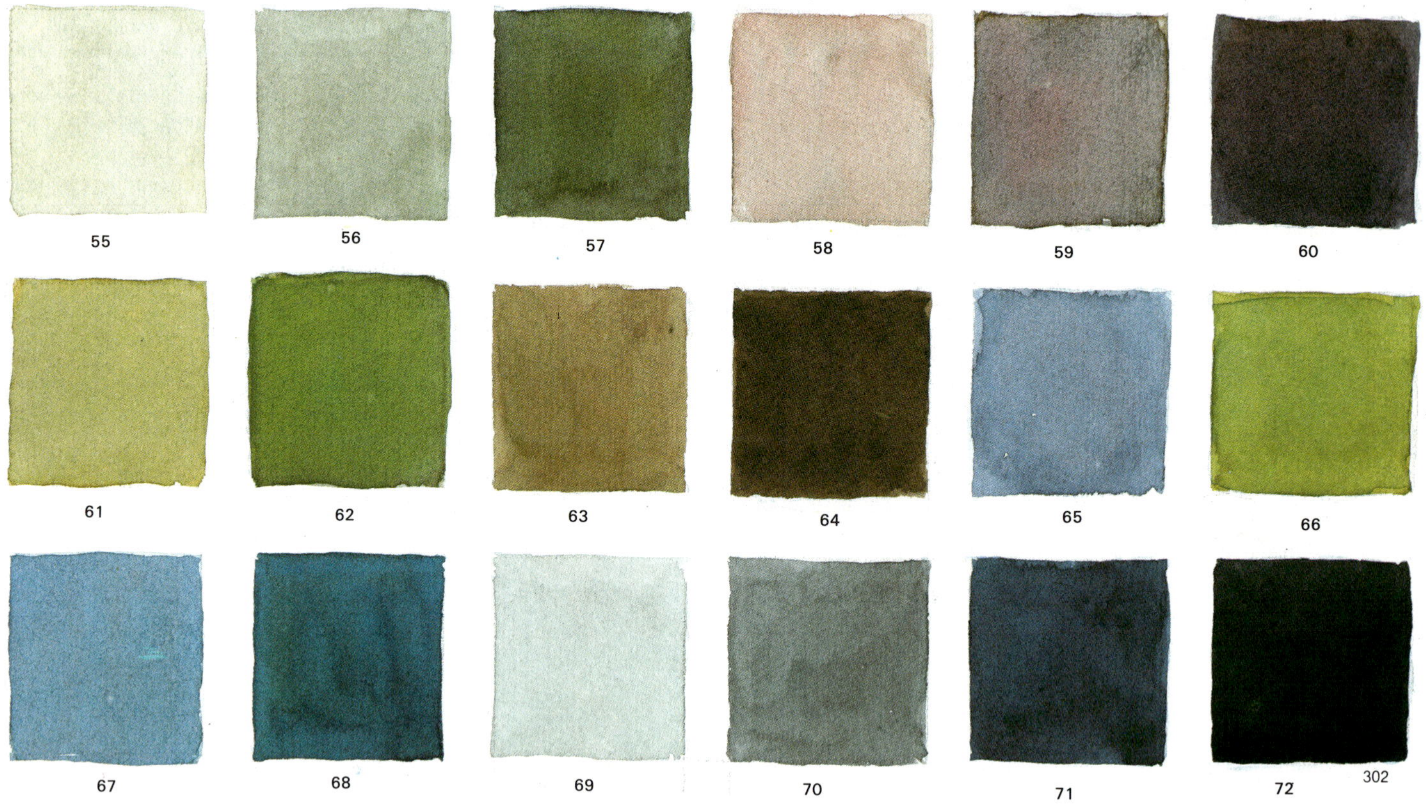

302

Zum Abschluß die Skala der gebrochenen Farben, der „schmutzigen" Farben, die dem Grau sehr ähneln. Sie erinnern sich gewiß, daß diese Farben aus einer Mischung von zwei Komplementärfarben zu ungleichen Teilen plus Weiß entstehen. Da das Weiß bei der Aquarellmalerei durch die Farbe des Papiers wiedergegeben wird, reicht in diesem Fall die Mischung der Farben.

55. Helles Graugelb: Mischen Sie zunächst mit viel Wasser ein Blauviolett aus Blau und Karmin, und fügen Sie Gelb hinzu.
56. Mittleres Graugelb: dieselbe Mischung wie zuvor mit einer größeren Menge Farbe.
57. Dunkles Graugelb: Diese Farbe ist ein gutes Beispiel für die Mischung zweier Komplementärfarben zu ungleichen Teilen. Sie besteht aus Blau und Karmin, was gemischt ein Blauviolett ergibt, und einer geringen Menge Gelb als Komplementärfarbe. Mit dem Weiß des Papiers entsteht daraus die gebrochene Farbe.
58. Karmingrau hell: Die Komplementärfarbe von Karmin (oder Purpur) ist Grün. Beginnen wir mit dem Mischen von Grün aus Blau und Gelb, und fügen wir ein flüssiges Karmin hinzu, erhalten wir das gebrochene Karmingrau.
59. Karmingrau mittel: Dieselben Farben wie zuvor in etwas größerer Menge.
60. Karminstichiges Dunkelgrau: Mischen Sie ein sehr sauberes Grün mit einer ausreichenden Menge Farbe, und fügen Sie schrittweise Karmin hinzu, bis Sie die richtige Nuance erhalten haben.
61. Ocker: Beginnen Sie mit einem sauberen Orange, und fügen Sie anschließend nach und nach Blau hinzu.
62. Olivegrün: Mischen Sie ein sauberes mittelstarkes Grün, und fügen Sie schrittweise Karmin hinzu, bis Sie die gewünschte Farbe erhalten.
63. Helles Sepiabraun: Mischen Sie ein kräftiges leuchtendes Grün, und fügen Sie nach und nach Karmin hinzu.
64. Kräftiges Sepiabraun: Wie zuvor, aber mit mehr Farbe. Gleichen Sie zum Abschluß mit zusätzlichem Blau oder Karmin aus.
65. Blaugrau: verdünntes Blau mit etwas Karmin und einer Spur Gelb.
66. Gebrochenes Grüngelb: Fügen Sie verdünntes Karmin und verdünntes Blau zu einem sehr sauberen Gelb.
67. Gebrochenes Himmelblau: Mischen Sie ein sehr sauberes verdünntes Himmelblau, und fügen Sie sehr helles verdünntes Karmin und Gelb hinzu.
68. Blaugrau: dieselben Farben wie zuvor, aber intensiver.
69. Neutrales Hellgrau: Mischen Sie dieses Grau auf einem Extrablatt aus den drei Grundfarben zu gleichen Teilen.
70. Neutrales Mittelgrau: wie zuvor, jedoch mit mehr Farbe.
71. Paynesgrau (ein neutrales, blaustichiges Grau): kräftiges Blau mit etwas Karmin und einer Spur Gelb.
72. Neutrales Schwarz: dichtes kräftiges Blau mit etwas Karmin und Gelb. Machen Sie einen Probestrich, denn die genaue Nuance zeigt sich erst auf dem Papier.

Besondere Farben

Unerfahrene Hobbymaler fragen manchmal: „Gibt es eine besondere Farbe, mit der man Silber oder Gold darstellt? Und welche Farbe nimmt man für Glas?“
Darauf kann ich nur antworten: „Es gibt keine bestimmte Farbe, um Silber zu malen; es gibt auch keine Gold- oder Glasfarbe.“
Glas ist farblos: Einen gläsernen Gegenstand zu malen, ist sicher komplizierter als der Aufbau eines Würfels. Aber besonders schwierig ist es nun auch wieder nicht. Es ist vielleicht mühsamer und erfordert große Sorgfalt. Im Grunde braucht man jedoch nur die Formen, die Transparenz, die Töne und die Farben genau zu erkennen. „Man muß ganz einfach kopieren“, wie der große Michelangelo sagte. Es gibt keinerlei Geheimnis. Man braucht nicht einmal besonders geschickt zu sein. Die Farben, die durch einen gläsernen Gegenstand hindurchscheinen, sind ebenso konkret wie die eines Tisches oder eines Apfels. Sie besitzen nur einen gewissen Glanz und einige Reflexe. Dadurch verändert sich bei einigen Farben leicht der Ton, und es ergeben sich kleine Verzerrungen.
Es gibt keine Farbe für Gold: Müßte man die genaue Farbe bestimmen, würde man gewiß Lichter Ocker nennen. Doch ohne den Glanz und die Reflexe ist es kein Gold. Die Farbe des Goldes setzt sich aus unzähligen Nuancen, Flecken und kleinen Abstufungen zusammen, die von Weiß über Karmin, Grün, Siena, Ocker, Rot, Gelb, Blau etc. bis Schwarz gehen können.

A

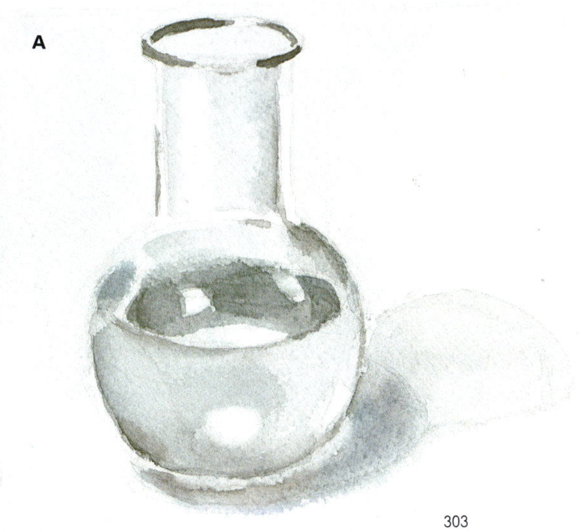

B

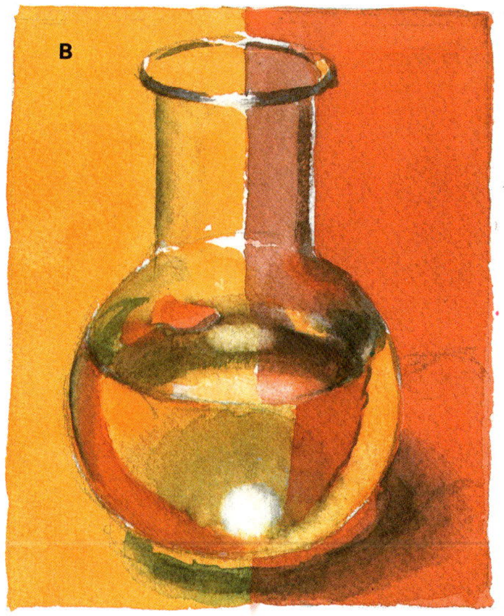

C

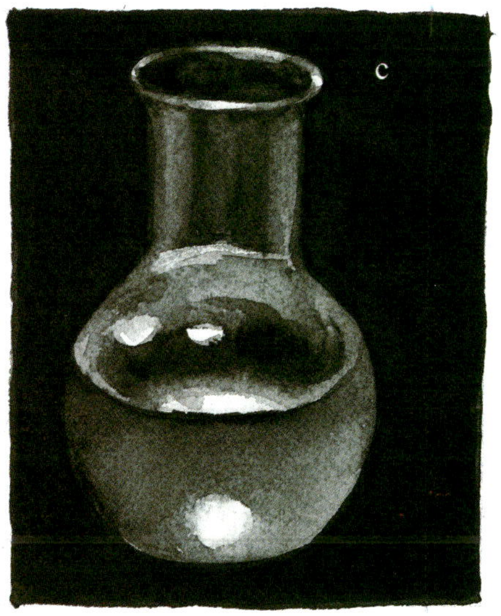

303

Abb. 303: Glas hat keine Farbe. Das Glasgefäß A ist weiß, weil es sich vor einem weißen Hintergrund befindet, der durch das Glas hindurchscheint. Vor einem roten und orangefarbenen Hintergrund (B) erscheint das Gefäß in diesen Farben. Dabei wird die Begrenzung durch das Glas leicht verzerrt. Vor einem schwarzen Hintergrund (C) erkennt man ein Glas an seinen Reflexen und dem Widerschein des Lichts und der Farben, die es umgeben.

304

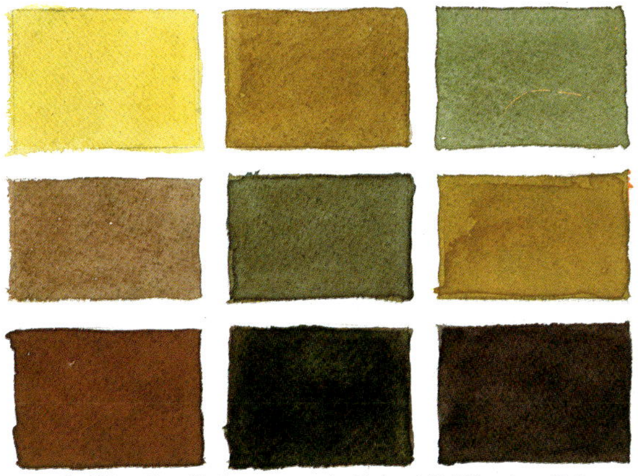

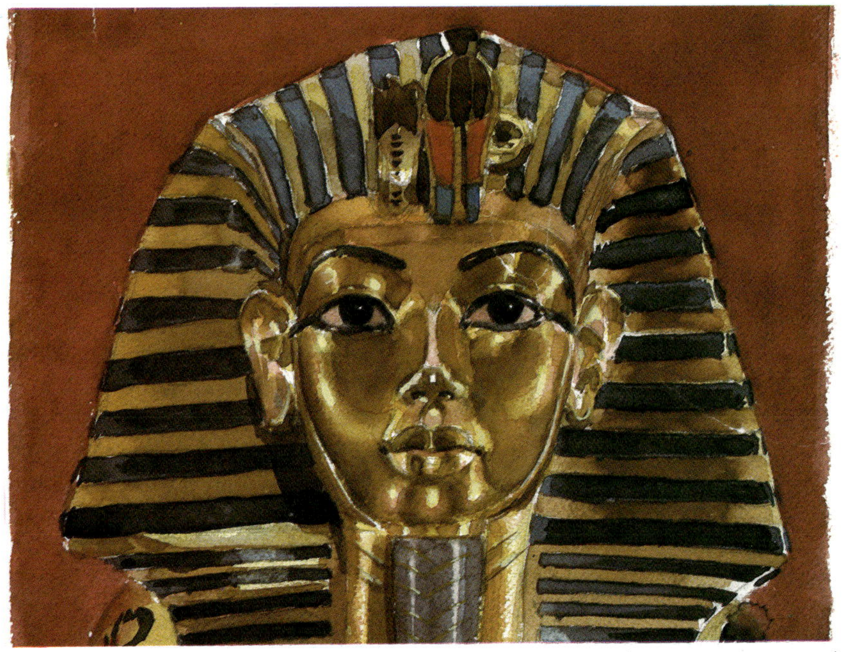

305

Abb. 304: Hier eine Skala, um einen goldenen Gegenstand zu malen.

Abb. 305: Mit dieser Skala habe ich das nebenstehende Bild gemalt. Gold gibt es nicht als Farbe. Mit Hilfe einer Reihe anderer Farben und Nuancen des Modells gelingt es jedoch, einen goldenen Gegenstand darzustellen.

Ein Aquarell mit drei Farben

Haben Sie die Farbskalen auf den vorigen Seiten wirklich gründlich geübt, müßten Sie jetzt in der Lage sein, mit denselben drei Farben ein Stilleben zu malen, das Sie selbst zusammenstellen. Es handelt sich um eine Übung, die für jeden Aquarellmaler außerordentlich nützlich ist, denn sie erinnert uns an die Bedeutung der drei Grundfarben und bestätigt die Aussage, daß man kein allzu breites Farbsortiment zum Malen benötigt. Besorgen Sie sich also das erforderliche Material. Dann machen wir uns gemeinsam an die Arbeit.
Wählen Sie die Bestandteile, aus denen sich Ihr Stilleben zusammensetzt. Versuchen Sie, ein Motiv zu finden. Greifen Sie nicht zu einem umfassenden Thema. Vielleicht nehmen Sie ein Modell, das zufällig auf dem Tisch steht; es sollte jedoch möglichst einem konkreten Kompositionsschema entsprechen. Diesen Weg habe ich gewählt. Ich habe die Elemente meines Modells in einem dreieckigen Schema plaziert und beschlossen, es koloristisch und mit der warmen Farbskala zu malen, die bereits auf der Fotografie zu erkennen ist (Abb. 306).

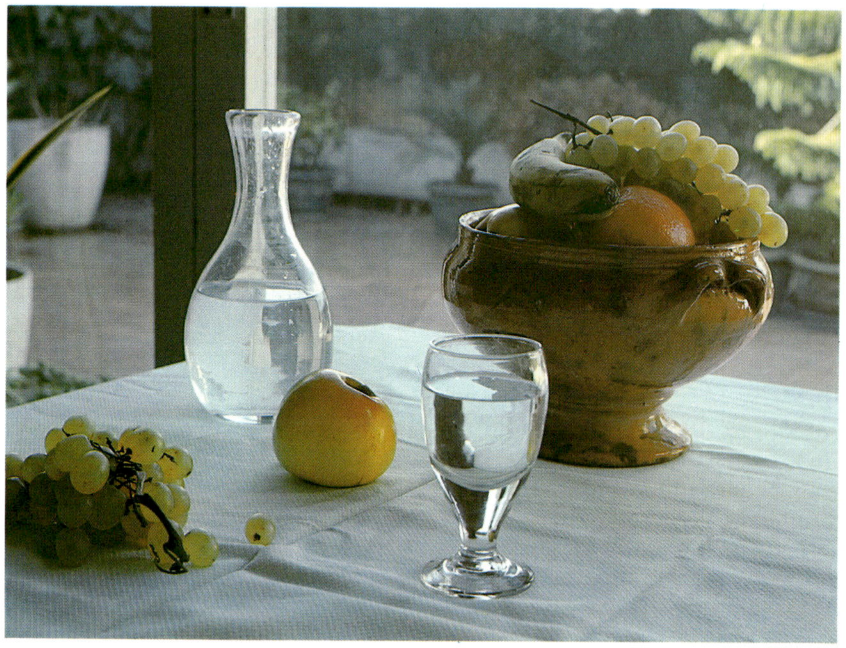

306

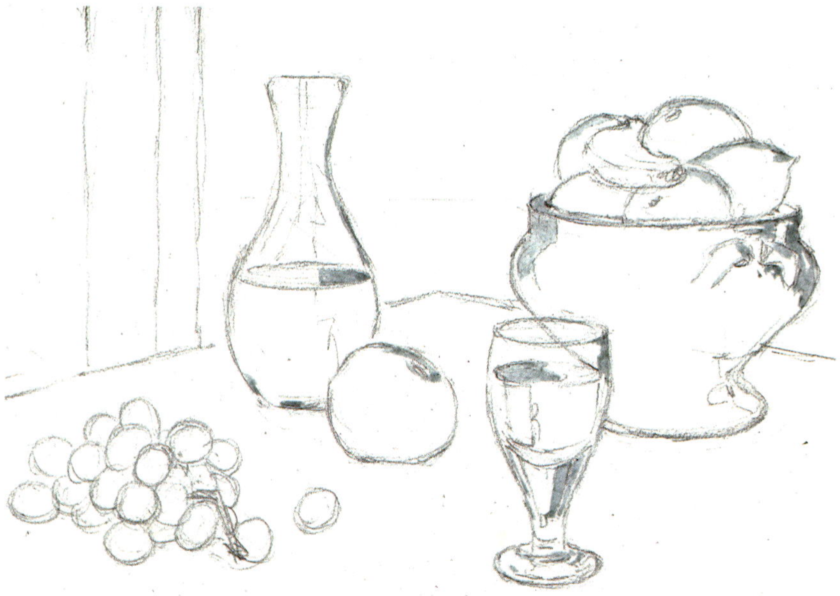

307

Erstes Stadium: Zeichnung und Aussparen von Weiß mit Flüssiggummi (Abb. 307)
Ich mache zunächst eine Probezeichnung und fertige eine Rohskizze an, die anschließend stark ausgearbeitet werden soll. Ich zeichne ohne Schatten, also völlig linear (normaler Bleistift Nr. 2). Anschließend spare ich mit einem synthetischen Pinsel und Flüssiggummi einige weiße Stellen aus. Hier heißt es achtgeben! Ich möchte zwei Dinge unterstreichen. Erstens: Flüssiggummi ist nur ein Hilfsmittel, es hat keinen Selbstzweck. Benutzen Sie es also als Hilfe, und mißbrauchen Sie es nicht. Wir werden später noch sehen, daß man das Weiß am besten einfach freiläßt – es also ohne den Flüssiggummi ausspart. Zweitens: Tragen Sie den Flüssiggummi äußerst sorgfältig genau an der richtigen Stelle auf. Wie Ihnen bekannt, ist der Gummi leicht gefärbt und damit sichtbar. Sie können ihn also in jedem Einzelfall ohne Schwierigkeiten an den entsprechenden Stellen korrekt anwenden.

Zweites Stadium: Anlegen der Hintergrundfarben und der großen Flächen (Abb. 308)
Ich fahre zunächst mit dem angefeuchteten Schwamm über das gesamte Papier, um eventuelle Fettspuren der Hand während des Zeichnens zu entfernen. Sobald das Papier wieder trocken ist, feuchte ich den Hintergrund hinter dem Obst und der Karaffe mit einem Rotmarderpinsel Nr. 12 und sauberem Wasser an. (Mein Zeichenbrett auf der Tischstaffelei ist um 60 Grad geneigt.) Ich mische ein warmes Grau für den Hintergrund und trage es auf die feuchte Fläche, gebe jedoch gleichzeitig blaue, karminfarbene und gelbe Tupfer hinein, die mit dem ur-

Abb. 309 (rechts): Ich habe nur die Weißstellen des Glases und der Obstschale mit Flüssiggummi ausgespart. Nach dem Entfernen des Gummis bin ich unangenehm überrascht von dem harten Weiß, das die Benutzung des Flüssiggummis fragwürdig macht.

sprünglichen Grau spielen. Ich fahre fort mit dem Ocker des Tischtuches, das im Vordergrund etwas dunkler ist. Ich versuche, die Farbe zu bereichern und zu nuancieren. Ich beende dieses Stadium mit der Verstärkung einiger Flächen wie dem Apfel, der Obstschale etc.

Drittes Stadium: Verstärkung der Farben, Herausarbeitung der Formen und Entfernung des Flüssiggummis (Abb. 309)
Ich male jetzt die lebhaften Farben der Früchte, und zwar auf koloristische Weise ohne Schatten. Auch die Obstschale lege ich mit flachen Farben an. Ich male den Apfel und bearbeite anschließend das Glas und die Wasserkaraffe mit einem warmen Grau. Nun entferne ich den Flüssiggummi durch Reiben mit dem Finger und radiere die restlichen Bleistiftstriche aus. Betrachten Sie

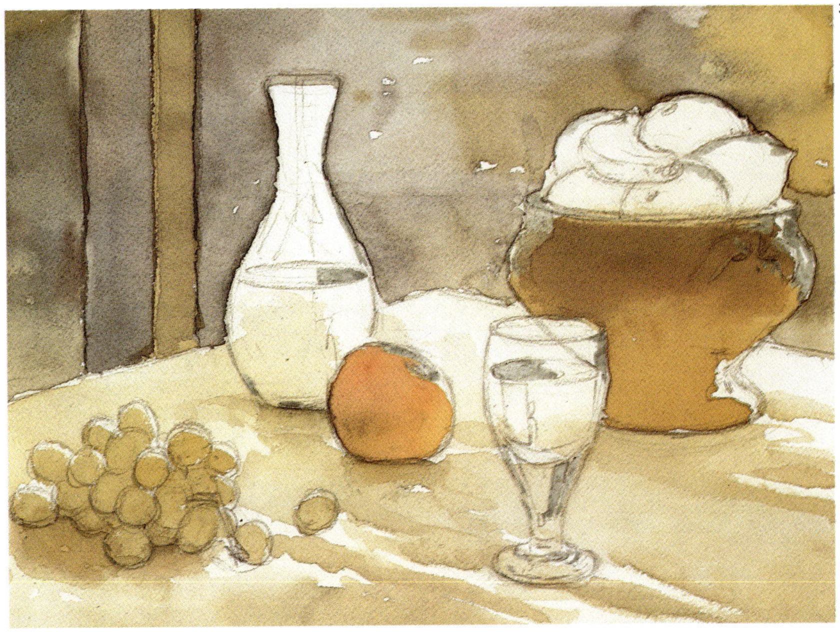

308

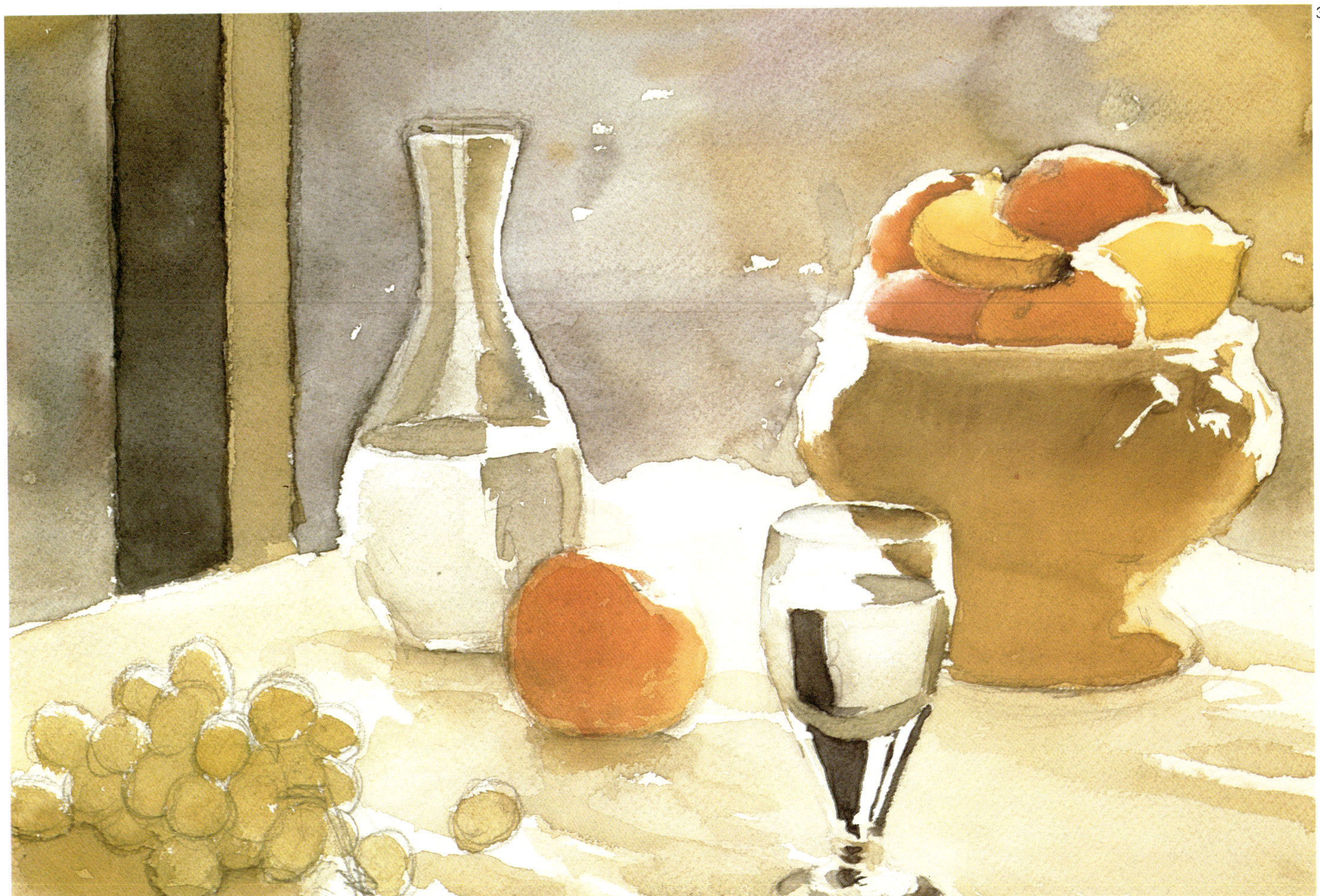

309

Ein Aquarell mit drei Farben

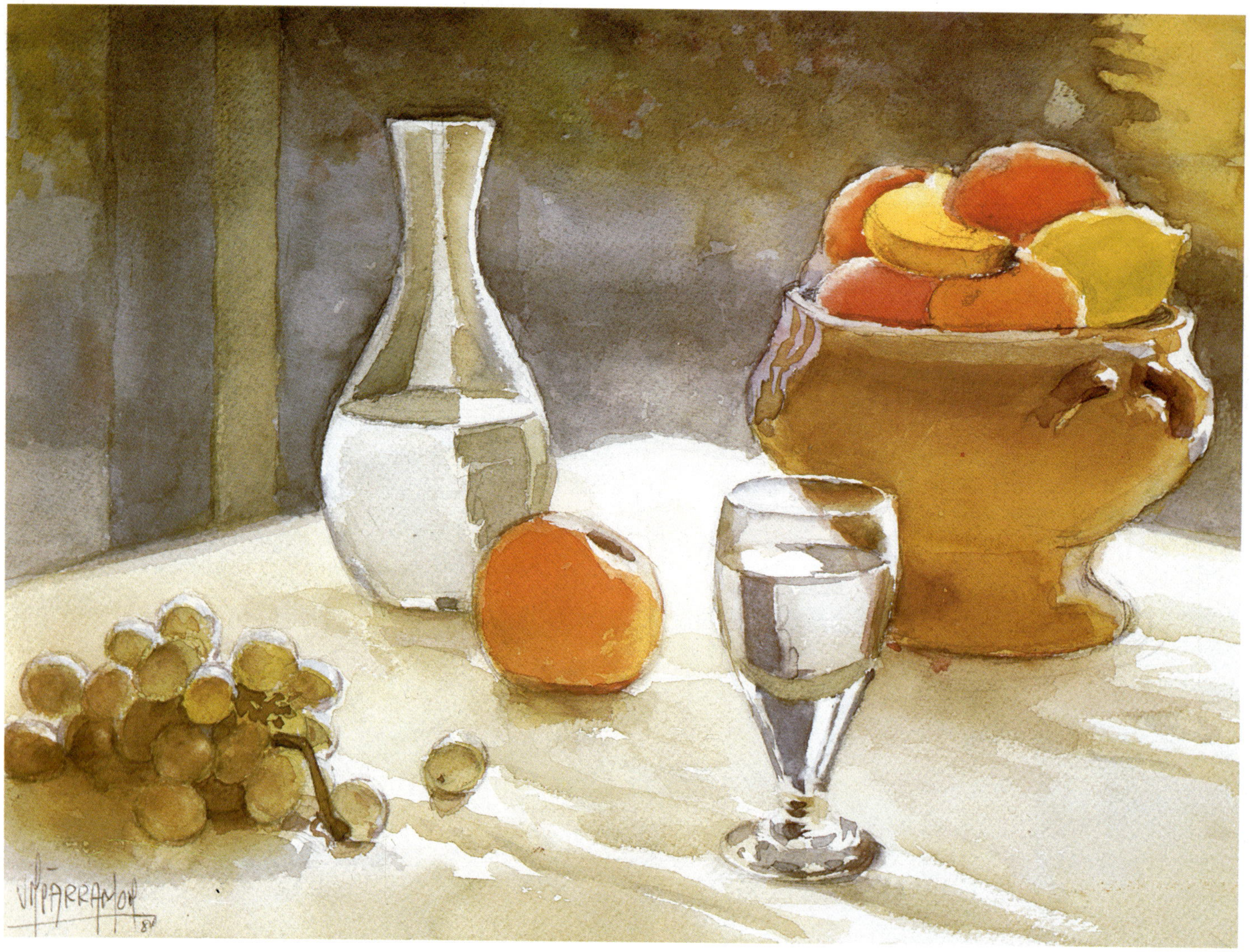

310

den Stand des Aquarells auf Abbildung 309. Sie erkennen den heftigen Kontrast, den die ausgesparten Formen liefern. Er zwingt uns, zu retuschieren und die Begrenzungen etwas abzumildern.

Viertes und letztes Stadium: Abstimmung der Farben und Abschlußarbeiten (Abb. 310)
Ich lege zunächst einige Lasuren an (sehr helle Farbe–Wassermischungen) und harmonisiere damit ein paar zu krasse ausgesparte Weißflächen. Das betrifft die Reflexe auf der Karaffe und auf dem Wasserglas sowie den Glanz der Früchte in der Schale und auf dem Apfel. Anschließend intensiviere ich die Farbe der Obstschale. Ich präzisiere die Farbe mancher Früchte und beende die Karaffe und das Wasserglas. Hier heißt es aufpassen! Es wäre katastrophal, wenn man jetzt alles grau malte! Sie müssen die Farbe im Gegenteil abwechslungsreicher gestalten und die Tendenz des Modells noch verstärken. Nun lasse ich einen Tag verstreichen, bevor ich das Bild signiere. Am nächsten Tag entdeckt man immer noch etwas, was verbessert werden muß. Ich habe nur mit den drei Grundfarben Kadmiumgelb mittel, Preußischblau und Krappkarmin dunkel gearbeitet. Das Aquarell ist auf einem Block mit 300-g-Papier entstanden. Ich habe dazu Aquarellfarben in Näpfen in Künstlerqualität und Rotmarderpinsel Nr. 8, 12 und 14 benutzt.

Abb. 310: Ihre Freunde werden bezweifeln, daß Sie ein Aquarell wie dieses oder eines mit einer eigenen Komposition mit nur drei Farben gemalt haben. Sie sollten es ihnen zeigen und sie davon überzeugen, daß man tatsächlich alle Naturfarben mit den drei Grundfarben wiedergeben kann.

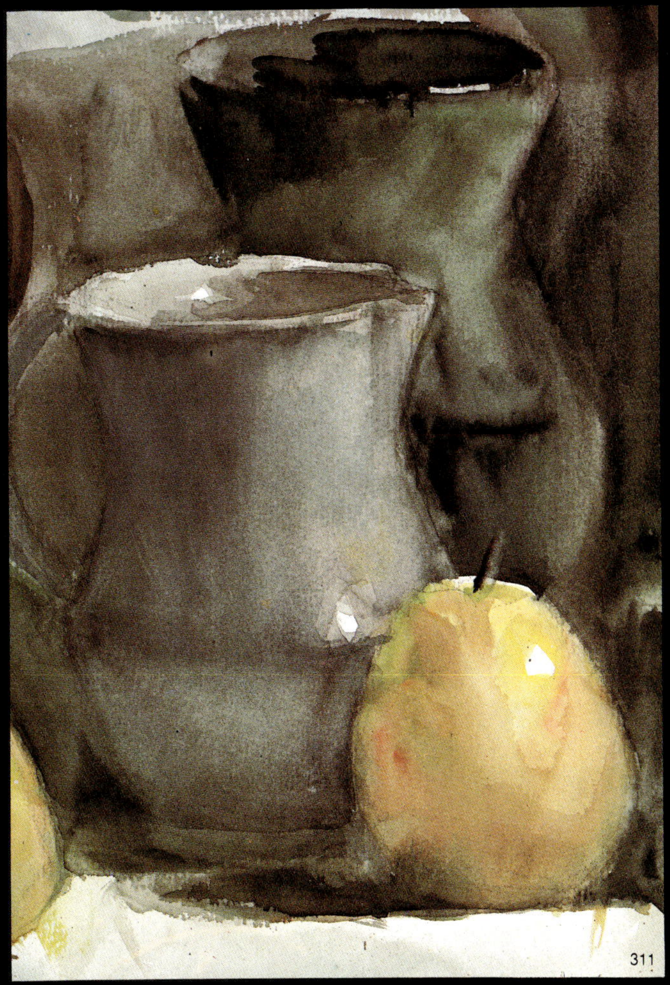

Technik und Handwerk

„Die Synthese ist notwendig. Der prägnante Mensch macht uns nachdenklich, der Schwätzer langweilt uns."

Edouard Manet (1832–1883)

Trockentechnik – Naßtechnik

Malen in der *Trockentechnik* bedeutet, mit transparenten Farben zu arbeiten und das Weiß des Papiers mit einzubeziehen. Dabei umreißt man die Konturen und die Begrenzungen, wo es das Modell erfordert. Deshalb braucht man jedoch nicht auf die Abstufungen und die fließenden Linien zylindrischer oder runder Formen zu verzichten. Niemand zwingt uns, die Pinselstriche im Hintergrund so markant anzulegen, daß keinerlei Atmosphäre entsteht.

Natürlich besteht bei der Trockentechnik die Gefahr, daß das Aquarell „bricht" (Abb. 312).

Erinnern wir uns: Beim Malen mit Aquarellfarben arbeitet man immer von schwach nach stark. Das heißt, man malt zunächst die hellen Zonen, die sehr groß sein können, und legt anschließend die dunkleren Schichten darauf. Genaugenommen handelt es sich bei dem Aquarell in der Trockentechnik um das klassische Aquarell. Es besitzt keine ureigene Technik. Der Ausdruck „Trockentechnik" soll nur den Unterschied zum Aquarell in der Naßtechnik aufzeigen, die durchaus ihre Besonderheiten aufweist.

Die *Naßtechnik* besteht grundsätzlich darin, daß man auf angefeuchtetem Papier malt, so daß die Begrenzungslinien und Umrisse der Körper verfließen oder zumindest nicht sehr ausgeprägt sind. Dieses Verfließen muß ebenfalls in den Formen und im Innern der Umrisse erkennbar sein. Die beiden auf der gegenüberliegenden Seite abgebildeten Aquarelle erklären die Naßtechnik besser als Worte.

Der Grad der Feuchtigkeit des Papiers ist von grundsätzlicher Bedeutung: Je größer die Feuchtigkeit ist, desto stärker verfließt die Farbe und desto duftiger wird die Wirkung und umgekehrt. Deshalb muß man den Feuchtigkeitsgrad des Bildes ständig im Auge behalten, Wasser mit dem Pinsel hinzufügen oder die Farbe mit einem Saugpapier wieder entfernen. Beachten Sie, daß ich immer von Feuchtigkeit und Anfeuchten spreche, nicht aber von Naßmachen. Ein befreundeter Künstler und Experte in dieser Technik erklärte mir einmal: „Schau immer aus der Richtung des Lichtes auf das Papier. Glänzt die Fläche, befindet sich viel zu viel Wasser darauf. So kann man nicht malen."

312

Abb. 312: Diese Lavierung hat einen Bruch. Der Grund dafür ist, daß die Farbe nicht fortlaufend ausgezogen wurde.

Abb. 313: Guillermo Fresquet, *Stilleben,* Privatsammlung. Dies ist ein klassisches Aquarell in der Trockentechnik, bei dem die Umrisse und Konturen der Körper abgegrenzt bleiben.

313

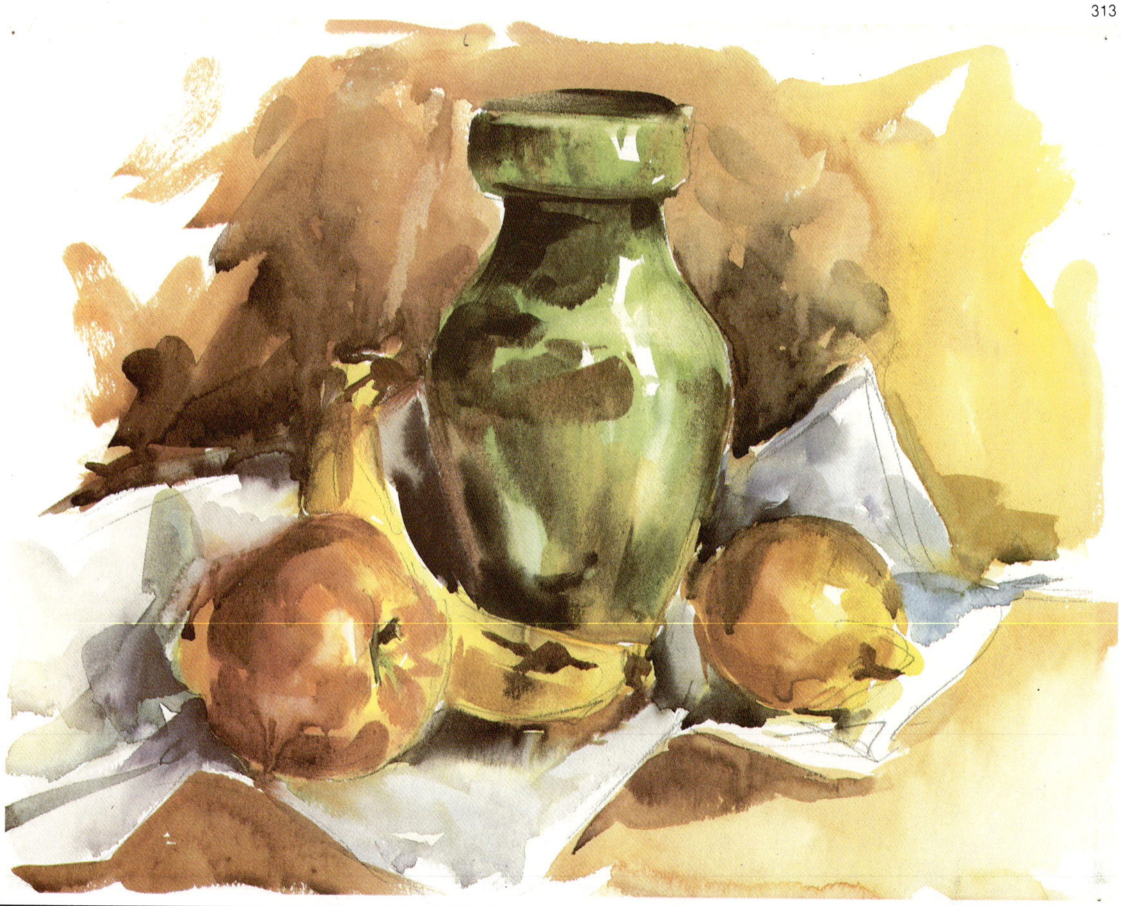

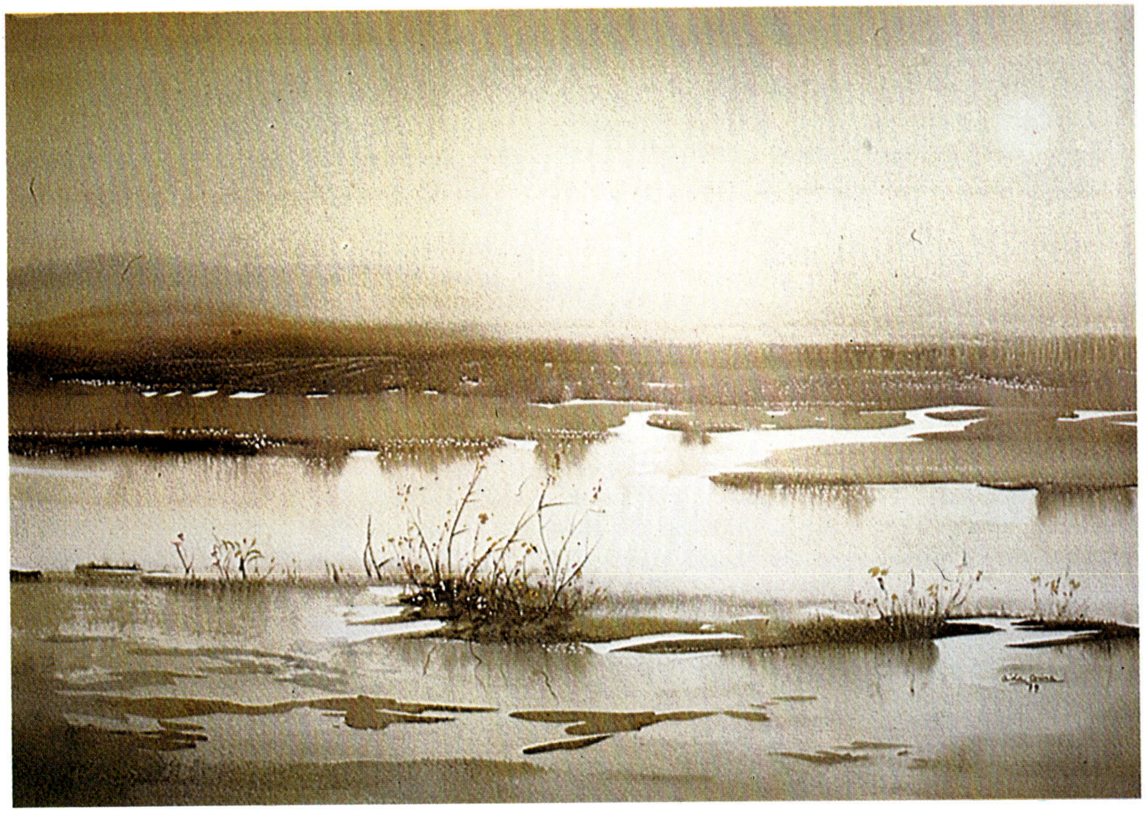

314

Abb. 314: Aida Corina, *Moor,* (erste Medaille des Herbstsalons 1977, Madrid), Privatsammlung. Moore und Teiche in flachen Gegenden sind ein ausgezeichnetes Thema für die Naßtechnik. Bei diesem Aquarell ist sie hervorragend gelungen. Verwischte Formen ohne Begrenzungen verbinden sich mit präziseren Umrissen gewisser klar erkennbarer Körper im Vordergrund.

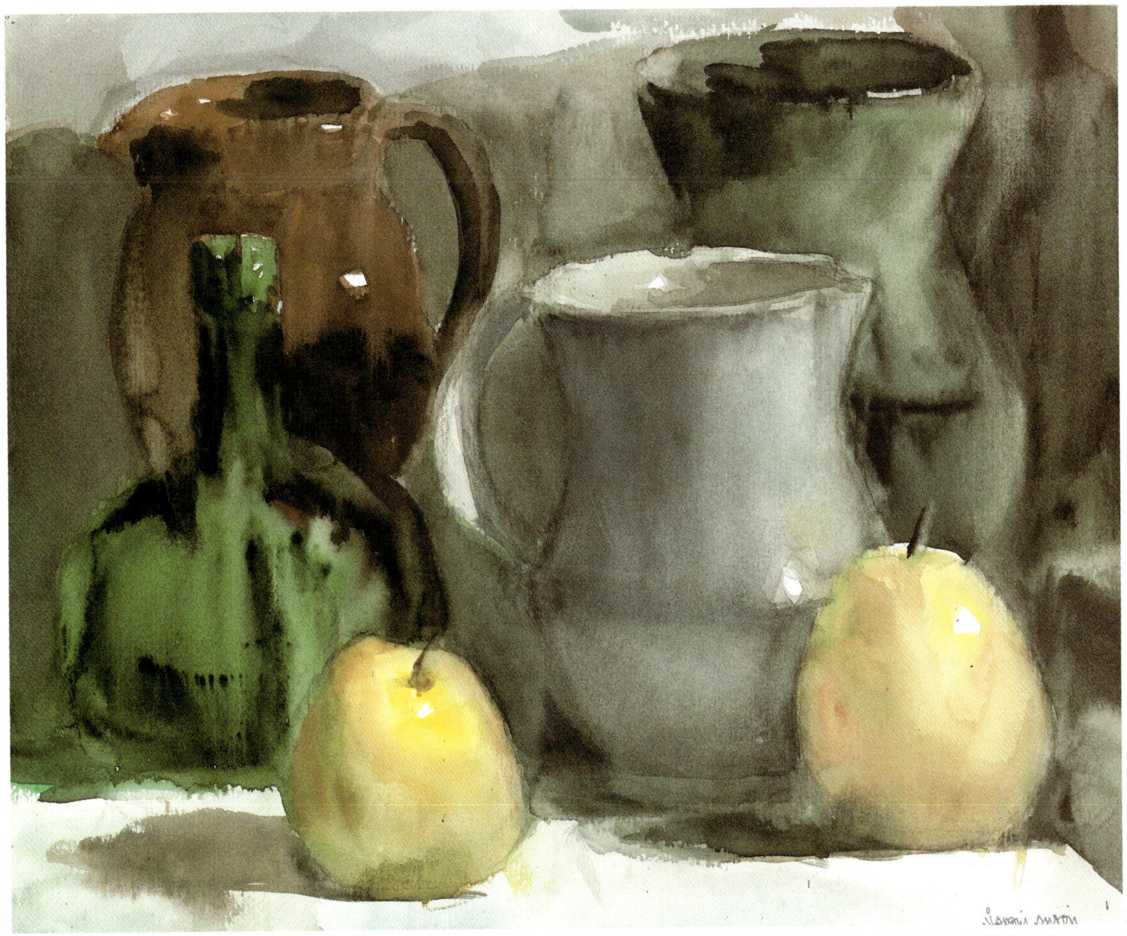

315

Abb. 315: J. Martin Antón, *Stilleben,* Privatsammlung. Die unerreichbare künstlerische Qualität dieses Aquarells beruht zum großen Teil auf der Naßtechnik. Der Maler ist Professor eines Malkurses, der von der Gruppe der Aquarellmaler Kataloniens organisiert wird.

Die Synthese

Der Chronist der Renaissance Giorgio Vasari verglich 1550 die Stile von Donatello und Luca della Robbia. Er schrieb: „Man erkennt häufig Kraft und Schönheit in den raschen Skizzen, die mit wenigen Strichen aus der schöpferischen Raserei entstehen, während ein Übermaß an Fleiß und Geduld dem Werk des Künstlers, der sein Bild nicht in Ruhe lassen kann, die Frische nimmt."
Schon immer – vor allem aber seit der Renaissance – haben sich die großen Meister bemüht, beim Zeichnen und Malen eine Synthese zu erreichen. Sie fassen zusammen und vereinfachen. Berühmtheit erlangte Velasquez mit seiner Methode. Er malte eine Rose mit nur wenigen Pinselstrichen. Diese Art zu malen wurde allgemein bewundert und diente den großen Meistern des Impressionismus wie Manet als Vorbild. Manet ging nach Madrid, um Velasquez' Werke zu betrachten und an Ort und Stelle zu kopieren. Der Schriftsteller Georges Jeanniot schrieb am 10. August 1901 in der Zeitschrift „La Grande Revue", daß er dabei war, als Manet in den „Folies Bergères" malte, „wo das Modell – eine schöne Frau – vor einem Tisch mit Flaschen und Eßwaren posierte. Als ich Manet malen sah", fügte er hinzu, „wurde mir seine ungeheure Vereinfachung klar. Alles war verkürzt." Später sagte Manet: „Die Synthese ist notwendig. Der prägnante Mann macht uns nachdenklich, der Schwätzer langweilt uns."
Die Aquarelle von John Singer Sargent sind ein hervorragendes Beispiel für eine Synthese. Sargent begann zunächst in Florenz und

1. Schließen Sie für die Synthese halb die Augen
Sargent, ein Meister der Synthese, hatte eine Zeitlang auch Schüler. Er erklärte ihnen ständig: „Schulen Sie laufend Ihre Beobachtungsgabe. Gewöhnen Sie sich an, Ihr Modell mit halbgeschlossenen Augen zu betrachten."
Ganz gleich, wo Sie sich befinden: Sobald Sie Ihre Umgebung mit halbgeschlossenen Augen betrachten, schließen Sie automatisch die Einzelheiten aus und sehen nur noch die großen Formen, die großen Farbblöcke. Halten Sie die Augenlider unter einer gewissen Spannung, damit die Körper unscharf werden und verwischen, als hätte man sie mit einem falsch eingestellten Objektiv fotografiert (siehe nebenstehende Abbildung). Gewöhnen Sie sich an, während des Malens das Modell mit halbgeschlossenen Augen zu betrachten. Dadurch schärfen Sie Ihre Beobachtungsgabe und erreichen die für ein gutes Aquarell notwendige Synthese.

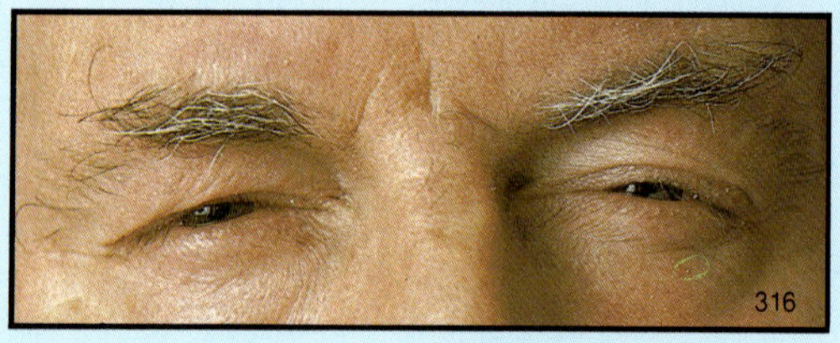
316

317
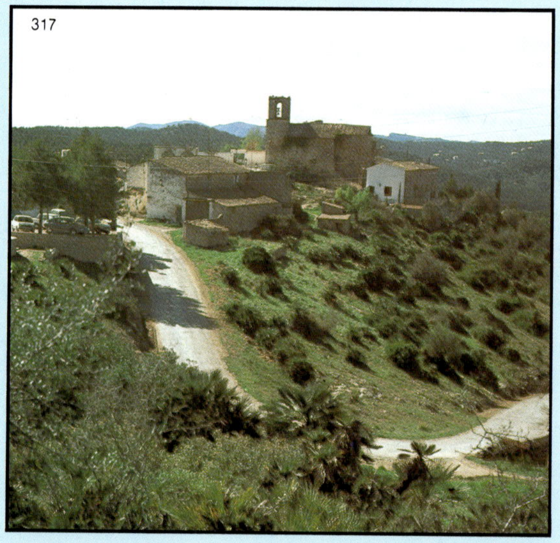

Abb. 317: Hier die Fotographie einer Landschaft. Beachten Sie die zahlreichen Einzelheiten: die Fenster und Türen der Häuser, die Blätter der Pflanzen, die Büsche und Bäume im Vordergrund etc.

318
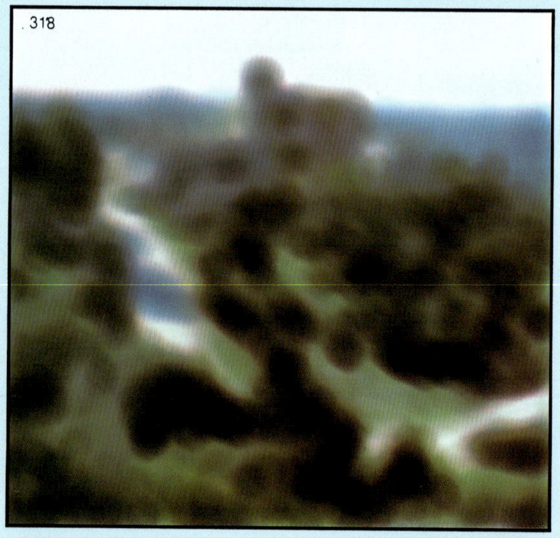

Abb. 318: Dieselbe Landschaft wie zuvor, mit halbgeschlossenen Augen betrachtet, setzt sich nur aus Farbflekken und diffusen Formen zusammen. Die Details sind ausgeschaltet, und man sieht die Körper in der Synthese.

arbeitete später in Paris, wo er im Atelier des Malers Carolus-Durain ein- und ausging. Dieser forderte seine Schüler auf, unmittelbar zu malen – auf den ersten Blick – wie der Meister sagte. Sargents Biograph berichtet, daß Carolus seine Schüler häufig an das folgende Gesetz erinnerte: „Alles was nicht unbedingt erforderlich ist, ist schädlich."
Beim Malen und Zeichnen in der Synthese drückt man sich mit wenigen Pinselstrichen aus. „Man verzichtet auf Einzelheiten", wie Ingres sagte. Dazu muß man die Augen halb schließen und mit einem dicken Pinsel malen, um nicht „ein Übermaß an Fleiß und Geduld" zu beweisen und damit dem rasch gemalten Bild Kraft und Frische zu nehmen.

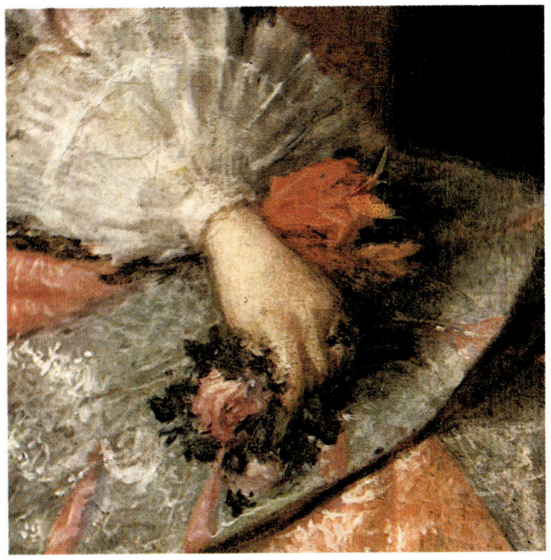
319

Abb. 319: Velasquez, *Die Infantin Marguerita,* Prado, Madrid. Ich wage zu behaupten, daß Velasquez sein Modell mit halbgeschlossenen Augen betrachtete, um zu dieser „verkürzten" Sichtweise zu gelangen, wie es sein erster Meister Pacheco nannte.

2. Benutzen Sie einen dicken Pinsel
Trotz der richtigen inneren und äußeren Einstellung gegenüber der Synthese werden Sie beim Malen Schwierigkeiten bekommen, wenn Sie mit einem dünnen Pinsel arbeiten. Sie würden sich veranlaßt sehen, winzige Einzelheiten darzustellen und die Formen minutiös wiederzugeben. Malen Sie daher auf einem großformatigen Papier, und benutzen Sie einen dicken Pinsel.
Der englische Aquarellmaler David Cox schrieb im 19. Jahrhundert mehrere Bücher und Abhandlungen über die Kunst der Aquarellmalerei. Sein Biograph Solly zitiert aus einem dieser Texte: „Ich arbeitete gern mit einem sehr nassen, maximal gefüllten breiten Pinsel."

320
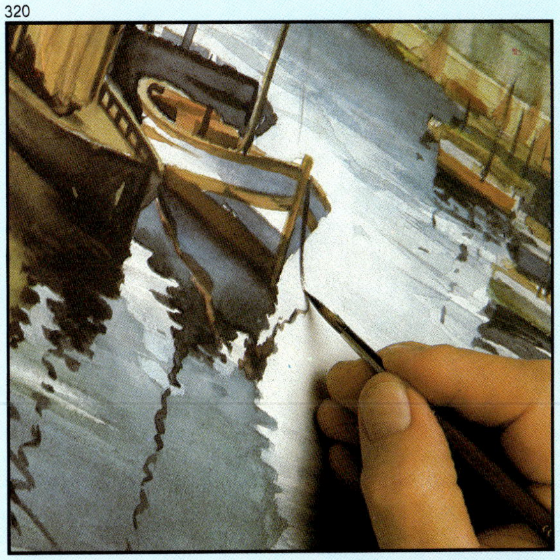

Abb. 320: Die Benutzung feiner Pinsel verführt geradezu dazu, ausgesprochen minutiös und detailliert zu malen. Ein Pinsel Nr. 3 oder 4 eignet sich für hyperrealistische Bilder. Ich erlaube mir jedoch, darauf hinzuweisen, daß die Aquarellmalerei nicht für den Hyperrealismus geeignet ist.

3. Malen Sie um der Synthese willen rasch
Ich kann aus eigener Erfahrung bestätigen, daß man beim Betrachten des Modells mit halbgeschlossenen Augen und Malen mit einem dicken Pinsel auf einer großen Fläche eine Haltung und eine Betrachtungsweise einnimmt, die der Kreativität sehr zustatten kommt. Man dreht den Kopf rasch wieder zum Bild, beugt sich zurück und malt mit ausgestrecktem Arm und raschen Pinselstrichen. Dann betrachtet man das Modell erneut mit zusammengekniffenen Augen, wendet sich wieder dem Bild zu, mischt fieberhaft eine neue Farbe etc . . . Bei dieser Haltung arbeitet man quasi in der „Alla Prima-Technik", die ja die Idee der Synthese einschließt.

321
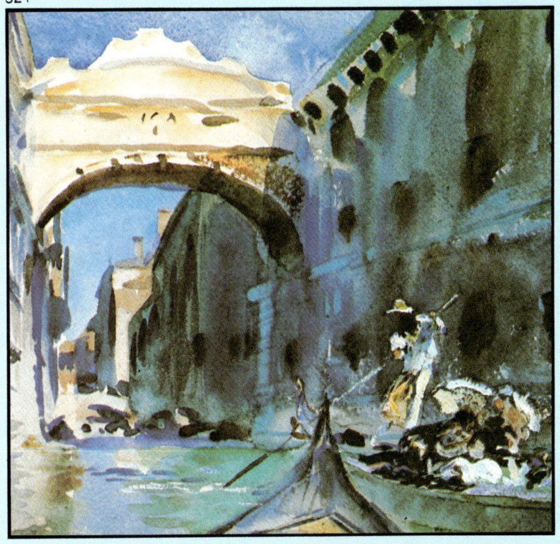

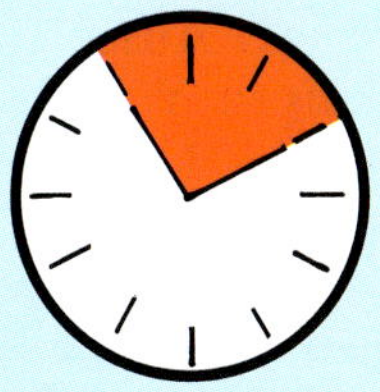

Abb. 321: John Singer Sargent, *Die Seufzerbrücke,* Brooklyn Museum. Im Originalaquarell sind die Transparenz der Farben, die Spitzlichter des Wassers und die Pinselstriche deutlich zu erkennen. Die Synthese der Formen und Farben, die Spontanität und die Frische sind das Ergebnis einer überlegten, aber raschen Ausführung. Das gilt für alle Aquarelle von Sargent.

Synthese und Interpretation

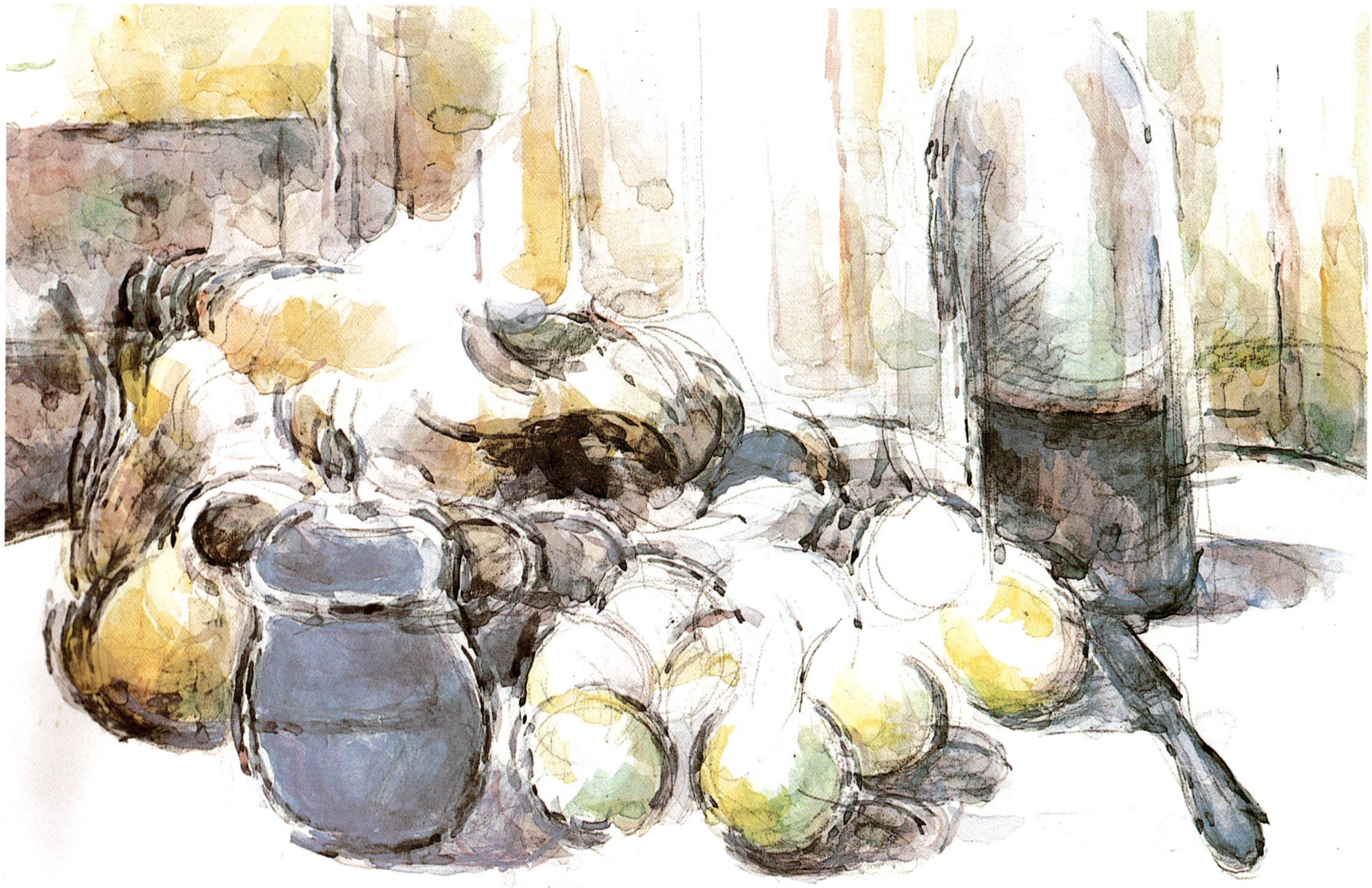

322

Abb. 322: Paul Cézanne, *Stillleben mit blauem Krug*, Sammlung Norton Timon, Los Angeles. Zu Beginn dieses Jahrhunderts (Cézanne war bereits sechzig Jahre alt) suggerierte Cézanne die Formen eher, als daß er sie mit den Farben aufbaute. Seine Bilder waren ein Beispiel der Synthese und der persönlichen Interpretation. Beides gelang ihm, weil er stundenlang sein „eigenes" Bild malen konnte (Cézanne arbeitete langsam), ohne sich von den wirklichen Formen und Farben seines Modells beeinflussen zu lassen.

„In der Kunst gibt es zwei Möglichkeiten: Man baut auf und deutet an, oder man zeigt die Welt, wie sie wirklich ist." Der spanische Dramaturg Ramón M. del Valle Inclán, von dem dieser Ausspruch stammt, drückt damit in wenigen Worten zwei mögliche Auffassungen des Künstlers aus.

a) Er malt die Wirklichkeit und beschränkt sich darauf, die Natur und die Farben und Formen des Modells wiederzugeben.

b) Er malt die Struktur der Natur und den Aufbau des Modells und interpretiert sie auf seine Weise. Er verändert die Wirklichkeit sogar.

Die Wahl zwischen diesen beiden Auffassungen erweckt Zweifel. Die Künstler haben schon immer versucht, ihr eigenes Bild zu malen und das Thema auf ihre Weise zu sehen. Eugène Delacroix verteidigt in seinem „Journal" die Form der Anspielung, wenn er von der Wahl des Themas spricht. Er sagt: „Das Thema bist du selbst – es ist dein Eindruck, es sind deine Gefühle angesichts der Natur. Du mußt in dich hineinschauen und nicht um dich herum."

Die Forderung, ein Bild so zu malen, wie man es in seinem Inneren sieht, wurde zu allen Zeiten von zahlreichen Künstlern erhoben.

Das ganze Modell als Synthese sehen, es interpretieren, modifizieren, verändern . . . Darin besteht die wahre Kunst! Mit einem Wort: man bringt seine schöpferischen Fähigkeiten ins Spiel!

Aber was ist Kreativität? Ich würde sagen, es handelt sich um eine neue Haltung gegenüber einer Sache, die wir verändern möchten. Und ich füge hinzu, daß sich diese Haltung aus der Vorstellungskraft und der Fantasie entwickelt. Fischer analysiert die schöpferische Fantasie in seinem Werk „Kunst und Koexistenz" und kommt zu dem Schluß, daß die Kreativität dem Darstellungs- und Kombinationsvermögen ent-

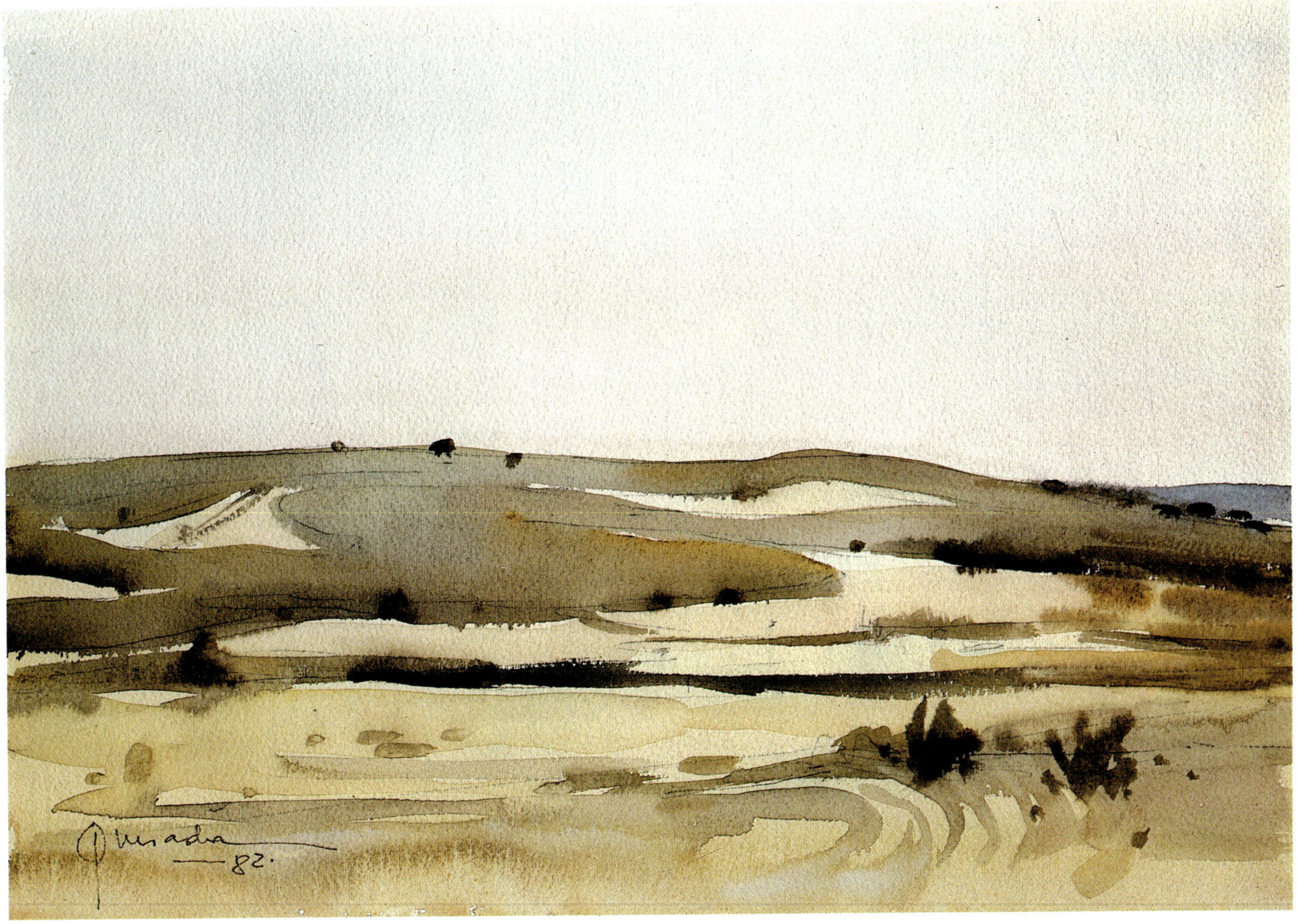

323

Abb. 323: Julio Quesada, *Tierras de Sigüenza*, Privatsammlung. Man weiß, daß der spanische Maler Quesada ein Meister der Synthese und der Interpretation ist. Doch man muß seine Werke gesehen haben, um die intelligente Abstrahierung der Farben und Formen zu erkennen, die die figurative Wirklichkeit mit sehr sparsamen Farben und wenigen Pinselstrichen wunderbar wiedergibt. Darüber hinaus beweist Quesada mit dieser Landschaft seine meisterhafte Beherrschung der Aquarelltechnik.

springt. Wenden wir Fischers Theorien auf die künstlerische Interpretation an, ist festzustellen:

a) von dem Augenblick an, wo der Künstler die Möglichkeiten eines Modells untersucht, kommen ihm andere Bilder in den Sinn, deren Schönheit und persönlicher Stil ihm aufgefallen ist: van Goghs Farben, Cézannes Formen, vertraute atmosphärische Wirkungen, die chromatische Farbharmonie eines Films etc. Auf der Grundlage dieser ihm bekannten Darstellungen beginnt der Künstler zu verändern.

b) Die Fähigkeit, sich eine andere Vorstellung von dem Modell zu machen, verdrängt die Wirklichkeit zugunsten des Themas, das der Künstler innerlich sieht. Von diesem Augenblick an verbindet der Künstler, was er sieht, mit dem was es zu sehen gibt. Er entdeckt eine Verbindung zwischen der Wirklichkeit und seinen Erinnerungen; er untersucht die neuen Möglichkeiten – er ist kreativ.

Das ist alles sehr abstrakt, nicht wahr? Es gibt jedoch drei konkrete technische Möglichkeiten für die Kunst der Interpretation:

Vergrößern: *aufwerten, übertreiben, verstärken;*
Verkleinern: *entfärben, mildern, verringern;*
Streichen: *auslöschen, abdecken, tilgen...*

All diese Theorie nutzt nach Bonnard jedoch nichts, „wenn die Eingangsidee des Bildes angesichts des eigentlichen Modells verschwindet, das den Künstler schließlich ganz gefangen nimmt.“ Cézanne war einer der wenigen Künstler, der einer Verführung durch das Modell widerstand. „Ich habe angesichts meines Modells eine ganz bestimmte Vorstellung und akzeptiere die Natur nur, wenn sie mit den Ideen, Formen und Farben, die ich ursprünglich hatte, übereinstimmt. Das ist nicht gerade eine Zauberformel, aber die einzige, die ich kenne, um mit einer Synthese zu arbeiten und das Modell nach der pesönlichen Konzeption zu interpretieren.“

Die Skizze

Nehmen Sie einen Skizzenblock normaler Qualität mit mittlerem Korn von 20 × 15 cm sowie einen Bleistift 2B, einen schwarzen Filzstift oder einen Kugelschreiber. Es kommt nicht darauf an. Gehen Sie irgendwohin, wo Sie Skizzen von Passanten, spielenden Kindern und Paaren machen können, die an einem Tisch sitzen, ein Glas trinken und sich unterhalten. Ist Ihnen das Skizzieren bekannt, können Sie das folgende überspringen. Falls nicht, lassen Sie diese Gelegenheit nicht ungenutzt vorübergehen! „Wunderbar", sagte Picasso zu seiner Freundin Geneviève. „Ein einziger Strich kann ein lebendes Wesen darstellen – nicht nur sein Bild, sondern es selbst!"
Alle Kunstmaler fertigen Skizzen an. Ich selbst war kürzlich in Lissabon und spazierte durch das Viertel von Alfama. Dort machte ich einige Skizzen, von denen ich jetzt Bilder anfertigen kann. „Und was ist mit dem Fotoapparat? Warum nehmen Sie kein Foto als Modell?" fragen Sie vielleicht. Nun, das ist nicht dasselbe. Für mich sind Fotos Dokumente oder Erinnerungsstücke. Skizzen haben einen anderen Wert als Fotos. Wir – Sie und ich – können interpretieren, eine

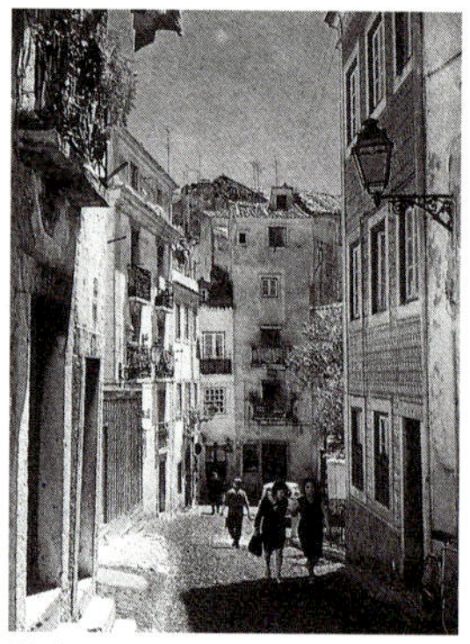

324A

Abb. 324 A und B: Rechts eine Skizze mit Bleimine einer Straße im Stadtviertel Alfama in Lissabon (B). Oben eine Fotografie (A) derselben Straße, die als Vorlage für die Skizze zur Herstellung des Gemäldes diente. Vergleichen Sie die beiden Bilder. Beachten Sie die Varianten in der Skizze, die sich aus der Interpretation ergeben haben.

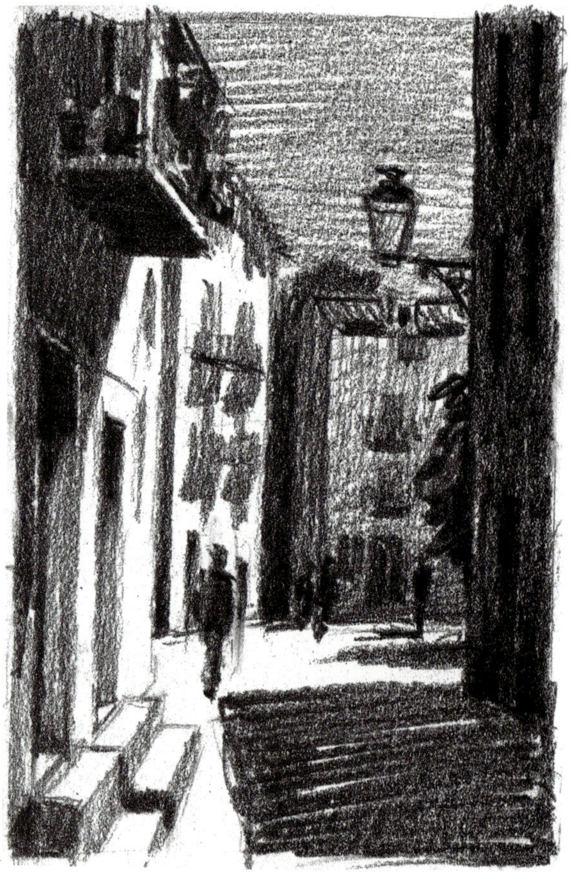

324B

Abb. 325: Eugène Delacroix, *Skizzenbuch von Marokko,* Louvre, Paris. Dies ist das berühmte „Tagebuch", in dem Delacroix einige Aquarellskizzen und schriftliche Notizen über die Orte und die Menschen anfertigte, die er auf der Reise nach Nordafrika im Jahre 1832 kennenlernte. Diese Reise und deren Dokumentation in seinem Tagebuch regten Delacroix zu der arabischen Thematik an, die sich in einer Vielzahl seiner Werke findet.

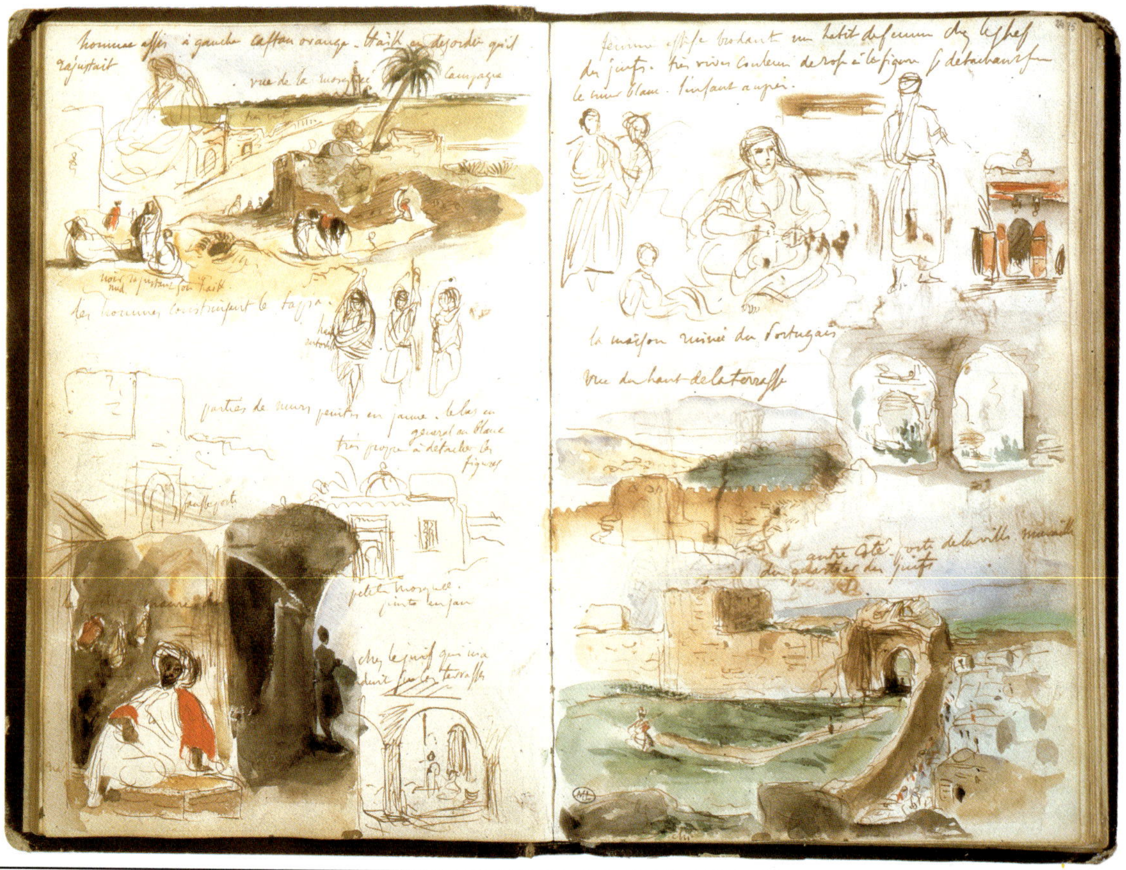

325

Synthese erreichen, verstärken, verringern, streichen. Der Fotoapparat kann das nicht.
Skizzen anzufertigen lohnt sich in jedem Sinne des Wortes. „Skizzieren ist wie Säen; das Bild ist die Ernte", sagte van Gogh zu seinem Bruder Theo. 1832 reiste Delacroix durch Nordafrika. Er schrieb ein Tagebuch, in dem er auch Aquarellskizzen von der Architektur der Orte, die er besuchte, der Kleidung der Einheimischen, der Farbe des Himmels, der Bäume, des Bodens etc. machte, die für ihn eine große thematische Bereicherung darstellten. Mit ihrer Hilfe schuf er seine fantastischen Bilder vom täglichen Leben in den arabischen und jüdischen Gemeinden. Ich wiederhole: Skizzen rentieren sich. Auf der ganzen Welt gibt es Skizzenmärkte, manchmal unter freiem Himmel, wo Zeichnungen und Skizzen verkauft werden. Oft bitten auch Verleger um Skizzen für Gedichtbände etc.
Skizzieren ist gleichzeitig eine dynamische Übung, bei der man sein Zeichentalent erneuern und trainieren kann. Auch aus diesem Grund rentiert es sich. Für das Aquarell ist es manchmal unabdingbar. Handelt es sich bei dem Modell um eine Landschaft, muß man vielleicht einige Gestalten einfügen. Dann braucht man die nötige Übung und die Fähigkeit, Personen, die das Thema abrunden, skizzenhaft einfügen zu können.

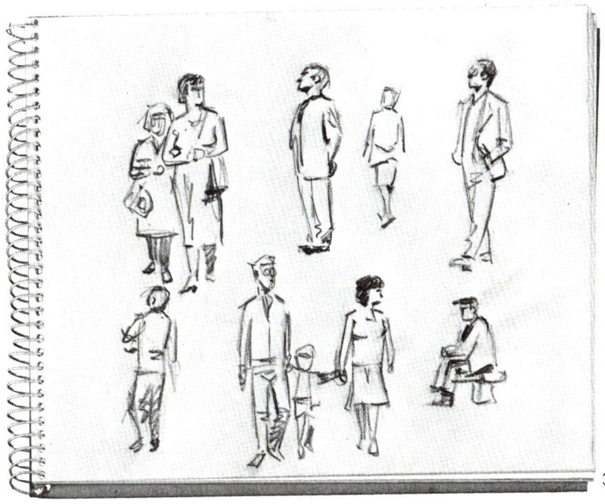

326

Abb. 326: Fertigen Sie zahlreiche Skizzen von laufenden, gehenden und sitzenden Gestalten an, damit Sie später beim Malen eines Aquarells keine Schwierigkeiten mit der Form haben.

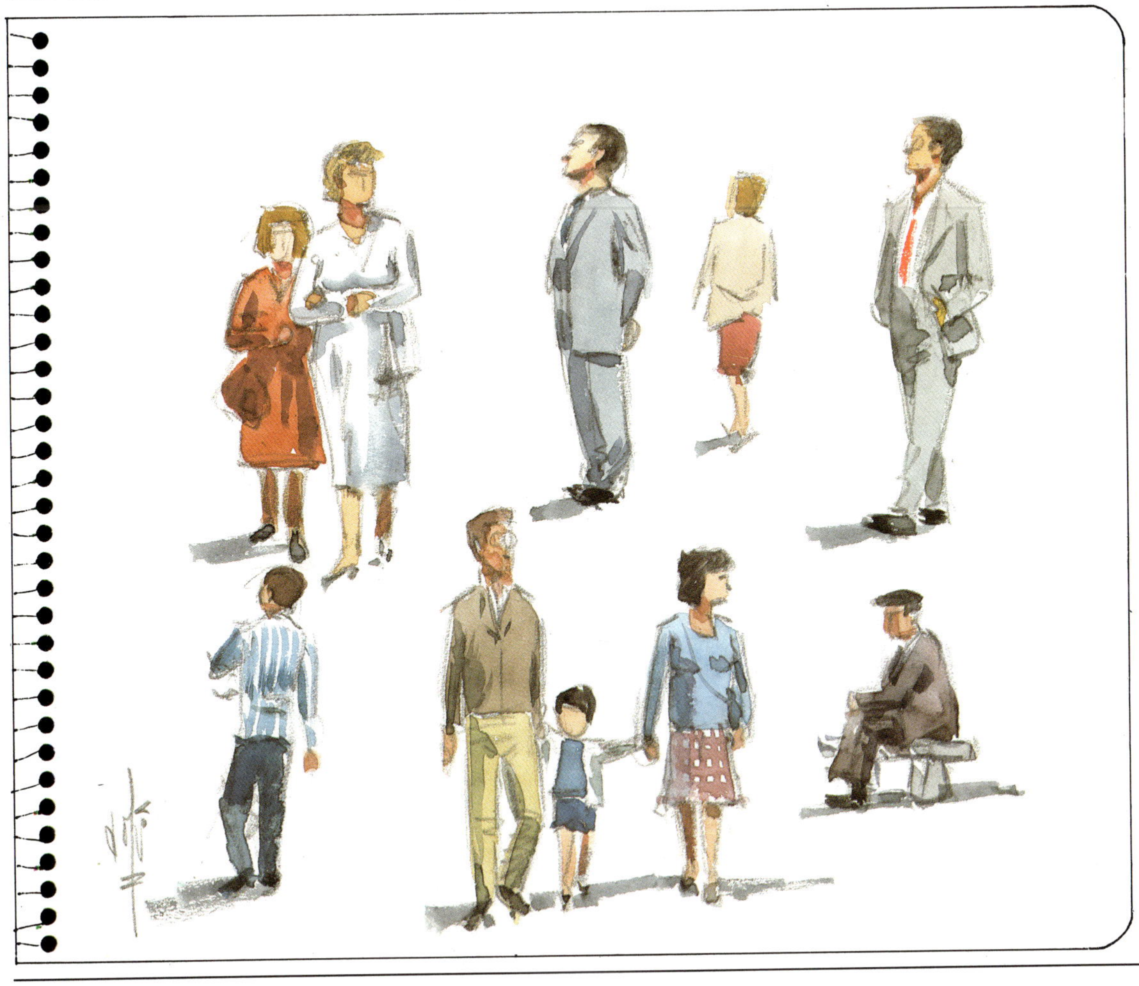

327

Abb., 327: Damit die Übung mit den Skizzen im Freien vollständig wird, habe ich einige dieser Gestalten im Atelier in Farbe gemalt und sie als Dokumentation für spätere Bilder aufbewahrt.

Die Skizze

328

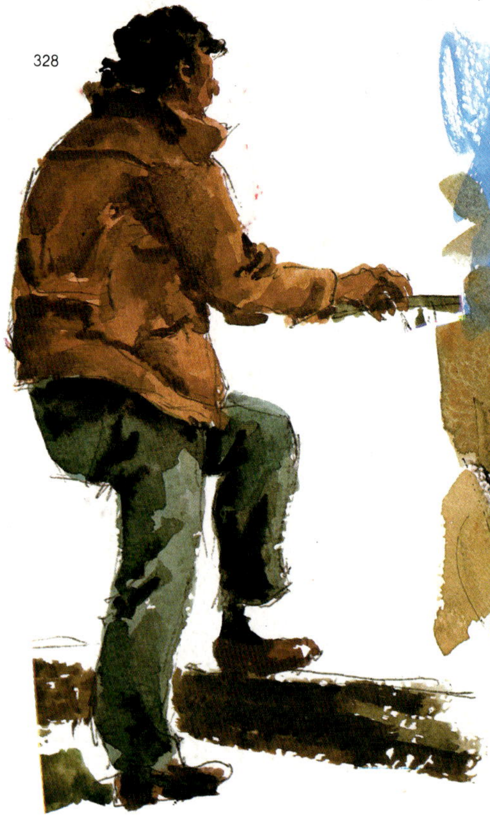

329

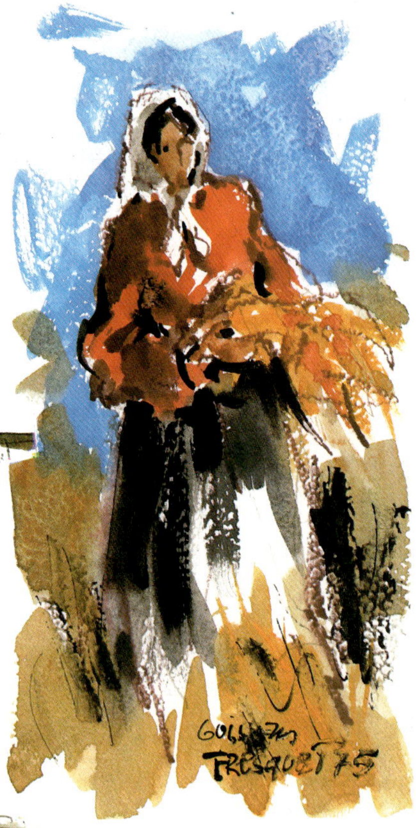

330

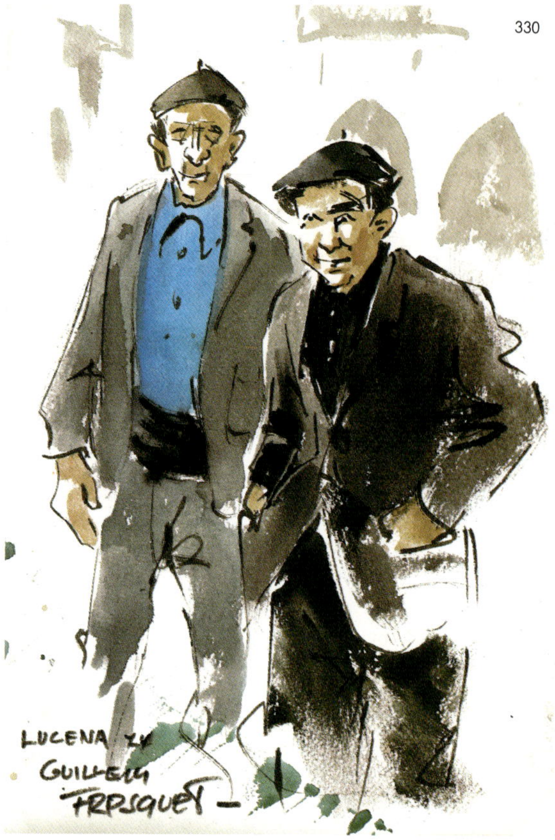

Abb. 328 bis 330: Guillermo Fresquet geht beinahe jeden Tag in einen öffentlichen Park und macht dort Skizzen. Er zeichnet mal an Ort und Stelle, mal nach Stegreifskizzen mit dem schwarzen Stift im Atelier. Die Skizzen sind im Original etwa doppelt so groß wie die Abbildungen. Manchmal verkauft Fresquet seine Skizzen auch als kleine Bilder.

Abb. 331: Der inzwischen verstorbene Federico Lloveras bot in seinen Skizzen ein repräsentatives Abbild seiner außerordentlichen Virtuosität und seiner großen Arbeitskraft. Eine Skizze wie diese fertigte er in weniger als zwanzig Minuten an.

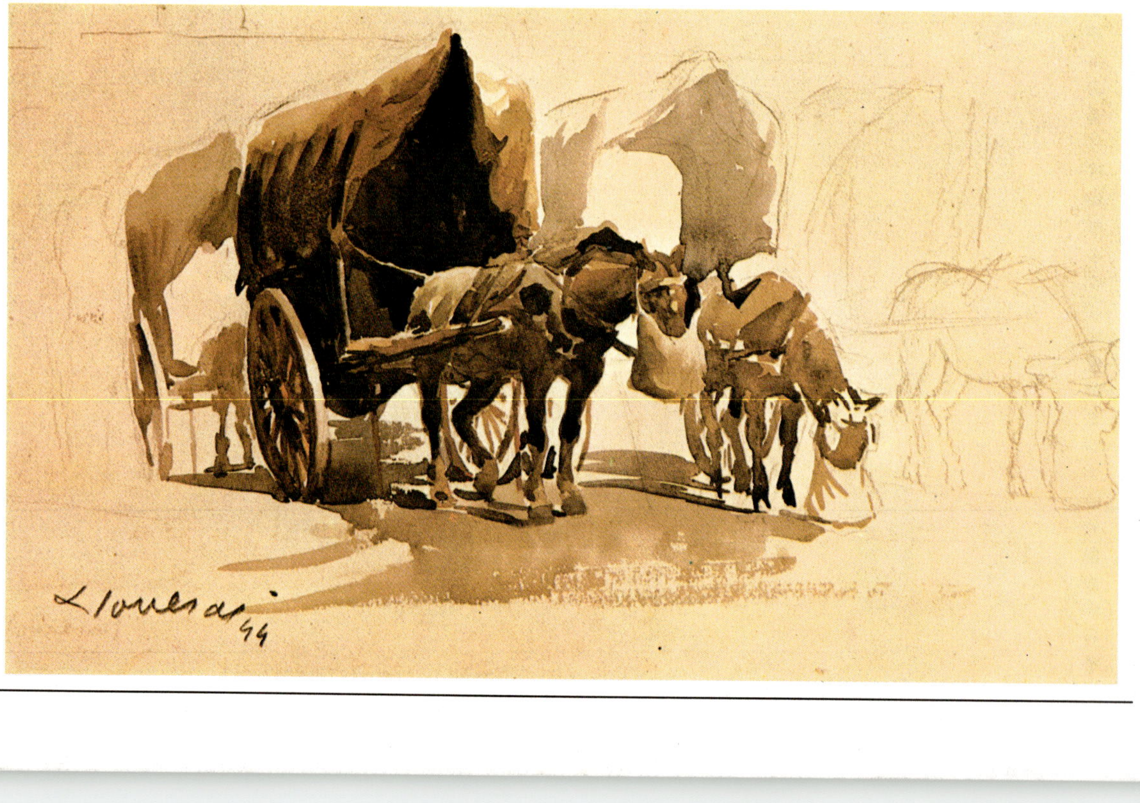

331

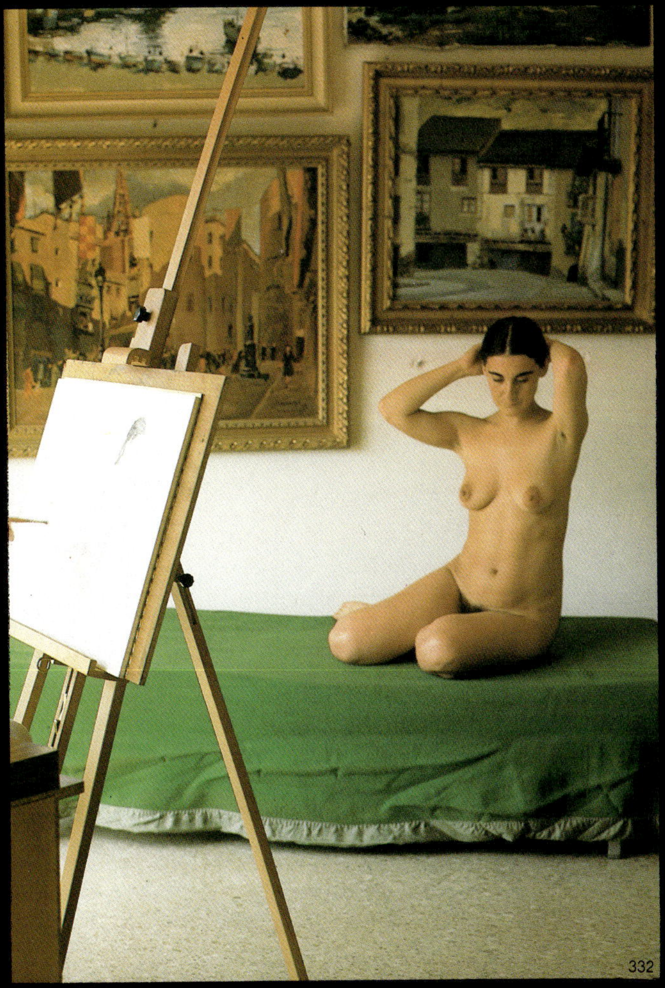

332

Die Aquarell-malerei in der Praxis

„Herr Pissarro sticht beim Malen auf die Leinwand. Herr Cézanne reibt und streichelt mit seinem Pinsel.“

Diese Aussage eines Bauern, der beiden Malern bei der Arbeit zusah, zitiert A. Barsskaya in seinem Buch „Paul Cézanne“.

Die Gestalt

Eigentlich müßte man ein ganzes Buch allein über das Thema Gestalten schreiben. Eine der großen Schwierigkeiten beim Zeichnen und Malen des menschlichen Körpers sind seine Maße und Proportionen. Glücklicherweise haben uns die antiken griechischen Bildhauer und insbesondere Praxiteles den Kanon des idealen männlichen und weiblichen Körpers überliefert. Danach ist der ideale Körper acht Köpfe hoch und zwei Köpfe breit. Auf der nebenstehenden Abbildung 333 sehen Sie den Kanon des männlichen und des weiblichen Körpers. Untersuchen wir die unterschiedlichen Proportionen beider Geschlechter:

a) die Schultern der Frau sind proportional schmaler;
b) die Brüste und die Brustwarzen liegen etwas tiefer;
c) die Taille ist etwas schmaler als beim Mann;
d) der Nabel liegt etwas tiefer;
e) die Hüften sind proportional breiter;
f) im Profil gesehen, ragt das Gesäß über die Senkrechte von den Schultern zu den Fersen hinaus.

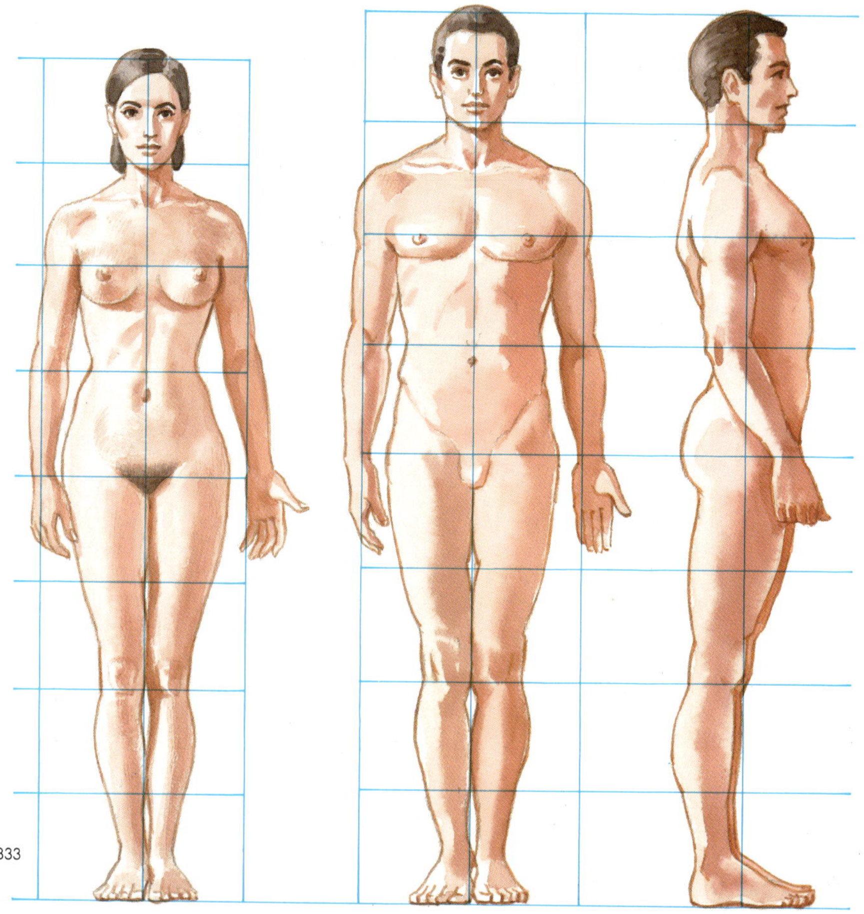

333

Um eine Gestalt zeichnen und malen zu können, muß man deren künstlerische Anatomie kennen oder – wie Ingres es ausdrückte –: „Um die Oberfläche des menschlichen Körpers wiederzugeben, muß man zunächst die innere Struktur beherrschen.“ Man kann die Struktur und die Bewegungen anhand einer hölzernen Gliederpuppe untersuchen und sie nach den klassischen Skulpturen wiedergeben. Doch keine dieser Möglichkeiten ersetzt die Wirklichkeit, also das bekleidete oder das unbekleidete Modell. Darin findet der Künstler wie bei keinem anderen Thema Gelegenheit, seine gesamten künstlerischen Fähigkeiten auszudrücken.

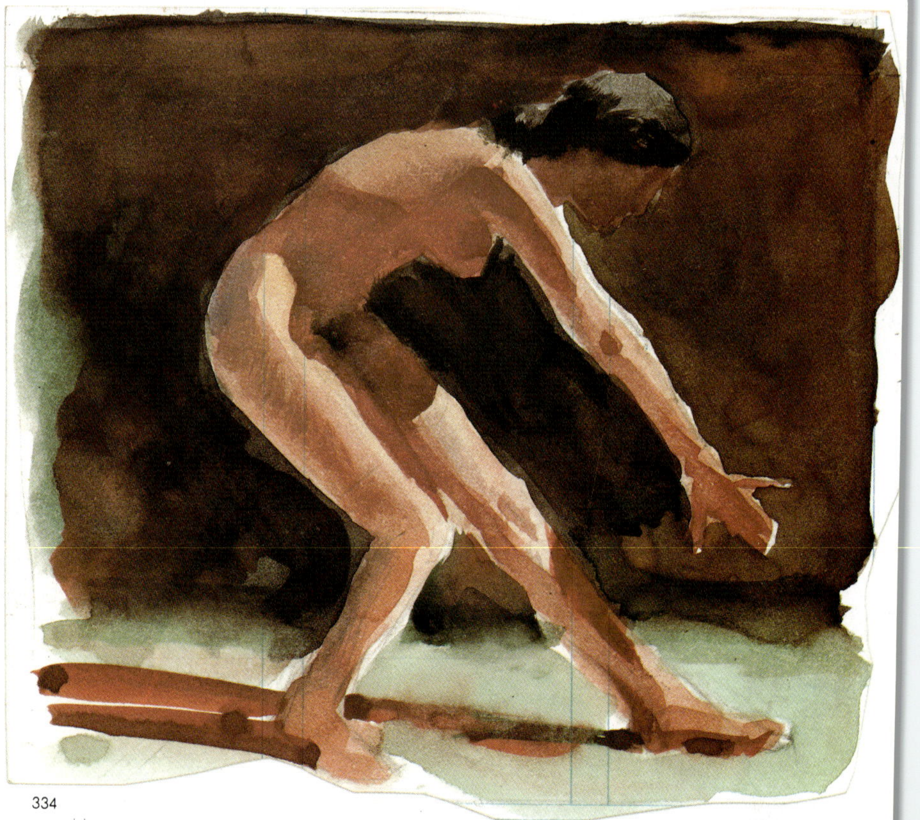

334

Abb. 333: Diese Illustration zeigt den Kanon oder die idealen Maße und Proportionen des menschlichen Körpers aus acht Köpfen in der Höhe und zwei Köpfen in der Breite. Die Frau ist proportional nicht nur etwas kleiner. Sie können auch weitere grundsätzliche Unterschiede zwischen den Maßen beider Geschlechter feststellen.

Abb. 334: Um eine bekleidete Gestalt darstellen zu können, sind ständige gemalte und gezeichnete Studien des Körpers nach einem Modell erforderlich, das ohnehin die größten künstlerischen Möglichkeiten bietet. Leonardo da Vinci sagte in dieser Beziehung: „Die Kleidung darf nicht leblos erscheinen. Sie sollte niemals wie ein Stück Stoff oder ein inhaltloser Anzug wirken.“

335

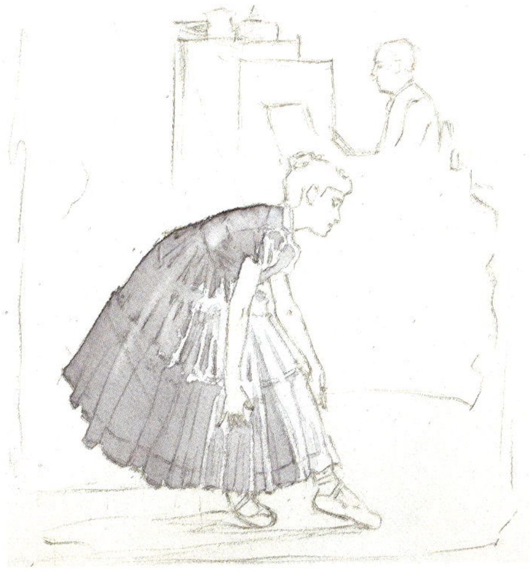

336

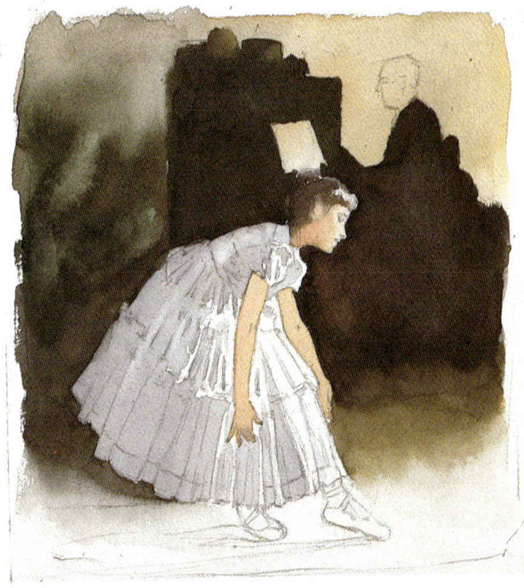

337

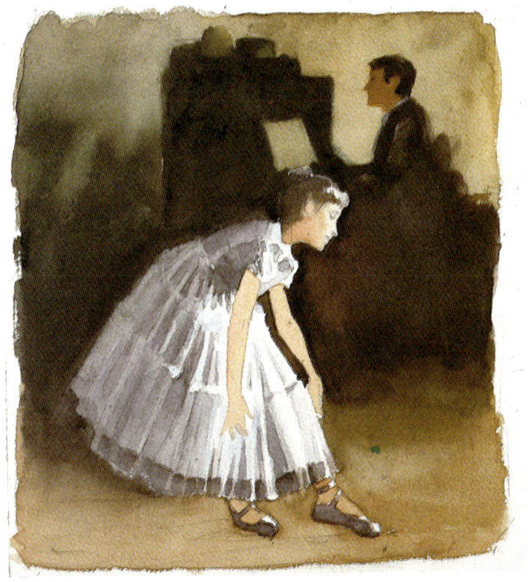

338

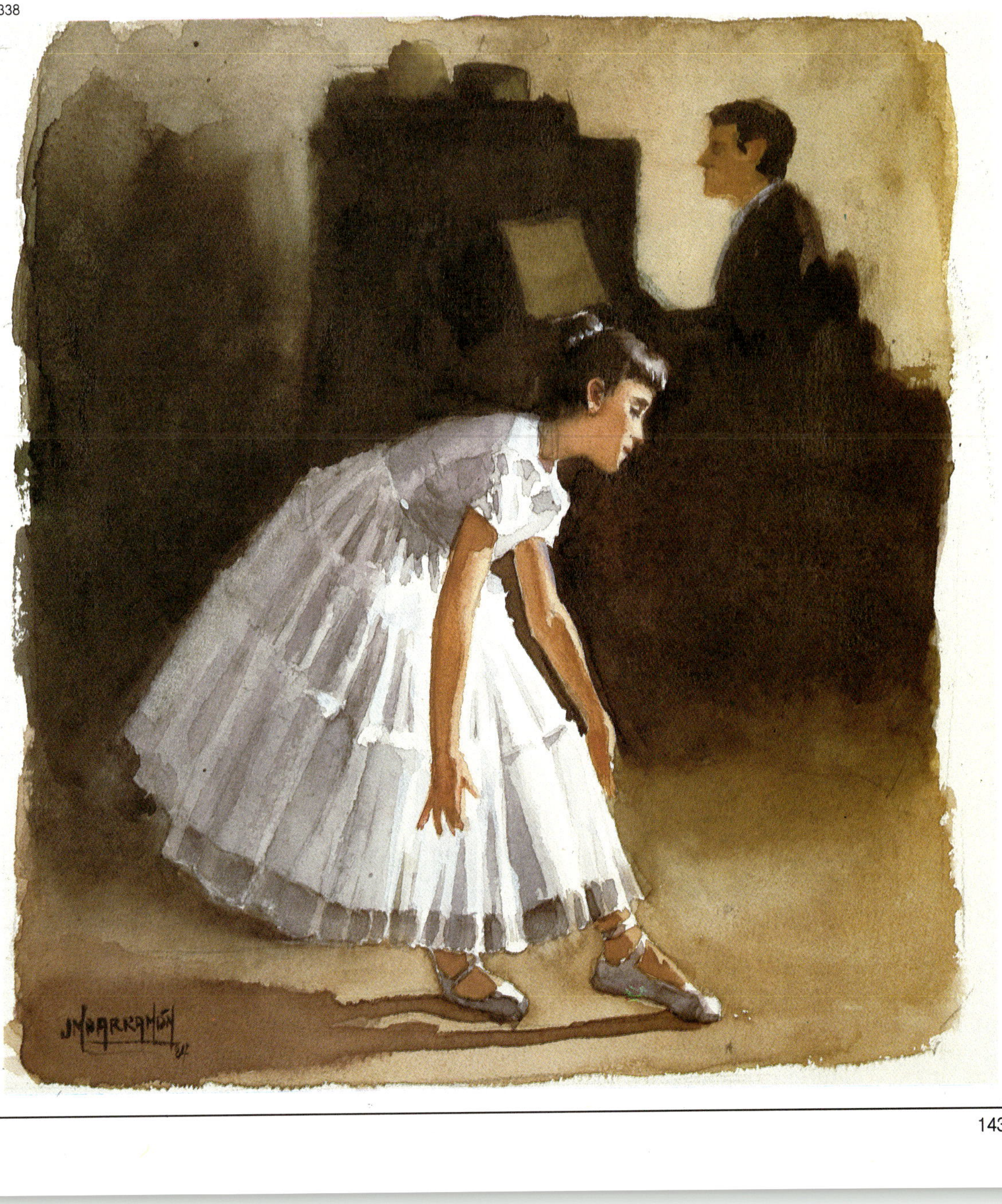

Bekleidete Gestalten als Aquarell.

Abb. 335: Ich beginne mit einer sehr präzisen linearen Zeichnung und lege eine erste Farbschicht auf die Bekleidung der Gestalt. Dabei spare ich das Weiß für die Falten sorgfältig aus und berücksichtige das Spiel von Licht und Schatten.

Abb. 336: Ich male das Gesicht, die Arme und die Füße in der Fleischfarbe, ohne vorerst die Gesichtszüge zu zeichnen. Ich lege eine erste Schicht auf die Haare und beginne rasch mit dem Aufbau des Hintergrunds mit einer ersten Schicht schmutzigen Ocker und einer zweiten dunkleren aus Preußischblau, Siena dunkel, Zinnober, Karmin und Grün.

Abb. 337: Jetzt kann ich die Farbgebung der tanzenden Gestalt mit den Balettschuhen, der Farbe des Bodens etc. mit größerer Sicherheit herausarbeiten.

Abb. 338: Bei diesem letzten Schritt befasse ich mich mit den Gesichtszügen, dem Wurfschatten auf dem Boden und den im Rahmen der Abschlußarbeiten notwendigen Retuschen. In die dunkelsten Schatten des Kleides gehört noch Preußischblau, und in die hellsten mische ich Kobaltblau mit Karmin, Siena dunkel und Ocker. Ich habe auf einem Block von Arches mit mittlerem Korn gearbeitet, der beinahe doppelt so groß war wie die Reproduktion des Aquarells. Gemalt habe ich mit Tubenfarben und Rotmarderpinseln Nr. 6, 12 und 14.

Das Porträt

Zum Malen des menschlichen Kopfes und eines Porträts benötigt man eine ständige Praxis anhand von Skizzen und Zeichnungen. Es handelt sich um ein Spezialgebiet. Auch hierfür gibt es einen Kanon der idealen Proportionen, der uns den Aufbau der Zeichnung erleichtert. Sie finden eine Studie zu diesem Kanon im Kasten unten auf dieser Seite. Wie nützlich der Kanon beim Malen eines Porträts ist, sehen Sie zum Beispiel daran, daß der Abstand der beiden Augen in allen Gesichtern eine Augenbreite beträgt. Die Lage des Ohrs stimmt oben mit der Höhe der Augenbrauen und unten mit der Nasenspitze überein . . . Ein gutes Porträt verlangt zwar eine absolute Ähnlichkeit mit dem Modell, es muß darüber hinaus jedoch ein eigenes Kunstwerk sein. Die Ähnlichkeit hängt von den Linien für die Physiognomie ab, und diese – sagt Ingres – „bieten sich immer als Karikatur an". Hier noch ein paar Ratschläge, die Ingres seinen Schülern gab:

a) Der Körper darf niemals der Bewegung des Kopfes folgen.

b) Unterhalten Sie sich mit dem Modell, bevor Sie es zu malen beginnen, um seine Persönlichkeit besser kennenzulernen.

c) Betrachten Sie die Augen als etwas völlig Unwichtiges, dann gelingen sie am besten.

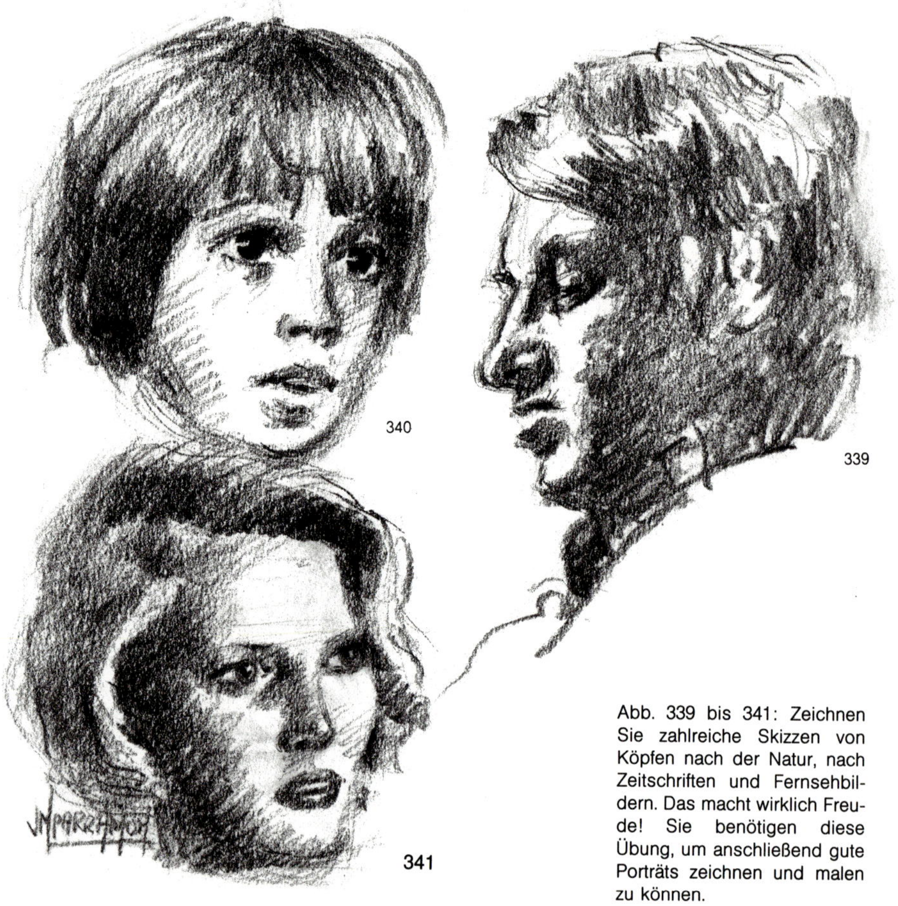

Abb. 339 bis 341: Zeichnen Sie zahlreiche Skizzen von Köpfen nach der Natur, nach Zeitschriften und Fernsehbildern. Das macht wirklich Freude! Sie benötigen diese Übung, um anschließend gute Porträts zeichnen und malen zu können.

342

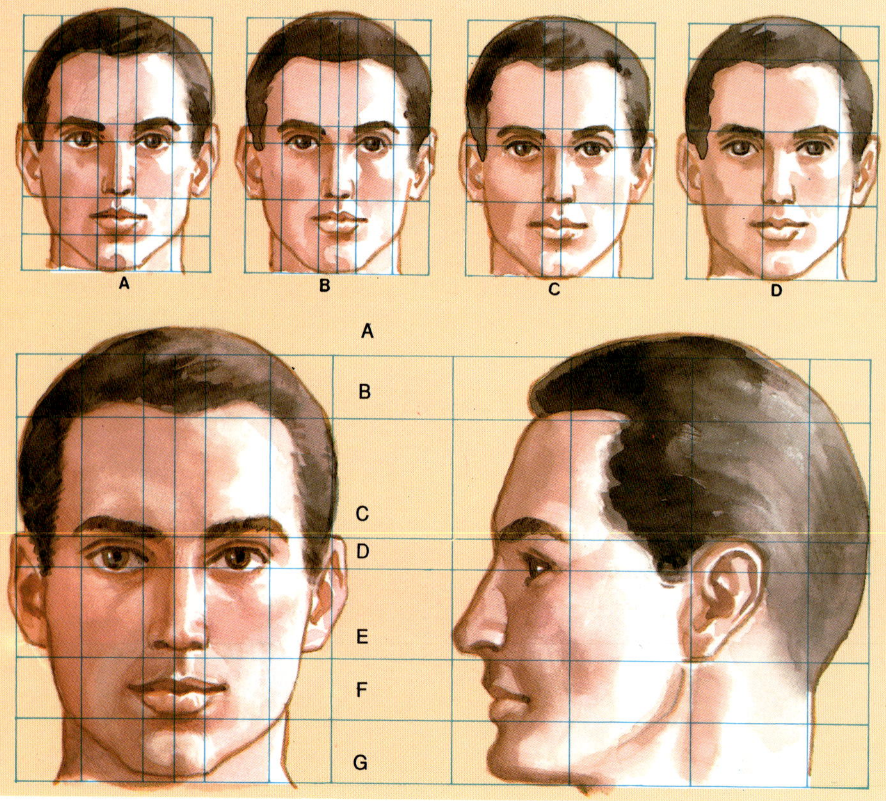

Der Kanon des menschlichen Kopfes

Hier sehen Sie zwei männliche Köpfe, einen von vorn und einen im Profil. Sie sind nach dem Kanon, also nach den idealen Maßen und Proportionen des menschlichen Kopfes von vorn gezeichnet worden. Beachten Sie, daß das Rechteck, das die Köpfe umschließt, dreieinhalb Einheiten (A) hoch und zweieinhalb Einheiten (B) breit ist. Richten Sie Ihre Aufmerksamkeit auf die Augen in der Frontalansicht. Sie liegen genau in der Mitte der Gesamthöhe des Kopfes, während die Nase den Schädel symmetrisch in der Breite teilt. Erinnern Sie sich stets an die Anhaltspunkte a, b, c, d, e, f, und g dieser Abbildung 342, wenn Sie einen menschlichen Kopf oder ein Porträt zeichnen oder malen wollen.

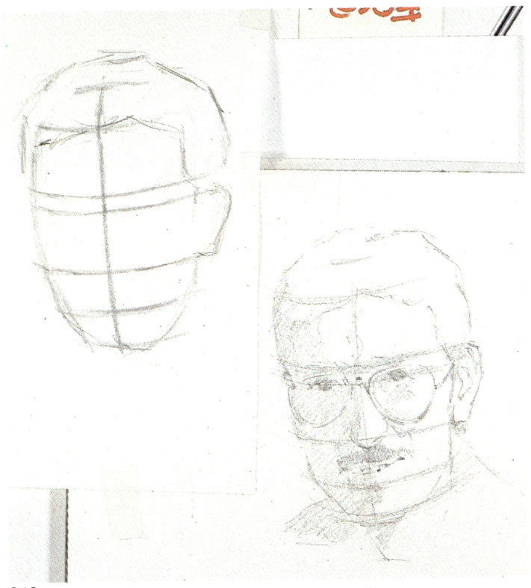
343

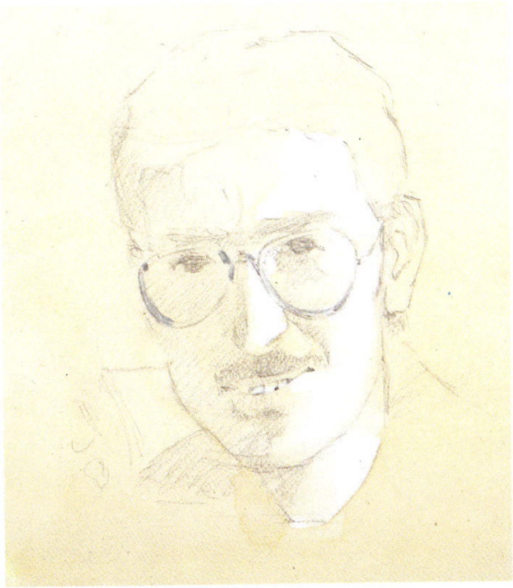
344

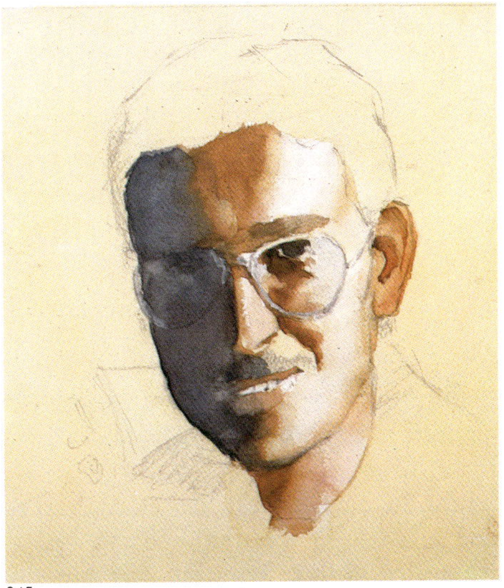
345

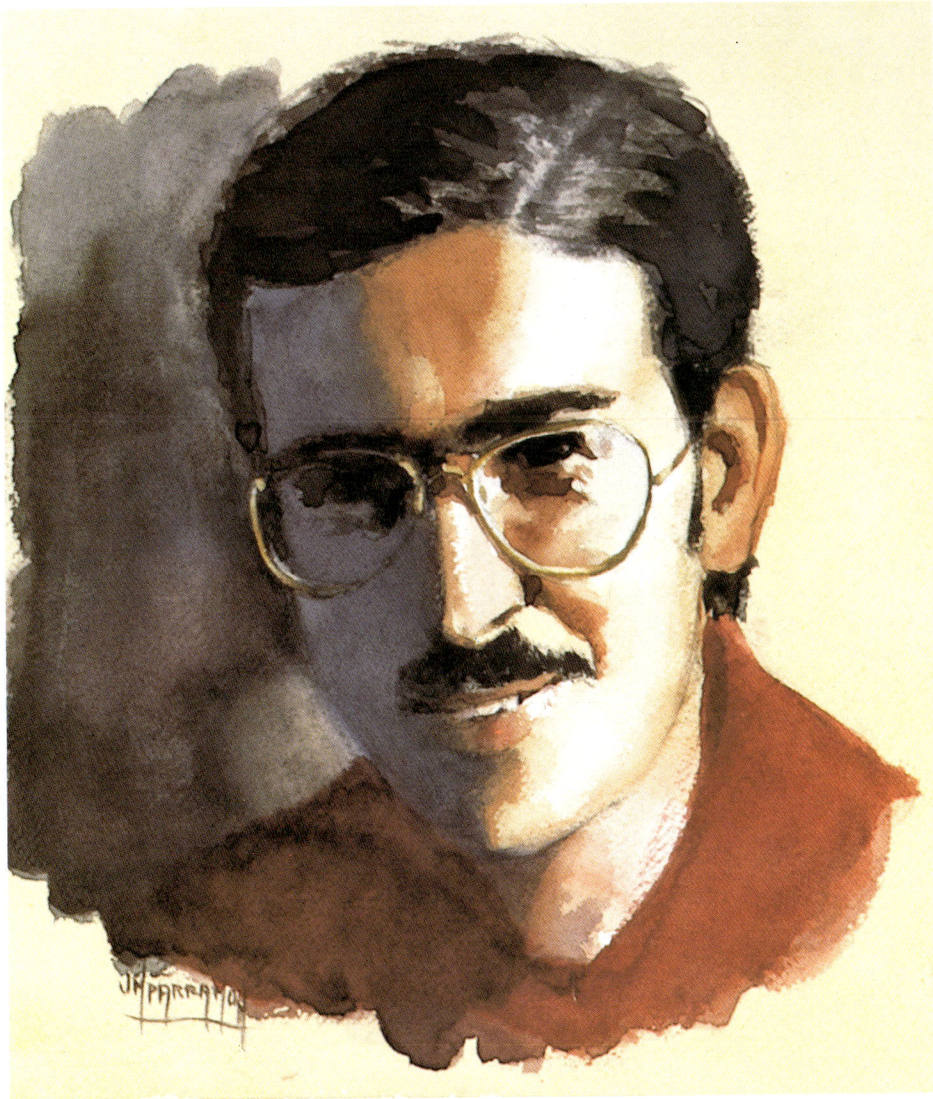

347

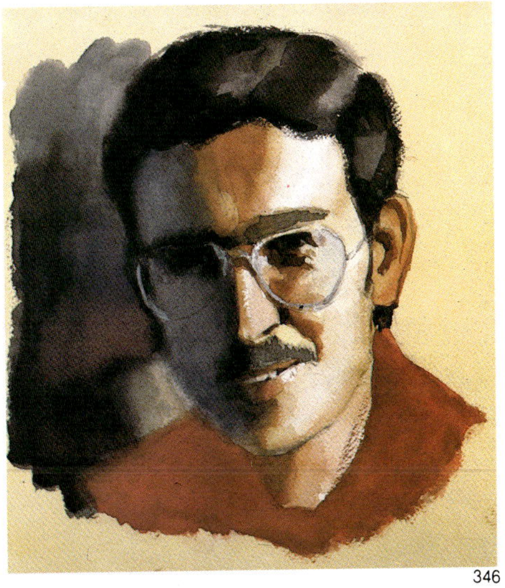
346

Malen eines Aquarellporträts

Abb. 343: Ich halte mich bei dem Porträt an den Kanon (A) und füge die Physiognomie meines Modells entsprechend ein (B). Mit Flüssiggummi spare ich den goldenen Reflex der Brille aus (C).

Abb. 344: Ich lege eine allgemeine cremefarbene Lasur an und spare die weißen Stellen rechts aus.

Abb. 345: Ich male die hellen und dunklen Farben des Gesichts, ohne ins Detail zu gehen. Ich verwische die dunklen Farben mit den hellen der Nase und des Kinns. (Fleischfarbe: Ocker, Zinnober, eine Spur Preußischblau und Karmin).

Abb. 346: In der Naßtechnik lasse ich die dunkle Farbe des Gesichts mit dem Hintergrund verschmelzen. Ich lege eine erste Schicht auf das Haar und modelliere es. Das gleiche gilt für die Augenbrauen und den Bart. Ich bearbeite den Mund und vervollständige das Auge in die Schattenpartie. Ich ende mit dem Pullover.

Abb. 347: Abschlußarbeiten: Ich muß noch die Haare beenden, den Flüssiggummi entfernen und die Brille mit Siena, Ocker und Gelb malen. Anschließend beende ich das Ohr, den Bart und den Mund und zeichne die Augenbrauen und das Ohr im Schatten in der Naßtechnik. Schluß!

Der Akt

Ein gutes Aquarell muß Ungezwungenheit, Spontanität und die kreative Freiheit des Künstlers widerspiegeln. Diese Qualitäten bereiten bei der Darstellung eines nackten Menschen Schwierigkeiten, denn man fragt sich immer wieder: „Lass' ich ihn so? Muß ich noch weitermachen? Reicht es, wie es ist?" Man überlegt übermäßig viel und ist von Zweifeln geplagt. Was ist da zu tun? Man muß ständig üben und Skizzen anfertigen. Man sollte das Bild malen, als handle es sich nur um eine weitere Skizze. Denn in der Skizze drückt sich das Talent des Künstlers am besten aus.
Zeichnen und malen Sie also Skizzen nach einem Modell: einem Mann oder einer Frau, die einige Stunden für Sie posieren. Ich rate Ihnen zu einem professionellen Modell, denn es besitzt die natürliche Gabe, zu posieren. Sie können sich in Künstlerkreisen über das Stundenhonorar informieren und sich gegebenenfalls mit zwei oder drei Künstlern zusammentun – nicht mehr! –, um die Kosten zu senken. Teilen Sie die Arbeit für jede Sitzung im voraus ein, und sehen Sie Posen von fünf bis zehn Minuten für sehr schnelle Skizzen und Posen von etwa einer Stunde für gründliche Studien vor.

348

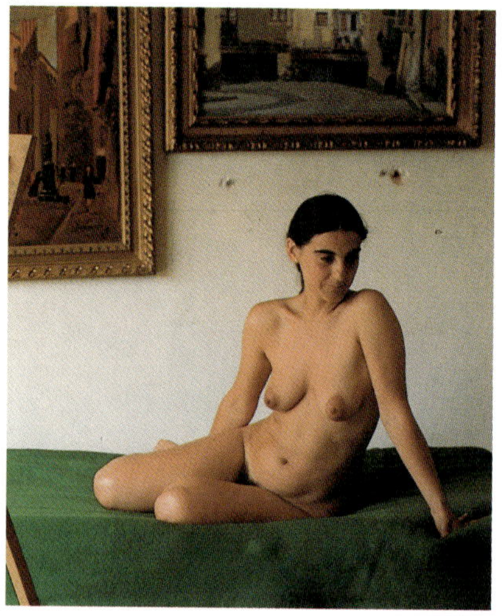

349

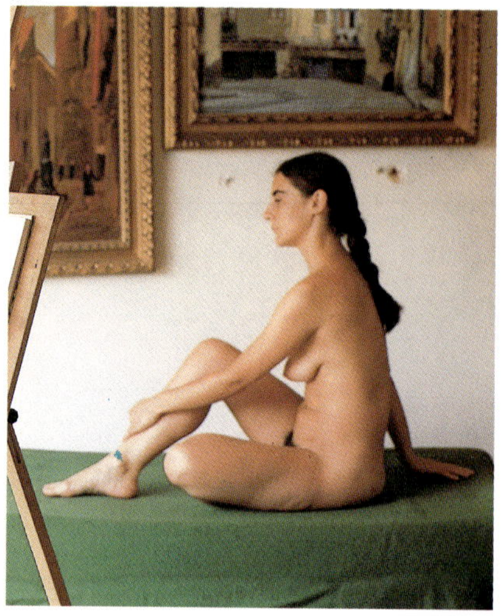

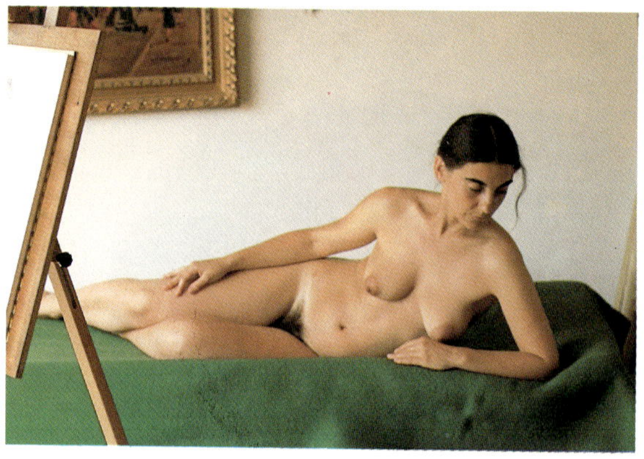

350

Abb. 348 bis 350: Zum Erlernen der Aktzeichnung und -malerei empfiehlt sich die Arbeit mit einem erfahrenen Berufsmodell, das die klassischen Posen kennt und sie künstlerisch natürlich ausführt. Das Berufsmodell in meinem Atelier wird vom Tageslicht beleuchtet. Das Licht fällt seitlich durch ein einziges großes Fenster.

351

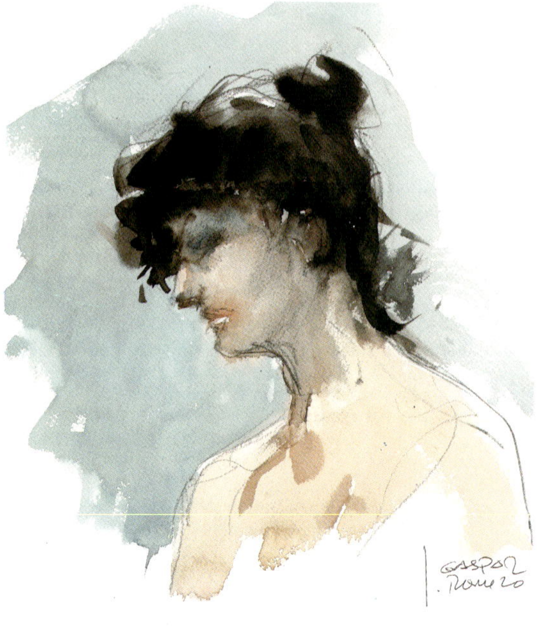

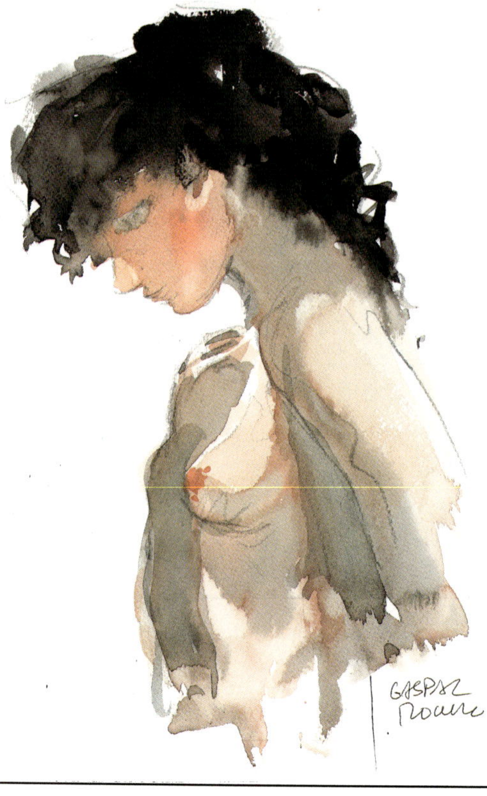

352

Abb. 351 und 352: Gaspar Romero geht jeden Tag zu einer Künstlergesellschaft, in der auch Sitzungen für die Aktmalerei stattfinden. Dort malt und zeichnet er solche Skizzen. „Es ist die beste Praxis, um in Form zu bleiben", versichert er.

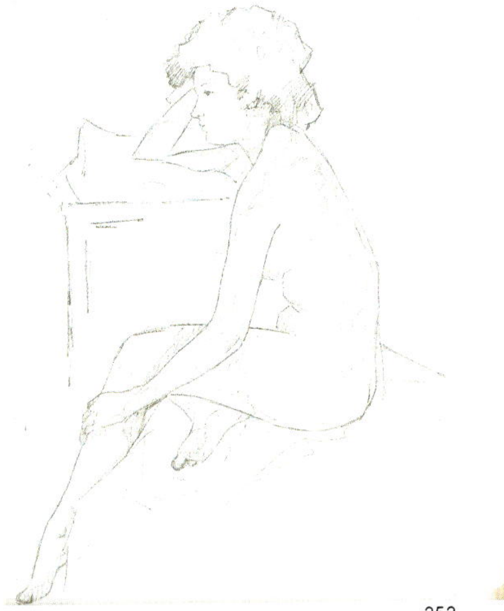
353

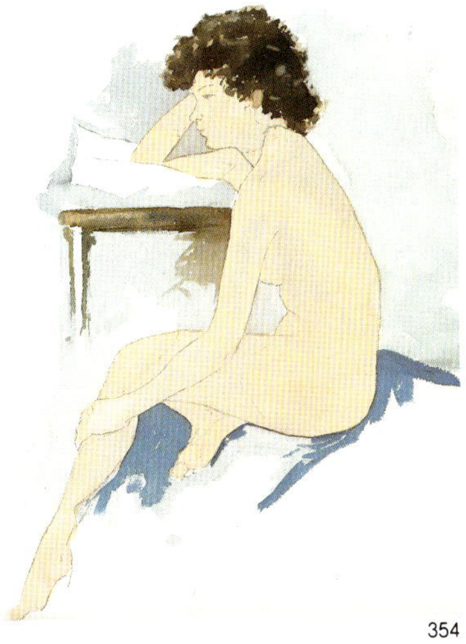
354

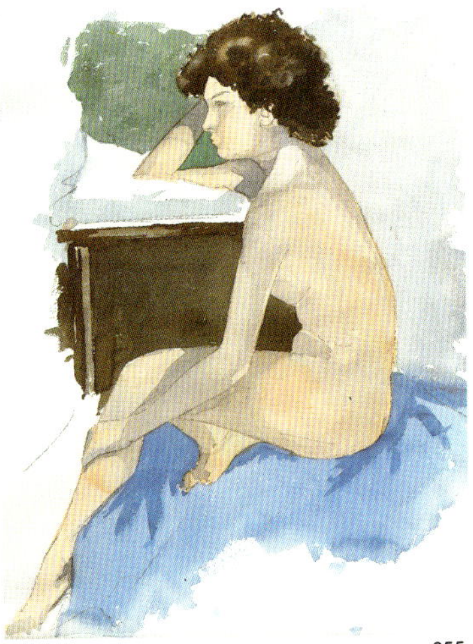
355

Gaspar Romero malt ein Aktbild als Aquarell

Abb. 353: Romero skizziert das Modell zunächst mit sehr feinen Strichen als eine Art Rahmen, innerhalb dessen er die endgültige Zeichnung mit präziseren Linien aufbaut. Er benutzt praktisch keinen Radiergummi.

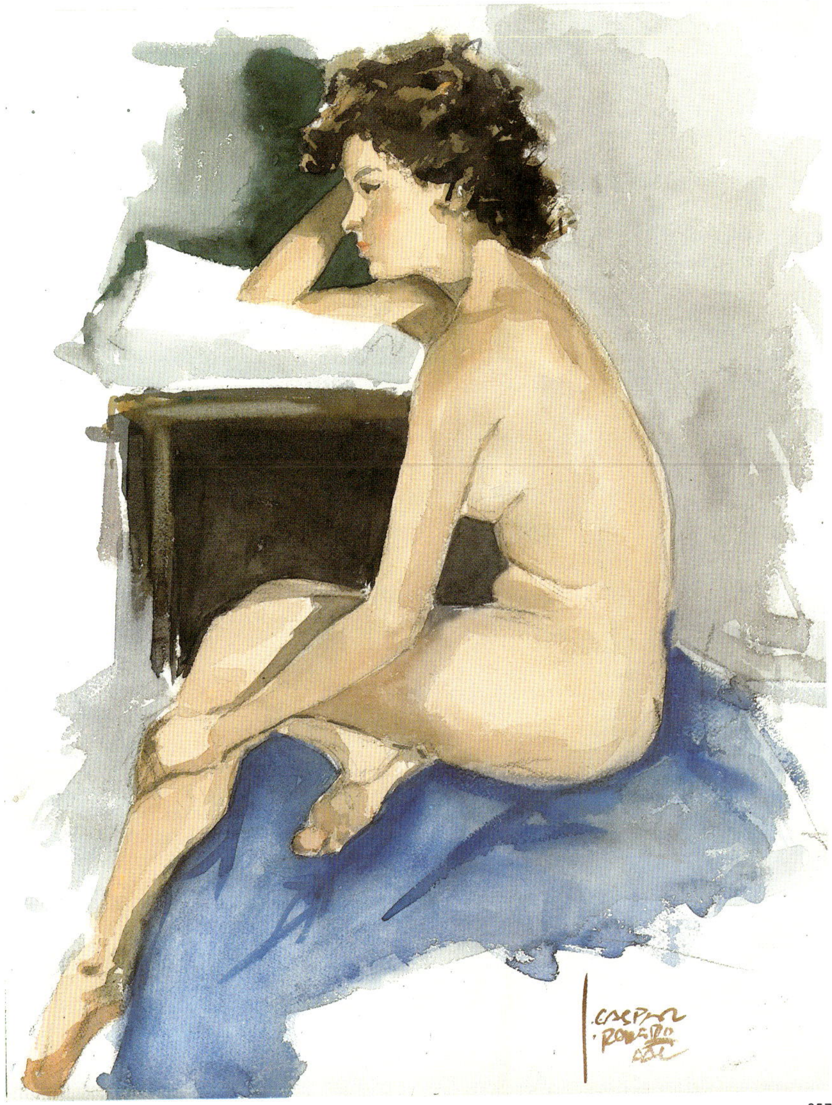

357

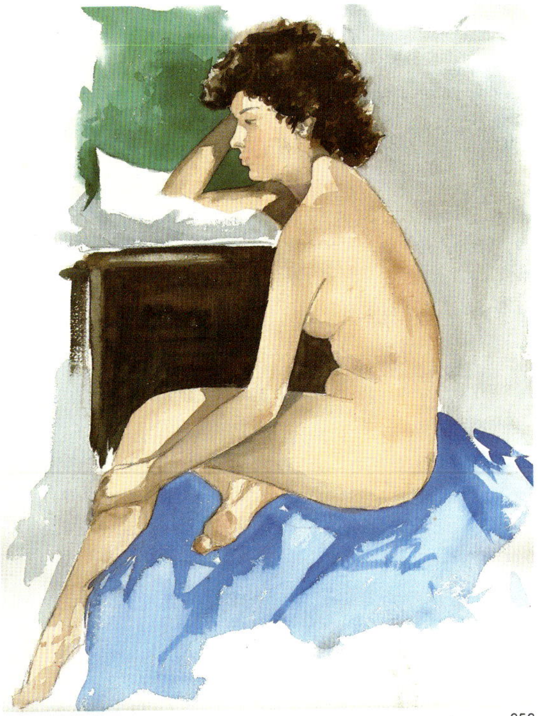
356

Abb. 354: Er legt zunächst eine fleischfarbene Lasur auf den gesamten Körper und saugt die Farbe anschließend mit dem ausgedrückten Pinsel für die auszusparenden Weißstellen wieder ab. Gleichzeitig benutzt er das Saugpapier, das er in der linken Hand hält. Dann legt er mit Ultramarin und Dunkelsepia rasch das Haar an.

Abb. 355. Romero verstärkt die Farbe des Körpers mit einer kräftigeren Fleischfarbe, in die nun auch Kobaltblau gehört. Er arbeitet die Form heraus und saugt von Zeit zu Zeit überschüssige Farbe mit dem ausgedrückten Pinsel ab.

Abb. 356 und 357. Romero malt anschließend mit dem Pinsel Nr. 12 weiter und fügt eine kleine Menge Blau und Karmin zur Fleischfarbe hinzu. Wenn nötig, saugt er die Farbe mit dem ausgedrückten Pinsel oder mit Zellstoffpapier ab. Aufs höchste konzentriert, beendet er fieberhaft gewisse Körperteile und die Gesichtszüge und hält erst inne mit der Signatur. Er hat insgesamt vierzig Minuten benötigt.

Himmel und Wolken

Am 15. September 1830 ist der Himmel um neun Uhr morgens über der englischen Landschaft nahe Suffolk klar. Gegen elf Uhr kommt jedoch ein Westwind auf, und wenige Minuten später überziehen zerrissene Wolken den Himmel.
Zu diesem Zeitpunkt malt John Constable sein Aquarell. (Abb. 358). Er hat Tag, Ort und Uhrzeit auf der Rückseite des Bildes vermerkt.
Der Himmel erregte die Aufmerksamkeit zahlreicher Künstler.
Auch der englische Impressionist Sisley hielt den Himmel für einen sehr wichtigen Teil des Bildes. „Ich beginne immer mit dem Himmel. Er besteht nicht nur aus einer einfachen Hintergrundlavierung oder einer strahlenden unendlichen Weite. Der Himmel ist der Bruder der Ebene. Er ist wie die Erde aus einzelnen Flächen zusammengesetzt. Er ist Bestandteil des allgemeinen Rhythmus des Bildes."
Einverstanden. Der Himmel ist wichtig; es lohnt sich, ihn genau zu untersuchen. Es gibt unzählige unterschiedliche Himmel: den klaren, glatten Himmel, der leicht mit einer einzigen Lasur anzulegen ist. Man braucht nur zu wissen, daß man die Farbe am unteren Rand nahe dem Horizont aufhellen muß. Es gibt Himmel mit leichten Wolkenformationen, die Wattebäuschen ähneln. Auch sie sind leicht zu malen. Man saugt dazu die Farbe mit einem sauberen, ausgedrückten Pinsel ab und holt das Weiß wieder hervor. Auch Saugpapier läßt sich dafür verwenden. Bei schweren Himmeln großer Aquarellbilder kann man dieses Weiß der Wolken mit einem Schwamm hervorholen.
Es gibt jedoch auch Himmel mit großen, dichten Kumuluswolken und leuchtendem Licht und weichem Schatten, die manchmal mit dunkelgrauen Sturmwolken kombiniert sind. Solch einen Himmel malte Constable. Sie sind nicht ganz einfach wiederzugeben. Meiner Ansicht nach kommt es beim Malen von Himmeln auf drei grundsätzliche Dinge an:
1. Der Aufbau: Einen Himmel mit gut ausgebildeten Wolken kann man nicht improvisieren. Er läßt sich nicht ohne eine gutaufgebaute lineare Vorzeichnung malen. Aus ihr muß hervorgehen, wo eine Form beginnt und wo sie endet. Es muß sich um eine überlegte, aber nicht zu zögerliche Zeichnung handeln.

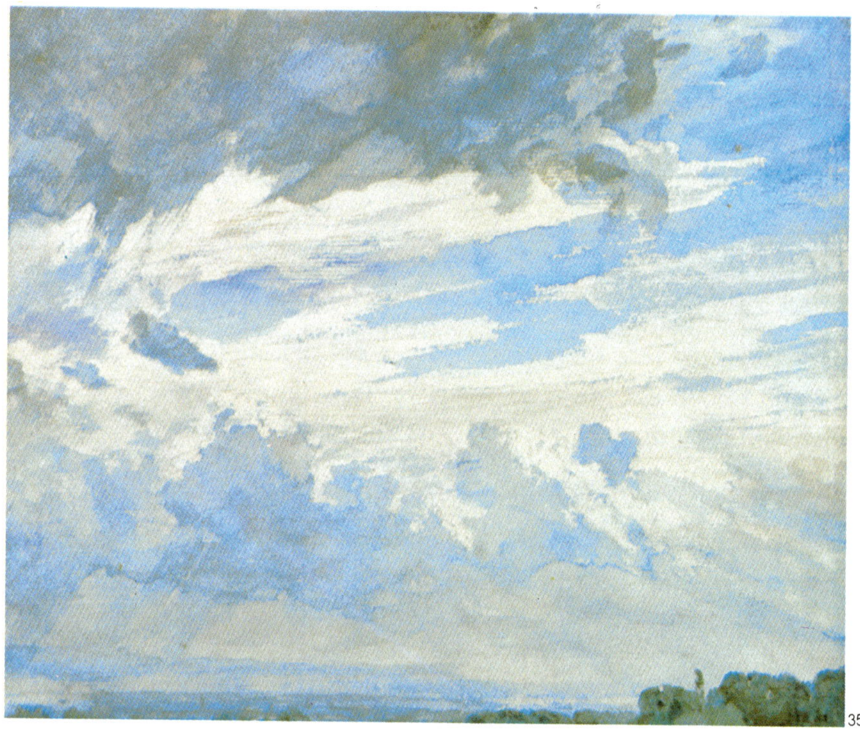

358

Abb. 358: John Constable, *Wolkenstudie über einer weiten Landschaft zwischen elf Uhr und Mittag – 15. September 1830, bei Westwind,* Victoria and Albert Museum, London. Constable malte zahlreiche Wolkenstudien mit Aquarellfarben und notierte Ort, Tag und Stunde sowie die Windrichtung auf der Rückseite. Er bewies auf diese Weise sein Interesse am Studium der Natur. Aus den Studien entstanden später die schönsten englischen Aquarellandschaften seiner Zeit.

359

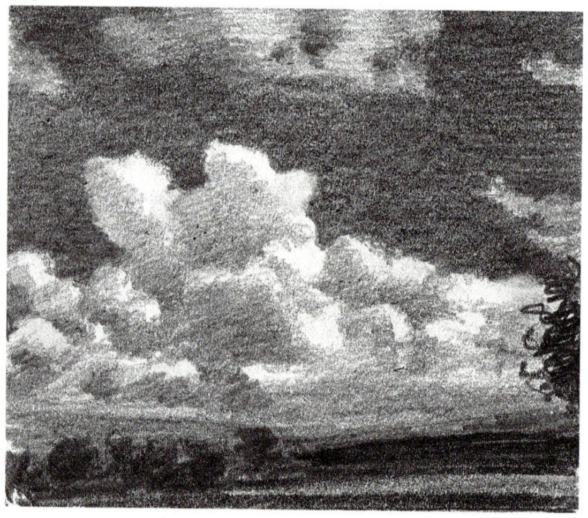

360

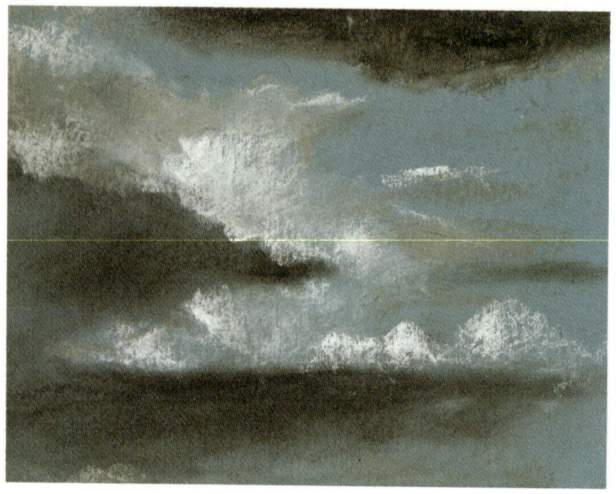

Abb. 359 und 360: Für Landschaftsstudien sollte man zunächst auf weißem Papier mit einer Bleimine Skizzen von Himmeln und Wolken anfertigen. Oder man zeichnet mit Kohle Himmel und Wolken auf farbigem Papier, verwischt sie und untersucht auf diese Weise die Tonwerte und das Volumen.

361

364

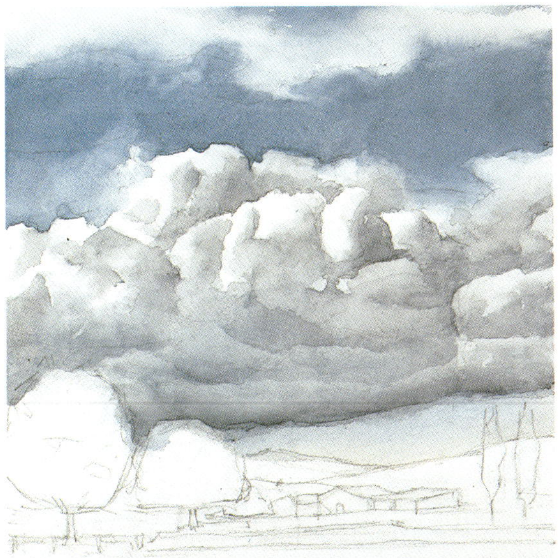

362

Studie eines bewölkten Himmels mit Aquarellfarben

Abb. 361: Eine rasche, aber sichere Zeichnung einer Landschaft. (Eine schlechte Zeichnung wäre völlig nutzlos).

Abb. 362: Ich beginne mit dem Blau des Himmels, also mit Preußischblau, Ultramarin und einer Spur Ocker. Ich umzeichne die Wolkenmassen und spare im Himmel einige Weißstellen aus, die ich anschließend mit dem Blau des Himmels verschmelzen lasse. Ich bemühe mich stets um leichte Variationen in den Tönen und Farben. Den unteren Rand nahe dem Horizont helle ich mit Wasser auf und füge eine Spur Ocker hinzu.

Abb. 363: Ich male die Schatten der Wolken mit verschiedenen Grautönen vor allem aus Ultramarin und Siena dunkel, aber auch einer Mischung aus Karmin, Ocker und Kobaltblau.

Abb. 364: Ich verstärke manche Stellen der Wolken, besonders in der unteren Hälfte. Nachdem die Wolken beendet sind, befasse ich mich mit dem Skizzieren der Landschaft. Ich feuchte den Himmel am Horizont an und male das blaue Gebirge im Hintergrund in der Naßtechnik. Dabei spare ich die Fläche für die beiden hellgrünen hohen Bäume rechts aus.

Abb. 365: Ich fahre mit der Landschaft fort, die eine warme Farbe mit Lichter Ocker als Dominante besitzt. Außerdem spielen Karmin, Ocker, Gelb, Hellgrün, Violett, Blau etc. mit hinein. Zum Abschluß male ich eine Lasur aus sehr hellem Ocker und Gelb auf die Wolken, die für eine warme, zur Landschaft passende Tonalität sorgt.

365

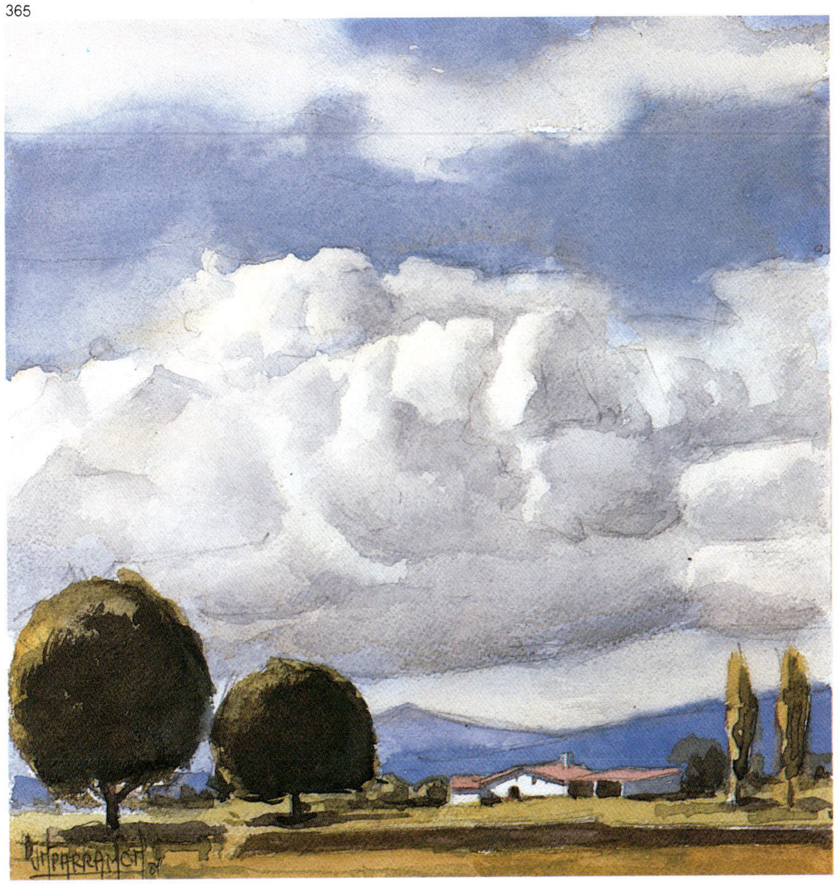

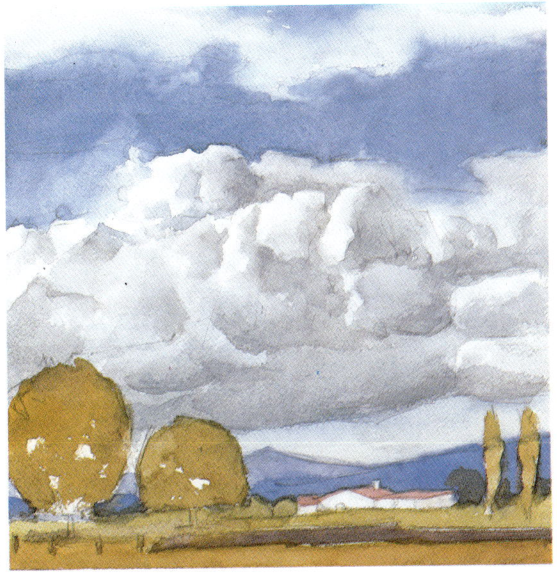

363

Himmel und Wolken

2. Das Volumen und die Farben: Untersuchen Sie die Stellung der Sonne und die Richtung des Lichtes genau, und achten Sie darauf, daß die hell- oder dunkelblaue Farbe das leuchtende Weiß der Wolken betont und selbst nur im Hintergrund bleibt. Häufig ist zu beobachten, daß das Grau in den Schatten der Wolken einen Ton heller als das Blau des Himmels im Hintergrund ist. Die Werte dieser Grautöne müssen genau untersucht werden. Geben Sie die Blau-, Rosé- und Goldtöne des Schattengraus wieder, damit die Wolken wirklich wie Wolken aussehen.

3. Die Technik: Schließlich muß man die in jedem Einzelfall notwendige Aquarelltechnik beachten, die weißen Zonen aussparen und die hellen Partien in der Trockentechnik aus dem Himmel herausarbeiten. Man gibt die Formen und Abstufungen des Modells wieder, benutzt für die Abstufungen den Pinsel oder das Saugpapier und arbeitet fieberhaft weiter, ohne Zeit zu verlieren. Denn die Wolken ziehen rasch vorwärts! Man malt, ohne letztlich das Modell, die Weißtöne der Beleuchtung, die für die Wolken so charakteristisch sind, je ganz aus den Augen zu verlieren.

„Zunächst male ich den Himmel", sagte Sisley. Alle Kunstmaler beginnen mit dem Himmel, wenn sie eine Landschaft malen. Sie tun es sehr entspannt, als gingen sie mit sich selbst eine Wette ein. „Natürlich gelingt mir dieser Himmel mit den Wolken. Ich brauche dafür nur wenige Pinselstriche und ein paar Streifen Saugpapier." So machen sie sich an die Arbeit, und das Werk gelingt. Das wiederholt sich jeden Tag. Man beginnt, in dem man sich selbst Mut macht – also ohne die Ängste des Hobbymalers angesichts eines Himmels. „Und wenn er dir nicht gelingt", sagte ich einmal zu einem meiner Schüler, „läßt du ihn einfach liegen und beginnst einen neuen!" Einverstanden?

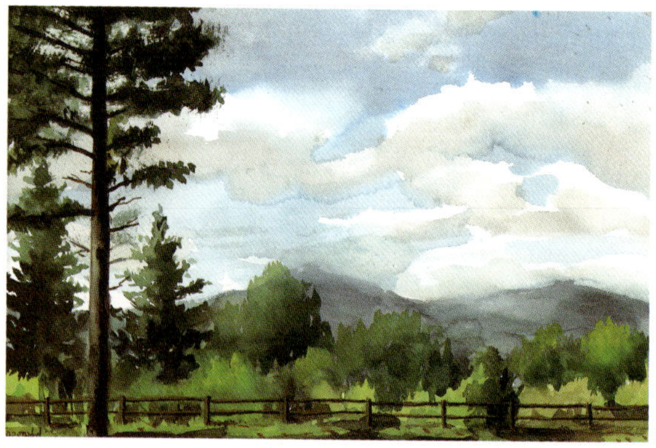
366

Abb. 366: Über diese Gebirgslandschaft habe ich einen Himmel mit einigen klassischen Wolken an einem strahlenden Tag gelegt. Die grauen Schatten der Wolken sind heller als das Blau des Himmels. Die Hervorhebung von Licht und Schatten ist hier sehr wichtig.

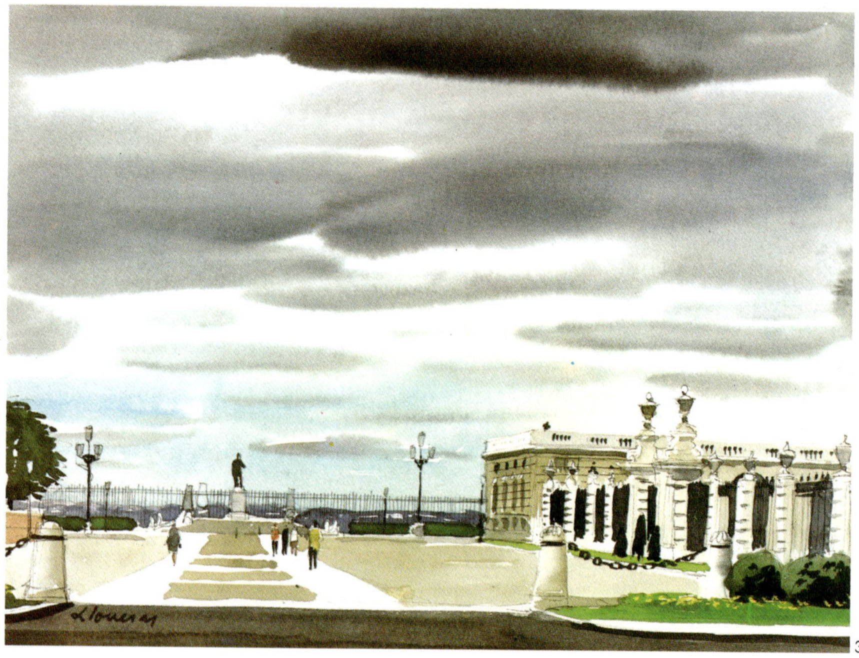
367

Abb. 367: Federico Lloveras, *Die Diagonale* (Barcelona); Privatsammlung. Der in der Naßtechnik gemalte bedeckte Himmel mit seinen Grautönen bestimmt die Farben dieses Landschaftsbildes, das mit einer Skala gebrochener Farben ausgeführt wurde.

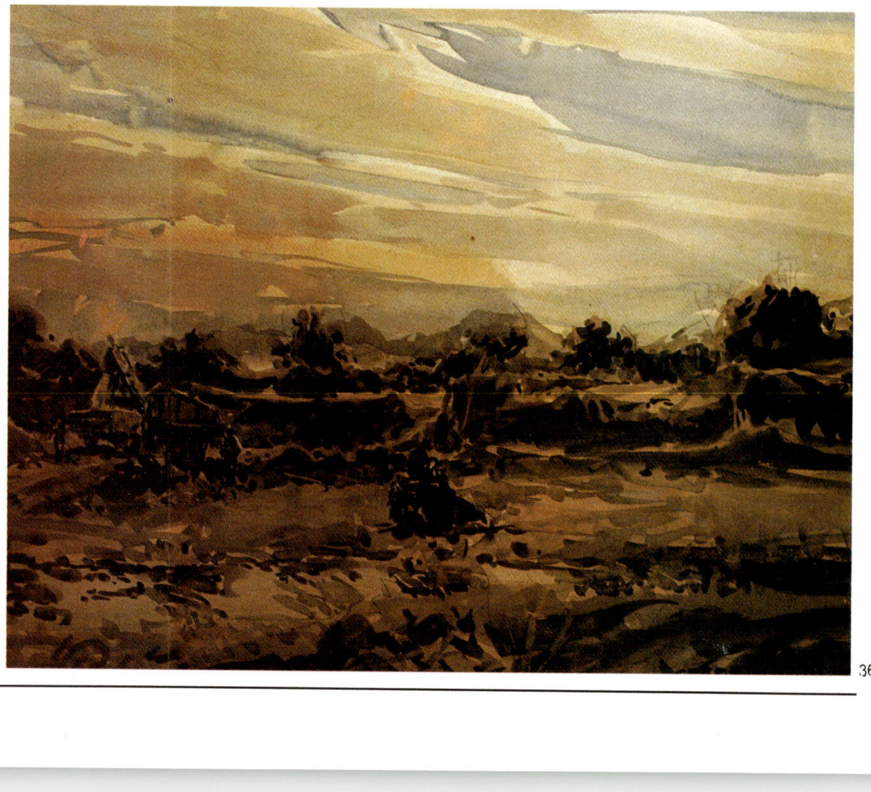
368

Abb. 368: Ceferino Olivé, *Sandverwehungen (Riudoms)*, Privatsammlung. Diese dramatische Landschaft hat Ceferino Olivé mit einer warmen Farbskala gemalt. Er arbeitet mit dicken Pinseln und breiten, langen Strichen und stuft grundsätzlich „alla prima" ab. Der Künstler arbeitet äußerst spontan.

Himmel und Wolken mit einer Skala spezieller Farben

Abb. 369: Nach der Vorzeichnung lege ich eine gleichmäßige Lasur aus schmutzigem Ocker mit einer Spur Blau und Siena dunkel an. Das Weiß für die Häuser des Dorfes spare ich von vornherein aus.

369

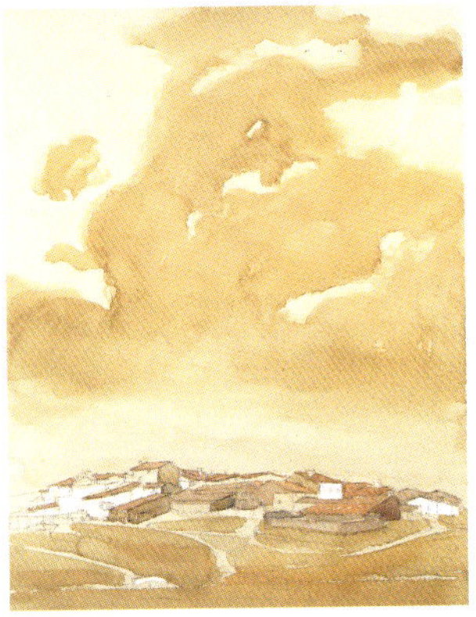
370

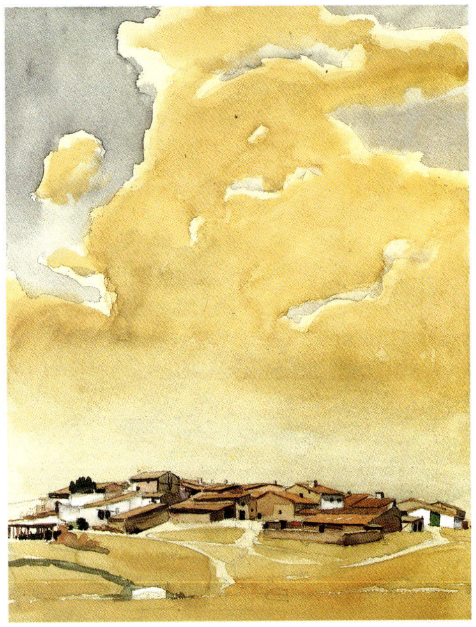
371

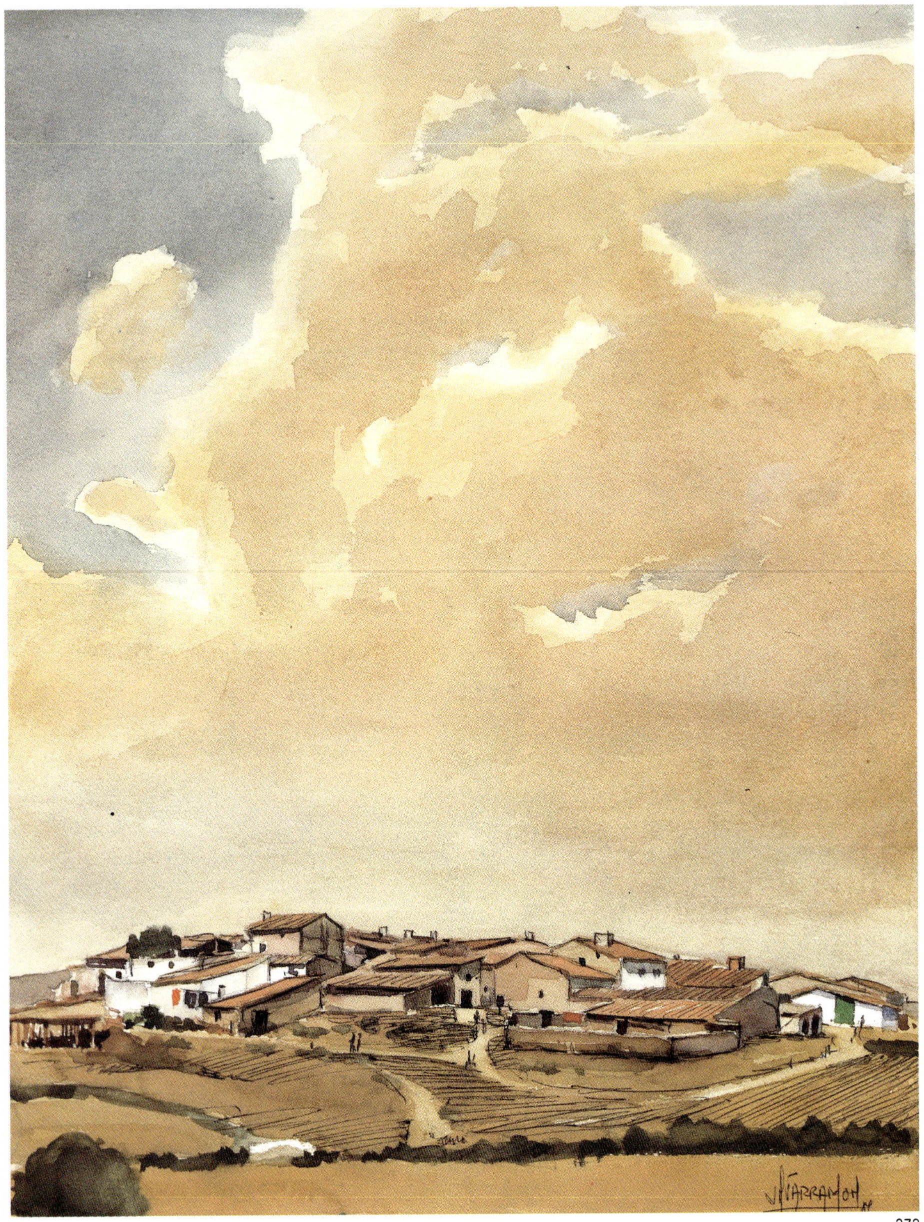
373

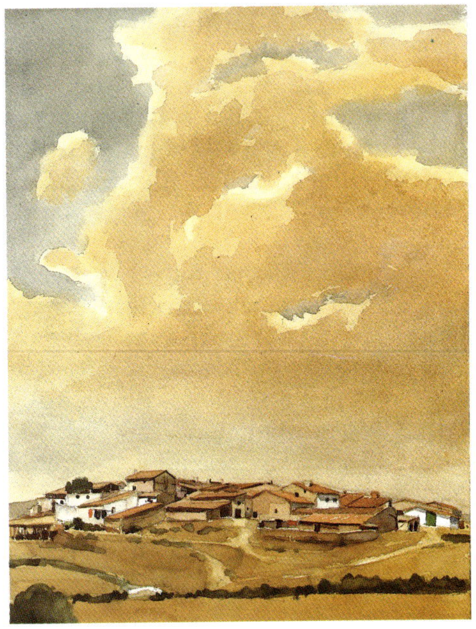
372

Abb. 370: Sobald der Hintergrund trocken ist, male ich mit derselben dunklen Farbe mit zusätzlich Siena darüber. Dabei lege ich Abstufungen für die beleuchteten Stellen der Wolken an. Ich male die Häuser und gewisse Stellen des Bodens mit unterschiedlichen Sienatönen.

Abb. 371: Ich male jetzt den Himmel mit Ultramarin, Karmin und Ocker und helle ihn auf, sobald ich den Horizont erreiche. Ich fahre fort mit den Häusern, den Schatten und den Dächern.

Abb. 372: Ich beende den Himmel mit einer letzten Schicht, die ich am unteren Rand der Wolken naß-in-naß auftrage. Der Himmel ist jetzt fertig. Ich bearbeite auch die Äcker und die Straßen des Dorfes.

Abb. 373: Für die Abschlußarbeiten benutze ich schließlich einen Filzstift mit feiner Spitze und zeichne damit ein paar Konturen der Häuser und Dächer, die Ackerfurchen, die Gestalten etc.

Die Bäume

Zunächst sollten Sie daran denken, daß Bäume eine Struktur, also ein Skelett aufweisen, das aus dem Stamm und den Zweigen besteht und mit Blättern bedeckt ist. Das Skelett ist wichtig. Fertigen Sie einige Skizzen von blattlosen Bäumen im Winter an, die nur aus dem Gewirr nackter Zweige bestehen. Dann verbringen Sie nicht nur ein paar angenehme Minuten im Freien. Sie lernen auch rascher, Bäume zu zeichnen und zu malen. Zwingen Sie sich eine Weile, Bäume, Büsche und Sträucher zu zeichnen, wie van Gogh es tat. Dann sind Sie bald in der Lage, die Synthese herzustellen und Bäume ebenso in großer Entfernung wie im Vordergrund wiederzugeben.
Es gibt hier weder Tricks noch Geheimnisse. Man muß die Bäume kopieren, wie sie sind. Der Kunstmaler erkennt, daß die Äste gruppenweise dem Stamm entspringen, daß die Blätter blockweise ein Ganzes bilden und die Wirkung von Licht und Schatten bestimmen. Er erfaßt die Formen und Farben. Er sieht, daß die Verbindung von Stämmen, Zweigen und Blättern einen Block darstellt, der manchmal durchbrochen wird und den klaren Himmel oder die Silhouette des Stammes und die Zweige durchscheinen läßt.
Man muß die Bäume malen, wie sie sind: an den oberen beleuchteten Stellen mit Blau-, Ocker- und Gelbtönen; in den dunkleren Zonen im unteren Abschnitt mit mehr Grün als Gelb, mehr Blau als Ocker. Im Mittelgrund sehen Bäume in der Synthese wie kleine Kugeln aus, sobald sie einzeln auf einer Wiese oder einem Acker stehen.

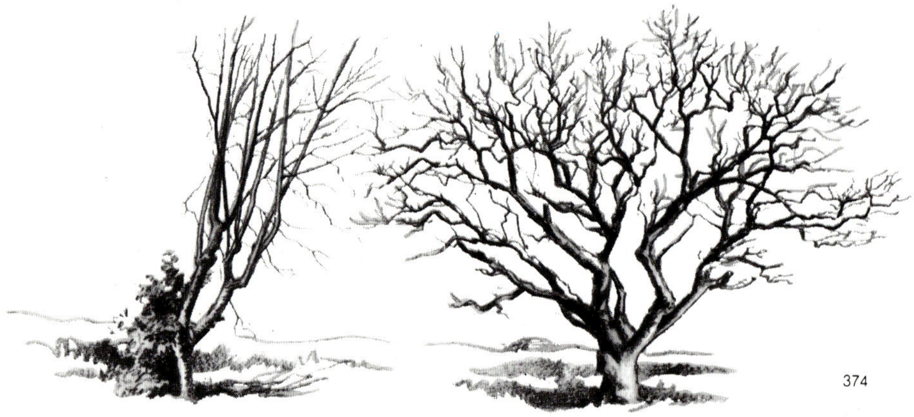
374

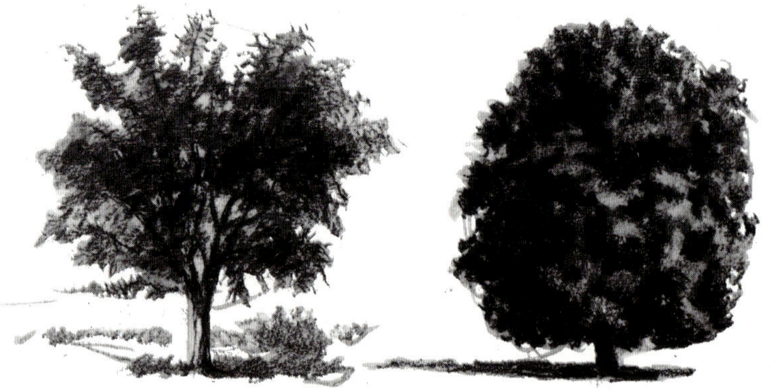
375

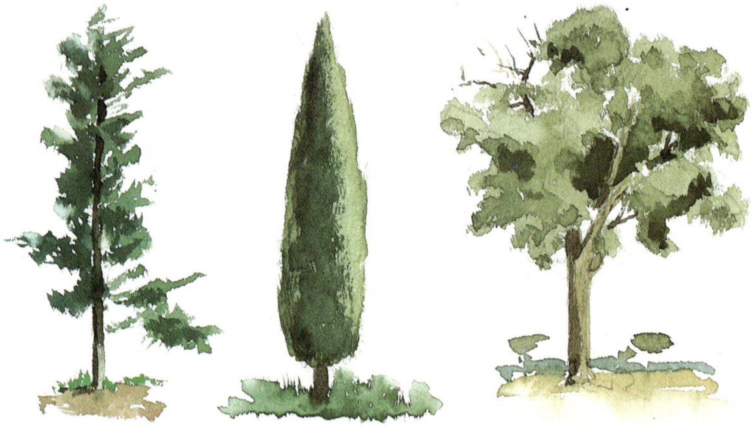
376

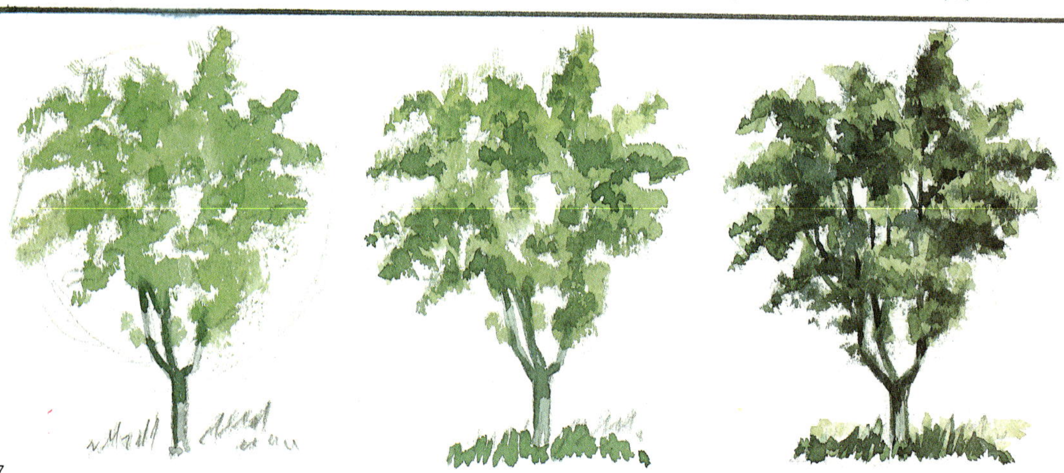
377

Abb. 374 und 375: Skizzen und Zeichnungen von Bäumen mit und ohne Laub sind eine gute Übung, um anschließend mit besserer Sachkenntniss malen zu können.

Abb. 376: Hier sehen Sie verschiedene Baumformen aus mittlerer Entfernung. Ihre Formen und Farben sind als Synthese zusammengefaßt.

Abb. 377: Schrittweises Malen eines Baumes aus mittlerer Entfernung mit einer Synthese von Formen und Farben.

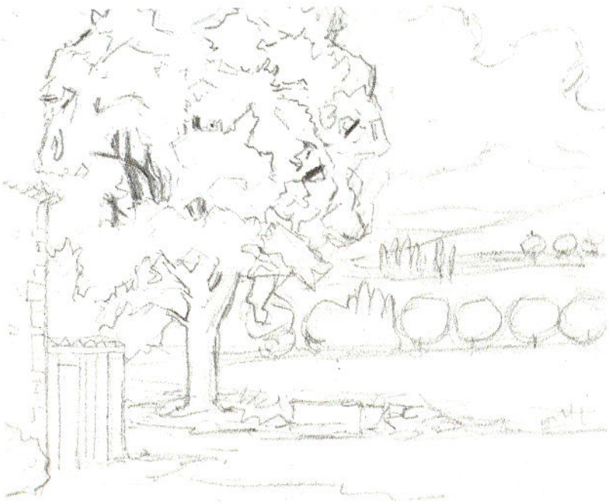
378

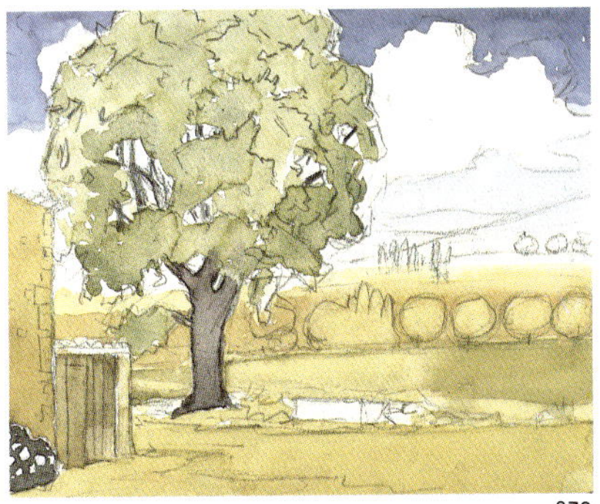
379

Malen einer Landschaft mit Bäumen

Abb. 378: Die Zeichnung der Bäume im Vordergrund und der Wolken darf man nur dann halb fertig lassen, wenn man über eine außerordentliche Erfahrung verfügt.

Abb. 379: Erste gleichmäßige Schichten, aber mit einigen berechneten Nuancen, um die Farbe zu bereichern, kommen auf den Himmel, den Boden sowie den Baum und das Gebäude im Vordergrund.

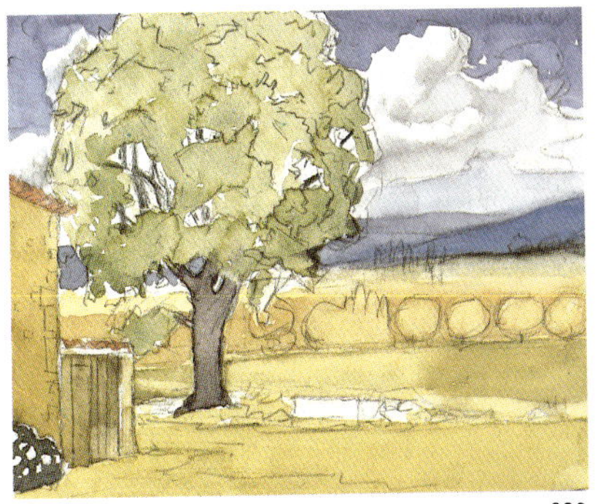
380

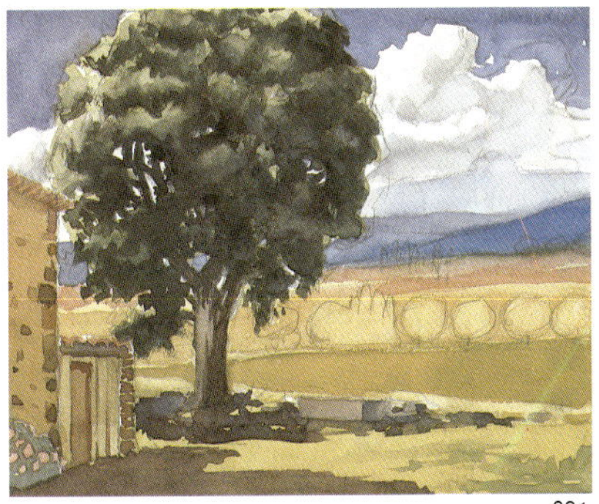
381

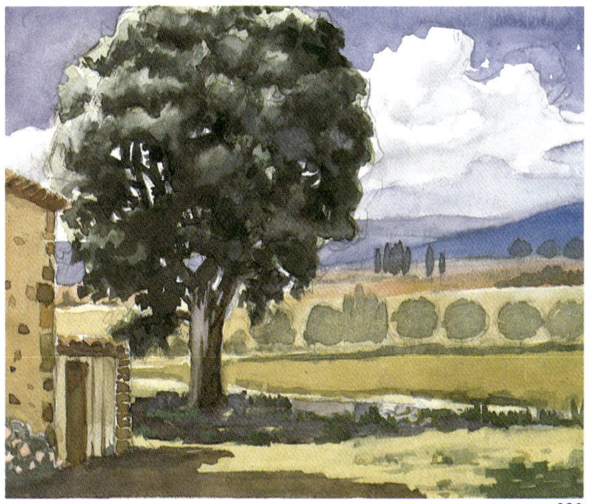
382

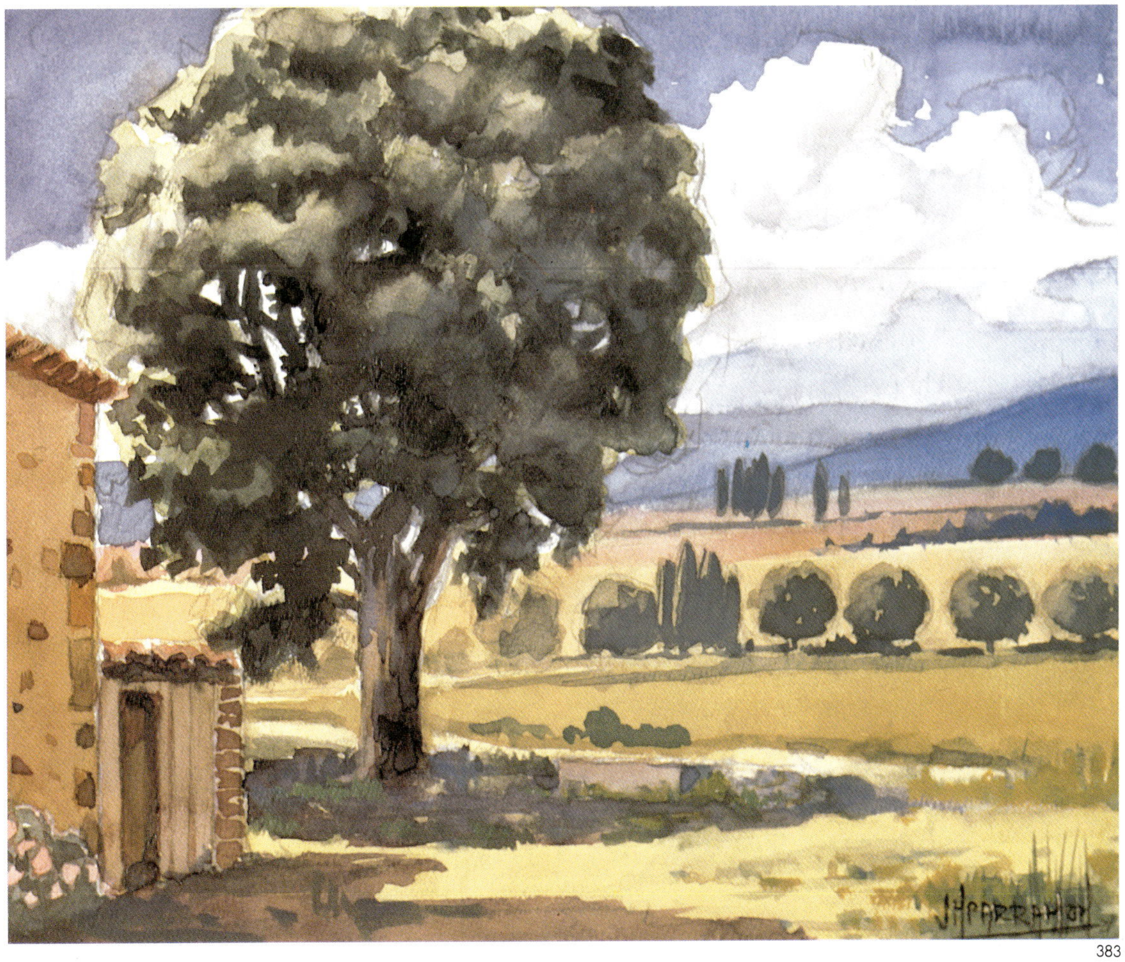
383

Abb. 380: Ich lege den Himmel, die Wolken und die Berge im Hintergrund mit Grau und Blau in der Naßtechnik an.

Abb. 381: Ich male den Baum im Vordergrund und arbeite das Laub heraus. Dazu male ich den oberen Teil mit einem Ockerstich und den unteren mit einem blaustichigen Grün. Ich male den Stamm und die Äste des Baumes sowie dessen Wurfschatten, ohne ihn jedoch abzuschließen. Ich komme zur Hausecke vorn links und ihrem Schatten. Ich verstärke die Farben des Vordergrunds und füge in den Feldern des Mittelgrunds ein Rosé und ein Grünocker hinzu.

Abb. 382: Ich beende den Wurfschatten des Baumes. Ich lege eine erste Schicht auf die Bäume und Sträucher im Mittel- und Hintergrund und zeichne und male sie weiter. Ich füge außerdem noch einige Nuancen zur Bereicherung des Vordergrunds hinzu.

Abb. 383: Ich behandle die Bäume des Mittel- und Hintergrunds, verstärke einige Farben und mache die Abschlußarbeiten.

Eine Landschaft mit Aquarellfarben

Auf den folgenden Seiten stellen wir Ihnen eine Reihe praktischer Übungen vor. Anhand dieser Beispiele können Sie Schritt für Schritt verfolgen, wie einige bekannte Künstler ihre Bilder malen. Das erste Aquarell stammt von Ceferino Olivé, einem spanischen Künstler, der mehrere nationale und internationale Preise gewonnen hat und dessen Werke in den Museen und Sammlungen in Deutschland, England, Frankreich, Italien, Japan, den Vereinigten Staaten etc.- vertreten sind.
Ceferino Olivé ist ein absoluter Könner und Anhänger des reinen Aquarells ohne Flekken, Flüssiggummi, Wachsstift etc. Olivé feuchtet sein Papier zuvor nicht an und spannt es auch nicht mit Klebestreifen. Er benutzt ausschließlich dicke Rotmarderpinsel der Nummern 12, 18, 24 und 30 mit einem Spezialstiel, der ebenso lang ist wie bei der Ölmalerei.
Olivé malt mit Tubenfarben. Er benutzt eine Metallpalette, die wir auf Seite 76 abgebildet haben, und arbeitet mit einer dreibeinigen Studiostaffelei. Sein Papier steht beinahe senkrecht.

Eine sehr persönliche Technik
Alle Aquarellmaler – ich selbst eingeschlossen – benutzen Saugpapier, Watte, ein Baumwolltuch oder einen Schwamm, um überschüssige Flüssigkeit, die Farbe oder das Pinselwasser abzusaugen. Ceferino Olivé geht anders vor: Als Wassergefäß benutzt er einen gewöhnlichen Plastikeimer, mit dem man auch den Boden reinigen könnte.

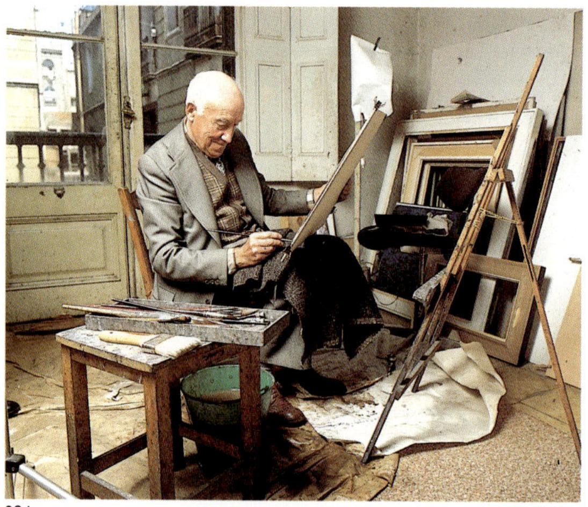

384

Abb. 384: Ceferino Olivé ist ein bekannter alter Meister der Aquarellmalerei. Er erhielt unzählige Preise. Seine Werke befinden sich in Museen und Sammlungen der ganzen Welt. Die Einrichtung seines Ateliers ist ein Beispiel für den praktischen Sinn, die Nüchternheit und Einfachheit des Künstlers. „Ich habe mein Leben lang im Freien gemalt", sagte er zu mir. „Ich habe in allen Städten Europas immer mit demselben Material gearbeitet: mit einer Staffelei, um das Zeichenbrett mit dem Papier zu halten, einem Hocker und einem Malkasten mit den Farben und dem Zubehör zum Malen. Ich male ungern im Atelier", fügte er hinzu. „Muß ich doch einmal drinnen arbeiten, möchte ich es unter denselben Bedingungen tun wie draußen." Jetzt versteht man, weshalb sich in Olivés Atelier neben einem großen Arbeitstisch und einem gefüllten Bücherregal nur eine Staffelei (mit etwa 45 Grad Neigung) und ein niedriges Tischchen als Beistelltisch befinden. Auf dem nebenstehenden Foto signiert Olivé gerade ein Bild.

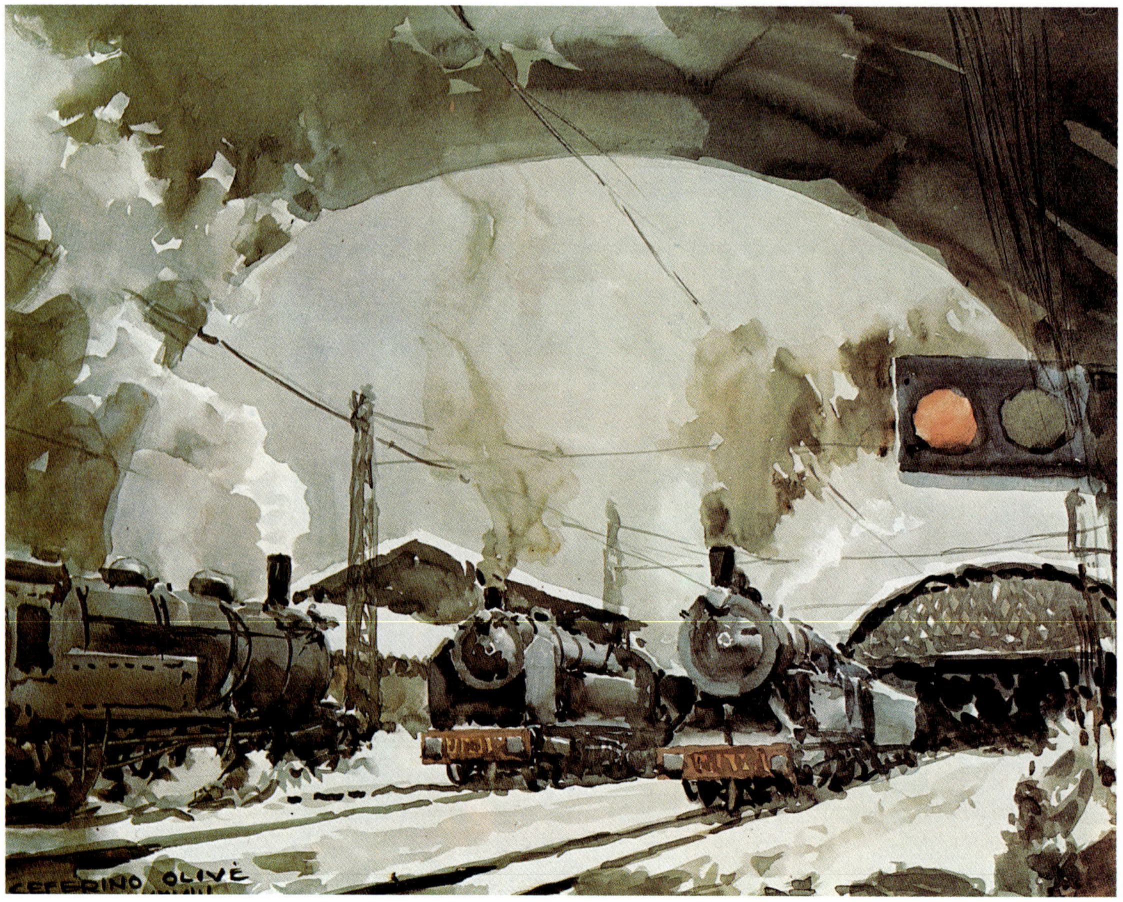

385

Abb. 385: Ceferino Olivé, *Tunnel und Rauch,* Privatsammlung. Dieses Aquarell ist ein gutes Beispiel für Ceferino Olivés Stil. Seine Komposition, die Harmonisierung der Farben, die Technik und die Zeichnung – oder der Aufbau – sind unvergleichlich.

Den stellt er neben seinen Stuhl. Will er den Pinsel etwas leeren oder ausdrücken, peitscht er ihn durch die Luft. Natürlich spritzt das fürchterlich. Olivé hat den Boden deshalb vorsichtshalber mit Packpapier abgedeckt. Ich möchte Ihre Aufmerksamkeit außerdem auf die Art und Weise lenken, in der er den Pinsel hält: er faßt ihn sehr hoch am Stiel (siehe Abb. 386). Während der Herstellung seines Bildes werden Sie feststellen, daß Olivé überall gleichzeitig malt. Er sieht alles zugleich und malt mal hier, mal dort, so daß das Bild bis zum Endstadium schrittweise fortschreitet.

Erstes Stadium: die Zeichnung (Abb. 388)
Ceferino Olivé zeichnet mit einem normalen Bleistift Nr. 2. Er hält ständig einen dunkelgrauen, sehr weichen Radiergummi in der Hand, benutzt ihn aber praktisch überhaupt nicht. Er arbeitet auf feinkörnigem Papier und befestigt es mit Metallklemmen am Zeichenbrett. Die Größe seines Aquarells beträgt 70 × 50 cm.

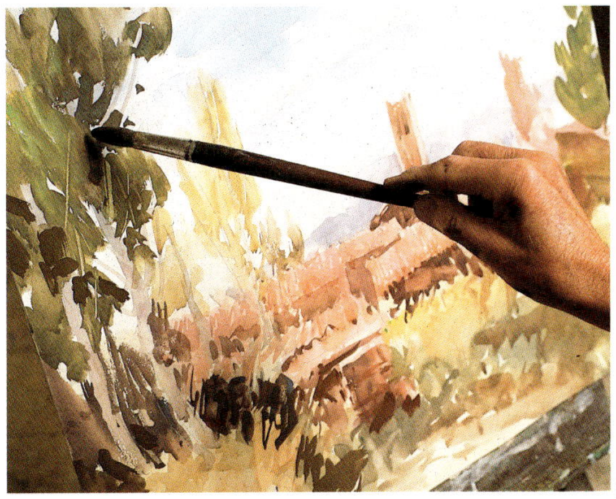

386

Abb. 386: Beachten Sie die besondere Art, den Pinselstiel zu halten. Er liegt sehr hoch in der Hand und zwingt den Künstler, mit einem gewissen Abstand locker zu arbeiten, ohne jemals „fatal ins Detail zu gehen", wie Ceferino Olivé sich ausdrückt.

Olivé hält den Bleistift fest in der Hand und zeichnet rasch. In wenigen Augenblicken hat er die Grundformen seines Modells wiedergegeben, hält sich aber nicht mit Einzelheiten auf. Er legt nur die wichtigsten Formen an: den Turm im Hintergrund, die Hausdächer, die kaum angedeutete Silhouette der Bäume mit den etwas dickeren Stämmen etc.
„Das reicht. Mehr brauche ich nicht", erklärt Olivé.

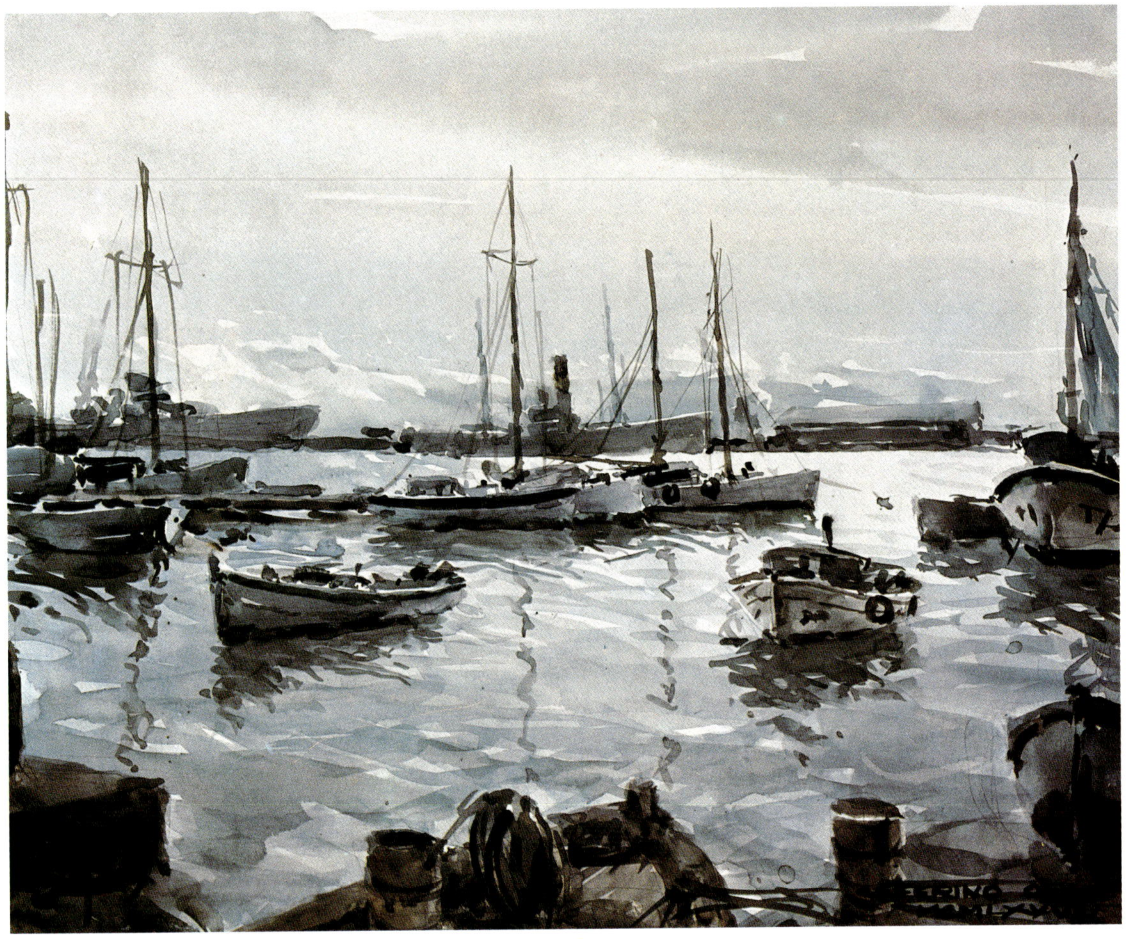

387

Abb. 387: Ceferino Olivé, *Luminicas (Castellón)*, Privatsammlung. Dies ist ein weiteres Beispiel für Ceferino Olivés sehr persönliche Technik und ein Beweis dafür, mit welcher außerordentlichen Leichtigkeit er ein Bild aufbaut und in Form einer Synthese malt. Er setzt sein Modell in seiner vielseitigen, brillanten Malweise nüchtern und korrekt um.

Eine Landschaft mit Aquarellfarben

Zweites Stadium: erster Farbversuch (Abb. 389)

Ceferino Olivé beim Malen zuzusehen, ist ein richtiges Erlebnis. Zum Beispiel beim Anlegen des Himmels: Dazu füllt er einen Pinsel Nr. 24 mit Ultramarin, „verschmutzt" es mit einer Spur Paynesgrau und trägt die Farbe mit großen Pinselstrichen rechts und links auf. Dazwischen bleiben weiße Flächen stehen. Mit ungewöhnlicher Schnelligkeit – man könnte sagen: geradezu fieberhaft – taucht er den Pinsel in den Wassereimer, spült ihn, zieht ihn mit Wasser gefüllt wieder heraus, läßt ihn abtropfen – er peitscht ihn, daß es nur so spritzt – und ist nach zehn Sekunden wieder mit dem Himmel beschäftigt. Er löst das Blau auf und stuft es mit dem Weiß des Papiers ab. Dadurch bekommt er ein Ergebnis, das dem der Naßtechnik ähnelt, derart verschmelzen seine Farben. Er beläßt den Himmel, wie er ist. Noch rascher, falls das überhaupt möglich ist, mischt er einen Orangeton und trägt ihn auf den Turm und die Häuser im Hintergrund. Er verändert den Ton mit einigen grünen, grauen, blauen und zinnoberroten Strichen und hat so in wenigen Sekunden das Weiß des Papiers mit Farbe bedeckt.

Drittes Stadium: Bestimmung der Form (Abb. 390)

Es dauert ein paar Minuten, bis das bisher Gemalte trocken ist. Während dies geschieht, betrachtet Ceferino Olivé aufmerksam den Himmel und gestikuliert mit dem Pinsel in der Hand. „Der Himmel ist das Dach", sagt er und schaut auch die Häuser und den Turm an . . .

Dann mischt er sehr schnell ein helles Grau aus Ultramarin, Siena und etwas Grau. Er verdünnt die Farbe mit Wasser. Mit diesem Grau malt er nun jene Stellen am Himmel, die weiß geblieben sind. Er reinigt den Pinsel erneut und peitscht ihn aus, stuft das Grau ab und hat schon die Wolken angelegt. Er hellt das Grau mit Wasser auf, fügt ein wenig Siena hinzu und hat damit die Farbe des Himmels erreicht. So wird das „Dach" bleiben.

Jetzt mischt Olivé einen Siena-Karmin-Zinnoberton und legt mit ungenauen, aber sicheren Pinselstrichen die Schatten der Häuser, der Büsche und der Sträucher im Vordergrund an.

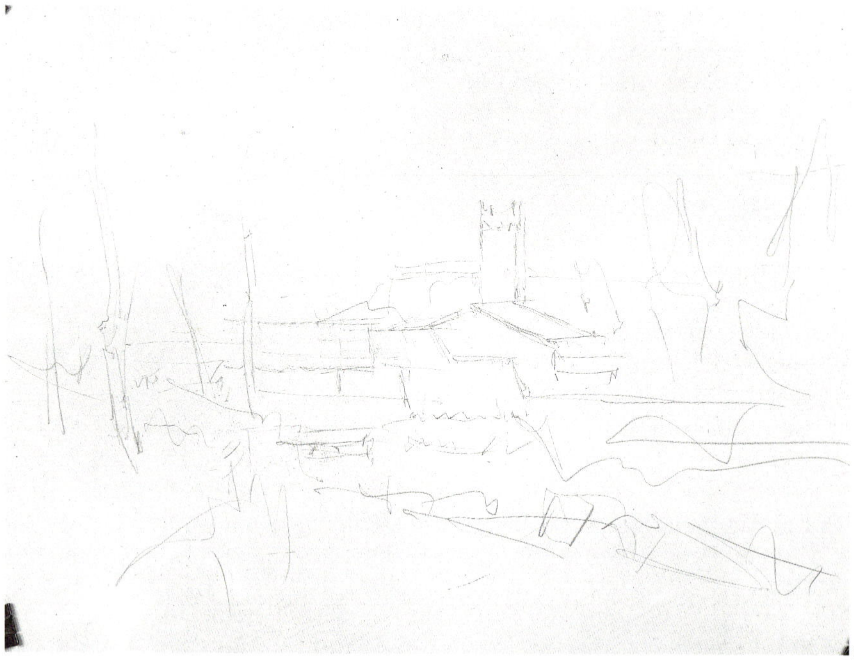

388

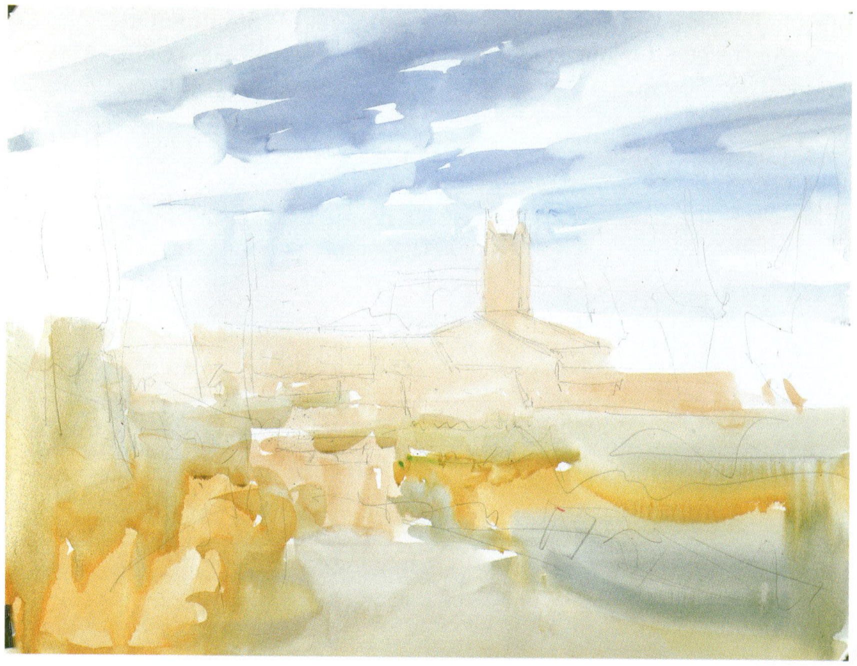

389

Abb. 388: Eine schwach skizzierte Zeichnung mit einem normalen Bleistift Nr. 2 genügt, um die Formen und die Bestandteile des Modells zu plazieren und wiederzugeben. Wie aus den folgenden Abbildungen hervorgeht, zeichnet Ceferino Olivé erst richtig, wenn er malt.

Abb. 389: Beachten Sie bei diesem Stadium und den folgenden, daß Ceferino Olivé keine isolierten Stellen oder Flächen malt, sondern „alles gleichzeitig zeichnet und modelliert und mit dem gesamten Bild voranschreitet". Würde er also igendwann vor Abschluß der Arbeit aufhören, hätten wir doch schon ein Bild vor uns.

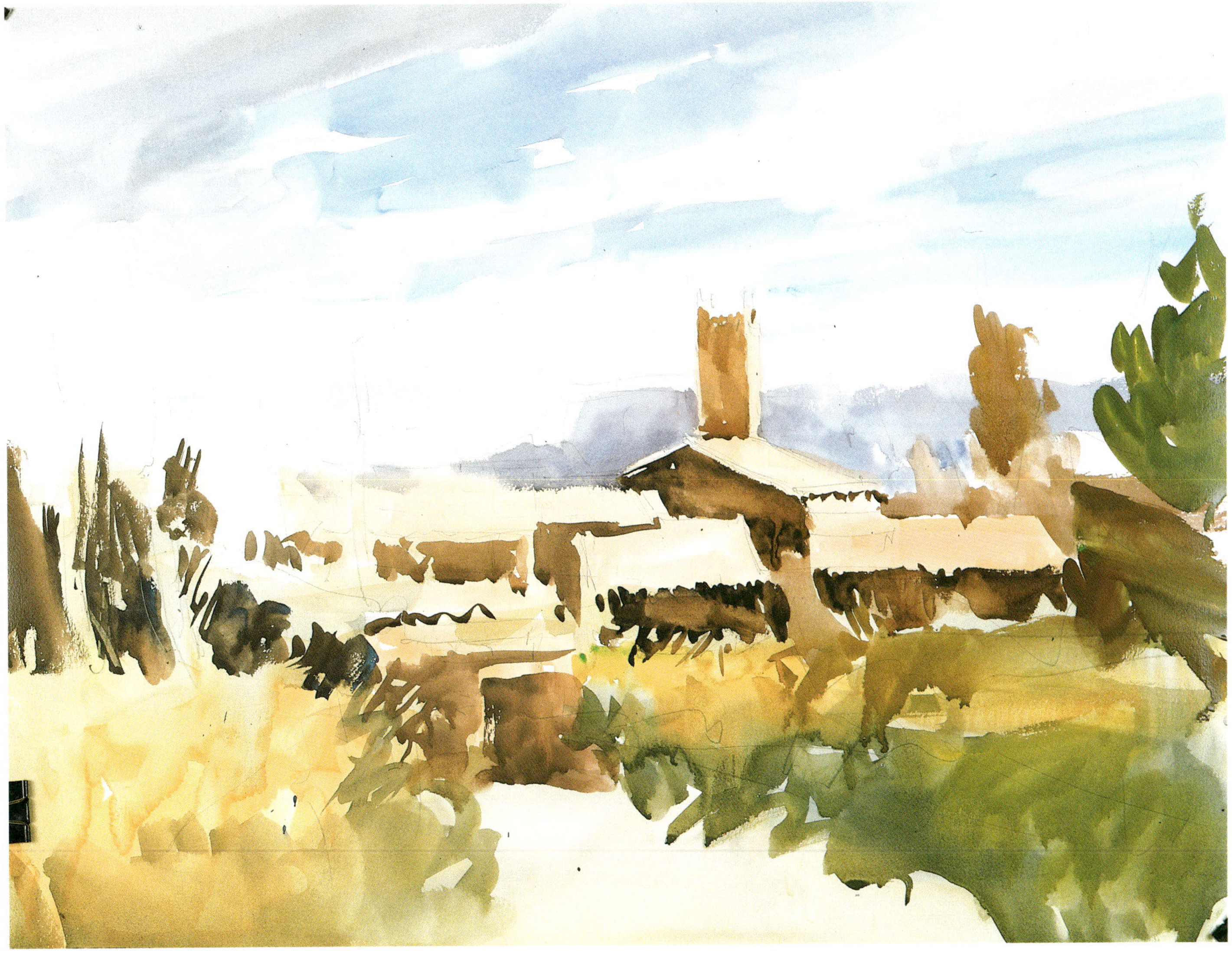

390

Abb. 390: Ceferino Olivé malt in der traditionellen Weise. Im vorigen Stadium hat er das Papier koloriert, im zweiten Stadium malt er die wichtigsten Schatten des Modells, als folgte er Corots Rat: „Zunächst die Tonwerte, dann die Schatten."

Viertes Stadium: die „Meisterphase" (Abb. 391)

Ceferino Olivé bezeichnet dieses Stadium als seine „Meisterphase". Im Anschluß an dieses Stadium, behauptet er, bleiben nur noch ein paar Kleinigkeiten hinzuzufügen, manche Formen zu berichtigen, Kontraste zu schaffen etc. Das Bild als solches ist beendet. Olivé wäscht seine Palette mit Wasser und belebt anschließend mit einem der dicksten Pinsel die Farben der Dächer. Er benutzt dazu eine Reihe von senkrechten und schrägen Strichen, die zum größten Teil verschmelzen und eine gleichmäßige Farbschicht bilden. Anschließend malt Olivé die dicksten Stämme links mit einem warmen Grau. Er gibt eine Schicht schmutziges Grün auf die rechte Fläche des Vordergrunds und fährt fort mit dem Grün der Bäume zur Linken. Er verstärkt sie mit breiten kühnen Pinselstrichen oder schwächt sie, falls nötig, wieder ab und legt gleichzeitig mit dem Nagel des Daumens oder des kleinen Fingers jene hellen Striche an. Er malt den linken Baum mit einem hellen Grünocker. Wie immer trägt er die Farbe mit dem Pinsel auf und stuft die Konturen anschließend mit Wasser ab. Damit ist dieses Stadium beendet.

Eine Landschaft mit Aquarellfarben

Abb. 391: Hier sehen Sie Olivés „Meisterstadium". Nach Abschluß dieses Stadiums lassen sich die Farben aber immer noch verstärken, so daß man, falls nötig, noch größere Kontraste erhalten kann.

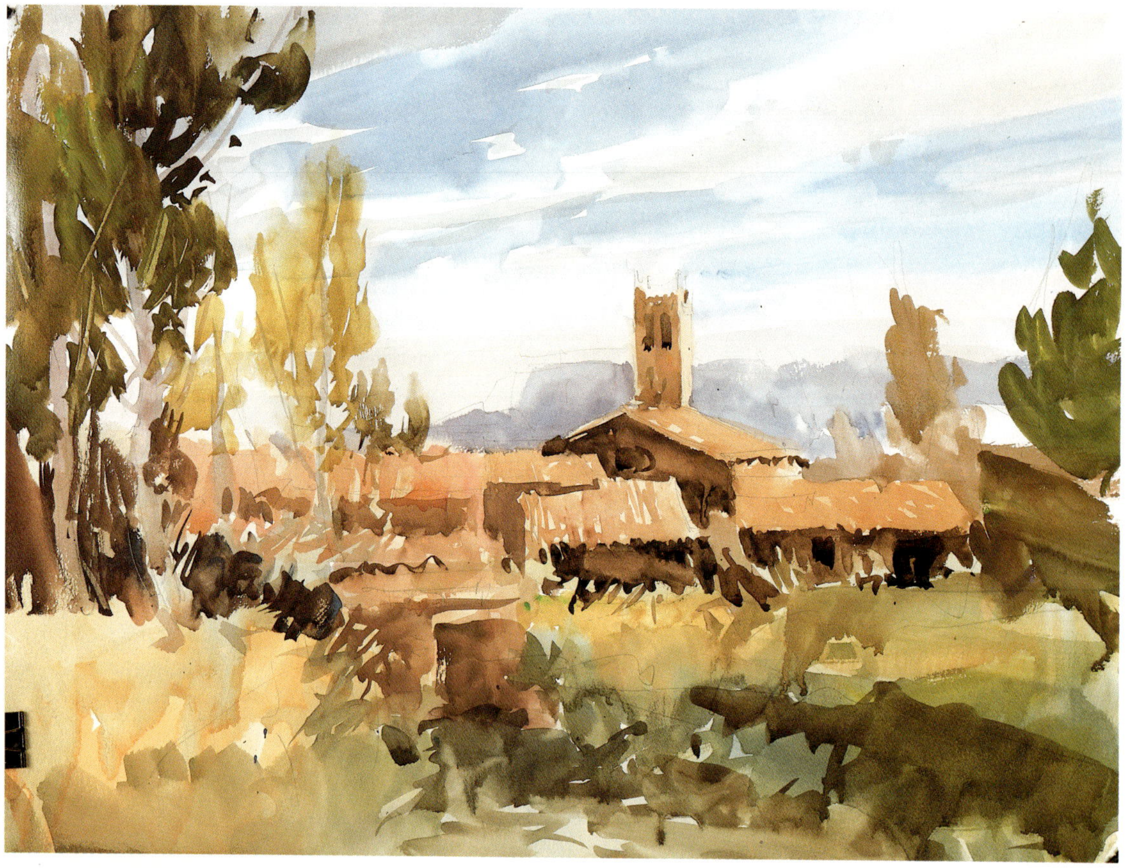

391

Abb. 392: Zwischen der vorigen Abbildung und dieser sowie der nächsten in einem noch weiter fortgeschrittenen Stadium können Sie eine erhebliche Bereicherung sowohl der Formen und Details als auch der Farben und Kontrasten feststellen. Die intellektuelle Anstrengung, die äußerste Konzentration, die Ungewißheit und die Angst vor dem sich entwickelnden Bild sind verschwunden. Jetzt folgt das Vergnügen – ein wahres Fest, bei dem sich der Künstler von den Farben und den Kontrasten hinreißen läßt.

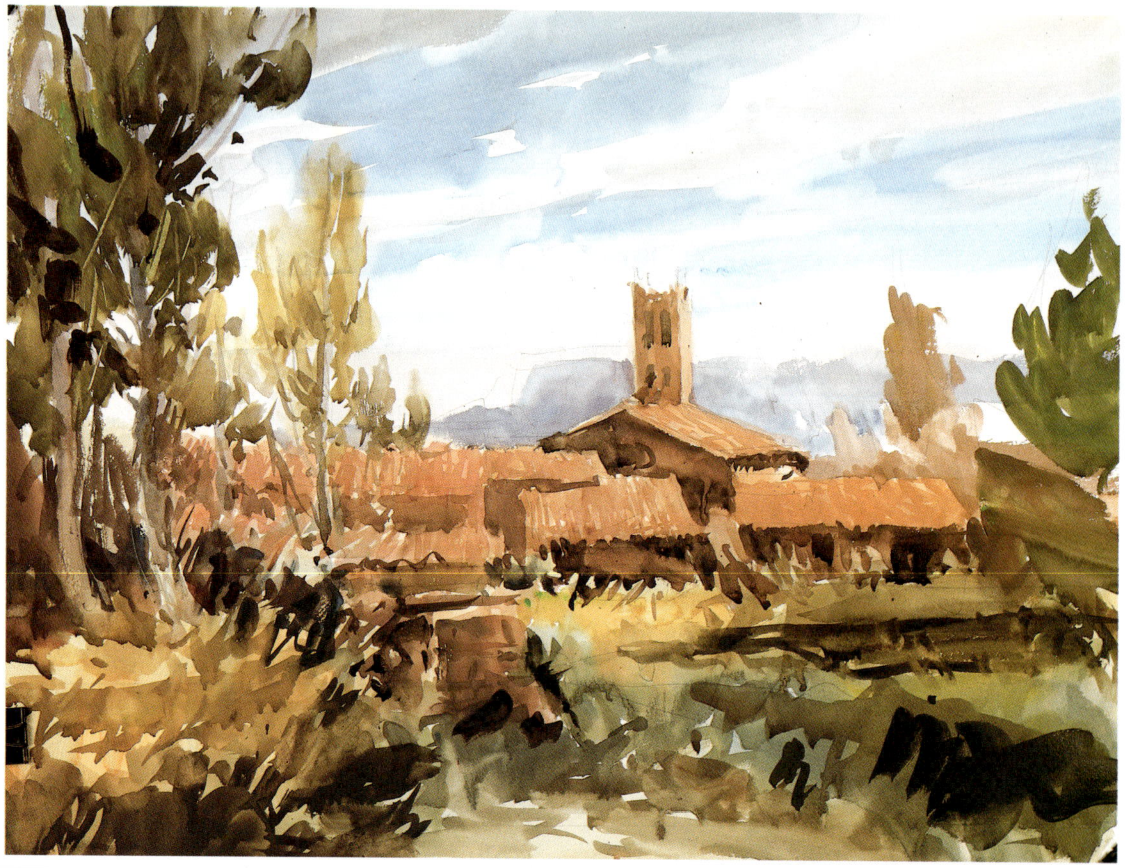

392

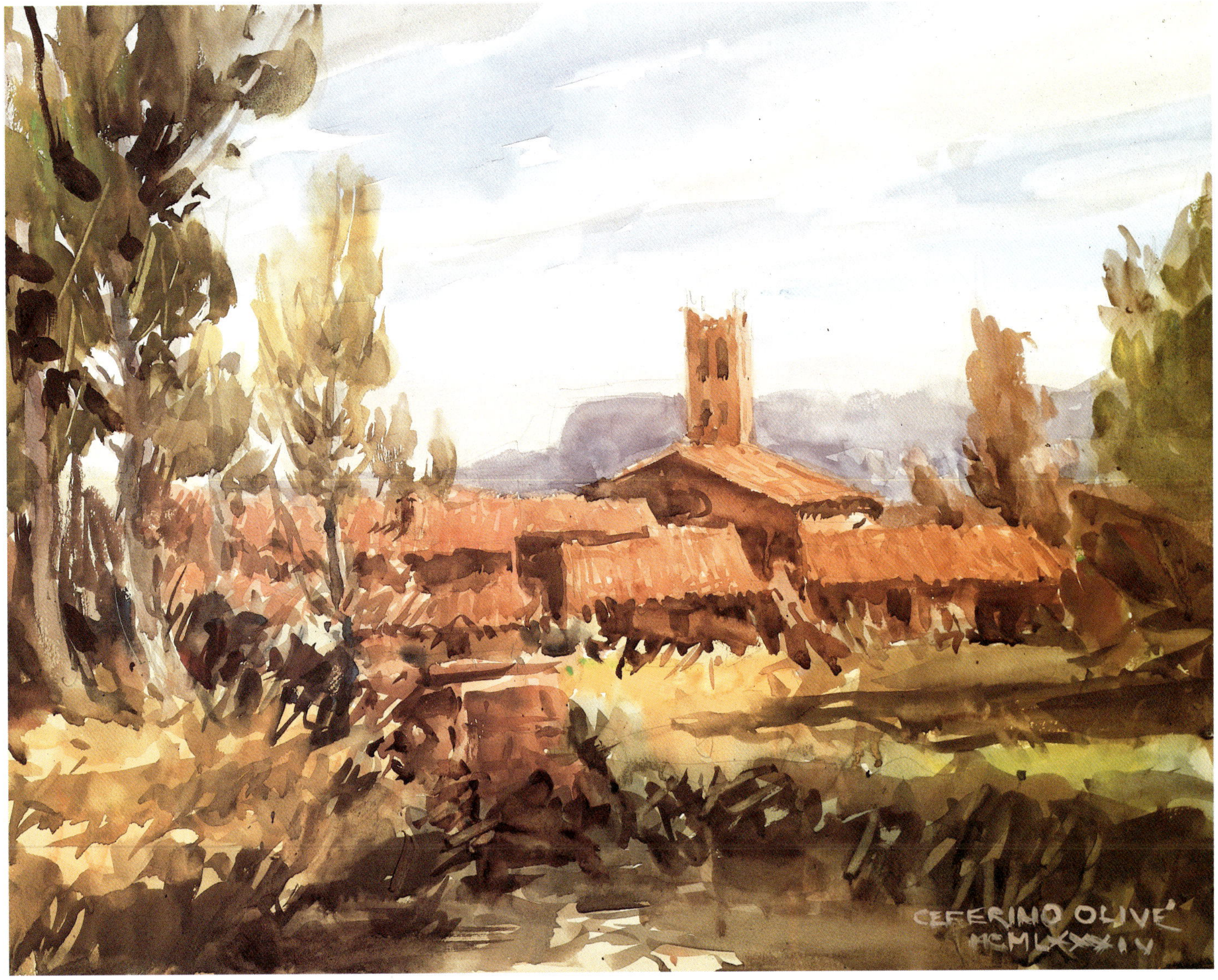

393

Fünftes Stadium: Vorstufe zu den Abschlußarbeiten (Abb. 392)

Olivé reinigt seine Palette. Er malt die Häuser noch einmal mit jenen senkrechten oder schrägen Strichen und jener gewollten Ungenauigkeit, die die Farbe am Ende so lebendig und vibrierend erscheinen läßt. Zum Abschluß füllt er den Pinsel mit einem sehr dunklen Umbra und legt damit endgültig die Kontraste im Vordergrund an. Er malt mit abwechselungsreichen Strichen – Flecken nicht unähnlich – die Bäume zur Linken, retuschiert und verstärkt die Konturen und beendet beinahe im Vorübergehen auch die anderen Stellen. Nur den Himmel rührt er nicht mehr an.

Sechstes und letztes Stadium: Abschlußarbeiten (Abb. 393)

Es ist nicht mehr viel zu tun; fast alles ist in Ordnung. Doch nach einer längeren Pause, in der der Künstler abwechselnd das Modell und sein Bild betrachtet, seine Palette reinigt und eine Zigarette raucht, bringt Olivé noch einige letzte Retuschen an, die darum nicht weniger wichtig sind. Er beendet die beiden Bäume zur Linken, verstärkt das Gebirge im Hintergrund, bearbeitet das Dach des linken Hauses, verdeutlicht das Gebüsch im Vordergrund . . .

Dann betrachtet Olivé sein Werk eine ganze Weile schweigend und sagt: „Jetzt ist es fertig. So muß es bleiben.“ Zum Abschluß signiert er sein Bild.

Abb. 393: Während des letzten Stadiums hat Ceferino Olivé nur noch wenig gemalt. Er hat lange Zeit mit Schauen und Betrachten verbracht. Zu diesem Zeitpunkt muß man überlegen und immer wieder überlegen, vielleicht sogar aufstehen und einen kleinen Spaziergang machen oder einen Kaffee trinken, um mit klarerem Kopf fortzufahren oder Schluß zu machen. „Ja, rechtzeitig Schluß zu machen ist wichtig“, unterstreicht Ceferino Olivé diesen Gedanken.

Ein Seehafen mit Aquarellfarben

Guillermo Fresquet ist der zweite Künstler, den wir eingeladen haben, für uns zu malen. Als Thema haben wir einen Seehafen gewählt. Fresquet zählt mit seiner Erfahrung in der Aquarellmalerei zu den großen spanischen Künstlern. Seine Werke wurden auf mehreren Veranstaltungen prämiert. Aufgrund seines außerordentlichen Zeichen- und Maltalents kann der Künstler heute nach Notizen und Entwürfen arbeiten, die er draußen nach der Natur angefertigt hat.

Das Aquarell für dieses Buch hat Fresquet zum Beispiel nach Skizzen im Hafen von Barcelona gemalt. Er hat nur einige alte, von Pferden gezogene Fuhrwerke hinzugefügt, die vor zwanzig oder dreißig Jahren auf den Lade- und Entladekais anzutreffen waren.

Fresquet arbeitet auf Papier mit mittlerem Korn (etwa 350 g). Er malt mit Tubenfarben und benutzt eine weißemaillierte Metallpalette mit Fächern in der Mitte, in denen er die Farbe absetzt. Er malt mit runden Rotmarderpinseln Nr. 8, 12, 14, 18 und 22 sowie einem flachen Borstenpinsel Nr. 16 für den Hintergrund und die großen Lasuren. Für Linien und sehr feine Striche setzt er gelegentlich auch einen Pinsel Nr. 1 oder 6 ein.

Fresquet arbeitet mit zwei Wasserflaschen aus Plastik: eine zum Verdünnen der Farben, die andere zum Reinigen der Pinsel. Er malt auf einem gewöhnlichen Arbeitstisch mit einem Pult, das etwa um 30 Grad geneigt ist. Abbildung 397 zeigt, daß sein Atelier ziemlich klein ist.

Erstes Stadium: die Zeichnung (Abb. 394)

Fresquet zeichnet mit einem normalen Stift HB und benutzt ausnahmsweise einen gewöhnlichen Radiergummi. Er zeichnet mit erstaunlicher Sicherheit und gibt die Formen mit wenigen Strichen ohne Schatten wieder. Die Gestalten, die Fuhrwerke und die Tiere legt er aus dem Gedächtnis an.

Zweites Stadium: Anlage des Hintergrunds (Abb. 395)

Fresquet beginnt mit dem Hintergrund, also dem Himmel, und benutzt dafür den flachen Pinsel Nr. 16. Er trägt zunächst das helle Orangegelb des oberen Teils auf und fährt unmittelbar danach, während die Schicht noch feucht ist, mit dem allgemeinen Grau des Himmels fort. Es verschmilzt zu dem hellen Sonnenlicht während einer dunstigen Morgendämmerung. Fresquet malt dieses Grau zu beiden Seiten bis nach unten weiter, entfernt die Farbe teilweise aus dem Pin-

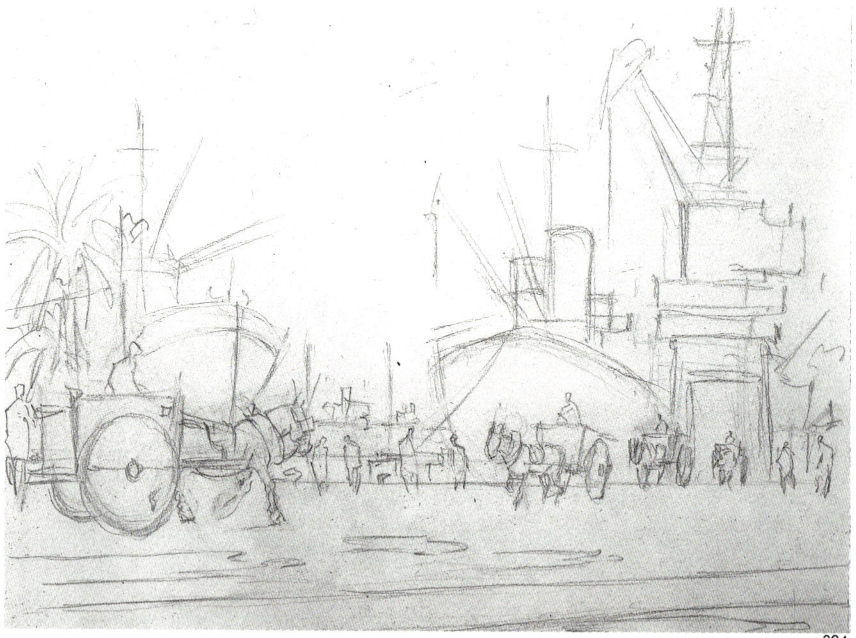

394

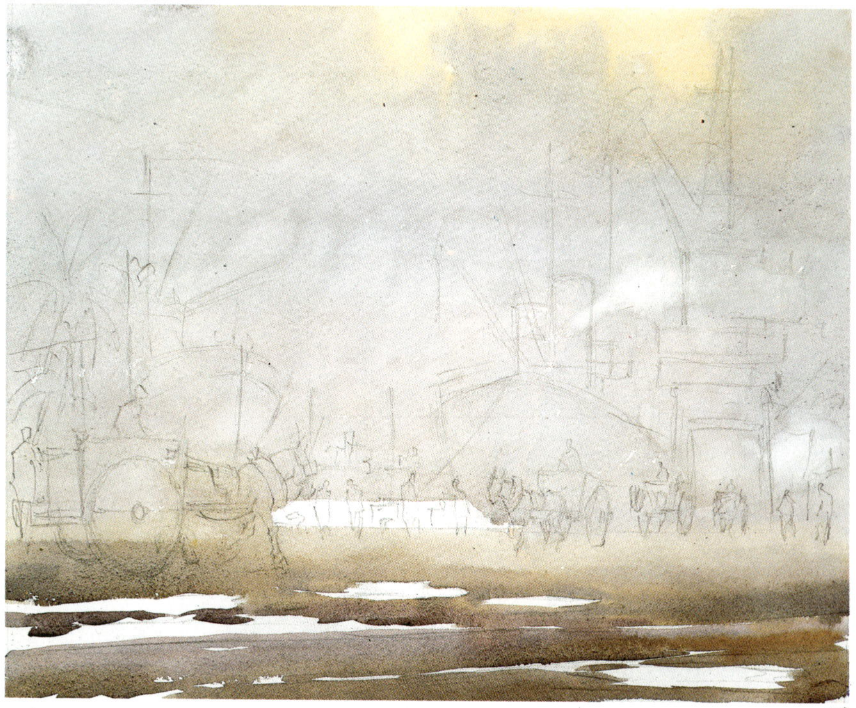

395

Abb. 394: Wie Sie auf dieser Abbildung erkennen, legt Guillermo Fresquet bei seiner Zeichnung Wert auf Details und eine bemerkenswerte Perfektion.

Abb. 395: Beachten Sie, daß sich die Lasur, mit der Fresquet den Himmel malt, über das gesamte Bild erstreckt. Fresquet hat nur einige Weißstellen für den Rand des Meeres und die Wasserlachen im Vordergrund ausgespart. Während der Himmel noch feucht ist, holt Fresquet das diffuse Weiß des Rauchs des Dampfers im Vordergrund und das nebulose Weiß im Hintergrund zur Linken heraus.

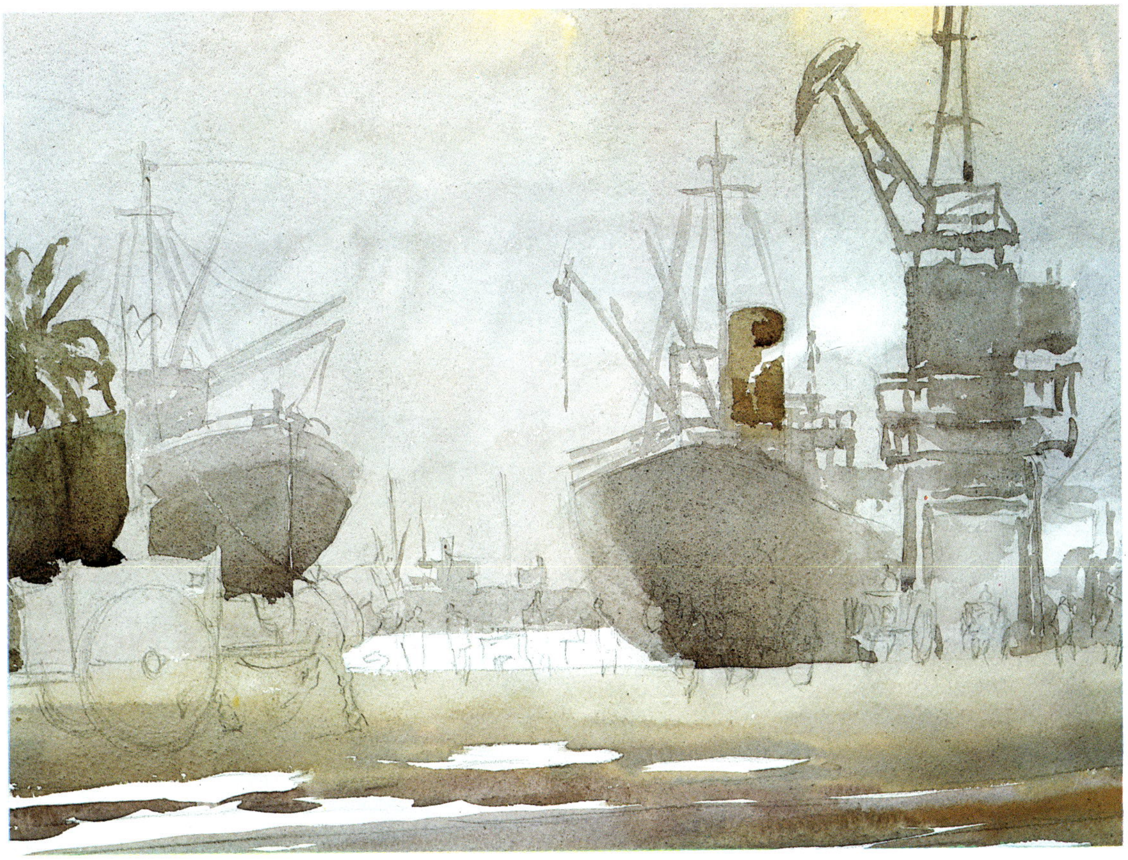

396

Abb. 396: Bei Fresquets Aquarellen ist die erste Schicht bereits entscheidend. Der Künstler legt fast nie eine zweite oder gar eine dritte Schicht darüber. Folgt man dem Ablauf dieses Aquarells auf der nächsten Seite Schritt für Schritt, stellt man fest, daß die Formen und Farben dieses dritten Stadiums bereits endgültig sind und auch im fertigen Aquarell so erscheinen.

sel (er wischt ihn dazu mit einem Tuch ab) und fügt eine Spur Rosa auf den Horizont. Dabei spart er einen geraden Streifen für das Meer aus und fährt mit einer warmen Farbe – dem Widerschein des Himmels! – für den Boden fort. Auch hier läßt er einige Stellen für die Wasserlachen frei. Bevor Fresquet dieses Stadium abschließt, feuchtet er die Stelle, die dem Rauch des Dampfers entspricht, noch einmal an und saugt die Farbe mit dem Pinsel ab.

Drittes Stadium (Abb. 396)

Mit seiner außerordentlichen Erfahrung als Aquarellmaler und seiner bemerkenswerten Fähigkeit als Zeichner gelingt es Fresquet, das Bild Schritt für Schritt aufzulösen. Dabei berücksichtigt er die Stellen, die bereits fertiggestellt sind und erhalten bleiben müssen, und die Formen, die noch ausgespart sind. Er bearbeitet nur, was noch der Verstärkung bedarf. Er legt in diesem dritten Stadium eine zweite Hintergrundschicht auf und wählt dafür eine absolut harmonische Farbskala. Beachten Sie die leichten Unterschiede in den Konturen des Vorder- und Hintergrunds vor allem im Bild rechts. Dadurch entsteht ein Gefühl von Atmosphäre und Tiefe.

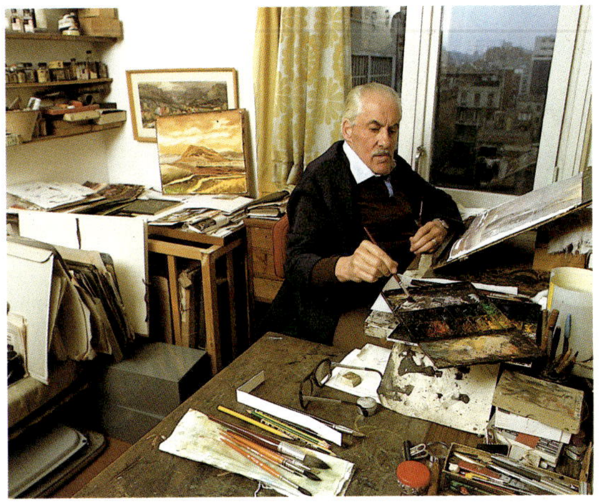

397

Abb. 397: Guillermo Fresquet bei der Arbeit in seinem Atelier. Beachten Sie das Zeichenbrett, aus dem er malt. Es ist mit 20 bis 25 Grad nur sehr schwach geneigt und nur sehr notdürftig abgestützt. Darüber hinaus ist Fresquets Arbeitsraum recht klein.

Viertes Stadium: Betonung der Tiefe (Abb. 398)

Fresquet erklärt uns in diesem vierten Stadium die Unterschiede zwischen den verschiedenen Ebenen. Er verstärkt gewisse

Ein Seehafen mit Aquarellfarben

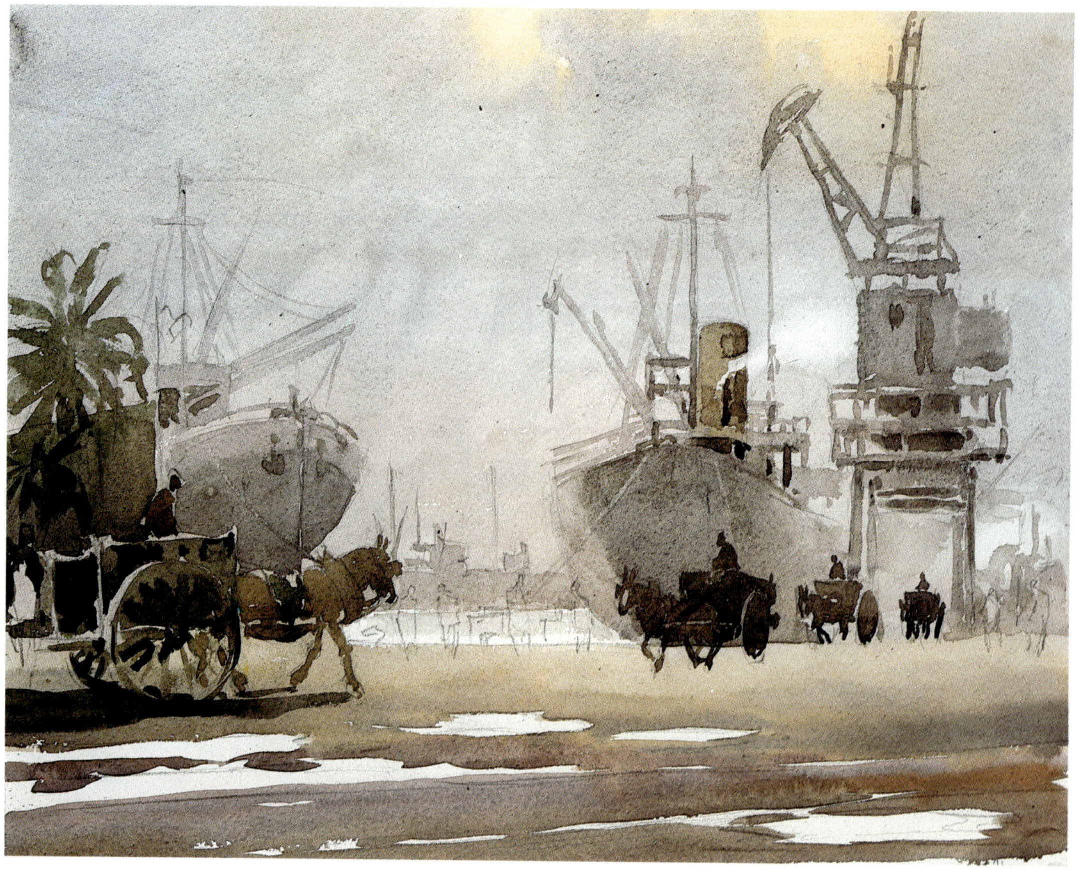

Abb. 398: Bis jetzt hat Fresquet dieses Aquarell nach Ebenen gemalt. Das heißt, er hat zunächst den Hintergrund fertiggestellt und dann eine nähere Ebene wie einen Vorhang überlagert.

398

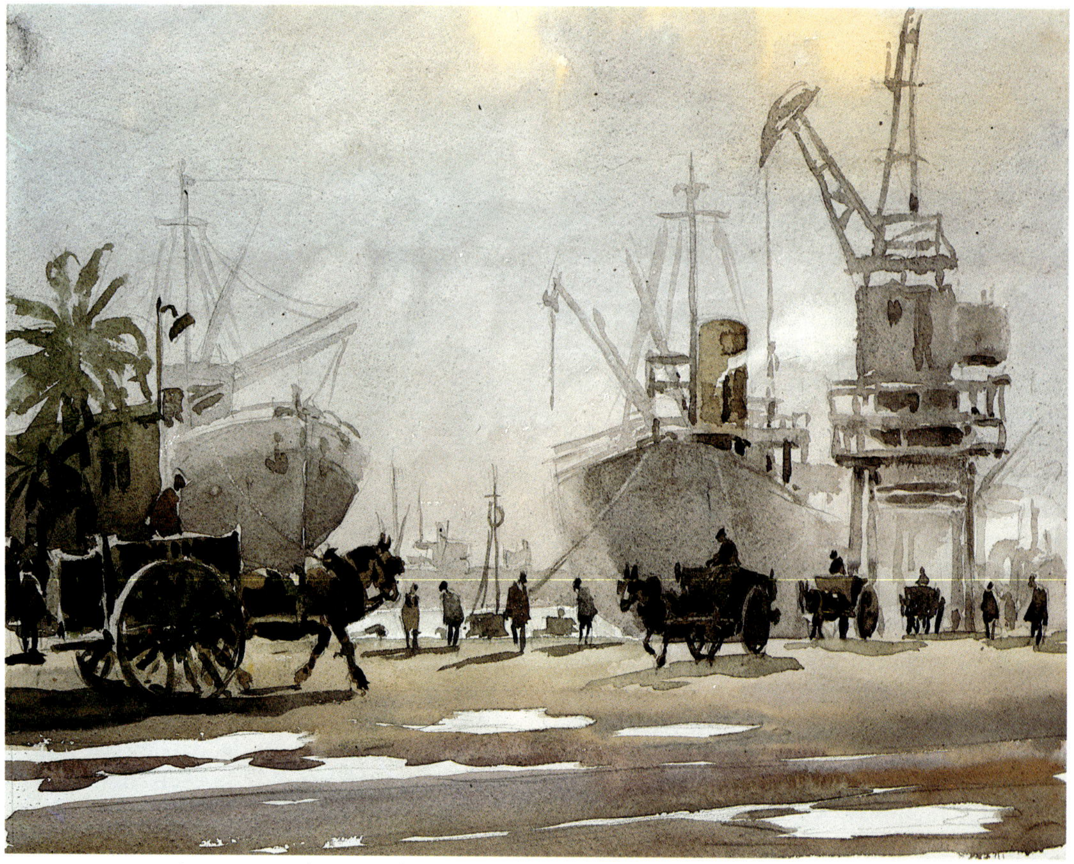

Abb. 399: Fresquet malt Ebene für Ebene weiter. Er betont jetzt die Kontraste der Fuhrwerke im Vordergrund, um sie noch stärker nach vorn zu holen.

399

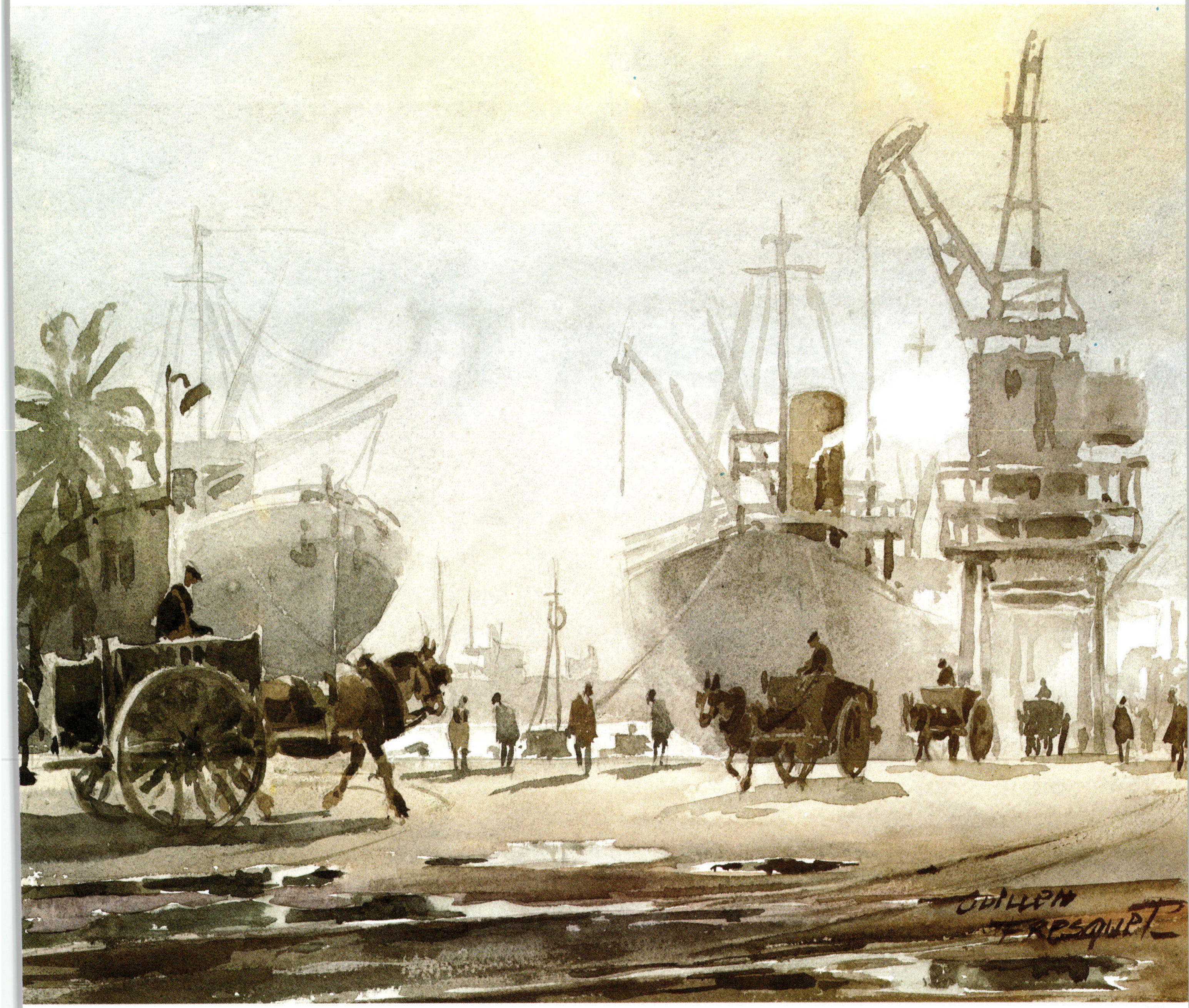

400

Abb. 400: Vergleichen Sie nun die Abbildungen der vorigen Stadien mit dem fertigen Bild. Studieren Sie die Nuancen der Skala der gebrochenen Farben auf den unterschiedlichen Ebenen. Sie schaffen eine Vorstellung von Entfernung und Atmosphäre. Die Kontraste einiger Töne untereinander betonen die nahesten Formen. Die Synthese der Formen und Farben ist besonders bei den Fuhrwerken und den Gestalten zu beobachten. Beachten Sie die flüssige, spontane Malweise dieses Aquarells.

Farben der zweiten Hintergrundschicht auf der mittleren Ebene aus dem Kran und dem rechten Schiff, beläßt die entfernteren Formen jedoch in jenem Grau des vorigen Stadiums. Er drückt den Vordergrund durch zahlreiche Einzelheiten und mehr Farbe für den Wagen und das Pferd aus und läßt die anderen, weiter entfernten in einem Halbschatten aus Formen und Farben. Seine Farbskala beschränkt sich auf Sepiabraun, Ultramarin, Paynesgrau und Grün. Im allgemeinen arbeitet Fresquet mit viel Wasser.

Fünftes und letztes Stadium: Abschlußarbeiten (Abb. 399 und 400)

Wir haben dieses Stadium in zwei Bildern wiedergegeben, um die Reihenfolge der letzten Pinselstriche besser erklären zu können. Fresquet beginnt mit der Herausarbeitung der Form der Wagen und der Tiere und betont dabei wieder das Fuhrwerk im Vordergrund etwas stärker. Er fügt die Gestalten, die Schatten und einige kleinere Formen hinzu, malt den Boden im Vordergrund und die Reflexe in den Wasserlachen und signiert sein Werk.

Ein Seestück mit Aquarellfarben

Gaspar Romero ist der Maler dieses leuchtenden Aquarells, das auf dem Anlegesteg eines Wassersportclubs entstand. Gaspar Romero war bis vor kurzem noch ein begabter Hobbymaler. Er arbeitet erst seit neuestem professionell. Aufgrund seiner Verdienste und seines Könnens wurde er vor einigen Jahren Vorsitzender der Gruppe der Aquarellmaler Kataloniens. Diese Gruppierung umfaßt mehr als dreihundert Mitglieder, darunter einige der besten Aquarellmaler Spaniens. Romero hat viel geschrieben und zahlreiche Vorträge zum Thema Aquarellmalerei gehalten. Er ist ein Fachmann auf diesem Gebiet.

Gaspar Romero arbeitet normalerweise auf Papier mit feinem Korn, hier auf einem Block von 62 × 46 cm der Marke Fabriano. Er benutzt unterschiedslos Aquarellfarben in Tuben von Grumbacher und Windsor & Newton und die Skala der Tablettenfarben von Schmincke. Er malt mit Pinseln Nr. 6, 8, 12 und 14 (eines Sondertyps mit einer Mischung aus Rotmarder und Synthetikhaar, den kürzlich die Firma Windsor & Newton auf den Markt gebracht hat). „Diese Pinsel aus unterschiedlichem Haar ermöglichen

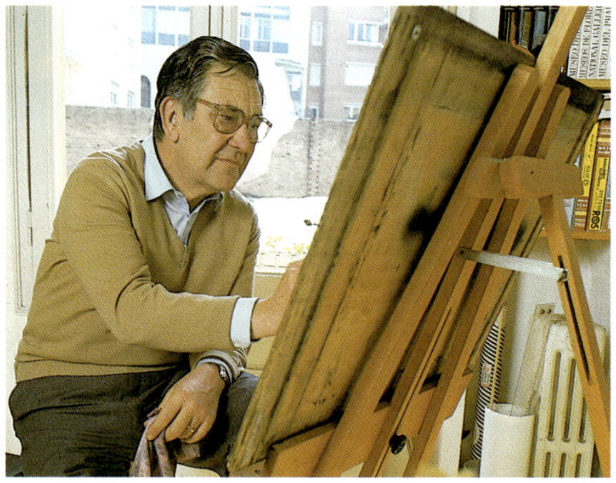

Abb. 401: Gaspar Romero malt mit einem beinahe senkrechten Zeichenbrett auf einer Staffelei. „Du mußt unbedingt darauf hinweisen, daß man durchaus mit einem fast senkrechten Zeichenbrett oder sonstiger Unterlage arbeiten kann", bittet er mich.

401

402

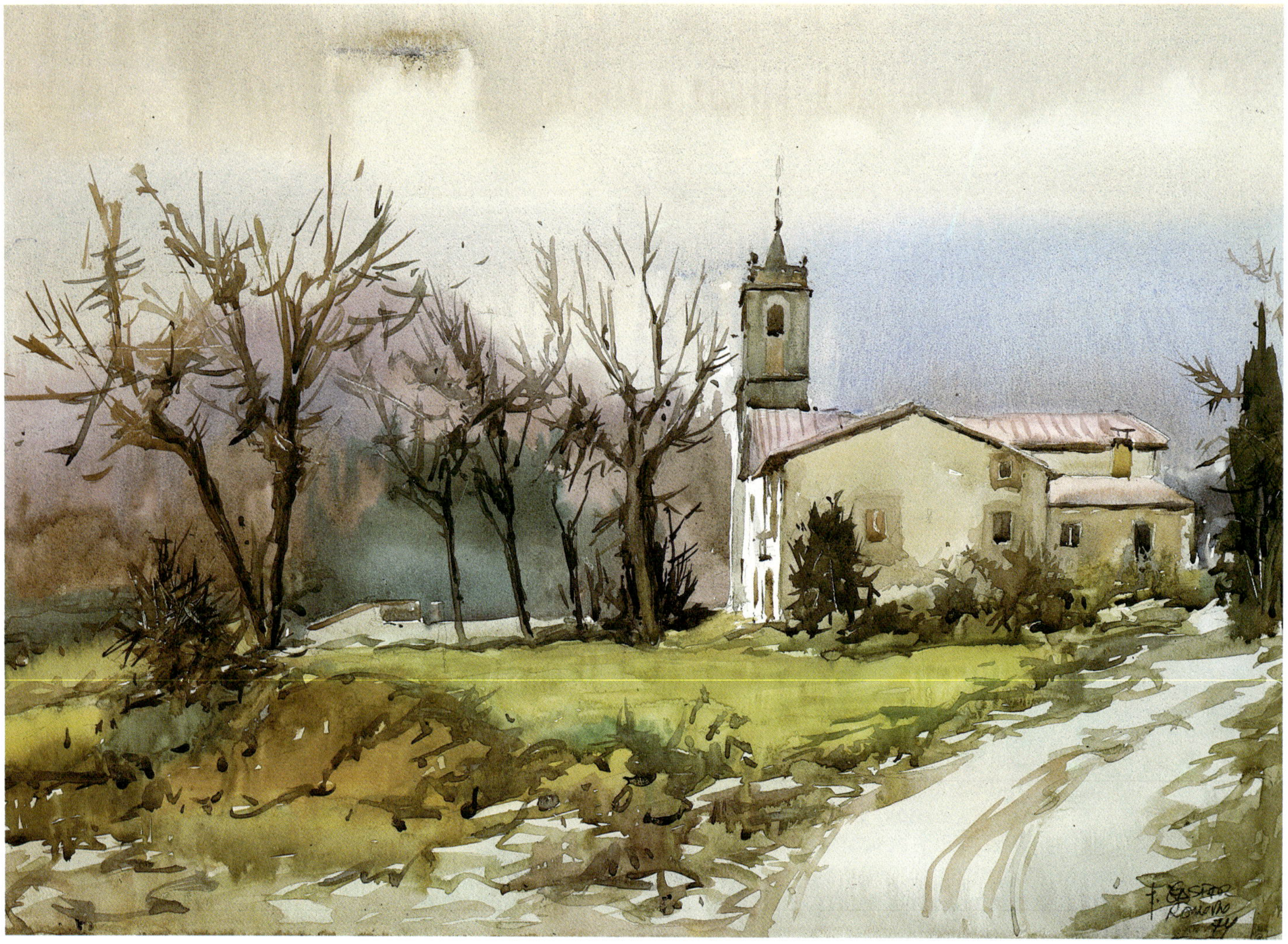

ein gutes Ergebnis", sagt er. „Reine Synthetikpinsel haben meiner Ansicht nach einen Nachteil: Sie halten das Wasser nicht so gut und scheinen die Tusche geradezu wieder auszuspucken." Gaspar Romeros Palette ist ein geläufiges Modell mit Fächern in der Mitte und zwei seitlichen Deckeln für die Mischungen. Sie besteht aus emailliertem Metall. Im Atelier benutzt Romero eine herkömmliche dreibeinige Staffelei. Für die Arbeit im Freien nimmt er eine zusammenlegbare Feldstaffelei. „Du mußt unbedingt der Ansicht mancher Hobbymaler widersprechen, daß man mit einem beinahe waagerechten Zeichenbrett malen muß. Weise darauf hin, daß man ein Aquarell ebensogut auf einer beinahe senkrechten Unterlage anfertigen kann", bat mich Gaspar Romero. Er arbeitet übrigens mit einem einzigen eher kleinen Wassergefäß (Inhalt ca. ein halber Liter).

Erstes Stadium: die Zeichnung (Abb. 404)
Gaspar Romero zeichnet mit einem normalen Bleistift Nr. 2 und benutzt den dunkelgrauen, sehr weichen Radiergummi Pelikan G-20 aus Kunststoff. Er zeichnet außeror-

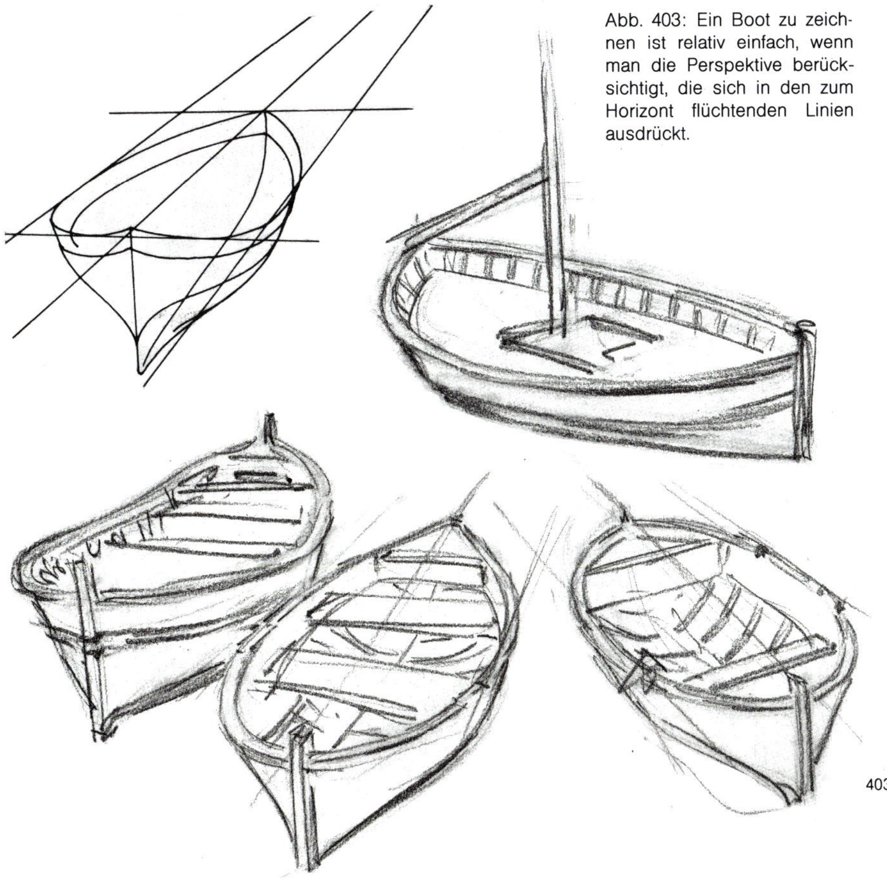

Abb. 403: Ein Boot zu zeichnen ist relativ einfach, wenn man die Perspektive berücksichtigt, die sich in den zum Horizont flüchtenden Linien ausdrückt.

403

Abb. 402 (links): Gaspar Romero, *Landschaft, Santa Maria de Besora,* im Besitz des Künstlers. Dies ist das Bild eines kleinen Dorfes in Katalonien. Es wurde an einem kalten Morgen im Herbst gemalt, als der Nebel den Hintergrund einnahm und verwischte. Das Weiß an der Fassade der Kirche, das mit dem violetten und kobaltblauen Nebel im Hintergrund kontrastiert, wurde mit dem Pinsel ausgespart. Hinzuweisen ist außerdem auf die als Synthese dargestellten Formen und Farben. Das trifft insbesondere für den weißen Weg und seine Umgebung zu.

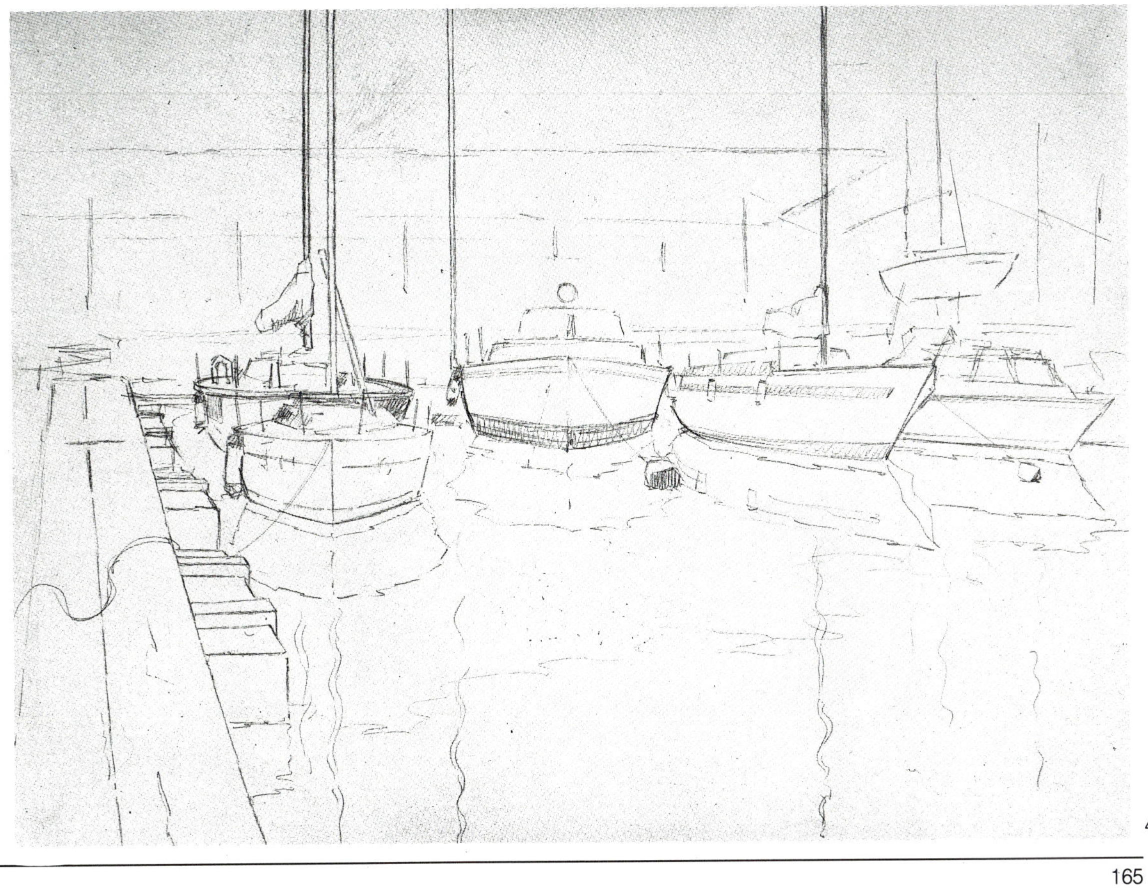

Abb. 404: Gaspar Romero zeichnet langsam und legt besonderen Wert auf den Aufbau des Themas. „Vor allem, um die Benutzung des Radiergummis zu vermeiden", erklärt er, „aber auch, um anschließend mit größerer Sicherheit malen zu können."

404

Ein Seestück mit Aquarellfarben

dentlich aufmerksam, konzentriert sich auf jeden Strich und benutzt ein Lineal, wo es die Form erfordert. Romero zeichnet rein linear, ohne Schatten. „Ich gehe langsam vor und gebe beim Zeichnen sehr acht. Dadurch vermeide ich die Benutzung des Radiergummis, der das Papier verändern könnte, und male mit um so größerer Sicherheit."

Zweites Stadium: der Hintergrund „von oben nach unten" (Abb. 405)

„Ja, ich werde dieses Aquarell von oben nach unten malen", erklärt Gaspar Romero, „denn der Himmel und der Anlegesteg hinter den Booten bilden eine Einheit, einen Hintergrund, den man meiner Ansicht nach in einem Zug malen muß." Romero geht dabei folgendermaßen vor: Er beginnt mit einem runden Pinsel Nr. 14 und trägt zunächst eine leichte Farbe aus Grün mit etwas Siena in einem breiten gleichmäßigen Ton auf, dem er später ein Kobaltblau hinzufügt. Er malt den gesamten Hintergrund, bis er die oberen Umrisse der Schiffe erreicht hat, und zieht die Farbmischung dabei von einer Seite zur anderen . . . Dann nimmt er plötzlich das Zeichenbrett, stellt es auf den Kopf und malt weiter. Dabei gibt er sorgfältig auf die Farbflüssigkeit acht und läßt sie sich langsam im oberen Teil, der später den Himmel darstellen wird, ansammeln. Während die weiche Abstufung trocknet, malt Romero mit einer sehr hellen Lasur einige Flächen der Schiffe, „um mir klar zu werden, wo ich anschließend Weiß aussparen muß". Anschließend bearbeitet er mit einer dunklen Farbe (Ultramarin und Siena) den Schuppen im Hintergrund und das rechte Gebäude.

In der Naßtechnik verstärkt er den unteren Teil mit einer bläulichen Farbe und Siena dunkel. Dann nimmt er einen abgeschrägten Pinselstiel und zeichnet unter heftigem Reiben die weißen Linien, die den Masten und der Balustrade des Anlegestegs entsprechen. Er begrenzt den oberen Teil des Daches des Anlegestegs mit einem waagerechten Strich aus Siena und umreißt das rötliche Schiff im Trockendock auf der rechten Seite.

Drittes Stadium: die Schiffe (Abb. 406)

Hier sind keine großen Erklärungen erforderlich. Gaspar Romero gibt in dieser Phase die Rümpfe, die Decks, die Kabinen und all

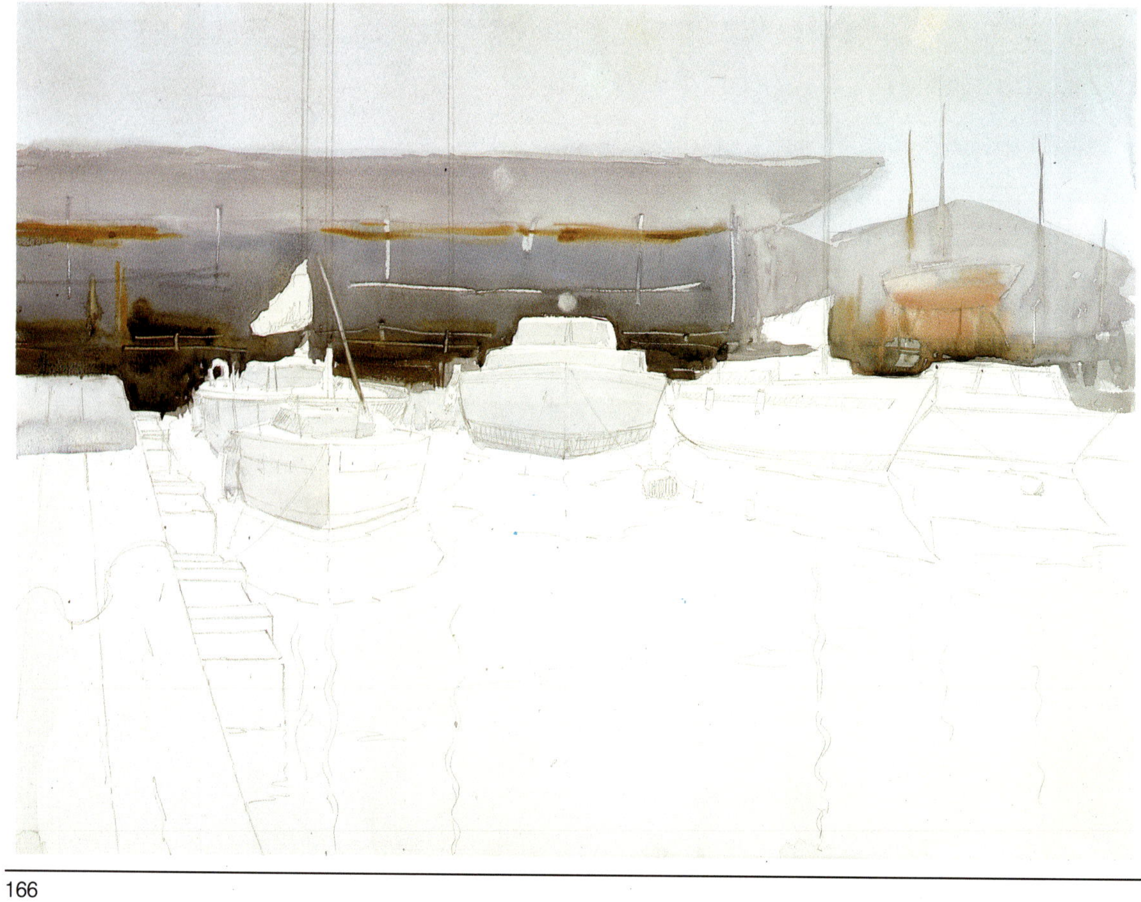

405

Abb. 405: Während dieses zweiten Stadiums malt Gaspar Romero in der Naßtechnik und untersucht die Wirkung der Linien, die er mit dem Pinselstiel zieht. Manche dieser Striche – das Grau des Himmels, das Grau des Hintergrundes und einige dunkle Flecken sind bereits endgültig und bleiben auch im fertigen Bild, wie sie derzeit sind.

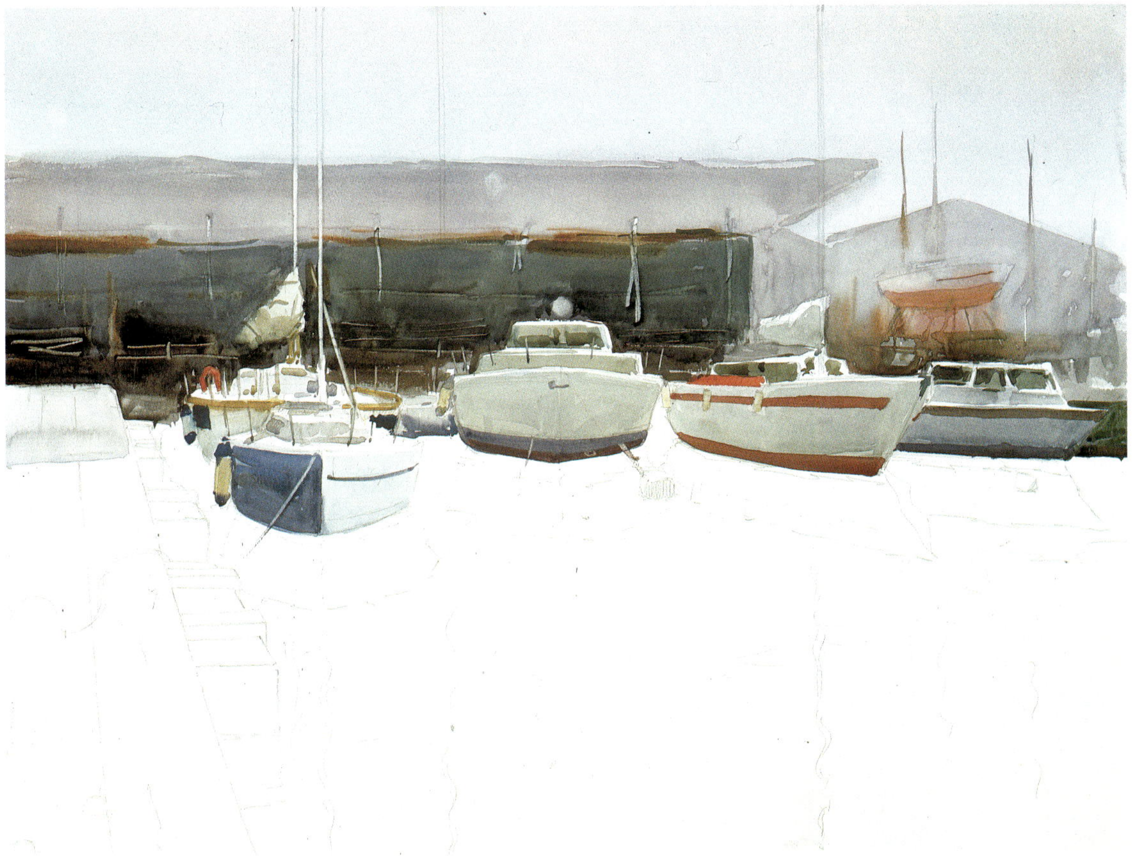

Abb. 406: Gaspar Romero hat durch das Abdunkeln des Hintergrunds, vor dem die Boote liegen, einen großen Kontrast geschaffen. Er holt mit der Pinselstielspitze einige weiße Linien und die Weißstellen für die Bootsmasten hervor, nachdem er die Farbe zuvor mit einem synthetischen Pinsel angefeuchtet und abgesaugt hat.

406

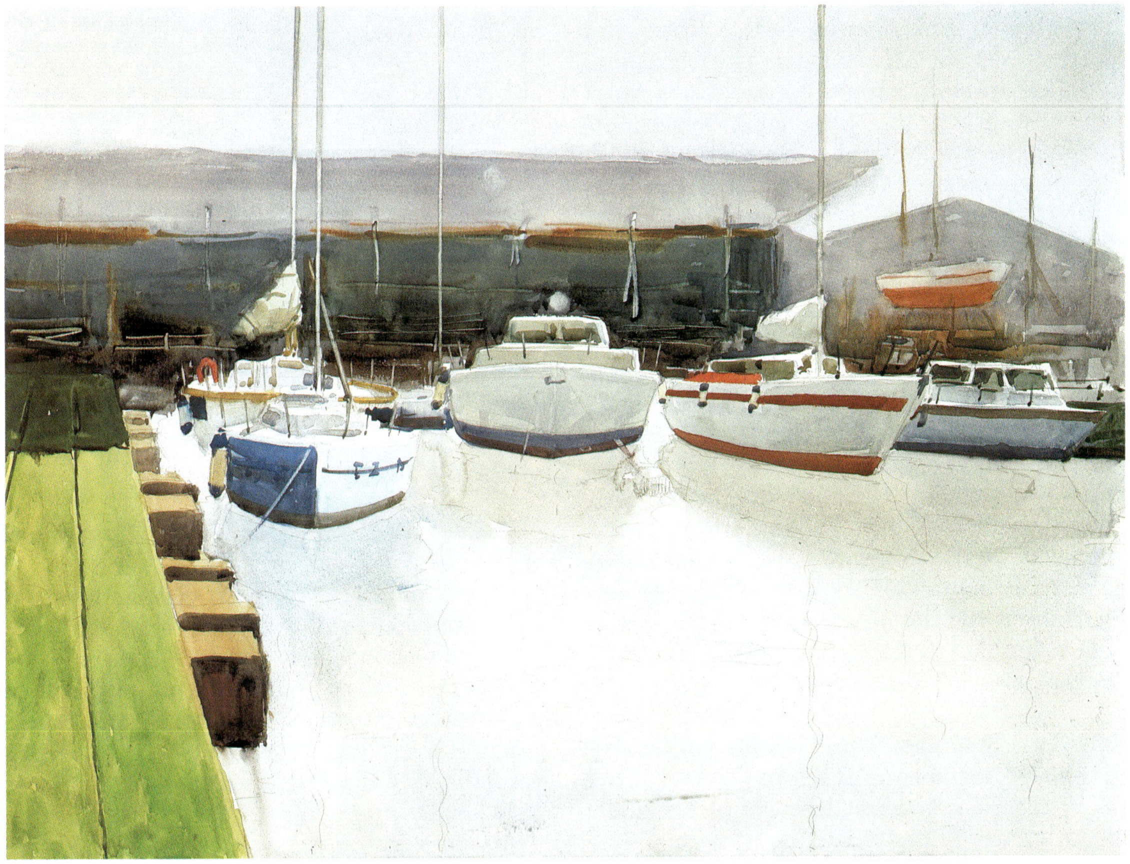

Abb. 407: Der Anlegesteg links sowie der Schiffsrumpf im Trockendock rechts sind ein wenig „unfertig" angelegt worden. Dadurch wirken sie etwas entfernter. Beachten Sie, wie sorgfältig der Künstler die weißen Flächen für die beleuchtete Seite der Boote mit dem Pinsel ausspart. Die bereits angelegten Farben bleiben auch im fertigen Bild erhalten.

407

Ein Seestück mit Aquarellfarben

Abb. 408: Die große dunkle Fläche als Widerschein der Boote auf dem Wasser wurde sehr schnell und entschlossen gemalt. Die untere Begrenzung ist scharf abgesetzt und – das ist sehr wichtig – in einer unterschiedlichen Nuance angelegt. Dafür mischte Romero direkt auf dem Papier Ultramarin, Siena dunkel und Karmin und trug es in der Naßtechnik auf.

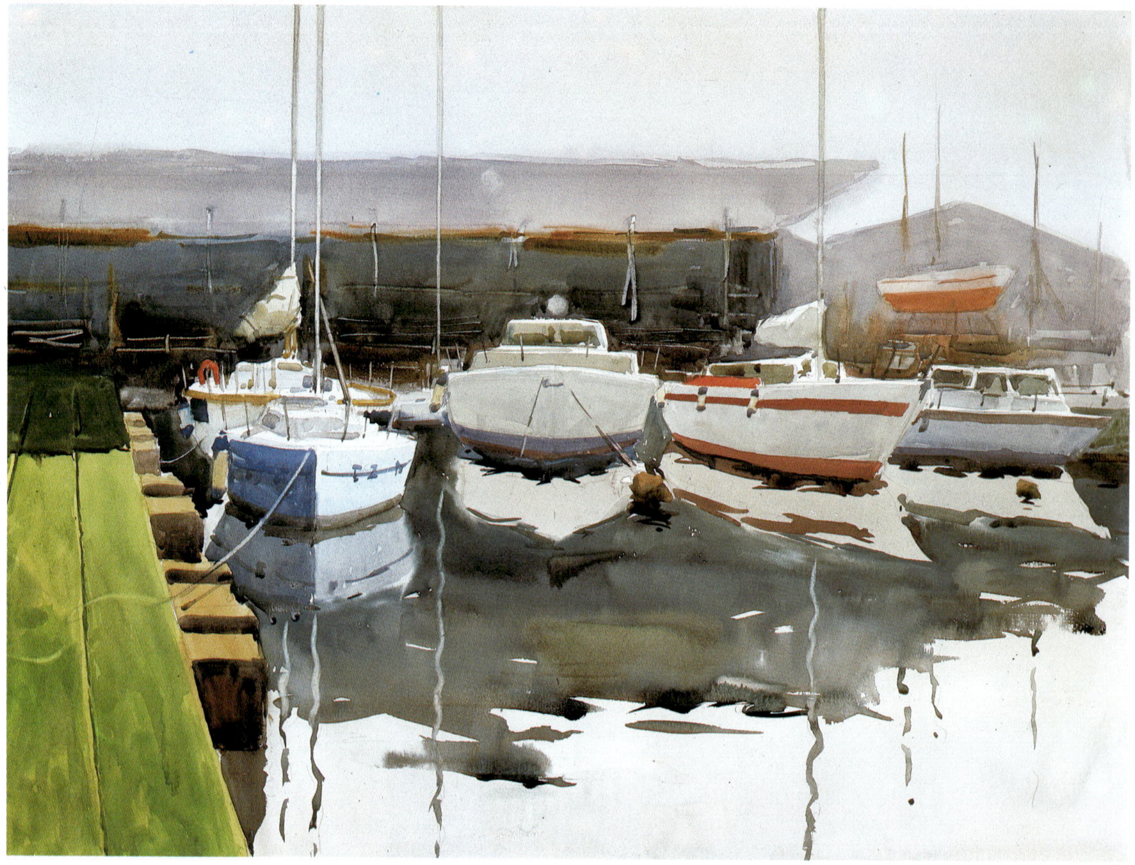

408

die kleinen Einzelheiten der Formen und Farben der Schiffe wieder. Anschließend dunkelt er den unteren Teil des Anlegestegs ab und kratzt mit dem Zeigefingernagel senkrechte Striche in den Untergrund.

Dann nimmt er einen Pinsel Nr. 8 aus Synthetikhaar und holt das Weiß für die parallelen Masten der linken Schiffe heraus. Dabei geht er wie folgt vor: Zunächst feuchtet Romero die Fläche für die Masten mit Wasser an. Dazu benutzt er den seitlichen Pinsel und fährt die entsprechenden Striche mehrmals von oben nach unten. Dann reinigt er den Pinsel und reibt nochmals kräftig die Striche entlang. Die Farbe wird schwächer und löst sich auf. Endlich drückt Romero den Pinsel aus und saugt Wasser und Farbe ab. Das Weiß des Papiers ist wieder sichtbar. (Mit demselben Pinsel und demselben Verfahren hat er im vorigen Stadium den Platz für den Scheinwerfer oben auf dem mittleren Schiff festgelegt.)

Viertes Stadium: eine Übergangsphase (Abb. 407 auf der vorigen Seite)

Wir nähern uns jetzt dem entscheidenden Stadium des Bildes. Gleich muß Gaspar Romero mit wenigen Pinselstrichen die Spiegelung der Boote auf dem Wasser wiedergeben. Gelingt es ihm, ist alles in Ordnung. Wenn nicht . . . Deshalb arbeitet er jetzt langsamer.

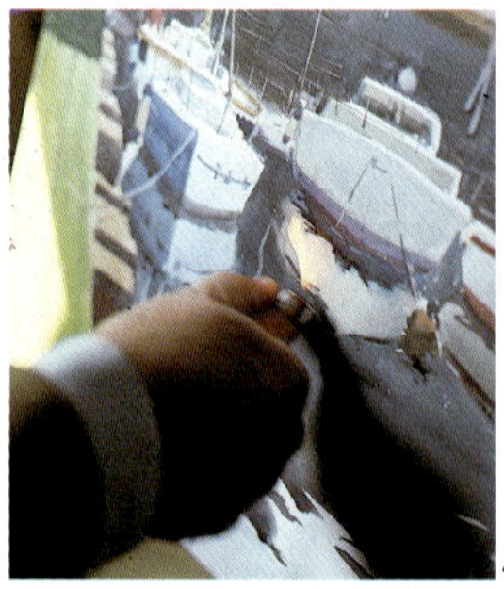

409

Abb. 409: Damit das Trocknen der dunklen Stelle des Meeres nicht zu lange dauert, holt Gaspar Romero zu einem bestimmten Zeitpunkt sein Feuerzeug hervor und führt es nahe an das Aquarell. Das ist ein origineller Trick, um den Trocknungsprozeß zu beschleunigen – der einige Risiken in sich birgt.

Fünftes Stadium: Der große Kompromiß (Abb. 408)

„Fängst du an?" frage ich Gaspar Romero. „Ja, natürlich", antwortet er lächelnd. „Man muß den Sprung ins Wasser wagen . . ."

Romero „springt" wirklich mutig hinein. Er nimmt den runden Pinsel Nr. 24 und feuchtet mit verschmutztem Wasser jene Stellen an, die den Reflexen entsprechen. Wegen der hellgrauen Farbe des verschmutzten Wassers kann er die weißen Formen für die

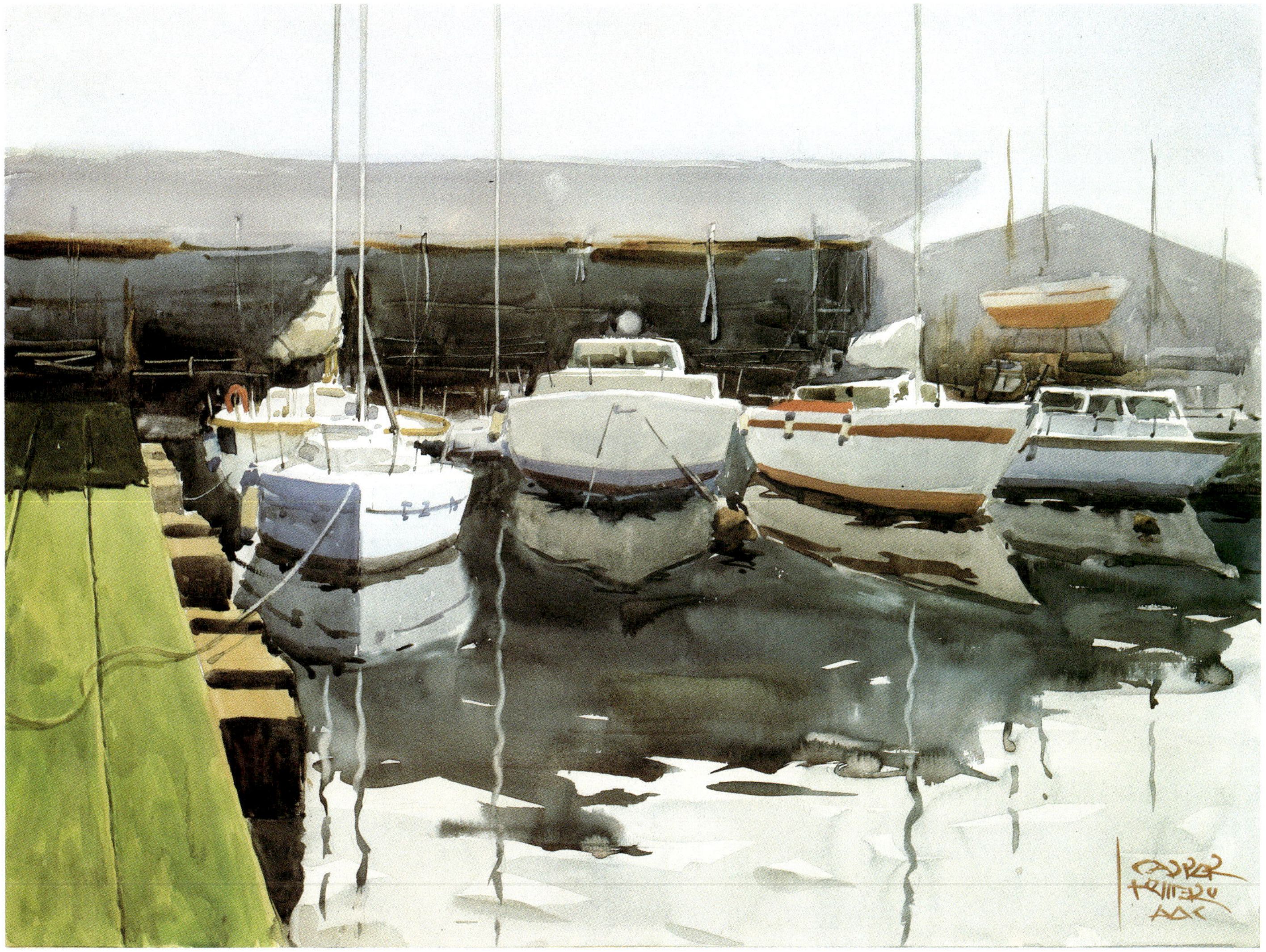

410

Spiegelung der Schiffe entsprechend aussparen und auch die von der Bewegung des Wassers verzerrten Umrisse unter Wasser zeichnen. Anschließend mischt er mit Ultramarin, etwas Siena und einer Spur Karmin ein bläuliches Grau und trägt es auf die zuvor angefeuchtete Fläche. Unmittelbar danach überprüft er die Fläche, fügt hier Farbe hinzu und saugt sie dort ab, bis er zahlreiche Tonvarianten eingebracht hat. „Fabelhaft, Gaspar! Es hat geklappt!"
Romero nimmt nun den flachen Pinsel Nr. 10 mit Synthetikhaar und holt das gewundene Weiß für die hellen Masten hervor. Dann malt er die Reflexe der Masten auf dem Weiß im Vordergrund. Er formt das Spiegelbild des linken Schiffes etc. „Du bist fertig, nicht wahr?" frage ich ihn. „Noch nicht ganz", antwortet Romero. „Die Reflexe der Boote sind zu hell. Man könnte glauben, sie lägen im Freien. Ich muß sie etwas abdunkeln. Das Spiegelbild muß immer dunkler sein als die Eigenfarbe."

Sechstes und letztes Stadium: Abschlußarbeiten (Abb. 410)
Romero wartet zunächst, bis die Farbe für das Meer getrocknet ist. (Um den Vorgang zu beschleunigen, hält er sein brennendes Feuerzeug nahe an die noch feuchte Stelle. „Das ist etwas riskant. Doch wenn man es versteht, klappt es.") Nachdem die Fläche trocken ist, malt Romero noch zahlreiche Nuancen und vermeidet so einen zu gleichmäßigen Ton. Dann legt er jene Farbflecken an, die die Bewegung des Wassers andeuten. „Das genügt", erklärt er und signiert sein Werk.

Abb. 410: Hier sehen Sie die Abschlußphase des Bildes. Achten Sie darauf, was der Künstler noch verbessert: Er dunkelt die hellen Reflexe der Schiffe auf dem Wasser ab: „Das Spiegelbild muß immer dunkler sein als die Eigenfarbe der Körper!" Anschließend bringt er mit dem Wasser aus seinem Gefäß (das zu diesem Zeitpunkt schon etwas verschmutzt ist) einige Retuschen mit einem sehr hellen Grau auf dem Weiß des Papiers im Vordergrund an, um die leichte Wellenbewegung des Meeres wiederzugeben.

Eine Illustration mit Aquarellfarben

Maria Rius ist eine bekannte spanische Illustratorin, deren Kinderbücher in mehreren Ländern erschienen sind. Sie malt mit flüssigen, transparenten Aquarellfarben und benutzt als Weiß die Farbe des Papiers. Auch wenn ihre Technik nicht ganz der des reinen Aquarells entspricht, rechtfertigen ihre Malweise, ihre Mittel und Wege einschließlich mancher „Tricks“ unserer Ansicht nach die Aufnahme in dieses Buch.
Maria Rius malt mit flüssigen Farben und benutzt dafür die gesamte Skala (insgesamt 18 Farben) einer bestimmten Marke. Am liebsten arbeitet sie jedoch mit den sogenannten „Pastelltönen“, deren Zartheit und Leuchtkraft, wie der Name sagt, an Pastellkreiden erinnern. Maria Rius benutzt hochwertiges 300-g-Papier mit feinem Korn und malt mit drei Rotmarderpinseln: Nr. 8 und Nr. 10 benutzt sie für die allgemeinen Arbeiten und Nr. 3 für kleine Details. Die Künstlerin verwendet zwei Wassergefäße: eines zum Anfeuchten und Verdünnen der Farbe, das zweite zum Reinigen, Absaugen etc. Wie fast alle modernen Illustratoren nimmt Maria Rius zum Anlegen des Hintergrunds, für Abstufungen und große einfarbige Flächen eine Spritzpistole. Die für dieses Buch speziell geschaffene Illustration beruht nicht auf einer Textvorlage. Ich habe Maria Rius gebeten, ein Fantasiebild anzufertigen, und sie hat dazu eine freie Illustration gewählt. „Endlich einmal ohne die Einschränkungen durch einen Verleger!“ erklärte sie und überlegte, wovon Kinder und Erwachsene manchmal träumen: einfach davonzufliegen!
Meinen Glückwunsch, Maria!

Die Technik

Das klassische Aquarell verlangt Sauberkeit. Es empfiehlt einen sparsamen Gebrauch des Radiergummis und verbietet Verschmutzungen und Fettflecke, die zu einer Farbveränderung und damit zu einem Fleck auf dem Hintergrund oder in einer Abstufung führen könnten. Die Kunst der Illustration erfordert in bezug auf Sauberkeit äußerste Sorgfalt. Der Radiergummi ist verboten, der Bleistiftstrich muß leicht sein und darf keinerlei Spuren hinterlassen. Ein kleiner Wasser- oder Speicheltropfen auf einem gleichmäßigen Untergrund macht die Illustration bereits unbrauchbar. Man muß daher unbedingt mit einem Schutzblatt unter der Hand

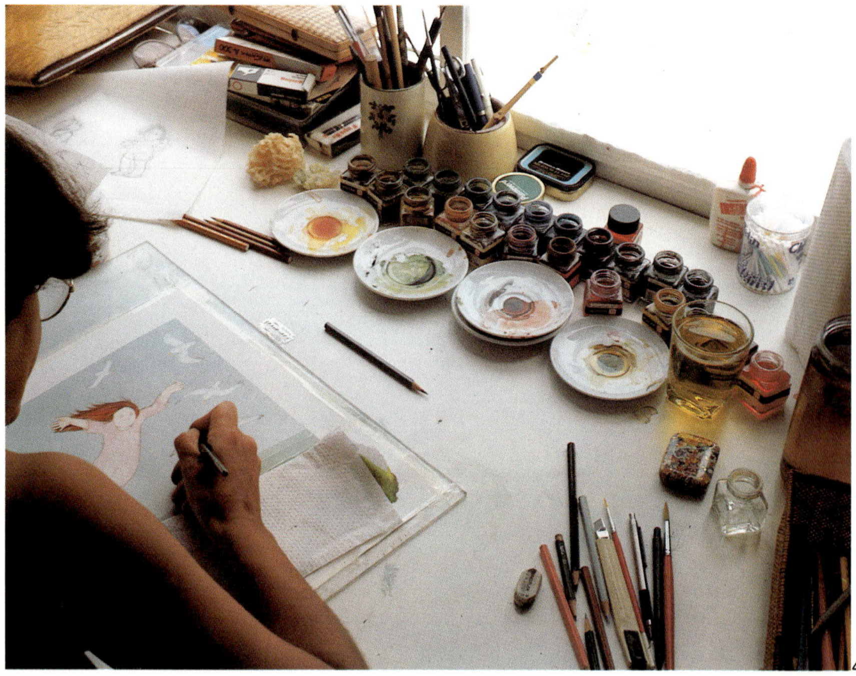

411

Abb. 411: Maria Rius' Arbeitstisch mit zwei Wassergefäßen auf der rechten Seite, Töpfen mit flüssiger Aquarellfarbe und Porzellantellern, die die Künstlerin als Palette benutzt.

Abb. 412: Hier ein erster Bleistiftentwurf des Modells auf normalem Papier.

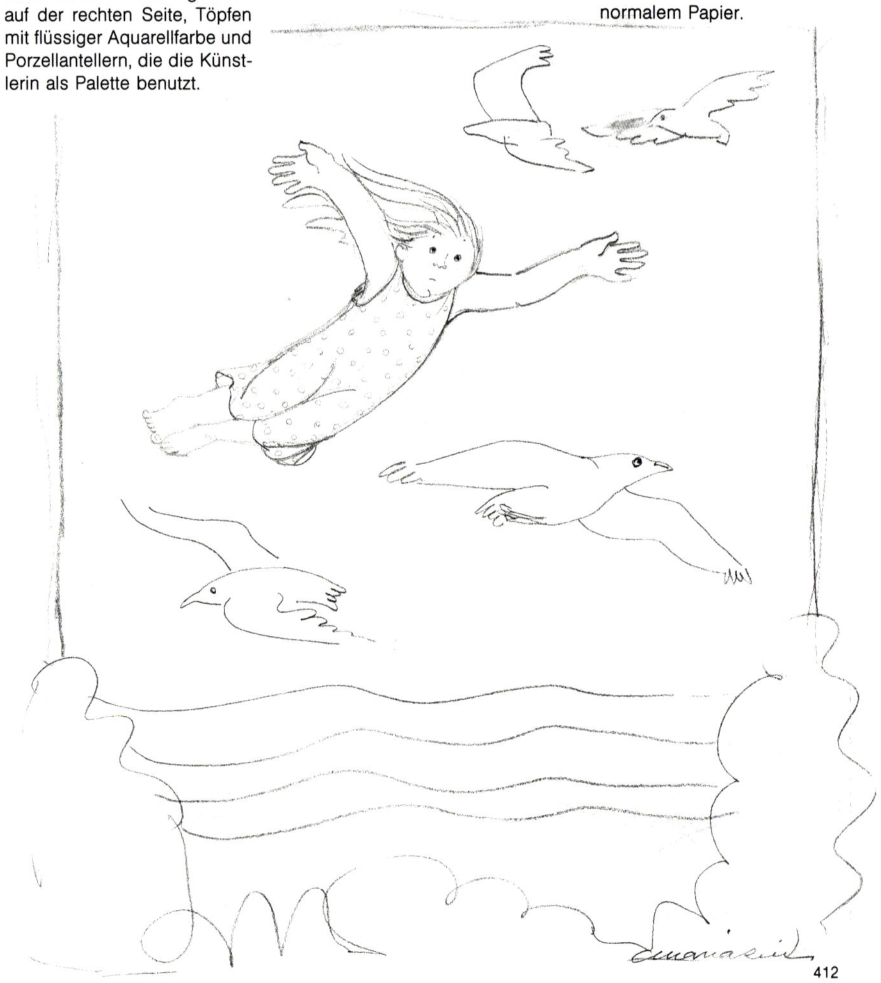

412

Anfertigen eines Aquarells mit der Spritzpistole

Für das künstlerische Aquarell benutzt man normalerweise keine Spritzpistole. Das besagt jedoch nicht, daß man sie nicht doch einsetzt, um gewisse Wirkungen, weiche Abstufungen, abgestufte Striche, Nebelschleier etc. zu erhalten. Auf dem Gebiet der Illustration ist die Spritzpistole dagegen zu einem unverzichtbaren Werkzeug geworden. Aufgrund ihrer Verwendung und der Tatsache, daß Ihnen diese Kenntnisse zu gegebener Zeit nützlich sein könnten, halten wir es für richtig, die Funktion und die Technik der Handspritzpistole anhand von Abbildungen und kurzen beschreibenden Texten zu erklären.

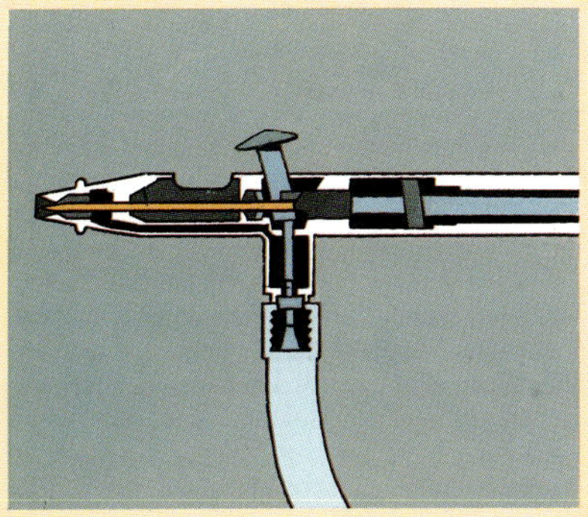
413

Abb. 413: Merkmale und Mechanismus der Spritzpistole für Künstler. Die Pistole wird mit einem Luftkompressor in Gang gesetzt, den der Künstler mit einem Pedal auslöst. Dadurch hat er die Hände frei, um den sehr feinen Strahl pulverisierter Farbe aus der Spritzpistole zu kontrollieren.

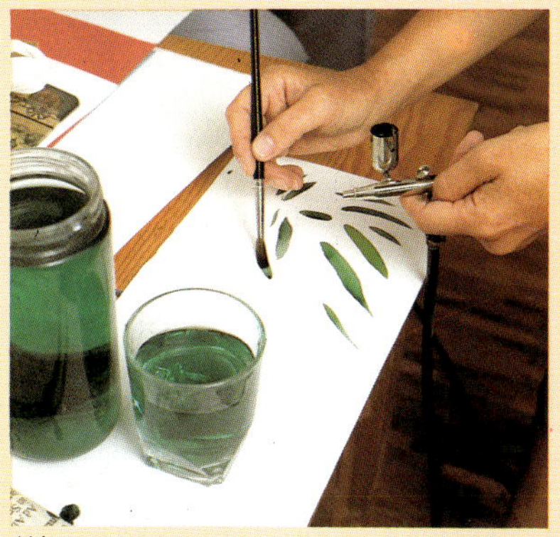
414

Abb. 414: Bevor der Künstler die Farbe pulverisiert, macht er einige Probestriche auf einem Extrablatt, um die Nuance seiner Farbe zu überprüfen.

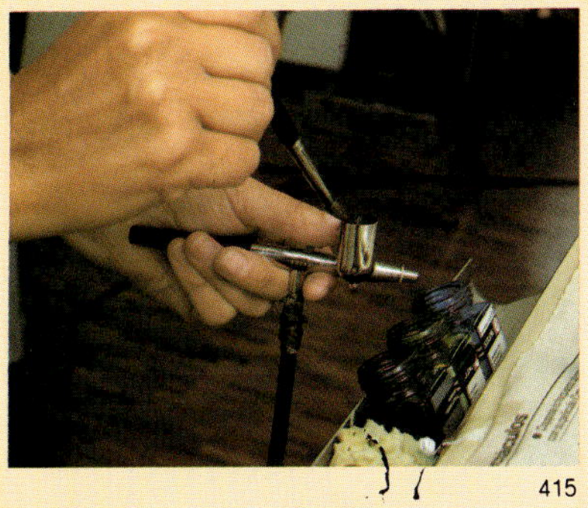
415

Abb. 415: Nachdem die Farbe fertig gemischt ist, muß der Künstler zunächst einigemal mit sauberem Wasser spritzen, um eventuelle Verschmutzungen zu beseitigen (schmutziges Wasser etc.). Nach dieser Kontrolle füllt man die Farbe mit einem dicken Pinsel aus dem Napf, in dem sie vorbereitet wurde, in den kleinen Tank der Pistole, bis dieser etwa halb voll ist.

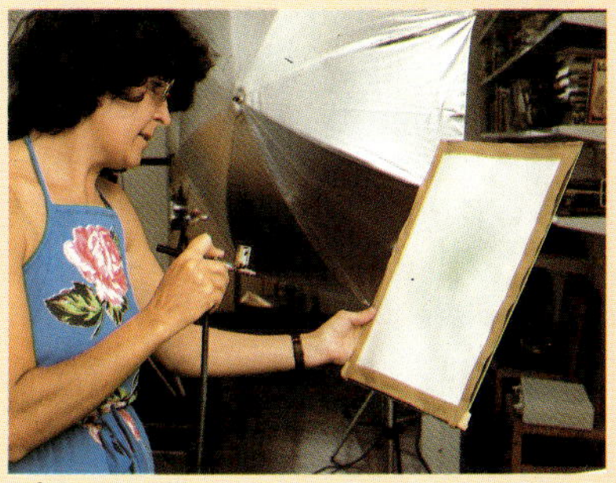
416

Abb. 416: Um Tropfen oder Spritzer auf dem endgültigen Zeichenpapier zu vermeiden, erfolgt jetzt ein Probestrich auf einem beliebigen Blatt Papier.

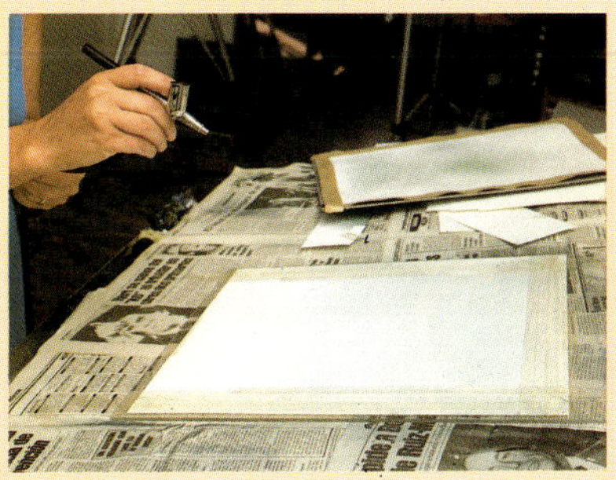
417

Abb. 417: Nachdem alle notwendigen Vorsichtsmaßnahmen getroffen worden sind, kann man mit der Pistole malen. Dabei muß die Stärke der Abstufung bzw. die Gleichförmigkeit einer Fläche ständig im Auge behalten werden. Soll eine Fläche sehr dunkel werden und muß man mehrere Schichten übereinanderlegen, gilt es zu warten, bis die vorige Schicht jeweils getrocknet ist. Erst dann darf erneut Farbe aufgetragen werden.

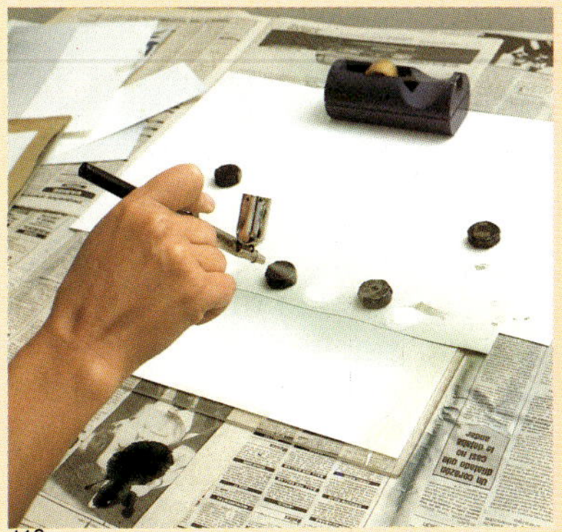
418

Abb. 418: Hier malt Maria Rius gerade eine Abstufung mit einer Schablone. Diese wird auf dem Zeichenpapier mit kleinen Bleistücken oder Gewichten festgehalten, damit sie durch den Luftzug der Pistole nicht verrutscht. Um besser zu verstehen, was Maria Rius hier tut, betrachten Sie bitte die Abstufungen der Illustration auf Abbildung 423 auf der folgenden Seite.

419

Abb. 419: Hier in verkleinertem Maßstab der abgestufte Rand einer Illustration. Maria Rius hat ihn mit Spritzpistole und Schablone, die sie mehrmals versetzen mußte, angelegt. Sie sehen die Stufen vergrößert auf der folgenden Seite.

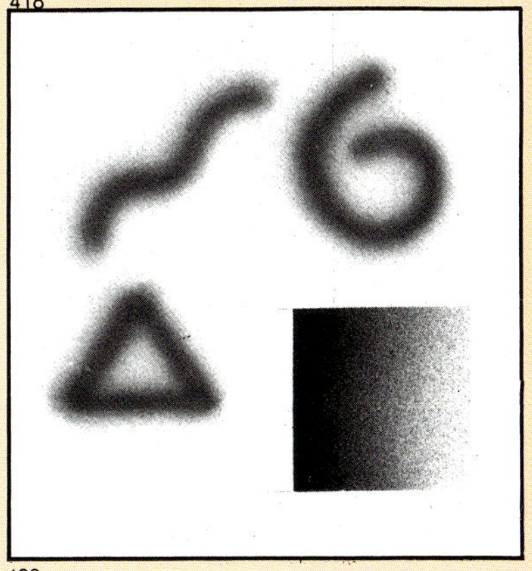
420

Abb. 420: Achtet man sorgfältig auf die Regulierung der Düse, kann man Abstufungen aller Größen und selbst so fein abgestufte Striche wie diese erhalten, die wir in der Originalgröße abgebildet haben.

Eine Illustration mit Aquarellfarben

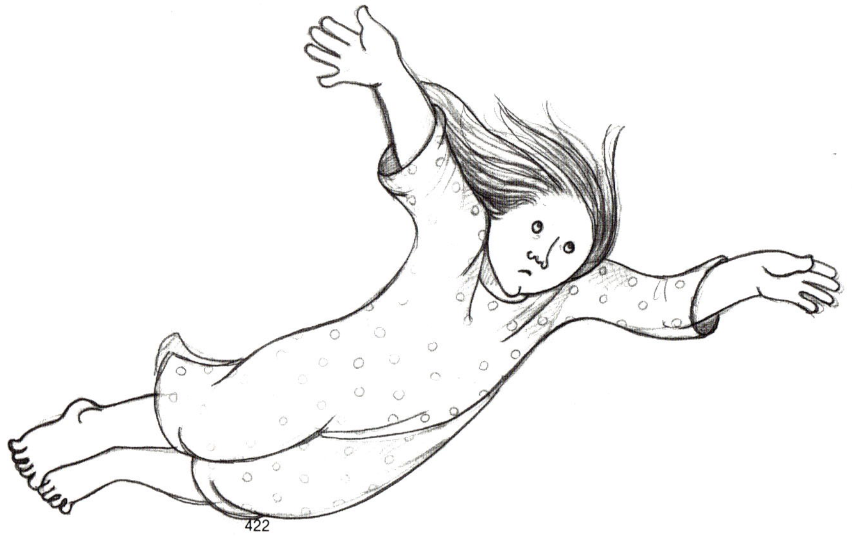
422

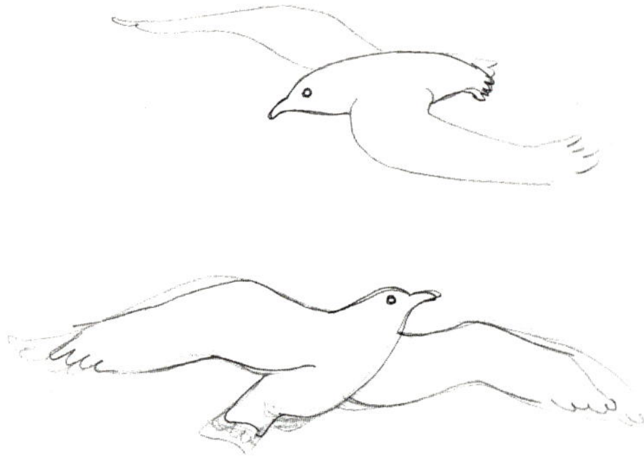
421

Abb. 421 und 422: Nachdem sie mehrere Entwürfe mit Bleistift angefertigt hat, zeichnet Maria Rius die Möwen und das fliegende Mädchen und übernimmt sie in die endgültige Illustration.

Abb. 423: Hier der mit der Spritzpistole angelegte Hintergrund. Sieht man genau hin, erkennt man darunter die lineare Zeichnung des kleinen Mädchens und der Möwen. Beachten Sie, daß der Hintergrund von einem Klebestreifen begrenzt wird, damit der Bildrand sauber bleibt.

arbeiten, um das, was bereits erledigt ist oder noch gemalt werden soll, nicht zu gefährden. Diese Vorsichtsmaßnahmen beginnen im Augenblick des Zeichnens. Der erfahrene Illustrator zeichnet niemals direkt auf dem endgültigen Papier. Er beginnt auf einem Extrablatt und fertigt für die Pose, die Haltung und den Ausdruck der Gestalten, die Zeichnung der Tiere oder der wichtigsten Bestandteile des Bildes eine Vorstudie an. Diese Studien werden normalerweise mit einem Bleistift auf halbtransparentes Seidenpapier gezeichnet. Sollte einer der Versuche zufriedenstellend ausfallen, kann der Künstler seine Zeichnung weiterverwenden und auf das endgültige Papier durchpausen.

Dieses Durchpausen erfolgt, indem man die Rückseite des Seidenpapiers mit einem Bleistift schwärzt. Dann läßt sich der Entwurf wie mit einem Kohlepapier unschwer übertragen.

Maria Rius hat also mehrere Entwürfe von Möwen und fliegenden kleinen Mädchen angefertigt und sich schließlich für die oben abgebildete Version und die Komposition auf dieser Seite entschieden. Der Hintergrund aus dem Himmel und dem Meer wurde mit der Spritzpistole angelegt, deren Technik und Anwendung wir im Kasten auf der vorigen Seite beschrieben haben.

Erstes Stadium: Einsatz der Spritzpistole (Abb. 423)

Nachdem die Zeichnung von dem fliegenden Mädchen und den Möwen durchge-

423

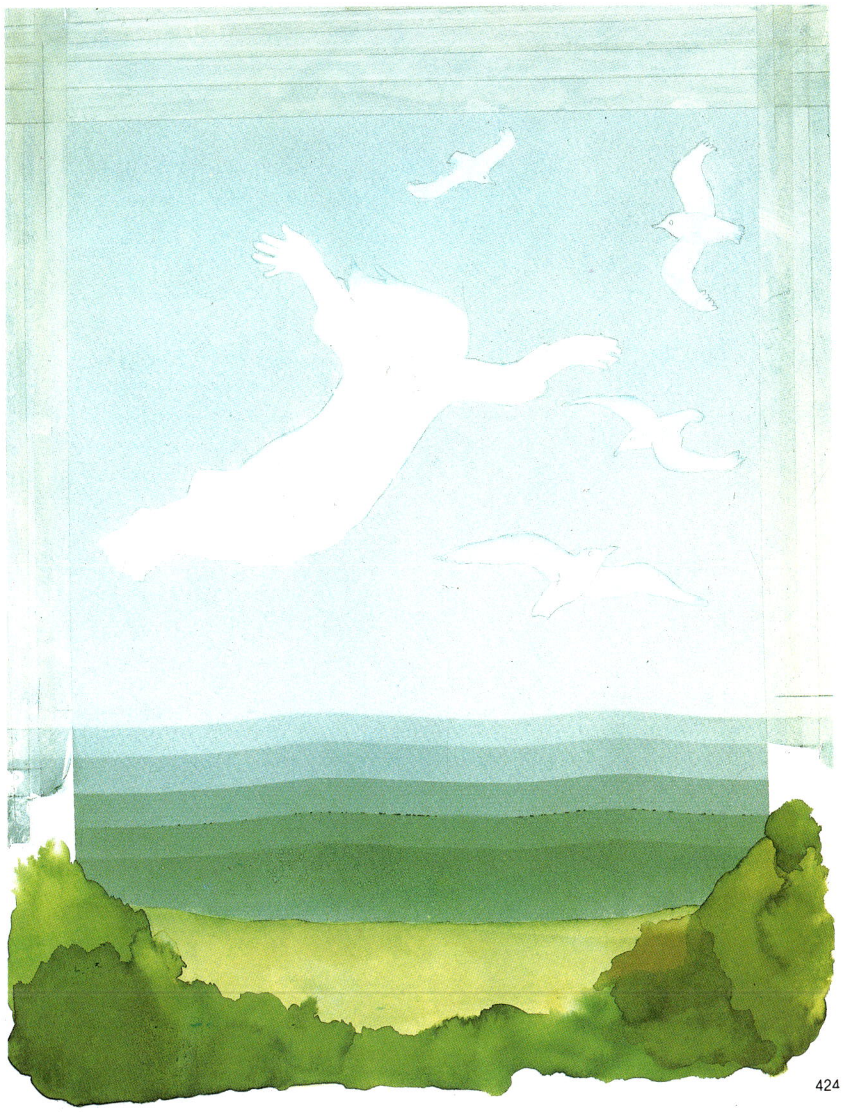

424

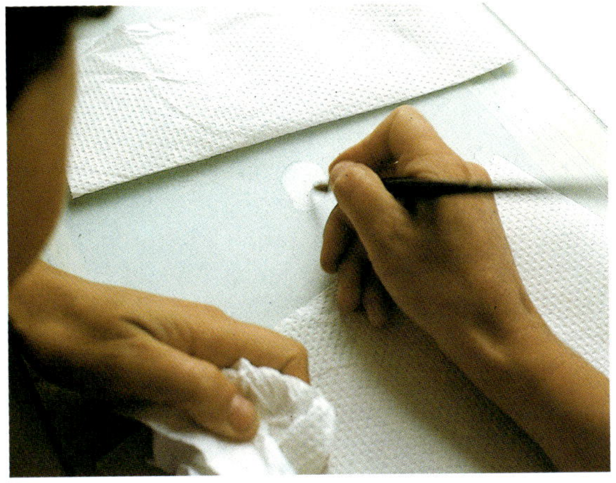

425

Abb. 424: Gute Illustrationen sind heute noch das Ergebnis geduldiger, sorgfältiger Arbeit. Hier hat Maria Rius nicht nur die Farbe aus der Spritzpistole im unteren Teil der Illustration ausgewaschen, um den Strand und das Gebüsch im Vordergrund malen zu können, sie hat auch das Weiß für die Gestalt und die Möwen wieder hervorgeholt. Da ihr das Weiß nach der Bearbeitung mit Wasser, Pinsel und Saugpapier nicht reichte, hat sie Wasser mit Chlor-Bleichwasser gemischt und geduldig aufgetragen, um dieses Ergebnis zu erzielen.

Abb. 425: Maria Rius beim Hervorholen der Weißflächen der vorigen Abbildung. Diese Arbeit erfordert große Präzision, damit man nicht über die Konturen hinausgerät.

paust und mit einem harten, gutgespitzten Bleistift nachgezogen worden ist, rahmt Maria die Illustration mit einem transparenten Klebestreifen ein, dessen gummierte Schicht sie zuvor durch Reiben über die Tischkante etwas geschwächt hat. Anschließend legt sie den Himmel und das Meer mit einer Spritzpistole an, ohne irgend etwas auszusparen. Zunächst entsteht ein heller blaugrüner Hintergrund für den Himmel, mit dem auch das mit Bleistift gezeichnete Mädchen und die Möwen bedeckt werden. Sie verschwinden beinahe. Dann malt Maria mit Hilfe einer Schablone nacheinander die fünf Wellen. Dabei geht sie jedesmal mit der Farbe bis nach unten, so daß der letzte Streifen am dunkelsten wird.

Zweites Stadium: der Vordergrund, das Mädchen und die Möwen (Abb. 424)

Maria Rius entfernt jetzt vorsichtig den durchsichtigen Klebestreifen vom unteren Rand und trägt im unteren Teil des Bildes mit dem Pinsel Nr. 8 ein helles Gelbgrün auf, das an die Farbe des Strandes erinnert. Darunter malt sie als dekorativen Abschluß der Illustration einige angeschnittene grüne Formen, die an Büsche und Sträucher denken lassen. Zuvor mußte Maria den unteren Teil des Papiers, der mit der Spritzpistole grünblau getönt war, wieder auswaschen. Gleichzeitig hat sie auch die Farbe von den Figuren – dem fliegenden Mädchen und den Möwen – entfernt. Dafür nutzte die Künstlerin die Tatsache aus, daß flüssige Wasserfarben weicher und streckbarer sind als die übrigen, und sie wendete einen Trick an: Sie bearbeitete die bereits mit Wasser gewaschenen Flächen noch einmal mit einem verdünnten Chlor-Bleichwasser (Javellelauge). Dadurch wurde das Papier völlig weiß. Achtung: Benutzen Sie zum Auftragen der Chlor-Bleichwassermischung keinen Rotmarderpinsel sondern einen aus Kunsthaar. Nur dieses Material hält dem chemischen Prozeß stand.

Eine Illustration mit Aquarellfarben

Abb. 426: Hier eine kleine nicht uninteressante Anekdote im Zusammenhang mit dieser Illustration. Maria Rius hatte vergessen, das Weiß für die Schaumkronen der Wellen auszusparen. Da geschah etwas Unerwartetes: Bevor Maria die vorletzte Abstufung anlegte, vergaß sie, den Rand ihrer Schablone abzutrocknen. Als sie sie wieder anhob, entdeckte Maria Rius kleine weiße Flecken oben auf der zweiten Welle. Verzweifelt sagte sie: „Jetzt war die ganze Arbeit vergeblich!" Doch dann fand sie rasch eine Lösung und erklärte glücklich lächelnd: „Gut, dann male ich eben Schaumkronen auf die Wellen!" Ich erinnerte mich, was Corot einmal sagte: „Es gibt beim Malen manchmal jene glücklichen Zwischenfälle, die eine Veränderung mit sich bringen und das Bild bereichern."

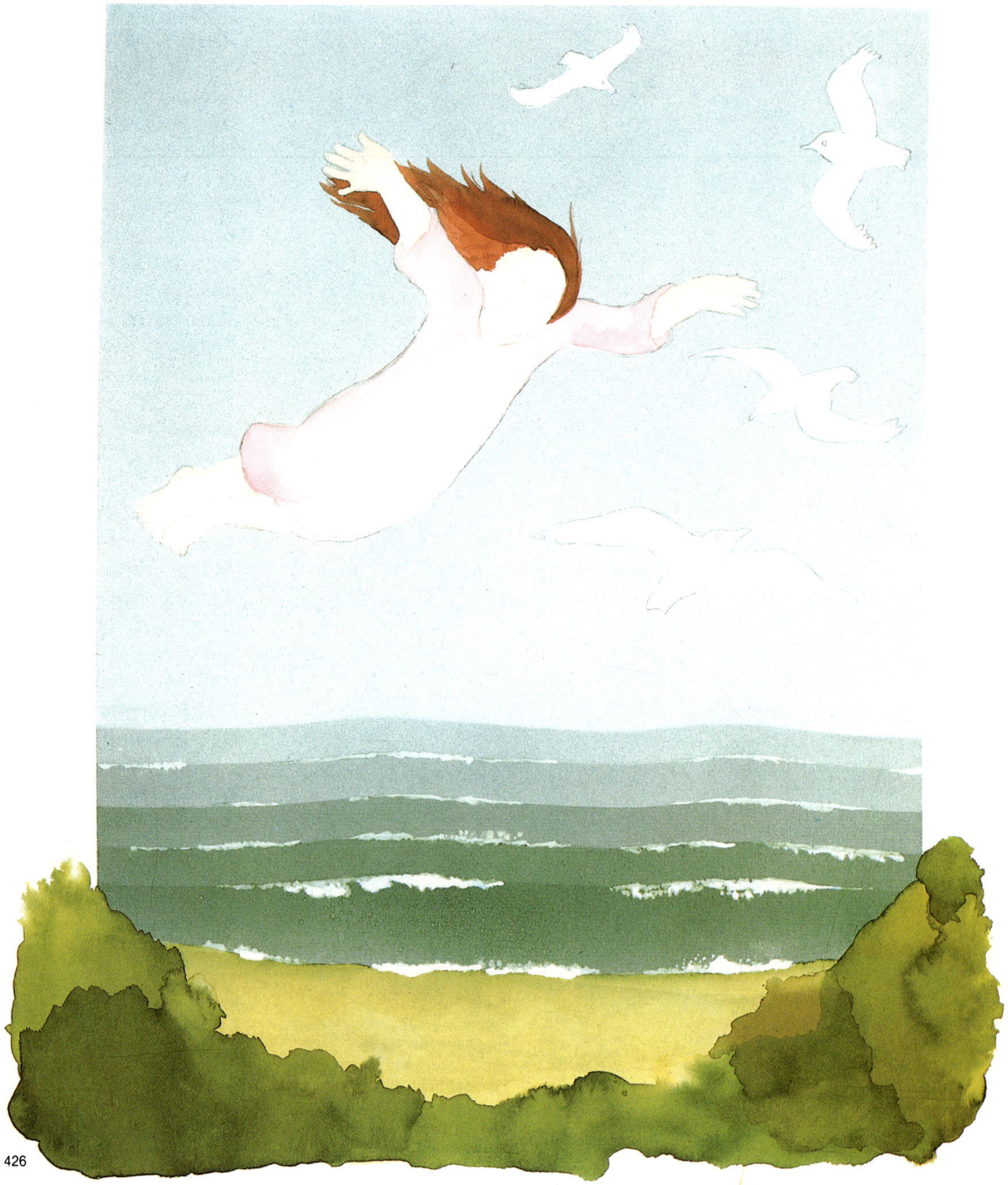

426

Drittes Stadium: das fliegende Mädchen (Abb. 426)

Nachdem Sie die Arbeit mit der Javellelauge kennen, brauche ich Ihnen nicht mehr zu erklären, wie die Schaumkronen der Wellen angelegt wurden und die Möwen wieder so weiß wie das Papier geworden sind. Es bleibt jedoch noch ein Punkt, der gesondert behandelt werde sollte.

Maria entfernt die restlichen Klebestreifen von der Illustration und beginnt, die Gestalt des fliegenden kleinen Mädchens zu malen. Zunächst legt sie die Fleischfarbe an, anschließend das Rosa der Kleidung und schließlich das rötliche Siena für die Haare. In allen drei Fällen – insbesondere für die Fleischfarbe – hat sie eine Technik benutzt, die sie später auch für die Möwen verwendet und die mir schon bei den Büschen und Sträuchern im Vordergrund aufgefallen ist: Maria arbeitet mit einer flüssigen Farbe und saugt sie beinahe augenblicklich mit Hilfe eines Löschpapiers wieder ab. Anschließend trägt sie eine neue Schicht auf und trocknet sie ebenso. Das geht so weiter, bis sie die gewünschte Farbstärke erhalten hat. Durch

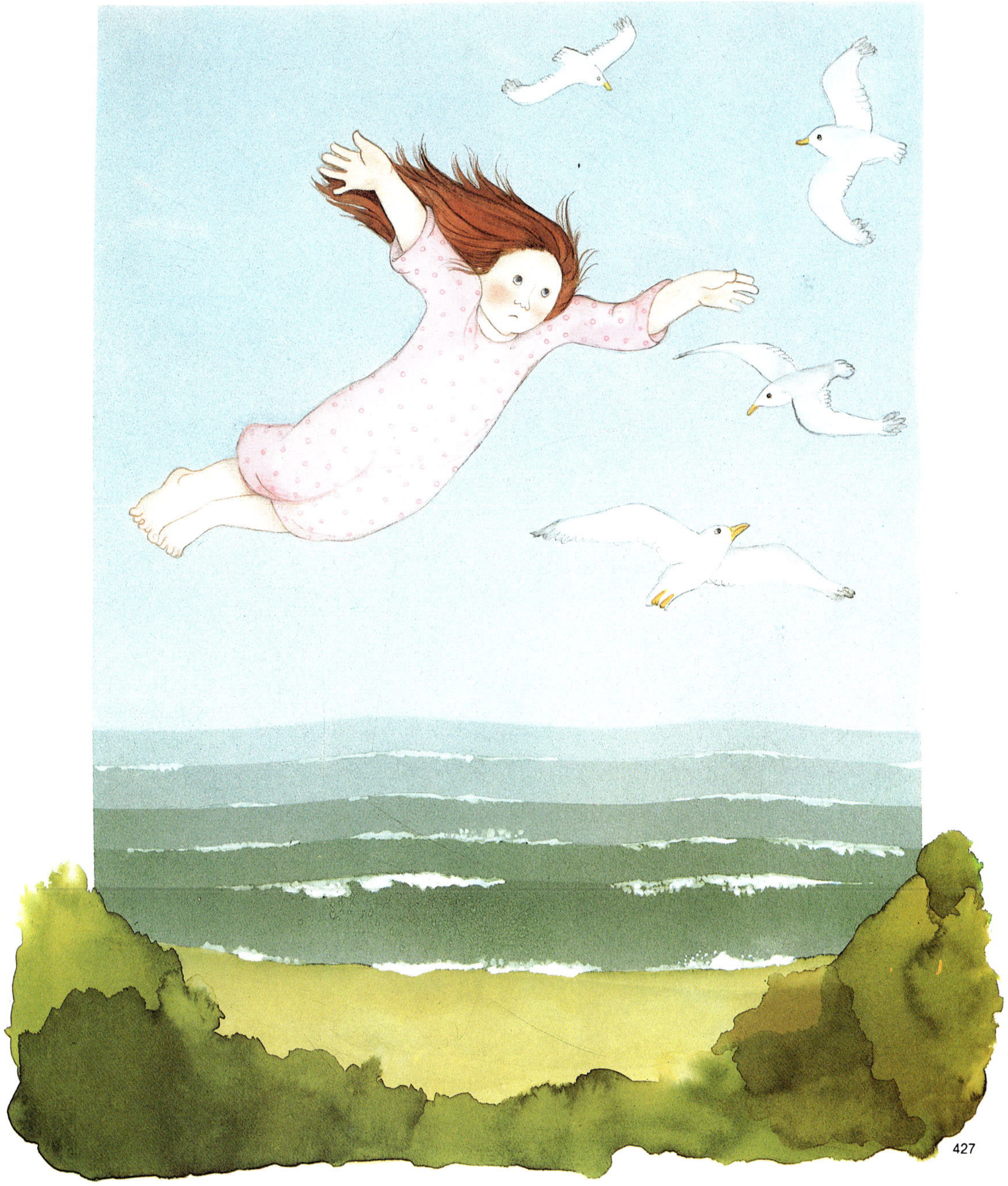

427

Abb. 427 und 428 (letzteres auf der folgenden Seite): Die Abschlußarbeiten einer Illustration bestehen wirklich aus Feinarbeiten. Es gilt anzupassen, abzuheben, zu retuschieren und zu betonen. Bei der Arbeitsweise von Maria Rius kommt neben der Aquarelltechnik mit den Lasuren die Arbeit mit Farbstiften – der Marke Caran d'Ache – hinzu, mit denen Maria das Volumen modelliert und die Farben betont. Einen schwarzen harten Stift (4H) benutzt sie zur Herausarbeitung der Formen mit Hilfe von Abstufungen in sehr feinen Spiralen, die auf den ersten Blick nicht zu erkennen sind, zumal die Illustration normalerweise in einem größeren Maßstab angelegt wird als dem des Druckformats.

dieses ständige Auftragen und anschließende mehr oder weniger starke Absaugen der Pigmente arbeitet sie das Modell und das Spiel von Licht und Schatten der Gestalt oder der Flächen heraus.

Viertes Stadium: Abschlußarbeiten (Abb. 427 und 428)

Auf dieser und der folgenden Abbildung zeigen wir Ihnen das letzte Stadium der Illustration, das mit einem ganz besonderen Verfahren durchgeführt worden ist. Maria Rius benutzte dafür die Aquarelltechnik, einen Bleistift und sogar Farbstifte! So erklären sich die Formen, die Konturen und die weiche Ausarbeitung der Körper.

Maria Rius zeichnet die Haare, die Gesichtszüge, die zarten Falten und das Stoffmuster mit dem Bleistift und den Farbstiften. Sie modelliert mit leichten Nuancen die Hände und Füße des Mädchens und gibt den Möwen Volumen . . .

Es handelt sich um eine schwierige Arbeit, die Technik, handwerkliches Können und Kreativität erfordert.

Eine Illustration mit Aquarellfarben

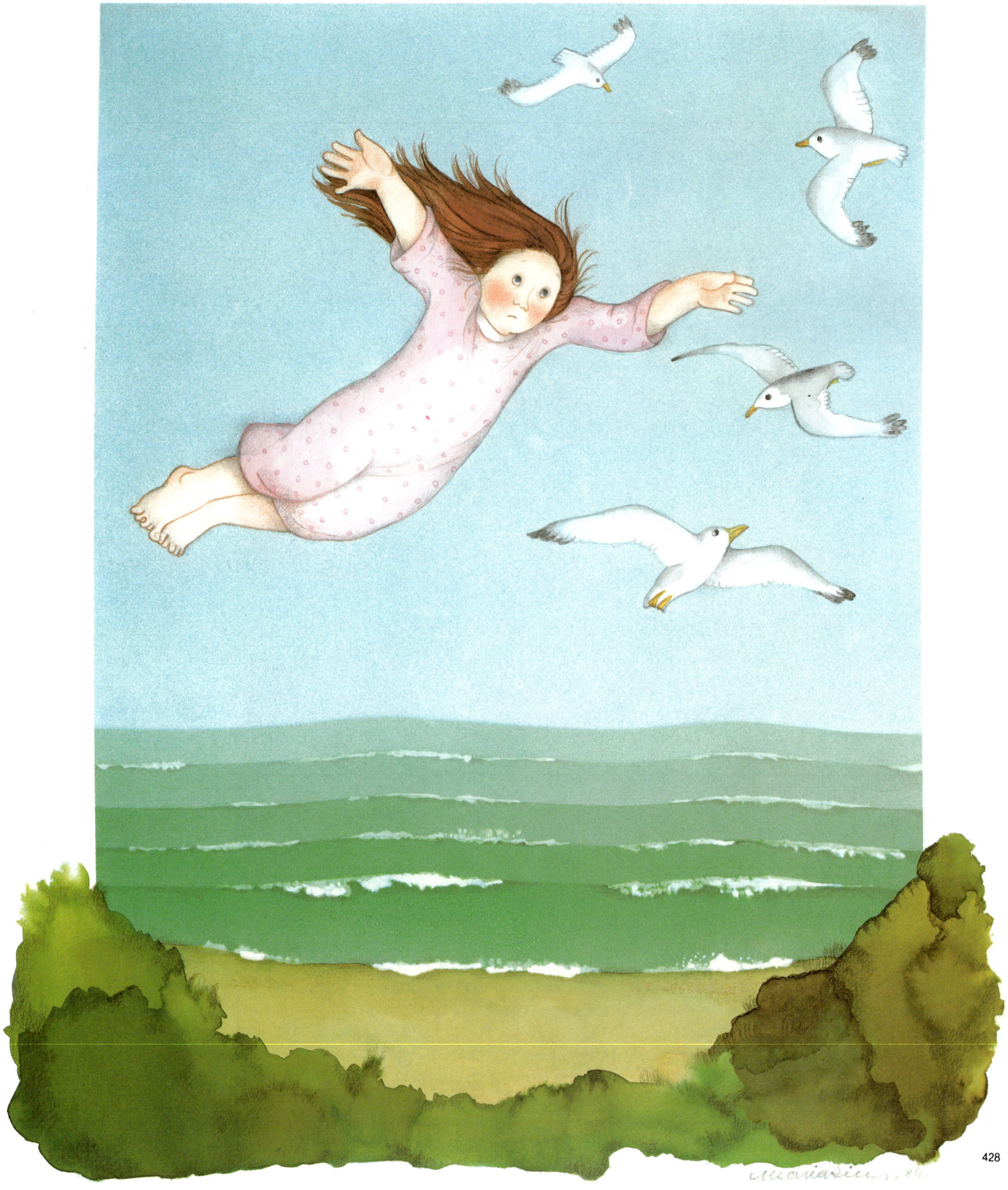

428

Eine Landschaft mit Aquarellfarben

Dieses Motiv habe ich im Januar 1985 mit Aquarellfarben gemalt. Ich will es jetzt im Atelier wiederholen und dabei das Herstellungsverfahren mit einem Höchstmaß an Einzelheiten beschreiben. Dabei werde ich nicht nur den Ablauf des Aquarellbildes fotografisch festhalten, sondern auch die unterschiedlichen Techniken wiedergeben, die ich dafür benutzt habe.

Hier also das letzte Beispiel dieses Buches. Es handelt sich um ein Aquarell, das ich selbst für Sie male. Ich werde dabei zahlreiche Begriffe, Theorien und Techniken in die Beschreibung einfließen lassen, mit denen der Künstler während seiner Arbeit in Berührung kommt. Es soll eine möglichst vollständige Lektion werden, die alle Erkenntnisse dieses Buches noch einmal zusammenfaßt.

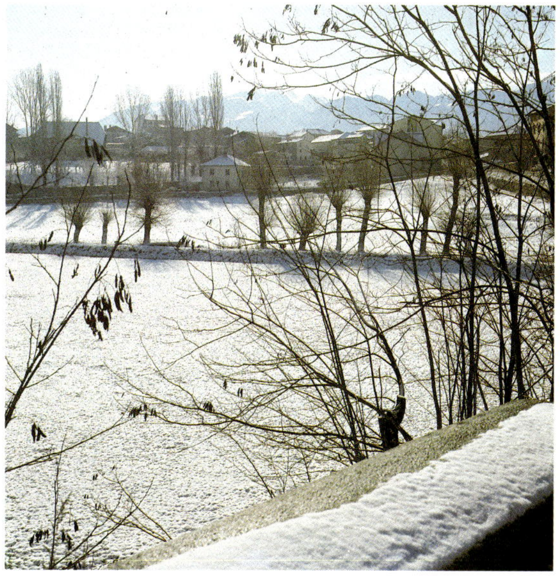

429

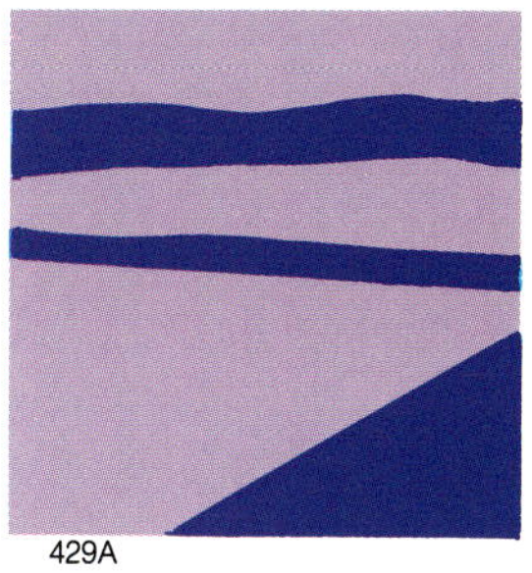

429A

Abb. 429 (links): Das Foto das mir bei der Arbeit im Atelier als Modell diente.

Abb. 429 A (oben): Schematische Darstellung der Komposition des Fotos.

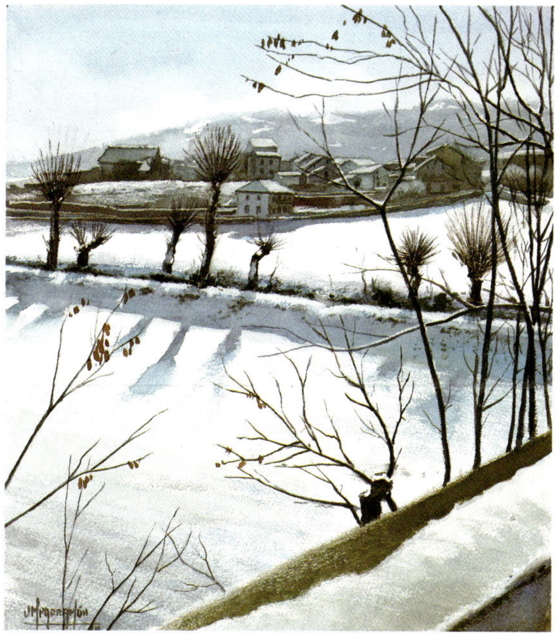

430

430A

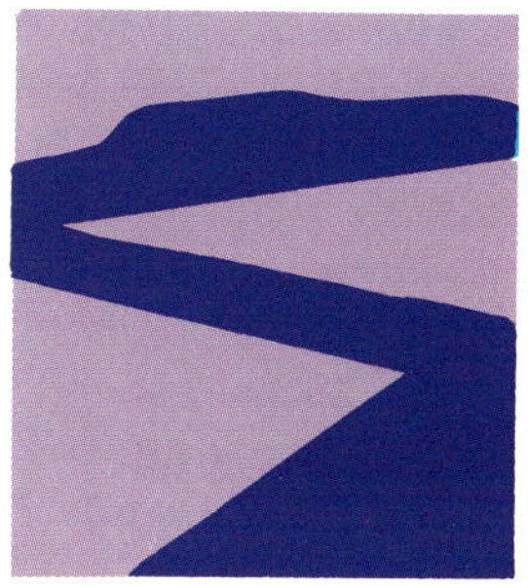

Abb. 430 (links): Aquarellbild, das ich vor einem Jahr nach dem obigen Foto gemalt habe.

Abb. 430 A (oben): Schematische Darstellung des Bildes nach einer Interpretation, die die geometrische Form betont und die Komposition des Bildes verbessert.

Betrachten Sie zunächst auf den nebenstehenden Abbildungen 429 und 430 das Aquarell und das Foto, das ich als Modell gewählt habe. Erinnern Sie sich in diesem Zusammenhang, daß es immer empfehlenswert ist, beim Malen im Freien einen Fotoapparat zur Hand zu haben. Fotografieren Sie Ihr Modell, damit Sie später Ihr fertiges Werk damit vergleichen können und Gelegenheit haben, noch etwas zu verbessern oder Details zum Abschluß einzufügen. Wenn Sie das Foto und mein fertiges Bild vergleichen, stellen Sie fest, daß ich versucht habe, das Kompositionsschema zu betonen. Aus den Abbildungen 429 und 430 geht das klar hervor. Beachten Sie die Veränderungen, die ich während der Interpretationsphase an meinem Aquarell angebracht habe:
1. Ich habe die Bäume am Rande des Dorfes oben links fortgelassen, weil sie stören und die Häuser verdecken. 2. Ich habe die Hausdächer mit Schnee bedeckt; auf dem Modell sind sie nicht verschneit. 3. Ich habe drei Bäume an dem Graben, der die Landschaft diagonal durchschneidet, fortgelassen und die übrigen umgesetzt, damit sie den Blick auf das Dorf nicht behindern. 4. Anschließend habe ich den Graben in eine Art Damm verwandelt, um der Komposition größere Vielfalt zu verleihen und den schattigen Streifen verbreitern zu können, den er wirft. Auch das kommt der Komposition zugute. 5. Ich habe den Wurfschatten der Bäume auf dem Damm verlängert, um größere Vielfalt zu erlangen. 6. Schließlich habe ich die Höhe des grauen Streifens des Dorfes vermindert und das Ocker der Begrenzung im Vordergrund abgedunkelt, um das geometrische, zickzackförmige Kompositionsschema des Bildes hervorzuheben.
Betrachten wir jetzt Schritt für Schritt die Herstellung dieses Aquarells. Erlauben Sie mir jedoch, zuvor kurz das Material und das Zubehör zu beschreiben, das ich für meine Arbeitsweise benötige.

Eine Landschaft mit Aquarellfarben

Im Freien, auf dem Land oder in der Stadt, male ich mit der klassischen zusammenlegbaren Feldstaffelei mit integriertem Malkasten (Seite 56, Abb. 101). Ein besonderes Zeichenbrett kann ich nicht empfehlen. Es gibt davon alle möglichen Sorten. Ich selbst nehme am liebsten einen Aquarellblock oder ein Zeichenbrett, das um 30 bis 45 Grad geneigt ist. Aus diesem Grunde arbeite ich im Atelier fast immer mit einem Zeichenbrett auf einer Tischstaffelei. Auf dieses Brett stelle ich den Aquarellblock, oder ich befestige das Aquarellpapier mit Klemmen daran. Ich wende das auf Seite 60 beschriebene Verfahren – Spannen des Papiers durch Anfeuchten, Befestigen mit Klebestreifen und anschließendes Trocknen – übrigens fast nie an. Ich halte es für wesentlich praktischer, auf einem Aquarellblock (siehe Seite 60, Abb. 109) oder einem ausreichend dicken Papier (250 g bis 300 g) zu arbeiten, das man mit Klemmen halten kann. Ich male unterschiedslos mit Tuben- oder Napffarben. Natürlich arbeitet es sich mit den gebrauchsfertigen Tubenfarben rascher – man braucht nicht erst mit dem Pinsel auf den Farbtabletten zu reiben; aber die auf der Palette zurückbleibende Farbe trocknet in ein oder zwei Tagen und unterscheidet sich dann praktisch nicht mehr von den Napffarben. Wie dem auch sei: beide Formen haben ihre Berechtigung. Ich benutze Blocks von Arche, Canson oder Fabriano mit grobem oder mittlerem Korn. Meine Pinsel Nr. 6, 8, 12 und 14 sind aus Rotmarderhaar. Gelegentlich verwende ich einen Rindsborstenpinsel Nr. 18 und einen japanischen Flachpinsel aus Damhirschhaar. Die beiden letzteren benötige ich für Lasuren, Grauflächen und große Abstufungen sowie zum Anfeuchten größerer Zonen mit Wasser. Außerdem benutze ich einen Naturschwamm zum Anfeuchten – zum Beispiel vor Beginn des Malens – sowie manchmal zum Auswaschen, Reinigen, Abschwächen und Aufhellen. Ein Bleistift vom Härtegrad H, der wenig aufträgt, sowie ein normaler Plastikradiergummi gehören ebenfalls dazu. (Ich mag die weichen schwarzen Plastikgummis nicht. Sie erinnern mich an Knetgummi.) Mir reicht ein einziges Wassergefäß. Ich wechsele das Wasser selten aus. Ich mag beim Malen verschmutztes Wasser. Noch eine praktische Kleinigkeit: Ich stelle das Gefäß beim Malen auf ein vierfach zusammengelegtes Flanelltuch. Das schützt den Tisch zum einen vor Verschmutzung, zum anderen kann ich auf diese Weise unmittelbar vor Beginn des Malens Wasser oder Farbe vom Pinsel abstreifen. Zum Abschluß noch das Thema Trocknen des Pinsels. Hierzu benutze ich Saugtücher von normaler Haushaltsqualität, das in Rollen erhältlich ist. Wie Ihnen bekannt, ist dieses Papier sehr saugfähig und nimmt die Aquarellflüssigkeit rasch auf. Ich verwende es ständig. Ich halte es zerknautscht oder gefaltet in der linken Hand, presse den Pinsel darin aus oder trockne ihn ab, verringere die Farbe, sauge sie ab oder mache Abstufungen, indem ich leicht mit dem Tuch auf die soeben gemalte Fläche tupfe. Manchmal dient das Papier sogar zum Zeichnen. Wenn ich zum Beispiel in ei-

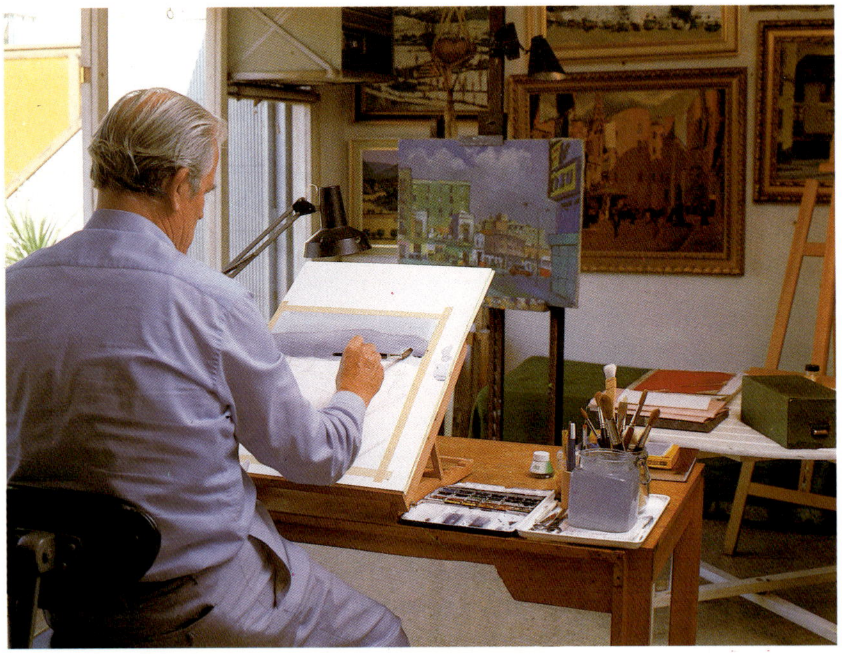

431

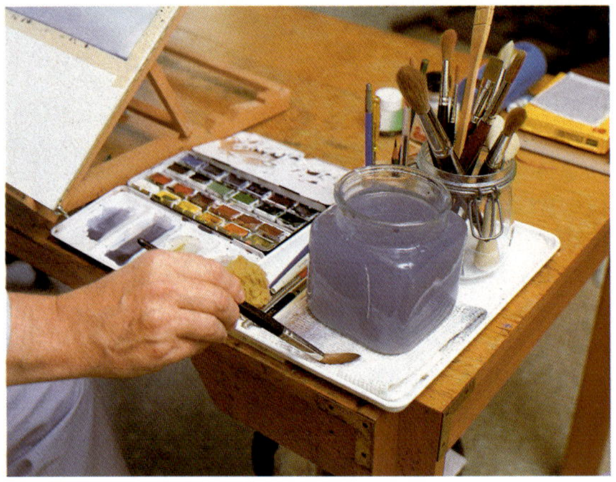

432

Abb. 431: Beim Malen mit Aquarellfarben im Freien oder im Atelier fühle ich mich am wohlsten, wenn ich mit einem um 30 bis 45 Grad geneigten Zeichenbrett arbeite. Das erfordert im Atelier eine Tischstaffelei (Seite 57, Abb. 98) und einen Stuhl, der sich höher als normalerweise verstellen läßt.

Abb. 432: Eine an sich unbedeutende Kleinigkeit, die ich dennoch für wichtig halte: Ich lege ein gefaltetes saugfähiges Tuch unter mein Wassergefäß. Es schützt den Tisch vor Tropfen und Feuchtigkeit. Außerdem kann ich den nassen Pinsel darin ausdrücken, indem ich wie auf Stoff darauf male.

nem gleichförmigen Himmel das Weiß wieder hervorholen will, drücke ich mit dem Papiertuch auf die Farbe und kann dadurch wunderbare Gebilde wie Kumuluswolken schaffen.

Erstes Stadium: Zeichnung und Aussparen von Weiß (Abb. 434)

Es handelt sich, wie immer, um eine korrekte, präzise lineare Zeichnung vor allem der Häuserzeile, die hinsichtlich ihres Aufbaus der Wirklichkeit entsprechen muß. Dasselbe gilt für den Graben und die Bäume im Mittelgrund. Die Stämme und die feinen Zweige der Bäume im Vordergrund können dagegen viel freier gezeichnet werden. Die Stämme dürfen teilweise sogar dicker ausfallen. Anschließend trage ich mit einem Kunststoffpinsel Nr. 4 Flüssiggummi auf jene Stellen, die weiß ausgespart werden müssen. Dabei handelt es sich um die Hausdächer, die Dorfmauer, die verschneiten Teile des Gebirges und die oberen Umrisse der dicken Bäume im Vordergrund. Außerdem füge ich im Vordergrund rechts einige Schneeflocken hinzu. Wichtig ist, daß der Flüssiggummi im richtigen Verhältnis angewendet wird und man ihn nicht mißbraucht. Nun spare ich mit weißem Wachs etwas Weiß auf der leichten Anhöhe aus, die links vom Dorf zu erkennen ist (Buchstabe A auf der nebenstehenden Abbildung des ersten Stadiums), sowie am Rande des Geländes (B). In der Fläche A verstärke ich die Aussparung mit Flüssiggummi, das ich durch Reiben von oben nach unten abstufe. (Sie wissen, Flüssiggummi besitzt eine hellgrüne oder cremige Farbe und ist daher gut zu erkennen.)

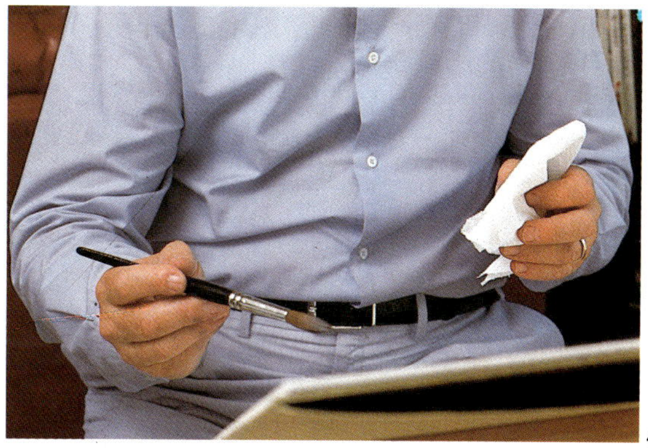

433

Abb. 433: In der linken Hand halte ich beim Malen ständig ein zwei- oder mehrfach gefaltetes Saugpapier, mit dem ich den Pinsel säubern, die Farbe oder die Lasur an bestimmten Stellen abtupfen und das Weiß innerhalb einer gerade aufgetragenen Farbe wieder hervorholen kann. Papiertücher oder Saugpapier sind beim Malen mit Aquarellfarben unverzichtbar.

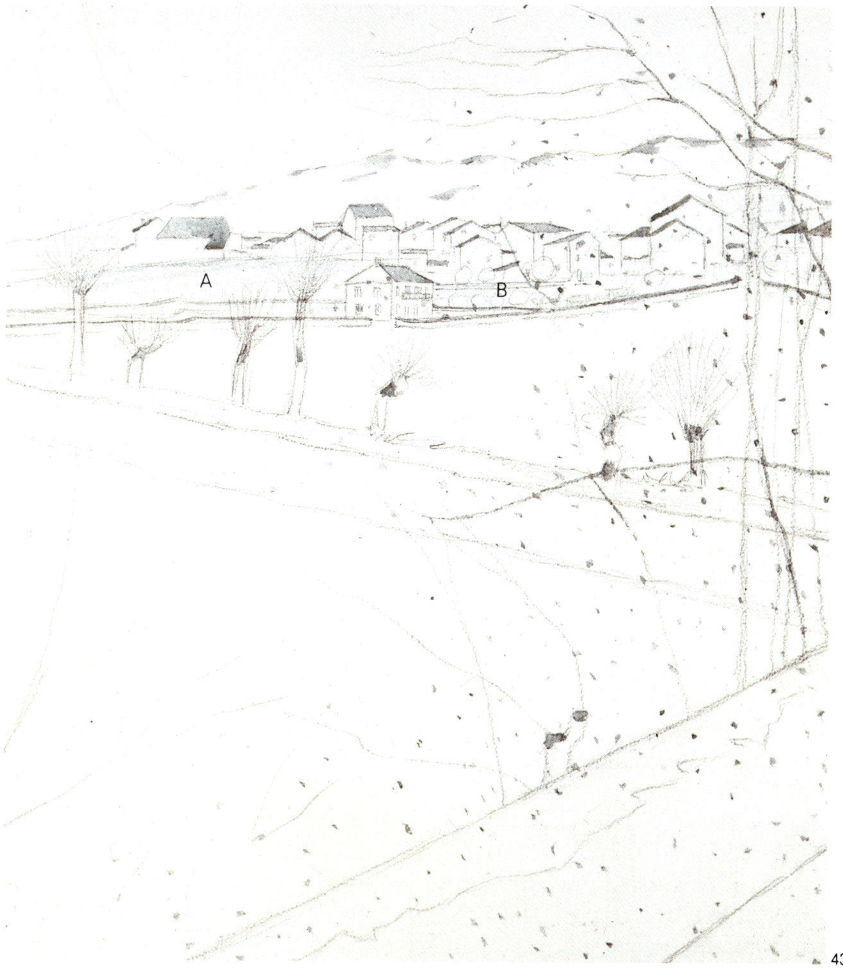

434

Abb. 434: Hier die fertige Zeichnung mit den Aussparungen von Weiß mit Hilfe von Flüssiggummi, erkennbar an der bläulichen Färbung.

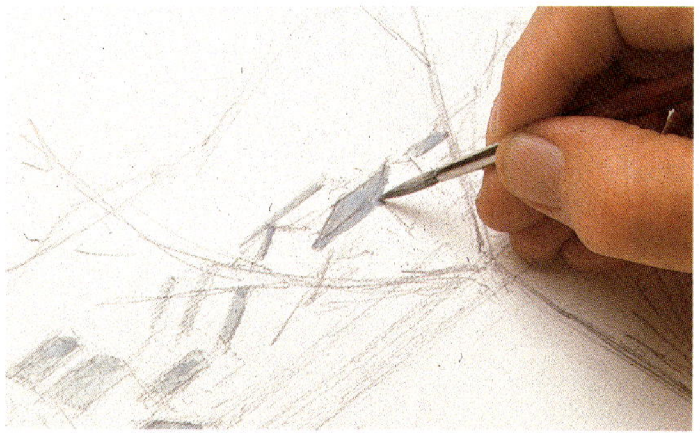

435

Abb. 435: Auftragen des Flüssiggummis mit einem Kunststoffpinsel Nr. 4. Der im Pinsel verbliebene Gummi läßt sich, solange er noch nicht getrocknet ist, mit Wasser entfernen. Verbleiben noch Rückstände, ziehen Sie die Pinselhaare mit dem Zeigefinger und dem Daumennagel auseinander.

Eine Landschaft mit Aquarellfarben

Zweites Stadium: der Himmel, das Gebirge und die Häuser des Dorfes (Abb. 440)
Bevor ich zu malen beginne, möchte ich darauf hinweisen, daß die Skala der gebrochenen kalten Farben dieses Aquarells im wesentlichen aus einer Mischung von Sepiabraun dunkel und Ultramarin entstanden ist. Diese ergibt im Prinzip ein neutrales Grau, dem Karmin, Ocker und Preußischblau zugesetzt wurden. Dadurch erhielt ich die unterschiedlichen Farben und Nuancen für die Interpretation des Modells. Den Himmel habe ich zum Beispiel mit den beiden erwähnten Basisfarben sowie Ultramarin und Dunkelsepia mit einer Spur Karmin und natürlich viel Wasser gemalt.

Ich habe übrigens die Angewohnheit, meine Probestriche für die Farben, Mischungen, Töne und Nuancen auf dem Rand des Aquarellpapiers zu machen, auf dem ich male. Ich benutze also kein Extrablatt. Sie sehen dies auf Abbildung 436.

Ich beginne mit dem Malen des Himmels und überziehe auch die Häusergruppe und das Gebirge mit der bereits erwähnten Farbe. Dabei drehe ich den Aquarellblock auf den Kopf (Abb. 437), damit sich die Farbflüssigkeit im oberen Teil des Himmels ansammelt und eine weiche, zum Horizont hin heller werdende Abstufung bildet. Während die Farbe noch feucht ist, „zeichne" ich mit Saugpapier und drücke es leicht auf die Horizontzone. Dadurch ziehe ich die frisch gemalte Farbe wieder ab und erhalte einige weiße Wolken.
Ohne abzuwarten, bis die Farbe des Himmels völlig trocken ist, male ich mit einem dunklen Graublau als gleichmäßige Fläche die Berge und verwische die Begrenzungen anschließend mit einem sauberen, beinahe trockenen Pinsel. Die Farbe der Berge zieht sich bis zur Häusergruppe und zum Dorf hin. Links vom Dorf, an den Umrissen der Häuser, hole ich eine helle Fläche für den Rauch wieder hervor. Dazu benutze ich einen Wattestab. (Die Watte saugt die Flüssigkeit logischerweise ab – Abb. 439.) Jetzt muß ich abwarten, bis die Farbe der zweiten Schicht auf dem Gebirge und den Häusern getrocknet ist.

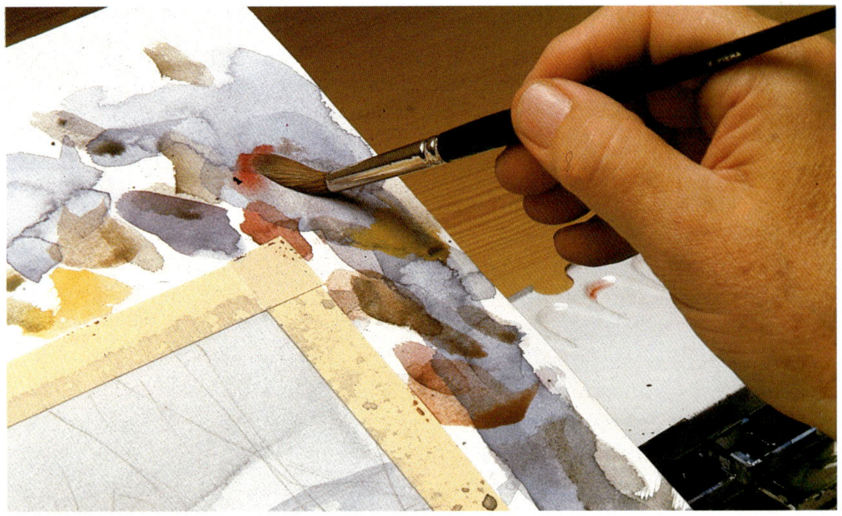
436

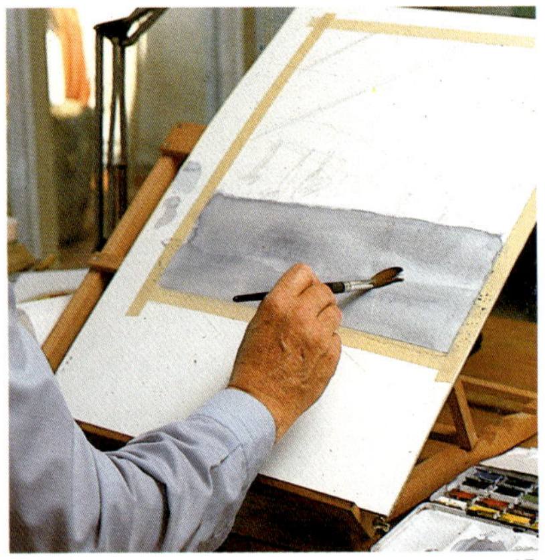
437

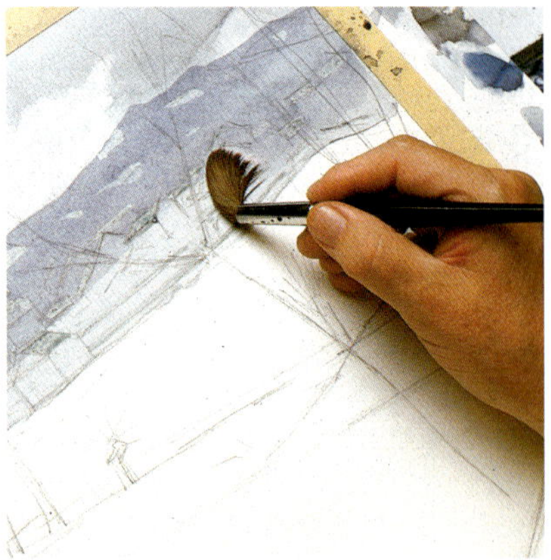
438

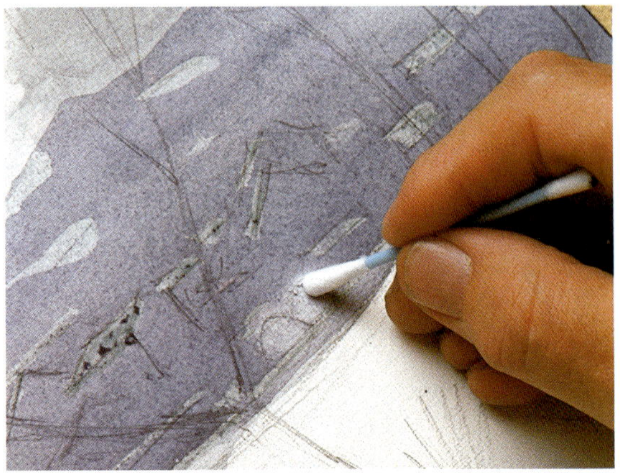
439

Abb. 436: Ich bereite meine Farbmuster in den kleinen Fächern des metallenen weißemaillierten Palettenkastens vor. Vor dem eigentlichen Malen mache ich häufig einen Probestrich auf einem Extrablatt oder auf dem Rand des Papiers, auf dem ich mein Aquarell male. Sie sehen es auf der Abbildung.

Abb. 437: Um einen Himmel als gleichmäßige Abstufung zu malen, greift man häufig zu einem Trick: Man stellt das Zeichenbrett auf den Kopf und malt verkehrt herum.

Abb. 438: Bevor der Himmel völlig trocken ist, male ich mit einem dunklen Grau die Berge und die Formen der Häuser im Dorf.

Abb. 439: Mit einem Wattestäbchen sauge ich die Farbe wieder ab und hole helle Flächen hervor, wie die für den Rauch an der oberen Begrenzung der Häuser.

Ich beschleunige den Trocknungsvorgang mit einem Haarfön. Anschließend male ich die Häuser, die Mauern und das Gelände des Dorfes in unterschiedlichen Nuancen . . .

Bei einem Aquarell wie diesem, dessen Farbskala eindeutig einen Graustich aufweist, muß man ständig bemüht sein, die Farbe zu bereichern und mit unterschiedlichen Tönen und Nuancen zu malen. Man sollte versuchen, Vielfalt der Farben und Nuancen innerhalb der Gesamttöne zu erzielen.

. . . aus ähnlichen, aber doch vielfältigen Farben: Dunkelsepia mit Ultramarin als Grundfarbe und in unterschiedlichen Verhältnissen gemischt, um mal ein blaustichiges, mal ein neutrales oder bräunliches Grau zu erhalten. Dabei vergesse ich nicht, ebenfalls Ocker, Karmin, Preußischblau oder Kobaltblau mit einzubringen. Ich male die Türen und Fenster der Häuser, ohne sie bis ins letzte auszuführen, und habe dieses zweite Stadium beendet.

Drittes Stadium: Ausführung des Damms mit dem Graben und den Bäumen an seinem Rand (Abb. 441)

Ich male zunächst die Bäume und beginne bei den Stämmen mit Siena dunkel und etwas Blau. Anschließend lege ich mit dem Rotmarderpinsel Nr. 6 die Zweige an, die sich fächerförmig spreizen. Dabei vermeide ich eine zu intensive Farbe, indem ich leicht mit dem Saugpapier daraufdrücke. Dann befasse ich mich mit dem Schatten im Innern des Grabens und dem graublauen Schatten am Rande der Vertiefung, auf die auch die länglichen Schatten der Bäume fallen. Ich setze diese graublaue Farbe aus einer Mischung von Siena und Ultramarin zusammen, der ich dann Kobaltblau und eine Spur Karmin hinzufüge. Für den oberen Rand wende ich eine durchscheinende Malweise an, die mit dem beinahe trockenen Pinsel ausgeführt wird.

Diese durchscheinende Technik mit dem trockenen Pinsel (Seite 105, Abb. 245 bis 247) erfordert mehrere Probestriche auf einem Extrablatt (von derselben Qualität und mit demselben Korn wie das Aquarellpapier). Natürlich läßt sich die Technik nicht auf einem frisch gemalten, noch feuchten Untergrund anwenden. Ich benutze diese Technik also für die erwähnten Konturen. Die vorhergehenden Probestriche haben mir gezeigt, ob ich die Pinselfüllung vergrößern oder verkleinern muß. Um die Farbe gleichmäßig zu halten, tupfe ich ständig mit dem Saugpapier leicht auf die Fläche. Ich benutze meine blaugraue Farbe außerdem für die Schatten und die gleichförmige Abstufung, die rechts neben dem Schatten des Damms auftaucht. In beiden Fällen nehme ich den trockenen Pinsel.

440

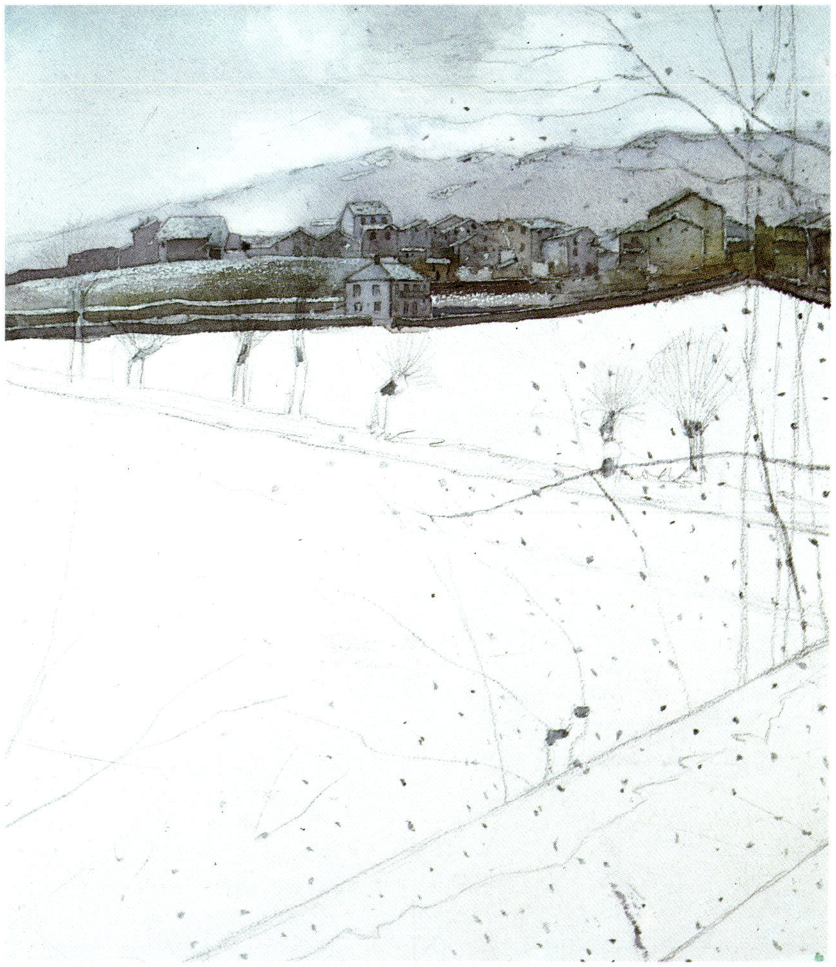

Abb. 440: In diesem zweiten Stadium erkennen Sie das Bemühen, die Farbe vielfältiger zu gestalten. Das gilt insbesondere für die Hausfassaden und die Dächer sowie die Äkker und die Mauern des Dorfes. Diese Vielfalt ist vor allem dann zu empfehlen, wenn das Modell wie in diesem Fall einen Graustich besitzt.

Eine Landschaft mit Aquarellfarben

Abb. 441: Wichtig ist, daß man in der „Alla-Prima-Technik" arbeitet, ohne Scheu ans Werk geht und versucht, schon mit der ersten Schicht ein gutes Ergebnis zu erzielen. Hinzu kommt hier die Technik des durchscheinenden Farbauftrags oder „trockenen Pinsels", bei dem man mit einer „griesigen" Malweise abstuft, die durch die Reibung mit dem halbtrockenen Pinsel über das Korn des Papiers entsteht. Der Erfolg dieser Technik hängt wesentlich von Probestrichen ab, um das Ergebnis zu überprüfen, und der klugen Verwendung von Saugpapier, um die Farbe, wenn immer es notwendig ist, zu entfernen oder zurückzunehmen.

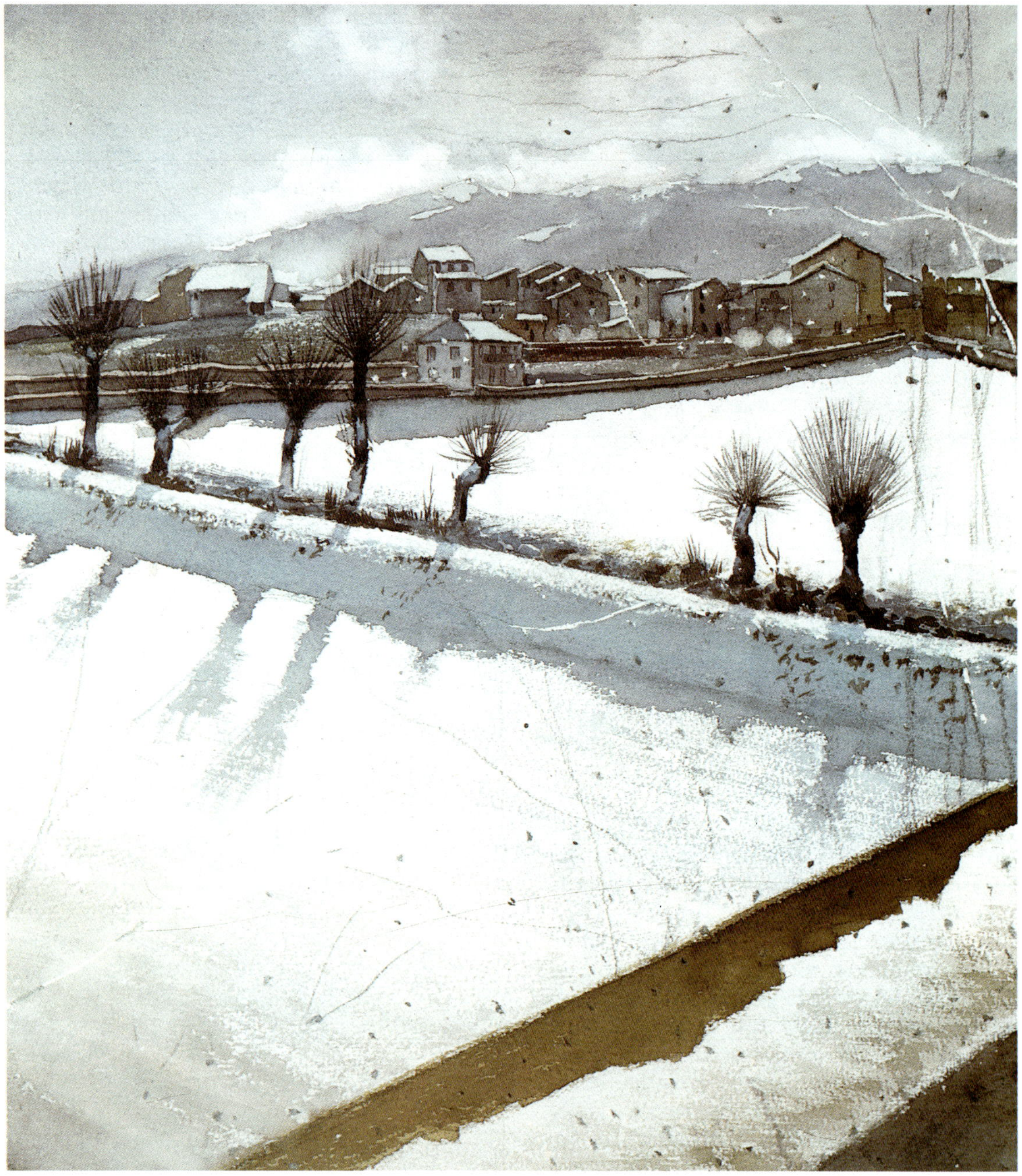

441

Viertes Stadium: Abschluß des Grabens und Ausführung des Vordergrunds (Abb. 447)
Ich werde den Mittelgrund mit dem Graben jetzt beenden. Ich male das Innere mit jenen Grau-, Siena- und Blautönen, die die schneelosen Steine und Erdschollen, die Büsche und die Gräser kennzeichnen. Das ist eine mühsame Arbeit mit einem feinen Pinsel, die eine Interpretation als Synthese erfordert. Das wäre es . . . Nein, einen Augenblick noch. Mir scheint, der obere Rand des Dammes ist an der Begrenzung zum blauen Schatten noch nicht gut wiedergegeben. Er wirkt zu schmal. Er würde gewinnen, wenn ich ihn breiter anlegte. Ich werde das mit Sandpapier wie folgt erledigen: Ich rolle ein extrafeines Sandpapier um einen Pinselstiel und reibe energisch parallel zur genannten Begrenzung. Dadurch hole ich neues Weiß hervor und verbreitere die Fläche. Anschließend reinige ich die Stelle, die ich soeben bearbeitet habe (Abb. 442 und 443), und retuschiere und harmonisiere das zusätzliche Weiß.
Nun beschäftige ich mich mit der Brüstung, also der Mauer unten rechts, und dem

Schnee auf dem Boden im Vordergrund links (siehe nebenstehende Abbildung). Beides bearbeite ich mit dem trockenen Pinsel. Es ist wichtig, daß man hier auf die Richtung des Pinselstrichs achtet. Er muß beim Schnee diagonal von links nach rechts und parallel zur Diagonale des Grabens in der Mitte verlaufen. Auf den Steinen der Brüstung, die schneefrei bleiben, laufen die Pinselstriche ebenfalls diagonal, jedoch im umgekehrten Sinne. Sie senken sich also von rechts nach links. (Zum besseren Verständnis betrachten Sie bitte Abb. 445). Ich arbeite mit großen, zügigen Pinselstrichen. Das Ergebnis hängt ebenso von der Feuchtigkeit des Pinsels ab wie von der gleichzeitigen oder späteren Korrektur mit dem Saugpapier. (Natürlich habe ich zuvor einige Probestriche auf einem Extrablatt gemacht.) Ich beginne mit dem Schnee auf der linken Seite und benutze dazu drei Farben: zunächst ein helles neutrales Grau als Untergrund, das abgestuft und um so heller wird, je weiter es sich vom Vordergrund entfernt. Ich habe bereits erwähnt, daß dieser durchscheinende Farbauftrag mit breiten, fortlaufenden, entschlossenen Pinselstrichen erfolgen muß. Um mir die Arbeit zu erleichtern, habe ich die Begrenzung der Brüstung mit Bristolpapier abgedeckt, um nicht darüber hinauszugeraten und das Ocker der Mauer mit diesen raschen Pinselstrichen zu verschmutzen. Sie sehen das auf Abbildung 446. Zum Abschluß dieses vierten Stadiums male ich den Schnee auf der Brüstung im Vordergrund. Hierzu benutze ich ebenfalls zwei Grautöne in zwei Schichten – einen ersten hellen als Untergrund und einen zweiten abwechselnd für die Technik des trockenen Pinsels und für Formen des Schnees. (Wie Sie erkennen, tauchen hier kleine Siena- und Blautupfer auf, um die Form besser auszudrücken (Abb. 447).

Fünftes Stadium: Entfernen des Flüssiggummis und allgemeine Retuschen (Abb. 448 und 449)

Ich entferne den Flüssiggummi von den Bergen, den Hausdächern, der Anhöhe und den Mauern, die das Dorf umgeben, den Bäumen und den Silhouetten der Stämme im Vordergrund, indem ich mit einem normalen Gummi ziemlich kräftig darauf reibe. Die Aussparung für die kleinen Schneeflokken lasse ich bis zuletzt. Schrecklich, nicht wahr? Bitte, sehen Sie sich das Ergebnis an

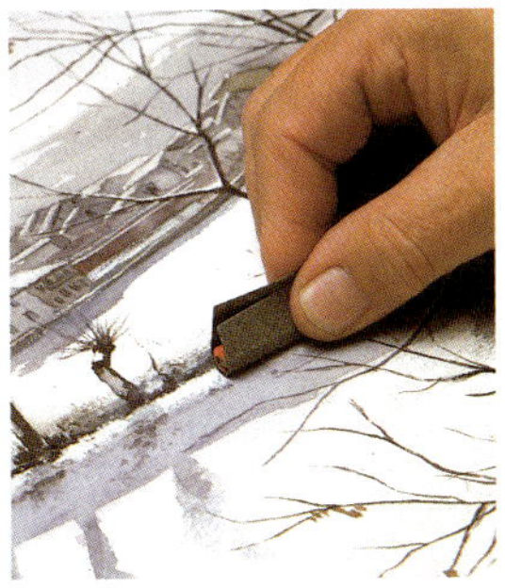
442

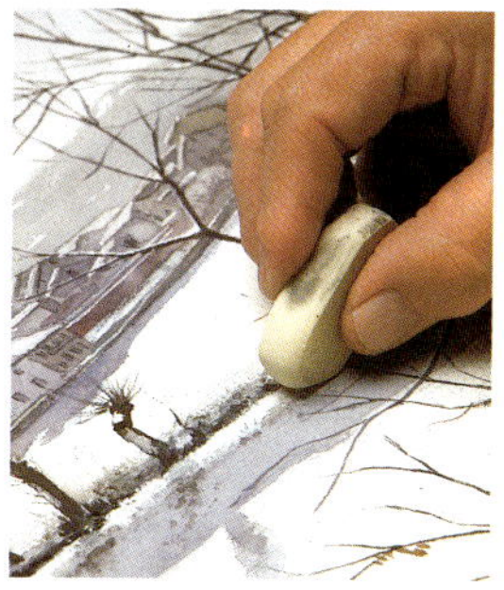
443

Abb. 442 und 443: Hier sehen Sie das Hervorholen von Weiß durch energisches Reiben mit Sandpapier, das um einen Bleistiftstiel gewickelt wurde. Anschließend reinigt man die entsprechende Stelle mit einem Radiergummi und bringt eventuelle Retuschen an.

444

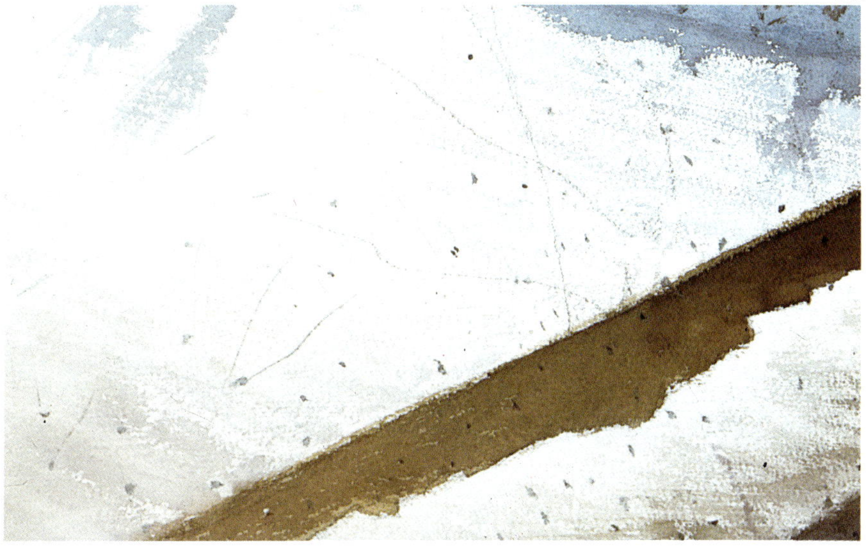

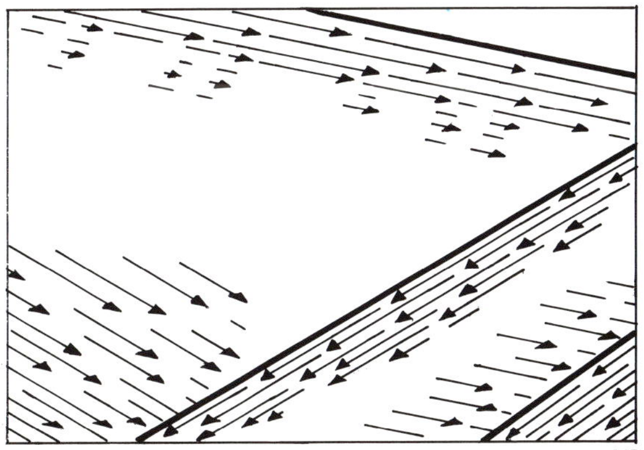
445

Abb. 444: Hier der Schnee und die Brüstung im Vordergrund, die ich mit dem durchscheinenden Farbauftrag anlege, um die Struktur der verschneiten Fläche besser darzustellen.

Abb. 445: Wie anhand des Schemas zu erkennen, hängt die Richtung der Pinselstriche von dem Modell und seiner Lage ab, die man gerade darstellt.

Abb. 446: Um mit den bei dieser Technik erforderlichen langen, breiten Pinselstrichen arbeiten zu können, decke ich die Mauer mit Bristolpapier ab. So gerate ich nicht über die Begrenzungslinie hinaus.

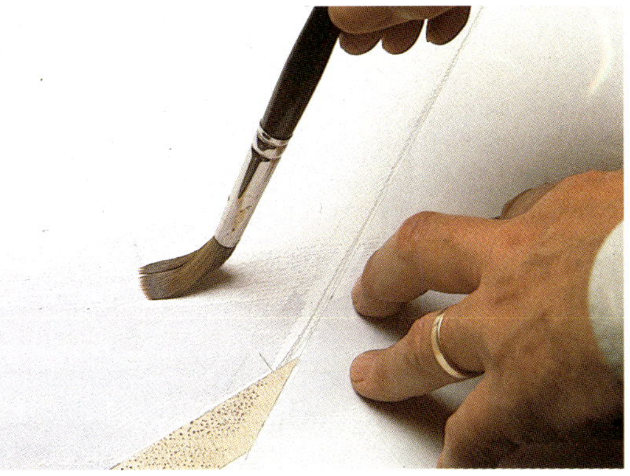
446

Eine Landschaft mit Aquarellfarben

Abb. 447: Das Weiß oben auf der Erhebung ist nach der Bearbeitung mit Sandpapier breiter geworden. Die Unebenheiten, also die dunklen Stellen des Streifens, sind bereits ausgemerzt. Ich habe die Struktur des Schnees im Vordergrund in der Technik des durchscheinenden Farbauftrags angelegt. Jetzt kann ich den Flüssiggummi entfernen. Wir werden sehen, was dann passiert . . .

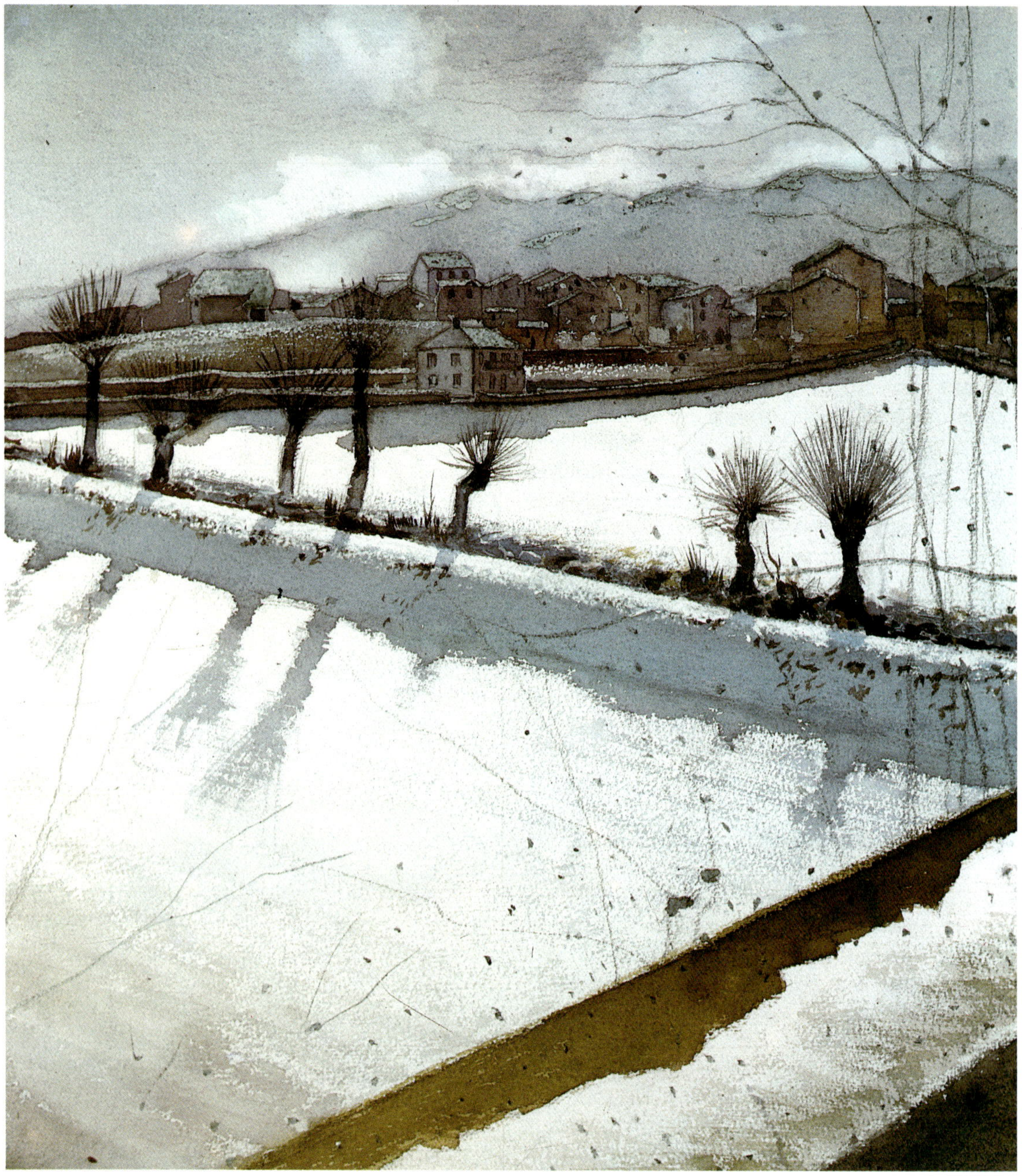

447

(Abb. 448), damit Sie die unangenehme Überraschung, die dieses Weiß hervorruft, besser begreifen. Die Weißflächen fallen durch ein Übermaß an Kontrasten aus dem Rahmen. Man könnte vermuten, daß man sich beim Aussparen mit dem Flüssiggummi geirrt hat. Der Trick funktioniert jedoch, wenn man den Gummi nicht mißbraucht. Das werden Sie selbst noch erkennen.
Ich beginne also zu retuschieren und die Weißstellen mit den restlichen Nuancen und Farben zu harmonisieren, indem ich sie leicht verschmutze und geduldig mit der angefeuchteten Pinselspitze einige zu ausgeprägte Begrenzungen verwische. Dafür male ich die „Löcher" in den Bäumen blaugrau aus, um den Schnee im Schatten darzustellen. Abbildung 449 zeigt das Ergebnis.

Sechstes Stadium: dünne Bäume, Schneeflokken und allgemeine Abschlußarbeiten (Abb. 450)
Mit Siena dunkel und etwas Blau mische ich ein neutrales Schwarz und male oder zeichne die Silhouetten der dünnen Bäume im Vordergrund. Dabei lasse ich die weißen

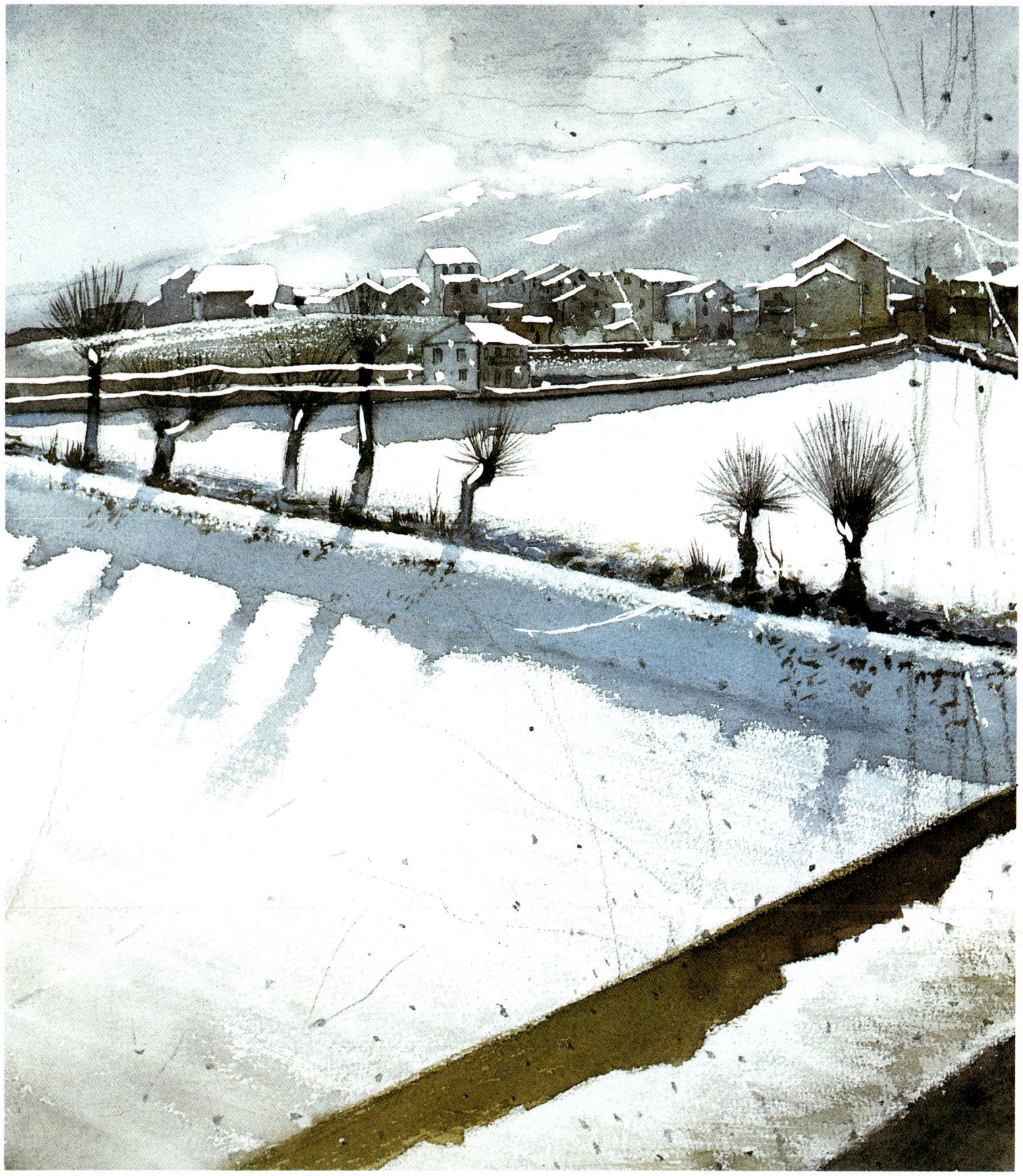

Abb. 448: So sieht das Aquarell aus, nachdem der Flüssiggummi, mit dem die Weißflächen ausgespart wurden, entfernt ist. Wegen des Übermaßes an Kontrasten und des Ungleichgewichts der Weißstellen ist das Ergebnis im Hinblick auf die Harmonisierung des Gesamtbildes reichlich unbefriedigend. Ich hoffe, Sie erkennen beim Anblick dieser Abbildung, daß der Flüssiggummi in manchen Fällen zwar eine gute Hilfe beim Aussparen von Flächen ist (zum Beispiel bei der Darstellung von Schneeflocken, wie wir noch sehen werden). Man darf ihn jedoch trotz des guten Endergebnisses, das ich nach der Harmonisierung der Weißflächen zu erzielen hoffe, nicht mißbrauchen.

Striche, die ich mit Flüssiggummi angelegt habe, bestehen. Hier leistet die Spitze des Rotmarderpinsels Nr. 6 gute Dienste, um auch die feinsten Zweige zu zeichnen. Die Zweige sind so dünn, daß ich am Ende beschließe, einige mit dem schwarzen Kugelschreiber darzustellen. Anschließend male ich ein paar trockene Blätter mit Ocker, ein wenig Karmin und einer Spur Blau. Ich entferne den Flüssiggummi auf den Schneeflokken und beginne mit den Abschlußarbeiten. Mit dem schwarzen Kugelschreiber ziehe ich beinahe unmerklich die Umrisse um die Kronen der Bäume am Graben. Ich zeichne einige kleine Äste, die von den Stämmen dieser Bäume ausgehen. Ich markiere die Konturen einiger Fenster und Dächer der Häuser im Dorf . . . Dann beschließe ich, ein paar helle, abgerundete Formen rechts im Dorf anzulegen. Dazu hole ich das Weiß mit einem synthetischen Pinsel hervor. Auf diese Weise entstehen schneebedeckte Bäume, die das Bild beleben und vielfältiger erscheinen lassen. Ich nehme nun die Spitze eines Schneidemessers (Cutter) oder einer Rasierklinge und hole weitere weiße Punkte

Eine Landschaft mit Aquarellfarben

Abb. 449: Das Übermaß an Weiß ist mit Hilfe einer Lasur abgemildert und harmonisiert worden. Sie hat die „Löcher", die durch den Flüssiggummi entstanden sind, abgedeckt. Es fehlen nur noch ein paar Retuschen, dann ist das Bild fertig.

Abb. 450: Ich male die dünnen Bäume im Vordergrund mit spontanen Strichen und einer dunklen, aber dennoch flüssigen Farbe, damit ich den Pinsel locker führen kann. Dabei vermeide ich eine zu lineare, also zu technische Zeichnung. Ich nehme einige Retuschen an den Häusern und Bäumen mit dem schwarzen Kugelschreiber vor. Ich male die Blätter und entferne den Flüssiggummi von den Schneeflocken – und habe plötzlich das Gefühl, mir schlüge ein kalter Windstoß von den Bergen entgegen. Ich bin glücklich, mein Bild ist fertig.

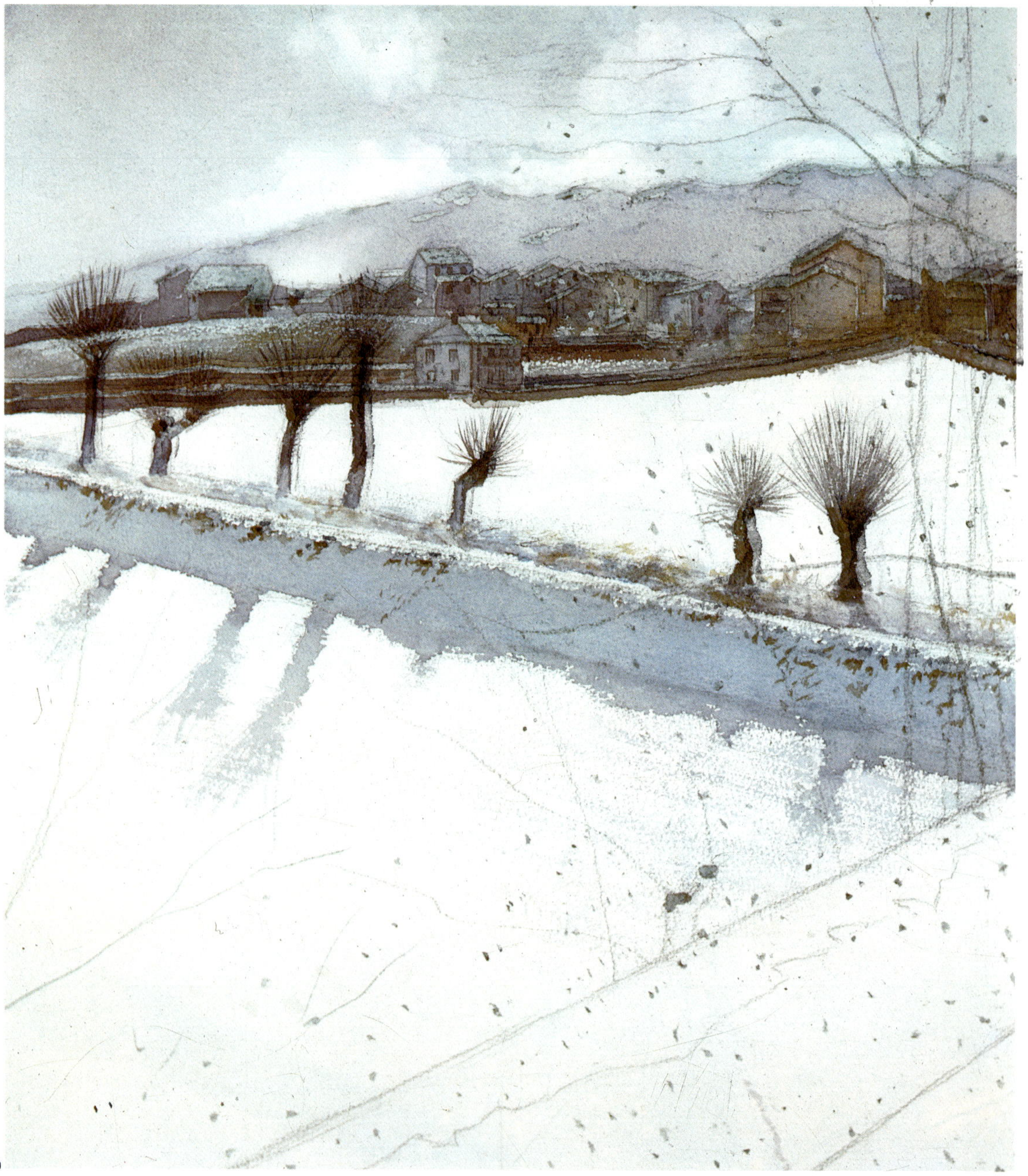

449

und sehr feine Linien hervor. Ich kratze an den Kronen und den dünnen Zweigen der Bäume im Vordergrund und füge neue Schneewirkungen hinzu . . . Ich überprüfe alles noch einmal. Es bleibt fast nichts mehr zu tun. Ich verbessere nur noch die Farbe eines Hauses, einer Dorfmauer und die Anhöhe . . . Das reicht. Ich kann mein Werk signieren.

Damit möchte ich mich von Ihnen verabschieden. Ich wünsche aufrichtig, daß Sie morgen, heute, ja vielleicht schon jetzt das unbezwingbare Bedürfnis verspüren, selbst ein Aquarell zu malen – nicht zuletzt, weil Sie dieses Buch gelesen haben.

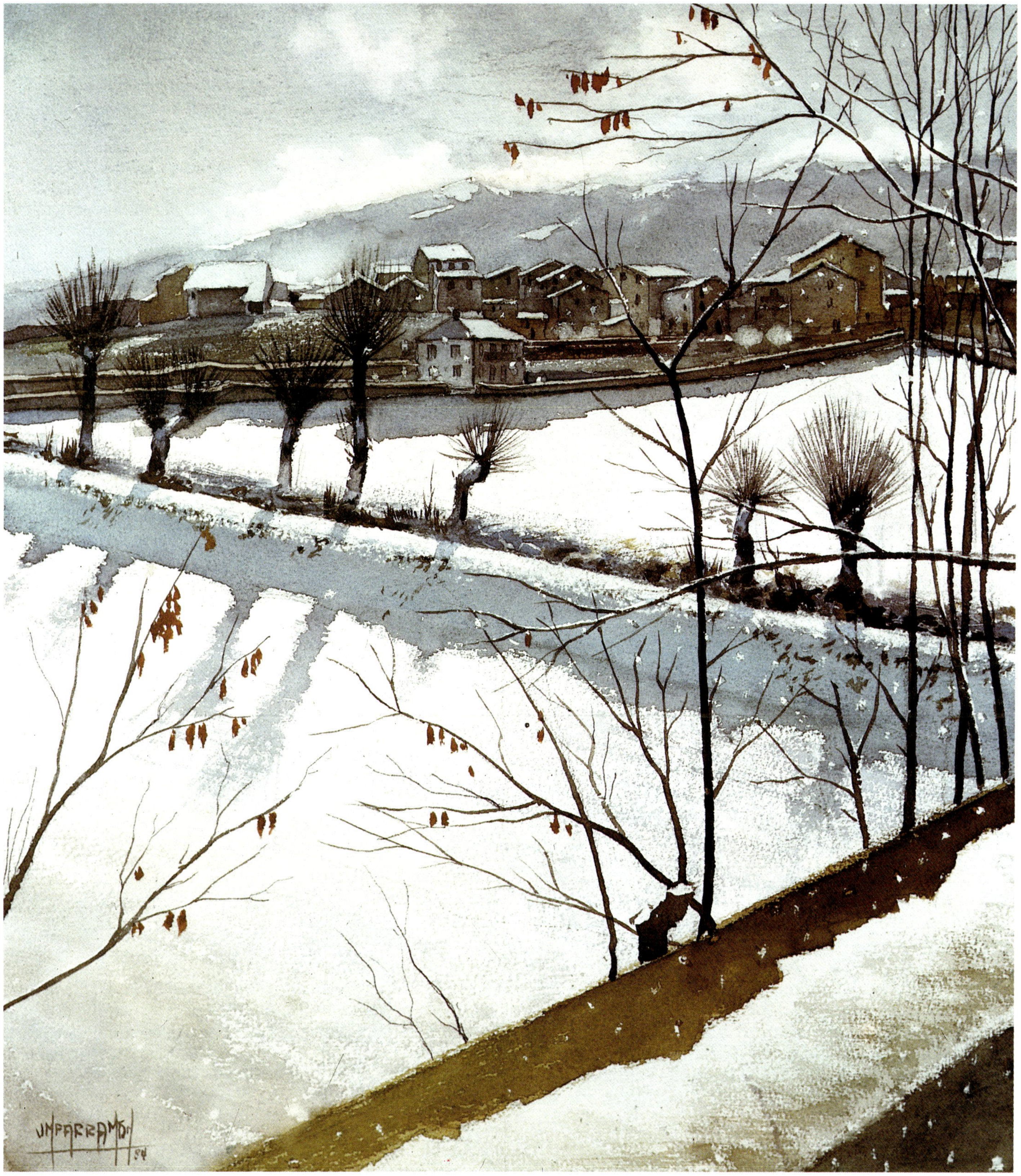

450

Worterklärungen

A

Asymmetrie: Freie, intuitive Verteilung der Elemente eines Bildes, in dem trotzdem ein gewisses Gleichgewicht der Teile untereinander besteht.

B

Bindemittel: Flüssigprodukt zum Binden der Farbpigmente oder pulverisierter Farben. Bei Aquarellfarben handelt es sich vor allem um Wasser und Gummiarabikum, denen häufig Honig, Glyzerin und ein Konservierungsmittel zugesetzt werden.

Bleistift: Mit diesem Ausdruck bezeichnet man einen normalen Stift aus Zedernholz und einer Mine auf der Basis von Graphit und Ton.

Botanikmalerei: Studien von Blumen, Pflanzen, Bäumen und Früchten unter wissenschaftlichen oder didaktischen Aspekten. Die Botanikmalerei war im 18. Jahrhundert stark verbreitet.

Büttenrand: Papierrand mit kleinen Unregelmäßigkeiten. Er war bis vor kurzem ein Merkmal für handgeschöpftes Papier, ist heute jedoch auch maschinell herzustellen. Der Büttenrand ist ein Kennzeichen für hochwertiges Papier.

C

Cutter: Verschiebbare Metallklinge in einem Kunststoffgriff zum Schneiden des Papiers. Beim Schneiden empfiehlt sich der Gebrauch eines Metallineals.

D

Damhirschhaar: Pinsel mit Damhirschhaar und einem Bambusstiel stammen aus Japan und sind auch unter der Bezeichnung „japanische Pinsel" bekannt. Sie besitzen manchmal eine geringere Qualität als Rindshaarpinsel. Trotzdem eignen sich die flachen japanischen Pinsel gut zum Anfeuchten und Malen großer Hintergründe mit einer Lasur.

Dominierende Farbe (Dominante): Der Ausdruck „Dominante" stammt aus der Musik und bezeichnet den fünften Ton der diatonischen Skala oder die wichtigste Note. Analog dazu verwendet man das Wort in der Malerei für eine dominierende Farbe, die entweder aus einer Einzelfarbe oder einer warmen, kalten oder gebrochenen Skala bestehen kann.

Drittfarben (Tertiärfarben): Die sechs Pigmentfarben aus der Mischung einer Grundfarbe mit einer Zweitfarbe zu gleichen Teilen. Die Drittfarben der Pigmentfarben sind Orange, Karmin, Violett, Ultramarin, Smaragdgrün und Hellgrün.

Durchscheinender Farbauftrag: Eine Technik, bei der man mit dem wenig gefüllten Pinsel über ein grobkörniges Papier fährt und derart reibt, daß die Papierstruktur sichtbar bleibt. Man bezeichnet das Verfahren daher auch als Arbeit mit dem „trockenen Pinsel".

E

Entwurf: Vorstufe eines gezeichneten oder gemalten Bildes, die als Vorstudie dienen kann. Man bezeichnet den Entwurf auch als Skizze. Die großen Meister stellten oft mehrere Entwürfe her, bevor sie ihre Bilder malten.

F

Fauvismus: Das Wort stammt von dem französischen Ausdruck „fauve" (wild) und wurde zum erstenmal von dem Kritiker Vauxcelle angewendet, um die Mitglieder der jungen französischen Schule, die im Herbstsalon des Jahres 1905 ausgestellt hatten, lächerlich zu machen. Der Stil der Fauve ist gekennzeichnet durch schreiende Farben und scharfe Kontraste, die durch die Nebeneinanderstellung von Komplementärfarben entstehen.

Fehhaarpinsel: Pinselhersteller haben von der Pelzindustrie für kanadische und russische Eichhörnchen die Bezeichnung „Feh" übernommen. Diese Pinsel eignen sich ebenfalls für die Aquarellmalerei. Ihr Haarkörper ist etwas härter und etwas steifer als der des Rotmarderpinsels. Der Pinsel ist preiswerter.

Firnis: Nachdem das Aquarell fertig und völlig getrocknet ist, kann man es mit einem Schutzfirnis überziehen. Dieser verstärkt die Farbe und verleiht dem Bild einen gewissen Glanz, den man noch betonen kann, indem man zwei oder mehr Schichten übereinanderlegt. Das Verfahren wird von manchen Aquarellmalern abgelehnt, nach deren Ansicht ein Aquarell matt aussehen muß.

Fleischfarbe: Das ist in der Malerei die Bezeichnung für die Hautfarbe.

Flüssige Aquarellfarbe: Aquarellfarben gibt es in Tablettenform, in Näpfen, Zinktuben oder in flüssiger Form in Flaschen. Flüssige Aquarellfarben werden ebenfalls mit Wasser verdünnt. Sie sind sehr transparent und ergeben eine intensive leuchtende Farbwirkung. Sie eignen sich auch für Spritzpistolen.

Flüssiggummi: Er besteht aus flüssiger, leicht gefärbter Gummimilch. In der Aquarellmalerei benutzt man Flüssiggummi, um kleine Flächen, Striche oder Punkte auszusparen. Flüssiggummi läßt sich übermalen. Man entfernt ihn mit einem Radiergummi oder einfach mit den Fingern und holt dadurch das Weiß des Papiers wieder hervor. Flüssiggummi kann mit einem dünnen Synthetikpinsel Nr. 3 oder 4 aufgetragen werden.

Freihandzeichnung: Eine Zeichnung ohne Hilfsmittel wie Lineal, Zirkel oder jedes andere Zeicheninstrument. Es handelt sich um eine wirklich künstlerische Technik.

G

Gebrochene Farben: Farben aus einer Mischung von zwei Komplementärfarben zu ungleichen Teilen sowie Weiß.

Gouache: Der Ausdruck stammt von dem italienischen Wort „guazzo" (Tempera).
1. Eine Farbe aus denselben Bestandteilen wie die Aquarellfarben – Pigmente, Wasser, Gummiarabikum und Honig. Sie ist jedoch dichter. Im Gegensatz zu Aquarellfarbe ist Gouache deckend. Man kann also eine helle Farbe auf eine dunkle

tragen. Das getrocknete Bild ist matt. 2. Bild mit Gouachefarben.

Grundfarben (Primärfarben): Die Grundfarben des Spektrums sind Rot, Grün und Blau, die Grundfarben der Pigmentfarben sind Zyanblau, Purpur und Gelb.

Gummiarabikum: Diese Substanz, eine Art Harz, stammt von der afrikanischen Akazie. Sie wird mit Wasser verdünnt und zusätzlich zu anderen Substanzen als Bindemittel für Aquarellfarben benutzt.

H

Helldunkel: Als Helldunkel bezeichnet man jene Stellen eines Bildes, die zwar völlig im Schatten liegen und sehr dunkel sein können, in denen sich jedoch trotzdem die Formen des Modells erkennen lassen. Man könnte das Helldunkel als die Kunst bezeichnen, Licht im Schatten zu malen. Rembrandt war einer der großen Meister des Helldunkels.

I

Induktion von Komplementärfarben: Um eine bestimmte Farbe zu verändern, braucht man nur die sie umgebende Farbe zu verändern.

K

Karton: Als Karton bezeichnet man eine Zeichnung in kleinem Maßstab auf diesem Material, die als Entwurf oder Modell für Fresken, Teppiche etc. diente. Diese „Kartons" wurden mit Hilfe eines Quadratnetzes oder Rasters auf das endgültige Format vergrößert und auf die Wand bzw. den Stoff übertragen.

Katzenzungenfaçon: Fachbezeichnung für den flachen, abgerundeten Pinsel.

Koloristen: Als Koloristen bezeichnet man jene Maler, die mehr Gewicht auf die Farben als auf die Tonwerte legen. Sie gehen davon aus, daß die Farbe allein ausreicht, um die Form wiederzugeben, und daß das Bild dadurch an Leichtigkeit gewinnt. Die heutige Malerei ist in vieler Hinsicht koloristisch.

Komplementärfarben: Bei den Lichtfarben handelt es sich um jene Zweitfarben, denen man nur eine Grundfarbe hinzuzufügen braucht, um erneut weißes Licht zu bekommen (oder umgekehrt). Gibt man zum Beispiel Dunkelblau zu Gelb (aus den Lichtfarben Grün und Rot), setzt man das weiße Licht wieder zusammen.

Korn: Das Korn entscheidet darüber, wie rauh ein Papier ist. Bei Aquarellpapier unterscheidet man Feinkorn, mittleres Korn und Grobkorn. Letzteres besitzt eine deutlich sichtbare rauhe Oberfläche.

Kreide: Zylindrische oder viereckige Stäbe, die durch Reiben aufgetragen werden. Kreide besteht aus pulverisierten Erden, die mit Öl, Wasser und gummimilchhaltigen Substanzen zerrieben werden. Sie ähneln Pastellkreiden, sind jedoch stabiler und ergeben einen härteren Strich. Es gibt Kreide in Weiß, Schwarz, Siena hell und dunkel, Kobaltblau und Ultramarin.

L

Lasur: Hauchdünne transparente Farbschicht. Man trägt sie auf eine andere Schicht und verändert diese dadurch ein wenig. Lasuren werden ebenfalls als Untermalung verwendet.

Lineare Zeichnung: Eine Zeichnung ausschließlich aus langen Strichen ohne Angabe der Schatten. Dieser Stil ist für die Vorzeichnung des Aquarells zu empfehlen, da das Volumen der Körper von der Aquarellfarbe wiedergegeben werden muß. Aufgrund der Transparenz der Farbe könnte das Bild sonst verschmutzt wirken. Lineare Zeichnungen gibt es ebenfalls in der Technik.

Lokalfarbe: Die Eigenfarbe des Körpers an jenen Stellen, wo sie weder von der Wirkung von Licht und Schatten noch von reflektierenden Farben verändert wird.

M

Malgrund: Als solchen bezeichnet man jede Fläche, auf der sich ein Gemälde anlegen läßt. Ein Malgrund speziell für Aquarellfarben ist auf Pappe aufgezogenes Papier, das einen kompakten Block bildet.

Malkasten: Blechkasten mit Daumenring und einfachem oder doppeltem Deckel und häufig herausnehmbarem Farbeinsatz. Geöffnet kann der Malkasten als Palette für die Aquarellmalerei benutzt werden.

Medium Nr. 2: Säurehaltige Gummilösung, die – mit Wasser gemischt – eventuelle Fettrückstände auf dem Papier beseitigt, die Haftfähigkeit der Farben erhöht und deren Chromatik verbessert.

Monochrom: Man bezeichnet ein Aquarell als monochrom, wenn es nur mit einer einzigen Farbe hergestellt wurde (Lavierung).

Motiv: In der Malerei ein Synonym für „Thema" oder „Gegenstand des Bildes". Der Ausdruck wurde von den Impressionisten für ein nicht künstlich zusammengestelltes Modell aus der Natur eingeführt.

N

Naßtechnik: Eine Aquarelltechnik, bei der die Papierfläche zuvor mit Wasser angefeuchtet wird oder man auf einer ersten, noch feuchten Farbschicht malt. Die Technik bewirkt eine Mischung nebeneinanderliegender, noch feuchter Farben und führt zu verwischten Formen und Farben.

O

Ochsengalle: Dieser Auszug aus der Galle des Rindes wird in geringen Mengen dem Wasser zugesetzt, mit dem man die Aquarellfarbe verdünnt. Ochsengalle wird in kleinen Flaschen angeboten.

P

Pappe: Ein ziemlich dickes, festes Blatt auf der Basis holzhaltigen Papierbreies. Es besitzt normalerweise eine graue Farbe. Aquarellpapier hoher Qualität wird häufig fest auf Pappe aufgezogen. Soll das Aquarell später auf fotomechanischem Wege reproduziert werden, ist zu beachten, daß dies bei Pappe mit einem Skanner unmöglich ist.

Worterklärungen

Papyrus (lateinisch cyperus papyrus): Eine in Ägypten am Nil wachsende Pflanze. Ihr Stiel wurde in Scheiben geschnitten und zu einem Band zusammengefügt. Zum Schreiben auf Papyrus benutzten die Ägypter ein Rohr, das sie wie eine Feder zurechtschnitten.

Pergament: Normalerweise eine Ziegen- oder Schafshaut, die speziell für die Beschriftung hergerichtet wurde. Nach dem Waschen wurde sie mit Kalk behandelt, vom Haar befreit und mit Bimsstein abgeschmirgelt. Pergament wurde jahrhundertelang als der beste Untergrund für künstlerische Werke, insbesondere für Miniaturen, betrachtet. Sein Entdecker soll Eumenes II. von Pergamon sein.

Perspektive: Die Wissenschaft, mit deren Hilfe sich der Einfluß der Entfernung auf die Maße, die Farben und die Umrisse eines Gegenstandes grafisch wiedergeben läßt. Die Zentralperspektive stellt die dritte Dimension – oder die Tiefe – mit Hilfe von Linien und Formen dar. Die Entfernung läßt sich ebenfalls durch die Atmosphäre wiedergeben. Dann wird die Tiefe durch Farben, Tonwerte und Kontraste ausgedrückt.

Pigmente: Bestandteile, die – in einer Flüssigkeit gelöst – eine Farbe zum Malen ergeben. Pigmente sind meist pulverförmig und organischen oder mineralischen Ursprungs.

Primamalerei: Der Ausdruck stammt vom Italienischen „alla prima vista“ und läßt sich in etwa mit „auf den ersten Blick“, „auf Anhieb“ übersetzen. Man benutzt ihn für eine direkte Malweise ohne Vorstudie und für ein Bild, das in einer einzigen Sitzung fertiggestellt wird.

Präraffaeliten: Künstlerische und literarische Bewegung in England gegen Ende des 19. Jahrhunderts. Sie hatte einen großen Einfluß auf die Malerei. Die Präraffaeliten waren Anhänger des florentinischen Quattrocento eines Gozzoli, Botticelli und weiterer Vorläufer Raffaels – daher stammt die Bezeichnung. Sie hielten die Kunst aus der Zeit vor Raffael für aufrichtiger und weniger gekünstelt und widersetzten sich den akademischen Regeln, die in England unter dem Einfluß von Raffael, Carpaccio, Reynolds etc. aufgestellt worden waren. Sie hielten sich dagegen an die antiken Skulpturen. Viele Werke der Präraffaeliten bestehen aus Aquarellfarben. Hervorzuheben sind die Maler Dante Gabriel Rossetti, Hunt und Millais.

R

Radierung: Für die Radierung bestreicht der Künstler eine Metallplatte mit einem Wachs oder einem Firnis und sticht seine Zeichnung mit der Radiernadel tief genug hinein. Anschließend wird die Platte in ein Bad mit Salpetersäure gelegt, die das Metall an allen freigelegten Stellen angreift. Den entsprechenden Druck von dieser Platte bezeichnet man als Radierung.

Reflektierte Farbe: Ein Faktor, der sich bemerkbar macht, sobald man umliegende farbige Körper beim Malen berücksichtigen muß.

Retusche: Ausdruck für die Überarbeitung einer mehr oder weniger wichtigen, bereits gemalten Stelle. Derartige Retuschen sind neuerdings bei den alten Meistern durch Infrarotstrahlen nachzuweisen.

Rindshaarpinsel: Rindshaar aus der Schulter des Tieres ergibt Pinsel mit ausgezeichnetem Haarkörper, deren Qualität allerdings niedriger anzusetzen ist als beim Rotmarderpinsel. Sie werden in der Aquarellmalerei häufig mit höheren Nummern (18, 20 oder 24) zum Anfeuchten des Papiers und Anlegen großer Flächen verwendet.

Rotmarderhaarpinsel: Der Rotmarderpinsel ist zweifellos für die Aquarellmalerei am geeignetsten. Er hält die Wasser- und Farbfüllung besser als jeder andere. Der Haarkörper ist fest, aber geschmeidig. Der Pinsel wird aus den Schwanzhaaren des Kolinsky-Rotmarders hergestellt, der in China und der Sowjetunion lebt. Der Pinsel ist teuer, aber sehr haltbar und von ausgezeichneter Qualität.

S

Saugpapier: Es handelt sich um ein Papier, das sich aufgrund seiner großen Saugfähigkeit für zahlreiche Zwecke eignet und häufig die Verwendung von Stofflappen (Taschentüchern, Handtüchern etc.) überflüssig macht. Man benutzt Saugpapier von normaler Haushaltsqualität in der Aquarellmalerei zum Trocknen der Pinsel, Absaugen der Farbe und Hervorholen von Weißflächen.

Simultankontrast: Eine optische Wirkung, nach der eine Farbe um so dunkler erscheint, je heller ihre Umgebung ist – und umgekehrt.

Skala: Das Wort Skala stammt von dem 1028 von Guido d'Arezzo aufgestellten Notensystem und bezeichnet „eine Folge wohlgeordneter Töne“. In der Malerei verwendet man den Begriff für die Farbenfolge des Spektrums und davon abgeleitet auf jedwede „wohlgeordnete Farb- oder Tonwertfolge“.

Spritzpistole: Ein Werkzeug, das mit einem Farbstrahl malt. Es besteht aus einer Pistole, in die man die Flüssigfarbe einfüllt und mit Hilfe eines Kompressors auf das Papier sprüht. Man legt damit vor allem Hintergründe, gleichförmige Flächen oder sehr verschmolzene Abstufungen an. Mit Hilfe einer Schablone oder eines Pochoirs kann man auch sehr präzise Formen erzielen.

Sukzessivbilder: Sie wurden von dem Physiker Chevreul entdeckt. Nach dessen Gesetz läßt der Anblick jeder Farbe „aus Sympathie“ ihre Komplementärfarbe auftauchen.

Sumi-e: Eine östliche Maltechnik mit Tusche, die in gewisser Weise an die religiöse Bewegung des ZEN gebunden ist. Die Sumi-e-Technik wird mit verdünnter Chinatusche und einem speziellen Damhirschpinsel ausgeführt, der einen Bambusstiel besitzt.

Symmetrie: In der künstlerischen Komposition läßt sich die Symmetrie als die Wiederholung verschiedener Elemente eines Bildes zu beiden Seiten einer Mittelachse bezeichnen.

Synthetikhaar: Pinsel mit Synthetikhaar besitzen einen etwas steiferen Haarkörper als Rotmarderpinsel. Sie halten die Wasser- bzw. Farbfüllung nicht ganz so gut. Sie werden häufig als Pinsel für „Amateure“ bezeichnet. Ihr

Vorteil ist, daß sie von chemischen Mitteln wie Chlor-Bleichwasser nicht angegriffen werden. Außerdem sind sie relativ preiswert.

T

Temperafarben: Ihr Gebrauch ist eine der ältesten Malweisen. Sie ist gekennzeichnet durch die Verwendung von Eigelb als Lösungs- und Bindemittel für die Erdfarben.

Terpentin: Ein mageres, leichtes, sich verflüchtendes Öl. Es handelt sich um einen Auszug aus dem Harz gewisser Nadelbäume. Mit Leinöl gemischt, ist es ein klassisches Verdünnungsmittel für die Ölmalerei. In der Aquarellmalerei benutzt man es für bestimmte Spezialeffekte.

Tonale Farbe: Mehr oder weniger deutlich erkennbare Variante der Lokalfarbe, die sich aus der Widerspiegelung benachbarter Farben ergibt.

Tonwert: Der Tonwert wird vom Verhältnis der verschiedenen Töne eines Bildes zueinander bestimmt. Das Studium dieser Werte ermöglicht die Wiedergabe des Spiels von Licht und Schatten mit Hilfe unterschiedlicher Farbtöne.

Trockentechnik: An sich gibt es für das sogenannte trockene Aquarell keine besondere Technik. Es handelt sich dabei um eine normale klassische Malweise. Das Adjektiv „trocken" soll nur von der Naßtechnik unterscheiden, die allerdings ein eigenes Verfahren besitzt.

V

Vedute (italienisch „veduta": Ansicht): Landschaftszeichnung, deren zentrales Thema der Blick auf das antike Rom war. Veduten kamen im 18. Jahrhundert in ganz Europa und besonders in England in Mode. Sie führen zur allgemeinen Begeisterung für das Aquarell.

Valoristen: Als solche bezeichnet man jene Maler, die das Volumen der Körper durch das Spiel von Licht und Schatten wiedergeben. Der größte Vertreter dieser Technik – der sich die Koloristen entgegenstellten – war Rembrandt.

W

Wachsfarben: Wachsfarben bestehen im wesentlichen aus Pigmenten und anderen Farbstoffen, die man bei einer bestimmten Temperatur mit Wachs und weiteren fetten Bestandteilen zu einer homogenen Masse verschmilzt und zu zylindrischen Stäben formt. Es handelt sich um stabile Farben,die durch Reiben übertragen werden. Sie sind so stark deckend, daß man eine helle Farbe auf eine dunkle tragen kann und die dunkle dadurch aufhellt.

Z

Zweitfarben (Sekundärfarben): Spektralfarben, die sich aus der Mischung von zwei Grundfarben ergeben. Die Zweitfarben der Lichtfarben sind Zyanblau, Purpur und Gelb; die Zweitfarben der Pigmentfarben sind Rot, Grün und Dunkelblau.

Zwinge: Metallring, der die Haare des Pinsels zusammenhält und mit dem Stiel verbindet. Die Zwinge wird rund oder flach verarbeitet.